복 있는 사람

오직 여호와의 율법을 즐거워하여 그 율법을 주야로 묵상하는 자로다.
저는 시냇가에 심은 나무가 시절을 좇아 과실을 맺으며 그 잎사귀가 마르지 아니함 같으니
그 행사가 다 형통하리로다. (시편 1:2-3)

믿음으로 살라

J. C. Ryle

Practical Religion

믿음으로 살라

J. C. 라일 지음 | 장호준 옮김

복 있는 사람

믿음으로 살라

2013년 3월 19일 초판 1쇄 발행
2025년 4월 3일 초판 5쇄 발행

지은이 J. C. 라일
옮긴이 장호준
펴낸이 박종현

(주) 복 있는 사람
주소 서울특별시 마포구 연남동 246-21 (성미산로 23길 26-6)
전화 02-723-7183(편집), 7734(영업·마케팅)
팩스 02-723-7184
이메일 hismessage@naver.com
등록 1998년 1월 19일 제1-2280호

ISBN 978-89-6360-108-3

Practical Religion
by J. C. Ryle

First edition was originally published in 1878 in English under the title
Practical Religion
All rights reserved.
This Korean edition Copyright © 2013 by The Blessed People Publishing Co., Seoul, Korea.

이 책의 한국어판 저작권은 (주) 복 있는 사람이 소유합니다.
신저작권법에 의해 한국 내에서 보호를 받는 저작물이므로 무단전재와 복제를 금합니다.

차례

머리말 _ 9

1장 자기성찰 _ 13

2장 분발 _ 43

3장 실체 _ 79

4장 기도 _ 99

5장 성경 읽기 _ 143

6장 성찬 _ 201

7장 사랑 _ 229

8장 열심 _ 253

9장 자유 _ 291

10장 행복 _ 317

11장 형식적인 신앙 _ 359

12장 세상　　_ 389

13장 재물　　_ 425

14장 최고의 친구　　_ 459

15장 병　_ 483

16장 하나님의 가족　　_ 515

17장 본향　_ 539

18장 하나님의 후사　　_ 555

19장 큰 무리　_ 591

20장 위대한 분리　　_ 609

21장 영원　_ 651

후기　_ 673
주　_ 683

머리말

여러분이 손에 들고 있는 이 책은 이미 「오직 한 길」(*Knots Untied*)과 「옛길」(*Old Paths*)이라는 제목으로 출간된 두 권의 책과 짝을 이루도록 쓴 책입니다.

「오직 한 길」은 오늘날 교인들 사이에 논란이 될 만한 주제들을 형성하는 주된 원리들을 다룬 글들을 체계적으로 묶은 책입니다. 이 책에서는 교회의 본질, 목회, 세례, 중생, 성찬, 성찬에서의 그리스도의 실재, 예배, 고해, 안식일과 같은 교인들 사이에서 여전히 의견이 분분한 문제들에 관심하는 사람들이 읽도록, 이런 문제들을 어느 정도 충분히 다루었습니다.

「옛길」은 일반적으로 구원에 필요하다 여겨지는 복음의 주된 교리들을 다룬 글들을 묶은 책입니다. 성경의 영감, 죄, 칭의, 사죄, 회개, 회심, 믿음, 그리스도의 사역, 성령의 사역 등이 이 책에서 다루는 주제들입니다.

여러분이 들고 있는 이 책 「믿음으로 살라」는 "믿음의 실천"에 관한 글들을 모은 책으로, 일상을 사는 신자의 의무, 경험, 위험, 그리고 신앙을 고백하고 스스로를 참된 신자로 알고 사는 모든 사람들이 누리는 특권 등을 다루고 있습니다. 이전에 「거룩」(Holiness)이라는 제목으로 출간한 책과 연계하여 읽으면, 신자 개개인이 어떤 사람이 되어야 하고, 어떻게 살아야 하며, 무엇을 기대하며 살아야 할지에 대해 깨달을 수 있을 것입니다.

이 세 권의 책에 공통적으로 포함된 특징이 하나 있습니다. 이 책을 시작하기 전에 분명하게 밝히고 가는 게 좋을 것 같아 언급합니다. 시종일관 복음주의적 교인들의 관점을 염두에 두고 글을 썼고 이들의 입장을 견지했습니다.

일부러 이 사실을 강조합니다. 오늘날 복음주의 교인으로 산다는 것이 그렇게 사람들이 좋아하지도 않을뿐더러 인기도 없습니다. 오히려 많은 사람들이 멸시하고 그들의 눈에 보기에 전혀 "흠모할 모양"도 아닙니다. 드러내 놓고 복음주의적 입장을 밝히면 어떤 지역에서는 비웃음을 사기도 하고, "못 배우고 무식한 사람"이라 여겨지기 일쑤입니다. 하지만 사람들의 그런 태도는 아무래도 좋습니다. 복음주의의 이해를 견지한다는 것이 제게는 전혀 부끄러운 일이 아닙니다. 사십 년간의 성경 읽기와 기도, 묵상과 신학연구를 통해 제 자신이 더더욱 공고하게 "복음주의" 신앙에 착념하고 그 어느 때보다 이 신앙으로 만족해 하는 것을 봅니다. 복음주의 신앙은 오랜 시험과 연단을 잘 견디고 검증된 신앙입니다. 제가 아는 한 이보다 더 나은 신앙체계는 없습니다. 그리고 저는 이 믿음으로 살다가 죽기를 바랍니다.

분명한 사실은, 제가 발 딛고 서고자 하는 다른 신앙의 토대는 없다는 것입니다. 복음주의 신앙에 전혀 오류가 없다는 말도 아니고, 다른 사람을 판단하고 싶은 마음도 없습니다. 하지만 해를 거듭하고 성경을 읽고 연구할수록, 복음주의 원리들이야말로 성경의 원리요, 국교회 신앙고백서와 기도서가 말하는 원리요, 영국의 개혁주의 교회의 쟁쟁한 목사들이 주창했던 원리들이라는 확신이 더해 갈 뿐입니다. 이런 이해를 견지하고 살아가는 사람으로서 지금까지 제가 쓴 글들과 다른 글은 쓸 수도 없고 써지지도 않습니다.

성령 하나님께서 이 책을 읽게 될 많은 영혼에게 도움과 유익을 주시기만을 간구하며 이제 이 책을 펴냅니다.

1878년 11월
리버풀에서
J. C. 라일

1장
자기성찰

우리가 주의 말씀을 전한 각 성으로 다시 가서 형제들이 어떠한가 방문하자.
(행 15:36)

이것은 1차 선교여행을 마친 후 사도 바울이 바나바에게 했던 제안입니다. 자신들을 통해 세워진 교회들이 어떻게 서 가는지 다시 가서 돌아보자는 말입니다. 각 교회마다 지체들이 믿음에 견고히 서 있는지, 은혜 안에서 자라고 있는지, 신앙의 진보를 나타내고 있는지, 더욱 풍성한 믿음을 누리고 있는지 보자는 것입니다. "형제들이 어떠한가 방문하자."

얼마나 지혜롭고 훌륭한 제안인지 모릅니다. 이 시대를 살아가는 우리 역시 이 말씀을 마음에 두고 우리 삶에 적용해야 합니다. 하나님 앞에서 어떻게 행하고 있는지 자신의 삶을 잘 살펴보아야 합니다. 우리 삶이 어떠한지 잘 살펴보아야 합니다. 여러분 모두가 이 글을 읽는 동안 저와 함께 스스로를 돌아보는 일에 참여하기를 바랍니다. 어느 때고 자신의 신앙을 돌아보는 일이 필요했다고 한다면, 지금이라고 예외가 될 수는 없습니다.

지금은 특별한 영적 특권을 누리는 시대입니다. 세상이 시작된 이래 최근 영국의 환경만큼 영혼 구원을 위해 이로운 때도 없었습니다. 지금처럼 신앙의 표지들이 많이 드러나고, 많은 설교들이 행해지고, 교회와 채플마다 이렇게 많은 예배가 드려지는 때가 없었습니다. 성경은 물론 온갖 신앙서적과 소책자가 쏟아져 나오고, 수많은 선교회가 헌신하며, 사회가 기독교 신앙에 대해 지금처럼 큰 존경을 나타낸 때도 없었습니다. 백 년 전만 해도 상상조차 할 수 없었던 일들이 곳곳에서 일어나고 있습니다. 회심하지 않은 사람들에게 복음을 전하는 가장 담대하고 적극적인 노력을 감독들이 지지하고 있습니다. 교회의 주임 사제들이 주일 저녁 예배를 위해 본당을 개방하기까지 합니다! 까다롭기로 소문난 고교회 학교가 특별 사업을 허락하고, 복음주의 교회 형제들에게 질세라 주일에 교회 가는 것만으로는 천국에 갈 수는 없다고 앞다퉈 선포하기까지 합니다. 영국이 국가로 존재한 이래 그 유래를 찾아볼 수 없을 정도로 신앙에 대한 관심이 일어나고 있습니다. 심지어 가장 똑똑한 무신론자와 회의론자들까지도 이런 사실을 부정하지 못할 정도입니다. 윌리엄 로메인(William Romaine), 헨리 벤(Henry Venn), 존 베리지(John Berridge), 대니얼 로울랜드(Daniel Rowlands), 윌리엄 그림쇼(William Grimshaw), 제임스 허비(James Hervey)가 자신들이 죽은 지 한 세기 만에 이런 일들이 일어난다는 소리를 듣는다면, 사마리아 장관처럼 "여호와께서 하늘에 창을 내신들 어찌 이 일이 있으랴" 하며 곧이듣지 않았을 것입니다(왕하 7:19). 하지만 정말 하나님께서 하늘의 창을 여셨습니다. 로메인이 살았을 당시 영국 전역에서 일 년 동안 선포되었을 복음과 예수 그리스도를 믿는 구원의 길에 대한 가르침보다 더 많은 양의 가르침이 단 일주일 만에 선포되고 있습니다. 그러므로 우리가 영적인 특권을 누리는 시대를 산다는 말은 과장이 아닙니다. 적어도 환경적으로는 그렇습니다. 하지만 그렇다고 우리가 더 나아졌느냐 하면 그것은 아닙니다. 지금이 영적으로 큰 은택을 누리는 시대인 것만은 틀림없지만, 정작 "우리가 스스로의 영혼을 어떻게 대하고 있는가?"에 대해 묻지 않을 수 없습니다.

사실 우리가 사는 이 시대는 영적으로 아주 위험한 때입니다. 유사 이래로 지금처럼 형식적인 신앙고백이 만연한 때도 없었을 것입니다. 가슴 아픈 일이지만 마음으로부터 믿는 신앙이 무엇인지 모르고, 성찬에 참여하지도 않으며, 일상에서 그리스도를 고백해 본 적도 없는 회심하지 않은 사람들이 이 땅의 교회 교인들의 상당 부분을 차지합니다. 많은 이들이 특별한 설교를 듣기 위해 마음에 맞는 설교자를 찾아 이리저리 분주하게 옮겨 다니면서도 정작 가정에서는 생명력 있는 기독교 신앙을 전혀 살아 내지 못하고 있습니다. 빈 수레나 요란한 꽹과리와 같은 자들입니다.[1] 씨 뿌리는 자의 비유만큼 이런 가슴 아픈 현실을 생생하고 적절하게 묘사하는 것도 없습니다. 길가, 돌밭, 가시 떨기와 같은 마음으로 설교를 듣는 사람들 천지입니다.

오늘날 신앙을 고백하는 많은 사람들의 삶을 보면 술기운이 떨어질까 봐 계속해서 영적인 술을 들이키려고 애를 쓰는 것처럼 보입니다. 이들은 항상 새로운 흥분거리를 갈구합니다. 거의 병적입니다. 흥분을 주는 것이라면 무엇이든 개의치 않는 것처럼 보입니다. 이런 사람들에게 모든 설교는 비슷비슷합니다. 회중석에 앉아서 자신이 바라는 소리를 해주는 새로운 설교를 들을 수 있기만 하면 되기 때문에 "설교들이 어떻게 다른지" 분간하지도 못하는 것 같습니다. 무엇보다도 고약한 점은, 아직 믿음이 견고하지 못한 어린 신자들이 이런 영적 도착에 큰 영향을 받아 흥분거리를 추구하는 것을 당연하게 생각한다는 사실입니다. 그러다 보면 자신도 모르는 사이에 흥분을 주는 감정적이고 감상적인 신앙을 갖게 됩니다. 아덴 사람들처럼 "옛길"로는 만족하지 못하고 항상 새로운 무엇을 찾아 기웃거릴 뿐입니다. 자만, 허영, 아집에 차 있어서 무엇을 배우기보다는 먼저 가르치려 드는 것이 아니라, 날마다 그리스도를 닮아 가는 일에 힘쓰며 이름도 빛도 없이 잠잠히 그리스도의 일을 힘써 행하는 젊은 신자들을 찾아보기가 얼마나 어려운지요! 안타까운 일이지만, 입대하면서 받은 하사금이 아직 남아 있는 것만 믿고 기고만장한 신병마냥 함부로 행동하는 어린 신자들이 많습니다. 이들이 선배 그리스도인들을 얕보고 비판하면서 보이는 온갖 성급함과 요란스러움은, 자신이 얼마나 경박하고 자신의 마음에 대해 얼마나 무지한지를 드러냅니다! 스스로 지혜 있고 균형 잡힌 사람으로 여기고 자기 주장만을 되풀이합니다! 믿음을 고백하는 이 시대의 많은 젊은 이들이 "온갖 교훈의 풍조에 밀려" 잠시 이리저리 방황하고 요동할지언정, 하찮은 것을 꼬투리 잡아 비판만 일삼는 경박하고 저급하고 편협한 분파에 속하거나, 지각없고 무분별하고 변덕스러운 이단 사설을 받아들이는 지경에까지 이르지 않는다면 그나마 나을 것입니다. 이러한 상황을 볼 때, 이 시대야말로 자기를 살펴보는 일이 너무나 시급합니다. 주변의 상황이 돌아가는 것을 볼 때 "나는 지금 내 영혼을 돌아보고 있는가?" 하고 묻지 않을 수 없습니다.

단시간에 이 물음을 다루는 가장 효과적인 길은, 자신을 돌아보기 위한 목록을 제시해서 그것에 따라 자신의 모든 영역을 면밀하게 하나씩 살펴보는 것입니다. 그러므로 이 글이 여러분 모두의 삶 하나하나를 건드릴 수 있기를 바랍니다. 여러분이 잠시나마 진중하게 자신을 돌아볼 수 있기를 바랍니다. 이렇게 함으로써 저 자신은 물론 저와 함께 이 일에 참여하는 사람들에게도 무엇인가 필요한 이야기를 할 수 있게 되기를 바랍니다. 저는 그들의 대적이 아닌 그들의 친구로서 이야기할 것입니다. "내 마음에 원하는 바와 하나님께 구하는 바는 이스라엘을 위함이니 곧 그들로 구원을 받게 함이라"(롬 10:1). 귀에 거슬리고 가혹하게 들린다 할지라도 그냥 들어주십시오. 진실을 말하는 친구가 가장 좋은 친구입니다.

먼저, 한 가지 묻겠습니다. 여러분은 자신의 영혼을 위한 고민을 합니까? 많은 영국 사람들이 이 물음에 만족스러운 대답을 하지 못할까 두렵습니다. 신앙 문제에 대해 전혀 아랑곳하지 않는 사람들이 있습니다. 새해 벽두부터 그 해의 마지막 날까지 사업, 쾌락, 정치, 경제, 이런저런 종류의 자기탐닉에 빠져 살아갑니다. 죽음과 심판,

영원, 천국, 지옥, 내세를 진중하게 바라보고 숙고할 기미는 조금도 보이지 않습니다. 죽음과 부활, 하나님의 심판대 앞에 서는 일이나 영원한 심판은 결코 자기와 상관없는 일처럼 살아갑니다! 그렇다고 대놓고 신앙을 거부하지는 않습니다. 그렇게 할 만큼 신앙에 대해 충분히 숙고하며 살지 않기 때문입니다. 하지만 신앙이 실체 없는 허무맹랑한 소설인 양, 먹고 마시며 잠자고 돈을 벌고 쓰는 일에 몰두합니다. 이런 사람들은 로마 가톨릭 신자도 아니고, 소시니안주의자(Socinians)도, 무신론자도, 고교회파(High Church)도, 저교회파(Low Church)도, 광교회파(Broad Church)도 아닙니다. 자신이 믿는 바에 대해서 고민도 하지 않기 때문입니다. 불편하고 힘들어질까 봐 깊이 생각하지 않습니다. 이보다 더 지각없고 불합리한 삶의 방식도 없을 것입니다. 하지만 이들은 이런 부분에 대해 생각하려고 하지 않습니다. 질병에 걸리거나 가족 중에 초상이 나거나 사고를 당했을 때 잠시 놀라는 것 외에는 하나님에 대한 생각을 아예 하지 않습니다. 이런 생각을 하지 않을 수 없는 난관에 봉착하지 않는 한 신앙은 전혀 거들떠보지 않는 것처럼 보입니다. 또한 마치 이 세상 외에는 생각할 것이 전혀 없기라도 한 것처럼 안일하고 나태한 삶을 이어 갑니다.

 불멸하는 피조물이 살아가는 삶 중에 이처럼 무가치한 삶도 없을 것입니다. 사람을 짐승의 수준으로 끌어내리는 삶입니다. 하지만 많은 사람들이 실제 이렇게 살아갑니다. 이런 사람들이 떠나도 그들과 같은 무수한 사람들이 그 자리를 대신합니다. 끔찍하고 애처롭고 역겨운 일이 분명하지만 불행하게도 이는 부정할 수 없는 사실입니다. 모든 대도시, 시장, 증권시장, 클럽에 가 보면 이런 종류의 사람들을 어렵지 않게 봅니다. 해 아래 있는 모든 것에 대해 생각하면서도 정작 필요한 한 가지―자기 영혼의 구원―는 생각하지 않는 사람들입니다. 저 옛날 유대인들처럼 "자신들의 발걸음을 숙고"하지 않습니다. "자신의 마지막 날에 대해서도 생각"하지 않고, "악을 행하면서도 깨닫지 못함"니다(사 1:3, 학 1:7, 신 32:29, 전 5:1). 갈리오와 마찬가지로 "이 일을 상관하지" 않는 사람들입니다. 안중에도 없습니다(행 18:17). 세상은 번성하고 돈을 많이 모으고 성공한 사람들을 칭송하고 존경합니다. 성공만큼 사람들의 이목을 끄는 것도 없습니다! 하지만 아무리 큰 성공을 해도 영원히 살지는 못합니다. 죽음을 맞닥뜨리고 하나님의 심판대 앞에 서야 합니다. 그러면 이들의 최후는 어떠하겠습니까? 이런 부류의 사람들이 얼마나 많은지요. 그렇기 때문에 여러분이 이런 부류에 속했는지 묻는다고 새삼스레 놀랄 필요는 없습니다. 만약 그렇지 않다면 여러분 집 문설주에 표식이 있어야 합니다. 두 세기 전 역병이 훑고 지나간 지역의 한 집 문설주에 "주여, 우리를 불쌍히 여기소서"라는 글이 새겨져 있었던 것처럼 말입니다. 지금까지 묘사한 부류의 사람들을 잘 보십시오. 그리고 과연 자신의 영혼도 그러한지 살펴보십시오.

두 번째로, 여러분은 자신의 영혼을 위해 하고 있는 일이 있습니까? 자신의 신앙에 대해 생각은 하지만, 안타깝게도 그 이상 나가지 않는 사람들이 많습니다. 설교를 통해 자극을 받았다든지, 장례식에 참여했다든지, 병에 걸려 힘들어한다든지, 예배를 드린 주일 저녁에

라든지, 가정에 힘든 일이 있다든지, 탁월한 본이 되는 그리스도인을 만났다든지, 도전이 되는 신앙서적이나 전도지를 받아 보았다든지 하는 때에는 신앙에 대해 생각합니다. 모호하기는 해도 속내를 털어놓기까지 합니다. 하지만 그것이 전부입니다. 신앙에 대해 생각하고 이야기하는 것으로 자신이 구원받기라도 하는 것처럼 말입니다. 구원에 이르기를 항상 바라고, 그렇게 다짐하고, 또 그것을 목적으로 삼기까지 합니다. 무엇이 옳은지를 "안다"고 하고, 결국에 그 옳은 편에 있는 사람으로 발견되기를 "바란다"고 하지만, 그것을 위해 구체적인 행동을 하지는 않습니다. 세상과 죄 아래 종 노릇 하는 데서 떠나지 않습니다. 십자가를 지고 그리스도를 따르지는 않습니다. 자신의 기독교 신앙을 따라 적극적으로 행동하지 않습니다. "얘야, 오늘은 포도원에 가서 일을 해라"는 아버지의 말에 "아버지, 가겠나이다"는 대답만 하고 가지 않은 아들처럼 말입니다(마 21:30). 에스겔 예언자가 말하는 것처럼, 그의 설교 듣기는 좋아하면서 정작 들은 대로 살지는 않는 사람들입니다. "백성이 모이는 것 같이 네게 나아오며 내 백성처럼 네 앞에 앉아서 네 말을 들으나 그대로 행하지 아니하니 이는 그 입으로는 사랑을 나타내어도 마음으로는 이익을 따름이라. 그들은 네가 고운 음성으로 사랑의 노래를 하며 음악을 잘하는 자 같이 여겼나니 네 말을 듣고도 행하지 아니하거니와"(겔 33:31-32). 이런 시대에는 행함은 없으면서 듣고 생각하는 것만 무성합니다. 제가 왜 이렇게까지 자기를 면밀히 돌아보라고 하는지를 이해하는 사람을 찾아보기가 쉽지 않습니다. 그러므로 여러분, 본문이 말하는 것처럼 "나는 내 영혼을 잘 돌아보고 있는가?" 자문하며 면밀히 자신을 살펴보기 바랍니다.

세 번째로, 여러분은 형식적인 신앙으로 자신의 양심을 누그러뜨리려고 하지 않습니까? 오늘날 영국에는 형식적인 신앙이라는 암초에 걸린 사람들이 수없이 많습니다. 저 옛날 바리새인과 같이 기독교 신앙의 영적인 부분은 소홀히 하면서 외적인 부분에만 몰두합니다. 예배당에서 드리는 모든 예배는 빠지지 않고 참석합니다. 예배의 모든 형식과 규례에 정기적으로 참여하기 위해 애씁니다. 성찬식에도 빠져 본 적이 없습니다. 이런 사람들은 주로 사순절을 가장 엄격하게 지키고 성인들의 날에 큰 의미를 부여합니다. 자신이 속한 교회, 교파나 회중에 대한 애착과 열심이 정말 강합니다. 그래서 자신이 속한 교파나 교회와 입장이 다른 사람들과 논쟁하기를 마다하지 않습니다. 하지만 이 모든 열심에도 불구하고 그들의 신앙에는 가슴이 없습니다. 이들과 가까이 지내는 사람은 누구라도 이들이 하늘에 속한 것이 아닌 이 땅에 속한 것에 열심을 내고 있음을 어렵지 않게 알 수 있습니다. 내면적인 기독교 신앙의 결핍을 과도한 형식들로 메우려는 사람임을 금방 알 수 있습니다. 이런 형식적인 신앙은 아무런 유익을 가져다주지 못합니다. 아무런 만족도 주지 못합니다. 형식을 가장 중요한 것으로 삼고 애초부터 잘못된 신앙을 추구해 왔기 때문에 내면의 기쁨과 평강에 대해서는 전혀 알지 못합니다. 끊임없이 수고만 할 뿐 삶에도 만족이 없습니다. 속으로 무엇인가 잘못되었음을 느끼지만 무엇이 어떻게 잘못되었는지 알지 못합니다. 이렇게 한 걸음씩 형식적인 신앙을 향해 가는 사람은 결국 절망 가운데 교황주의라고 하는 치명적인 나락으로 곤두박질치고 맙니다! 형식적인 그리스도인들이 넘쳐 나는 가슴 아픈 현실을 생각할 때, 엄밀한 자기성찰의 중요성은 아무리 강조해도 지나침이 없습니다. 여러분이 자신의 생명을 소중히 여기고 사랑하는 사람이라면, 가라지와 같은 신앙으로 만족하지 마십시오. 당시 유대의 형식주의자들을 향해 우리 주님이 하신 말씀을 기억하십시오. "사람의 계명으로 교훈을 삼아 가르치니 나를 헛되이 경배하는도다 하였느니라 하시고"(마 15:9). 우리 영혼이 천국에 이르기 위해서는 교회를 열심히 다니고 성찬에 참여하는 것만으로는 안 됩니다. 그 이상이 필요합니다. 은혜의 방편과 신앙의 형식은 분명한 위치와 가치가 있습니다. 하나님께서 이런 방편과 형식을 통해 일하시는 것도 사실입니다. 하지만 안전히 포구에 이르도록 뱃길을 비춰 주기 위해 세워진 등대에 오히려 좌초되지 않도록 조심해야 합니다. 다시 묻습니다. "여러분 영혼의 구원을 위해 무엇을 하고 있습니까?"

네 번째로 이렇게 묻고 싶습니다. 여러분은 여러분의 죄를 용서받았습니까? 이성을 가진 사람이라면 자신이 죄인이라는 사실을 부인할 사람은 없습니다. 그중 많은 사람들이 자신은 다른 사람들처럼 나쁜 사람이 아니고, 악하게 살아온 것이 아니라고 생각할 것입니다. 하지만 살아온 내내 그릇된 생각이나 행동이나 말은 한 번도 해본 적이 없고 항상 천사와 같이 살았다고 말할 사람은 없을 것입니다. 요컨대 죄인인 우리는 어떤 식으로든 자신을 하나님 앞에 죄책을 가진 "죄인"이라 고백할 수밖에 없습니다. 죄인인 우리가 죄를 용서받지 않으면 마지막 날에 영원히 정죄 받고 잃어버린 자로 드러날 수밖에 없습니다. 이런 우리가 필요로 하는 죄 용서―값없이 주어지는 온전하고 완전하고 영원한 사죄―를 주는 것이 바로 우리가 믿는 기독교 신앙의 영광입니다. 대부분의 영국 사람들이 어렸을 때부터 배워 알고 있는 사도신조의 중심 내용입니다. "죄를 사해 주시는 것을 믿습니다." 하나님의 영원한 아들 우리 주 예수 그리스도가 이 용서를 피로 값 주고 사신 것입니다. 우리의 구주가 되시기 위해 이 세상에 오셔서 우리의 대속물로서 우리를 대신해 사시고 죽으시고, 다시 사심으로 획득하신 것입니다. 우리를 대신해 십자가에서 피를 쏟으시고 우리 죄를 속량하심으로 죄값을 치르셨습니다. 그렇다고 모든 사람이 위대하고 온전하고 영광스러운 사죄의 은택을 누리는 것은 아닙니다. 교회의 회원이 된다고 누리는 것도 아닙니다. 각 개인이 친히 믿음으로 받는 것입니다. 믿음으로 붙잡고, 믿음으로 자기 것을 삼아, 믿음으로 누리는 것입니다. 그렇지 않으면 적어도 그 사람에 관하여 그리스도는 헛되이 죽으신 것입니다. "아들을 믿는 자에게는 영생이 있고 아들에게 순종하지 아니하는 자는 영생을 보지 못하고 도리어 하나님의 진노가 그 위에 머물러 있느니라"(요 3:36). 이보다 더 간단명료하고 사람에게 꼭 들어맞는 말은 없습니다. 저 옛날 라티머(Latimer) 주교가 말한 것처럼, 칭의는 "그저 믿음으로 받아 가지는 것"입니다. 믿음만 있으면 됩니다. 구원받고자 하는 영혼이 겸손하게 전심으로 의지하는 것을 가리켜 믿음이라고 합니다. 예수님은 죄인을 구원하실 수 있고 또 기꺼이 구원하십니다. 사람이 믿으면 즉시 의롭다 함을 받고 죄 용서를 받습니다.

그러나 믿지 않으면 죄 용서는 없습니다.

그리스도 예수 안에만 죄사함이 있습니다. 많은 사람들이 이 사실을 잘 알고 있습니다. 그럼에도 여기에는 그들이 영원히 잃어버린 자가 될 절박한 위험이 도사리고 있습니다. 동정녀 마리아에게서 나시고 본디오 빌라도 치하에서 십자가에 달려 죽으시고 장사되신 그분 외에는 죄인을 위한 다른 구원자, 다른 구속자, 다른 중보자가 없다고 말은 합니다. 하지만 그것뿐입니다. 더 이상 나아가지 않습니다! 믿음으로 그리스도를 붙들고 그리스도와 더불어 하나가 되며 그들 안에 그리스도를 모시는 데까지 나아가지는 않습니다. 그분은 구원자가 맞지만 "나의 구원자"는 아니라고 말합니다. 구속자가 맞지만 "나의 구속자"는 아니라고 합니다. 제사장은 맞지만 "나의 제사장"은 아니라고 합니다. 중보자는 맞지만 "나의 중보자"는 아니라고 합니다. 이런 사람들은 죄사함을 받지 못하고 살다가 또 그렇게 죽습니다! 마르틴 루터가 "많은 사람들이 소유대명사를 사용할 줄 몰라 망한다"고 한 것도 무리는 아닙니다. 많은 사람들이 이런 상태에 있는 현실을 생각한다면, 죄사함을 받았는지 물어보는 것은 전혀 이상한 일이 아닙니다. 한 경건한 여인이 나이가 들어 이렇게 말했습니다. "나는 어렸을 때 부친을 찾아온 한 노년의 신사와 나눈 이야기를 통해 영생을 얻게 되었습니다. 어느 날 내 손을 가만히 잡은 그는 이렇게 말했습니다. '얘야, 이제 나는 살 날이 얼마 남지 않았단다. 하지만 너는 내가 죽은 후에도 많은 날들을 더 살아야 할 거야. 그러니 이 두 가지를 잊지 말거라. 하나는 우리가 살아 있는 동안 죄를 용서받아야 한다는 것이고, 다른 하나는 죄를 용서받은 사람은 그것을 알고 느낄 수 있다는 것이다.'" 우리는 어떻습니까? 주기도문이 말하는 것처럼 우리가 용서받았음을 "알고 느낄" 때까지 결코 쉬지 말아야 합니다. 다시 한 번 묻습니다. 죄사함과 관련하여 "여러분은 어떻게 하고 있습니까?"

다섯 번째로, 여러분에게서 하나님께로 돌이킨 회심의 증거가 분명히 드러납니까? 회심 없이는 구원도 없습니다. "너희가 돌이켜 어린아이들과 같이 되지 아니하면 결단코 천국에 들어가지 못하리라"(마 18:3). "사람이 거듭나지 아니하면 하나님의 나라를 볼 수 없느니라"(요 3:3). "누구든지 그리스도의 영이 없으면 그리스도의 사람이 아니라"(롬 8:9). "그런즉 누구든지 그리스도 안에 있으면 새로운 피조물이라"(고후 5:17). 우리는 모두 본성적으로 연약하고 세속적이고 이 땅의 것에 과도하게 마음을 쏟고 죄로 이끌리기 때문에, 전적으로 돌이키지 않고서는 사는 동안 하나님을 섬기는 것은 물론 죽은 후에도 하나님을 즐거워할 수 없습니다. 알에서 부화하자마자 본능적으로 물로 뛰어드는 오리와 같이, 어린아이도 무엇을 조금이라도 할 수 있게 되면 이기심과 거짓과 속임을 쫓아갑니다. 기도나 섬김 같은 것은 배우지 않으면 할 수도 없습니다. 지위고하, 빈부귀천을 막론하고 우리는 모두 성령만이 이루실 수 있는 있는 완전한 변화가 필요합니다. 그것을 무엇이라고 부르든 상관없습니다. 새로운 출생이라고 하든, 중생이라고 하든, 갱신이라고 하든, 새창조라고 하든, 다시 살리심을 받는 것이라고 하든, 회개라고 하든 상관없습니다. 하지만 분명한 사실은 구원받기 위해서는 새롭게 되어야 한다는 것입니다. 또 새롭게 되었다면 누구나 알 수 있게 그것이 드러납니다.

    죄를 자각하고 마음으로부터 그것을 미워하고, 그리스도를 믿고 사랑하며, 거룩을 즐거워하고 그것을 더 갈망하며, 하나님의 백성을 사랑하고 세상에 속한 것들을 혐오하는 모습이야말로 회심과 더불어 나타나는 부인할 수 없는 표지입니다. 두려운 사실은 그리스도인이라 불리는 주변의 많은 사람들에게서 이런 표지를 찾아볼 수 없다는 점입니다. 성경의 말을 빌리면, 이런 사람들은 죽은 자요, 잠자는 자요, 소경이요, 하나님 나라에 합당하지 않은 자들입니다. 매년 "성령을 믿사오며"라고 사도신조를 반복해서 되뇌지만, 속사람을 새롭게 하시는 성령의 역사에 대해서는 조금도 알지 못합니다. 세례 받고, 교회에 다니고, 성찬에도 참여하는 것으로 자신은 거듭난 사람이라고 위안을 삼아 보지만, 사도 요한이 자신의 첫 번째 서신에서 묘사하는 새로운 출생의 표지가 나타나지 않습니다. 하나님의 말씀은 항상 단순하고 분명합니다. "너희가 돌이켜 어린아이들과 같이 되지 아니하면 결단코 천국에 들어가지 못하리라"(마 18:3). 상황이 이렇다 보니 회심의 주제를 심각하게 다루지 않을 수 없습니다. 오늘날과 같이 온갖 종교적 자극이 난무하는 시대에는 거짓 회심이 급증합니다. 하지만 악화가 있다는 것이 곧 양화가 없다는 말은 아닙니다. 오히려 모방할 만한 가치가 있는 양화가 있다는 말이고, 악화는 그것을 모방한 것에 불과합니다. 위선자와 유사 그리스도인들이 있다는 것이야말로 진정한 은혜의 역사를 누리는 사람들이 있다는 말입니다. 그렇다면 우리는 각자의 마음을 잘 살펴보아 자신이 지금 어떤 상태인지 볼 수 있어야 합니다. 그러므로 다시 한 번 이렇게 묻지 않을 수 없습니다. 회심과 관련하여 "여러분은 어떻습니까?"

여섯 번째로, 여러분은 기독교 신앙이 말하는 실천적인 거룩에 대해 알고 있습니까? 성경은 분명히 "거룩함이 없이는 아무도 주를 보지 못하리라"고 말씀합니다(히 12:14). 마찬가지로 분명한 사실은 거룩은 구원받는 믿음이 반드시 결실할 수밖에 없는 열매요, 거듭남을 확인하는 시금석이요, 은혜 안에 거하는 분명한 증거요, 그리스도와 누리는 생명의 연합에 따른 필연적인 결과라는 것입니다. 여기서 말하는 거룩이란 전혀 허물이 없는 절대적인 완전이 아닙니다. 이 땅에 그런 것은 없습니다! 몇 달간 "하나님과의 중단 없는 친교"를 누렸다는 사람들이 지껄이는 무모한 말들은 비난받아 마땅합니다. 어린 신자들의 마음에 비성경적인 기대를 불러일으키고 그들에게 해를 끼치는 말들이기 때문입니다. 절대적 완전은 천국에서나 가능합니다. 연약한 육신과 악한 세상, 끊임없이 삼킬 영혼을 찾아 혈안이 된 마귀가 있는 이 땅에서는 있을 수 없습니다. 또한 끊임없이 싸우고 분투하지 않으면 진정한 그리스도인의 거룩은 결코 얻을 수도 유지될 수도 없습니다. 개인적인 수고와 노력이 없이도 시간이 가면 저절로 성화가 이루어진다거나 그리스도인들은 가만히 있어도 모든 일이 그들에게 유익한 것으로 드러난다는 말은, "내가 내 몸을 쳐 복종하게 함은"이라고 고백한 사도 바울이 들으면 경악할 소리입니다!

그러나 가장 탁월한 그리스도인에게 있는 거룩조차 연약하고 불완전한 것임에도 불구하고, 그것은 참된 거룩입니다. 소금과 빛으로서의 모든 특징을 고스란히 담고 있습니다. 거창하고 요란한 신앙고백은 아닐지라도 더욱 명증하게 드러나 보입니다. 진정한 성경적 거룩을 가진 사람은 가정에서든 어디서든 신자로서의 의무를 다합니다. 일상의 자잘한 시험을 통해 자신이 믿는 교리를 더욱 아름답게 단장합니다. 이런 거룩은 적극적인 은혜는 물론 소극적인 은혜를 통해서 드러납니다. 거룩하고, 친절하고, 온유하고, 이타적이고, 온순한 사람이 되게 합니다. 다른 사람을 배려하고, 사랑하고, 겸손하고, 용서하게 합니다. 세상을 떠나 동굴에서 지내는 은자처럼 사는 것이 거룩이 아닙니다. 거룩은 하나님께서 부르신 자리에서 기독교 신앙의 원리와 그리스도께서 보이신 모범을 따라 자신의 의무를 다하는 것입니다. 물론 이런 거룩은 흔한 것이 아닙니다. 이처럼 실제적인 기독교 신앙을 오늘날 찾아보기란 여간 어려운 것이 아닙니다. 하지만 그렇다고 해서 우리 주님과 그분의 사도들을 통해 드러난 거룩에 대한 성경의 기준이 달라진 것은 아닙니다. 그러므로 지금과 같은 시대에 사람들의 관심을 이 주제로 불러일으키려고 한다고 해서 의아해 할 필요는 없습니다. 다시 한 번 묻습니다. 성경이 말씀하는 거룩에 비추어 볼 때 우리의 모습은 어떻습니까? 이 문제와 관련하여 "여러분은 어떻게 하고 있습니까?"

일곱 번째로, 여러분은 하나님이 정하신 은혜의 방편을 제대로 누리고 있습니까? 은혜의 방편이라고 할 때 저는 다섯 가지 주된 일들—성경 읽기, 개인기도, 공예배, 성찬, 주일 성수—을 염두에 두고 말합니다. 은혜의 방편은, 성령으로 말미암아 사람의 마음에 은혜를 주시고 그 은혜를 받은 사람들이 신령한 삶을 살아가도록 북돋우기 위해 하나님께서 은혜로 정하신 것들입니다. 세상이 계속되는 한, 인간 영혼의 상태는 항상 은혜의 방편을 사용하는 방식과 태도에 따라 크게 영향을 받을 것입니다. 일부러 방식과 태도라는 표현을 사용했습니다. 이런 은혜의 방편에 정기적으로 참여하는 사람들은 그것을 누리는 것이 무엇인지 잘 모르는 경우가 많습니다. 형식적으로만 지키기 쉽습니다. 의무감에 참여하기는 하지만 관심이나 감흥이나 애착은 없습니다. 거룩한 방편을 형식적이고 기계적으로 사용하면 전혀 유익이 없을 것이라는 것은 상식적으로 생각해 봐도 알 수 있습니다. 이런 방편을 우리가 어떻게 느끼고 있는지는 우리 영혼의 상태에 대해 많은 것을 말해 줍니다. 하나님과 그분의 그리스도에 대해 읽는다고 하면서 단지 의무감이나 만족감을 위해 읽는다면 어떻게 그 사람이 하나님을 사랑한다고 말할 수 있겠습니까? 개인기도를 통해 친구에게 하듯 은밀하게 자기 마음을 그리스도께 쏟아놓은 적이 없고, 고작해야 "기도"라는 미명하에 별 생각 없이 아침저녁으로 일정한 말들을 되뇌는 사람을 두고 어떻게 그리스도를 만날 준비가 되었다고 할 수 있겠습니까? 안식일을 기억하여 거룩하게 지키는 것을 번거롭고 따분하고 지루하게 여기고, 전심으로 드리는 기도와 찬양에 대해 알지 못하며, 자신이 듣는 설교가 진리인지에 대해 전혀 신경 쓰지 않고, 그마저도 이따금씩 듣는 사람이 있다면 어떻게 이 사람이 천국에서 영원토록 행복할 것이라고 기대하겠습니까? 그리스도의 십자가 죽음과 속죄를 상징하는 떡과 포도주를 받으면서 한 번도 마음이 "그 속에서 뜨거워"져 본 적이 없는 사람의 영적인 상태를 무엇이라 말하겠습니까? 대단히 심각하고 중요한 물음이 아닐 수 없습니다. 은혜의 방편을 천국을 향한 발걸음을 재촉하는 데 사용하지 못하는 사람들에게 그것은 하나님 앞에서 그들의 진정한 상태를 가늠하게 해주는 시금석으로 유용할 뿐입니다. 성경 읽기와 개인기도와 주일 성수와 공예배와 성찬과 관련하여 어떻게 하고 있는지 말하도록 해보십시오. 그러면 금방 그가 어떤 사람인지, 어떤 길을 가고 있는지 알 수 있습니다. 우리는 어떻습니까? 다시 한 번 묻습니다. 은혜의 방편과 관련하여 "여러분은 어떻게 하고 있습니까?"

여덟 번째로, 여러분은 선한 일에 힘쓰고 있습니까? 이 땅에 계시는 동안 우리 주 예수 그리스도는 끊임없이 "선한 일을 행하"셨습니다(행 10:38). 성경 시대의 사도들과 모든 제자들은 항상 그런 주님의 발자취를 따르고자 애썼습니다. 지금이 초대교회 시대라면, 자신만 천국에 갈 수 있다면 다른 사람들은 천국으로 가든 말든, 그들이 행복하게 살고 화평 가운데 죽든 그렇지 못하든 상관하지 않는 사람은 그 속에 그리스도의 영이 없는 괴물과 같은 사람으로 여겨졌을 것입니다. 오늘날은 성경이 말씀하는 것보다 더 낮은 기준으로 살아도 되는 것처럼 생각할 이유가 어디 있습니까? 우리 주님의 때에는 "땅만 버리는 것"으로 여겨 잘라 버렸던 잎만 무성한 나무를 오늘날이라고 그대로 두어도 된다고 생각할 이유가 어디 있단 말입니까?(눅 13:7) 우리가 심각하게 대면해야 할 중요한 물음들이 아닐 수 없습니다.

이웃을 돌보는 일에는 전혀 관심이 없고 오직 자신과 가족들의 필요를 채우는 데만 몰두하는 사람들이 스스로를 그리스도인이라 자처하고 또 그렇게 불리는 시대가 되었습니다. 매년 먹고 마시고 잠자고 옷 입고 일하고 돈 벌고 쓰는 일을 계속합니다. 그러면서도 다른 사람들이 행복한지 불행한지, 잘 지내는지 고통을 당하는지, 회심했는지 안 했는지, 천국으로 가는지 지옥으로 가는지에 대해서는 관심 두지 않는 것처럼 보입니다. 이것이 정상적인 상황입니까? 이렇게 하는 것이 선한 사마리아인의 비유를 말씀하시며 "너도 가서 이와 같이 하라"고 하신 분을 믿는 믿음에 부합합니까?(눅 10:37) 전혀 그렇지 않습니다.

우리가 각 영역에서 해야 할 일들이 너무나 많습니다. 일손이 필요하지 않은 곳이 없습니다. 누구라도 기꺼이 이런 필요에 부응하고자 한다면 유용하게 쓰임 받을 수 있는 문이 활짝 열려 있습니다. 그리스도인으로 영국에 살면서 다른 사람을 위해 선을 행하고 싶은데 그럴 기회가 없어서 못할 사람은 없습니다. 그런 마음만 있으면 기회는 무수히 많습니다. 나누어 줄 동전 한 푼이 없을 정도로 가난한 사람이라도 슬픔을 당하거나 병든 사람에게 자신이 느끼는 깊은 애정과 연민을 나누어 줄 수는 있습니다. 문제 많은 이 세상을 사는 누군가의 비참함을 덜고 위로해 줄 수 있습니다. 하지만 부자든 가난한 자든, 국교도든 비국교도든 상관없이 이 땅에서 그리스도인이라 자처하는 사람들은 대부분 역겨운 이기심에 붙잡혀 선을 행하는 것이 얼마나 존귀한 일인지를 전혀 모르는 것 같습니다. 이런 사람들은 한 시간 내내 세례나 성찬이나 예배 형식이나 국교일치와 같은 문제를 가지고 딱딱한 논쟁을 벌일 능력은 있습니다. 하지만 정작 이웃을 돌보는 데는 전혀 신경 쓰지 않습니다. 비유에 나오는 선한 사마리아인처럼 도움이 필요한 이웃을 돌보기 위해 시간을 내고 이로 인해 초래될 어려움을 감내할 만큼 이웃을 사랑하고 있는지와 같은 보다 분명하고 실천적인 부분에 대해서는 전혀 건드리지 않습니다. 도시나 시골, 교회나 채플 할 것 없이 너무나 많은 교구들에서 참된 사랑이 사라진 것 같습니다. 기독교 신앙을 통해 얻을 수 있는 것이라고는 비루한 당파심과 언쟁뿐인 것 같습니다. 때가 이렇다 보니 이 해묵은 주제를 여러분의 양심에 계속해서 불러일으키지 않을 수 없습니다. 선한 사마리아인이 이웃에게 보여준 진정한 사랑에 대해 우리는 과연 얼마나 알고 있습니까? 주변의 친구나 친척, 자신과 대의를 같이하는 사람들 외에 다른 사람들에게 선을 베풀어 본 적이 있습니까? 항상 "두루 다니시며 선을 행하시고" 제자들에게 자신의 "본을 받아" 그대로 하라고 말씀하신 분의 제자답게 살고 있습니까?(요 13:15) 그렇지 않다면 심판 날에 무슨 면목으로 그분을 대면하겠습니까? 이 부분과 관련하여 우리 영혼은 지금 어떻습니까? 다시 묻습니다. "여러분은 지금 선한 일에 힘쓰고 있습니까?"

아홉 번째로, 여러분은 일상에서 그리스도와의 교제를 누리는 삶이 무엇인지 알고 있습니까? "교제"라는 말은 요한복음 15장에서 우리 주님이 그리스도인의 열매 맺는 삶의 핵심으로서 말씀하시는

"그리스도 안에 거하는" 습관을 말합니다(요 15:4-8). 그리스도와의 연합과 그리스도와의 교제를 혼동해서는 안 됩니다. 이 두 가지를 구별할 줄 알아야 합니다. 먼저 그리스도와 연합하지 않으면 그리스도와의 교제는 있을 수 없습니다. 그러나 안타깝게도 그리스도와 연합했으면서도 그리스도와의 교제가 거의 없거나 아예 없을 수는 있습니다. 이 둘의 차이는 별개의 평면을 가진 서로 다른 두 계단의 차이라기보다는 기울어진 평면에서 높이가 다른 이쪽 끝과 저쪽 끝의 차이라고 말하는 것이 더 맞습니다. 연합은 자신의 죄를 깨닫고 진실로 돌이켜 믿음으로 그리스도께로 와 그분 안에서 받아들여지고 용서받고 의롭게 된 모든 사람이 공통적으로 누리는 특권입니다. 두려운 사실이지만, 수많은 신자들이 이 단계를 넘어서지 못하고 있습니다! 무지와 게으름과 사람에 대한 두려움과 세상을 향한 은밀한 사랑과 죽이지 못하고 계속해서 끌려다니는 고질적인 죄로 인한 작은 믿음, 작은 소망, 작은 평안, 작은 분량의 거룩으로 만족하며 살기 때문입니다. 이런 사람들은 평생을 이런 상태로 살아갑니다. 의심과 나약함과 망설임으로 사느라 종국에는 "삼십 배"의 열매밖에는 맺지 못합니다!

그리스도와의 교제는 은혜와 믿음과 지식에서 자라가고 모든 일에서 그리스도의 마음을 본받으려고 부단히 힘쓰는 사람들이 누리는 특권입니다. "뒤에 있는 것은 잊어버리고", "아직 스스로 잡은 줄로 여기지 않고", "푯대를 향하여 그리스도 예수 안에서 하나님이 위에서 부르신 부름의 상을 위하여 달려"가는 사람들입니다(빌 3:14). 연합이 싹이라면, 교제는 열매입니다. 연합이 아기라면, 교제는 장성한 어른입니다. 그리스도와 연합한 사람은 잘한 것입니다. 하지만 그리스도와 교제를 누리는 사람은 훨씬 더 잘하는 것입니다. 연합과 교제 모두 한 생명, 한 소망, 한 하늘의 씨—한 구원자, 한 주, 한 성령, 한 영원한 본향—가 마음에 있습니다. 하지만 연합은 교제만큼 좋지는 못합니다. 그리스도와의 교제의 위대한 비밀은 계속해서 "그리스도를 믿는 믿음의 삶을 사는 것"이며, 그리스도로부터 매 순간 필요한 것들을 받아 누리는 것입니다. 사도 바울은 말합니다. "내 안에 그리스도께서 사시는 것이라"(갈 2:20). "내게 사는 것이 그리스도니 죽는 것도 유익함이라"(빌 1:21).

이런 교제야말로 존 브래드퍼드(John Bradford)나 새뮤얼 러더퍼드(Samuel Rutherford)와 같은 탁월한 성도들이 "믿음 가운데 흔들림 없는 희락과 평안"을 누릴 수 있었던 비결입니다. 이들만큼 자신의 연약함과 부패를 깊이 절감하고 겸손했던 사람도 없었습니다. 로마서 7장은 다름 아닌 자기 자신을 정확히 묘사한 것이라고 말했을 사람들입니다. 참된 신자의 입에서 고백되는 성찬예배 기도서에 나오는 "죄 고백"의 말 하나하나를 절절히 인정했을 사람들입니다. "내 죄에 대한 기억들이 정말 끔찍하고 내 죄짐을 감당하기가 심히 버겁다" 하고 끊임없이 탄식했을 사람들입니다. 하지만 그들은 항상 예수님을 바라보았기에, 그분 안에서 항상 기뻐할 수 있었습니다. 그리스도와의 교제는 이런 사람들이 세상과 죽음이 주는 두려움에 대해 놀라운 승리를 거두는 비결이었습니다. 이들은 "그리스도께서 일하시도록 모든 것을 그분께 맡긴다"고 하면서 무익하게 가만히 앉아 있는 사람들이 아니었습니다. 주님 안에서 강하고 담대하며 확신에 차 자신 안에 심겨진 하나님의 본성을 사용한 사람들이었고, 그들을 "사랑하시는 이로 말미암아 넉넉히 이기는" 자들이었습니다(롬 8:37). 사도 바울과 같이 이들 역시 "내게 능력 주시는 자 안에서 내가 모든 것을 할 수 있느니라"고 말했을 것입니다(빌 4:13). 이런 교제의 삶에 대해 무지하기 때문에, 오늘날 많은 사람들이 고해성사와 성찬에 "그리스도가 실재한다"는 생경한 이해에 목을 매는 것입니다. 이런 오류들은 그리스도에 대한 잘못된 지식과, 부활하셔서 지금도 살아 중보하시는 구주를 믿고 살아가는 삶에 대한 모호한 이해에서 비롯되는 경우가 많습니다.

안타깝게도 오늘날 이와 같은 그리스도와의 교제를 누리는 사람들을 찾아보기가 어렵습니다! 많은 신자들이 믿음으로 의롭게 된다는 칭의와 몇 가지 다른 교리에 대한 가장 기초적인 지식으로 만족하는 것 같습니다. 승리의 기쁨이나 희락과는 전혀 상관없이 의심과 허약함으로 신음하면서 천국으로 난 길을 절뚝거리며 걷는 것 같습니다. 마지막 때의 교회는 세상을 뒤흔들어 본 적이 전혀 없고, 그리스도의 영원한 나라에 "넉넉히 들어가는 것"이 무엇인지 전혀 알지 못하며, "불 가운데 건짐을 받은 것"과 같이 겨우 구원을 얻은 허약하고 능력 없고 영향력 없는 신자들로 넘쳐 납니다(고전 3:15, 벧후 1:11). 「천로역정」(Pilgrim's Progress)에서 낙담 씨와 그의 딸 겁쟁이 부인과 심약자도 마음이 넓은 사람이나 진리의 용사와 마찬가지로 실제로 하늘 도성에까지 이르기는 합니다. 하지만 이 땅에서 마음이 넓은 사람이나 진리의 용사가 이룬 선한 역사의 십분의 일도 행하지 않고 그들이 누렸던 위로도 누리지 못합니다! 오늘날에도 이런 사람들이 많은 것 같아 두렵습니다! 오늘날 교회들의 상황이 이러하니, 이 부분과 관련하여 우리의 영혼은 어떻게 하고 있는지 물어보는 것은 전혀 이상한 일이 아닐 것입니다. 다시 묻습니다. "여러분은 그리스도와의 교제를 누리고 있습니까?"

열 번째로, 여러분은 그리스도의 재림을 준비하고 있습니까? 그리스도께서 다시 오신다는 것은 성경의 어느 기록과 마찬가지로 확실하고 분명한 사실입니다. 세상은 아직 그리스도의 영광스러운 모습을 보지 못했습니다. 감람산에서 제자들이 보는 앞에서 하늘로 들려 올리신 것과 같은 모습으로 위대한 영광과 권능을 입고 하늘 구름 사이로 다시 오실 것입니다(행 1:11). 죽은 자를 일으키고, 산 자를 변화시키고, 성도에게 상을 베풀고, 악인을 심판하고, 이 땅을 새롭게 하고, 저주를 없애고—성전을 깨끗하게 하신 것처럼 이 세상을 깨끗하게 하고—거룩으로 통치되는 나라, 죄로 오염될 여지가 없는 나라를 세우기 위해 오실 것입니다. 우리가 항상 고백하는 사도신조는 그리스도가 다시 오신다고 선언합니다. 초대교회 그리스도인들에게 그리스도의 재림을 대망하는 것은 그들 신앙고백의 일부였습니다. 뒤로는 자신들의 죄로 인한 그리스도의 십자가와 대속을 바라보았고 십자가에 달리신 그리스도께 감사하고 즐거워했습니다. 위로는 하나님 보좌 우편에 앉으신 그리스도를 보고 자신들을 위해 중보하시는 그분을 기뻐했습니다. 앞으로는 다시 온다고 하신 주님의 약속을 고대하면서 그분을 다시 볼 것을 기뻐했습니다. 우리도 역시 그렇게 해야 합니다.

우리가 실제로 그리스도로부터 얻어 누리는 유익은 무엇입니까? 그리스도에 대해 무엇을 알고 있습니까? 그리스도를 어떻게 생각하고 있습니까? 그분을 다시 뵈리라는 기대를 따라 살고 있습니까? 그분의 다시 오심을 기다립니까? 견실하고 참된 그리스도인만이 그리스도의 재림을 기다립니다. 그리스도의 오심을 기다리느라 일상을 소홀히 하라는 말이 아닙니다. 그리스도의 재림을 기다린다고 농부가 쟁기를 내려놓을 필요는 없습니다. 장사하는 사람이 사업을 접을 필요도 없고, 의사가 환자를 받지 않을 필요도 없으며, 목수나 토수가 연장을 내려놓을 필요도 없고, 대장장이가 대장간의 불을 꺼뜨릴 필요도 없습니다. 각자가 자신의 부르심을 따라 그리스도인으로서 힘써 살되, 때가 되면 언제라도 그 자리를 떠나 그리스도를 뵐 채비를 하는 것입니다. 이런 진리를 알면서도 우리 영혼이 그리스도의 재림을 어떻게 준비하고 있는지 물어보는 것을 새삼스럽게 여길 그리스도인은 없을 것입니다. 날이 갈수록 세상은 쇠퇴하고 있습니다. 요즘 그리스도인들의 모습을 보면, 홍수가 턱밑에 다다르기까지 먹고 마시고 즐기고 결혼하고 파종하고 집을 넓히기에만 여념이 없었던 노아와 롯의 시대 사람들이 떠오릅니다. "롯의 처를 기억하라", "너희는 스스로 조심하라. 그렇지 않으면 방탕함과 술취함과 생활의 염려로 마음이 둔하여지고 뜻밖에 그날이 덫과 같이 너희에게 임하리라"는 우리 주님의 말씀은 아주 엄중합니다(눅 17:32, 21:34). 그분의 말씀은 우리의 상태를 돌아보게 합니다. 다시 한 번 묻습니다. 여러분은 그리스도의 재림을 대망합니까?

우리 스스로에게 묻는 일은 이쯤 하도록 하겠습니다. 이 외에도 우리가 물어야 할 것들이 너무나 많습니다. 하지만 이 정도면 많은 사람들의 마음에 자신을 돌아보고자 하는 마음을 충분히 불러일으켰으리라 생각합니다. 하나님은 아십니다. 지금까지 언급한 것들은 무엇보다 내 자신의 영혼에 가장 시급하고 중요한 것들이라는 사실을 말입니다. 하지만 다른 사람들에게도 마찬가지로 유익이 되는 질문들이라고 믿습니다. 지금까지 언급한 것들과 관련해서 우리가 적용해 봐야 할 몇 가지가 있습니다.

첫째, 아직도 영적인 잠에 빠져 있거나 믿음에 전혀 무관심한 사람이 있습니까? 오, 잠에서 깨어나십시오! 교회 뜰의 묘지나 공동묘지를 한번 보십시오. 주변에 있는 사람들이 하나둘씩 스러져 무덤으로 내려가고 있지 않습니까! 이제 곧 여러분의 차례가 옵니다. 도래하는 세상을 생각해 보십시오. 여러분의 가슴에 손을 얹고 죽어서 하나님을 대면할 준비가 되었는지 물어보십시오. 아! 여러분은 자신이 탄 보트가 나이아가라 폭포로 미끄러져 내려가는지도 모르고 잠이 든 사람과 같습니다! "자는 자여, 어찌함이냐. 일어나서 네 하나님께 구하라"(욘 1:6). "잠자는 자여, 깨어서 죽은 자들 가운데서 일어나라. 그리스도께서 너에게 비추이시리라"(엡 5:14).

둘째, 자신이 정죄 받은 것처럼 느껴져서 절망하고 있는 사람이 있습니까? 두려움을 벗어 버리고 우리 주 예수 그리스도께서 죄인들에게 하시는 말씀을 들으십시오. "수고하고 무거운 짐 진 자들아, 다 내게로 오라. 내가 너희를 쉬게 하리라"(마 11:28). "누구든지 목마르거든 내게로 와서 마시라"(요 7:37). "내게 오는 자는 내가 결코 내쫓지 아니하리라"(요 6:37). 다른 사람들은 물론 바로 여러분에게 주시는 말씀이 아닙니까! 여러분의 모든 죄와 모든 불신앙과 모든 죄책감과 스스로 이런 말씀에 합당하지 않은 것처럼 여겨지는 모든 것과 의심과 연약함을 가지고 그리스도께로 나아가십시오. "이 사람이 죄인을 영접하고 음식을 같이 먹는다"(눅 15:2). 이리저리 고민만 하면서 머뭇거리지 마십시오. 더 좋은 때가 있을 것이라 믿고 이 일을 미루지 마십시오. "그가 너를 부르신다 하매"(막 10:49). 지금 바로 그리스도께로 나아가십시오.

셋째, 스스로 신자라고 믿지만 신자가 마땅히 누려야 할 기쁨과 화평과 위로를 맛보지 못하는 사람이 있습니까? 지금 이 충고를 받아들이십시오. 자신의 마음을 살피고 그리스도인의 기쁨과 화평을 누리지 못하는 것이 전적으로 자신의 잘못에서 비롯된 것은 아닌지 보십시오. 아마도 여러분은 지금 느긋하게 앉아서 믿기도 조금 하고 회개도 조금 하고 은혜도 조금 누리고 거룩에도 조금 힘쓰면서 은연중에 어중간한 상태에 머무는 것으로 만족하고 있을 가능성이 큽니다. 하지만 이렇게 해서는 행복한 그리스도인으로 살아갈 수 없습니다. 자신의 생명을 사랑하고 좋은 날 보기를 바란다면 지체 없이 생각을 바꾸십시오. 담대하게 그런 삶의 습관을 벗어던지고 결단력 있게 행동하십시오. 그리스도인으로서 철저하고 분명하게 신앙을 고백해야 합니다. 빛의 근원을 향한 분명한 발걸음을 떼십시오. 모든 무거운 짐과 얽매이기 쉬운 죄를 내려놓으십시오. 그리스도께로 더 가까이 가기 위해 진력하십시오. 그분 안에 거하기 위해 힘쓰십시오. 그분 곁을 떠나지 마십시오. 마리아와 같이 그의 발아래 앉아 배우고 생명의 샘에서 마음껏 들이키십시오. 사도 요한은 말합니다. "우리가 이것을 씀은 우리의 기쁨이 충만하게 하려 함이라"(요일 1:4). "우리도 빛 가운데 행하면 우리가 서로 사귐이 있고 그 아들 예수의 피가 우리를 모든 죄에서 깨끗하게 하실 것이요"(요일 1:7).

넷째, 신자이면서도 소심함과 연약함과 죄의식으로 인한 두려움과 의심에 시달리는 사람이 있습니까? 우리 주님의 말씀을 기억하십시오. "상한 갈대를 꺾지 아니하며 꺼져가는 심지를 끄지 아니하기를 심판하여 이길 때까지 하리니"(마 12:20). 이 말씀이 바로 여러분을 위한 것이라 믿고 위로를 얻으십시오. 믿음이 좀 약하면 어떻습니까? 믿음이 전혀 없는 것보다 낫지 않습니까! 좁쌀만큼 작은 생명에 지나지 않는다 해도 생명이 없는 것에 비하겠습니까! 어쩌면 여러분은 이 세상에서 너무 많은 것을 기대하고 있기 때문인지도 모르겠습니다. 아직 이 땅은 천국이 아닙니다. 여러분은 여전히 육신을 입고 있지 않습니까! 자신에게 너무 많은 것을 기대하지 마십시오. 그리스도께만 많은 것을 기대하십시오. 시선을 자기 자신에게서 그리스도께로 돌리십시오.

다섯째, 천국으로 가는 여정에서 맞닥뜨리는 시험과 질병과 가족으로 인한 어려움과 환경의 시련과 이웃과 세상이 주는 어려움으로 낙심 가운데 있는 사람이 있습니까? 하나님 보좌 우편에서 우리를 체휼하시는 구주를 바라보고 그분 앞에 마음을 쏟아 놓으십시오. 그분은 여러분의 연약함에 깊은 연민을 가지고 계십니다. 자신이 친히 그런 시험을 겪으셨기 때문입니다. 혼자입니까? 그분도 그랬습니다. 억울하게 오해를 받습니까? 사람들이 여러분의 진의를 제대로 몰라줍니까? 사람들은 그분께도 그렇게 했습니다. 친구들로부터 버림을 받았습니까? 그분도 그랬습니다. 핍박을 당하고 있습니까? 그분도 핍박을 당했습니다. 몸이 지치고 마음이 슬픕니까? 그분도 그랬습니다. 그렇습니다! 그리스도께서는 여러분의 마음이 어떤지, 지금 어떤 상황에 처했는지 속속들이 아십니다. 여러분을 능히 도우실 수 있습니다. 그러므로 그리스도께 더 가까이 나아가기를 배우십시오. 시간이 얼마 남지 않았습니다. 조금만 있으면 모든 것이 다 끝날 것입니다. 머지않아 우리는 "주와 함께 있게 될 것"입니다. "정녕히 네 장래가 있겠고 네 소망이 끊어지지 아니하리라"(잠 23:18). "너희에게 인내가 필요함은 너희가 하나님의 뜻을 행한 후에 약속하신 것을 받기 위함이라. 잠시 잠깐 후면 오실 이가 오시리니 지체하지 아니하시리라"(히 10:36-37).

2장

분발

좁은 문으로 들어가기를 힘쓰라. 내가 너희에게 이르노니 들어가기를 구하여도 못하는 자가 많으리라. (눅 13:24)

한 사람이 우리 주 예수 그리스도께 나아와 아주 심오한 질문을 던졌습니다. "주여, 구원을 얻는 자가 적으니이까?"

이 사람에 대해서 우리는 아는 바가 없습니다. 그가 왜 이런 질문을 했는지에 대해서도 성경은 언급하지 않습니다. 순전히 호기심 때문이었을 수도 있습니다. 구원을 추구하지 않는 자신을 스스로 변명하려고 그랬는지도 모르겠습니다. 성령은 이런 사실들에 대해 아무 말씀도 하지 않으십니다. 이 사람의 이름이나 질문의 동기에 대해서 전혀 아는 바가 없는 것은 이 때문입니다.

하지만 이 질문에 답하시는 우리 주님의 말씀이 굉장히 중요하다는 사실만큼은 분명합니다. 예수께서는 이 물음을 통해 그분을 둘러싸고 그분의 말씀을 듣고 있는 모든 사람이 각자의 의무에 대해 생각할 수밖에 없도록 대답을 하십니다. 주님은 아셨습니다. 이 사람의 질문이 그들의 마음에 어떤 생각을 불러일으켰을지 말입니다. 그들 마음의 생각을 아신 것입니다. 그래서 이렇게 외치십니다. "좁은 문으로 들어가기를 힘쓰라." 구원받는 사람이 많든지 적든지 여러분이 가야할 길은 아주 분명합니다. 좁은 문으로 들어가기 위해 힘써야 합니다. 지금은 구원의 때입니다. 많은 사람들이 서로 들어가고자 하나 들어가지 못하는 때가 곧 옵니다. "좁은 문으로 들어가기를 힘쓰라."

이 말씀을 통해 예수님이 가르치고자 하시는 엄중한 교훈에 주목하십시오. 오늘날 더욱 깊이 새겨야 할 교훈입니다. 우리 영혼이 구원에 이르도록 할 책임이 우리 자신에게 있음을 말해 주는 강력한 진리의 말씀입니다. 안타깝게도 오늘날 많은 사람들이 믿음이 요구하는 이 엄중한 본분을 망각하는 모습을 봅니다. 대단히 위험한 일입니다. 본문이 말하는 우리 주 예수 그리스도의 증거는 이 두 가지를 분명히 다룹니다. 영원한 하나님이시요, 완전한 지혜를 발하시는 주님은 사람들에게 이렇게 말씀하십니다. "좁은 문으로 들어가기를 힘쓰라. 내가 너희에게 이르노니 들어가기를 구하여도 못하는 자가 많으리라."

본문은 우리에게 다음 세 가지 사실을 말해 줍니다.

1. 구원의 길이 어떤 것인지 말합니다. 예수님은 그것을 "좁은

문"이라고 말씀하십니다.
2. 엄중한 명령을 포함합니다. 예수님은 "들어가기를 힘쓰라"고 말씀하십니다.
3. 무서운 예언이 나옵니다. "들어가기를 구하여도 못하는 자가 많으리라"고 말씀하십니다.

성령께서 이 글을 읽는 모든 사람의 마음에 이 주제를 명확히 깨닫게 해주시기를 기도합니다! 이 글을 읽는 모든 사람이 구원의 길을 경험적으로 알고 주님의 명령을 삶에서 구체적으로 행하며 살다가 그분이 다시 오시는 위대한 날에 안전한 자로 발견되기를 바랍니다!

1. 첫 번째 사실을 살펴보겠습니다. 예수님은 구원의 길을 "좁은 문"이라고 말씀하십니다.

하나님으로부터 죄사함과 화평을 누리는 천국으로 이어진 문이 있습니다. 이 문으로 들어가는 사람은 누구나 구원을 얻습니다. 그렇다면 지금 우리에게 이 문보다 더 필요한 것이 또 어디 있습니까! 죄는 하나님과 사람 사이를 가로막은 거대한 산입니다. 사람이 어떻게 이 산을 넘어 하나님께로 간단 말입니까? 죄는 하나님과 인간 사이를 가르는 높은 담장입니다. 사람이 어떻게 이 담을 가로지를 수 있단 말입니까? 죄는 하나님과 인간 사이를 가르는 깊은 구렁입니다. 사람이 어떻게 이 깊은 구렁을 건넌단 말입니까? 하늘에 계시는 하나님은 거룩하고 순전하고 부정함과 어둠이라고는 조금도 없는 영적인 빛이요, 악이라고는 조금도 참지 못하시는 정의로운 분이십니다. 인간은 일생 동안 이 땅을 기어 다니는 비참하고 부패한 벌레에 불과합니다. 그 생각이 항상 악합니다. 마음은 세상 무엇보다 거짓됩니다. 지독히 사악하고, 죄악되고, 부패하고, 부정하고, 결함투성이인 존재입니다. 이런 인간이 어떻게 하나님께로 나아갈 수 있겠습니까? 이런 인간이 어떻게 수치와 두려움 없이 하나님께로 가까이 간단 말입니까? 하지만 하나님을 송축하십시오. 인간이 하나님께 갈 수 있는 길을 하나님이 내셨습니다! 길이 있습니다. 문이 열렸습니다. 지금 그리스도께서 말씀하시는 "좁은 문"이 바로 그 문입니다.

그리스도께서 죄인들을 위해 문을 내셨습니다. 영원 전에 그리스도께서 친히 언약을 맺으시고 약속하셨습니다. 때가 차매 세상에 오셔서 십자가에 달리시는 대속의 죽음으로 이 언약을 이루셨습니다. 이 죽음을 통해 인간의 죄책을 모두 만족시키셨고, 하나님께 대한 인간의 죄의 빚을 다 갚으시고 이 죄로 인한 심판과 형벌을 모두 담당하셨습니다. 자신의 몸과 피를 지불하심으로 이 위대한 구원의 문을 여신 것입니다. 이 땅에서 하늘에 이르는 사다리를 세우신 것입니다. 죄인의 괴수라도 거룩하신 하나님의 임재 앞으로 나아갈 수 있는 문을 마련하셨습니다. 가장 악한 사람이라도 그리스도를 믿음으로써 하나님께로 나아가 화평을 누릴 수 있는 길을 여신 것입니다. 그래서 주님은 이렇게 선언하십니다. "내가 문이니 누구든지 나로 말미암아 들어가면 구원을 얻고"(요 10:9). "내가 곧 길이요 진리요 생명이니 나로 말미암지 않고는 아버지께로 올 자가 없느니라"(요 14:6). 바울은 말합니다. "우리가 그 안에서 그를 믿음으로 말미암아 담대함과 확신을 가지고 하나님께 나아감을 얻느니라"(엡 3:12). 이것이 바로 그리스도로 말미암아 마련된 구원의 문입니다.

이 문을 성경은 좁은 문이라고 말씀합니다. '좁은 문'이라고 하는 데는 이유가 있습니다. 너무 좁아서 어떤 사람은 도무지 지날 수 없는 문이기 때문입니다. 이 세상이 존재하는 한 이 문은 계속 좁은 문으로 남아 있을 것입니다. 이 문은 죄를 사랑하고 죄와 결별하기로 마음먹지 않은 사람에게는 항상 좁습니다. 이 세상을 사랑하고 세상에서 맛보는 즐거움과 인간의 보상을 추구하는 모든 사람에게 이 문은 좁은 문입니다. 어려움을 싫어하고 고난을 회피하며 영혼을 위한 희생을 기꺼이 감내하려 하지 않는 사람에게 이 문은 좁은 문입니다. 항상 사람들과 어울리기를 좋아하고 항상 다수의 편에 서지 않으면 못 견디는 사람에게 이 문은 좁은 문입니다. 자기 의로 가득 차고 스스로를 선한 사람이라 여기며 구원받기에 합당하다고 믿는 사람에게 이 문은 좁은 문입니다. 이 모든 사람에게 그리스도께서 마련하신 이 위대한 문은 비좁기 이를 데 없습니다. 이 문을 통과해 보려고 애써 보지만 허사입니다. 그런 모습으로는 이 문을 통과하지 못합니다. 하나님께서 이런 사람들을 받지 않으십니다. 용서받지 못할 정도로 이들의 죄가 많기 때문이 아닙니다. 이들은 하나님의 방식대로 구원받기를 원치 않는 사람들이기 때문입니다. 지난 18세기 동안 수많은 사람들이 이 문을 넓히려고 시도했습니다. 성경이 말씀하는 조건을 낮춰서라도 천국에 가려고 해보았습니다. 하지만 이 문은 달라진 적이 없습니다. 고무줄처럼 늘었다 줄었다 하는 문이 아닙니다. 갑자기 늘어나 많은 사람들을 받아들이다가 갑자기 좁아져 아무도 받아들이지 않는 문이 아닙니다. 이 문은 항상 좁은 문이었고, 지금도 그렇습니다.

이 문은 협착합니다. 오직 한 번에 한 사람밖에 통과하지 못합니다. 곁문이나 쪽문 같은 것은 없습니다. 이 문이 자리한 하나님과 인간을 가로지르는 벽에 틈이 있거나 예기치 않은 낮은 곳이 있어 요행히 들어갈 수도 있는 것도 아닙니다. 구원받는 자는 누구나 오직 그리스도로만 구원을 얻습니다. 오직 그리스도를 믿음으로 구원을 얻습니다. 회개한 것 때문에 구원받는 사람은 한 사람도 없습니다. 오늘 슬퍼하고 눈물을 많이 쏟는다고 해서 어제의 죄책이 감해지는 것도 아닙니다. 자신의 행위와 공로로 구원받는 사람은 하나도 없을 것입니다. 누가 되었든지 간에 그 사람의 가장 탁월한 행위조차 기껏해야 가장 심각한 죄악보다 약간 나은 정도일 뿐입니다. 외적인 은혜의 방편에 정기적으로 참여했다고 해서 구원받은 사람도 없을 것입니다. 우리가 모든 일을 다 이루었다고 해도, 우리는 그저 불쌍하고 "무익한 종들"에 불과합니다. 영생으로 가는 다른 길이 있는지 찾고 있습니까? 그러지 마십시오! 시간낭비일 뿐입니다. 다른 길은 없습니다. 좌우를 이리저리 살펴보고 여러분이 할 수 있는 수단을 모조리 강구해 보십시오. 다른 문을 찾지 못할 것입니다. 교만한 사람은 이런 좁은 문이 마음에 들지 않을 것입니다. 방탕한 사람은 이 문을 우습게 봅니다. 이 문으로 들어가려는 사람들을 비웃습니다. 게으른 사람은 천국으로 가는 길이 너무 험하다고 불평합니다. 이렇든 저렇든 천국으로 가는 유일한 문은 십자가에 달리신 구속주의 보혈과 의를 믿는 믿음으로 말미암은 문뿐입니다. 천국과 우리 사이에는 단 하나의 문만 있습니다. 그것도 아주 좁고 협착합니다. 이 좁은 문을 통해 천국으로 들어가든지 아니면 들어가지 못하든지 둘 중 하나입니다.

협착하기는 하지만 이 문은 누구에게나 열립니다. 아무리 흉악한 죄를 지었어도 이 문으로 가까이 나오지 못할 죄인은 없습니다. 이 문으로 들어갈 수 있는 조건은 단 한 가지입니다. 자신의 죄를 절감하고, 그리스도께서 내신 구원의 길을 통해 구원받아야 함을 절감하는 것입니다. 진실로 자신의 죄책과 부패를 느낍니까? 진실로 깨지고 상한 마음을 가졌습니까? 구원의 문을 바라보십시오. 그리고 그 문으로 나아가십시오. 이 문을 마련하신 이가 외치십니다. "내게 오는 자는 내가 결코 내쫓지 아니하리라"(요 6:37). 우리가 숙고해야 할 질문은 자신이 흉악한 죄인인가 덜 흉악한 죄인인가가 아닙니다. 내가 선택 받았는가 아닌가도 아닙니다. 자신의 회심 여부도 아닙니다. 우리가 던져야 할 질문은 "나의 죄악을 절감하는가? 나를 수고하고 무거운 짐 진 자로 느끼고 있는가? 기꺼이 나의 영혼을 그리스도께 의탁하려는가?" 하는 것입니다. 만약 여러분이 그렇다면 이 문은 여러분에게 활짝 열릴 것입니다. 바로 지금 이 문으로 나아오십시오. "여호와께 복을 받은 자여, 들어오소서. 어찌 밖에 서 있나이까"(창 24:31).

비록 이 문이 좁고 협착하기는 하지만, 이 문을 통해 셀 수 없이 많은 사람들이 구원을 받았습니다. 진실로 자신의 죄악에 신물이 나서 이 문으로 나아온 죄인들 가운데 극악한 죄인이라 도저히 이 문으로 들일 수 없다고 퇴짜를 맞은 사람은 지금까지 하나도 없었습니다. 온갖 종류의 죄인들이 모두 이 문으로 들어가 깨끗하게 되었습니다. 죄를 용서받고, 새 옷을 입고, 영생의 후사가 되었습니다. 이 문으로 들어가기 어려울 것처럼 보인 사람들도 있었습니다. 사람들이 보기에 다른 사람은 몰라도 이 사람만큼은 구원을 못 받을 것이라고 생각한 자들이었습니다. 하지만 이 문을 마련하신 분은 이들을 거절하지 않으셨습니다. 저들이 문을 두드리기가 무섭게 반겨 맞으라고 명령하셨습니다.

유다의 왕 므낫세도 이 문으로 들어갔습니다. 므낫세보다 악한 사람이 어디 있습니까! 그는 자신의 선한 아비 히스기야의 좋은 모범과 충고를 무시했습니다. 피 흘림과 잔혹함으로 예루살렘을 더럽혔으며, 자신의 자녀를 도륙했습니다. 그러나 눈이 밝아져 자기 죄악의 실상을 보았고 죄사함을 얻기 위해 이 문을 향해 즉시 달렸습니다. 그런 그를 향해 이 문이 활짝 열렸습니다. 그가 구원을 얻은 것입니다.

바리새인이었던 사울도 이 문으로 나아갔습니다. 그 전까지 그는 교회를 멸시하던 자였습니다. 그리스도를 모독하고 그리스도의 백성을 핍박했습니다. 복음이 전파되는 것을 막기 위해 혈안이 된 자였습니다. 하지만 그의 마음이 건드려지고 자신이 죄인임을 깨닫자마자 죄사함을 얻기 위해 이 문으로 내달렸습니다. 그러자 이 문이 활짝 열렸고 사울은 구원을 얻었습니다.

우리 주님을 십자가에 못 박았던 많은 유대인들이 이 문으로 나아갔습니다. 이들이 지은 죄가 얼마나 무섭고 끔찍합니까! 자신들의 메시아를 거부하고 외면했습니다. 그분을 빌라도에게 넘기고 죽여야 한다고 윽박질렀습니다. 강도인 바라바를 풀어 줄망정 하나님의 아들은 반드시 십자가에 죽여야 한다고 했습니다. 하지만 베드로의 설교로 찔림을 받은 그날, 그들은 용서받기 위해 이 문으로 달렸습니다. 즉시 문이 열렸고 모두가 구원을 얻었습니다.

  빌립보의 간수도 이 문으로 달렸습니다. 그 전까지만 해도 그는 잔인하고 완고하며 불경건한 사람이었습니다. 자신의 지위를 이용해 바울과 그의 동료들을 학대했습니다. 그들을 감옥 깊은 곳에 집어넣고 손과 발을 차꼬에 채웠습니다. 그러나 지진이 일어나 그의 양심이 깨어나고, 바울의 가르침으로 그의 지성이 일깨워졌습니다. 죄를 용서받기 위해 이 문으로 달렸습니다. 문이 활짝 열렸고 그도 구원을 얻었습니다.

  비단 성경의 예만이 아닙니다. 이런 예는 교회사에도 얼마든지 있습니다. 사도 시대 이래로 허다한 무리가 이 "좁은 문"으로 나아가 구원을 받지 않았습니까! 지위, 계급, 나이를 막론하고—배운 자나 못 배운 자나, 부자나 가난한 자나, 젊은이나 노인이나 상관없이—수많은 사람들이 이 문으로 내달았고 문이 활짝 열려 있음을 발견했습니다. 이 문으로 들어가 영혼의 화평을 얻었습니다. 그렇습니다. 지금도 수많은 사람들이 이 문이 화평의 문임을 증거하고 있습니다. 이 문을 통해 진정한 행복에 이르는 길을 발견합니다. 귀족과 평민, 상인과 은행가, 군인과 선원, 농부와 무역가, 노동자와 장인을 막론하고 이 좁은 문이 "기쁨과 화평의 길"임을 발견한 수많은 사람들이 지금도 기쁨과 행복 가운데 살고 있습니다. 이 문으로 들어간 사람들치고 자신이 들어간 나라에 대해 험담하는 것을 듣지 못했습니다. 한결같이 그리스도의 멍에는 쉽고 그의 짐은 가볍다는 사실을 발견했습니다. 이들을 슬프게 하는 것이라고는 자신들처럼 이 문으로 들어가는 사람들이 너무 적다는 사실입니다. 왜 좀 더 일찍 이 문으로 들어가지 않았던가 하고 안타까워합니다.

여러분 모두가 이 문으로 들어가는 것이 나의 바람입니다. 그저 교회나 채플에 출석하는 것을 넘어서서 여러분의 마음과 영혼이 이 문으로 들어가기를 바랄 뿐입니다. 이런 문이 있다는 사실과 그것이 선한 문임을 믿는 것으로 그치지 마십시오. 믿음으로 그 문으로 들어가 구원을 얻으십시오.

이런 문이 있다는 것이 얼마나 큰 특권과 복인지 모릅니다. 타락한 천사들은 처음 지어진 상태로 회복될 길이 없습니다. 타락한 천사들에게는 타락에서 돌이킬 문이 없습니다. 이교도들 역시 영생으로 난 길에 대해 들을 길이 없었습니다. 이교도들이 그리스도를 분명하게 전하는 설교를 단 한 편만이라도 들을 수 있었다면 어떻게 했겠습니까? 구약 시대의 유대인들은 이 문을 멀리서 희미하게만 바라보았을 뿐입니다. "성령이 이로써 보이신 것은 첫 장막이 서 있을 동안에는 성소에 들어가는 길이 아직 나타나지 아니한 것이라" (히 9:8). 하지만 여러분 앞에는 이 문이 분명히 자리하고 있습니다. 그리스도와 그분으로 말미암은 온전한 구원이 제시되었습니다. 돈이 없어도, 값을 치르지 않아도 얻을 수 있습니다. 어디로 가야 구원을 얻을지 서성이지 않아도 됩니다. 이 얼마나 큰 자비입니까! 이 문을 멸시하다가 불신앙 가운데 멸망으로 떨어지지 않도록 조심하십시오. 이 문을 알면서도 문 밖에 머물 바에는 차라리 이 문에 대해서 전혀 알지 못하는 것이 낫습니다. 이 위대한 구원을 멸시하고도 멸망을 피할 수 있을 것이라고 보십니까?

하지만 이 좁은 문으로 이미 들어갔다면 감사하는 삶을 사는 것이 마땅합니다. 죄사함을 받고 의롭게 된 영혼—질병과 죽음과 심판과 영원도 기꺼이 맞이할 준비가 된, 이 세상과 오는 세상에서 모두 넘치도록 채움 받을 영혼—이라면 날마다 찬송이 넘치는 삶을 사는 것이 마땅합니다. 진정한 그리스도인이라면 지금보다 더 풍성한 감사로 넘쳐 나는 삶을 사는 것이 마땅합니다. 본질상 이전에 자신이 어떤 죄인이었는지 아는 사람은 드뭅니다. 자신을 은혜로 들어오도록 하기 위해 어떤 대가가 치러졌는지 제대로 아는 사람은 극소수입니다. 한 이교도는 감사의 찬양이 초대 교인들의 주요한 표지 가운데 하나였다고 말했습니다. 자신이 받은 구원이 어떠한 것인지 아는 그리스도인이라면 지금도 그렇게 드러나는 것이 마땅하지 않겠습니까! 불평에 비해 찬송과 감사가 적다면 이는 건강한 영혼의 모습이라 할 수 없습니다. 구원으로 인도하는 문이 있다는 사실은 놀라운 긍휼입니다. 하지만 이 문으로 들어가 구원을 얻으라고 촉구하시는 것은 더욱 위대한 자비입니다.

2. 두 번째, 예수님의 명령은 분명합니다. "좁은 문으로 들어가기를 힘쓰라." 단 한 마디만으로도 많은 교훈을 얻을 수 있는 경우가 성경에는 아주 많습니다! 특히 우리 주 예수님의 말씀은 항상 많은 생각할 거리를 제공합니다. 이 말씀이 좋은 예입니다. "힘쓰라"는 한 마디를 통해 우리 주님께서 우리에게 바라시는 것이 무엇인지 살펴보

겠습니다.

"힘쓰라"는 말은 사람이 자기 영혼을 구원하고자 하면 모든 방편을 부지런히 사용해야 한다는 뜻입니다. 사람이 하나님께로 나오도록 힘쓰는 것을 돕기 위해 하나님께서 정하신 방편이 있습니다. 그리스도 안에서 발견되고자 하는 사람이 반드시 따라야 할 방편이 있습니다. 공예배, 성경 읽기, 복음설교 듣기 등이 바로 그것입니다. 하나님과 인간 사이에 이런 방편이 자리합니다. 인간은 자기 마음을 새롭게 하거나, 자기 죄를 없애거나, 조금이라도 하나님께서 받으실 만한 사람이 되도록 할 수 없습니다. 그렇다고 가만히 앉아 아무것도 하지 않는 것이 옳다면 그리스도께서 "힘쓰라"는 말을 굳이 하지 않으셨을 것입니다.

"힘쓰라"는 말은 하나님께서는 사람을 자주적인 행위자요 책임 있는 존재로 대하신다는 뜻입니다. 예수께서는 우리더러 기다리라, 바라라, 느껴라, 기대를 가져라, 추구하라고 말씀하시지 않습니다. 다만 "힘쓰라"고 하십니다. "우리 스스로는 아무것도 할 수 없습니다"라고 말하는 것으로 만족하라고 가르치면서 사람들로 계속 죄에 머물도록 방임하는 것은 끔찍한 가르침입니다. 이는 회심하지 않아도 그들의 잘못이 아니라는 말입니다. 구원받지 못한다면 그것은 하나님의 잘못이라고 가르치는 것이나 똑같습니다. 신약성경에서 그와 같은 신학을 들어 본 적이 없습니다. 예수님은 항상 "오라, 회개하라, 믿으라, 수고하라, 구하라, 찾아라, 두드리라"고 죄인들에게 말씀하십니다. 물론 구원은 처음부터 마지막까지 모든 것이 전적으로 하나님의 역사라고 성경은 말씀합니다. 하지만 마찬가지로 우리가 잃어버린 자가 된다면 그것은 전적으로 우리의 책임이라는 사실도 분명합니다. 죄의 책임은 항상 죄인 자신에게 있다고 저는 주장합니다. "힘쓰라"는 주님의 말씀이 이런 사실을 분명히 증거합니다.

"힘쓰라"는 말은 사람의 영혼이 구원받으려면 많은 대적들과의 싸움을 피할 수 없다는 사실을 가르칩니다. 우리의 경험으로 볼 때도 이는 분명한 사실입니다. "수고하지 않으면 얻는 것도 없다"는 말은 이 땅의 일뿐 아니라 영적인 일에서도 진리입니다. 우는 사자와 같은 마귀가 영혼이 구원을 받도록 순순히 물러나는 경우는 없습니다. 본질상 감각적이고 세상적인 사람의 마음이 매일 치열한 싸움 없이 신령한 것들을 향해 자연히 돌아서는 일은 일어나지 않습니다. 세상 역시 영혼을 빼앗기지 않으려고 온갖 유혹을 하고 위협하고 윽박지릅니다. 그렇다면 구원에 이르기 위한 이런 모든 수고와 고통을 새삼스러워 할 이유가 없지 않습니까! 위대하고 선한 일치고 수고나 노력 없이 저절로 되는 경우가 있습니까? 땅을 기경하고 씨를 뿌리지 않는데 곡식이 자라는 경우는 없지 않습니까? 신중히 공을 들이고 노력하지 않는데도 재물을 얻는 경우는 없습니다. 힘쓰고 수고하지 않는데도 성공하는 일은 없습니다. 천국에 들어가고자 하는 자에게는 고난과 싸움이 불가피합니다. "천국은 침노를 당하나니"(마 11:12). 사람은 구원을 받기 위해 "힘써야" 합니다.

"힘쓰라"는 말은 구원은 힘써 얻을 가치가 있다는 사실을 가르쳐 줍니다. 이 세상에서 사투를 벌여서라도 지켜야 할 것이 있다면 그것은 바로 영혼입니다. 이에 비하면 대부분의 인간들이 힘쓰는 것은 빈약하고 사소한 것이라고 볼 수밖에 없습니다. 부자가 되고,

사람들의 인정을 받고, 높은 지위에 오르고, 많이 배우고자 하는 것은 "썩을 면류관"에 불과합니다. 썩지 않을 모든 것은 바로 이 문으로 들어가야 얻을 수 있습니다. 모든 지각에 뛰어난 하나님의 평강, 도래하는 선한 일들에 대한 밝은 기대, 우리 안에 거하시는 성령의 임재에 대한 자각, 우리가 용서받았고, 안전하며, 이제와 영원에 걸쳐 모든 필요한 것을 풍성히 공급받을 것에 대한 자각과 같은 것이 진정하고 영원한 황금이요 썩지 않을 재물입니다. 그러므로 우리 주 예수께서 이런 것들을 위해 "힘쓰라"고 말씀하시는 것이 당연합니다.

"힘쓰라"는 말은 곧 게으른 신앙은 큰 죄라는 말입니다. 사람들이 흔히 착각하는 것처럼 게으른 신앙은 사람들의 연민을 사거나 후회하고 마는 정도의 일이 아닙니다. 그보다 훨씬 더 비참한 일입니다. 명백하게 주어진 계명을 거스르는 일입니다. 하나님의 율법을 거스르는 사람을 무엇이라 합니까? 하나님께서 하지 말라고 하신 일을 하는 사람을 무엇이라 부릅니까? 바로 죄인입니다. "죄를 짓는 자마다 불법을 행하나니 죄는 불법이라"(요일 3:4). 세상에 속한 것들만 중요한 줄 알고 자기 영혼은 귀한 줄 모르는 사람, 이 좁은 문으로 들어가기 위해 힘쓰지 않는 사람에 대해서는 무엇이라고 해야 할까요? 자신이 힘써야 할 마땅한 의무를 등한히 하는 것입니다. 이런 사람에게 그리스도께서는 "힘쓰라"고 말씀하십니다. 보십시오. 그럼에도 불구하고 꿈쩍도 하지 않습니다!

"힘쓰라"는 말은, 좁은 문으로 들어가지 않는 모든 사람이 크나큰 위험에 처해 있다는 사실을 가르쳐 줍니다. 영원히 잃어버릴 위험에 처해 있습니다. 한 걸음만 떼면 사망입니다. 이 문 밖에 있는 채로 지금 죽는다면 소망이 없습니다. 주 예수께서는 이 사실을 분명히 아십니다. 그리스도께서는 사람의 생명이 얼마나 불확실하고 유한한지 너무나 잘 아십니다. 죄인들이 더 이상 영혼 구원의 문제를 미루지 않기를 바라십니다. 더 늦기 전에 서둘러 이 일에 힘쓰기를 바라십니다. 이들에게 주어진 날들이 점점 저물어 가고 있음은 물론 날마다 마귀들이 집요하게 이들을 잡아끌고 있음을 확연히 보시기 때문에 이렇게 말씀하시는 것입니다. 너무 늦기 전에 죄인들이 이 사실을 자각하기를 바라십니다. 그래서 "힘쓰라"고 외치시는 것입니다.

"힘쓰라"는 말은 세례 받은 자들 가운데도 정죄에 이르는 자들이 많을 것이라는 엄중한 사실을 상기시켜 줍니다. 그리스도인이라 자처하는 많은 이들의 행실과 삶의 방식을 책망하고 정죄하는 말입니다. 물론 이런 사람들이 일상에서 욕설을 한다는 말은 아닙니다. 살인과 간음을 저지르고 거짓말을 일삼는다는 말도 아닙니다. 하지만 불행하게도 이들이 간과하는 한 가지가 있습니다. 이들은 구원을 위해 힘쓰지 않습니다. 신앙과 관련된 모든 일에서 "혼미한 영"에 사로잡혀 있습니다. 세상일에 대해서는 나무랄 것이 없을 만큼 민첩하고 적극적이며 열정적입니다. 일찍부터 늦게까지 힘써 일하고 수고합니다. 눈 코 뜰 새 없이 바쁩니다. 매사를 신중하고 조심스럽게 처리해 갑니다. 그러나 신앙과 관련된 일에 대해서만큼은 유독 "힘쓰지" 않습니다.

주일 공예배를 등한시하는 사람들에 대해서는 무슨 말을 해야겠습니까? 영국 전역에 이런 교인들이 셀 수 없이 많습니다. 마음이 내킬 때 교회나 채플에 가서 예배에 참여하고 그렇지 않으면 집에서 신문이나 뒤적이고 빈둥거리면서 오락을 즐깁니다. 이것이 좁은 문으로 들어가기 위해 "힘쓰는 것"입니까? 상식적으로 생각해도 말이 안 되는 일입니다.

예배에 빠지지는 않지만 형식적으로 예배를 드리는 사람들에 대해서는 무슨 말을 해야겠습니까? 영국의 각 교구마다 이런 사람들이 상당히 많습니다. 부모의 강요에 못 이겨서 혹은 습관이나 체면 때문에 겨우 예배에는 참여하지만 하나님을 예배하는 일에는 관심이 없습니다. 강단에서 율법을 가르치든 복음을 가르치든, 진리를 가르치든 오류를 가르치든 상관하지 않습니다. 어차피 예배가 끝나면 무엇을 들었는지 전혀 기억하지 못하기 때문입니다. 예배당을 나서기가 무섭게 자신이 입었던 형식적인 주일의 옷을 벗어던지고 세상으로 돌아갑니다. 이것이 좁은 문으로 들어가기 위해 "힘쓰는 것"입니까?

성경을 아예 읽지 않거나, 읽어도 가끔 여기저기 조금씩 읽는 사람들에 대해 무슨 말을 해야겠습니까? 두려운 사실이지만 이런 사람들이 무수히 많습니다. 그들은 성경이 어떤 책인지 압니다. 삶과 죽음을 가르치는 유일한 책이라는 것을 들어서 알고 있습니다. 하지만 시간을 내서 성경을 읽지는 않습니다. 신문, 잡지, 소설, 연애담은 읽어도 성경 읽을 시간은 없습니다. 이것이 좁은 문으로 들어가기 위해 "힘쓰는 것"입니까?

기도하지 않는 사람들에 대해서는 무슨 말을 해야겠습니까? 수

많은 사람들이 기도하지 않고 살아갑니다. 기도로 하루를 시작하지 않습니다. 잠자리에 들 때도 마찬가지입니다. 아무것도 구하지도 고백하지도 않습니다. 감사하지도 않습니다. 인생의 날이 다 저물어 가도록 자신의 창조자요 심판자이신 하나님께 입도 뻥긋하지 않습니다! 이것이 좁은 문으로 들어가기 위해 "힘쓰는 것"입니까?

   복음을 전하는 목사가 되는 것은 엄중한 일입니다. 사람들이 영적인 일을 대하는 모습을 보고 있으면 참으로 가슴이 아픕니다. 하나님의 위대한 규례를 담은 책이 우리 손에 주어졌습니다. 그 책은 회개하고 돌이키고 그리스도를 믿고 살아가는 거룩 없이는 누구도 구원에 이르지 못할 것이라고 선언합니다. 사람들에게 회개하고 예수를 믿어 구원을 얻으라고 촉구하는 것이 목사인 우리가 하는 일입니다. 하지만 우리의 노력과 수고가 모두 부질없는 것처럼 느껴질 때가 많습니다. 많은 이들이 설교를 듣고 공감도 하지만 구원받기 위해 힘쓰지는 않습니다. 죄가 얼마나 악한지를 설명하고, 그리스도의 사랑스러움을 펼쳐 보이며, 세상이 얼마나 헛된지를 들추어내고, 그리스도를 섬기는 일이 얼마나 행복한지 드러내고, 수고하고 무거운 짐을 진 목마른 영혼을 해갈할 생수를 제시하지만 허공에 대고 이야기하는 것 같습니다. 예배에 참여한 사람들은 끝까지 잘 참고 설교를 듣고 우리가 선포하는 것들을 거부하지 않습니다. 하지만 주중에 자신의 구원을 위해 좀처럼 힘쓰지 않습니다. 월요일 이른 아침부터 마귀는 갖가지 올무를 드리웁니다. 세상 역시 그것을 따를 때 받아 누릴 것처럼 보이는 것들을 펼쳐 놓습니다. 그러면 주일에 설교를 들었던 사람도 언제 그랬냐는 듯이 정신을 못 차리고 따라

갑니다. 이 세상의 것을 얻는 일에는 부지런히 애쓰고 공을 들입니다. 사탄의 명령을 따르기 위해 애를 씁니다. 하지만 정작 필요한 단한 가지를 위해서는 전혀 "힘쓰지" 않습니다.

다른 사람들의 말만 듣고 이러는 것이 아닙니다. 제가 지금까지 직접 봐 온 모습들입니다. 37년간 목회를 하면서 경험한 것입니다. 이 기간 동안 저는 전에 알지 못했던 인간 본성에 대해 많은 것을 배우고 깨닫게 되었습니다. 좁은 길에 대한 우리 주님의 말씀이 얼마나 참되고 옳은지를 확인해 왔습니다. 구원을 얻기 위해 "힘쓰는" 사람들은 너무 적다는 사실을 확인한 것입니다.

세상의 것들을 위해서는 너 나 할 것 없이 열심을 냅니다. 세상에서 부자가 되고 번창하기 위해 애를 씁니다. 돈을 벌고 사업을 하고 정치를 하느라 여념이 없습니다. 학문을 하고 예술을 하고 장사를 하고 여가를 누리기 위해 애를 씁니다. 세를 얻고 급여를 받고 땅을 사고 애를 낳아 기르는 일에 힘을 씁니다. 이런 일들에 애를 쓰고 공을 들이는 데는 도시나 시골이나 전혀 다르지 않습니다. 하지만 자기 영혼을 위해 그렇게까지 애쓰는 사람은 거의 보지 못했습니다. 어디를 가 봐도 좁은 문으로 들어가기 위해 "힘쓰는" 사람을 찾아보기가 힘듭니다.

하지만 전혀 새삼스러운 일은 아닙니다. 성경이 이미 말씀하고 있기 때문입니다. 성경이 말씀하는 잔치의 비유는 항상 현실에서도 만나는 이야기입니다(눅 14:16). 나의 구주께서 말씀하신 대로 사람들은 핑계하기에 급급할 뿐입니다. 밭을 샀기 때문에 가 봐야 한다는 사람, 이제 막 산 소를 살펴봐야 한다는 사람, 집안일로 가 봐야 한다는 사람들뿐입니다. 영생이 문 앞에 주어졌는데도 구원받기 위해 "힘쓰지" 않습니다. 이 멸망 받을 영혼들을 생각하면 슬픈 마음을 가눌 길이 없습니다.

여러분의 영혼이 어떤 상태에 있는지 저는 모릅니다. 그래서 경고합니다. "힘쓰지" 않아서 영원히 멸망 받는 일이 없도록 조심하십시오. 심각한 죄를 지어야만 멸망으로 떨어지는 것이 아닙니다. 구원을 위해 힘쓰지 않고 가만히 있어 보십시오. 결국 여러분도 멸망의 자리에서 발견될 것입니다. 그렇습니다! 사탄은 가인과 바로와 아합과 벨사살과 가룟 유다처럼 살라고 말하지 않습니다. 그렇게까지 살지 않고도 지옥으로 떨어지는 분명한 길이 있기 때문입니다. 영적 자기만족과 게으름과 태만이 바로 그것입니다. 사탄은 여러분이 존경받는 교인이 되는 것에 연연하지 않습니다. 여러분이 십일조를 하고, 직분을 받고, 교회당에 가족석을 마련할 만큼 사람들의 신망을 얻어도 전혀 개의치 않습니다. 매 주일 예배당에 나아와 편하게 앉아 예배에 참여하는 것 때문에 마귀가 불편해 할 이유는 없습니다. 더한 일을 해도 구원을 얻기 위해 "힘쓰지" 않으면 결국에는 구더기도 죽지 않고 불도 꺼지지 않는 지옥으로 떨어질 수밖에 없다는 사실을 사탄은 아주 잘 알고 있기 때문입니다. 이런 최후를 맞이하지 않도록 힘쓰십시오. 다시 말합니다. 사람은 지옥으로 가기 위해 힘쓸 필요가 없습니다. 구원받기 위해 힘쓰지 않으면 누구나 그렇게 될 것이기 때문입니다.

영혼이 구원받고 자라가기 위해 "힘써야" 한다는 사실을 배웠습니다. 이 일을 위해서라면 아무리 많이 힘써도 결코 지나침이 없습니다. 자기 영혼의 상태 때문에 지나치게 고민하거나 힘들어할 필요는 없다는 말에 귀를 기울이지 마십시오. 오히려 "모든 수고에는 보상이 따른다"는 말을 마음에 새기십시오. 영혼을 위해 수고하는 것보다 더 유익한 것은 없습니다. 선한 농부는 더 많이 수고하고 땀을 흘릴수록 더 많은 소출을 얻는다는 자명한 사실을 잘 압니다. 그리스도인이라면 신앙에 더 힘쓸수록 영혼이 더 큰 유익을 얻는다는 사실을 항상 마음에 새겨야 합니다. 무엇이 되었든지, 은혜의 방편에 소홀히 하려는 마음은 사소한 것이라도 물리쳐야 합니다. 기도하고 성경 읽는 시간이 줄어들고, 하나님과의 은밀한 교제가 약해지지 않도록 조심하십시오. 교회의 공예배에 부주의하고 태만하게 임하지 않도록 하십시오. 설교를 듣는 동안 졸음이 오거나, 의심이나 비판하는 마음이 일어나려고 하면 그것에 넘어가지 않도록 힘써 싸우십시오. 무엇이든 하나님을 위해 하는 일에는 마음과 뜻과 힘과 정성을 기울이십시오. 그 외 다른 일들에 대해서는 지나침이 없도록 균형을 잘 잡으십시오. 그러나 영혼과 관련된 문제만큼은 적당히 하지 마십시오. 혹시 그런 생각이 일거든 역병을 대하듯 싸우십시오. 사람들이 어떻게 생각할까 눈치 볼 필요가 없습니다. 여러분의 주님께서 "힘쓰라"고 말씀하셨으면 그렇게 하면 되는 것입니다.

3. 마지막으로, 주 예수께서 전하신 무서운 예언에 대해 생각해 보겠습니다. 예수께서는 "들어가기를 구하여도 못하는 자가 많으리라"고 말씀하십니다.

어느 때를 가리키는 말씀입니까? 구원의 문이 완전히 닫히는 때는 언제입니까? 들어가기를 "힘써도" 소용없는 때는 언제입니까? 모두가 중요한 질문입니다. 지금은 죄인의 괴수에게조차 이 문은 활짝 열려 있습니다. 하지만 더 이상 누구도 들어갈 수 없는 때가 옵니다.

세상을 심판하러 주님이 다시 오시는 때입니다. 하나님의 오래 참으심이 마침내 끝나는 때입니다. 드디어 은혜의 보좌의 때가 다하고 그 자리에 심판의 보좌가 서는 날입니다. 이윽고 생수의 샘이 닫히는 때입니다. 지금은 누구에게나 열린 문이지만 그 문에 빗장이 쳐지는 날입니다. 은혜의 때가 그 끝을 고하는 날입니다. 죄로 가득한 세상을 마침내 심판하는 날입니다. 우리 주님의 엄중한 예언이 성취되는 날입니다. "들어가기를 구하여도 못하는 자가 많으리라."

성경의 모든 예언은 지금까지 하나도 남김없이 그대로 이루어져 왔습니다. 마지막까지 결코 이루어지지 않을 것 같은 예언도 하나같이 그대로 이루어졌습니다.

도무지 극복할 수 없을 것만 같이 보이던 난관에도 불구하고 선한 약속들이 모두 이루어졌습니다. 월경이 끊긴 지 오래된 사라가 때가 되어 아들을 낳았습니다. 이스라엘의 자녀들이 이집트에서 나와 약속의 땅으로 들어갔습니다. 칠십 년 후에 유대인들이 바빌론 포로에서 풀려나 다시 성전을 지었습니다. 주 예수께서 동정녀에게서 나셔서 이 땅에서 맡으신 사역을 이루시고 죽임을 당하셨습니다. 성경이 예언한 그대로 이루어졌습니다. 이런 일들은 하나같이 성경이 약속한 것이고 그대로 이루어졌습니다.

처음 들었을 때는 과연 그런 일이 일어날까 하던 성읍과 나라들에 대한 심판의 예언도 모두 그대로 이루어졌습니다. 과연 이집트는 나라 중에 지극히 미약한 나라로 전락했습니다(겔 29:15). 에돔은 광야로 변했습니다. 두로는 그물을 말리는 맨 바위와 같이 되었습니다. "극히 큰 성읍"이었던 니느웨는 흔적도 없이 사라졌습니다. 바빌론은 척박한 불모지가 되었습니다. 마차들이 다니던 그 넓은 성벽들은 모조리 무너지고 없습니다. 유대인들은 온 지면에 흩어졌습니다. 과연 하나님의 말씀에서 예언한 일들이 다 이루어졌습니다.

지금 우리가 살피는 예수 그리스도의 예언 역시 그대로 이루어질 것입니다. 때가 되면 한 마디도 땅에 떨어지지 않고 그대로 이룰 것입니다. "들어가기를 구하여도 못하는 자가 많으리라."

하나님을 구하여도 더 이상 찾을 수 없는 때가 옵니다. 사람들이 이 사실을 기억하면 얼마나 좋겠습니까! 하나님을 찾아도 찾지 못할 때는 결코 오지 않을 것처럼 살아가는 사람들이 얼마나 많습니까! 하지만 이들은 모두 크게 잘못 알고 있습니다. 이런 생각이 얼마나 어리석은 것이었는지를 깨닫고 당혹스러워하는 때가 올 것입니다. 하지만 그때는 회개할 수도 없습니다. 그리스도께서 다시 오시는 날, "들어가기를 구하여도 못하는 자가 많을 것"입니다.

많은 사람들이 천국에서 영원히 멀어지는 날이 옵니다. 많은 정도가 아니라 무수히 많은 사람들이 그렇게 될 것입니다. 교구에서 한두 사람 정도가 그렇게 된다는 말이 아닙니다. 엄청나게 많은 사람들이 이런 비참한 최후를 맞이할 것입니다. "들어가기를 구하여도 못하는 자가 많으리라."

결국 모든 사실을 깨닫게 되겠지만 그때가 되면 아무런 소용이 없을 것입니다. 그날이 오면 불멸하는 영혼이 얼마나 소중한지 깨닫게 되겠지만, 그때는 그런 지식도 자신의 영혼을 구원하는 데는 아무런 소용이 없게 됩니다. 마침내 자신의 죄악됨과 하나님의 거룩하심과 그리스도의 복음이 얼마나 영광스럽고 구원에 적합한 것이었는지 알게 될 것입니다. 왜 목사들이 그동안 자기 때문에 노심초사했는지, 왜 구구절절 설교를 했는지, 왜 간곡하게 회심을 촉구했는지 알게 됩니다. 하지만 이미 늦었다는 것도 더불어 알게 됩니다!

많은 사람들이 회개하려고 하지만 그때는 너무 늦습니다. 뼛속 깊이 자리한 자신의 악함을 알고 지난날의 어리석음을 부끄러워할 것입니다. 뼈저린 후회로 통곡해 보지만 모두 부질없습니다. 자신의 죄를 절감하고 슬퍼해 보지만 아무 소용이 없습니다. 자신들이 지은 죄를 떠올리며 슬퍼하고 통곡할 것입니다. 지난날의 기억은 쓰라리고 고통스럽기만 합니다. 죄책의 짐이 심히 무거워 견디지를 못합니다. 하지만 어떻게 합니까? 가룟 유다처럼, 돌이키기에는 너무 늦었는데 말입니다!

많은 사람들이 결국에는 자신들이 믿지 않던 사실을 받아들이겠지만 이 또한 너무 늦습니다. 그날에는 더 이상 하나님이 살아 계시고, 마귀가 실재하고, 천국과 지옥이 있다는 사실이 도무지 부정하지 못할 만큼 분명히 드러날 것이기 때문입니다. 이신론과 회의론과 무신론은 영원히 설 자리를 잃습니다. 조롱과 놀림, 성경과 상관없이 제멋대로 생각하는 일들이 자취를 감춥니다. 그동안 목사들이 말했던 것들이 정교하게 지어낸 이야기가 아니라 실재하는 진리였다는 사실을 각자가 목도하고 온몸으로 느낄 것이기 때문입니다. 복음을 믿고 살아가는 것은 과장이나 광신이나 유별난 열심이 아니라는 사실을 뼈저리게 느끼게 됩니다. 아니, 꼭 필요한 한 가지였다는 것을 말입니다. 이것이 없으면 모든 것을 영원히 잃는다는 것을 말입니다. 마귀가 지금 그러는 것처럼, 그날에는 이들 역시 마귀와 같이 믿고 떨 것입니다. 하지만 그때는 너무 늦습니다!

그날에는 많은 사람들이 구원받고자 하는 열망에 사로잡힐 것이지만 이 또한 너무 늦습니다. 죄를 용서받기 바라고 하나님과의 화평과 은혜를 구하지만, 그들을 위한 몫은 남아 있지 않을 것입니다. 주일을 한 번 더 보낼 수 있어서 죄 용서를 받으라는 메시지와 기도하라는 말씀을 단 한 번만이라도 다시 들을 수 있기를 바라겠지만, 은혜의 때가 다하는 그날에는 이런 생각과 바람과 느낌을 아무도 거들떠보지 않을 것입니다. 구원의 문이 굳게 닫히고 빗장이 쳐질 그날에는 이 모든 것이 너무 늦습니다!

그날에는 많은 것들에 대한 평가와 가치가 달라질 것입니다. 가끔 주위 사람들이 소중하게 생각하는 것들에 가치를 매기는 모습을 보면 그리스도께서 오시는 하나님의 위대한 날을 바라보곤 합니다. 그날과 함께 도래할 만물의 새로운 가치와 질서를 생각해 봅니다. 돌아와 문을 걸어 잠그는 집주인에 대한 예수님의 말씀을 읽으면서 "세상의 모든 질서와 가치가 뒤집어지는 날이 멀지 않았다"고 되뇔 때가 얼마나 많은지 모릅니다.

지금 사람들이 소중히 여기는 것은 무엇입니까? 금, 은, 보석, 계좌, 어음, 금광, 선박, 토지, 부동산, 말, 마차, 가구, 고기, 술, 옷과 같은 것 아닙니까? 사람들은 이런 것들을 가치 있게 여깁니다. 실제 이런 것들을 중심으로 시장이 형성됩니다. 이런 것들은 결코 일정한 가격 이하로 떨어지지 않습니다. 이런 것들을 많이 소유할수록 부자라는 소리를 듣습니다. 세상의 가치가 그렇습니다!

반면에 세상은 하나님을 아는 지식, 복음을 믿고 은혜로 얻는 구원, 그리스도의 은혜, 성령의 은혜, 하나님의 자녀로 누리는 특권, 영생, 생명나무를 취할 수 있는 권리, 천국의 처소, 썩지 않는 기업에 대한 약속, 썩지 않을 영광의 면류관과 같은 것들은 하찮게 여깁니다. 아니, 이런 것들에 신경을 쓰는 사람이 거의 없다고 해야 맞습니다. 사람의 아들이 돈이 없고 값을 치르지 않아도 얻을 수 있는 것들 아닙니까? 아무것도 하지 않아도 값없이 은혜로 얻을 수 있는 것들 아닙니까? 누구든지 원하는 자는 기업을 얻습니다. 그러나 정작 이런 것들을 원하는 사람이 없습니다! 오히려 사람들을 찾아다니며 제발 관심을 좀 가지라고 촉구합니다. 하지만 그렇게 해도 사람들은 좀처럼 관심을 갖지 않습니다. 하나님께서 선물로 주시고 세상이 가장 필요로 하는 것들이지만 정작 감사하게 받는 사람이 없습니다. 세상이 그렇습니다!

그러나 이 모든 가치가 완전히 뒤집어지는 때가 오고 있습니다. 지폐가 휴지조각처럼 쓸모없어지는 때가 옵니다. 금이 땅의 티끌로 여겨지는 때가 옵니다. 이제까지는 애지중지하며 아꼈던 수많은 것들이 아무것도 아닌 것으로 드러날 때가 옵니다. 이제까지 멸시하고 무시하고 번거로워 하던 것들을 애달프게 추구하고 아쉬워할 때가 옵니다. "손으로 짓지 않은 집"에 대한 갈망으로 큰 저택이나 궁궐 따위는 본체만체 할 때가 옵니다. 만왕의 왕에 대한 열망으로 가득 차서 부자와 유력한 사람들에게 가졌던 호의와 친절은 들어설 자리가 없습니다. 그리스도의 의의 옷에 대한 사모함으로 비단과 새틴과 벨벳과 레이스는 눈에 차지도 않습니다. 모든 것이 뒤바뀔 것입니다. 우리 주님이 다시 오시는 위대한 날에는 모든 것이 달라질 것입니다. "들어가기를 구하여도 못하는 자가 많으리라."

"사람들이 지옥을 알게 되지만 그때는 너무 늦다"고 한 어느 현자의 말에는 일리가 있습니다. 그리스도인이라 자처하는 수많은 사람들이 지옥에 가서야 지옥을 알게 될까 두렵습니다. 이런 사람들은 긍휼을 얻을 기회가 지나간 후에야 비로소 자기 영혼의 소중함을 알게 될 것입니다. 복음으로부터 아무런 유익을 얻지 못할 때가 되어서야 복음이 얼마나 아름다운지 보게 될 것입니다. 이런 사람들이 조금이라도 일찍 지혜로워지기를 바랍니다! 성경에서 잠언 1장만큼 두려운 장도 드물 것입니다. "내가 불렀으나 너희가 듣기 싫어하였고 내가 손을 폈으나 돌아보는 자가 없었고 도리어 나의 모든 교훈을 멸시하며 나의 책망을 받지 아니하였은즉 너희가 재앙을 만날 때에 내가 웃을 것이며 너희에게 두려움이 임할 때에 내가 비웃으리라. 너희의 두려움이 광풍 같이 임하겠고 너희의 재앙이 폭풍 같이 이르겠고 너희에게 근심과 슬픔이 임하리니 그때에 너희가 나를 부르리라. 그래도 내가 대답하지 아니하겠고 부지런히 나를 찾으리라. 그래도 나를 만나지 못하리니 대저 너희가 지식을 미워하며 여호와 경외하기를 즐거워하지 아니하며 나의 교훈을 받지 아니하고 나의 모든 책망을 업신여겼음이라. 그러므로 자기 행위의 열매를 먹으며 자기 꾀에 배부르리라"(잠 1:24-31).

여러분 가운데는 그리스도의 복음이 요구하는 믿음이나 행실을 좋아하지 않는 사람도 있을 것입니다. 회개하고 돌이키라고 촉구하면 극단적이라고 생각합니다. 세상에서 돌이켜 십자가를 지고 그리스도를 따르라고 촉구하면 너무 무리한 요구를 한다고 생각합니다. 그러나 보십시오. 조만간 목사인 우리의 증거가 옳았다고 고백할 수밖에 없는 때가 올 것입니다. 이 세상에서든 오는 세상에서든 머지않아 자신이 틀렸음을 인정하게 될 것입니다. 그렇습니다! 자신의 설교를 들은 모든 사람이 결국은 자신의 설교가 옳았다고 인정하게 되는 것은 신실한 복음 설교자에게 반드시 기쁜 일만은 아닙니다. 이 땅에서는 자신의 메시지가 조롱받고, 멸시 당하고, 비웃음을 사고, 무시되기도 하겠지만, 자신이 진리의 편에 있었음을 부정할 수 없는 날이 오기 때문입니다. 우리가 전하는 메시지를 듣고도 여전히 세상을 신으로 삼고 살아가는 부자, 우리가 전하는 설교를 듣고도 여전히 자신의 장부를 성경인 양 보듬고 살아가는 장사꾼, 설교는 들으나 여전히 자신이 기경하는 땅만큼이나 차고 딱딱한 마음으로 살아가는 농부, 우리의 설교를 듣기는 하지만 자신이 다루는 돌만큼이나 완고한 마음으로 일관하는 노동자 등 모두가 마침내 온 세상 앞에서 자신이 잘못되었음을 시인하는 날이 옵니다. 그러고는 지금 우리가 헛되이 전하는 것 같은 하나님의 긍휼만을 절박하게 찾을 것입니다. "들어가기를 구하여도 못하는 자가 많으리라."

여러분 가운데는 주 예수 그리스도를 진실하게 사랑하는 사람도 있을 것입니다. 이런 사람은 장래를 생각할 때마다 큰 위로를 얻을 것입니다. 주변의 신랄한 언사와 비아냥거리는 말투를 감내해야 합니다. 진심이 오해받고 여러분의 행위가 비난받을 때도 많을 것입니다. 이 땅에서 십자가를 지고 사는 한 수치를 계속 당할 것입니다. 하지만 우리 주님이 다시 오실 그날을 바라고 기다리면서 용기를 얻을 수 있습니다. 그날에는 모든 오해와 억울함이 신원될 것입니다. 성경을 읽고, 기도하고, 그리스도를 사랑한다고 여러분을 비웃고 비아냥대는 사람들도 그날이 오면 생각이 달라질 것입니다. 어리석은 다섯 처녀가 지혜로운 다섯 처녀에게 와서 말한 것처럼 "우리 등불이 꺼져 가니 너희 기름을 좀 나눠 달라"고 할 것입니다(마 25:8). 믿음의 선한 보고를 한 여호수아와 갈렙에게 이스라엘 백성이 그랬던 것처럼 사람들이 지금은 여러분을 적대시하고 미련하다 놀리지만, 그날에는 더 이상 그렇게 하지 못할 것입니다. 오히려 "오, 우리가 진작에 당신과 함께했으면 좋았을 것을! 당신은 진정 지혜로운 사람이었습니다. 우리가 어리석었습니다"라고 말할 것입니다. 그러므로 사람들의 책망을 두려워하지 마십시오. 세상 사람들 앞에서 담대하게 그리스도를 고백하십시오. 여러분의 주인을 부끄러워하지 말고 여러분이 누구인지를 분명히 알게 하십시오. 시간이 그리 많지 않습니다. 영원의 도래가 임박했습니다. 십자가는 잠깐이지만 영광의 면류관은 영원합니다. 조금도 모호한 태도를 취하지 마십시오. "들어가기를 구하여도 못하는 자가 많으리라."

이 주제와 관련하여 지금까지 살펴본 것들을 우리 영혼에 적용하기 위해 몇 가지 당부의 말을 하고 이 장을 마치겠습니다. 우리 주님이 하신 말씀에 대한 주해를 통해 구원의 길은 좁고 협착하다는 사실을 살펴보았습니다. 하지만 "들어가기를 구하여도 못하는 자가 많으리라"는 경고와 더불어 이 문에 들어가기 위해 "힘쓰라"는 왕의 명령을 들었습니다. 이 모든 말씀에 우리의 양심이 깨어 반응할 수 있도록 몇 가지만 더 말씀드립니다.

첫째, 단도직입적으로 묻습니다. 여러분은 이 좁은 문으로 들어왔습니까? 어른이든 아이든, 부자든 가난하든, 국교도든 비국교도든 상관없습니다. 그리스도께서 말씀하시는 이 좁은 문으로 들어온 것이 맞습니까?

  이 문에 대해 들어보았는지, 이 문으로 들어가야 한다는 사실을 믿고 있는지 여부를 묻는 것이 아닙니다. 이 문을 알고 동경하고 있고 언젠가 이 문으로 들어가기를 바라고 있는지를 묻는 것이 아닙니다. 이 문으로 들어왔는지를 묻고 있습니다. 이 문으로 나아가 두드리고 이 문 안으로 들어왔는지를 묻고 있습니다.

  만약 아직도 이 문 밖에 있다면 여러분은 죄사함을 받지 못한 사람입니다. 하나님과 화해하지 않은 사람입니다. 아직 거듭나지도 거룩하게 되지도 못했습니다. 천국에도 합당하지 않습니다. 이런 상태로 아무리 열심히 신앙생활을 한들 무슨 선한 것 얻기를 기대할 수 있겠습니까? 지금 모습 그대로 죽는다면 여러분은 비참함 가운데 영원히 마귀와 함께 있게 될 것입니다.

  오, 다시 한 번 잘 생각해 보십시오. 지금 여러분이 어떤 상태로 살아가는지, 죽으면 또 어떻게 될지 생각해 보십시오! 조금 있다가 사라지는 연기와 같은 것이 우리 삶입니다. 기껏해야 몇 년 더 지나면 이내 사라지고 말 인생입니다. 지금 여러분의 위치, 여러분이 사는 집은 곧 다른 사람으로 채워질 것입니다. 세상은 여러분의 죽음에 눈 깜짝하지 않을 것입니다. 언제 여러분이란 사람이 있기라도 했냐는 듯이, 여러분이 살아 있을 때와 전혀 다를 바 없이 해는 내리쬐고 여러분의 무덤 위로 데이지가 무성하게 자랄 것입니다. 여러분의 몸은 구더기를 살찌우고 여러분의 영혼은 영원한 멸망 가운데 있을 것입니다.

하지만 아직은 구원의 문이 여러분 앞에 활짝 열려 있습니다. 하나님께서 여러분을 부르십니다. 예수 그리스도께서 구원을 받으라고 말씀하십니다. 여러분의 구원을 위한 모든 것이 예비되어 있습니다. 이제 딱 한 가지만 더 있으면 됩니다. 기꺼이 구원받고자 하는 여러분의 열망입니다.

이런 사실을 생각해 보고 지혜로운 자가 되십시오.

둘째, 아직 이 문으로 들어가지 않은 사람이라면 이 문으로 들어가는 일을 단 하루도 미루지 마십시오. 미룰 이유가 없습니다.

여러분이 할 수만 있다면, 이미 천국에 이른 사람들 중 누구라도 붙잡고 이 "좁은 문"이 아닌 다른 문으로 들어온 사람이 있는지 물어보십시오. 제가 아는 한 한 명도 그런 사람은 없습니다. 처음 살해당한 아벨로부터 성경이 말씀하는 마지막 이름에 이르기까지 그리스도를 믿는 믿음의 문 외에 다른 문을 통해 구원받았다는 사람을 본 적이 없습니다.

그들 가운데 "힘쓰지" 않고 천국에 들어간 사람이 있는지 물어보십시오. 어린아이일 때 숨을 거둔 사람들 외에는 그런 사람이 없습니다. 천국에 들어가고자 하는 사람은 힘써 싸우는 것이 불가피합니다.

천국에 들어간 사람들 가운데 좁은 문으로 들어가기를 힘쓰고도 결국 들어가지 못한 사람이 있는지 물어보십시오. 제가 아는 사람 중에는 없습니다. 아무리 약하고 무지해도 바른 문을 통해 전심으로 생명 얻기를 구하고 힘쓴 사람은 모두가 영원한 평강으로 들어갔습니다.

이 좁은 문으로 들어간 뒤에 후회한 사람이 있는지 물어보십시오. 아무도 없습니다. 이 문으로 들어간 사람들 가운데 그리스도의 십자가를 진 것을 후회한 사람은 없습니다. 한결같이 그리스도를 섬기는 것이 선하다는 사실을 발견했을 뿐입니다.

그렇다면, 지체 없이 그리스도를 찾으십시오. 아직 그렇게 할 수 있을 때 좁은 문으로 나아가십시오! 오늘 바로 시작하십시오. 이 자비롭고 전능한 구원자께 기도로 나아가십시오. 나아가서 여러분의 마음을 쏟아 놓으십시오. 여러분의 악함과 죄악과 죄책을 고백하십시오. 여러분의 속내를 모두 털어놓으십시오. 아무것도 감추지 마십시오. 그분의 손에 여러분 영혼의 고민과 갈등을 다 건네드리십시오. 그리고 그분이 하신 약속들을 따라 여러분을 구원해 주시라고 구하십시오. 성령을 주시라고 간구하십시오.

여러분이 그렇게 해야 할 이유는 충분합니다. 여러분과 비교할 수 없이 악한 사람들도 이 길을 통해 그리스도께로 갔습니다. 이들 중 단 한 명도 거절당해 되돌아온 적이 없습니다. 양심의 평안을 얻었습니다. 이전까지 전혀 알지도 맛보지도 못했던 평안을 누렸습니다. 이들은 삶의 모든 시험 가운데서도 힘을 얻었습니다. 한 명도 광야에서 스러져 간 사람이 없습니다. 여러분이 그리스도를 찾지 않을 이유가 없습니다.

지금 제가 말한 것을 당장 시작해야 할 이유가 충분합니다. 여러분보다 앞서 간 사람들이 그랬던 것처럼 즉시 회개하고 돌이키지 않아도 될 이유를 저는 전혀 모르겠습니다. 사마리아 여인은 우물가로 나올 때만 해도 무지한 죄인에 불과했습니다. 하지만 집으로 돌아갈 때는 새로운 피조물이 되었습니다. 빌립보 감옥의 간수는 하루 만에 흑암에서 빛으로 돌이켰습니다. 그리스도를 따르는 자로 자신을 고백했습니다. 다른 사람들은 이렇게 해서 안 되는 이유가 어디 있습니까? 오늘 당장에 죄를 버리지 않고 그리스도를 붙들지 않아도 되는 이유가 무엇입니까? 여러분에게 주는 이 모든 충고는 하나같이 필요하고 유익한 것이 아닙니까? 이 충고를 받겠습니까?

이제 마지막으로, 이미 이 문으로 들어간 사람들에게 당부할 것이 있습니다. 여러분이 발견한 복을 다른 사람들도 알게 하십시오.

회심한 모든 사람이 선교사가 되기를 바랍니다. 모두가 먼 나라 이교도들에게 가야 한다는 말이 아닙니다. 모두가 선교사의 마음을 가지고 각자의 자리에서 선한 일에 힘써야 한다는 말입니다. 주변의 모든 사람에게 좁은 문이 행복에 이르는 길이라고 증거하고 그 문으로 들어가도록 사람들에게 촉구하기를 바랍니다.

그리스도께로 돌이킨 안드레는 먼저 자신의 형제 베드로를 찾아 "우리가 메시아를 만났다 하고 데리고 예수께로" 왔습니다(요 1:41-42).

빌립 역시 그리스도께로 돌이킨 후에 나다나엘을 찾아갔습니다. "빌립이 나다나엘을 찾아 이르되 모세가 율법에 기록하였고 여러 선지자가 기록한 그이를 우리가 만났으니 요셉의 아들 나사렛 예수니라. 나다나엘이 가로되 나사렛에서 무슨 선한 것이 날 수 있느냐. 빌립이 가로되 와서 보라 하니라"(요 1:45-46). 예수를 메시아로 믿은 사마리아 여인 역시 돌이킨 즉시 이웃들에게 자신이 발견한 그리스도를 증거했습니다. "여자가 물동이를 버려두고 동네로 들어가서 사람들에게 이르되 내가 행한 모든 일을 내게 말한 사람을 와서 보라 이는 그리스도가 아니냐 하니"(요 4:28-29). 바리새인이었던 사울 역시 돌이킨 후에 "즉시로 각 회당에서 예수의 하나님의 아들이심을 전파하기" 시작했습니다(행 9:20).

오늘날 그리스도인들에게서 보고 싶은 것이 바로 이런 마음입니다. 아직 이 문 밖에 있는 모든 사람에게 좁은 문으로 가라고 더 열심히 증거하면 좋겠습니다. 그 문으로 들어가 구원을 얻으라고 더 열심히 촉구하면 좋겠습니다. 지체들이 천국에 이르기를 갈망하며 분발하는 것은 물론, 자신의 이웃들도 자기와 함께 천국에 이르기를 바라는 교인들로 채워진 교회는 복됩니다.

이 구원의 위대한 문은 아직 활짝 열려 있습니다. 하지만 영원히 닫힐 날 역시 시시각각으로 다가오고 있습니다. "때가 아직 낮이매 나를 보내신 이의 일을 우리가 하여야 하리라. 밤이 오니 그때는 아무도 일할 수 없느니라"(요 9:4). 우리가 이미 이 생명의 길에서 생명의 떡과 선함을 맛보았다고, 이 길은 너무나 즐거운 길이라고 친지와 친구들에게 증거합시다.

세상의 모든 그리스도인이 일 년에 한 영혼만 그리스도께로 데리고 나와도 이십 년 후에는 온 인류가 그리스도께로 나오게 된다는 이야기를 들어 본 적이 있습니다. 이런 계산이 맞는지 틀리는지를 논하려는 것이 아닙니다. 분명한 점은 그리스도인들이 복음 증거의 선한 일에 힘쓸 때, 시간이 갈수록 더 많은 이들이 구원에 이를 것이라는 사실입니다.

하나님께서는 "오래 참으사 아무도 멸망하지 아니하고 다 회개하기에 이르기를 원하"신다는 사실을 기억해야 합니다(벧후 3:9). 이웃들에게 이 좁은 문을 보여주고자 힘쓰는 신자는 하나님이 인정하시는 선한 일을 하는 것입니다. 피라미드를 짓는 것 따위와는 비교도 안 되는, 천사들조차 흠모하는 고귀한 일을 하는 것입니다. 성경은 이렇게 말씀합니다. "너희가 알 것은 죄인을 미혹된 길에서 돌아서게 하는 자가 그의 영혼을 사망에서 구원할 것이며 허다한 죄를 덮을 것이니라"(약 5:20).

우리 모두가 이 일에 깊은 책임의식을 가져야 합니다. 주변의 많은 사람들이 하나님 앞에서 어떤 상태로 살아가는지 눈여겨보십시오. 아직 이 문 밖에서 죄사함을 받지 못하고 거룩하게 되지도 않아서 죽을 준비가 전혀 안 되어 있음에도 죽어 가는 사람들이 얼마나 많습니까? 이런 사람들에게 이 문을 증거할 기회를 찾읍시다. 그리고 이렇게 간청합시다. "좁은 문으로 들어가기를 힘쓰십시오."

"때에 맞은 말"을 통해 어떤 일이 이루어질지 짐작할 사람이 없습니다. 기도와 더불어 믿음으로 이런 말을 했을 때 일어나게 될 일을 누가 감히 짐작할 수 있겠습니까? 어떤 사람에게는 일생의 전환을 이루는 계기가 될 것입니다. 새로운 사고방식과 기도의 삶과 영생의 시작을 가져다주는 계기가 될 것입니다. 오, 신자들이 더 큰 사랑과 담대함을 가지면 얼마나 좋겠습니까! 사람을 돌이키게 하는 말 한 마디로 그 말을 듣는 사람이 받는 복이 얼마나 큰지 생각해 보십시오!

이 글을 읽으면서 여러분이 어떤 생각을 하는지 저는 알 길이 없습니다. 하지만 여러분이 "들어가기를 구하여도 못하는 자가 많으리라"는 그리스도의 엄중한 경고를 날마다 기억하기를 진심으로 바라고 기도합니다. 이 말씀을 심중에 두고도 과연 다른 사람의 영혼에 대해 아랑곳하지 않을 수 있을지 모르겠습니다. 할 수 있으면 한 번 그렇게 해보십시오.

3장
실체

내버린 은. (렘 6:30)

잎사귀 외에 아무것도 없더라. (막 11:13)

우리가 말과 혀로만 사랑하지 말고 행함과 진실함으로 하자. (요일 3:18)

네가 살았다 하는 이름은 가졌으나 죽은 자로다. (계 3:1)

스스로를 신자라 고백하는 사람은 자신의 믿음이 실체가 있는 것인지 잘 살펴보아야 합니다. 다시 말해, 우리의 믿음은 반드시 참된 믿음이어야 합니다.

"실체가 있는" 믿음이란 참된 믿음, 진실한 믿음, 거짓이 없는 믿음, 순전한 믿음을 말합니다. 실체가 없는, 거짓되고, 형식적이고, 인위적이고, 가식적이고, 명목상의 믿음이 아니라는 말입니다. "참된" 믿음은 겉으로만 드러나는 믿음이 아닙니다. 가식이 아닙니다. 피상적인 느낌도 아닙니다. 일시적인 신앙고백도 아닙니다. 여러 가지 분주한 활동이나 일도 아닙니다. 그것은 내적이고, 견고하고, 실재적인, 살아 있는 믿음입니다. 사람의 내면에서 영원히 이어지는 실체입니다. 악화와 양화가 얼마나 다릅니까! 양질의 금과 비철 조각은 비교할 것이 못됩니다. 은을 도금한 것을 은이라 하지 않습니다. 진짜 석재와 회반죽으로 만든 인조 석재는 다릅니다. 믿음도 마찬가지입니다. 여러분 믿음의 특징은 무엇입니까? 여러분의 믿음은 참된 믿음입니까? 물론 견고하지 못하고 미약한 믿음일 수는 있습니다. 하지만 정말 중요한 점은 그것이 실체가 있는 참된 믿음이냐 하는 것입니다. 여러분의 믿음은 실체가 있습니까?

지금은 이런 질문이 더욱 요구되는 시대입니다. 믿는다고 하는 많은 사람들에게서 믿음의 실체를 찾아보기가 어렵습니다. 세상은 보통 황금, 은, 동, 철의 시대를 지난다고 말하는 시인들이 있습니다. 이 말이 사실인지는 잘 모르겠습니다. 하지만 이 말에 비추어 보면 우리가 사는 시대가 어떤 시대인지는 어렵지 않게 짐작해 볼 수 있습니다. 전반적으로 이 시대는 비철과 합금의 시대라고 할 수 있습니다. 신앙이 있다고 하는 사람들의 숫자만 놓고 보면 아니지만, 그 신앙의 질을 놓고 보면 그렇게 말하지 않을 수 없습니다. 믿음의 실체를 찾아보기가 여간 어려운 것이 아닙니다.

이 장이 다루는 주제를 여러분이 분명히 파악하고 중심으로 이 물음에 대답할 수 있도록 다음 두 가지를 살펴보려고 합니다.

1. 믿음의 실체의 중요성을 살펴보겠습니다.

2. 믿음의 시금석이 무엇인지 살펴보겠습니다.

이 세상을 떠난 후 천국에서 발견되고 싶은 열망이 조금이라도 있습니까? 위로 가운데 살다가, 소망 가운데 죽음을 맞이하고, 종말에 하나님의 심판을 기다리는 믿음을 갖고 싶습니까? 그렇다면 이 글이 다루는 주제를 외면하지 마십시오. 지금 앉은 자리에서 여러분의 믿음이 실체가 있는 참된 것인지, 아니면 근거가 없는 공허한 것인지 찬찬히 살펴보십시오.

1. 먼저, 믿음의 실체가 얼마나 중요한지 보겠습니다.

사실 믿는다고 하는 사람치고 믿음의 실체가 얼마나 중요한지 공감하고 동의하지 않을 사람은 없습니다. 열이면 열, 백이면 백 모두 중요하다고 이야기합니다.

하지만 정말 그렇습니까? 그리스도인들이 말처럼 믿음의 실체를 소중히 여깁니까? 이 질문에 와서는 생각이 좀 달라집니다. 믿음의 실체가 중요하다고 말하는 사람들을 보면 모든 그리스도인이 이 실체를 가지고 있다고 생각하는 것 같습니다! 그들은 "모든 신자는 근본적으로 마음은 선하다"고 말합니다. 잘못을 범하기는 하지만 진실하고 참되다는 것입니다. 그래서 이렇게 묻는 우리를 두고 사랑이 없고, 무자비하고, 비판적이라고 합니다. 한마디로 이런 사람들은 신자라고 하는 모든 사람에게 믿음의 실체가 있다고 기정사실화함으로 이 실체의 가치와 소중함을 훼손하고 있습니다.

이 주제를 제가 이토록 중요하게 여길 수밖에 없는 이유는 이런 속임이 이 시대의 신자들에게 만연해 있기 때문입니다. 하지만 믿음의 실체는 흔히 생각하는 것보다 훨씬 더 진귀한 것입니다. 이 사실을 사람들이 알 수 있기를 바랍니다.

　이 주제에 대해 성경은 어떻게 말씀합니까? 성경만이 이 주제에 대한 바른 판결을 내려 줍니다. 그러므로 사람들의 일반적인 생각대로 성경이 말씀하고 있다면 믿음의 실체가 중요하다든지, 실체가 없는 믿음은 아주 위험하다는 제 말은 무시해도 좋을 것입니다.

　첫째, 주 예수께서 비유를 통해 이 부분에 대해서 어떻게 말씀하시는지 살펴보겠습니다. 비유마다 공통적으로 참된 신자와 명목상의 신자의 수가 큰 대비를 이루고 있습니다. 씨 뿌리는 자 비유, 알곡과 가라지 비유, 그물 비유, 두 아들 비유, 결혼 예복 비유, 열 처녀 비유, 달란트 비유, 잔치 비유, 므나 비유, 두 건축자 비유가 공통적으로 담고 있는 것이 바로 믿음에 있어서 실체의 유무입니다. 모든 비유가 공통적으로 실체가 없는 순전하지 못한 믿음이 얼마나 무익하고 위험한지를 말합니다.

　둘째, 이 주제와 관련하여 서기관과 바리새인들을 지칭하실 때마다 예수님이 사용하신 용어가 시사하는 바가 큽니다. 예수님은 한 장에서만 여덟 번씩이나 그들을 가리켜 "외식하는 자들"이라고 합니다. 사실상 쓰일 수 있는 가장 통렬하고 신랄한 표현을 쓰십니다. "뱀들아, 독사의 새끼들아, 너희가 어떻게 지옥의 판결을 피하겠느냐"(마 23:33). 이런 강력한 표현들을 통해 무엇을 알 수 있습니까? 우리의 은혜롭고 자비로우신 구주께서 이렇게 날카롭고 거친 표현까지 쓰시면서 이들의 믿음을 부정하신 이유가 무엇입니까? 그래도 이들은 세리와 창기보다는 더 도덕적이고 점잖은 사람들이 아닙니까! 바로 거짓 신앙고백과 형식적인 신앙이 하나님 보시기에 얼마나 혐오스러운지를 가르쳐 주기 위함입니다. 방탕한 삶을 살고 고의로 육신의 정욕을 따라가는 것이 파괴적인 죄임은 다시 말할 필요도 없습니다. 하지만 예수님께서 실체가 없는 위선적이고 형식적인 신앙을 대하시는 모습을 보면 이런 죄는 마치 아무것도 아닌 것 같이 느껴질 정도입니다.

셋째, 성경 말씀에서 우리가 주목해야 할 사실들 가운데 경악할 만한 것이 한 가지 있습니다. 참된 그리스도인에게서 나타나는 은혜치고 그것을 모방한 가짜가 없는 것이 없습니다. 신자의 행실이나 성품 가운데 모방할 수 없는 것은 없습니다. 몇 가지 실례를 통해 이런 사실을 살펴보겠습니다.

회개는 어떻습니까? 물론 회개에도 가짜가 있습니다. 사울과 아합, 헤롯, 가룟 유다 역시 자신들의 죄 때문에 슬퍼하는 때가 많았습니다. 하지만 구원에 이르는 회개를 한 적은 없었습니다.

믿음은 어떻습니까? 물론 믿음에도 가짜가 있습니다. 사마리아의 시몬 마구스도 믿었습니다(행 8:13). 하지만 하나님이 보시기에 그의 마음은 바르지 않았습니다. 심지어 마귀도 "믿고 떤다"고 성경은 말씀합니다(약 2:19).

거룩은 어떻습니까? 물론 거룩에도 가짜가 있습니다. 유다의 왕인 요아스는 겉보기에는 나무랄 데 없이 거룩하고 선한 왕처럼 보입니다. 적어도 제사장인 여호야다가 사는 동안에는 그랬습니다. 하지만 여호야다의 죽음과 더불어 요아스의 믿음도 죽었습니다(대하

24:2). 자신의 선생을 배반하는 때가 오기까지 겉으로 드러나는 가룟 유다의 삶은 여느 사도들과 전혀 다르지 않았습니다. 적어도 그때까지는 그에게 의심스러운 점이 전혀 없었습니다. 하지만 처음부터 그는 "도둑"이요 배반자였습니다(요 12:6).

사랑과 자비는 없습니까? 물론 사랑과 자비에도 가짜가 있습니다. 말과 부드러운 표정으로만 이루어진 사랑이 있습니다. 마음은 전혀 그렇지 않으면서 다른 사람을 "사랑하는 형제여"라고 부르는 것이 전부인 사랑이 있습니다. 그것이 아니라면 왜 사도 요한이 "우리가 말과 혀로만 사랑하지 말고 행함과 진실함으로 하자"고 말했겠습니까?(요일 3:18) 사도 바울이 괜히 "사랑에는 거짓이 없나니 악을 미워하고 선에 속하라"고 말하는 게 아닙니다(롬 12:9).

거짓 겸손은 없습니까? 물론 거짓 겸손도 있습니다. 속에 있는 교만한 마음을 가리는 겸손입니다. 사도 바울도 일부러 겸손하지 말라고 하면서 "자의적 숭배와 겸손과 몸을 괴롭게 하는 데는 지혜 있는" 것들에 대해서 말하지 않습니까!(골 2:18, 23)

거짓 기도는 어떻습니까? 물론 거짓 기도도 있습니다. 예수님은 남에게 보이려고 길게 기도하는 바리새인들의 기도를 거짓 기도라고 말씀하십니다. 그들이 기도하지 않는다거나 너무 간단하게 기도한다고 나무라지 않으셨습니다. 기도하는 그들의 죄는 거짓 기도를 한다는 데 있었습니다.

예배는 어떻습니까? 허울뿐인 예배는 없습니까? 물론 있습니다. 우리 주님은 유대인들이 "입술로는 나를 공경하되 마음은 내게서 멀도다" 하고 말씀하십니다(마 15:8). 성전과 회당에는 많은 공식적인 예배가 있었습니다. 하지만 결정적으로 이들의 예배에는 실체가 없었습니다. 그 많은 예배 때마다 그들의 중심은 다른 데에 있었던 것입니다.

믿음은 어떻습니까? 물론 믿음에도 가짜가 있습니다. 에스겔 예언자는 하나님의 백성인 양 말하는 유대인들에 대해 이렇게 말합니다. "그 입으로는 사랑을 나타내어도 마음으로는 이익을 따름이라"(겔 33:31). "사람의 방언과 천사의 말"과 같이 들릴지라도 "소리 나는 구리와 울리는 꽹과리"에 불과한 말들이 있다고 성경은 말씀합니다(고전 13:1).

이런 것들에 대해 무엇이라고 하겠습니까? 최소한 성경이 말씀하는 것들에 대해 생각은 해봐야 하지 않겠습니까? 이런 것들을 통해 우리가 생각할 수밖에 없는 자명한 사실이 한 가지 있습니다. 그것은 실체가 있는 믿음의 중요성입니다. 우리의 신앙이 실체가 없는 형식적이고, 비실재적이고, 천박한 신앙에 불과한 것으로 드러나지 않기 위해 힘써야 한다는 사실을 보여줍니다.

이것은 각 세대마다 중요하게 대두되는 주제입니다. 그리스도의 교회가 세워진 이래 그리스도인들 안에 실체가 없는 명복상의 신앙이 득세하지 않은 때가 없었습니다. 오늘날도 예외는 아닙니다. 사방이 "거짓 신앙으로 드러나지 않도록 조심하십시오. 참 신앙, 온전한 신앙, 실체가 있는 신앙, 진실된 신앙을 가져야 합니다"라고 경고를 발해야 할 이유로 가득합니다.

국교회의 교인들 가운데 말 그대로 교인에 불과한 신앙을 가진 사람들이 정말 많습니다! 기존의 교회에 속해 있으면서 세례도 받고, 결혼도 목사의 주례로 하고, 평생 주일마다 목사의 설교를 듣다가 죽으면 교회 뜰의 묘지에 장례를 치릅니다. 하지만 이들의 마음에는 교회의 신앙고백과 기도서의 내용이 자리할 틈이 없습니다. 이들의 삶 역시 이런 신앙고백과 기도서의 영향을 전혀 받지 않습니다. 잘 알지 못할 뿐 아니라 이에 대해 고민하지도 않습니다. 이런 사람들의 신앙을 기독교 신앙이라 할 수 있습니까? 아닙니다. 기독교 신앙은 이런 것이 아닙니다. 아무 가치도 없는 비철 조각에 지나지 않습니다. 베드로의 신앙은 이런 것이 아니었습니다. 야고보와 요한, 바울의 신앙은 이렇지 않았습니다. 교회를 믿는 신앙(Churchianity)이면 모를까 적어도 그리스도를 믿는 신앙은 아닙니다.

비국교도들 가운데는 국교도와 의견을 달리하는 것이 그들이 가진 신앙의 전부인 것처럼 보이는 사람들이 있습니다! 기존 교회와 아무 관계가 없는 것을 자랑스럽게 생각합니다. 예식이나 정해진 틀이 없고 감독이 없는 것에 뿌듯해 합니다. 개인적으로 판단을 내릴 수 있고 공예배에 예식이 전혀 없다는 것을 자랑으로 여깁니다. 하지만 정작 그 속에 은혜나 믿음은 없습니다. 회개도 없고 삶의 행실에 거룩이나 경건도 없습니다. 저 옛날 비국교도들이 가졌던 경험적이고 실천적인 경건은 전혀 찾아보기가 어렵습니다. 이들의 신앙은 죽은 나무와 같아서 열매는 물론 생명력도 없습니다. 마른 뼈와 같이 윤기나 활력이 전혀 없습니다. 이들의 기독교 신앙이 참된 것입니까? 아닙니다. 진정한 신앙과는 전혀 거리가 멉니다. 존 오웬(John Owen)이나 토머스 맨턴(Thomas Manton), 토머스 굿윈(Thomas Goodwin), 리처드 백스터(Richard Baxter), 로버트 트레일(Robert Traill)

이 가졌던 신앙은 아닙니다. 비국교를 믿는 신앙(Dissentianity) 이상도 이하도 아닙니다.

의식주의적인 신앙은 전혀 바른 신앙이 아닙니다! 마음은 세상에 가 있으면서 가운과 몸짓, 자세, 교회의 장식, 날마다의 예식과 성찬을 자주 행하는 것에는 열심을 냅니다. 내면에 역사하시는 성령의 사역과, 주 예수 그리스도를 믿는 산 믿음과, 성경을 읽고 배우는 것을 즐거워하고 경건한 대화를 즐기는 것과, 세상의 어리석음과 오락을 떠나는 것, 영혼을 하나님께로 돌이키려는 열심에는 무지합니다. 이런 믿음이 참된 기독교 신앙입니까? 전혀 그렇지 않습니다. 이름만 기독교 신앙일 뿐입니다.

복음주의 신앙은 어떻습니까? 정작 복음에 큰 해를 입히고 있으면서 순수한 "복음"을 외치는 모습을 종종 봅니다. 이런 사람들은 대개 자신의 믿음이 얼마나 건강하고 바른지 목청을 높이고 이단에 대해서는 필요 이상으로 민감합니다. 유명하다는 설교자들의 설교를 듣기 위해 여기저기 다니기를 마다하지 않습니다. 공적인 모임에서 개신교 신앙을 말하는 연설에 손이 아픈 줄 모르고 박수를 치며 환호합니다. 복음주의 진영이 사용하는 모든 문구에 익숙합니다. 복음주의의 주요 교리들을 말하는 데 거리낌이 없습니다. 공적인 모임이나 교회에서 이들의 얼굴을 보면 아주 경건하게 보입니다. 이들이 하는 이야기만 들어 보면 신앙 협회들의 활동에 헌신하고, 「레코드」(Record)나 「반석」(Rock)과 같은 신앙적인 신문들만 읽고, 설교 강단이 있는 엑스터 홀(Exeter Hall) 외에 다른 데는 근처에도 가지 않는 사람들인 것 같습니다. 하지만 이들의 은밀한 삶을 보면 이교도들조차 부끄러워할 일들을 서슴지 않을 때가 많습니다. 진실하지도 정직하지도 않습니다. 명예를 소중히 여기지도, 정의롭지도 않습니다. 보기와 달리 성품이 온순하지도 않습니다. 이타적이거나 자비롭지도 못합니다. 겸손하지도 친절하지도 않습니다! 이런 신앙을 기독교 신앙이라 할 수 있습니까? 전혀 그렇지 않습니다. 비굴하게 그런 척 하는 것뿐입니다. 기독교 신앙을 왜곡시키는 기만적인 삶입니다.

오늘날 만연하는 부흥주의 신앙은 또 어떻습니까? 성령의 역사가 왕성한 곳에는 항상 하나님의 영광을 가리고 역사를 훼방하는 많은 거짓 신앙고백자들이 있기 마련입니다. 이스라엘 백성이 이집트에서 나올 때 이집트의 잡족들이 따라 나와 많은 해를 끼쳤습니다. 별안간 죄를 깨닫고, 예수 안에서 평안을 얻고, 희락과 기쁨이 넘친다고 하는 사람들이 주변에 얼마나 많습니까? 실제로는 은혜가 무엇인지 전혀 모르면서도 말입니다. 돌밭과 같은 마음을 가진 사람처럼 일시적으로만 그럴 뿐입니다. "잠깐 믿다가 시련을 당할 때에 배반하는 자요"(눅 8:13). 처음 느꼈던 흥분이 사라지고 나면 언제 그랬냐는 듯이 다시 옛적 삶으로 되돌아가 죄악된 삶을 시작합니다. 하룻밤 새 있다가 사라지는 요나의 박넝쿨과 같은 신앙입니다. 뿌리도 생명력도 없습니다. 하나님의 대의를 손상시키고 하나님의 원수들이 하나님을 모독하는 빌미를 제공할 뿐입니다. 이런 신앙이 기독교 신앙입니까? 기독교 신앙은 이런 것이 아닙니다. 사람들이 보기에는 어떨지 몰라도 하나님이 보시기에는 아무 가치가 없는, 마귀의 금광에서 나온 비천한 금속조각에 불과합니다.

오해하지 마십시오. 이렇게 말하는 제 마음은 너무나 슬픕니다.

그리스도 교회의 어느 부분도 조롱거리가 되어서는 안 되기 때문입니다. 하나님의 성령으로 시작된 어떤 운동에 대해서도 비난을 일삼고 싶은 마음이 없습니다. 하지만 때가 때인 만큼 오늘날 만연한 기독교 신앙의 잘못된 부분에 대해서는 분명히 말하지 않을 수 없습니다. 더구나 언제부터인지는 모르지만 주변의 모든 부분에서 기독교 신앙의 실체가 심각하게 왜곡되고 결여된 것을 여실히 보게 되었습니다. 여러분 가운데 어느 누구도 지금 우리가 다루는 이 주제가 얼마나 중요한지 부인하지는 못할 것입니다.

2. 이제 두 번째로 우리의 신앙이 참된 것인지를 가늠해 볼 수 있는 몇 가지 기준을 제시하겠습니다.

이 부분과 관련하여 여러분이 정직하고 공정하고 분별력 있게 자신의 영혼을 살펴보기를 바랍니다. 흔히 생각하는 것처럼 교회에 가서 예배를 드리면 된다는 생각은 버리십시오. 이런 허탄한 생각은 아예 마음에 두지를 마십시오. 진리를 알고 싶다면 교회에 가서 예배에 참석하는 것만으로는 안 됩니다. 더 멀리, 더 높이 바라보고 나아가야 합니다. 이제 몇 가지 힌트를 드리겠습니다. 잘 들어 보십시오. 제 말을 믿으십시오. 이는 결코 가벼운 문제가 아닙니다. 여러분의 생명이 달린 문제입니다.

먼저, 자신의 신앙이 참된 것인지 알고 싶다면 여러분의 속사람에서 신앙이 어떤 자리를 차지하고 있는지 보십시오. 머리로 안다고 해서 믿음이 있다고 하지 않습니다. 진리를 알고 또 그것에 동의할 수도 있습니다. 심지어 그것을 믿을 수도 있습니다. 하지만 그럼에도 하나님이 보시기에는 여전히 잘못된 신앙일 수 있습니다. 말에만 머무르는 믿음으로는 충분하지 않습니다. 날마다 신조를 되풀이할 수도 있습니다. 교회 공기도 때마다 대표기도 한마디 한마디에 "아멘"으로 화답할 수도 있습니다. 하지만 여전히 외적인 신앙으로만 남아 있을 수 있습니다. 감정적으로 그렇게 느낀다고 믿음이 있는 것이 아닙니다. 때로 설교를 듣다가 눈물을 흘리는가 하면 갑자기 삼층천에 이른 것처럼 기쁨에 사로잡히기도 할 것입니다. 하지만 여전히 하나님 앞에서는 죽은 자로 남아 있을 수 있습니다. 여러분의 믿음이 성령께서 주신 참된 것이라고 한다면 그것은 마음으로부터 믿는 것이어야 합니다. 믿음이 여러분 마음의 성을 차지하고 다스려야 합니다. 감정 역시 믿음의 지배를 받아야 합니다. 의지도 마찬가지입니다. 믿음이 우리의 기호를 결정해야 합니다. 우리의 선택과 결정도 마찬가지입니다. 여러분 영혼의 가장 깊고, 가장 낮고, 가장 은밀한 자리까지 믿음으로 채워야 합니다. 여러분의 믿음이 이런 것입니까? 그것이 아니라면 여러분의 믿음이 과연 "실체"가 있고 진실한 것인지 의심해 보는 것이 좋습니다(행 8:21, 롬 10:10).

다음으로, 여러분 자신의 믿음이 진실한 것인지 알고 싶다면 자신의 죄에 대해 어떻게 느끼고 죄를 어떻게 대하는지 보십시오. 성령으로 말미암는 기독교가 말하는 믿음은 죄의 악함을 아주 깊이 절감합니다. 죄를 그저 죄짓는 사람을 동정하고 연민을 갖고 바라보도록 하는 흠이나 실수 정도로 보지 않습니다. 믿음은 하나님을 진노케 하고, 사람으로 죄책 아래 있게 하며, 하나님의 진노와 정죄를 불러와 창조자 앞에서 잃어버린 자가 되도록 하는 죄의 혐오스러움을 직시합니다. 죄를 모든 슬픔과 불행과 다툼과 분쟁과 싸움과 반목과 질병과 죽음의 원인으로 봅니다. 하나님의 아름다운 피조 세계를 황폐하게 하는 질병으로 봅니다. 온전하게 창조된 이 땅이 고통 가운데 신음하고 아파하게 만드는 저주 받은 것으로 봅니다. 무엇보다도 믿음은 속전이 주어지지 않는 한 죄로 인해 우리가 영원한 멸망으로 끄집어 내려질 수밖에 없는 현실을 직시합니다. 올무가 풀어지지 않는 한 우리를 포로로 가두어 두는 것이 죄임을 압니다. 죄를 대항하여 싸우지 않으면 이 땅에서뿐 아니라 오는 세상에서도 행복을 기대할 수 없다는 사실을 압니다. 여러분의 믿음이 이런 것입니까? 여러분은 죄에 대해 이렇게 느낍니까? 그렇지 않다면, 여러분의 믿음이 "실체"가 있고 참된 것인지 의심해 보아야 합니다.

셋째, 자신의 믿음이 참인지 알고 싶다면 그리스도에 대해서 어떻게 느끼는지 보십시오. 명목상의 믿음만으로도 그리스도가 실제로 존재했고 많은 선한 일들을 행한 탁월한 인물이었다는 정도는 믿을 수 있습니다. 그래서 그리스도에 대한 존경심도 나타내고, 그분이 정한 외적인 규례들에도 참여하며, 그분의 이름으로 드려지는 예배에서 머리를 조아리기도 합니다. 하지만 거기까지입니다. 진정한 신앙을 가진 사람은 그리스도를 자신의 구속자로, 구원자로, 제사장으로, 벗으로 기뻐합니다. 그분이 아니고는 자기에게 아무런 소망이 없음을 잘 알기 때문입니다. 그리스도를 신뢰합니다. 그분을 사랑합니다. 그분을 즐거워합니다. 중보자요 양식이요 빛이요 영혼의 평화이신 그분 안에서 위로를 얻습니다. 예수 그리스도에 대해 이렇게 느끼는 것이 무엇인지 알고 있습니까? 그렇지 않다면, 자신의 믿음이 "참된" 것인지 의심해 보아야 합니다.

넷째, 자신의 믿음이 참된 것인지 알고 싶다면 이 믿음 때문에 자신의 마음과 삶에서 맺히는 열매가 있는지 보십시오. 기독교의 믿음은 위로부터 왔습니다. 오직 그것이 맺는 열매로만 압니다. 이런 믿음을 가진 사람은 회개, 믿음, 소망, 사랑, 겸손, 신령함, 양선, 자기부인, 이타심, 너그러움, 용서, 진실함, 형제애, 인내, 관용 등의 열매를 맺습니다. 물론 신자마다 누리는 은혜가 다양하기 때문에 열매 맺는 정도도 각기 다릅니다. 하지만 하나님의 자녀라면 예외 없이 이런 열매의 씨를 갖고 싹을 틔웁니다. 오직 열매로 신자인 줄 압니다. 여러분의 믿음은 이런 것입니까? 그것이 아니라면, 자신의 믿음이 "참된" 것인지 다시 생각해 보아야 합니다.

마지막으로, 자신의 믿음이 참된 것인지 알려면 은혜의 방편들을 어떻게 누리는지, 어떤 마음으로 누리는지 보십시오. 주일을 어떻게 누리고 있는지 보십시오. 그저 따분하게 억지로 주일을 지키는지, 아니면 기쁨으로 새로운 하루를 맞이하는지 보십시오. 천국에서 누릴 영원한 안식의 첫 열매로 누리고 있습니까? 공적인 은혜의 방편을 어떻게 누리는지 보십시오. 공기도와 찬양에 대해서는 어떻습니까? 말씀 설교와 성찬에 대해서는 어떻습니까? 그렇게 하는 것이 옳기 때문에 마지못해 참여합니까? 아니면 이런 방편이 없으면 도무지 행복한 삶을 생각할 수도 없을 만큼 큰 즐거움으로 참여하고 있습니까? 개인적인 은혜의 방편에 대해 자신이 어떻게 느끼는지 보십시오. 개인 성경 읽기와 기도를 통해 큰 위로를 누리고 있습니까? 아니면 이런 개인적인 은혜의 방편을 사용하는 것이 번거로워 대충

대충 하거나 아예 하지 않고 지나갑니까? 이런 물음을 진지하게 받아들여야 합니다. 공적이든 개인적이든, 날마다 여러분의 육체가 고기와 음료를 필요로 하듯 은혜의 방편을 누리는 것이 여러분의 영혼에 양식과 음료로 요구되지 않는다면 여러분의 믿음이 "진짜"인지 의심해 보아야 합니다.

지금까지 살펴본 다섯 가지를 주목하십시오. 이 다섯 가지의 시금석을 가지고 자기 믿음의 진정성을 판단해 보십시오. 자신의 믿음이 실체가 있는 것인지 이 기준들을 가지고 판단해 보십시오. 정직하게 판단해 보십시오. 하나님 앞에서 여러분의 마음이 바르다면 이런 테스트에 움츠러들 이유가 없습니다. 여러분의 믿음이 잘못된 것으로 드러난다 해도 더 늦기 전에 그 사실을 아는 것이 훨씬 낫습니다.

지금까지 앞에서 제시했던 것들을 모두 살펴보았습니다. 성경을 통해 실체가 있는 믿음이 얼마나 중요한지, 또 얼마나 많은 사람들이 이런 실체가 없는 위험천만한 믿음으로 살아가는지 보았습니다. 또한 자신의 믿음이 참된 것인지를 판가름해 볼 수 있는 다섯 가지 시금석을 제시했습니다. 이제 여러분의 영혼에 적용할 몇 가지 사실만 더 말하고 이 장을 마치겠습니다. 제가 할 수 있는 것이라고는 활시위를 당기는 것뿐이지만, 하나님께서 이 화살들이 많은 사람들의 양심과 가슴에 명중하도록 하실 것입니다.

첫 번째 적용은 질문입니다. 여러분은 진실하고 참된 믿음을 가졌습니까? 다른 사람의 믿음에 대한 여러분의 판단을 묻는 것이 아닙니다. 여러분은 주변에 많은 위선자들을 볼 것입니다. 그들의 믿음에 "실체"가 없음을 빈틈없는 논리로 지적할지도 모르겠습니다. 하지만 저는 지금 다른 사람의 믿음에 대해 묻는 것이 아닙니다. 다른 사람에 대한 여러분의 판단이 옳을지도 모릅니다. 하지만 자신에 대해서는 어떻습니까? 여러분의 기독교 신앙은 참되고 진실한 것입니까? 아니면 실체는 없고 이름만 있는 것입니까?

자신의 생명을 사랑한다면, 지금 여러분 앞에 던져진 이 물음을 외면하지 마십시오. 모든 진실이 그대로 드러날 날이 반드시 옵니다. 심판 날에 각자의 믿음이 어떤 것인지 확연히 드러날 것입니다. 두렵지만, 그날은 결혼 예복 비유가 그대로 이루어지는 날입니다. 지금 자신의 상태를 바로 확인하고 회개하는 것이 더 이상 회개할 기회가 없는 그날에 자신의 상태를 확인하는 것보다 훨씬 낫습니다. 상식이 있고 사리에 맞는 판단을 할 수 있는 사람이라면 제 말을 잘 생각해 보십시오. 지금 조용한 자리를 찾아 자신을 돌아보십시오. 자신의 믿음이 어떤 것인지 살펴보십시오. 성경을 펴고 정직한 마음으로 반드시 확인하고 지나가야 합니다. 그렇게 하기로 결심하십시오.

두 번째 적용의 말은 경고입니다. 다른 사람은 몰라도 자기 양심으로 자신의 신앙이 진실된 것이 아니라는 사실을 아는 모든 사람에게 말합니다. 지금 자신이 얼마나 위험한 신앙을 가지고 살아가는지, 하나님 앞에 얼마나 큰 죄책을 이고 있는지 알아야 합니다.

진실되지 못한 기독교 신앙만큼 하나님이 못 참으시는 것도 없습니다. 하나님은 성경을 통해 수도 없이 자신을 진실하신 하나님으로 말씀하십니다. 진실은 하나님의 속성 가운데서도 아주 특별한 것입니다. 진실하지 않고 참되지 않은 것은 무엇이나 하나님이 역겨워하신다는 사실을 잠시라도 의심할 수 있겠습니까? 마지막 심판 날 하나님의 진리에 대해 무지한 이교도로 드러나는 것이 명목상의 믿음을 가진 자로 드러나는 것보다 훨씬 나을 것입니다. 여러분의 믿음이 이런 것이 아닌지 조심하십시오!

실체가 없는 믿음을 가진 사람은 반드시 낭패를 당할 수밖에 없습니다. 파산할 신앙입니다. 이런 믿음을 가진 사람은 모래톱에 좌초되어 버려진 난파선과 같이 될 것입니다. 정작 위로가 가장 절실한 때에는 아무런 위로를 얻지 못할 것입니다. 고난의 때와 죽음을 코앞에 둔 임종의 시간에 아무런 위로를 얻지 못할 것입니다. 여러분의 믿음이 영혼을 이롭게 하지 못하는 것이 되지 않을까 조심하십시오! 임종의 때에 아무런 위로도 얻지 못하고, 심판 날 속절없이 영원한 멸망으로 던져지지 않으려거든 진실하고 참된 믿음이 있어야 합니다.

세 번째 적용의 말은 권고입니다. 제 말을 들으며 양심의 찔림을 받은 사람들에게 권고합니다. 믿음을 대수롭지 않게 여기고 대충대충 신앙생활하기를 당장 그치십시오. 전심으로 주 예수 그리스도를 따르는 자가 되십시오. 진실하고 철저하게 그리스도를 따르는 자가 되십시오.

조금도 지체하지 말고 주 예수께 나아가 여러분의 구주가 되어 주시라고, 여러분을 고칠 의사와 제사장과 친구가 되어 달라고 구하십시오. 스스로 무가치하다는 생각에 빠져 뒤로 물러나지 마십시오.

떠오르는 지난날의 죄악 때문에 움츠러들거나 머뭇거려서는 안 됩니다. 여러분의 영혼을 그리스도께 드리기만 하십시오. 그분이 깨끗하게 하시지 못할 죄가 없음을 잊지 마십시오. 그리스도께서 그분께 나아오는 자들에게 요구하는 한 가지가 있습니다. 참되고 정직하고 진실하라는 것입니다.

실체가 있는 믿음으로 그리스도께 나아가고 있음을 보여주십시오. 여러분을 소망 있는 사람이 되도록 할 모든 것이 여기 있습니다. 믿음이 약할 수도 있습니다. 하지만 실체가 있는 믿음이면 됩니다. 거룩을 향한 열망이 여러분의 연약함 때문에 잦아들 수도 있습니다. 하지만 실체가 있는 열망이어야 합니다. 여러분의 믿음에 머뭇거림이나 표리부동이나 위선을 절대 용납하지 마십시오. 종교적인 옷을 걸친 것으로 만족해서는 안 됩니다. 여러분이 고백하는 신앙 그대로의 모습이 되도록 하십시오. 잘못할 수 있어도 진실한 믿음이어야 합니다. 넘어질지라도 참된 믿음이어야 합니다. 이 원리를 항상 눈앞에서 떠나지 말게 하십시오. 그러면 은혜에서 영광으로 나아가는 순례 여정 내내 여러분의 영혼을 크게 이롭게 할 것입니다.

마지막 적용의 말은 격려입니다. 십자가를 지고 담대하고 진실하게 그리스도를 따르는 모든 사람에게 말합니다. 반대와 난관에 봉착하더라도 흔들리지 말고 끝까지 그 길을 가십시오.

여러분의 편에 선 사람은 드물고 그 길을 막아서는 사람만 많을 때가 자주 있을 것입니다. 사람들이 여러분에 대해 수군대는 모습을 종종 볼 것입니다. 지나치고 극단적인 믿음을 갖고 있다고 말할 것입니다. 그러나 괘념치 마십시오. 그런 말에 귀를 기울이지 마십시오. 흔들림 없이 그 길을 가십시오.

사람이 온전하고 진실되고 정직하게 온 마음으로 힘써야 할 일이 한 가지 있다면, 그것은 바로 자기 영혼에 관한 일입니다. 사람은 자신의 구원을 이루는 일만큼은 절대 게으르거나 부주의하지 말아야 합니다(빌 2:12). 그리스도를 믿는 신자라면 이 사실을 기억하십시오! 신앙 안에서 하는 일은 무엇이든 제대로 해야 합니다. 정직하고 진실하십시오. 철저하게 하십시오. 충실하십시오.

세상에서 사람이 전혀 부끄러워하지 않아도 될 일 한 가지가 있다면, 그것은 바로 예수 그리스도를 섬기는 일입니다. 죄, 세속, 경솔함, 하찮은 일들, 시간낭비, 쾌락, 못된 성질, 교만 등을 부끄러워할 줄 알아야 합니다. 물질, 옷, 춤, 레저, 오락, 소설 읽기 등에 빠져 지내는 것을 수치스럽게 생각해야 합니다. 세상 풍조를 따라 이런 것들을 추구하며 사는 삶은 우리를 지으신 창조주와 천사들을 슬프게 합니다. 마귀만 좋아합니다. 그러나 자기 영혼이 소중한 줄 알고, 그것을 돌보고 먹일 줄 알고, 영혼 구원을 일상의 가장 중요한 일로 삼고 살아가는 사람은 자신의 삶을 부끄러워할 필요가 전혀 없습니다. 그리스도를 믿는 신자여, 이 사실을 절대 잊지 마십시오. 성경을 읽을 때나 기도할 때나 이 사실을 잊지 마십시오. 주일을 기억하여 거룩히 지킬 때도 이 사실을 잊지 마십시오. 이 모든 일을 전혀 부끄러워하지 말고, 전심으로, 철저히, 진실하게 힘써 행하십시오.

우리 삶의 연수는 속히 지나갑니다. 올해가 여러분의 마지막 해가 될지 누가 압니까? 이 해가 가기 전에 하나님께서 여러분을 부르실지 누가 압니까? 하나님을 뵐 준비가 되기를 바란다면, 실체가 있는 참된 그리스도인으로 드러나십시오. 무가치한 비철 조각으로 남아 있지 마십시오.

   심판의 불을 견디고 실체만이 남는 때가 속히 옵니다. 하나님을 향한 참된 회개, 우리 주 예수 그리스도를 믿는 참된 믿음, 마음과 삶의 참된 거룩이 끝까지 견디고 영원토록 남습니다. 우리 주 예수께서 친히 이렇게 엄중하게 말씀하지 않습니까! "그날에 많은 사람이 나더러 이르되 주여 주여 우리가 주의 이름으로 선지자 노릇 하며 주의 이름으로 귀신을 쫓아내며 주의 이름으로 많은 권능을 행하지 아니하였나이까 하리니 그때에 내가 저희에게 밝히 말하되 내가 너희를 도무지 알지 못하니 불법을 행하는 자들아 내게서 떠나가라 하리라"(마 7:22-23).

4장
기도

단도직입적으로 물어볼 것이 있습니다. 여러분, 기도합니까?

  이 질문에 대답할 수 있는 사람은 오직 여러분 자신뿐입니다. 여러분이 공적인 예배에 오는지 안 오는지는 목사가 압니다. 가족기도 시간을 갖는지는 가족들이 압니다. 하지만 개인적으로 기도하는지는 오직 여러분과 하나님만이 압니다.

  지금부터 제가 하는 말을 잘 들어 보십시오. 너무 개인적인 질문이라고 기분 나빠할 필요는 없습니다. 하나님 앞에서 바른 마음이라면 전혀 거리낄 것이 없는 질문입니다. 입으로 단순히 기도를 말하는 것으로 기도한다고 어물쩍 넘기지 마십시오. 기도를 말하는 것과 기도하는 것은 엄연히 다릅니다. 꼭 그렇게 물어야 하느냐고 말하지 마십시오. 제가 왜 이런 질문을 해야만 하는지 이제 곧 알게 될 것입니다. 이 장에서는 다음 세 가지를 살펴보겠습니다.

1. 기도를 해야 하는 이유

2. 기도를 하지 않는 사람들에게 하는 권면

3. 기도를 잘 아는 사람들에게 하는 권면

1. 먼저, 기도를 해야 하는 이유들을 살펴보겠습니다.

첫째, 구원을 위해서 기도가 절대적으로 필요합니다.

예, 맞습니다. 구원을 위해서 기도가 절대적으로 필요합니다. 아직 지각이 충분히 발달하지 않은 어린아이나 심한 정신적 장애가 있는 사람을 구원하기 위해서 기도가 필요하다는 말이 아닙니다. 이교도를 구원하기 위해 필요하다는 말도 아닙니다. 적게 맡은 자들에게 적게 요구하는 것은 당연한 일임을 저도 잘 압니다. 우리와 같이 기독교 신앙을 자유롭게 가질 수 있는 곳에 살면서 스스로 그리스도인이라고 일컫는 사람의 구원을 위해서 절대적으로 필요하다는 말입니다. 그러므로 이렇게 이야기할 수 있습니다. 누구든지 기도하지 않는 사람은 구원받기를 기대할 수 없습니다.

저 또한 누구 못지않게 은혜로 얻는 구원을 믿는 사람입니다. 지구상에 있는 가장 흉악한 죄인에게라도 값없이 얻는 죄사함을 기꺼이 선포할 것입니다. 죄인이 죽어 가는 침상 맡에서 저는 전혀 주저하지 않고 "지금이라도 주 예수 그리스도를 믿으십시오. 그러면 구원을 얻을 것입니다"라고 말할 것입니다. 하지만 죄사함을 구하지 않고도 구원을 얻을 수 있다는 말은 성경에서 들어 본 적이 없습니다. 중심으로 "주 예수여, 저를 구원해 주십시오"라고 부르짖지 않는 사람에게 죄사함이 선포된 것을 읽어 보지 못했습니다. 자신이 드린 기도 때문에 구원받는 사람도 보지 못했지만, 기도하지 않는데 누구나 구원받을 것이라는 말 역시 들어 보지 못했습니다.

성경을 꼭 읽을 줄 알아야 구원받는 것은 아닙니다. 글을 모르거나 앞을 보지 못하지만 중심에 그리스도를 모시고 있을 수 있습니다. 공적인 설교를 통해 복음을 듣는 것 역시 구원을 위해 절대적으로 필요한 것이라고까지 할 수는 없습니다. 복음이 설교되지 않는 곳에 살 수도 있고 중병에 걸려 일어나지 못하거나 말씀을 들을 수 없어도 그리스도를 중심에 모실 수 있기 때문입니다. 하지만 기도에 대해서는 그렇게 말할 수 없습니다. 구원을 얻기 위해서는 기도가 절대적으로 필요합니다.

건강이나 공부에 왕도 같은 것은 없습니다. 수상이나 보통 사람, 왕이나 가난한 사람 모두 몸과 지성의 필요를 채워야 건강하고 또 무엇을 배울 수 있습니다. 누가 누구를 대신해서 먹거나 마시거나 잠잘 수 없습니다. 그렇게 하는 사람은 아무도 없습니다. 누군가 자신을 위해 알파벳을 대신 배워 줄 수 없는 법입니다. 모두 자신이 직접 해야 하는 일입니다. 그렇지 않으면 전혀 건강할 수도 배울 수도 없습니다.

영혼도 마찬가지입니다. 영혼의 건강과 안녕에 절대적으로 필요한 것들이 있습니다. 영혼의 안녕을 위해서는 본인이 직접 나서야 합니다. 각자가 회개해야 합니다. 그리스도께로 돌이켜야 합니다. 각자 하나님께 아뢰고 기도해야 합니다. 스스로 그렇게 해야 합니다. 아무도 대신해 줄 수 없습니다. 기도하지 않고 사는 것은 곧 하나님 없이 사는 것입니다. 그리스도 없이 사는 것입니다. 은혜 없이 사는 것입니다. 소망 없이 사는 것입니다. 천국 없이 사는 것입니다. 지옥으로 난 길로 가는 것입니다. 이제 제가 왜 "기도합니까?"라고 묻지 않을 수 없는지 알 수 있을 것입니다.

둘째, 기도하는 습관은 참된 그리스도인임을 나타내는 가장 확실한 증거 가운데 하나입니다.

이 점에 있어서 이 땅에 있는 모든 하나님의 자녀는 모두 동일합니다. 거듭난 생명과 신앙의 실체가 시작된 바로 그 순간부터 기도도 함께 시작됩니다. 갓 태어난 아이가 살아 있음을 보여주는 첫 증거가 바로 숨을 쉬는 것인 것처럼, 사람이 거듭났을 때 보이는 첫 생명의 움직임 역시 기도하는 것입니다.

기도는 하나님께서 택하신 모든 사람이 공통적으로 갖는 표징입니다. "밤낮 부르짖는 택하신 자들"이라고 성경은 말씀합니다(눅 18:7). 성령이 이들을 새로운 피조물로 지으시고, 중심으로부터 스스로 양자되었음을 알게 하시며, "아바 아버지"라 부르짖게 하십니다(롬 8:15). 그들을 다시 살리실 때, 주 예수께서는 그들에게 목소리와 혀를 주시면서 "너는 더 이상 말 못하는 자가 아니다"라고 말씀하십니다. 하나님은 말 못하는 자녀를 두신 적이 없습니다. 갓 태어난 아이가 우는 것처럼, 기도는 새롭게 태어난 본성의 일부입니다. 거듭난 사람은 하나님의 은혜와 긍휼이 얼마나 필요한지 날마다 절감합니다. 스스로가 얼마나 보잘것없고 나약한 자인지 깨닫습니다. 그러므로 기도는 그들의 일상입니다. 기도하지 않을 수 없는 것입니다.

창세기부터 요한계시록까지 성경에 나오는 하나님의 성도의 삶을 주의 깊게 살펴보면 그들은 하나같이 기도의 사람들이었습니다. 기도가 경건한 자들의 특징으로 드러납니다. 그들은 "하나님 아버지께 기도합니다." "주 예수 그리스도의 이름을 부릅니다." 반면 주님께 기도하지 않는 것은 악인들의 특징으로 드러납니다. "죄악을 행하는 자는……여호와를 부르지 아니하는도다"(시 14:4, 벧전 1:17, 고전 1:2).

성경이 기록된 이래로 이 땅에 살아온 많은 탁월한 그리스도인들의 전기를 주의 깊게 살펴봐도 그것과 다르지 않습니다. 그들 가운데는 부자도 있고 가난한 사람도 있습니다. 학식이 뛰어난 사람도 있고 그렇지 못한 사람도 있습니다. 성공회 교인도 있고 다른 교단에 속한 그리스도인도 있었습니다. 칼빈주의자도 있고 알미니안주의자도 있습니다. 예전禮典 사용하기를 좋아하는 사람도 있고 그렇지 않은 사람도 있습니다. 하지만 이들 모두에게서 공통적으로 드러나는 특징은, 그들이 하나같이 기도하는 사람이었다는 사실입니다.

우리 시대에 복음을 전하는 선교 단체들의 보고서를 봐도 이와 같은 특징들이 드러납니다. 이 땅 곳곳에서 하나님을 모르는 사람들이 복음을 영접했다는 기쁜 소식을 듣습니다. 아프리카, 뉴질랜드, 인도, 중국 등 세계 각처에서 회심의 소식이 들려옵니다. 이들은 모든 면에서 서로 다릅니다. 하지만 모든 선교 보고에서 어김없이 발견되는 한 가지 놀라운 사실이 있습니다. 인종이나 문화의 차이와 상관없이 회심한 모든 사람은 예외 없이 기도한다는 것입니다.

물론 마음도 없이 건성으로 기도할 수 있다는 사실을 모르는 바 아닙니다. 저는 단 한 번도 기도한다는 사실이 그 사람의 영혼에 대한 모든 것을 보여준다고 말한 적이 없습니다. 종교의 모든 다른 부분에서와 마찬가지로, 기도 역시 외식과 기만으로 할 수 있기 때문입니다.

그러나 기도하지 않는 것은, 그 사람이 아직 참된 그리스도인이 아니라는 증거라고 분명히 말할 수 있습니다. 이들은 진정으로 자신의 죄를 느낄 수 없고 하나님을 사랑할 수 없습니다. 자신이 그리스도께 빚진 자인지도 알 수 없습니다. 거룩을 추구할 수도 없습니다. 천국을 바라고 인내하며 기다리지도 못합니다. 아직 거듭나지 못했기 때문입니다. 아직 새로운 피조물이 되지 않았기 때문입니다. 선택과 은혜와 믿음과 소망과 지식을 확신에 차서 자랑하며 무지한 사람들을 속일 수는 있을 것입니다. 하지만 기도하지 않는 사람의 입에서 나오는 말이라면 모두 허탄한 이야기에 불과합니다.

한 걸음 더 나아가, 실제로 역사하시는 성령의 모든 증거 가운데서 은밀히 전심으로 기도하는 습관만큼 거듭난 그리스도인의 확실한 증거라고 말할 수 있는 것도 없습니다. 잘못된 동기로 설교할 수 있습니다. 책을 쓸 수 있고, 유창한 연설을 할 수 있고, 선한 일에 열심을 내는 것처럼 보일 수도 있습니다. 하지만 결국 가룟 유다와 같이 그 거짓 증거가 드러납니다. 바른 마음으로 힘써 그러한 일들을 하지 않는 사람은, 좀처럼 기도의 골방으로 나아가 하나님 앞에 자기 영혼을 쏟아 놓는 법이 없습니다. 주님께서는 친히 기도를 회심의 가장 탁월한 증거로 확정하셨습니다. 주님이 다메섹에 있는 사울에게 아나니아를 보내실 때에, 그는 핍박자 사울에게 나아가기를 주저했습니다. 하지만 주님은 아나니아에게 무엇보다 그가 기도하고 있다는 증거를 주셨습니다. "그가 기도하는 중이니라"(행 9:11).

기도의 자리로 나아가기 전에도 사람의 마음에는 많은 것들이 떠오릅니다. 많은 확신과 갈망과 기대와 의도와 결심과 소망과 두려움 같은 것들 말입니다. 하지만 이런 것들은 성령이 일하시는 확실한 증거가 되지 못합니다. 경건하지 못한 사람에게서 볼 수 있는 것이며, 아무것도 아닌 것으로 드러날 때가 많습니다. 대개 아침 안개와 같이 잠시 있다가 사라져 버릴 뿐입니다. 상하고 통회하는 마음에서 우러나와 전심으로 드리는 기도는 이 모든 것을 더한 것보다 더 가치 있는 증거입니다.

죄인들을 악한 길에서 부르시는 성령은 대체로 아주 조금씩 그리스도를 알아가게 하십니다. 하지만 사람은 단지 눈에 보이는 것으로 판단할 뿐입니다. 믿음이 있어야 의롭다 할 수 있듯이, 저는 감히 기도해야 믿음이 있다고 말하겠습니다. 자신이 믿는 하나님께 한 마디 기도도 못하는 사람에게 믿음이 있다고 할 수 있는지 의문입니다. 믿음의 처음 행위는 하나님께 말하는 것입니다. 몸에 생명이 있는 것처럼 신자의 영혼에는 믿음이 있습니다. 호흡으로 몸이 사는 것처럼 믿음은 기도로 삽니다. 숨을 쉬지 않고도 살 수 있는 몸이 있는지 저는 모르겠습니다. 어떻게 믿음이 있다는 사람이 기도하지 않을 수 있는지 이해가 되지 않습니다.

복음을 전하는 목사들이 기도의 중요성을 계속해서 강조하는 것은 새삼스러운 일이 아닙니다. 여러분이 그 사실을 꼭 깨닫기를 바라기 때문입니다. 그들은 여러분이 기도하고 있는지 알고 싶은 것입니다. 여러분이 교리에 대해 바르게 이해할 수 있습니다. 개신교 신앙에 대한 강한 애착을 갖고 있을 수도 있습니다. 이는 전혀 잘못된 것이 아닙니다. 하지만 그것은 머리에만 머무르는 지식일 수 있습니다. 자기가 속한 교파에서 가르치고 말하는 대로 무작정 따라가는 것일 수도 있습니다. 여러분이 진실로 은혜의 보좌를 아는지, 하나님에 대해 말할 뿐 아니라 하나님께 말하고 있는지 목사들은 알고 싶은 것입니다.

셋째, 신앙의 의무 가운데 개인기도만큼 소홀히 여겨지는 것도 없습니다.

우리는 신자라고 자처하는 사람들이 넘쳐 나는 시대를 살고 있습니다. 역사상 이 땅에 이처럼 많은 공예배 처소가 있은 때도 없습니다. 그 어느 때보다 많은 사람들이 예배에 참여합니다. 하지만 그에 비해 개인기도는 얼마나 소홀히 여기는지 모릅니다. 개인기도는 하나님과 우리 사이의 개인적이고 은밀한 기록입니다. 눈에 보이지 않기 때문에 무시하거나 지나치려는 유혹에 빠지기 쉽습니다.

신자라고 하는 수많은 사람들이 기도 한 마디 하지 않고 살아갑니다. 날마다 먹고 마시고 잠자고 출근하고 퇴근합니다. 하나님의 공기로 호흡하고 하나님의 땅을 여행하고 하나님의 긍휼을 즐깁니다. 언젠가는 죽을 육신을 가지고 살고 있고, 종국에는 심판과 영원이 기다리고 있습니다. 그러나 이들은 전혀 하나님께 말할 줄 모릅니다. 마치 도살당할 짐승과 같이 살아갑니다. 영혼이 없는 피조물처럼 지냅니다. 그 자비하신 손으로 생명과 호흡과 모든 것을 주어 살아가도록 하실 뿐 아니라, 그들의 영혼에 영원한 선고를 내리실 하나님께 한 마디도 하지 않고 지냅니다. 참으로 끔찍한 모습입니다. 사실 모든 사람의 은밀한 삶이 날마다 드러난다면, 이런 끔찍한 모습은 대부분 사람들의 삶의 현실인 것이 여실히 드러날 것입니다.

설령 기도한다고 해도 형식적으로 하는 사람들이 얼마나 많은지 모릅니다. 생각 없이 일정한 말들을 기계적으로 반복합니다. 어렸을 때 주워들은 몇 마디 말들로 간단하게 해치워 버립니다. 사도신경을 반복해서 암송하는 것으로 만족하는 사람도 있습니다. 그 속에는 간구가 전혀 들어 있지 않은 줄도 모르고 그렇게 합니다. 어떤 사람은 여기에 주기도문을 덧붙입니다. 이 엄중한 간구가 이루어지는 것에는 조금도 관심이 없습니다. 그저 습관적으로 기도할 뿐입니다.

제대로 된 기도문으로 기도하는 사람들조차 잠자리에 들기 전 또는 아침에 일어나 세수하고 옷을 입으면서 후다닥 해치워 버립니다. 사람들은 자기가 하고 싶은 대로 원하는 때에 기도하면 된다고 생각할지 모르지만, 하나님이 보시기에 기도는 그런 것이 아님을 알아야 합니다. 무슨 말을 하는지조차 모르고 하는 말들은 우상 앞에서 미친 듯이 북을 두들겨 대는 것과 같습니다. 이런 말은 우리 영혼에 아무런 유익이 없습니다. 마음 없는 말은 그저 입술과 혀가 움직여 내는 소리일 뿐이지, 기도는 아닙니다. 다메섹으로 내려가는 길에서 주님이 사울을 만나 주시기 전부터도 사울은 분명 오랜 기도를 많이 드렸을 것입니다. 하지만 주님이 "그가 기도하는 중이니라"고 하신 것은, 그가 상한 심령이 된 이후입니다.

이런 사실이 새삼스럽습니까? 잘 들어 보십시오. 제가 그저 하는 말이 아닙니다. 제 말이 근거도 없이 허황된 말로 들립니까? 제 말을 잘 들어 보십시오. 그러면 제가 진리를 말하고 있음을 알 것입니다.

사람은 결코 저절로 하나님께 기도할 수 있는 존재가 아닙니다. "육신의 생각은 하나님과 원수가 되나니"(롬 8:7). 사람의 마음은 항상 하나님께로부터 도망치려 하고 하나님과 아무 상관이 없는 쪽으로 기울어져 있습니다. 인간이 하나님께 느끼는 감정은 두려움뿐입니다. 자신의 죄가 무엇인지 깨닫지도 못합니다. 자신의 영적인 필요를 느끼지도 못합니다. 보이지 않으므로 믿음 없이 살아갑니다. 거룩이나 천국에 대한 갈망도 전혀 없습니다. 그렇다면 이런 사람이 무엇 때문에 기도하려고 하겠습니까? 대부분의 사람들이 이런 것들에 대해서는 외인에 불과합니다. 넓은 길로 다니는 사람이 대부분입니다. 이런 사실을 아는 제가 어찌 기도하는 사람이 많다고 생각할 수 있겠습니까?

기도는 인기를 끌 만한 것이 아닙니다. 많은 사람들이 부끄러워하고 감추려 하는 일 가운데 하나입니다. 사람들은 부질없는 희망을 이어 가고 약속을 어기더라도, 자신이 규칙적으로 기도하는 사람이라는 사실을 공적으로 알리기를 꺼립니다. 자신이 누구인지 전혀 모르는 사람과 한방에 누워 잠을 자야 한다면 기도하지 않고 잠자리에 들 사람이 얼마나 많은지 모릅니다. 옷을 잘 차려입거나 똑똑하고 상냥한 사람이라는 소리 듣는 것은 다 좋아하지만 기도하는 일에는 그렇지 않습니다. 이처럼 기도는 많은 사람들이 인정하기조차 꺼려하는데, 그것을 아는 이상 어찌 많은 사람들이 기도하고 있을 것이라 생각할 수 있단 말입니까? 그래서 저는 기도하는 사람들이 아주 적을 것이라고 생각할 수밖에 없습니다.

많은 사람들이 어떤 삶을 사는지 모른단 말입니까? 수없이 많은 사람들이 무수한 날을 죄 가운데 사는 것을 보는데도, 그런 죄를 이기려고 밤낮으로 기도하는 사람들이 많다고 생각할 수 있겠습니까? 날마다 세상과 그 속에 있는 것들을 추구하고 그 속에 빠져서 살아가는 사람들이 세상을 대적하여 기도하리라고 생각할 수 있겠습니까? 하나님을 섬기는 데 전혀 관심을 보이지 않는 사람들이 하나님을 섬기려고 은혜를 구한다고 믿으란 말입니까? 대부분의 사람들은 하나님께 전혀 기도하지 않습니다. 기도한다고 해도 그것은 기도가 아니라 마음 없이 그저 읊조리는 것에 불과할 뿐입니다. 이것은 정오의 햇빛처럼 너무나 분명한 사실입니다. 그렇게 기도하는 것은 기도를 하지 않는 것과 다름없습니다. 기도하는 것과 죄를 짓는 것은 결코 한 마음에서 같이 할 수 없습니다. 기도는 죄를 소멸하고, 죄는 기도를 질식시킵니다. 죄 가운데 살아가는 사람들이 이토록 많은데 어찌 기도하는 사람들이 많다고 생각할 수 있겠습니까!

많은 사람들이 어떻게 죽어 가는지 모르는지요? 임종을 앞둔 많은 사람들이 하나님을 모르는 사람처럼 죽음을 맞이합니다. 복음을 모르는 것은 물론 하나님께 무엇을 어떻게 말해야 할지도 모릅니다. 하나님께 나아가려고 하는 그들의 모습은 끔찍할 정도로 어색하고 이상할 뿐입니다. 전혀 하나님을 경험한 적이 없는 것 같습니다. 마치 이제껏 하나님께 이야기해 본 적이 없어 누가 자기를 하나님께 소개해 주기만을 바라는 사람 같습니다. 병이 들어 죽음을 앞두고 목사가 자신의 임종을 지켜 주기를 초조하게 기다리는 사람에 대한 이야기를 들어 본 적이 있습니다. 그는 목사가 자기를 위해 곁에서 기도해 주기를 바랐습니다. 목사는 그에게 무엇을 기도해 줄지 물었습니다. 하지만 정작 무엇을 기도해 달라고 할지를 그는 모릅니다. 자기 영혼을 위해 하나님께 구해 주기를 바라는 것을 그는 도무지 알지 못합니다. 임종의 순간에조차 그저 형식적인 목사의 기도를 바랄 뿐입니다. 죽음을 맞이하는 순간이라고 달라지지 않습니다. 그럴 수밖에 없습니다. 그 순간, 임종을 맞이하는 사람의 가장 깊은 곳에 있는 은밀한 것들이 그대로 드러나기 때문입니다. 병들어 죽어 가는 많은 이들의 임종을 목도한 저로서는, 여러분과 같이 멀쩡하게 돌아다니는 많은 사람들이 기도하는 사람이라고 생각할 수 없습니다.

저는 여러분의 마음을 모릅니다. 영적인 일들을 개인적으로 어떻게 생각하고 누리고 있는지 알지 못합니다. 그러나 성경을 유심히 관찰하고 세상을 보면서, 지금 제가 여러분께 물어야 할 가장 긴급한 질문으로 "기도합니까?" 외에는 다른 것이 생각나지 않습니다.

넷째, 기도는 큰 위로를 주는 신앙의 행위입니다.

하나님께서는 사람들이 기도하기만 하면 평안을 주실 만한 모든 것을 갖고 계십니다. 하나님 편에서는 모든 것이 준비되어 있습니다. 예상되는 모든 반대의 것들도 다 아십니다. 어떤 어려움이 있을지도 아시고 동시에 그 어려움을 해결할 방안도 잘 아십니다. 그분 앞에서는 어그러진 것들이 곧게 펴지고 거친 곳이 부드럽게 됩니다. 기도하지 않는 사람이 댈 수 있는 핑계는 없습니다.

아무리 무가치한 죄인이라도 성부 하나님께 가까이 나아갈 수 있는 길이 있습니다. 예수 그리스도께서 십자가에서 우리를 위한 제물이 되심으로 그 길을 여셨습니다. 죄인이라고 해서 하나님의 거룩과 공의 때문에 놀라 뒤로 물러설 필요가 없습니다. 그리스도의 이름을 힘입어 하나님께 부르짖으십시오. 그러면 은혜의 보좌에 앉으셔서 기꺼이 듣기 원하시는 하나님을 발견할 것입니다. 예수님의 이름은 우리의 기도가 하나님의 보좌로 나아가도록 하는 만능열쇠입니다. 사람은 그분의 이름을 힘입어 담대함으로 하나님께 나아갈 수 있습니다. 그분이 들으신다는 확신을 가지고 간구할 수 있습니다. 하나님께서는 기꺼이 죄인의 기도를 들으십니다. 생각해 보십시오. 엄청난 위로와 격려가 되지 않습니까?

하나님께 나아오는 자를 도우려고 늘 기다리시는 대언자와 중보자가 계십니다. 그분은 예수 그리스도이십니다. 그분은 우리의 기도에 그분 자신의 강력한 중보기도의 향기를 섞으십니다. 잘 어우러지게 하셔서 하나님의 보좌 앞에 아주 향기롭게 올려 드립니다. 우리의 기도는 보잘것없지만 우리의 대제사장과 맏형이신 그분 손에 올려지면 능력과 권세를 힘입습니다. 서명이 없는 수표는 쓸모없는 종잇조각에 불과합니다. 한 번의 펜 놀림으로 그 수표의 가치가 매겨집니다. 타락한 아담 자손의 보잘것없는 기도는 그 자체로 연약하지만, 주 예수님의 손으로 보증이 되면 많은 것을 이룹니다. 로마에는 로마 시민 누구라도 도움을 요청할 수 있도록 집무실 문을 항상 열어 놓는 관원이 있었습니다. 그와 같이 우리 주 예수님은 그분의 귀를 활짝 열어 놓고 계셔서, 자비와 은혜를 구하는 모든 이들의 부르짖음을 들으십니다. 그들을 돕는 것이 그분의 일입니다. 그들의 기도는 그분의 기쁨입니다. 이것을 생각해 보십시오. 엄청난 위로와 격려가 되지 않습니까?

기도 가운데 우리의 연약함을 기꺼이 도우시는 성령이 함께 계십니다. 하나님께 나아가 기도할 때 우리를 돕는 일은, 성령께서 하시는 특별한 일 가운데 하나입니다. 무엇을 말할지 몰라 두려워하고 낙심할 필요가 없습니다. 우리의 기도를 도와 달라고 구하면 성령께서 기도할 말을 주실 것입니다. 하나님의 백성이 드리는 기도는 하나님의 성령이 마음에 주시는 소원을 따라 드리는 기도입니다. 그것은 하나님의 백성 안에 은혜와 간구의 영으로 거하시는 성령의 역사입니다. 하나님의 백성에게는 하나님이 기도를 들으실 것이라는 분명한 소망이 있습니다. 단순히 우리의 힘으로 기도하는 것이 아닙니다. 성령이 우리 안에서 간구하시는 것입니다. 한번 생각해 보십시오. 이 얼마나 위로와 격려가 되는 사실입니까?

기도하는 사람에게 주시는 너무나 크고 소중한 약속이 있습니다. 예수께서 "구하라 그리하면 너희에게 주실 것이요, 찾으라 그리하면 찾아낼 것이요, 문을 두드리라 그리하면 너희에게 열릴 것이니"라고 말씀하셨을 때 의도하신 것이 무엇이었습니까? "구하는 이마다 받을 것이요, 찾는 이는 찾아낼 것이요, 두드리는 이에게는 열릴 것이니라"(마 7:7-8). "너희가 내 이름으로 무엇을 구하든지 내가 행하리니 이는 아버지로 하여금 아들로 말미암아 영광을 받으시게 하려 함이라. 내 이름으로 무엇이든지 내게 구하면 내가 행하리라"(요 14:13-14). 한밤중에 찾아와 끈질기게 부르짖는 과부의 비유에서 주님이 무엇을 말씀하십니까?(눅 11:5, 18:1) 이 말씀들을 생각해 보십시오. 이 말씀들이 기도를 독려하지 못한다면 제 말은 더 이상 아무 의미 없는 것이라 생각해도 좋습니다.

성경에는 기도의 위력을 보여주는 놀라운 예들이 많이 있습니다. 아무리 힘들고 어려워도 기도로 이루어지지 않는 일이 없습니다. 도무지 불가능해 보이고 속수무책인 일들도 기도를 통해 이루어집니다. 불이든지 물이든지 뭍이든지 바다 한가운데든지, 기도로 역사하지 못할 곳은 없습니다. 기도가 홍해도 열었지 않습니까! 반석에서 물을 내고 하늘에서 떡을 내리게 했습니다. 기도로 태양이 멈추어 섰습니다. 엘리야의 기도로 하늘에서 불이 내려왔습니다. 기도로 아히도벨의 모략이 어리석은 것으로 드러났습니다. 기도로 산헤립의 군대가 패주했습니다. "나는 수십 만의 군대보다 존 낙스(John Knox)의 기도가 더 두렵다"라고 말한 메리 여왕의 말은 사실입니다. 기도로 병든 사람이 나았습니다. 기도로 죽은 자가 살아났습니다. 기도로 영혼이 회심합니다. 한 감독이 아우구스티누스의 어머니에게 "기도하는 어머니의 자식은 결코 망하는 법이 없습니다"라고 말했습니다. 신자는 기도와 고난과 믿음으로 무엇이든 할 수 있습니다. 양자의 영이 있는 사람에게 불가능한 일은 아무것도 없습니다. 모세가 패역한 이스라엘 자녀들을 위해 중보의 기도를 드릴 때 하나님께서는 뜻을 돌이키시고 그들에게 내리겠다던 재앙을 거두셨습니다(출 32:14). 소돔에 긍휼 베푸시기를 아브라함이 구하는 동안에는 하나님은 긍휼의 손을 거두지 않으셨습니다. 아브라함이 기도하기를 그칠 때까지 계속 그렇게 하셨습니다. 생각해 보십시오. 이 얼마나 큰 격려가 되는 사실입니까?

한 사람으로 하여금 신앙의 진보를 나타내도록 하기 위해 제가 지금까지 기도에 대해 말한 것들보다 더 필요한 것이 어디 있겠습니까? 죄인들이 은혜의 보좌로 나아가도록 모든 걸림돌을 제거하는 데 기도보다 더 필요한 것이 어디 있겠습니까? 지옥의 마귀들이 자기들 앞에 그런 문이 있다면 무저갱이 쩌렁쩌렁 울릴 만큼 기뻐 떨 것입니다.

그렇다면 일생에 걸쳐 이런 영광스러운 위로와 격려의 방편을 소홀히 여긴 사람들의 최후는 어떻겠습니까? 결국 기도 한 마디 제대로 해보지 못한 채 죽은 영혼을 위해서 무슨 말을 할 수 있겠습니까? 정말 여러분이 그런 사람으로 드러나지 않기만을 바랄 뿐입니다. 그러므로 제가 다시 한 번 여러분에게 "기도합니까?"라고 물을 수밖에 없는 것입니다.

다섯째, 기도에 진력하는 것이야말로 탁월한 경건에 이르는 비결입니다.

참된 그리스도인들 가운데서도 많은 차이가 있습니다. 하나님의 군대에도 가장 탁월한 병사가 있는 반면에, 가장 뒤처지는 병사가 있기 마련입니다.

모두가 믿음의 선한 싸움을 싸우지만, 그중에는 다른 병사들보다 더 용감하게 싸우는 병사가 있습니다. 이들 모두가 주의 일을 하지만 어떤 그리스도인은 다른 그리스도인들보다 훨씬 많은 일을 합니다. 모두가 주 안에서 빛을 발하지만, 어떤 사람은 더 밝게 빛납니다. 모두가 같은 경주를 하지만, 어떤 사람은 다른 사람들보다 더 빨리 달립니다. 이들 모두가 하나님과 구주를 사랑하지만, 어떤 사람은 더 많이 사랑합니다. 모든 참된 그리스도인들에게 묻습니다. 정말 그렇지 않습니까?

주의 백성 가운데는 회심한 순간부터 전혀 자라지 않는 것처럼 보이는 사람들이 있습니다. 거듭나기는 했지만 평생을 영적 어린아이로 남아 있는 자들입니다. 이런 사람들에게서 듣는 말이라고는 항상 옛날에 일어난 일에 대한 것뿐입니다. 영적 열정도 없고, 자기가 속한 아주 작은 무리 외에는 별 관심도 없습니다. 십 년 전에 본 모습 그대로입니다. 그리스도인으로서 이 사람들 역시 이 땅을 지나가는 순례자이지만, 구약성경에 나오는 기브온 거민들과 같은 순례자입니다. 그들의 양식은 항상 말라비틀어져 곰팡이가 슬어 있고, 신발은 항상 지저분하며, 옷은 헤지고 구멍이 숭숭 나 있습니다. 이런 말을 하는 것이 정말 서글플 따름입니다. 참된 그리스도인들에게 묻습니다. 제 말이 그릇되었습니까?

이와 달리 주님의 백성 가운데는 항상 자라가는 사람들이 있습니다. 비온 뒤 풀이 자라는 것처럼 자라납니다. 이집트에서 불어난 이스라엘 백성처럼 자라납니다. 때로 지치기도 하지만 기드온처럼 항상 자라가고자 애를 씁니다. 은혜 위에 은혜를 누리고, 믿음에서 믿음으로 나아갑니다. 더욱더 강건해져 갑니다. 이들을 만날 때마다 마음이 훨씬 넓어진 것을 봅니다. 영적인 키가 성큼 자라 보입니다. 해가 다르게 신앙이 자라고 더 밝게 드러납니다. 믿음의 실체를 증거하는 선행에 힘씁니다. 선한 일을 행하는데도 쉽게 지치지 않습니다. 위대한 일을 시도하고 실제로 그런 일을 해냅니다. 실패하면 다시 시도합니다. 넘어지면 다시 일어납니다. 그럼에도 스스로를 보잘것없는 무익한 종이라 여깁니다. 자신이 한 일은 아무것도 없다고 생각합니다. 이런 사람들을 통해 신앙이 사랑스럽고 아름다운 것으로 드러납니다. 회심하지 않은 사람들조차 이들을 칭찬하지 않을 수 없습니다. 세상에서 가장 이기적인 사람들조차 이들에게 후한 평가를 내립니다. 이런 사람들을 만나고, 이들과 함께 지내며, 이들의 이야기를 듣는 것은 정말 기분 좋은 일입니다. 이들은 마치 모세와 같이 하나님과 함께 있다가 금방 내려온 사람들처럼 보입니다. 이들과 헤어지고 돌아오는 길은 마음이 훈훈합니다. 마치 우리 영혼이 한참 따뜻한 불을 쬐고 온 것 같습니다. 물론 이런 사람들이 드물다는 것을 저도 알고 있습니다.

방금 묘사한 이런 차이가 어디서 오는 것일까요? 똑같은 신자인데도 누구는 다른 사람보다 더 밝게 빛나고 더 거룩한 이유가 무엇입니까? 제가 믿기로, 스물에 열아홉은 개인기도에 힘쓰느냐 그렇지 않느냐의 차이에서 옵니다. 경건하지 못한 사람은 대개 기도를 하지 않습니다. 반대로 탁월하게 경건한 사람은 개인기도에 힘을 쏟습니다.

이런 말에 깜짝 놀라거나 불편해 하는 사람들이 있을 것입니다. 거룩을 소수만 추구할 수 있는 특별한 은사로 생각하는 사람들이 상당히 많습니다. 이들은 거룩을 자신과 상관없는 요원한 것으로 생각합니다. 책 속에서나 동경할 뿐입니다. 주변에 거룩한 삶을 사는 모범을 갖는 것을 멋진 일로 생각합니다. 하지만 거룩을 소수만이 누리는 특별한 은사로 생각하여 자신과 상관없다고 여깁니다.
　이것은 참으로 위험한 생각입니다. 제가 믿기로, 본성적인 탁월함뿐 아니라 영적인 탁월함 대부분은 누구나 사용할 수 있는 방편들을 얼마나 성실하게 사용하느냐에 달려 있습니다. 물론 은사가 기적적으로 주어지기를 기대해도 된다는 말이 아닙니다. 사람이 일단 하나님께로 돌이켜 거룩함에 자라가는 일은, 대부분 하나님이 정하신 방편들을 얼마나 성실하게 사용하느냐에 달려 있다는 말입니다. 저는 그리스도인들이 교회 안에서 위대한 성장을 이루는 주된 방편은, 개인기도에 부지런히 힘쓰는 습관에 달려 있다고 단언합니다. 성경의 인물이든 교회사의 인물이든, 가장 탁월한 하나님의 종으로 살다 간 사람들의 삶을 한번 들여다보십시오. 모세와 다윗과 다니엘과 바울에 대한 말씀을 보십시오. 마르틴 루터와 존 브래드퍼드와 종교개혁자들에 대한 기록을 보십시오. 조지 윗필드(George Whitefield)와 에드워드 비커스테드(Edward Bickersteth)와 로버트 맥체인(Robert McCheyne)의 개인 경건에 대한 기록들을 보십시오. 탁월한 경건의 삶을 산 순교자와 성도들 가운데, 개인기도라고 하는 가장 두드러진 특성이 나타나지 않는 사람이 있으면 말해 보십시오. 이들은 하나같이 기도의 사람들이었습니다. 제 말을 믿으십시오. 기도는 능력입니다.
　기도를 통해 항상 새로운 성령의 기름부으심이 이어집니다. 성령만이 사람의 마음에 은혜의 역사를 시작하십니다. 성령만이 이 일을 계속하게 하실 뿐 아니라 풍성히 이루어지게 하십니다. 그러므로 선하신 성령은 성도들의 탄원과 간구 듣기를 기뻐하십니다. 성령은 가장 많이 구하는 자에게 가장 많은 역사를 이루십니다.

기도는 고질적인 죄와 마귀를 물리치는 가장 확실한 묘책입니다. 죄의 문제를 붙들고 전심으로 기도하는 사람 앞에서 죄는 물러갈 수밖에 없습니다. 마귀는 하나님께 간구하는 사람에게 계속해서 영향력을 행사하지 못합니다. 결국 떠나갈 수밖에 없습니다. 그렇다면 날마다 우리를 건지시는 위대한 하늘의 의사 앞에 우리의 모든 상황을 펼쳐 보이는 것이 마땅합니다.

은혜 가운데 자라고 싶습니까? 경건하고 헌신된 그리스도인이 되고 싶습니까? 그렇다면 이렇게 묻지 않을 수 없습니다. "기도합니까?"

여섯째, 신자들의 신앙이 퇴보하고 배역에까지 이르는 주된 원인 가운데 하나는 기도하지 않기 때문입니다.

탁월한 신앙고백을 한 후에 다시 신앙이 퇴보하는 경우가 있습니다. 얼마 동안은 신앙의 경주를 잘 합니다. 그러다가 거짓 교사들을 따라 곁길로 빠집니다. 마음이 뜨거울 때는 보란 듯이 신앙을 고백합니다. 베드로가 그랬습니다. 하지만 시험이 오면 주님을 부인합니다. 선한 일에 대한 열심이 사그라지기도 합니다. 바울과 동행하던 마가 요한이 그랬습니다. 데마와 같이, 얼마 동안 사도 바울을 잘 따르다가 다시 세상으로 돌아간 사람들도 있습니다. 누구에게나 일어날 수 있는 일입니다.

배역하고 뒤로 물러나는 자가 되는 것은 비극입니다. 일어날 수 있는 가장 불행한 일 가운데 하나가 바로 그것입니다. 표류하는 배,

한쪽 날개가 부러진 독수리, 잡초로 뒤덮인 정원, 현이 끊어진 하프, 폐허가 된 교회를 보는 것은 참으로 안타까운 일입니다. 그러나 신앙이 퇴보하고 배역에까지 이르는 신자를 보는 것만큼 안쓰럽고 슬픈 일은 없습니다. 상한 양심과 자괴감과 자책을 불러오는 아픈 기억, 하나님의 화살이 관통한 심령, 내면의 참소로 깨어진 영혼. 이와 같은 것들은 지옥을 맛보는 것과 다르지 않습니다. 이 땅에 살면서 지옥을 맛보는 것입니다. 지혜자의 말은 참으로 적절하고 엄중합니다. "마음이 굽은 자는 자기 행위로 보응이 가득하겠고"(잠 14:14).

신앙이 퇴보하는 사람들에게서 공통적으로 드러나는 특징이 무엇입니까? 개인기도를 소홀히 하는 것입니다. 물론 은밀한 타락의 기록들은 마지막 날에 드러날 것입니다. 하지만 그리스도의 목사로, 인간의 마음을 연구하는 사람으로서 제 생각을 말씀드리면, 뒤로 미끄러지는 일은 대부분 개인기도를 소홀히 한 데서부터 시작합니다. 대부분이 그렇습니다.

기도하지 않고 성경을 읽습니다. 설교를 들을 때도 기도하지 않습니다. 기도 없이 결혼합니다. 기도 없이 여행을 떠납니다. 기도하지 않고 거처를 정합니다. 기도 없이 친구들을 사귑니다. 기도 없이 허둥지둥 하루를 시작하고, 기도한다고 해도 건성으로 하고 맙니다. 많은 그리스도인들이 이렇게 해서 결국 영적인 중풍병에 걸립니다. 영적인 내리막길로 치닫고 심각한 타락으로 떨어집니다.

소돔 근처를 배회하던 롯, 쉽게 마음이 휘둘렸던 삼손, 순진했던 아사 왕, 우유부단했던 여호사밧 왕, 분주했던 마르다와 같은 사람들은 지금도 얼마든지 교회에서 찾아볼 수 있습니다. 이처럼 여러

경우에서 흔히 공통적으로 드러나는 사실은, 이들이 개인기도를 소홀히 했다는 것입니다.

사람들이 겉으로 드러나게 타락하기 전부터 이미 개인적인 타락은 은밀히 진행됩니다. 배역의 길에 들어선 것을 사람들이 다 알아채기 전부터 기도하는 일에 현저한 퇴보를 보입니다. 베드로를 보십시오. 먼저 깨어 기도하라는 주님의 경고를 귀담아듣지 않고 맥없이 살다가, 결국 시험이 찾아오자 주님을 부인하는 지경에 이르고 말았습니다.

세상 사람들이 이들의 타락을 주목하고 큰소리로 비웃습니다. 하지만 이들이 타락하는 진짜 이유는 모릅니다. 이교도들은 잘 알려진 그리스도인들을 죽음보다 가혹한 형벌로 위협하면서 우상에 분향하도록 했습니다. 그들이 배교하고 겁내는 것을 보고 승리에 도취되었습니다. 하지만 이교도들은 역사가 우리에게 교훈하고 있는 참된 사실은 알지 못했습니다. 그날 아침 이들은 평소처럼 기도로 제대로 무장하지 않고서 허둥지둥 침실을 떠났던 것입니다.

여러분이 정말 그리스도인이라면 배교자로 드러나지 않을 것이라고 믿습니다. 그러나 배교하고 퇴보하는 그리스도인이 되고 싶지 않다면, 제가 물어보는 말을 잘 기억하십시오. "기도합니까?"

일곱째, 기도는 행복과 만족에 이르는 가장 탁월한 길입니다.

세상에는 슬픔이 가득합니다. 죄가 들어온 이래로 항상 슬픔이 있어 왔습니다. 죄는 항상 슬픔을 불러옵니다. 세상에서 죄가 사라지기 전에는 슬픔을 피해 보려고 노력해도 부질없는 짓입니다.

사람마다 당하는 슬픔이 각각 다릅니다. 어떤 사람은 훨씬 더 큰 슬픔을 감내해야 합니다. 슬픔이나 염려 없이 오랜 시간을 보내는 사람을 본 적이 없습니다. 우리 몸과 소유, 가족, 자녀, 관계, 동료, 친구, 이웃, 직업 등 이 모든 것들이 염려와 슬픔의 근원이 됩니다. 질병, 죽음, 상실, 낙심, 이별, 분리, 배신, 비난 같은 것들도 마찬가지입니다. 이러한 것들이 없는 삶이란 있을 수 없습니다. 언제든 부닥칠 일들입니다. 애정이 깊을수록 그로 인한 고통도 더 큽니다. 더 많이 사랑할수록 더 많이 울 수밖에 없습니다.

이처럼 슬픔이 가득한 세상에서 기뻐할 수 있는 가장 탁월한 길이 무엇입니까? 이 눈물의 골짜기를 어떻게 하면 고통을 가장 적게 겪으면서 지날 수 있을까요? 제가 아는 한 가장 최선의 길은, 기도로 모든 것을 하나님께 아뢰는 것입니다.

이것은 신구약 성경이 공통적으로 분명히 밝히는 길입니다. 시편 기자가 하는 말을 들어 보십시오. "환난 날에 나를 부르라. 내가 너를 건지리니 네가 나를 영화롭게 하리로다"(시 50:15). "네 짐을 여호와께 맡기라. 그가 너를 붙드시고 의인의 요동함을 영원히 허락하지 아니하시리로다"(시 55:22). 사도 바울은 무엇이라고 말합니까? "아무것도 염려하지 말고 다만 모든 일에 기도와 간구로 너희 구할 것을 감사함으로 하나님께 아뢰라. 그리하면 모든 지각에 뛰어난 하나님의 평강이 그리스도 예수 안에서 너희 마음과 생각을 지키시리라"(빌 4:6-7). 야고보 사도는 "너희 중에 고난 당하는 자가 있느냐. 그는 기도할 것이요"라고 말합니다(약 5:13).

성경이 말씀하는 모든 성도가 하나님께 기도했습니다. 에서를 두려워했던 야곱이 그러했습니다. 광야에서 이스라엘 백성이 돌로 치려고 할 때 모세가 그렇게 했습니다. 아이 성에서 패한 여호수아가 그러했습니다. 그일라에서 위험에 처한 다윗이 그러했습니다. 산헤립의 편지를 받아 든 히스기야가 그러했습니다. 베드로가 감옥에 갇혔을 때 초대교회가 그러했습니다. 빌립보에서 감옥에 갇힌 바울이 그러했습니다.

이러한 세상에서 진정한 복락을 맛보는 유일한 길은, 계속해서 모든 염려를 하나님께 맡겨 드리는 것뿐입니다. 자기 힘으로 짐을 감당하려고 할 때 신자들은 슬플 수밖에 없습니다. 하지만 모든 문제를 하나님께 아뢰면, 삼손이 가사의 성문들을 뽑아 어깨에 메고 간 것처럼 수월하게 감당할 수 있게 하십니다. 자기 힘만으로 문제들을 감당하려고 한다면, 언젠가 메뚜기조차 버거운 짐이 될 수밖에 없을 것입니다.

항상 우리를 도우려고 기다리시는 참되신 친구가 있습니다. 우리는 그분께 우리의 슬픔을 그저 내려놓기만 하면 됩니다. 그분은 이 땅에 계실 때, 가난한 자와 병든 자와 슬퍼하는 자들을 불쌍히 여기셨습니다. 그분은 사람의 마음을 잘 아십니다. 33년 동안 이 땅에서 우리와 함께 사셨기 때문입니다. 우는 자들과 함께 우셨던 분이었습니다. 그분 자신이 슬픔의 사람이었고 질고를 아시는 분이었기 때문입니다. 우리를 능히 도우실 수 있으며, 고치지 못할 이 땅의 슬픔과 고통이 그분께는 없기 때문입니다. 예수 그리스도가 바로 그분이십니다. 우리가 행복할 수 있는 유일한 길은 항상 우리 마음을 그분께 쏟아 놓는 것입니다. 우리 모두가 온갖 위협과 형벌을 당할 때 "내 주님께 다 말하리라"고 고백했던 가련한 그리스도인 노예와 같이 우리도 할 수 있다면 얼마나 좋겠습니까!

예수님은 그분을 의지하고 그분께 부르짖는 자들을 행복하게 하실 수 있습니다. 어떤 상황이든 그분께는 문제가 될 수 없습니다. 감옥에서도 평안을 누리게 하실 수 있습니다. 가난한 중에도 만족하게 하십니다. 이별의 슬픔 중에도 위로를 누리게 하시며, 기쁨으로 임종을 맞게 하십니다. 기도로 간구하는 이에게 모든 풍성한 은사를 기꺼이 부어 주시려고 준비해 놓고 기다리십니다. 행복은 결코 외적인 환경이 아닌 마음의 상태에 달렸다는 사실을 사람들이 알았으면 좋겠습니다.

아무리 무거운 십자가도 기도로 가벼워집니다. 그 짐을 감당하도록 돕는 이가 우리 짐을 져 주시기 때문입니다. 막다른 길에 다다른 것처럼 보여도 기도는 새로운 길을 엽니다. "여기 길이 있으니 이 길로 가거라" 하시는 이가 우리 기도를 들으시기 때문입니다. 막막하고 캄캄해서 아무것도 볼 수 없을 때 기도는 소망의 빛을 가져다줍니다. "너를 버리지도 떠나지도 않겠다"고 말씀하시는 이가 기도를 들으시기 때문입니다. 가장 사랑하는 자를 잃은 사람이 느끼는 공허를 채우고도 남을 위로를 기도를 통해 그분이 주십니다. 파도를 향해 "잠잠하라" 하신 이가 우리 마음을 향해 명령을 발하실 것입니다. 여러분이 바로 곁에 있는 생명샘을 보지 못하고 절망했던 하갈과 같지 않았으면 좋겠습니다.

여러분이 행복하기를 진심으로 바랍니다. 그러므로 이렇게 묻지 않을 수 없습니다. "기도합니까?"

지금까지 우리가 심각하게 생각해 봐야 할 중요한 문제들을 모두 말씀드렸다고 믿습니다. 여러분이 이 문제를 가지고 심각하게 고민할 때 하나님께서 여러분의 영혼에 복 주시기를 진심으로 기도합니다.

2. 다음으로, 기도하지 않는 사람들에게 몇 가지를 말씀드리겠습니다.

저는 여러분 모두가 기도하는 사람이라고 생각지는 않습니다. 그렇다면 하나님을 대신하여 여러분에게 몇 가지를 말씀드리겠습니다.

기도하지 않는 여러분, 제가 여러분에게 할 수 있는 일은 경고를 발하는 것 외에는 없습니다. 지금 여러분은 끔찍한 위험에 직면해 있습니다. 지금과 같은 상태로 죽는다면, 여러분의 영혼은 잃어버린 영혼이 될 것입니다. 영원히 비참한 상태로 부활할 뿐입니다. 그리스도인이라고 자처하는 모든 사람은 전혀 평계할 수 없습니다. 여러분이 지금 기도하지 않고 살아가는 것을 정당화할 수 있는 평계는 존재하지 않습니다.

기도하는 방법을 몰랐다고 해도 소용없습니다. 기도는 모든 신앙의 행위 가운데 가장 단순한 것입니다. 하나님께 말씀드리는 것입니다. 기도하는 데는 학식이나 지혜나 책 읽는 능력이 필요하지 않습니다. 마음과 의지만 있으면 가능합니다. 연약한 아이도 배가 고프면 웁니다. 가장 궁핍한 거지조차 구걸하기 위해 손을 내밉니다. 세련된 말을 찾기 위해 기다리지 않습니다. 가장 못 배운 사람도 마음만 있으면 하나님께 아뢸 수 있습니다.

기도할 장소가 없다는 핑계도 말이 안 됩니다. 기도하고자 하는 마음만 있으면 충분히 기도할 장소를 찾을 수 있습니다. 주님은 산에서 기도하셨습니다. 베드로는 지붕에서 기도했습니다. 이삭은 들에서 기도했습니다. 나다나엘은 무화과나무 밑에서 기도했습니다. 요나는 큰 물고기 뱃속에서 기도했습니다. 어느 곳이라도 골방과 기도실과 베델이 될 수 있고, 하나님이 임재하시는 곳이 될 수 있습니다.

시간이 없다는 것도 핑계가 될 수 없습니다. 시간을 내려고 한다면 얼마든지 낼 수 있습니다. 시간이 짧을 수는 있지만 언제든 기도하기에는 충분합니다. 다니엘은 온 나라의 일을 도맡아 처리했지만 하루에 세 번을 기도했습니다. 다윗은 한 나라의 통치자였지만 "저녁과 아침과 정오에 내가 근심하여 탄식하리니 여호와께서 내 소리를 들으시리로다"(시 55:17) 고백할 정도로 기도의 사람이었습니다. 정말 시간이 필요하다면 언제든지 기도할 시간을 만들 수 있습니다.

믿음과 새 마음을 갖기까지는 기도할 수 없다고 하면서 그때가 오기를 마냥 기다리는 것도 부질없습니다. 죄에 죄를 더할 뿐입니다. 회심하지 않고 지옥으로 가는 것만큼 나쁜 것도 없습니다. 심지어 "나도 압니다. 하지만 긍휼을 베풀어 달라고 기도하지는 않겠습니다"라고 말하는 것은 더 나쁜 경우입니다. 성경과 전혀 상관없는 주장입니다. "너희는 여호와를 만날 만한 때에 찾으라. 가까이 계실 때에 그를 부르라"고 이사야 예언자는 말합니다(사 55:6). "네 하나님 여호와께로 돌아오라"고 호세아 예언자는 말합니다(호 14:1). 시몬 마구스에게 베드로는 "너의 이 악함을 회개하고 주께 기도하라"

고 말했습니다(행 8:22). 믿음과 새 마음을 원한다면 하나님께로 나아가 그것을 위해 간구하십시오. 기도하려고 애쓰는 시도만으로 죽은 영혼이 살아나기도 합니다.

기도하지 않고 살아가는 여러분, 도대체 여러분이 누구이기에 하나님께 아무것도 구하지 않는단 말입니까? 지옥의 죽은 자들과 같이 구하지 않기로 약속이라도 했습니까? 그곳의 구더기와 불구덩이와 화해라도 했단 말입니까? 여러분에게는 용서받을 죄가 없습니까? 영원한 형벌에 대한 두려움이 없습니까? 천국을 갈망하지 않습니까? 그렇다면 먼저 그 어리석음으로부터 깨어나야 합니다. 여러분의 종말을 생각해야 합니다. 사망의 잠에서 일어나 하나님을 부르십시오. 많은 사람들이 큰소리로 "주여, 주여, 열어 주소서!"라고 기도할 때가 임박했습니다. 하지만 그때가 되면 모든 것이 너무 늦습니다. 많은 사람들이 바위와 산더러 자기 위로 무너져 자기를 가려 달라고 아우성치는 때에, 하나님께 큰소리로 부르짖지 않아도 될 사람이 어디 있습니까? 애정어린 마음으로 경고합니다. 이것이 여러분 영혼의 마지막 일이 되지 않도록 주의하십시오. 구원이 아주 가까웠습니다. 간구하지 않다가 천국을 잃지 않도록 조심하십시오.

구원에 대한 진정한 갈망이 있기는 하지만 어떻게 첫걸음을 옮겨야 할지 모르는 사람들에게 다시 말씀드립니다. 여러분 가운데 이런 마음 상태에 있는 사람이 있다면, 단 한 명에게라도 애정어린 조언을 하는 것이 마땅합니다.

여행을 하기 위해서는 어김없이 첫걸음을 떼야 합니다. 앉은 자리에서 일어나 앞으로 나아가야 합니다. 이집트에서 가나안으로 가는 이스라엘의 여정은 길고 지루했습니다. 사십 년이 지나고 나서야 요단 강가에 이르렀습니다. 하지만 라마에서 숙곳으로 행진할 때 누군가 앞서 행하는 사람이 있었습니다. 세상과 죄에서 벗어나는 첫걸음을 실제로 떼는 때가 언제입니까? 그것은 온 마음으로 기도하는 바로 그날입니다.

건물을 세울 때 항상 가장 먼저 하는 일은 주춧돌을 놓는 것입니다. 첫 삽을 떠야 합니다. 방주를 짓는 데 120년이 걸렸습니다. 하지만 얼마나 오래 걸렸든 상관없이, 거기에도 노아가 방주를 짓기 위해 쓸 나무를 처음 쓰러뜨린 날이 있었습니다. 솔로몬은 영광스러운 성전을 지었습니다. 하지만 이를 위해서도 예외 없이 거대한 주춧돌을 모리아 산에 깊이 박아야 했습니다. 그렇다면 언제 사람의 마음에 성령의 집이 지어지기 시작합니까? 그것은 바로 기도로 사람의 마음에 성령이 처음 부어지는 때가 아니겠습니까?

여러분, 구원을 바랍니까? 그 구원을 위해 해야 할 일이 무엇인지 알고 싶습니까? 지금 당장 가장 가까운 은밀한 자리를 찾아 주 예수 그리스도께로 가십시오. 그리고 전심으로 여러분의 영혼을 구원해 달라고 기도하십시오.

그리스도는 죄인을 영접하시는 분이라 들었다고 말씀하십시오. "내게 오는 자는 내가 결코 내쫓지 아니하리라"고 하신 말씀을 안다고 아뢰십시오(요 6:37). 여러분이 가난하고 악한 죄인이므로 하나님께서 받아 주실 것을 믿으며 나아간다고 말씀드리십시오. 여러분 자신과 여러분의 모든 것이 하나님의 손에 있음을 고백하십시오. 자신이 악하고 무력하고 희망 없는 존재이며, 하나님이 아니시면 구원의 소망이 전혀 없다고 말씀드리십시오. 죄책과 죄의 권세, 죄의 결과로부터 건져 주시라고 간구하십시오. 여러분의 죄를 용서해 달라고, 그분의 보혈로 여러분을 씻어 달라고 간청하십시오. 새 마음을 주시고 여러분의 영혼에 성령을 부어 달라고 간구하십시오. 은혜와 믿음과 의지와 능력을 주셔서, 지금부터 영원토록 그분의 제자와 종이 되게 해달라고 간구하십시오. 여러분, 여러분의 영혼을 진지하게 걱정한다면, 바로 지금 이 모든 것을 주 예수 그리스도께 아뢰십시오.

여러분의 말과 여러분의 방식대로 아뢰십시오. 의사 앞에서 어디가 어떻게 아픈지 말하는 환자처럼, 여러분 영혼이 느끼는 고통과 질병을 그리스도께 그대로 말씀드리면 됩니다. 그분이 구원해 주지 않으시면 어떻게 될까 두려워하지 마십시오. 여러분은 죄인이지 않습니까? 죄인을 구원하는 것이 예수 그리스도의 일입니다. "내가 의인을 부르러 온 것이 아니요 죄인을 불러 회개시키러 왔노라"(눅 5:32).

자괴감이 든다고 마냥 머뭇거리고 있지 마십시오. 어떤 이유로도 머뭇거리지 마십시오. 머뭇거리는 것은 마귀로부터 오는 것입니다. 그냥 있는 그대로 그리스도께로 나아가십시오. 여러분 자신이 무가치하게 느껴질수록, 여러분의 상황이 더 열악할수록 그리스도께로 곧장 나아가야 합니다. 기다린다고 여러분의 문제가 해결되는 것이 아닙니다.

기도가 어눌하다고 걱정하지 마십시오. 예수님은 여러분을 잘 아십니다. 엄마가 아기의 옹알이를 알아듣는 것처럼, 복되신 우리 주님은 죄인을 잘 아십니다. 한숨마저 알아채시고 신음소리가 무엇을 의미하는지도 모두 아십니다.

기도가 바로 응답되지 않는 것 때문에 낙심하지 마십시오. 예수님은 여러분의 기도를 모두 듣고 계십니다. 응답이 미뤄지는 데에도 마땅한 이유가 있습니다. 오히려 여러분이 간절히 기도하고 있는지 살펴보십시오. 기도는 반드시 응답됩니다. 늦어지면 조금 더 기다려 보십시오. 반드시 응답하실 것입니다.

여러분, 구원받고 싶다면 오늘 제가 드리는 권고를 기억하십시오. 온 마음을 다해 제가 하는 권고대로 정직하게 기도해 보십시오. 여러분은 반드시 구원을 얻을 것입니다.

3. 여러분 가운데는 기도가 무엇인지 잘 아는, 양자의 영을 가진 사람들이 있을 것입니다. 그들에게 형제로서 몇 가지 권면과 조언을 드리고자 합니다.

성막에서 향을 피워 드릴 때는 정해진 방식이 있습니다. 아무 향이나 피울 수 있는 것이 아닙니다. 이 사실을 기억하고서 우리가 어떻게 기도하고 무엇을 기도해야 하는지 주의 깊게 살펴봐야 합니다.

기도하다 보면 자신의 기도가 식상하고 싫증이 날 때가 있을 것입니다. "선을 행하기 원하는 나에게 악이 함께 있는 것이로다"라는 사도의 말은 우리가 기도할 때도 그대로 적용됩니다(롬 7:21). "내가 두 마음 품는 자들을 미워하고"라는 다윗의 말이 뜻하는 바가 무엇인지 알 것입니다(시 119:113). 회심한 호텐토트 사람이 "주여, 저의 모든 원수로부터 구원하소서. 무엇보다 악한 제 자신에게서 구원하소서"라는 기도가 무엇을 말하는지 알 것입니다(호텐토트 사람들은 아프리카 남부에 사는 원시 종족으로 식인 관습이 있다—편집자). 기도하는 하나님의 자녀치고 심한 고난의 때를 지나지 않는 사람이 없습니다. 마귀는 기도하는 우리를 가장 미워합니다. 아무 문제도 초래하지 않는 기도는 일단 의심을 해봐야 합니다. 우리가 드리는 기도가 얼마나 선한 것인지 우리는 제대로 알지 못합니다. 우리가 보기에는 가장 만족스럽지 못한 기도도 하나님을 가장 기쁘시게 하는 기도가 될 수 있습니다. 그렇다면 그리스도인의 싸움을 함께 싸우는 저의 몇 가지 권고의 말을 귀담아들어 주십시오. 적어도 우리 모두가 공통적으로 느끼는 것 한 가지는, 우리가 기도해야 한다는 사실입니다. 절대 기도를 포기해서는 안 됩니다. 계속해서 기도하십시오.

　기도를 계속하기 위해서는 겸손과 경외함으로 기도해야 합니다. 우리가 누구인지와, 하나님께 아뢰는 일이 얼마나 엄중한 것인지를 잊지 말아야 합니다. 부주의하고 경솔하게 기도하지 말아야 합니다. 스스로에게 이렇게 말해야 합니다. "내가 있는 이곳은 거룩한 땅, 하늘의 문이다. 정직하게 기도하지 않으면 나는 하나님을 만홀히 여기는 것이다. 내 마음에 죄를 품고 있다면 하나님이 내 기도를 듣지 않으실 것이다." 솔로몬의 말을 기억합시다. "너는 하나님 앞에서 함부로 입을 열지 말며 급한 마음으로 말을 내지 말라"(전 5:2). 하나님께 기도할 때 아브라함은 "나는 티끌이나 재와 같사오나 감히 주께 아뢰나이다"라고 했습니다(창 18:27). 야곱 역시 하나님께 말씀드릴 때, 자신을 악하다고 했습니다. 우리도 마찬가지입니다.

　신령한 기도를 드리는 것이 얼마나 중요한지요. 성령의 직접적인 도우심으로 기도하고 무엇보다 형식적인 기도를 경계해야 합니다.

개인기도만큼 하나의 형식으로 전락하기 쉬운 것도 없습니다. 날마다 걸어서 반질반질하게 다져진 길을 걷는 것처럼, 아무 생각 없이 습관적으로 성경 말씀을 사용하여 유창하게 기도할 수 있습니다.

이 미묘한 문제를 조심스럽게 다뤄 보고자 합니다. 물론 우리가 날마다 구해야 할 것이 있기 때문에 필연적으로 똑같은 기도를 드릴 수밖에 없는 게 사실입니다. 세상과 마귀, 자신의 마음 상태에 대한 기도는 날마다 똑같을 수밖에 없습니다. 그러므로 더욱 조심해야 합니다. 내용과 형식이 일정한 기도는 성령으로 채워지고 덧입혀지도록 해야 합니다. 개인기도 시간에 기도집으로 기도하는 것을 저는 권장하지 않습니다. 책 없이도 의사에게 우리 몸의 상태에 대해 말할 수 있다면, 하나님께도 우리 영혼의 상태를 그처럼 말할 수 있어야 합니다. 다리가 부러져서 회복 중에 있는 사람이 목발을 사용하는 것을 반대하는 것이 아닙니다. 전혀 걷지 않는 것보다 목발이라도 사용해서 걸을 수 있으면 좋은 것입니다. 하지만 일생을 목발을 의지해 사는 사람이 있다면 그를 격려하기보다는, 오히려 그가 목발이 필요 없을 만큼 강건해지기를 바라는 것이 더욱 마땅할 것입니다.

기도를 일과로 정해 놓고 기도하는 것은 중요하고 또한 옳습니다. 일정한 시간을 정해 놓고 기도하는 것은 가치 있는 일입니다. 하나님은 질서의 하나님이십니다. 아침과 저녁 성전에서 희생제사를 드린 것은 의미 없이 그렇게 한 것이 아닙니다. 무질서는 죄의 현저한 특징이기도 합니다. 하지만 제가 그 무엇에 종속되거나 얽매이기를 바라는 것은 아닙니다. 기도를 일상의 규칙으로 삼고 행하는 것이 영혼의 건강에 이롭다는 사실을 말하고 싶을 뿐입니다. 먹고 자고 일하는 시간을 정하는 것처럼, 기도를 위해서도 시간을 정해야 합니다. 자신에게 맞는 시간과 때를 정하십시오. 다른 누구와 말을 시작하기 전에 먼저 하나님과 대화하면서 하루를 시작하십시오. 모든 일을 마치고 잠자리에 들기 전에 하나님과 말씀을 나누십시오. 날마다 기도하는 일이 하루 중 가장 중요한 일 가운데 하나로 자리 잡도록 하십시오. 기도하는 일을 한쪽 구석에 쳐 박아 두지 마십시오. 시간이 남아야 겨우 하는 일 정도로 치부하지 마십시오. 아무리 해야 할 일이 많아도 기도하는 일을 최우선으로 삼으십시오.

계속해서 기도하는 것이 얼마나 중요한지요. 계속해서 기도하기 시작했다면 포기하지 마십시오. "어차피 가정예배를 드릴 텐데 개인기도는 안 해도 되지 않을까?"라는 생각이 일어나는 때가 있을 것입니다. "지금 몸도 안 좋고 졸리고 피곤한데 이런 상태에서까지 꼭 기도해야 하나?"라고 몸이 말할 것입니다. "오늘 중요한 일정이 있는데 짧게 기도하자"라는 생각이 들 수도 있습니다. 이런 제안들은 하나같이 사탄으로부터 온 것이라고 여겨도 좋습니다. 이는 "네 영혼을 소홀히 여기라"는 말과 같습니다. 기도가 항상 똑같은 시간에 똑같은 분량만큼 드려져야 한다는 말은 아닙니다. 기도하지 않을 핑계를 찾지 말라는 것입니다. 계속해서 기도하고 쉬지 말고 기도해야 한다고 바울은 말합니다. 항상 기도하고 있어야 한다는 말이 아닙니다. 꺼지지 않는 성전의 불처럼 기도가 일상에서 계속 타올라야 한다는 말입니다. 파종 때와 추수 때, 여름과 겨울 가릴 것 없이 항상 계속해서 기도해야 한다는 말입니다. 항상 제물을 살라 드리는 것은 아니지만 꺼지지 않고 계속 타올라야 하는 제단의 불처럼 기도도 그러합니다. 아침과 저녁기도를 이어 주는 작은 탄성의 기도들이 사슬처럼 온종일 이어져야 합니다. 사람들과 함께 있을 때도, 일을 할 때도, 거리에서도 잠잠히 하나님께 작은 날개를 단 기도를 하나님께로 계속 보내야 합니다. 아닥사스다 왕 앞에 선 느헤미야가 그랬던 것처럼 말입니다. 하나님께 드려진 시간은 결코 허비되는 것이 아닙니다. 안식일을 기억하여 거룩하게 지킨 것 때문에 나라가 가난해지지 않았습니다. 계속해서 기도에 힘쓴 그리스도인이 결국 패배자로 드러나는 경우는 한 사람도 없습니다.

간절히 기도하는 것이 중요합니다. 큰소리로 울부짖으며 기도해야 간절한 기도라는 말이 아닙니다. 그러나 자신이 하는 일에 정말 마음을 쏟는다면 전심으로 간절히 구하는 것이 마땅합니다. "간절히 드리는" 기도는 "역사하는 힘"이 큽니다. 성경이 기도를 말할 때 쓰는 "부르짖다, 두드리다, 씨름하다, 애쓰다, 힘쓰다"는 표현들이 의미하는 바는 바로 간절함과 열렬함입니다. 성경의 많은 모범들이 이를 가르치고 있습니다. 야곱이 그중 하나입니다. 브니엘에서 야곱은 천사에게 "당신이 내게 축복하지 아니하면 가게 하지 아니하겠나이다"(창 32:26) 하고 전심으로 씨름했습니다. 다니엘도 마찬가지입니다. 그가 하나님께 간구하는 소리를 들어 보십시오. "주여, 들으소서. 주여, 용서하소서. 주여, 귀를 기울이시고 행하소서. 지체하지 마옵소서. 나의 하나님이여, 주님 자신을 위하여 하시옵소서"(단 9:19). 우리 주 예수님은 또 어떻습니까. 성경은 이렇게 말씀합니다. "그는 육체에 계실 때에 자기를 죽음에서 능히 구원하실 이에게 심한 통곡과 눈물로 간구와 소원을 올렸고"(히 5:7). 오늘날 우리가 드리는 기도와는 얼마나 다른 모습입니까! 성경 인물들과 비교해 보면 우리는 참으로 미지근하고 맥없는 기도를 드립니다. 하나님께서 "너희가 기도하는 것들을 정작 너희는 원치 않는다"고 말씀하신다 해도 우리는 할 말이 없습니다. 우리는 이런 모습에서 돌아서야 합니다. 「천로역정」에 나오는 '은혜 씨'와 같이 은혜의 문을 크게 두드려야 합니다. 그렇지 않으면 곧 멸망할 사람처럼 그리해야 합니다. 냉랭한 기도는 불 없이 드리는 제사입니다. 위대한 웅변가였던 데모스테네스가 자기에게 찾아와서 하소연한 사람의 이야기를 들은 일화를 생각해 보십시오. 간절함 없이 이야기할 때는 듣는 둥 마는 둥 했지만, 그런 모습을 보고서 찾아온 사람이 온 힘을 다해 그것이 사실이라고 호소하자, 그제서야 데모스테네스는 "아, 이제야 자네의 말이 곧이들리네" 하지 않았습니까?

믿음으로 드리는 기도가 중요합니다. 하나님의 뜻을 따라 드리는 기도라면 하나님께서 그 기도를 들으시고 응답하실 것이라는 사실을 믿음으로 구해야 합니다. 주 예수 그리스도께서 분명히 말씀하십니다. "무엇이든지 기도하고 구하는 것은 받은 줄로 믿으라. 그리하면 너희에게 그대로 되리라"(막 11:24). 믿음과 기도의 관계는 화살과 화살 끝자락에 달린 깃털의 관계와 같습니다. 믿음 없는 기도가 과녁을 향해 제대로 날아가지 못합니다. 하나님의 약속을 가지고 기도하는 습관을 들여야 합니다. 하나님이 하신 약속을 붙들고 앉아 "주님, 여기 주님이 주신 약속의 말씀이 있습니다. 이제 말씀하신 것을 이루어 주셔야 하지 않겠습니까!"라고 기도해야 합니다. 야곱과 모세와 다윗이 그렇게 기도했습니다. 시편 119편의 많은 간구가 "주의 말씀대로"라는 구절과 더불어 드려집니다. 무엇보다도 기도한 것에 대해 기대해야 합니다. 자신의 배를 먼 바다로 떠나보낸 상선의 주인처럼, 우리가 드린 기도의 응답이 오기까지는 만족하지 말아야 합니다. 하지만 하나님의 약속을 따라 기도하고 그 약속대로 믿고 기다리는 그리스도인을 찾아보기가 얼마나 어려운지요! 예루살렘의 교회는 감옥에 갇힌 베드로를 위해 쉬지 않고 기도했지만, 정작 기도가 응답되자 믿지 않았습니다(행 12:15). "기도한 대로 응답을 받았는지조차 모르는 것처럼 함부로 기도하고 있다는 증거도 없을 것이다." 로버트 트레일(Robert Trail)의 이 말은 우리가 깊이 새겨 봐야 합니다.

담대하게 기도의 자리로 나아갑시다. 무례하게 여겨질 정도로 하나님께 부적절한 친밀감을 표시하며 기도하는 사람이 있는데, 저는 이런 태도를 수긍할 수 없습니다. 하지만 우리가 바라는 거룩한 담대함으로 기도하는 사람도 있습니다. 이스라엘을 멸망시키지 말아 달라고 기도하는 모세의 모습이 그렇지 않습니까? "어찌하여 애굽 사람들이 이르기를 여호와가 자기의 백성을 산에서 죽이고 지면에서 진멸하려는 악한 의도로 인도해 내었다고 말하게 하시려 하나이까. 주의 맹렬한 노를 그치시고 뜻을 돌이키사 주의 백성에게 이 화를 내리지 마옵소서"(출 32:12). 이스라엘 백성이 아이 성에서 패퇴한 후 여호수아가 보여준 담대함은 또 어떻습니까? "가나안 사람과 이 땅의 모든 사람들이 듣고 우리를 둘러싸고 우리 이름을 세상에서 끊으리니 주의 크신 이름을 위하여 어떻게 하시려 하나이까"(수 7:9). 루터가 보여준 담대함 역시 주목할 만합니다. 그의 기도를 들은 한 사람은 이렇게 말했습니다. "그의 기도 한 마디 한 마디가 얼마나 확신에 차고 생명이 넘치던지! 하나님께 호소하는 사람처럼 경외함으로 기도하는가 하면 사랑하는 아버지나 친구에게 말하듯 소망과 확신에 차서 기도합니다." 17세기의 위대한 스코틀랜드 목사였던 로버트 브루스(Robert Bruce)의 기도 역시 이런 담대함으로 유명합니다. 그의 기도는 "하늘을 향해 쏘아 올린 번개와 같았다"고 합니다. 이 부분에서도 우리는 정말 부족합니다. 신자의 특권을 제대로 인식하지 못하고 기도할 때가 많습니다. 우리는 "주님, 우리는 주님의 백성이 아닙니까? 우리가 거룩하게 되는 것이 주님의 영광에 합한 일이 아닙니까? 주님의 복음이 널리 전파되는 것이 주님의 영광을 위한 일이 아닙니까?"라고 자주 기도하지 않습니다.

  우리는 충분히 기도해야 합니다. 길게 기도하는 척하는 외식하는 바리새인들을 본받지 말라고 하신 우리 주님의 경고를 저도 잘 압니다. 중언부언하지 말라고도 하셨습니다. 하지만 주님은 밤이 맞도록 기도하심으로 친히 충분한 경건의 시간을 갖는 모범을 보여주셨습니다. 사실 오늘날 너무 기도를 많이 하는 것 때문에 걱정할 일은 거의 없습니다. 오히려 많은 사람들이 너무 기도를 짧게 하거나 거의 하지 않는 것이 문제가 아닙니까? 많은 그리스도인들이 실제 기도하는 시간을 모두 더해 놓아도 지극히 미미한 것이 사실 아닙니까? 수없이 많은 사람들의 개인 경건의 시간이 드문드문 있거나 아주 한정적입니다. 살아 있는 것만으로도 충분하다는 식입니다. 이런 사람들은 하나님께 무엇을 얻을 것에 대한 기대가 거의 없습니다. 고백할 것도 없고, 구할 것도 없고, 감사할 것도 없습니다. 무언가 잘못되도 크게 잘못되었습니다. 성장하지 않는 자신의 모습에 불평하는 신자들이 참 많습니다. 자신들이 원하는 만큼 은혜 안에서 자라지 않는다는 것입니다. 사실 자신이 구하는 만큼 은혜를 받는 것이 아니겠습니까? 적게 구했기 때문에 적게 누리는 것이 아니겠습니까? 이런 사람들이 연약한 믿음을 가진 것은, 필요한 무엇이 있을 때만 가뭄에 콩 나듯이, 그것도 조건적으로 후다닥 해치우고 마는 부실한 기도 때문이라고 할 수 있습니다. 그들이 얻지 못하는 것은 구하지 않기 때문입니다. 우리가 어려움을 겪는 이유는 그리스도가 주시지 않아서가 아니라 우리가 구하지 않기 때문입니다. "네 입을 크게 열라. 내가 채우리라"고 하신 분이 우리 주님이 아니십니까! 우리는 대여섯 번 땅을 쳐야 했음에도 세 번 치고 만 이스라엘의 여호아스 왕과 같습니다.

구체적으로 기도해야 합니다. 두루뭉술한 기도로 만족해서는 안 됩니다. 은혜의 보좌 앞에 구체적으로 우리의 필요를 아뢰어야 합니다. 자신이 죄인이라고 고백하는 것만으로는 충분하지 않습니다. 우리 양심이 말하는 죄책을 구체적으로 고백해야 합니다. 거룩을 구하는 기도만으로는 충분하지 않습니다. 자신에게 결여된 은혜를 구체적으로 구해야 합니다. 자신이 어려움 가운데 있다고 말씀드리는 것으로도 충분하지 않습니다. 당면한 어려움을 적시해야 합니다. 자기 형 에서를 만날 것을 두려워한 야곱을 보십시오. 그는 무엇이 두려운지 하나님께 고했습니다(창 32:11). 주인 아들의 신부를 찾고 있던 엘리에셀 또한 그렇게 했습니다. 하나님 앞에 자신의 필요를 자세히 아뢰었습니다(고후 12:8). 이렇게 하는 것이야말로 참된 믿음과 확신입니다. 너무나 소소해서 하나님께 말씀드리지 않아도 될 것은 아무것도 없습니다. 아파서 의사를 찾아간 사람이 구체적으로 자신의 증상을 설명하지 않겠습니까? 남편에게 자신이 행복하지 않다고 말하면서 그 이유를 구체적으로 말하지 않을 아내가 어디 있습니까? 아버지에게 곤란한 일이 있다고 말하면서 그것이 무엇인지 말하지 않을 자녀가 어디 있습니까? 그리스도는 영혼의 참 신랑이십니다. 마음의 참 의사이십니다. 그분 백성의 아버지이십니다. 하나님께 우리 마음의 모든 것을 말씀드림으로써 그리스도가 우리에게 바로 그런 분이시라는 것을 고백합시다. 그분께는 아무것도 숨길 것이 없습니다.

또한 우리는 중보하는 기도를 드려야 합니다. 본성적으로 우리는 모두 이기적입니다. 그러므로 우리는 자신에게 집중하기 쉽습니다. 회심한 사람도 예외는 아닙니다. 자신의 영혼만 생각하고, 자신의 싸움만 크게 느끼고, 자신의 성장만 중요하게 여기면서 정작 다른 사람에 대해서는 그만큼 관심을 갖지 않습니다. 이런 성향을 항상 경계하고 물리쳐야 합니다. 더구나 기도에 있어서는 더욱 그렇게 해야 합니다. 어떻게 하면 다른 사람들을 배려하고 생각하게 될지 고민해야 합니다. 은혜의 보좌 앞에서 자신의 이름을 부르는 것은 물론이요, 다른 사람들의 이름도 불러야 합니다. 온 세상을 품어야 합니다. 이교도, 유대인, 로마 가톨릭 신자, 참 신자들로 이룬 몸과 신앙을 고백하는 교회, 우리가 사는 나라, 우리가 속한 회중, 우리의 가족과 친척, 그리고 연락을 주고받는 친구들, 직장 동료들을 위해서 기도해야 합니다. 이는 너무나 분명한 사실입니다. 나를 위해 기도하는 사람이야말로 나를 진심으로 사랑하는 사람입니다. 그것은 우리 영혼의 건강을 위한 일이기 때문입니다. 중보기도는 우리의 마음을 넓히고 긍휼히 여기는 마음을 키워 줍니다. 교회에도 얼마나 큰 유익인지 모릅니다. 복음을 전파하는 모든 단체나 조직은 기도로 굴러갑니다. 복음을 위해 기도하는 사람은, 전장의 흙먼지 속에서 여호수아가 싸울 때에 손을 들어 중보하던 모세와 같이 주님의 일을 위해 힘쓰는 사람입니다. 그것은 그리스도를 닮아 가는 일입니다. 대제사장 그리스도께서는 성부 앞에서 그분 백성의 이름을 품고 계십니다. 우리가 기도함으로써 그리스도와 같은 일을 하는 것입니다. 이 얼마나 큰 특권입니까! 기도는 목회자들을 돕는 가장 큰 힘입니다. 제게 회중을 택하라고 한다면, 당연히 저는 기도하는 회중을 택할 것입니다.

아울러 우리는 감사하는 기도를 드려야 합니다. 하나님께 간구하는 것과 하나님을 찬양하는 것은 별개입니다. 하지만 성경을 보면, 이 둘 사이가 긴밀히 연결되어 있습니다. 참된 기도치고 감사가 없는 기도가 없습니다. 바울이 "모든 일에 기도와 간구로, 너희 구할 것을 감사함으로 하나님께 아뢰라"(빌 4:6)고 하는 것을 보아도, 이 둘 사이에는 긴밀한 관계가 있는 것이 분명합니다. "기도를 계속하고 기도에 감사함으로 깨어 있으라"(골 4:2). 우리가 지옥에 있지 않은 것은 하나님의 긍휼 때문입니다. 천국의 소망도 마찬가지입니다. 신령한 빛이 비춰진 나라에 사는 것도 긍휼 때문입니다. 성령으로 부르심을 받을 뿐 아니라 그 부르심의 열매를 우리 스스로 따도록 내버려 두지 않으시는 것도 긍휼 때문입니다. 우리가 여전히 살아 있고 값없이 주시는 은혜와 영원한 자비를 힘입어 하나님을 영화롭게 할 기회를 누리고 있는 것도 하나님의 긍휼 때문입니다. 사도 바울의 편지를 보십시오. 감사로 시작하지 않는 편지가 거의 없습니다. 지난 세기의 조지 윗필드와 에드워드 비커스테드는 항상 감사가 넘치는 사람들이었습니다. 여러분, 우리 시대에 빛으로 드러나고 싶다면 찬양하고 감사하는 사람이 되어야 합니다. 우리의 기도가 감사하는 기도가 되게 해야 합니다.

우리는 깨어 기도해야 합니다. 깨어 있어야 할 수 있는 것이 기도입니다. 여기서 참 신앙이 시작됩니다. 부요한 신앙과 쇠락하는 신앙은 여기서 갈립니다. 사람들이 어떻게 기도합니까? 제가 그들의 영혼이 어떤 상태인지 말해 보겠습니다. 기도는 영혼의 맥박입니다. 기도로 영혼의 건강을 점검해 볼 수 있습니다. 기도는 영적 기상도입니다. 기도를 들어 보면 그 사람의 마음이 어떤 상태인지를 가늠해 볼 수 있습니다. 계속해서 깨어 개인 경건에 힘써야 합니다. 이것이 바로 실천적 기독교 신앙의 진수로 나아가는 길입니다. 설교와 좋은 책들과 모임과 사람들과의 교제 역시 나름대로의 역할이 있습니다. 하지만 이런 것들이 개인기도를 대체하지는 못합니다. 하나님과의 교제를 소홀히 여기거나 기도하는 일을 버겁게 느끼도록 하는 모임이나 관계나 자리를 피하십시오. 그런 곳은 경계해야 합니다. 어떤 친구와 어떠한 일이 여러분 자신으로 하여금 가장 영적인 사고를 하게 하고 하나님께 기도하도록 이끄는지 잘 살펴보십시오. 기도하도록 여러분을 돕는 그 일과 그 자리와 그 관계에 착념하십시오. 분별 있게 기도에 힘쓰는 사람의 영혼은 잘못될 일이 없습니다.

지금까지 저는 여러분이 개인적으로 숙고해 봐야 할 기도에 관한 몇 가지를 말씀드렸습니다. 모든 겸손함으로 그렇게 했습니다. 저만큼 이 모든 것을 계속해서 상기해야 할 사람도 없을 것입니다. 제가 믿기로 이 모든 것은 하나님의 말씀에서 나온 진리이기 때문에, 제 자신과 제가 사랑하는 모든 이들이 더욱더 이 진리로 채워지기를 바랄 뿐입니다.

우리가 살고 있는 이 시대가 기도하는 시대로 기억되면 좋겠습니다. 이 시대의 그리스도인들이 기도하는 그리스도인들이 되기를 바랍니다. 교회가 기도하는 교회로 남으면 좋겠습니다. 이 작은 글을 쓰면서 제가 마음으로 바라고 기도하는 바는, 사람들에게 기도하는 마음이 뜨겁게 일어나는 것입니다. 아직 한 번도 개인적으로 하나님께 기도해 보지 않은 사람들이 지금 일어나 하나님께 부르짖기를 기대합니다. 또한 기도하는 사람들은 그들의 수고가 헛되지 않음을 믿고 의심하지 않기를 바랍니다.

5장
성경 읽기

성경을 연구하거니와. (요 5:39)

네가 어떻게 읽느냐. (눅 10:26)

진정한 기독교 신앙에서 기도 다음으로 성경 읽기만큼 중요한 것은 없습니다. 자비가 풍성하신 하나님은 우리로 하여금 "그리스도 예수 안에 있는 믿음으로 말미암아 구원에 이르는 지혜가 있게" 할 만한 한 책을 주셨습니다(딤후 3:15). 이 책을 통해 우리는 믿음의 내용이 무엇이고, 우리 자신이 누구이며, 어떤 사람이 되고, 무엇을 해야 할지를 배웁니다. 성경을 가진 사람은 복이 있습니다! 성경을 읽는 사람은 더욱 복이 있습니다! 성경을 읽는 것은 물론 성경의 가르침을 따라 순종하고, 그것으로 믿음과 행실의 유일한 규칙으로 삼는 자는 가장 복됩니다!

사람은 하나님이 주신 선물을 악용하고 남용하는 데 탁월한 재주가 있습니다. 자신이 받아 누리는 특권, 능력, 기능 등을 영악하고 교묘하게 뒤틀어 원래의 목적이 아닌 다른 목적을 위해 사용합니다. 말과 상상력과 지성과 능력과 시간과 영향력과 돈을 자신의 창조주를 영화롭게 하는 데 사용하지 않고 이것들을 허비합니다. 자신의 이기적인 목적을 위해 씁니다. 하나님이 주신 다른 모든 긍휼을 악용합니다. 기록된 말씀이라고 예외는 아닙니다. 전체 기독교회에 만연한 현상으로 책망 받아 마땅한 습관 한 가지는 성경을 소홀히 하고 남용하는 것입니다.

과연 이런 책망이 일리가 있는 것인지 보기 위해 멀리 갈 필요도 없습니다. 증거는 우리 주변에 널렸습니다. 지금 영국에는 어느 때보다도 성경이 많이 통용되고 있습니다. 영국이 국가로 성립된 이래로 그 어느 때보다 더 많은 성경이 판매되고, 출간되고, 배포되고 있습니다. 내로라하는 서점들은 앞다퉈 성경을 진열해 놓습니다. 크기와 가격, 종류도 가지각색입니다. 경제적 여유가 있는 사람들은 있는 대로, 없는 사람들은 없는 대로 살 수 있는 성경이 마련되어 있습니다. 거의 모든 가정이 성경을 비치하고 있습니다. 그럼에도 불구하고 우리가 쉽게 망각하는 사실이 있습니다. 성경을 가지고 있는 것과 읽는 것은 전혀 다르다는 사실입니다.

이 장의 주제가 바로 이렇게 소홀히 여겨지는 성경입니다. 성경에서 무엇을 어떻게 읽느냐 하는 것은 결코 가벼운 문제가 아닙니다. 역병이 창궐할 때 그 병으로 인한 반점이 있는지 몸을 샅샅이 살피는 것은 당연한 일입니다. 자신의 영혼을 소중히 여기는 사람이라면 마땅히 성경을 소중히 여기고, 정기적으로 성경을 연구하며, 성경의 내용에 통달할 수 있도록 해야 합니다. 그렇게 해야 할 몇 가지 분명한 이유가 있습니다. 이 장에서는 다음 두 가지를 살펴보겠습니다.

1. 성경을 읽어야 하는 분명한 이유
2. 성경에 관한 몇 가지 당부

1. 먼저 성경을 읽어야 하는 분명한 이유들을 몇 가지 살펴보겠습니다.

첫째, 세상에는 성경처럼 기록된 책이 없습니다.

성경은 "하나님의 감동으로 된" 책입니다(딤후 3:16). 그런 면에서 성경은 다른 모든 저작과 전혀 다릅니다. 하나님께서 성경의 각 저자들이 무엇을 말해야 할지 친히 가르쳐 기록하도록 하셨습니다. 그들의 지각에 생각과 개념을 불어넣으셨습니다. 그런 생각과 개념을 바르게 기술하도록 지도하셨습니다. 성경을 읽을 때, 여러분은 자신과 같이 미약하고 불완전한 사람이 스스로 배워 기술한 바를 읽는 것이 아닙니다. 영원하신 하나님의 말씀을 읽고 있는 것입니다. 성경을 들을 때, 유한하고 오류투성이인 인간의 의견을 듣는 것이 아닙니다. 만왕의 왕의 불변하는 생각을 듣고 있는 것입니다. 성경을 받아 적도록 택함을 받은 사람이 자의로 한 이야기가 아닙니다. 그들은 "오직 성령의 감동하심"을 입어 하나님께 받아 말한 것입니다(벧후 1:21). 세상의 다른 모든 책은 아무리 선하고 유용하다

해도 성경과 같이 완전하지 못합니다. 이런 책들은 보면 볼수록 결점과 오류를 발견할 뿐입니다. 성경만이 절대적으로 완전합니다. 처음부터 마지막까지 성경은 "하나님의 말씀"입니다.

성경이 하나님의 말씀이라는 증거를 장황하게 나열하느라 지면을 허비하지는 않겠습니다. 성경 자체가 성경이 하나님의 영감을 받아 기록된 책임을 가장 탁월하게 확증한다고 저는 감히 고백합니다. 성경의 자증 말고는 성경이 영감 받은 책임을 제대로 설명할 길이 없습니다. 이는 세상에서 유래를 찾아볼 수 없는 위대하고 영속적인 신비입니다. 성경이 하나님의 영감을 받지 않았다고 감히 말하는 사람이 있다면, 그렇게 말하는 합당한 이유를 제시해 보라고 하십시오. 이제 저는 상식을 가진 사람이라면 누구라도 수긍할 수밖에 없는 성경의 독특한 성격과 특징을 말해 보겠습니다. 제가 성경을 하나님의 책이라고 증명할 필요는 없습니다. 또 그런 부담도 없습니다. 이 책의 저자인 하나님께서 친히 증명하십니다.

성경을 기록한 저자들이 각각 다른 문체를 가지고 있다는 사실은 어떤 사람들이 주장하는 것과 달리 성경의 영감을 반박하는 증거가 전혀 될 수 없습니다. 이사야서와 예레미야서의 문체가 다릅니다. 바울 서신 또한 요한 서신과는 다른 문체를 가지고 있습니다. 틀림없이 그러합니다. 하지만 이 저자들의 기록은 모두 각각 동등하게 하나님의 영감을 받은 것입니다. 지역에 따라 색조나 명암이 모두 다르지만 바다는 하나입니다. 파랗게 보이는 부분이 있는가 하면 녹색을 띄는 부분도 있습니다. 위치에 따라 깊이가 각기 다르고 바다 밑바닥을 이루는 성분이 다르기 때문입니다. 하지만 바다를 구성하는 물은 동일한 짠 바닷물입니다. 한 사람의 호흡이라도 어떤 악기를 들고 부느냐에 따라 전혀 다른 소리를 냅니다. 플룻, 피리, 트럼펫은 각기 독특한 음색이 있습니다. 음색이야 어떻든 모두 한 사람의 호흡에서 비롯되었습니다. 하늘에 떠 있는 행성들도 내는 빛이 각기 다릅니다. 화성, 토성, 목성이 모두 각기 독특한 빛을 발합니다. 하지만 우리가 아는 것처럼 이 행성들이 반사하는 빛은 모두 한 태양으로부터 온 것입니다. 마찬가지로, 신구약성경은 모두 한분 하나님의 영감으로 기록된 진리입니다. 그러나 각 책이 말하는 진리의 모양이나 양태는 성령께서 기록하게 하신 사람에 따라 다양합니다. 성경 저자들마다 손글씨와 문체가 다른 것처럼 말입니다. 하지만 이 모든 저자와 그들의 기록을 지도하고 영감한 하늘의 인도자는 한분입니다. 모든 책이 동일한 영감을 받아 기록되었습니다. 성경 각 장과 절, 단어 하나하나까지도 하나님의 영감을 따라 기록되었습니다.

영감에 대한 의구심과 회의적인 생각에 시달리는 사람들은 스스로 잠잠히 성경을 잘 살펴보아야 합니다! 이들이 어거스틴의 회심의 단초가 되었던 성경 읽기에 첫 발을 내디딜 수 있으면 좋겠습니다. "책을 집어 들고 읽어라! 책을 집어 들고 읽어라!" 성경을 집어 들고 읽음으로 무수한 고르디우스의 매듭(아주 복잡하게 얽혀 있어 누구도 풀 수 없는 매듭—편집자)이 풀립니다! 많은 난제와 반대들이 동트는 아침의 안개처럼 금세 사라집니다! 많은 사람들이 이내 "성경은 하나님이 친히 자신의 손가락으로 기록한 책이 맞다! 하나님이 이 안에 계시는데 여태 그걸 모르다니!" 하고 고백할 것입니다.

이 장은 바로 이런 성경에 관한 것입니다. 여러분이 이 책을 어떻게 대하는지는 결코 가벼운 문제가 아닙니다. 여러분을 "교훈하기 위해" 하나님이 이 책을 영감으로 기록하게 하셨다는 사실은 결코 가볍게 지나갈 문제가 아닙니다(롬 3:2, 15:4). 제가 묻는 말에 정직하게 대답해 보십시오. 여러분에게 성경은 어떤 책입니까? 여러분은 성경을 읽고 있습니까? 읽는다면, 어떻게 읽습니까?

둘째, 구원을 위해서는 성경에 기록된 것을 반드시 알아야 합니다. 성경 밖에서는 구원에 관한 지식을 얻을 수 없습니다.

우리는 다니엘의 말이 날마다 눈앞에서 이루어지는 시대를 살고 있습니다. "많은 사람이 빨리 왕래하며 지식이 더하리라"(단 12:4). 학교가 안 세워진 곳이 없습니다. 도처에 대학들이 있습니다. 오래된 대학은 기존의 이미지를 벗고 새롭게 보이려고 애를 씁니다. 연일 새로운 책들이 쏟아져 나옵니다. 세상이 창조된 이래로 그 어느 때보다 더 많은 책들이 가르쳐지고 읽히고 있습니다. 모두 좋은 일입니다. 이런 현상을 저는 환영합니다. 어느 나라든지 무지한 국민이 많을수록 위험하고 비싼 대가를 치러야 하기 때문입니다. 무지한 국민은 압살롬, 케이틀린, 와트 타일러, 잭 케이드와 같은 사람들의 현혹을 받아 악으로 이끌릴 수밖에 없기 때문입니다. 하지만 인간이 아무리 교육을 잘 받는다고 해도, 구원을 받지는 못합니다. 성경의 진리를 모르면 지옥으로 내려가는 자기 영혼을 구원하지 못합니다.

잘 배운다고 구원받는 것이 아닙니다. 수많은 언어들을 구사할 수도 있습니다. 천지에 관한 모든 고상하고 깊은 지식을 가지고 있을 수 있습니다. 걸어 다니는 백과사전이라 불릴 만큼 많은 책들을 읽었을 수도 있습니다. 하늘의 별과 공중의 새와 이 땅의 짐승과 바다의 새들에 대해 줄줄이 꿰고 있을 수도 있습니다. 솔로몬처럼 "초목을 논하되 레바논 백향목으로부터 담에 나는 우슬초까지 하고 저가 또 짐승과 새와 기어 다니는 것과 물고기를 논할" 수도 있을지 모릅니다(왕상 4:33). 불과 공기, 땅, 바다의 모든 숨은 지식을 논할 수 있을지도 모르겠습니다. 하지만 성경 진리를 모르고 죽는다면 가장 비참한 사람으로 죽는 것입니다! 화학으로는 결코 죄책 아래 있는 양심을 잠잠하게 하지 못합니다. 수학으로는 깨어진 마음을 싸맬 수 없습니다. 세상의 모든 학식과 학문으로도 죽음의 침상에 놓인 베개를 안락한 것으로 바꾸지 못합니다. 죽음을 눈앞에 둔 사람에게 소망을 쥐어 준 철학은 없었습니다. 거룩한 하나님을 대면하는 사람을 평강으로 인도한 자연신학은 없었습니다. 이 땅에 속한 지식, 이 땅을 위한 지식으로는 이 땅의 수준을 넘어서지 못합니다. 이런 지식은 사람으로 자기와 같은 다른 피조물보다 조금 더 낫거나 조금 못하다는 이유로 잠시 우쭐하게 하거나 안절부절 못하게 할지언정, 천국으로 날아오르는 날개를 달아 주지는 못합니다. 이런 지식이 가장 많은 사람이라도 종국에 성경을 알지 못하고서는 영원한 소유를 얻지 못한다는 사실을 발견할 뿐입니다. 이런 지식은 죽으면 그것으로 끝입니다. 죽은 후에는 모두 소용없는 지식입니다. 아무런 유익도 주지 못합니다.

아무리 무지한 사람이라도 구원을 얻습니다. 문맹이라도 구원을 얻습니다. 지리적인 지식이라고 해봐야 자신이 사는 교구에 대한 것 외에는 아무것도 모르고, 심지어 영국이나 파리나 뉴욕에서 제일 가까운 곳이 어딘지 모를 정도로 무지할 수 있습니다. 천과 백만이 어떻게 다른지 모를 정도로 수리에 문외한일 수 있습니다. 자국의 역사도 모를 정도로 역사에 대한 지식이 없을 수 있습니다. 그리스 신화에 나오는 세라미스 여왕이나, 로마제국에 저항했던 영국 이케니 족의 보아디케아 여왕이나, 엘리자베스 여왕 등에 대해서도 전혀 모를 수 있습니다. 자신이 살아가는 시대에 무슨 일이 어떻게 돌아가는지, 국가의 재정을 재무부 장관이 담당하는지 전군 사령관이 담당하는지, 아니면 캔터베리 대주교가 담당하는지 모를 수도 있습니다. 과학이나 과학적 발견에 대해 전혀 모를 수도 있습니다. 줄리어스 시저가 전쟁에서 화약을 써서 승리했는지, 사도가 인쇄기를 써서 성경을 찍어 냈는지, 태양이 지구 주변을 공전하는지 아닌지 전혀 모를 수도 있습니다. 그럼에도 이 사람이 성경의 진리를 듣고 마음으로 믿었다면 자신의 영혼을 구원할 만큼은 충분히 아는 것입니다. 이런 사람은 결국 아브라함의 품에서 발견될 것입니다. 회심하지 않고 죽은 과학자는 영원한 멸망의 자리로 내려갈지라도 말입니다.

오늘날은 과학과 "실용지식"에 대한 논의가 활발한 시대입니다. 하지만 결국 필요하고 영원토록 유용한 지식은 성경을 아는 지식뿐입니다. 돈이 없어도, 많이 배우지 못했어도, 건강하지 못해도, 친구가 없어도 천국에 이르는 데는 아무런 문제가 없습니다. 하지만 성경을 아는 지식이 없으면 누구라도 천국과는 상관이 없습니다. 탁월한 지성을 소유하고 엄청난 기억력을 갖고 있어도 성경이 말씀하는 진리를 모른다면 그의 영혼은 영원히 좌초된 상태로 남아 있을 뿐입니다. 화로다! 화로다! 성경에 무지한 채로 죽는 사람에게는 화가 있을 뿐입니다!

　이 장에서 바로 이 책, 성경에 대해 말할 것입니다. 이 책을 여러분이 어떻게 대하는지는 결코 가볍게 생각할 문제가 아닙니다. 여러분 영혼의 구원이 걸린 문제입니다. 제가 묻는 말에 정직하게 대답하십시오. 여러분에게 성경은 어떤 책입니까? 여러분은 성경을 읽고 있습니까? 읽는다면, 어떻게 읽습니까?

셋째, 성경과 같이 중요한 내용을 담고 있는 책은 세상에 없습니다.
　성경이 말씀하는, 성경만이 담고 있는 모든 위대한 일을 제대로 말하려면 시간이 부족합니다. 개요만 간추려 말해서는 성경의 보화를 다 펼쳐 보일 수가 없습니다. 성경이 말씀하는 특정한 진리의 목록만 죽 나열해도 이 책을 가득 채우고도 남습니다. 그래도 성경의 부요함을 절반도 채 담아내지 못할 것입니다.
　성경이 말씀하는 하나님의 구원 계획이 얼마나 영광스럽고 우리 영혼을 흡족하게 하는지 모릅니다. 우리 죄를 용서하시는 방식은 또 어떻습니까! 죄인을 구원하기 위해 하나님이신 예수 그리스도께서 세상에 오신 것과, 우리를 대신해서 그분이 이루신 속죄와, 우리 죄로 인한 대가를 그분의 피로 모두 치르신 것과, 단순히 예수 그리스도를 믿는 자들에게 주어지는 칭의와, 성부와 성자와 성령께서 죄인의 괴수까지도 구원하고 용서하고 기꺼이 받으시는 것과 같은 진리는 말로 다 할 수 없을 만큼 광대하고 우리 마음을 흡족하게 합니다! 성경이 아니고서는 전혀 알 수 없는 진리들이 아닙니까!
　위대한 중보자이신 예수 그리스도에 대한 성경의 진술은 얼마나 위로가 되는지요! 성경은 이 이야기를 복음서를 통해 네 번이나 반복해서 들려줍니다. 각기 다른 네 증인들이 그리스도의 이적과 사역, 그분의 말과 행동, 삶과 죽음, 능력과 사랑, 온유와 인내, 그분 삶의 방식, 역사, 생각, 마음 등을 증거합니다. 성경에 대한 부정적인 생각을 가진 사람도 알아들을 수밖에 없을 정도로 성경은 예수 그리스도의 성품을 분명히 증거합니다!

성경에 등장하는 선한 사람들의 모범은 또 얼마나 격려가 되는지요! 우리와 같은 성정을 가진 많은 사람들—우리와 마찬가지로 염려와 난관이 끊이지 않고, 돌봐야 할 가족이 있으며, 유혹과 고난과 질고가 있는 사람들입니다—이 "게으르지 아니하고 믿음과 오래 참음으로 말미암아 약속들을 기업으로 받는 자들"로 드러납니다(히 6:12). 성경은 이런 사람들의 삶을 감추지 않습니다. 이들의 실수와 연약함, 갈등, 경험, 기도, 찬양, 유익한 삶, 행복한 죽음 등을 가감 없이 드러냅니다. 이들의 구원자 되시는 하나님이 변함없이 은혜로우시다고 말씀합니다.

성경이 언급하는 악인들의 예는 얼마나 큰 경각심을 불러일으킵니까! 우리와 마찬가지로 비추임을 받고 지식과 기회를 얻었지만 마음을 완고하게 하고, 세상을 사랑하고, 죄를 떠나지 않고, 자신들의 길을 고집하고, 책망을 멸시하다가 급기야 영원한 멸망으로 떨어진 영혼들에 대해 말씀합니다. 바로와 사울과 아합과 이세벨과 유다와 아나니아와 삽비라를 벌하신 하나님은 여전히 동일하실 뿐 아니라, 지옥도 여전히 그때와 변함없이 죄인들을 삼키기 위해 아가리를 벌리고 있다고 말씀합니다.

성경이 하나님을 사랑하는 자들에게 주시는 약속은 또 얼마나 소중합니까! "때에 맞는 말씀"이 없는 것이야말로 상상할 수 있는 가장 위급한 상황입니다. 하나님께서는 친히 하신 약속들을 모두 기억하신다고 말씀하십니다. 하나님이 발하신 약속은 반드시 그대로 이루어진다고 말씀하십니다.

그리스도 예수 안에서 신자들에게 주는 성경의 소망은 얼마나 복됩니까! 성경은 평강으로 죽음을 맞이할 것을 말씀합니다. 무덤 저편에서의 복락과 안식을 말씀합니다. 부활의 아침에 입을 영광스러운 몸을 말씀합니다. 심판 날에 온전히 신원될 것을 말씀합니다. 그리스도의 나라에서 받을 영원한 상급을 말씀합니다. 하나님의 백성이 기쁨으로 다 함께 모이는 날을 말씀합니다. 이 모든 것은 모든 참된 그리스도인이 반겨 맞을 복된 장래입니다. 이 모든 것이 성경에 기록되어 있습니다. 기록된 모든 말씀 하나하나가 진리인 바로 이 책에 말입니다.

사람의 성품에 대해 성경이 비쳐 주는 빛은 정말 놀랍습니다! 어떤 사람이 되어야 하며 삶의 모든 위치와 상황에서 어떻게 행하는 것이 마땅한지를 가르쳐 줍니다. 인간 만사와 인간 행위의 이면에 있는 가장 은밀한 원천과 동기를 통찰하게 합니다. 과연 하나님의 말씀은 "마음의 생각과 뜻을 감찰"합니다(히 4:12). 잠언과 전도서에서 배어 나오는 지혜는 얼마나 달콤하고 심오합니까! 오래전 "나를 토굴에 가두더라도 초 한 자루와 성경만 있다면 세상만사가 어떻게 돌아가는지 모두 말해 줄 수 있다"고 한 목사의 말이 무엇을 뜻하는지 저는 압니다.

성경이 아니고는 이런 것들을 알 길이 없습니다. 성경이 없다면 마땅히 알아야 할 이런 일들에 대해 얼마나 우리가 무지한지조차 모를 것입니다. 사람들은 숨 쉬는 공기가 얼마나 소중한지, 날마다 비치는 햇빛이 얼마나 귀한지 모릅니다. 이런 것들이 없어 본 적이 없기 때문입니다. 사람들은 또한 우리가 발 딛고 살아가는 진리가 얼마나 소중한지 모릅니다. 이런 진리가 계시되지 않은 사람들에게 드리운 흑암이 어떤 것인지 깨닫지 못하기 때문입니다. 이 한 권의 책이 담고 있는 보화의 가치를 온전히 분별하는 사람이 없습니다. 저 옛날 존 뉴턴(John Newton)이 말한 것처럼 동인 책이 있고, 은인 책이 있고, 금인 책이 있습니다. 하지만 성경은 온 세상의 지폐를 모두 모아 만든 것과 같습니다.

이 장에서 우리가 다루는 것이 바로 이 책입니다. 그렇기 때문에 여러분이 이 책을 어떻게 대하는지는 결코 가벼운 문제가 아닙니다. 이 보고寶庫를 여러분이 어떻게 누리고 있는지는 굉장히 중요한 문제입니다. 제가 묻는 말에 정직하게 대답해 보십시오. 여러분에게 성경은 어떤 책입니까? 여러분은 성경을 읽고 있습니까? 읽는다면, 어떻게 읽습니까?

넷째, 현존하는 책들 가운데 성경만큼 인류에게 놀라운 변화와 영향을 끼친 책은 없습니다.

사도 시대 때 이 책이 가르치는 교훈으로 세상이 소동했습니다. 하나님께서 지구 한 귀퉁이에서 몇몇 유대인을 보내 사람이 보기에 전혀 이루어지지 않을 것 같은 일을 시작하게 하신 지 천팔백 년이 지났습니다. 지금도 그렇지만, 당시는 미신과 잔인함과 정욕과 죄악들이 온 세상에 가득한 때였습니다. 하나님께서는 이 땅의 종교는 모두 거짓일 뿐 아니라 무익하며, 반드시 그것들을 버려야 한다는 사실을 세상에 선포하라고 그들을 보내셨습니다. 옛 습관과 풍습을 버리고 전혀 새로운 삶을 살도록 촉구하라고 그들을 보내셨습니다. 사람을 가장 비천하게 만드는 우상숭배, 패역하고 역겨운 부도덕, 당시의 기득권자, 오래도록 이어 온 집단, 완고한 제사장, 조롱하는 철학자, 무지한 대중, 잔인한 황제, 로마제국의 모든 권력과 싸우라고 그들을 보내셨습니다. 돈키호테의 행동만큼이나 허황되게 보이고 도무지 이루어질 것 같지 않은 일을 하라고 이들을 보내신 것입니다.

그러면 하나님께서는 이들을 어떻게 준비시키셨습니까? 육신적인 무기로 준비시키신 것이 아닙니다. 동의하라고 압박할 수 있는 세상적인 권세를 주시지도 않았고, 돈을 뿌려서 믿음을 사도록 세상적인 재력을 주신 것도 아닙니다. 하나님의 성령을 이들의 마음에 부으시고 성경을 손에 쥐어 준 것뿐입니다. 성경의 교리를 선포하고 설명해 주고, 이 교리로 촉구하라고 명하신 것뿐입니다. 1세기의 기독교 설교자들은 마호메트처럼 칼을 차고 군대를 대동한 사람들이 아니었습니다. 음란한 우상을 섬기는 힌두교 사제들처럼 육신적 쾌락을 마음껏 즐길 수 있는 면허증을 가지고 백성을 꾀는 사람들도 아니었습니다. 전혀 그렇지 않습니다! 가진 것이라고는 성경이 전부인 거룩한 사람들이었습니다. 그 이상도 이하도 아니었습니다.

그러면 어떻게 이런 사람들이 흥왕하게 되었습니까? 몇 세대가 채 지나기도 전에 이들은 성경의 교리로 자신이 속한 사회의 모습을 완전히 뒤바꿔 놓았습니다. 이교 신들을 섬기는 성전들이 텅텅 비게 되었습니다. 우상숭배를 고사시켰습니다. 사람들 사이에 가장 고상한 도덕적 관계가 자리하게 했습니다. 여성의 인격과 지위를 고양시켰습니다. 순수함과 품격의 기준을 바꾸어 놓았습니다. 검투사의 싸움과 같은 잔인한 관습들을 종식시켰습니다. 이들을 통해 사회가 맛보게 된 변화를 열거하면 끝이 없습니다. 핍박과 반대는 아무 소용이 없었습니다. 계속해서 승리가 이어졌습니다. 곳곳에 만연했던 악행들이 하나둘씩 자취를 감췄습니다. 사람들의 기호와 상관없이, 이 모든 것이 이 새 믿음의 등장과 함께 자취를 감춘 것입니다. 성경이 말씀하는 새 믿음의 권세 아래 굴복한 것입니다. 온 땅이 흔들렸습니다. 이들이 안전지대라고 만들어 놓은 부패한 도피처들이 무너져 내린 것입니다. 새 믿음이라고 하는 이 홍수의 수위가 높아짐에 따라 무너진 이들의 잔해 역시 그 허망한 기초에서 들려 떠다닐 수밖에 없었습니다. 기독교 신앙이라는 나무는 점점 무성하고 우람하게 자라갔습니다. 이 나무가 더 이상 자라지 못하게 하려고 이들을 결박하던 구습의 사슬은 새끼줄과 같이 허망하게 끊기고 맙니다. 이 모든 일이 성경의 가르침으로 말미암아 이루어졌습니다! 이것이야말로 진정한 승전가가 아닙니까! 그에 비하면 알렉산더, 시저, 말버러, 나폴레옹, 웰링턴의 승리가 다 무엇이란 말입니까! 정도로 보나, 완전함으로 보나, 결과로 보나, 영속성으로 보나 성경이 일군 승리와는 비교가 되지 않습니다. 성경을 통해 이루는 승리에는 아무것도 비할 것이 없습니다.

성경은 저 영광스러운 종교개혁 시대에 전 유럽을 뒤집어 놓은 책입니다. 오백 년 전에 일어났던 종교개혁의 역사를 읽으면 당시 기독교 신앙을 고백했던 교회에 드리운 어둠을 발견할 것입니다. 얼마나 칠흑 같은 어둠인지 마치 손을 뻗으면 만질 수 있을 것만 같습니다. 기독교는 심하게 변질되어 있었습니다. 사도들이 죽음에서 다시 일어났다면 당시의 기독교가 정말 자신들이 전파했던 기독교인지 알아보지 못했을 것입니다. 그들의 시대에 있었던 이교주의가 기독교란 이름으로 다시 발흥했다고 생각했을 것입니다. 복음의 가르침에는 인간의 전통이 깊게 드리워져 있었습니다. 고해, 성지순례, 면죄부, 유물숭배, 형상숭배, 성인숭배, 마리아숭배가 사람들이 고백하는 신앙으로 자리 잡았습니다. 교회는 그 자체로 우상이었습니다. 사제들과 교회의 목사들이 그리스도의 자리를 차지했습니다. 이토록 끔찍한 흑암을 물리친 것이 무엇입니까? 성경입니다. 성경으로 다시 돌아가는 것 외에 다른 길은 없었습니다.

독일에 개신교가 자리하게 된 것은 단순히 루터와 그 동료들의 설교 때문이 아닙니다. 루터의 독일어 성경 번역이 교황의 세력을 뒤집어엎는 지렛대 역할을 했습니다. 영국에서 교황주의가 패퇴한 것은 단순히 토머스 크랜머(Thomas Cranmer)와 다른 영국의 종교개혁자들의 저술 때문이 아니었습니다. 그보다 앞서 존 위클리프(John Wycliffe)가 성경을 번역해 파종한 것이 이런 엄청난 결실을 가져온 것입니다. 영국 사람들의 마음이 교황에게서 점점 멀어진 것은 단순히 헨리 8세와 교황 간의 갈등 때문만이 아니었습니다. 성경을 번역하고 이 성경을 교회에서 사용하도록 왕실이 재가하여 누구나 원하는 대로 성경을 읽을 수 있었기 때문입니다. 그렇습니다! 영국과 독일과 스위스에 개신교의 대의가 자리할 수 있었던 주된 원인은 성경이 배포되었기 때문입니다. 그렇지 않았으면 종교개혁 1세대가 저무는 동시에 백성은 이전의 올무 아래로 다시 들어갔을 것입니다. 하지만 성경을 읽음으로 대중의 마음에 참된 신앙의 원리가 누룩처럼 번져 갔습니다. 사람들의 마음이 완전히 열렸습니다. 영적인 지각이 열렸습니다. 교황주의가 얼마나 끔찍한 것인지를 확연히 볼 수 있게 된 것입니다. 순전한 복음의 탁월함이 그들 마음에 새로운 토대로 자리했습니다. 이렇게 되자 교황이 발하는 출교의 위협조차 모두 부질없는 것이 되었습니다. 왕과 여왕들이 나서서 불과 칼로 개신교 신앙의 가는 길을 막아 보려고 했지만 허사였습니다. 이미 너무 늦었습니다. 사람들이 이미 많이 알아 버렸습니다. 빛을 본 것입니다. 기쁨의 소리를 들은 것입니다. 진리의 맛을 본 것입니다. 흑암 가운데 잠자던 이들의 마음에 태양이 떠오른 것입니다. 눈을 가리고 있던 비늘이 벗겨진 것입니다. 이들 안에서 성경이 그 본연의 역사를 이루었고 이 역사는 결코 되돌릴 수 없는 것이었습니다. 이렇게 되자, 백성은 다시 이집트로 내려가기를 거부했습니다. 영적인 시계를 거꾸로 돌릴 수 없었습니다. 성경으로 인해 지적이고 도덕적인 혁명이 촉발되었습니다. 성경이 불러온 진정한 혁명이었습니다. 베르토(RenèAubert de Vertot)가 기록한 혁명들이 다 무엇이란 말입니까? 프랑스와 영국이 경험한 세속 혁명은 성경을 통해 일구어진 혁명에는 전혀 비할 것이 못됩니다. 어떤 혁명도 성경을 통해 이룬 것처럼 피를 흘리지 않고, 만족스럽고 영속적인 결과를 가져온 것은 없었습니다!

열방의 안녕이 이 책에 달려 있습니다. 지금 기독교 신앙을 인정하는 모든 나라의 안녕과 장래는 이 책을 아는 지식과 떼래야 뗄 수가 없습니다. 성경을 존중하는가, 성경의 빛 가운데 행하는가, 도덕적인가, 참된 종교를 추구하는가, 선한 법을 입법하고 자유를 보장하는가 하는 것이 한 나라의 흥망을 결정합니다. 저와 함께 역사의 페이지를 넘겨 보면 이런 증거를 수도 없이 발견할 것입니다. 열왕들이 다스리던 이스라엘의 역사를 봐도 그렇습니다. 얼마나 악들이 만연했습니까! 그도 그럴 것이 사람들이 하나님의 율법에 전혀 아랑곳하지 않았습니다. 오죽했으면 요시야 왕 때에 성전 한 귀퉁이에서 하나님의 율법책이 발견되었겠습니까?(왕하 22:8) 그것도 율법책을 찾으려고 찾은 게 아니라 성전을 수리하다가 우연히 발견한 것입니다. 예수 그리스도 시대에 유대인들이 어떠했는지 보십시오. 서기관과 바리새인들의 모습은 얼마나 끔찍합니까? 그들의 신앙은 또 어떻습니까! 하지만 자기들의 "유전으로 하나님의 말씀을 폐"했던 이들이었기에 이는 전혀 새삼스러울 것이 없습니다(마 15:6). 중세의 교회를 보십시오. 이때에 교회에 만연했던 무지와 미신은 유례를 찾아보기 힘들 정도입니다. 성경의 빛이 없었기 때문에 흑암에 머물 수밖에 없었습니다.

오늘날 문명사회에 세워진 많은 탁월하고 명성 있는 기관들 가운데 성경에 빚을 지지 않은 곳이 없습니다. 공공의 혜택과 유익을 위해 사람들이 받아들인 많은 선한 것들의 기원을 따라가 보면 결국 성경에까지 미치는 것이 정말 많습니다. 성경이 받아들여진 곳 어디나 그 영향이 계속되고 그 흔적이 남아 있습니다. 사회의 안녕과 질서를 유지하는 법들이 성경으로부터 왔습니다. 기독교 국가들에 널리 알려진 진리, 정직, 남편과 아내의 관계 등에 관한 도덕의 기준 역시 성경으로부터 온 것입니다. 그리스도인과 이교도 사이에 큰 차이―많은 경우에 사람들이 크게 인정하지는 않는다고 해도―가 있는 것도 바로 이 때문입니다. 가난한 사람을 위한 가장 자비로운 선물인 주일 역시 성경에서 비롯되었습니다. 구제와 자선 기관 역시 성경의 영향으로 세워졌습니다. 성경이 온 세상으로 전파되기 전까지만 해도 병자, 가난한 자, 나이든 자, 고아, 정신병자, 정신지체자, 시각장애자 등은 거의 사회에서 소외되고 무시되었습니다. 아테네나 로마의 역사를 샅샅이 살펴보십시오. 이런 약자들을 돕는 기관이나 법에 대한 기록이 있습니까? 그럼에도 지금 성경을 조롱하는 사람들이 너무 많습니다. 성경이 없어도 세상은 잘만 돌아갔을 것이라고 말합니다. 그렇게 말하는 자신조차 성경에 큰 빚을 지고 있다는 사실을 전혀 깨닫지 못합니다. 관심도 없습니다. 믿지 않는 노동자는, 우리나라의 시설 좋은 병원에 누워 치료를 받으면서도 자신이 지금 누리는 모든 안락함이 자신이 그토록 멸시하는 성경 덕분이라는 사실을 거의 생각하지 않습니다. 성경이 없었다면 아무도 신경 쓰는 사람 없이 외롭고 쓸쓸하게 비참한 죽음을 맞이해야 했을 것입니다. 우리가 사는 이 세상은 두려울 정도로 자신들이 성경에 얼마나 큰 빚을 지고 있는지 의식하지 못합니다. 마지막 날이 되어서야 성경을 통해 얼마나 많은 은택을 입고 살아왔는지 인정하게 될 것입니다.

이 놀라운 책이 바로 지금 우리가 다루는 주제입니다. 그러므로 여러분이 지금 성경을 어떻게 읽는지는 결코 가벼운 문제가 아닙니다. 승전을 거둔 제독에게 수여되는 검, 넬슨 제독이 이끄는 영국 함대의 군함, 메나이 해협을 잇는 강관교를 떠받치는 수압 등 엄청난 권세와 힘을 발휘하는 이 모든 것은 세간의 관심과 호기심의 대상입니다. 지금 우리가 다루는 이 책은 이런 힘과는 비교도 할 수 없는 능력을 발휘하는 강력한 도구입니다. 그러므로 이렇게 주목 받아 마땅한 성경을 어떻게 대하는지는 결코 가벼운 문제가 아닙니다. 제가 묻는 말에 정직하게 대답해 보십시오. 여러분에게 성경은 어떤 책입니까? 여러분은 성경을 읽고 있습니까? 읽는다면, 어떻게 읽습니까?

다섯째, 바르게 읽는 모든 사람에게 예외 없이 큰 유익을 끼친 책은 성경 외에는 없습니다.

성경은 이 세상의 지혜를 가르친다고 하지 않습니다. 지리나 천문학을 설명하겠다고 하지 않습니다. 수학이나 자연철학을 가르치지도 않습니다. 성경을 잘 읽는다고 의사나 변호사나 기술자가 되는 것은 아닙니다.

하지만 지금 우리가 사는 세상 외에 우리가 생각해야 할 또 다른 세상이 있습니다. 돈을 벌고 일을 하는 것 외에도 하나님께서 인간을 지으신 또 다른 목적이 있습니다. 몸의 건강과 외모 외에도 우리가 관심을 집중해야 할 다른 것이 있습니다. 자기 영혼의 유익이 바로 그것입니다. 성경이 특별히 관심을 집중하는 것은 불멸하는 영혼을 이롭게 하는 것입니다. 법을 알고자 하는 사람은 윌리엄 블

랙스톤(William Blackstone)이나 에드워드 석든(Sugden)을 연구해야 할 것입니다. 천문학이나 지리를 알고 싶다면 윌리엄 허셀(William Hershel)이나 찰스 라이엘(Charles Lyell)을 공부하게 될 것입니다. 마찬가지로 어떻게 해야 자기 영혼이 구원받는지 알고자 한다면 먼저 기록된 하나님의 말씀을 연구해야 합니다.

성경은 능히 우리로 하여금 "그리스도 예수 안에 있는 믿음으로 말미암아 구원에 이르는 지혜가 있게" 합니다(딤후 3:15). 천국으로 난 길을 보여줄 수 있습니다. 여러분이 알아야 할 모든 것을 가르쳐 줍니다. 믿어야 할 모든 것을 가르쳐 줍니다. 행해야 할 모든 것을 설명해 줍니다. 여러분이 누구인지 가르쳐 줍니다. 다시 말해 여러분이 죄인임을 말해 줍니다. 하나님이 완전히 거룩하신 분임을 보여줍니다. 위대한 사죄와 화평과 은혜의 수여자 예수 그리스도를 보여줍니다. 스코틀랜드의 3인의 설교자로 불리는 로버트 블레어(Robert Blair), 새뮤얼 러더퍼드(Samuel Rutherford), 데이비드 딕슨(David Dickson)이 살던 시대에 한 영국인이 스코틀랜드를 방문해서 그들의 설교를 연이어 들었습니다. 첫 번째 설교자는 그에게 하나님의 위엄을 보여주었고, 두 번째 설교자는 그리스도의 아름다우심을, 세 번째 설교자는 하나님의 경륜을 보여주었다고 말했습니다. 그렇습니다. 첫 장부터 마지막 장까지 성경이 가르치는 것이 바로 이 세 가지입니다. 이것이 바로 성경의 영광입니다.

성령께서 사람의 마음에 적용하시는 성경은 사람들로 하여금 하나님을 향해 결정적으로 돌아서게 하는 주된 도구입니다. 이런 강력한 변화는 보통 성경 말씀의 가르침이나 특정한 본문에 대한 가르침과 더불어 시작해 사람의 양심을 사로잡습니다. 이런 방식으로 성경은 수천 년 동안 사람들에게 도덕적인 기적을 불러일으켰습니다. 주정뱅이가 온전하게 되고, 방탕한 사람이 순전한 사람이 되고, 강도가 정직한 사람이 되고, 불같은 성질을 가진 사람이 온순하게 되었습니다. 성경은 사람들의 삶을 송두리째 바꿔 놓았습니다. 이전 것들을 모두 버리게 했습니다. 모든 것을 새롭게 했습니다. 세속적인 사람들로 먼저 하나님 나라를 구하도록 만들었습니다. 쾌락을 추구하던 자들로 하나님을 사랑하는 자가 되게 했습니다. 사람이 가진 열망이 아래가 아닌 위를 향하도록 했습니다. 항상 땅의 것을 생각하던 사람들로 하늘의 것을 생각하도록 했습니다. 눈에 보이는 것을 따라 살던 자들로 믿음을 따라 살도록 했습니다. 성경은 세상 구석구석에서 이 모든 일을 불러일으켰습니다. 이런 일은 지금도 중단 없이 계속됩니다. 이 모든 일과 비교할 때 유약한 사람들이나 로마 가톨릭이 말하는 기적들이 사실이라고 한들, 다 무엇이란 말입니까? 하나님의 말씀이 해마다 가져오는 놀라운 변화야말로 참된 기적입니다.

성령께서 사람의 마음에 적용하시는 성경은 회심 이후에 신자가 믿음 안에서 견고하게 서 가는 방편입니다. 성경은 신자로 깨끗하게 하고, 거룩하게 하며, 의로 교훈하고, 모든 선한 일을 위해 온전히 구비되게 합니다(시 119:9, 요 17:17, 딤후 3:16-17). 성령께서는 기록된 말씀을 통해 이런 일들을 하십니다. 때로는 들려 읽혀진 말씀을 통해, 때로는 선포되는 말씀을 통해 역사하십니다. 기록된 말씀과 상관없이 역사하시는 경우는 드뭅니다. 성경은 신자가 이 세상에서 어떻게 행하는 것이 하나님을 기쁘시게 하는 것인지를 가르쳐 줍니다. 삶의 모든 관계에서 그리스도를 영화롭게 하는 법을 가르쳐 줍니다. 성경은 신자로 선한 주인, 선한 하인, 선한 신하, 선한 남편, 선한 아비, 선한 아들이 되게 합니다. 불평 없이 고난과 궁핍을 견디게 하고, 그런 때조차 "영혼의 평안"을 노래하도록 합니다. 성경은 신자로 다가오는 죽음을 직시하고 "내가 사망의 음침한 골짜기로 다닐지라도 해를 두려워하지 않을 것은"이라고 고백할 수 있게 합니다(시 23:4). 심판과 영원을 생각하고도 두려워하지 않게 합니다. 뒤로 물러나지 않고 핍박을 견디게 합니다. 그리스도의 진리를 부인하느니 차라리 자신의 자유와 생명을 부인할 수 있게 합니다. 여러분, 기진하고 힘이 없습니까? 성경이 여러분의 영혼을 일깨웁니다. 여러분, 슬픕니까? 성경이 여러분에게 위로를 줍니다. 여러분, 잘못된 길로 가고 있습니까? 성경이 여러분을 돌아오게 합니다. 여러분, 연약합니까? 성경이 여러분을 강건하게 합니다. 여러분, 벗들과 어울립니까? 성경이 여러분을 악에서 떠나게 합니다. 여러분, 외롭습니까? 성경이 여러분과 더불어 대화합니다(잠 6:22). 이는 모든 신자에게 성경이 하는 일입니다. 큰 자는 물론 작은 자에게까지 예외가 없습니다. 가난한 자는 물론 부자에게도 그렇게 합니다. 이미 수천 년을 그렇게 역사했습니다. 지금도 날마다 그렇게 역사합니다.

성경이 있고 그 마음에 성령이 거하는 사람은 신령한 지혜로 준비가 된 사람입니다. 생명의 떡을 떼기 위해 사제에게 달려갈 필요가 없습니다. 모든 진리로 인도함을 받는 데 오랜 전통도, 교부들의 저작도, 교회의 칙령도 필요 없습니다. 이미 그 앞에 진리의 샘이 열렸습니다. 더 이상 무엇이 부족합니까? 그렇습니다! 감옥에 혼자 갇혀 있거나 외딴 섬에 던져져서 교회나 목사나 성례를 더 이상 볼 수 없게 되었다 해도, 성경만 있으면 그는 틀림없는 인도자를 얻은 것입니다. 부족함이 없습니다. 성경을 바로 읽을 의지만 있다면 틀림없이 성경은 천국으로 난 길을 가르칠 것입니다. 성경만이 절대로 확실합니다. 교회가 아닙니다. 공회도 아닙니다. 목사도 아닙니다. 오직 기록된 하나님의 말씀만이 무오합니다.

성경에 구원하는 능력이 있는지 도무지 모르겠다고 말하는 사람들이 많습니다. 성경을 읽으려고 시도해 보았지만 도통 남는 것이 없다고 합니다. 너무 어렵고 심오해서 무슨 말인지 모르겠다고 합니다. 성경에 능력이 있다고 하는데 도대체 그것이 무엇인지 물어 옵니다.

물론 성경에는 난해한 말씀들이 있습니다. 하지만 우리가 모두 이해할 수 있다면 그것은 하나님의 말씀일 수 없습니다. 성경에는 우리가 이해하기 어려운 말씀들이 있습니다. 성경의 모든 것을 이해할 만큼 우리의 지각이 온전하지 못하기 때문입니다. 물론 성경에는 이성의 능력을 넘어서는 내용들이 있습니다. 하지만 우리가 가진 총명의 눈이 흐리지 않다면 설명하지 못할 내용도 없습니다. 우리의 무지를 인정하는 것이야말로 모든 지식의 초석과 토대가 아닙니까? 사람이 학문의 진보를 이루고 무엇을 알아가기 전에 먼저 당연한 것으로 받아들여야 할 많은 원리들이 있지 않습니까? 어린 자녀가 무엇을 배울 때, 이해하지 못해도 먼저 기본적으로 받아들여야 할 것들이 있지 않습니까? 그래서 부모들이 그렇게 요구하지 않습니까? 그렇다면 하나님의 말씀을 연구하는 것도 마찬가지입니다. "심오한 것들"을 발견할 것을 기대하고 말씀을 계속 읽다 보면 언제부터인가 많은 내용들이 보다 명확히 다가올 것입니다. 그렇게 기대하고 또 그렇게 믿어야 합니다. 성경을 읽을 때는 믿어야 할 것들이 많습니다. 지금은 알지 못하지만 시간이 갈수록 점점 더 알게 될 것이라고 믿어야 합니다. 그중 많은 부분은 이 세상에 있는 동안 알게 됩니다. 그렇지 않은 것들은 오는 세상에서 분명히 알게 될 것입니다.

성경에 어려운 내용이 많다는 이유로 성경 읽기를 포기한 사람에게 묻습니다. 과연 성경에는 어려운 것만 있습니까? 쉽고 분명한 것은 없습니까? 쉽고 분명한 것도 많지 않습니까? 양심적으로 한 번 대답해 보십시오. 성경을 통틀어 중요한 사건과 원리들을 전혀 보지 못했단 말입니까? 랜즈앤드에서 템스 강 포구에 이르는 영국의 곳마다 세워진 등대들처럼 구원에 필요한 내용이 뚜렷이 드러나 있지 않습니까? 영국 해안을 따라 자리한 모든 교구와 마을과 수로들을 다 알지 못한다고 하소연하면서 영국 해협 입구에 배를 대놓고 더 이상 항해하기를 거부하는 증기선 선장이 있다면 그 사람에 대해 어떤 생각이 들겠습니까? 리저드, 에디스톤, 스타트, 포틀랜드, 성 캐서린, 비치 헤드, 던지니스, 포어랜드에 자리한 등대들이 거리의 가로등마냥 강 포구까지 그를 인도하기 위해 불을 밝히고 있음에도 그렇게 이야기한다면, 그를 게으른 겁쟁이라고 생각할 수밖에 없지 않겠습니까? 밤바다를 밝히는 등대가 이렇게 환한데 왜 계속해서 항해해 가지 않느냐고 묻지 않겠습니까? 자신의 상태와 천국으로 이끄는 길과 하나님을 섬기는 방법이 정오의 빛과 같이 분명하게 기록되어 있음에도, 어려운 내용이 있다는 이유로 성경 읽기를 포기한 사람에게 무슨 말을 해야 하겠습니까? 그 모든 반론은 일고의 가치도 없고, 게으르고 나태한 사람이 대는 핑계에 불과하다고 하는 것이 마땅합니다.

한편으로, 수많은 사람들이 성경을 읽지만 조금도 유익을 얻지 못하고 있다고 말합니다. 자기만 그런 것이 아니라 많은 사람들이 똑같다고 반론을 제기합니다. 성경이 능력이 있는 책이라면 어떻게 그럴 수가 있느냐고 힐난합니다.

여기에 대한 대답은 아주 단순하고 분명합니다. 아무런 유익 없이 성경을 읽는 사람들이 그토록 많은 이유는 성경을 바르게 읽지 않기 때문입니다. 모든 일에는 그것에 합당한 방식이 있습니다. 범사가 그런 것처럼 성경 읽기도 마찬가지입니다. 어떤 마음을 가지고 어떤 방식으로 읽는지에 따라 얻는 것이 다릅니다. 성경이라고 예외가 아닙니다. 똑같습니다. 성찬에 참여하여 떡과 포도주를 받는 것 자체가 유익을 주지 않듯이, 단순히 활자만 따라 읽어서는 성경으로부터 아무런 유익을 얻지 못합니다. 성경은 간절한 기도와 겸손한 마음으로 읽어야 합니다. 가장 잘 만들어진 증기기관이라도 그것을 어떻게 작동하는지 모르면 그것이 다 무슨 소용입니까? 가장 정교하게 제작된 해시계를 가졌다 한들 그것을 그늘에 세울 만큼 무지하다면 아무리 좋은 시계를 가졌다고 해도 시간을 알 재간이 없습니다. 성경도 마찬가지입니다. 성경을 읽으면서도 아무런 유익을 얻지 못하고 있다면, 성경이 문제가 아닙니다. 그렇게 읽고 있는 사람의 잘못입니다.

성경을 읽지만 나아지는 것이 별로 없다고 말하며 성경의 능력을 의심하는 사람에게 말합니다. 자신이 잘못 사용하고 있다는 생각은 하지 않고, 유익이 없다고 하면서 그것을 반대하는 근거로 내세워서는 안 됩니다. 에디오피아 내시나 베뢰아 사람들과 같이 어린아이와 같은 마음으로 끈기 있게 성경을 읽어 가는 사람이라면 누구나 천국에 이르는 길을 발견할 수 있습니다(행 8:28, 17:11). 그렇습니다. 물을 가두지 못할 터진 웅덩이와 같은 사람들이 정말 많습니다. 이들은 모두 심판 날에 수치를 당할 것입니다. 그날에는 타는 목마름으로 성경의 샘으로 나아갔는데도 생명수 한 모금 취하지 못했다고 문제를 제기하는 영혼은 단 하나도 없을 것입니다. 성경을 찾고 또 찾았지만 진리를 발견하지 못했다는 사람은 단 하나도 없을 것입니다. 지혜를 구하는 것에 대해 말하는 잠언 말씀은 성경에 그대로 적용됩니다. "지식을 불러 구하며 명철을 얻으려고 소리를 높이며 은을 구하는 것 같이 그것을 구하며 감추인 보배를 찾는 것 같이 그것을 찾으면 여호와 경외하기를 깨달으며 하나님을 알게 되리니"(잠 2:3-5).

지금 우리는 이 위대한 책에 대해 살펴보고 있습니다. 그러므로 지금 여러분이 성경을 어떻게 읽는지는 결코 가벼운 문제가 아닙니다. 콜레라가 창궐하는 때에 몸의 건강을 지켜 주는 확실한 처방을 무시하는 사람이 있다면 그 사람에 대해 어떻게 생각하겠습니까? 여러분이 자기 영혼의 영원한 안녕을 위한 유일하고도 확실한 처방을 멸시하고 있다면 그런 여러분을 어떻게 생각해야 하겠습니까? 제가 묻는 말에 정직하게 대답해 보십시오. 여러분에게 성경은 어떤 책입니까? 여러분은 성경을 읽고 있습니까? 읽는다면, 어떻게 읽습니까?

여섯째, 성경은 교리와 인간의 의무와 관련된 모든 문제를 재어 보는 유일한 원리입니다.

여호와 하나님은 타락한 우리의 지각이 얼마나 연약한지 아십니다. 회심한 이후에도 선악을 잘 분별하지 못한다는 사실을 잘 아십니다. 사탄이 얼마나 간교하게 불의를 진리로 둔갑시키는지, 그럴듯한 주장으로 잘못된 것을 마치 옳은 것처럼 보이게 하는지도 잘 아십니다. 이런 사실을 잘 아시는 하나님이기에 큰 자비로 진리와 비非진리, 옳고 그름에 대한 틀림없는 기준을 주셨고, 이 기준을 한 권의 책으로 보존하셨습니다. 성경으로 말입니다.

세상을 잘 아는 사람이라면 기록된 말씀을 주신 하나님의 지혜에 탄복하지 않을 수 없습니다. 세상을 살면 살수록 조언자와 상담자가 필요함을 점점 더 절감합니다. 우리가 믿고 의지할 수 있는 믿음과 행실에 관한 불변의 원리가 필요함을 절감합니다. 짐승처럼 살지 않는 한, 사람은 항상 난관에 봉착할 것입니다. 그리고 스스로에게 이렇게 물을 것입니다. '내가 믿어야 할 것은 무엇인가? 나는 무엇을 어떻게 해야 하는가?'

세상에는 배우는 일과 관련된 어려움이 너무나 많습니다. 오류의 집은 진리의 집과 아주 가까이에 나란히 자리합니다. 집으로 들어가는 대문 모양도 똑같아서 착각할 위험이 큽니다. 책을 많이 읽거나 여행을 자주 하는 사람이라면 그리스도인들 사이에도 서로 상반된 생각이 많음을 금세 알아차릴 것입니다. 가장 중요한 질문에 대해서조차 저마다 답을 달리하기도 합니다. 구원을 얻으려면 무엇을 해야 하는가? 로마 가톨릭교도와 개신교도, 나폴레옹과 옥스퍼드 운동가, 몰몬교도와 스베덴보리 신봉자(Swedenborgian) 모두가 저마다 자신만이 진리를 가졌다고 주장합니다. 자신이 속한 곳만이 안전하다고 주장합니다. "우리한테로 오라"고 하면서 저마다 팔을 끄집어 당깁니다. 정말 혼란스럽습니다. 어떻게 해야 합니까?

영국이나 스코틀랜드 교구라면 이런 문제에 좀 덜 시달릴 것 같습니까? 각기 다른 견해를 가지고 살아가기는 영국도 마찬가지입니다. 그리스도인들 사이에서조차 신앙고백의 여러 조항들이 가진 중요성에 대해 심각한 견해차가 있습니다. 교회 정치를 중요하게 생각하는 사람이 있는가 하면, 성례나 예배와 같은 형식을 중요시하는 사람이 있고, 복음 설교만 중요하다고 생각하는 사람이 있습니다. 목사에게 가면 답이 나올까요? 목사들도 무엇을 중요하게 생각하느냐에 따라 저마다 가르치는 교리가 다릅니다. 모든 것이 혼란스럽기만 합니다. 이럴 때는 도대체 어떻게 해야 합니까?

한 가지 대답밖에 없습니다. 오직 성경을 원리로 삼아야 합니다. 말씀에 부합하지 않는 것은 무엇이나 받지도 믿어서도 안 됩니다. 이 책으로 모든 가르침을 재어 보아야 합니다. 그 가르침이 성경과 부합한지, 성경이 그 부분에 대해 무엇이라고 하는지 살펴보아야 합니다.

이 주제와 관련하여 하나님께서 이 나라 신자들의 눈을 더 밝게 해주시기를 바랍니다. 그들로 설교와 책과 생각과 목사들을 성경의 저울에 달아보게 하시기를 바랍니다. 그래서 이 모든 것이 성경에 얼마나 부합한지 재어 볼 수 있게 하시기를 바랍니다. 그래서 성경에 부합한 것이 아니면 그것이 누구로부터 온 것이든—교부든 종교개혁자든, 감독이든 대주교든, 사제든 부제든, 부주교든 주임 사제든—상관없이 중요하지 않은 것으로 받기를 바랍니다. 무엇이든 성경도 그렇게 말씀하고 있는지 묻는 것이 중요합니다. 만약 그렇다면 그것을 받고 믿어야 합니다. 그렇지 않다면, 거부하고 받지 말아야 합니다. "교구 목사"의 말이라면 무엇이든 맹목적으로 받아들이는 신자들로 인해 초래될 일들이 두렵습니다. 앞을 보지 못하게 된 아람 사람들처럼 성경에 대해 무지하게 되어 결국에 로마 가톨릭의 지배 아래로 떨어지게 될까 두렵습니다(왕하 6:20). 영국 사람들이 하나님께서 자신들에게 성경을 주신 목적을 알고 기억할 수 있다면 얼마나 좋겠습니까!

 이 땅의 신자들에게 말합니다. 목사의 가르침을 성경으로 판단하는 것은 주제넘은 짓이라고 말하는 것은 이치에 맞지 않습니다. 교구마다 가르치는 교리가 각각 다른 상황에서 신자들은 반드시 스스로 성경을 읽고 판단할 수 있어야 합니다. 교구에서 가르치는 교리들이 모두 맞을 수는 없습니다. 그러므로 말씀에 비추어 그 교리들이 과연 맞는지 살펴보아야 합니다. 참된 목사라면 자기가 섬기는 교인들이 성경을 가지고 자신의 가르침을 확인해 본다고 불편해 하지 않을 것입니다. 오히려 교인들이 성경을 더 많이 읽을수록 그가 성경을 따라 가르친 바를 더 잘 알아듣기 때문에 더 좋아할 것입니다. 잘못된 목사들은 "교인들은 목사의 가르침을 사사로이 판단할 권리가 없습니다. 안수 받은 우리가 가르치는 대로 따라오십시오"라고 말할 것입니다. 하지만 참된 목사라면 "성경을 연구하십시오. 그리고 제가 말한 것이 성경의 가르침과 맞지 않으면 제 말을 믿지 마십시오"라고 할 것입니다. 잘못된 목사들은 "교회의 가르침을 들으십시오"라고 하거나 "제 말을 들으십시오"라고 할 것입니다. 하지만 참된 목사는 "하나님의 말씀을 들으십시오"라고 합니다.

세상은 배우는 일만큼이나 배운 바를 실천하는 데 있어서도 어려움이 많습니다. 스스로 그리스도인임을 고백하는 사람들 가운데 자신이 아는 바에 따라 양심적으로 살기를 바라는 사람은 이 사실을 반드시 알아야 합니다. 혼란스럽고 난감한 질문들이 계속해서 일어날 것입니다. 자기 앞에 놓인 일련의 의무들에 대한 의심이 일고 무엇을 어떻게 하는 것이 옳은지 알기 어려울 때가 많습니다.

사업이나 직장 일을 하는 사람이라면 날마다 자신의 소명을 어떻게 이루어 가야 옳은지에 대한 의문이 계속해서 일어납니다. 일이 되어 가는 상황을 보면 과연 저렇게 해도 되는지 의구심이 들 때가 한두 번이 아닙니다. 바르고 정직하게 되어 간다고 보기가 어려울 때도 많습니다. 그리스도인으로서 자신이 마땅히 해야 하는 방식으로 일을 하지 않는 것 같습니다. 하지만 동료나 경쟁 업체를 보면 모두 그렇게 하고 있습니다. 제일 존경할 만한 업체라고 알려진 데서조차 이런 일들이 예삿일로 일어납니다. 그렇게 하지 않으면 이문을 남기지 못할 것 같습니다. 더구나 하나님께서 명시적으로 금하시는 일도 아닙니다. 이처럼 모든 것이 혼란스럽기만 합니다. 자, 어떻게 해야 하겠습니까?

세상의 오락에 대해서도 마찬가지입니다. 과연 경마, 무도회, 오페라, 극장, 카드놀이와 같은 것으로 시간을 보내도 되는 것인지 의문이 일어납니다. 하지만 곧 주변의 많은 사람들이 아무렇지도 않게 그런 것들로 여가를 채우고 있다는 생각이 듭니다. 그렇다면 이들이 모두 잘못하는 것인가? 이런 것들이 정말 해로운가? 무엇을 어떻게 해야 할지 잘 모르겠습니다. 어떻게 해야 하겠습니까?

자녀 교육에 대해서도 마찬가지입니다. 자녀가 도덕적이고 신앙적으로 자라고, 영혼의 소중함을 아는 자녀로 자라게 하려고 애를 써 봅니다. 하지만 주변에 지각이 있다고 하는 사람들은, 아이들은 아직 어리기 때문에 너무 심하게 다루어서는 안 된다고 말합니다. 아이들이 아직 아무것도 모른다고 합니다. 억지로 무엇을 못하게 해서는 안 된다고 합니다. 동화극이나 아이들끼리 모이는 파티나 무도회에도 보내야 한다고 합니다. 점잖은 사람들도 모두 그렇게 한다고 합니다. 지체 높은 부인들도 다 그렇게 한다고 합니다. 그러고도 여전히 신앙 좋은 사람들로 존경을 받습니다. 이런 사람들이 말하는 것이니 잘못될 리가 없는 것이 아닙니까? 모든 것이 혼란스럽습니다. 무엇을 어떻게 해야 합니까?

이 모든 물음에 대한 답은 하나입니다. 성경을 자기 행실과 믿음의 유일한 원리로 삼아야 합니다. 성경의 주된 원리로 나침반을 삼고 삶이라고 하는 바다를 헤쳐 가야 합니다. 성경이 가르치는 내용과 정신으로 모든 난제와 의문들을 꼼꼼히 따져 보아야 합니다. "이 부분은 하나님의 율법에 부합하는가? 성경은 이 부분에 대해서 무엇이라고 하는가?" 하고 물어야 합니다. 사람들이 옳다고 생각하는 것이 무엇인지는 신경 쓰지 않아도 됩니다. 말씀의 해시계에 맞추면 됩니다. 이웃의 시계에 내 시계를 맞출 필요는 없습니다.

여러분, 이 조언을 엄중하게 생각하고 날마다 이 원리를 따라가십시오. 그러면 결코 후회하지 않을 것입니다. 이 원리에 어긋나는 일은 하지 마십시오. 너무 엄격하고 까다롭다는 비난에 귀 기울이지 마십시오. 너무 심하다는 비아냥에 주눅 들지 마십시오. 여러분이 섬기는 하나님은 엄밀하고 거룩한 분이심을 잊지 마십시오. 실천이 불가능한 원리라느니, 세상을 너무 모른다느니 하는 반론에 귀 기울일 필요가 없습니다. 이렇게 말하는 사람들에게, 그렇다면 하나님께서 성경을 주신 이유가 무엇인지 물어보십시오. 결국 모두가 성경에 따라 심판을 받게 된다는 사실을 기억하라고 하십시오. 이 생을 다 마친 후 성경에 따라 심판 받고 정죄되지 않기 위해서는 이 땅에서 자신을 성경으로 판단해야 한다고 말해 주십시오.

믿음과 행실에 관한 이 강력한 규칙이 바로 우리가 지금 말하는 주제인 성경입니다. 그러므로 여러분이 성경을 어떻게 대하고 있는지는 결코 가벼운 문제가 아닙니다. 사방에 풍파가 일어 위험이 임박했음을 아는 사람은 하나님이 주신 구명정으로 어떻게 할지를 생각하는 것이 마땅합니다. 제가 묻는 이 엄중한 물음에 정직하게 대답해 보십시오. 여러분에게 성경은 어떤 책입니까? 여러분은 성경을 읽고 있습니까? 읽는다면, 어떻게 읽습니까?

일곱째, 성경은 모든 하나님의 진실한 종이 항상 사랑하고 따라 살기에 힘썼던 유일한 책입니다.

하나님이 지으신 모든 생물은 양식이 있어야 살아갑니다. 하나님이 주신 생명을 보존하고 살찌울 양식 말입니다. 그런 점에서는 동물이나 식물이나 차이가 없습니다. 새, 짐승, 물고기, 파충류, 곤충, 식물이 모두 그렇습니다. 영적인 생명도 마찬가지입니다. 성령께서 죄로 인한 사망에서 일으키고 그리스도 예수 안에 있는 새로운 피조물이 된 사람은, 자기 안에 있는 새 생명의 원리에 맞는 양식이 있어야 살아갈 수 있습니다. 하나님의 말씀이 바로 그 양식입니다.

세상 이 끝에서 저 끝에 이르기까지 진실로 거듭난 사람치고 하나님의 계시된 뜻을 사랑하지 않는 사람은 없었습니다. 육신의 생명을 가지고 태어난 아이가 본능적으로 엄마의 젖을 찾고 또 그 젖을 먹고 자라듯이, "거듭난" 영혼 역시 말씀의 순전한 젖을 찾습니다. 그 젖을 먹어야 자랍니다. 하나님의 모든 자녀가 공통적으로 보이는 새 생명의 표지입니다. "주의 율법"을 즐거워합니다(시 1:2).

성경 읽기를 소홀히 하고 말씀 설교를 소중히 여기지 않는 사람은 아직 "거듭나지" 않은 것이 분명합니다. 형식이나 의식에는 열심을 낼지 모르겠습니다. 성례에 힘쓰고 날마다 예배에 참석할 수도 있습니다. 하지만 성경보다 이런 것들을 더 중요하게 여기는 사람이라면 그 사람의 회심을 의심하지 않을 수 없습니다. 성경을 어떻게 대하는지 보면 그 사람이 어떤 사람인지 대개 알 수 있기 때문입니다. 성경을 대하는 태도는 영혼의 맥박과 체온입니다. 그렇기 때문에 누구든지 성경에 대한 태도를 보면 그 영혼의 심장이 지금 어떤 상태인지 알 수 있습니다. 성령이 내주하시는 분명한 증거가 없다면 성령의 내주하심을 말할 수 없습니다. 성령의 내주하심을 부인할 수 없는 의미심장한 증거 가운데 하나가 하나님의 말씀을 어떻게 대하느냐 하는 것입니다.

욥의 뚜렷한 특징 가운데 하나는 하나님의 말씀을 사랑하는 것이었습니다. 이 족장의 배경이나 나이에 대해서는 아는 바가 없습니다. 적어도 성경이 그것을 분명히 말씀하지 않습니다. 하지만 욥에 관한 분명한 사실 한 가지는 그가 하나님의 말씀을 사랑했다는 것입니다. "내가 그의 입술의 명령을 어기지 아니하고 일정한 음식보다 그의 입의 말씀을 귀히 여겼도다"(욥 23:12).

말씀에 대한 사랑은 다윗에게서도 두드러졌습니다. 성경에 대한 그의 사랑은 시편 119편에서 절절히 배어나고 있습니다! 다윗은 이렇게 외칩니다. "내가 주의 법을 어찌 그리 사랑하는지요"(시 119:97).

사도 바울 역시 성경 말씀을 얼마나 사랑했는지 모릅니다. 그와 그의 동역자들은 다름 아닌 "성경에 능한 자들"이었습니다. 그의 설교와 전도는 그가 그토록 사랑하는 하나님의 말씀을 설명하고 적용하는 것이었습니다!

우리 주 예수 그리스도야말로 성경 말씀을 사랑한 분이셨습니다. 공적인 자리에서 성경을 낭독하셨을 뿐 아니라 늘 그 입술에서는 성경이 흘러나왔습니다. 그분은 틈나는 대로 성경을 설명해 주셨습니다. 유대인들에게 성경을 "연구하라"고 충고하셨습니다. 마귀를 물리치실 때도 말씀은 그분의 병기였습니다. "말씀이 성취되어야 한다"고 말씀하셨습니다. 이 땅에 계시면서 마지막까지 하신 일은 제자들의 "마음을 열어 성경을 깨닫게" 하는 것이었습니다(눅

24:45). 성경에 대해서 자기 주인의 마음과 다른 마음을 가진 자가 어찌 진정한 그리스도의 종이 될 수 있겠습니까?

말씀을 사랑하는 것은 교회사를 통틀어 사도 이래로 모든 성도가 보여준 두드러진 특징이었습니다. 성경은 아타나시우스(Athanasius)와 크리소스톰과 어거스틴을 인도한 등불이었습니다. 왈도파(Vallenses)와 알비파(Abigenses)의 믿음이 좌초되지 않도록 그들의 항해를 이끌어 준 나침반이었습니다. 위클리프와 루터가 다시 파낸 오래된 우물이었습니다. 휴 라티머와 존 쥬웰(John Jewell)과 존 낙스(John Knox)를 승리로 이끌었던 검이었습니다. 리처드 백스터와 존 오웬을 비롯한 허다한 청교도들을 배불리 먹였던 하늘의 양식이었습니다. 조지 윗필드와 존 웨슬리가 사용한 강력한 무기였습니다. 헨리 비커스테스(Henry Bickersteth)와 로버트 맥체인이 정금을 퍼 올린 광산이었습니다. 이 거룩한 사람들이 모두 똑같을 수는 없지만, 적어도 한 가지 부분에서만큼은 모두가 일치합니다. 이들은 모두 하나님의 말씀을 즐거워한 사람들이었습니다.

세계 각처의 선교지마다 회심한 이교도들에게서 공통적으로 가장 먼저 드리니는 특징 또한 성경 말씀에 대한 사랑입니다. 추운 지역이든 무더운 지역이든, 야만인이든 문명인이든, 남태평양 군도든 아프리카든 인도든 할 것 없이 다 똑같습니다. 말씀 듣기를 즐겨 합니다. 스스로 말씀을 읽고 싶어 못 견딥니다. 먼저 믿은 그리스도인들이 왜 진작 이 책을 자신들에게 보내 주지 않았는지 의아해 합니다. 사납고 잔인하기로 악명 높던 남아프리카 부족 추장이 선교사 로버트 모팻(Robert Moffat)을 통해 복음의 능력을 처음 경험하고 어떻게 변했습니까? 모팻은 그에 대해 이렇게 말합니다. "거의 하루 종일 거대한 바위 밑 그늘에서 한 장 한 장 간절한 마음으로 성경을 넘기고 있는 그를 자주 볼 수 있었다." 회심한 이 추장의 변화된 모습이 얼마나 가슴 뭉클합니까! 그것도 지구 저편 아프리카 한 구석에서 말입니다. 그 추장은 말했습니다. "성경은 결코 따분하게 읽을 케케묵은 옛날 책이 아니다." 또 다른 나이 든 원주민은 다 늙은 사람이 글 읽기를 배워서 무엇 하냐고 비아냥대는 소리를 들을 때마다 이렇게 말했습니다. "아니요! 죽을 때까지 결코 포기하지 않을 겁니다. '하나님이 세상을 이처럼 사랑하사 독생자를 주셨으니 이는 저를 믿는 자마다 멸망치 않고 영생을 얻게 하려 하심이라'는 한 구절을 내가 스스로 읽을 수만 있어도 충분히 그럴 이유가 있습니다."

이 땅 영국에서도 마찬가지입니다. 회심한 모든 사람에게서 볼 수 있는 위대한 공통점 가운데 하나는 바로 성경에 대한 사랑이었습니다. 감독교도든 장로교도든, 침례교도든 독립교도든, 감리교도든 플리머스 형제단이든 상관이 없습니다. 참된 그리스도인이 된다는 것은 곧 성경을 사랑하는 사람이 된다는 사실에는 전혀 변화가 없습니다. 지파가 달라도 이스라엘 백성 모두가 만나를 배불리 먹었던 것처럼, 생명의 양식인 성경은 교단은 달라도 신령한 이스라엘로 부름받은 자라면 누구나 배불리 먹을 양식입니다. 그리스도의 양들이 해갈하기 위해 주변으로 모이는 생명의 샘입니다. 이 샘으로 나아온 양들 가운데 단 한 마리도 목이 마른 채로 그냥 돌아가는 일은 없습니다. 오, 이 땅의 신자들이 기록된 하나님의 말씀에 더욱 착념하면 얼마나 좋겠습니까! 성경이, 아니 성경만이 사람들이 가진 신앙의 실체로 자리할수록 신자들 간에 더 많은 일치점을 찾을 수 있을 것입니다! 존 번연의 「천로역정」은 성경처럼 영감 받아 기록된 책은 아니지만 사람들에게 가장 많이 읽히고 사랑받는 책이 분명합니다. 어느 교단이라도 예외가 아닙니다. 모든 교파 사람들이 이구동성으로 칭송하는 책입니다. 이런 책을 쓴 존 번연이 얼마나 성경에 능했는지 아십니까? 말 그대로 그는 한 권의 책, 곧 성경의 사람이었습니다. 거의 성경만을 줄기차게 읽는 사람이었습니다.

천국에서 "많은 사람들"을 보게 될 것이라는 사실은 얼마나 격려가 됩니까! 어느 시대, 어느 나라든 하나님의 백성은 항상 소수일 수밖에 없지만, 종국에는 "아무라도 능히 셀 수 없을" 정도로 많은 무리를 이룰 것이라는 말씀이 엄청난 격려가 됩니다(계 7:9, 19:1). 이들은 모두 같은 마음, 같은 생각으로 모일 것입니다. 같은 경험을 가진 사람들로 모일 것입니다. 회개하고, 믿고, 기도와 경건과 겸손으로 살았던 사람들로 모일 것입니다. 누구나 할 것 없이 각자의 옷을 어린양의 피로 빨아 눈과 같이 흰 옷을 입은 사람들로 모일 것입니다. 하지만 이 모든 공통점 외에도 한 가지 두드러진 공통점이 있습니다. 그것은 바로 그들이 성경과 그 가르침을 사랑했던 사람들이라는 사실입니다. 이 땅의 여정을 지나는 동안 성경은 이들에게 일용할 양식이었습니다. 성경은 천국에서 하나님의 백성이 기쁘게 회상하고 묵상하는 공통의 주제가 될 것입니다. 모든 참된 그리스도인이 따라 살고 사랑하는 이 책이 바로 지금 우리가 살펴보는 주제입니다. 그러므로 여러분이 성경을 어떻게 대하는지는 결코 가벼운 문제가 아닙니다. 자신도 진정한 성도처럼 말씀을 사랑하고 있는지, 자신도 과연 하나님의 "양떼의 발자취를 따라"가고 있는지 진지하게 살펴봐야 합니다(아 1:8). 여러분에게 묻습니다. 정직하게 대답해 보십시오. 여러분에게 성경은 어떤 책입니까? 여러분은 성경을 읽고 있습니까? 읽는다면, 어떻게 읽습니까?

마지막으로, 성경은 인생의 마지막 순간을 위로 가운데 맞도록 하는 유일한 책입니다.

우리 모두는 언젠가 죽습니다. 죽음을 피해 갈 사람은 아무도 없습니다. 인간이라면 모두가 예외 없이 건너야 할 강입니다. 저와 여러분 모두 언젠가는 죽습니다. 이런 엄연한 사실을 잊지 않고 사는 것이 좋습니다. 안타까운 사실이지만, 이 엄연한 실체를 외면하려고 하는 경향이 모두에게 있기 때문입니다. "모든 사람이 언젠가는 죽는다고 생각하지 않는 사람은 없습니다. 그러나 정작 자기 자신은 예외인 것처럼 생각합니다." 사는 동안 모든 사람이 자신의 의무에 힘쓰는 것이 마땅합니다. 그러나 또한 죽음을 생각할 수 있기를 바랍니다. 모든 사람이 어떻게 사는 것이 잘 사는 것인지 알기를 바랍니다. 그러나 또한 자신이 어떻게 죽어야 할지도 잘 알 수 있기를 바랍니다.

죽음은 모두에게 닥치는 엄중한 현실입니다. 이 땅에서의 모든 계획과 기대를 순식간에 접게 합니다. 우리가 사랑하고 함께 살던 모든 것으로부터 분리되는 것입니다. 큰 고통으로 신음하며 죽는 사람도 많습니다. 죽음은 우리 몸을 무덤으로 데리고 내려갑니다. 썩어 구더기의 밥이 되게 합니다. 죽음은 심판과 영원으로 난 문입니다. 천국으로 난 문과 지옥으로 난 문을 열어젖힙니다. 죽음이 한번 들이닥친 후에는 변화의 기회가 없습니다. 회개를 위한 여지도 없습니다. 그래도 그 전에는 실수나 잘못을 고칠 수 있습니다. 하지만 죽음의 침상에 누워서는 아무것도 할 수 없습니다. 한번 넘어진 나무는 그대로 쓰러져 있을 수밖에 없습니다. 관에 들어간 후에는 회심할 수 없습니다! 마지막 숨을 거둔 후에는 새롭게 태어날 수 없습니다! 바로 이런 죽음이 우리를 기다리고 있습니다. 예외가 없습니다. 죽음을 금세 맞이할 사람도 있습니다. 언제 이 세상을 떠날지는 아무도 모릅니다. 하지만 좀 더 나중에 죽든, 좀 더 일찍 죽든 모든 사람은 죽기 마련이고, 더구나 홀로 외롭게 죽음을 맞이해야 합니다. 이는 심사숙고해야 할 사실이 아닐 수 없습니다.

죽음은 그리스도 안에서 죽는 신자들에게조차 엄중한 일입니다. 물론 그리스도인에게 더 이상 "사망의 쏘는 것"은 없습니다(고전 15:55). 그리스도께 속했기 때문에, 신자에게는 죽음마저도 특권이 되었습니다. 사나 죽으나 신자는 그리스도의 것입니다. 이 땅에 살 때는 그리스도께서 그 안에 거하십니다. 죽어도 그리스도와 함께 있을 곳으로 갑니다. 신자에게는 "사는 것이 그리스도니 죽는 것도 유익"합니다(빌 1:21). 죽음을 통해서 많은 시련—연약한 몸, 부패한 마음, 미혹하는 마귀, 미혹하고 핍박하는 세상—에서 벗어납니다. 죽음은 신자를 많은 복락을 누리는 곳으로 나아가도록 합니다. 이 땅의 모든 수고를 그칩니다. 소망으로만 간직하던 기쁨의 부활이 이제 확실한 미래의 사실로 변합니다. 구속된 거룩한 영혼들과 함께합니다. 그는 이제 "그리스도와 함께" 있습니다. 이 모든 것이 사실입니다. 그럼에도 신자에게조차 죽음은 엄중한 일입니다. 혈과 육은 본성적으로 죽음에 움츠러들게 되어 있습니다. 우리가 사랑하는 모든 것을 등지고 떠난다는 사실을 감당해야 한다는 것은 감정적으로 여간 어려운 게 아닙니다. 죽음의 문을 통해 나아가는 세상이 우리의 본향이기는 해도 여전히 미지의 세상입니다. 죽음이 신자들에게 전혀 해를 끼치지 않고 심지어 벗과 같이 되었지만, 그렇다고 죽음을 대수롭지 않게 대해도 된다는 말은 아닙니다. 죽음은 항상 엄중하게 대할 수밖에 없는 사건입니다.

사려 깊고 현명한 사람이라면 어떻게 죽음을 맞이할지 잠잠히 숙고해 보아야 합니다. 담력을 가지고 이 엄중한 주제를 대면해야 합니다. 우리가 치달아 가는 이 마지막에 대해 몇 가지를 말하겠습니다. 잘 들어 보십시오.

세상에서 유익하다는 것들로는 죽음으로 내려가는 사람을 위로할 수 없습니다. 캘리포니아와 오스트레일리아의 모든 금으로도 이 어두운 사망의 골짜기를 밝게 하지 못합니다. 많은 돈을 들여 탁월한 간병인과 약을 구할 수는 있어도 죽어 가는 자의 양심과 마음과 영혼에 평화를 사 줄 수 없습니다.

사랑하는 가족과 친구, 종들도 전혀 위로가 되지 못합니다. 여러분 육신의 필요를 정성껏 채워 줄 수 있을 것입니다. 침상 맡에서 뜬 눈으로 밤을 함께 지새우면서 온 정성을 다해 간병할 수도 있습니다. 머리맡의 베개를 부드럽게 해주고 꺼져 가는 육신을 품에 안아 줄 수도 있습니다. 하지만 여러분의 생각까지 시중들지는 못합니다. 괴로운 마음의 고통을 멈추게 하지 못합니다. 하나님의 목전에서 두려워 떠는 양심을 가려 주지는 못합니다.

　세상이 주는 즐거움은 죽음으로 내려가는 사람에게 전혀 위로가 되지 못합니다. 화려한 무도장, 즐거운 춤, 한밤의 향연, 엡섬 경마장의 흥분, 카드놀이, 오페라 극장의 특석, 극장 가수들의 아름다운 목소리와 같은 것은 죽음을 남의 일인 양 생각하던 때에 주던 감흥을 더 이상 주지 못합니다. 흥미진진한 사냥 이야기와 아슬아슬했던 전장에서의 무용담도 조금도 재미가 없습니다. 큰 잔칫자리와 레가타 보트경주와 진귀한 것들을 펼쳐 놓은 전시장에 초대를 받아도 아무런 위안이 안 됩니다. 임종의 순간에 이런 것들은 모두 공허하고 허탄하며 자신을 위로하지 못한다는 사실을 숨길 수가 없습니다. 오히려 그의 양심의 귀를 거슬리는 소음으로만 들릴 뿐입니다. 건강할 때 즐기던 이 모든 것은 죽음을 목전에 둔 상황에 전혀 맞지 않을 뿐 아니라 잔인하게 보이기까지 합니다. 마지막 원수인 사망이 해일과 같이 밀어닥치면 이런 것들은 그의 괴로운 양심과 마음을 손톱만큼도 막아 주지 못합니다. 이제 곧 거룩한 하나님을 대면할 것을 알고 두려워 떠는 사람의 양심은 이런 것들로는 진정이 안 됩니다.

　책이나 신문 역시 죽음으로 내려가는 사람의 시선을 다른 곳으로 돌리지 못합니다. 찰스 디킨스(Charles Dickens)나 토머스 매콜리(Thomas Macaulay)의 탁월한 글을 들려 줘도 아무런 소용이 없습니다. 「타임」지의 현란한 논설도 재미가 없습니다. 「에딘버러」나 「쿼털리」의 기사들도 관심이 없습니다. 풍자만화나 만평, 신간 소설도 한 번도 들춰 보지 않은 채 곁에 그대로 쌓여 있습니다. 이런 것들이 그의 이목을 끌던 시절은 갔습니다. 건강할 때는 아주 재미있게 읽었지만 죽음을 코앞에 둔 지금은 아무런 흥미가 없습니다.

임종을 맞은 사람을 위로할 수 있는 유일한 원천은 성경입니다. 성경 구절, 성경의 내용을 담아내는 책만이 임종하는 사람에게 위로의 통로가 될 수 있습니다. 그렇다고 평소에 성경을 소중히 여기지 않았는데도 임종시 머리맡에 성경만 갖다 놓으면 위로를 받을 것이라는 말은 아닙니다. 안타까운 사실이지만, 실제로 그런 기대를 가지고 성경을 머리맡에 놓아 둔 사람들을 너무나 많이 봐 왔습니다. 평소에 성경을 무시한 불신자가 임종시 머리맡에 놓은 성경 때문에 별안간 믿고 위로를 얻을 가능성이 있다는 말도 아닙니다. 하지만 어쨌든 하나님의 말씀만이 죽음으로 내려가는 사람에게 진정한 위로를 줄 수 있다는 것은 분명한 사실입니다. 성경이 아닌 다른 것에서 얻는 위로는 모래 위에 지은 집과 같아서, 죽음의 해일이 닥치면 허망하게 쓸려 버리고 맙니다.

인간이라면 누구나 마찬가지입니다. 신분이나 계층을 막론하고 이는 사실입니다. 왕이나 가난한 사람이나, 배운 자나 못 배운 자나 매한가지입니다. 죽음으로 내려가는 어느 누구도 성경이 아니고는 참된 위로를 얻지 못합니다. 전혀 얻지 못합니다. 이 세상을 떠나는 누구에게라도 감히 말할 수 있습니다. 세상을 등지는 사람은, 귀로 듣고 배우며 마음으로 받고 의지했던 성경 구절과 약속, 교리로부터만 위로를 얻을 수 있습니다. 하나님의 말씀을 받고 믿지 않으면서 곧 죽는다는 사실 때문에 성례를 받는 것은 로마 가톨릭의 종부성사만큼이나 무익합니다. 죽어 가는 가련한 죄인이 성경이 말씀하는 진리를 받고 의지하지 않으면, 사제가 면죄를 선포해 봐야 소용없습니다. 이교 마술사가 주문을 외는 것만큼이나 양심을 가라앉히는 데 도움이 되지 않습니다. 여러분에게 말씀드립니다. 평소에는 성경이 없이도 아무런 어려움 없이 편하게 사는 것 같이 보인다고 속으면 안 됩니다. 임종시에는 전혀 달라질 것이기 때문입니다. 그때에는 성경과 상관없는 사람들은 손톱만큼의 위로도 얻지 못합니다. "죽는 순간 우리가 의지할 수 있는 책은 성경뿐이다"라고 했던 존 셀던(John Selden)의 고백은 참입니다.

지금까지 제가 말한 것을 확인해 주는 증거와 실례들은 얼마든지 있습니다. 성경을 멸시하던 사람들이 어떤 임종을 맞았는지 말해 줄 수 있습니다. 불신자로 유명한 볼테르(Voltaire)와 페인(Paine)이 어떻게 비참함과 비통함과 분노와 낙담과 두려움 가운데 죽음으로 내려갔는지 말해 줄 수 있습니다. 성경을 사랑하고 믿었던 사람들이 얼마나 행복하게 죽음을 맞이했는지, 또 그런 임종이 다른 사람들에게 얼마나 복된 영향을 주었는지 말해 줄 수 있습니다. 온 교회의 존경을 받아 마땅한 목사인 세실(Cecil)은 말합니다. "어머니의 침상 맡에서 임종을 지키던 기억이 아직도 생생합니다. '죽는 것이 두려우세요, 어머니?'라는 제 물음에, 어머니는 '아니!'라고 대답하셨습니다. '전혀 모르는 상태로 나아가는 것이 불안하지 않으세요?'라고 물었더니 '"하나님께서 네가 물 가운데로 건너갈 때에, 내가 너와 함께 하고, 네가 강을 건널 때에도 물이 너를 침몰시키지 못할 것이다. 네가 불 속을 걸어가도, 그을리지 않을 것이며, 불꽃이 너를 태우지 못할 것이다"라고 약속하시잖니!'"(사 43:2). 이런 예는 얼마든지 있습니다. 하지만 목사로서 사람들의 임종을 지키면서 했던 경험 몇 가지를 말하고 이 주제를 정리하는 것이 좋을 것 같습니다.

저는 많은 이들의 임종을 지켜보았습니다. 임종을 맞는 모양과 태도는 가지각색입니다. 아무 소리 내지 않고 쓸쓸하고 침울하게 죽는 사람이 있는가 하면, 죽는 순간에조차 앞으로 자기에게 닥칠 일을 전혀 깨닫지 못한 채 무덤덤하게 죽는 사람이 있었습니다. 오래 병으로 시달리느라 지칠 대로 지쳐 죽기만을 바라다가 죽는 사람도 있었습니다. 하지만 이런 사람 역시 하나님 앞에 갈 준비가 되어 보이지는 않았습니다. 믿음의 반석에 굳건하게 터를 둔 증거도 없이 무턱대고 하나님에 대한 소망을 고백하며 죽는 사람도 있었습니다. 또 어떤 사람은 "그리스도 안에" 있는 것이 분명해 보임에도, 죽을 때 큰 위로와 안전을 누리지는 못하는 것 같았습니다. 또한 말 그대로, 존 번연의 「천로역정」에서 그리스도의 미쁘심을 영광스럽게 증거하면서 죽음의 강을 건너는 불굴 씨(Standfast)처럼, 소망을 확신하면서 죽는 사람도 있었습니다. 하지만 평소에 성경이 주는 평화를 누리지 못한 사람이 임종의 침상에서 참되고 견고하고 잠잠하고 합당한 평온 가운데 죽는 모습은 단 한 번도 보지 못했습니다. 제가 감히 말할 수 있는 사실은 이것입니다. 성경 말씀을 자신의 위로자요 동반자요 벗으로 삼고 동행하지도 않으면서 당당히 죽음으로 내려갈 수 있다고 떠벌리는 사람처럼 무모한 사람도 없다는 것입니다. 상한 갈대와 같은 영혼은 성경을 통해서만 위로를 얻습니다. 성경이 주는 위로를 붙들지 않는 사람은 자기 영혼을 위해 붙들 것이 아무것도 없는 사람입니다.

임종을 맞는 사람을 위로할 수 있는 유일한 책은 성경입니다. 그리고 지금 우리는 바로 이 책에 대해 말하고 있습니다. 그러므로 여러분이 이 책을 읽고 있는지 여부는 결코 가벼운 문제가 아닙니다. 멸망으로 치닫는 세상에서 저물어 가는 인생을 사는 한 사람으로서, 곧 자신의 차례가 되었을 때 과연 무엇으로 위로를 얻을 것인지 진지하게 숙고해 보아야 합니다. 이제 마지막으로 묻습니다. 정직하게 대답해 보십시오. 여러분에게 성경은 어떤 책입니까? 여러분은 성경을 읽고 있습니까? 읽는다면, 어떻게 읽습니까?

지금까지 우리는 성경을 왜 읽어야 하는지, 성경을 읽는 것이 왜 중요한 의무인지를 살펴보았습니다. 첫째, 성경과 같이 기록된 책이 없기 때문입니다. 둘째, 성경을 모르고서는 구원을 얻을 수 없기 때문입니다. 셋째, 세상에는 성경과 같은 내용을 담은 책이 없기 때문입니다. 넷째, 세상에 성경과 같은 영향을 준 책은 없기 때문입니다. 다섯째, 바르게 읽는 모든 사람에게 성경만큼 큰 변화와 영향을 주는 책은 없기 때문입니다. 여섯째, 성경만이 믿음과 행실의 유일한 원리이기 때문입니다. 일곱째, 지금도 그렇지만, 성경은 모든 하나님의 참된 종들을 먹이는 양식이었기 때문입니다. 여덟째, 위로 가운데 숨을 거둘 수 있게 하는 유일한 책이기 때문입니다. 이전에는 없었던 전혀 새로운 이야기를 하는 것이 아닙니다. 성경에 대한 새로운 사실을 발견하기라도 한 것처럼 말하지 않습니다. 성경에 대한 유구한 진리들을 우리가 사는 이 시대 상황에 비추어 적용하려고 했을 뿐입니다.

2. 이제 계층과 지위를 막론하고 여러분 모두의 양심을 향해 몇 가지 당부의 말을 하고 마치겠습니다.

첫째, 여러분이 글을 읽을 수 있지만 성경은 전혀 읽어 보지 않은 사람일지도 모르겠습니다. 여러분도 그중 하나입니까? 그렇다면, 여러분에게 당부할 말이 있습니다.

지금 여러분이 가진 마음의 상태로는 어떤 위로의 말도 합당치 않습니다. 그렇게 하는 것은 여러분을 기만하고 놀리는 것일 뿐입니다. 이전과 마찬가지로 여전히 성경과 상관없이 사는 여러분에게 천국과 평강의 말을 발할 수 없습니다. 여러분의 영혼은 지금 멸망의 위험에 처해 있습니다.

성경을 소홀히 하는 것을 볼 때 여러분이 하나님을 사랑하지 않는 것이 분명하기 때문입니다. 입맛과 식욕을 보면 그 사람의 건강을 알 수 있습니다. 영혼의 건강은 성경을 대하는 것을 보면 압니다. 성경을 홀대하는 사람의 영혼은 심각한 질병에 걸려 있는 것이 분명합니다. 그 자리에서 돌이켜야 합니다.

제가 여러분의 마음을 좌지우지할 수 없다는 것을 잘 압니다. 여러분의 상태를 느끼고 깨닫게 하지도 못합니다. 제게는 그런 능력도 권한도 없습니다. 지금 여러분이 성경을 대하는 태도에 대해 경고를 발하는 것이 지금 제가 할 수 있는 전부입니다. 하지만 온 정성을 다해 말하고 있습니다. 오, 돌이킬 때를 놓치지 마십시오! 죽을병에 걸려 의사를 불러야 할 때가 오고 나서야 성경에서 위로를 찾아보려고 해서는 안 됩니다. 그러면 너무 늦습니다. 그때가 되면 성경은 더 이상 열린 책이 아니라 굳게 봉인된 책으로 드러날 가능성이 크기 때문입니다. 이스라엘과 이집트의 군대 사이에 드리웠던 시커먼 구름처럼, 죽음의 먹구름이 드리웠을 때 여러분의 영혼은 성경으로부터 전혀 빛을 보지 못할 것입니다! "성경 없이도 잘살 수 있다"고 호언하는 여러분 때문에 많은 사람들이 영혼의 질병 가운데 신음하며 살다가 결국 지옥에서 생을 마감할 수 있습니다. "신문이나 잡지 읽듯이 성경을 읽었다면 지금 이렇게 아무 위로도 없이 죽음으로 내려가지는 않았을 텐데……"라고 탄식하는 순간이 오지 않도록 하십시오! 성경을 읽지 않는 여러분에게 경고합니다. 죽음의 역병이 퍼진 집임을 알리는 표식이 여러분의 집 문설주에 붙었습니다. 주께서 여러분의 영혼을 불쌍히 여기십시오!

둘째, 성경을 읽고는 싶지만 조언이 필요한 사람이 있을 수 있습니다. 여러분이 그렇습니까? 지금부터 제가 하는 말을 잘 들으십시오. 여러분에게 필요한 몇 가지 조언을 하겠습니다.

 먼저, 당장 오늘부터 성경 읽기를 시작하십시오. 무엇을 하는 방법은 그냥 시작하는 것입니다. 성경을 읽는 것도 마찬가지입니다. 일단 성경을 읽기 시작하십시오. 성경을 읽을 의도가 있고, 그렇게 하기로 결심하고, 바라고, 그것에 대해 고민하는 것은 아무런 도움이 되지 않습니다. 먼저 한 발짝 내딛어야 합니다. 적극적으로 읽기 시작해야 합니다. 기도와 마찬가지로, 성경 읽기에도 왕도는 없습니다. 읽기 시작해야 합니다. 혼자 글을 읽지 못한다면, 아무라도 성경을 읽어 줄 사람을 찾으십시오. 귀로 듣든 눈으로 읽든, 성경 말씀이 실제로 여러분의 지성에 자리해야 합니다.

또한 말씀을 깨닫고자 하는 열망으로 읽어 가야 합니다. 혹시 몇 장을 읽겠다고 하는 목표를 앞세우지 마십시오. 하나라도 제대로 깨닫는 것이 중요합니다. 지금 읽고 있는 성경이 무엇을 말씀하는지는 모른 채, 하루에 몇 장씩 읽기만 하면 얼마 만에 성경을 뗄 수 있다는 어리석은 생각을 갖는 사람이 있습니다. 그런 생각은 아예 하지 마십시오. 성경 읽기를 하나의 형식으로 전락시킬 뿐입니다. 아베마리아와 주기도문을 수도 없이 주문처럼 외는 것으로 면죄부를 얻는 로마 가톨릭의 악습만큼이나 나쁜 짓입니다. 자기 이웃이 화란의 시편 찬송으로 마음에 큰 위안을 얻는 것을 보고 그 책을 통째로 먹어 치운 불쌍한 호텐토트 원주민이 떠오릅니다. 먼저 성경이 말씀하는 바를 이해하지 못하면 아무런 유익도 얻을 수 없다는 사실을 마음에 깊이 새기십시오. 성경을 읽을 때 항상 "본문은 지금 무엇을 말하고 있는가?" 하는 질문을 던지십시오. 오스트레일리아의 금광을 파들어가는 사람처럼 성경 본문이 말하는 뜻을 궁구하십시오. 힘써 읽되 서두르지 마십시오.

어린아이와 같은 믿음과 겸손한 마음으로 성경을 읽어 가십시오. 성경을 펼 때마다 여러분의 마음도 함께 여십시오. 그리고 이렇게 말하십시오. "주여, 말씀하소서. 종이 듣겠나이다." 기존에 생각하던 것과 아무리 맞지 않아도 성경이 말씀하는 것이면 무엇이든 믿겠다고 결심하십시오. 여러분의 기호와 상관없이 모든 진리의 말씀을 진심으로 받겠다고 결심하십시오. 성경을 읽는 사람이 흔히 빠지는 좋지 않은 습관들을 조심하십시오. 자신이 좋아하는 교리만 받아들이는 사람이 있습니다. 자신이나, 혹은 자신이 사랑하는 사람이나, 자신과 관계되는 사람이나 친구를 정죄하는 가르침은 거부합니다. 이런 식으로 성경의 가르침을 저울질하면 성경으로부터 아무런 유익도 얻지 못합니다. 성경 말씀이 무엇으로 이루어져야 하는지 판단하는 재판장이 되려고 하십니까? 우리가 하나님보다 더 잘 압니까? 성경이 말씀하는 모든 것을 받고, 모든 것을 믿겠다고 결심하십시오. 그리고 여러분이 깨닫지 못하는 것은 그대로 받겠다고 결심하십시오. 기도할 때, 여러분은 하나님께 말씀드리는 것이고, 하나님은 그것을 들으신다는 사실을 기억하십시오. 하지만 또한 성경을 읽을 때, 하나님이 지금 성경을 통해 여러분에게 말씀하고 계시다는 사실 또한 기억하십시오. 하나님이 말씀하실 때는 가타부타 무슨 말을 할 필요가 없습니다. 그냥 듣기만 하십시오.

순종하고 자기에게 적용하려는 마음으로 성경을 읽으십시오. 날마다 성경을 읽기 위해 책상에 앉을 때마다 성경이 가르치는 원리대로 살겠다고, 성경이 말씀하는 것을 의지하겠다고, 성경이 명하는 대로 순종하겠다고 결심하십시오. 성경 각 장을 여행할 때마다 "지금 내가 처한 자리에서 이 말씀이 어떻게 적용되어야 하는가? 나에게 교훈하는 것이 무엇인가?" 하고 물으십시오. 단지 호기심과 지적인 욕심으로 읽어서는 안 됩니다. 마음과 삶에 영향을 받지는 않으면서 지성을 부풀리고 지식을 채울 요량으로 읽어서는 안 된다는 말입니다. 성경을 읽고 그 가르침을 따라 사는 사람이 성경을 가장 잘 읽는 사람입니다.

여러분은 성경을 날마다 읽어야 합니다. 하나님 말씀의 일정 분량을 읽고 묵상하는 것을 일상의 일로 정하십시오. 우리 몸이 날마다 입을 옷과 양식을 필요로 하는 것처럼, 날마다 개인적으로 은혜의 방편에 참여하는 것 또한 우리 영혼에 필요합니다. 어제의 양식이 오늘을 살아갈 힘이 되지 못합니다. 오늘 먹은 양식이 내일의 수고를 위한 힘으로 남아 있지 못하는 것과 마찬가지입니다. 광야의 이스라엘 백성이 했던 것처럼 하십시오. 매일 이른 아침에 여러분의 만나를 거두러 나가십시오. 자신만의 때와 시간을 정하십시오. 허둥지둥 서둘러 해치우는 방식으로 하지 마십시오. 하루 중 가장 좋은 시간을 떼어 놓으십시오. 그때가 언제든지 일단 정했으면 날마다 그 시간에 성경 말씀과 은혜의 보좌로 나아가는 것을 삶의 원리로 삼으십시오.

전체 성경을 읽되, 일정한 순서를 따라 읽으십시오. 성경을 읽는다는 사람들조차 펴 보지 않는 부분이 있습니다. 아무리 좋게 이야기해도 이는 결코 우리에게 있어서는 안 될 주제넘은 습관입니다. "모든 성경은……유익"합니다(딤후 3:16). 이런 습관은 오늘날 만연한 진리에 대한 균형 잃은 이해에서 비롯되는 경우가 많습니다. 어떤 사람은 성경을 여기 조금, 저기 조금 읽고 맙니다. 성경 전체를 일정하게 읽어 간다는 생각은 전혀 하지 못하는 것 같습니다. 이 또한 큰 잘못입니다. 물론 질병이나 고난 가운데 있을 때는 상황에 부합하는 본문을 선별적으로 읽고 유익을 얻는 것이 필요합니다. 그렇게 하는 것은 정당합니다. 하지만 이런 특별한 경우가 아니면, 신약과 구약을 동시에 읽어 가는 것이 가장 좋습니다. 각 부분을 끝까지 읽고 다시 처음으로 돌아가 읽는 것입니다. 성경 전체를 읽는 것은 너무나 중요합니다. 개인적으로 저는 사십 년 동안 이런 방식으로 성경을 읽어 왔고, 지금까지 이 방식을 바꾸어야 할 다른 이유를 발견하지 못했습니다.

편견 없는 바른 마음으로 읽어야 합니다. 본문이 말하는 명백하고 분명한 뜻을 그대로 다 받기로 결심하십시오. 부자연스럽고 억지스러운 해석은 일단 의심해 보아야 합니다. 일반적으로 성경의 모든 구절은 드러난 의미 그대로의 뜻을 담고 있습니다. 이에 대해서는 리처드 후커(Richard Hooker)가 잘 말하고 있습니다. "성경을 해석하는 바른 길은, 특정한 체계에 본문을 끼워 맞추려고 하지 않고 본문을 읽을 때 드러난 의미를 그대로 받아들이는 것이다. 이는 가장 틀림없고 안전한 성경 주석의 원리다. 성경을 읽을 때 의미가 여자적으로 분명히 드러나는데도 그 이상의 의미를 추구하는 것은 최악의 성경 주석이다."

항상 그리스도를 염두에 두고 성경을 읽으십시오. 모든 성경의 가장 위대하고 주된 목적은 그리스도를 증거하는 것입니다. 구약성경의 의식은 그리스도를 예표하는 그림자입니다. 구약성경의 사사와 구원자들은 그리스도의 구원을 예표합니다. 구약성경의 역사는 세상이 얼마나 그리스도를 필요로 하는지를 보여줍니다. 구약성경의 예언은 앞으로 오실 그리스도의 고난과 영광으로 가득합니다. 그리스도의 초림과 재림, 주님의 겸비하심과 그분의 나라, 십자가와 면류관이 성경 구석구석에서 빛을 발하고 있습니다. 성경을 제대로 읽고 싶다면, 이런 실마리를 놓치지 말고 잘 따라가십시오.

지면이 허락한다면, 이런 원리 외에도 덧붙일 것이 정말 많습니다. 몇 개 안 되는 짧은 것들이지만 이상의 원리들을 따라가 보면 성경을 바르게 읽는 데 큰 도움을 얻을 것입니다. 이런 원리들을 따라 성실하게 말씀을 읽어가다 보면 반드시 천국에 이르는 길을 발견하게 될 것입니다. 마음에 밝은 빛이 더해질 것입니다. 날마다 성경을 바르게 읽는 사람이 얻는 증거 가운데 내적인 증거만큼 확실하고 가치 있는 것도 없습니다. 이런 사람은 윌리엄 팰리(William Paley)와 같은 박식한 사람들의 책을 읽지 않아도 됩니다. 자기 안에 분명한 증거가 있기 때문입니다. 성경은 이런 사람의 영혼을 만족하게 하고 배부르게 하는 책입니다. 한 그리스도인 여인이 불신자에게 이렇게 말했습니다. "저는 학자도 아니고, 당신처럼 논증을 잘 하지도 못합니다. 제가 꿀을 꿀로 아는 것은 입으로 꿀이 갖는 달콤함을 맛보았기 때문입니다. 마찬가지로, 성경을 하나님의 책으로 아는 것은 제 마음으로 성경의 맛을 보았기 때문입니다."

셋째, 여러분이 성경을 사랑하고 믿기는 하지만 성경을 거의 읽지 않는 사람일 수도 있겠습니다. 오늘날 이런 사람들이 많을까 두렵습니다. 위원회다 토론회다 공공을 위한 일이다 해서 바쁘게 살아갑니다. 모두 나름대로 가치 있는 일입니다. 하지만 이로 인해 개인 성경 읽기가 줄어들거나 생략되어서는 안 됩니다. 양심에 비추어 볼 때 자신이 이런 사람인 것 같습니까? 지금부터 제가 하는 말을 들으십시오.

 이렇게 지내다가 정작 위로가 필요한 때에는 성경으로부터 위로를 받지 못할 수도 있습니다. 시험은 알곡과 가라지를 가리는 때입니다. 고난은 나무에서 썩은 이파리를 떨어내 새의 둥지에 햇빛이들도록 하는 바람입니다. 우리의 상태가 어떠한지 알려 줍니다. 성경으로부터 받은 위로를 쌓아 놓는 여러분의 곡간이 바닥을 드러내는 날이 올까 두렵습니다. 말씀으로부터 평소에 위로를 제대로 누리지 못하다가 결국 쇠약하고 파리한 상태로 기진한 채 피난처로 찾아들게 될까 두렵습니다. 그렇게 해서는 결코 진리 안에 강건하게 설 수 없습니다. 여러분이 확신과 은혜와 믿음과 견인과 같은 일에 의구심과 불안을 떨쳐 버리지 못하고 괴로워한다는 소리가 들려도 전혀 놀랄 일이 아닙니다. 마귀는 옛적부터 간교한 원수입니다. 베냐민 지파 사람들처럼, 마귀는 "물매로 돌을 던지면 호리도 틀림이 없는 자"입니다(삿 20:16). 얼마든지 성경을 자기가 원하는 대로 갖다 붙일 수 있는 자입니다. 지금 여러분은 이런 원수와 선한 싸움을 힘써 싸울 준비가 전혀 되어 있지 않습니다. 여러분이 가진 무기는 전혀 여러분에게 맞지 않습니다. 들고 싸울 말씀의 칼을 놓아 버린 상태가 아닙니까!

여러분이 이런 사람이라면 살면서 여러 가지 일들을 그르칠 가능성이 많습니다. 여러분의 결혼생활이 녹록치 않거나, 자녀들을 잘못 가르치고 있거나, 가정을 제대로 꾸리지 못하고 있거나, 잘못된 친구를 사귄다는 소리가 들려도 전혀 놀랍지 않습니다. 여러분이 지나가야 할 세상의 여정은 암초와 사주와 모래톱 천지입니다. 더구나 여러분은 항로가 어떻게 되어 있는지, 등대가 어디에 위치해 있는지 알지도 못합니다.

여러분은 수시로 그럴듯한 거짓 선생들에 이리저리 휘둘릴 가능성이 많습니다. "악화를 양화로 둔갑시키는 데" 능한 간교하고 영리한 사람들이 말로 여러분을 꾀어 많은 어리석은 일들을 하게 해도 놀라운 일은 아닙니다. 여러분이 탄 배에는 균형을 잡아 주는 바닥 짐이 없습니다. 그러므로 파도에 휩쓸리는 코르크처럼 이리저리 휩쓸린다고 해도 그리 놀랄 일은 아닙니다.

참으로 불편한 진실이 아닙니까? 여러분 모두가 이런 올무에서 벗어나기를 바랍니다. 오늘 제가 하는 귀담아들으십시오. 그저 성경을 "조금" 읽는 것으로 그치지 마십시오. 성경을 많이 읽으십시오. 말씀이 여러분 안에 "풍성히 거하게" 하십시오(골 3:16). 신령한 지식을 아는 데 아이가 되지 마십시오. "하나님 나라를 잘 배워 아는" 사람이 되려고 애를 쓰십시오. 이미 알고 있는 것을 끊임없이 새롭게 해 가십시오. 느낌에 휘둘리는 신앙은 불확실합니다. 파도처럼 높이 있는 것처럼 생각되다가도 이내 저 밑바닥으로 곤두박질칩니다. 달과 같은 신앙입니다. 밝은가 싶으면 이내 희미해집니다. 성경을 깊이 아는 신앙은 굳건하고 영속하는 신앙입니다. 이런 신앙을 가진 사람은 단지 "그리스도 안에 소망이 있는 것 같다"고 말하지 않습니다. "내가 믿는 자를 내가 안"다고 말합니다(딤후 1:12).

넷째, 여러분이 성경을 많이 읽기는 하시만, 그렇게 읽어도 별 유익이 없다고 생각하는 사람이 있을 수 있습니다. 이는 마귀의 간교한 술책입니다. 마귀는 "성경을 읽을 필요가 없다"고 말하는가 하면, "그렇게 읽어 봐야 아무 소용이 없다"고 말합니다. 여러분이 이렇습니까? 그런 여러분에게 중심으로 위로를 전하고 싶습니다. 여러분에게 몇 가지 도움을 주고자 합니다.

성경을 읽어서 날마다 직접적인 유익을 얻지 못한다고 해서 성경 읽기가 아무 소용없다고 생각할 필요는 없습니다. 사실 가장 중요하고 큰 유익은 떠들썩하게 드러나고 쉽게 발견되는 것이 아닙니다. 이런 유익은 아주 잠잠하고 고요하게 진행되기 때문에 언제 그런 유익을 얻는지를 전혀 깨닫지 못할 때가 많습니다. 달이 지구에 미치는 영향을 생각해 보십시오. 공기가 인간에게 주는 유익을 생각해 보십시오. 이슬이 얼마나 조용히 지면을 뒤덮는지 보십시오. 풀이 자라는 것은 또 얼마나 조용합니까! 성경 읽기를 통해 여러분은 지금 생각하는 것보다 훨씬 큰 유익을 누리고 있을 것입니다.

지금은 인식하지 못해도, 조금씩 하나님 말씀이 여러분의 마음에 깊이 스며들고 있을 것입니다. 성경의 구체적인 사실들을 기억하지 못하는 때조차도, 성경을 읽는 사람의 성품은 영원한 진리의 영향을 조금씩 받아들이고 있습니다. 해가 더할수록 죄가 더욱 미워집니까? 그리스도가 점점 소중하게 다가옵니까? 거룩이 더 사랑스럽고 매력적으로 느껴집니까? 그렇다면 힘을 내십시오. 날마다 느끼지 못할지는 모르지만, 여러분은 지금 성경을 통해 큰 유익을 얻고 있음이 분명합니다.

성경 때문에 죄나 속임에 빠지는 일이 줄어 갑니다. 성경이 날마다 여러분을 둘러 울타리를 치고 그릇된 길로 가지 않도록 붙잡아 주기 때문입니다. 말씀을 한번 멀리해 보십시오. 힘들기는 하겠지만, 그동안 말씀이 얼마나 여러분을 보호하고 지켜 주었는지 알게 될 것입니다. 말씀을 통해 받는 복에 익숙해지면 그것이 얼마나 소중한지 잘 모르게 됩니다. 그러므로 이런 복과 그 가치가 제대로 느껴지지 않는

다 해도 느낌과 상관없이 성경 읽기를 계속해 가면 영혼이 더욱더 건강하고 강건해진다는 사실을 믿고 원리로 삼으십시오.

다섯째, 여러분이 성경을 진실로 사랑하고, 성경을 따라 살고, 성경을 잘 읽는 사람일 수도 있겠습니다. 여러분이 그렇습니까? 제 말을 잘 들어 보십시오. 장래를 위해 우리가 마음에 두고 힘써야 할 몇 가지를 이야기해 보겠습니다.

우리의 생이 계속되는 한, 해마다 성경 읽는 일에 더 많이 힘쓰기로 결심해야 합니다. 성경을 암송해서 성경이 마음에 새겨지도록 해야 합니다. 죽음을 향한 항해를 잘하기 위해서는 매 순간 말씀으로 잘 채비가 되어 있어야 합니다. 큰 풍랑을 만날지 누가 압니까? 눈앞이 캄캄해지고 아무 소리도 듣지 못하게 될 수도 있습니다. 깊은 물속으로 빠져 들어갈 수도 있습니다. 오, 이럴 때 주의 말씀을 우리 마음 속에 깊이 간직하는 것은 얼마나 소중한지요!(시 119:11)

사는 날 동안 해마다 성경 읽기에 더 많은 관심과 주의를 기울이겠다고 다짐해야 합니다. 성경 읽기를 위한 시간을 아까워하지 말아야 할 뿐 아니라, 매번 성경을 펼 때마다 형식적인 성경 읽기가 되지 않도록 힘써야 합니다. 합당한 이유 없이 성경 읽기를 거르지 않도록 하십시오. 성경을 펴 놓고 멍하니 있거나, 하품을 연발하면서 비몽사몽간에 시간을 보내지 않도록 해야 합니다. 런던의 상인들이 「타임」지에서 시정에 관한 기사를 눈에 불을 켜고 보는 것처럼 성경을 읽어야 합니다. 먼 타국에서 보내온 남편의 편지를 대하는 아내의 태도로 읽어야 합니다. 성경과 우리 사이를 갈라놓고 성경으로부터 우리의 마음을 빼앗는 인간의 책이나 상담이나 책자들은 저주를 받아 마땅합니다. 다시 말하지만 성경을 읽을 때 우리는 깨어 있어야 합니다. 우리가 성경을 펼쳐 들 때, 마귀도 우리 곁에 자리를 잡습니다. 성경 말씀에 허기진 마음과 거룩해지고자 하는 단순한 갈망으로 성경을 펴서 읽을 수 있으면 얼마나 좋겠습니까!

각 가정마다 성경을 소중히 여겨야 합니다. 우리 자녀와 가족들에게 아침저녁으로 성경을 읽어 주어야 합니다. 내가 그렇게 하는 모습을 보면 사람들이 어떻게 생각할까 하고 생각할 필요가 없습니다. 이렇게 함으로 당장 얻는 유익이 없는 것처럼 보이더라도 낙심하지 마십시오. 가정에서 성경을 읽도록 했다고 가족들이 모두 천국에 가는 것은 아니지만, 이로 인해 적어도 많은 사람들이 범죄로 감옥이나 소년원에 수감되는 일은 피할 수 있습니다. 또 그 시간에 최소한 신문이나 잡지 같은 것은 보지 않게 됩니다.

성경을 더 많이 묵상하기로 결심해야 합니다. 직장이나 일터로 갈 때 그날 읽은 본문 중에서 한두 군데를 정해 하루 중 틈날 때마다 속으로 되뇌어 보는 것이 좋습니다. 이렇게 하면 많은 허탄한 생각에 빠지는 것을 막을 수 있습니다. 그뿐 아니라 그날 읽은 성경의 내용을 더 잘 이해하고 더 확실히 붙잡을 수 있게 됩니다. 우리 영혼이 침륜에 빠지는 것을 막고 부패한 마음이 자라지 못하도록 합니다. 우리의 기억을 정화시키고 촉발시킵니다. 그래서 우리의 기억이 개구리만 살고 물고기는 살지 못하는 고인 연못과 같이 되지 않도록 합니다.

신자를 만날 때 성경에 대해 서로 더 많이 나누기로 결심하십시오. 그리스도인이라고 하면서 만나서 이야기하는 내용을 보면 얼마나 무익한 이야기들이 오가는지 모릅니다. 참으로 슬픈 현실입니다. 실없고, 경박하고, 사랑이 없는 이야기들로 일관합니다! 성경을 더 많이 말합시다. 그러면 우리의 대화 가운데 마귀가 물러가고 서로의 마음이 조화를 이룰 것입니다. 그렇게 이 악한 세상을 함께 지나가야 합니다. 이런 여정에 예수님께서 함께하십니다. 엠마오로 가는 제자들과 함께하신 것처럼 말입니다!

마지막으로, 각자의 남은 날 동안 더욱더 성경을 따라 살기로 결심하십시오. 자신의 생각과 실천, 습관과 성품, 공적이고 사적인 행동, 그리고 세상과 가정에서 자신의 행실이 어떤지 수시로 돌아보고 잘 살피십시다. 모든 것을 성경으로 판단하고, 하나님의 도우심을 입어 성경을 따라 모든 삶을 질서 잡아 가기로 결심하십시오. 그러면 점점 말씀으로 자신의 "행실을 깨끗하게" 하는 것이 무엇인지 배우게 될 것입니다!(시 119:9)

여러분 모두가 지금까지 제가 언급한 내용들을 기도하는 마음으로 진지하게 주목하고 자신을 살펴보기를 바랍니다. 모든 목사가 성경을 탐독하는 목사들이 되기를 바랍니다. 각 교회가 성경 읽기에 힘쓰는 교회가 되기를 바랍니다. 이 나라가 성경을 읽는 나라 되기를 바랍니다. 이런 바람과 갈망을 가지고 이 미약한 노력이나마 하나님께 드립니다. 미천한 노력이지만 헛된 것으로 드러나지 않게 하시기를 기도합니다!

6장
성찬

사람이 자기를 살피고 그 후에야 이 떡을 먹고 이 잔을 마실지니. (고전 11:28)

이 장의 주제는 성례로서의 성찬식입니다. 성찬상으로 나아가는 일은 너무나 중요합니다. 기독교 신앙과 관련하여 성찬만큼 총체적으로 오해되어 온 부분도 없을 것입니다. 교회사 1,800년 동안 성찬과 관련하여 수많은 분요와 논쟁이 있어 왔습니다. 성찬에 대한 오해만큼 교회와 개인에게 큰 해를 끼치는 것도 없습니다. 성찬에 관한 논쟁은 지금까지도 계속되고 있습니다. 유독 성찬과 관련해서는 그리스도인들이 서로 조화를 이룰 가능성이 적어 보입니다. 우리의 평화와 유익을 위해 제정된 규례가 오히려 죄로 틈타게 하고 연합하지 못하게 하는 원인이 되었습니다. 더 이상 이렇게 해서는 안 됩니다!

실천적인 기독교 신앙의 주요 주제 가운데 성찬을 포함한 것에 대해 변명할 생각은 없습니다. 현재 일어나는 분리의 거의 절반이 성찬에 대한 무지나 잘못된 가르침에서 비롯되었습니다. 성찬을 도외시하는 사람이 있는가 하면 성찬을 완전히 잘못 이해하고 있는 사람이 있습니다. 또한 어떤 사람은 성찬을 정하신 주께서 의도하지 않았던 자리까지 성찬을 드높여 우상과 같이 떠받듭니다. 저의 노력이 이런 현실에 미약하나마 빛을 비추고 사람들의 마음에서 조금이라도 의심의 안개를 걷어 줄 수 있다면, 저는 그것으로 감사할 따름입니다. 주님이 다시 오실 때까지 성찬을 둘러싼 논쟁이 계속될 것이라고 생각하면 낙심하지 않을 수 없습니다. 하지만 성경의 분명한 진리를 이해함으로써 사람들의 마음을 뒤덮고 있는 성찬에 대한 막연하고 모호한 생각을 걷어 낼 수는 있습니다.

이 장에서는 성찬과 관련된 네 가지 질문에 답하는 방식으로 성찬 예식을 살펴보려고 합니다.

1. 주의 성찬이 제정된 이유는 무엇인가
2. 성찬 참여자는 누구인가
3. 성찬을 통한 기대는 무엇인가
4. 성찬에 참여하지 않는 이유는 무엇인가

이 장의 주제를 먼저 분명히 살피고, 오늘날 만연한 성찬에 대한 오류들과 이와 관련된 몇 가지 특징에 대해 실제적으로 이해를 해야 합니다. 그렇게 하지 않고서는 이 네 가지 질문을 공정하고 정직하게 다루지 못할 것입니다. 저는 여기서 "실제적"이라는 말을 특별히 강조합니다. 이 책에서 제가 주안점을 두고 있는 바가 바로 실제적인 기독교 신앙을 고무하는 것입니다.

1. 먼저, 주의 성찬이 제정된 이유는 무엇입니까?

교회의 교리문답이 이 질문에 대답합니다. 이보다 더 좋은 대답은 없을 것입니다. "그리스도의 죽음과 그분의 죽음을 통해 우리가 받은 은택을 계속해서 기억하도록" 성찬이 제정되었습니다. 신자들이 성찬식에서 떡을 떼어 받아 먹는 것은 우리 죄를 위해 십자가에 못 박히신 그리스도의 몸을 기억하기 위함입니다. 포도주를 받아 마시는 것은 우리 죄를 위해 십자가에서 흘리신 그리스도의 피를 기억하기 위함입니다. 이 떡을 먹고 잔을 받아 마시는 자는 가장 놀랍고 강력한 방식으로 자신의 영혼을 위해 그리스도께서 얻으신 은택과, 이 모든 은택을 얻도록 하는 요체와 전환점이 된 그리스도의 죽음을 떠올리게 되는 것입니다.

지금까지 말한 바가 신약성경의 가르침에 부합합니까? 부합하지 않다면, 이런 생각은 영원히 거부하고 쫓아내야 합니다. 하지만 성경의 가르침에 부합한다면 성찬에 힘써 참여하는 일을 전혀 부끄럽게 여기지 말아야 합니다. 오히려 성찬을 통해 우리의 믿음을 고백하고, 그 고백을 굳게 믿으며, 다른 이해는 일체 거부해야 합니다. 누가 가르치든 상관이 없습니다. 성찬과 같은 주제에 대해서는 누구도 스승으로 삼지 말아야 합니다. 위대한 감독이나 잘 배운 목사라고 성찬에 대해 바르게 말할 수 있는 것은 아닙니다. 하나님의 말씀과 다르게 가르친다면 누구의 말이든 믿어서는 안 됩니다.

신약성경을 보면 성찬이 처음 제정된 기사가 적어도 네 번 이상 나옵니다. 마태, 마가, 누가, 바울이 모두 성찬이 처음 제정된 것을 언급합니다. 우리 주께서 성찬과 관련하여 하신 일들을 공통적으로 기록하고 있습니다. 이들 가운데 두 저자만이 주님이 성찬을 제정하신 이유와 제자들이 떡을 떼고 잔을 마신 이유를 언급합니다. 사도 바울과 누가는 둘 다 "너희가 이를 행하여 나를 기념하라"는 주님의 말씀을 적고 있습니다. 여기에 사도 바울은 자신이 영감 받은 해석을 덧붙입니다. "너희가 이 떡을 먹으며 이 잔을 마실 때마다 주의 죽으심을 그가 오실 때까지 전하는 것이니라"(눅 22:19, 고전 11:25-26). 성경이 이렇게 분명히 말씀하는데 왜 사람들은 이 말씀으로 만족하지 못합니까? 신약성경에 이렇게 단순명료하게 기록된 주제를 우리는 왜 신비롭게 만들고 혼미하게 한단 말입니까? "그리스도의 죽으심을 계속해서 기억하는 것"이 성찬을 제정하신 하나의 중요한 목적이었습니다. 여기에 무엇을 덧붙여 말하는 것은 하나님의 말씀에 무엇을 더하는 것입니다. 이런 영혼은 더 큰 책임을 피하지 못할 것입니다.

우리 주께서 고작 "자신의 죽음을 기억하는 것"과 같은 단순한 일을 위해 이런 규례를 정하셨다고 생각하는 것이 타당합니까? 물론입니다. 그리스도께서 이 땅에서 하신 일들 가운데 그분의 죽음만큼 중요한 것은 없기 때문입니다. 그리스도의 죽음은 이 땅의 기초가 서기 전부터 하나님께서 언약으로 정하신 바로, 사람들의 죄를 속하는 위대한 속전이었습니다. 그리스도의 죽음은 인간이 타락한 이후로 드려진 모든 희생 제사가 끊임없이 상징해 온 바로, 놀라운 권세와 능력을 가진 위대한 대속의 죽음이었습니다. 이 위대한 목적을 위해 메시아가 세상에 오신 것입니다. 하나님과의 화해와 용서를 바라는 모든 사람의 소망의 토대와 초석이었습니다. 그리스도께서 우리를 대신해 우리 죄를 위해 죽으신 일이 없었다면, 그리스도의 삶과 가르침, 예언, 이적은 모두 헛것이 되었을 것입니다. 그분의 죽음이 그분의 모든 지상 사역에 관을 씌운 것입니다. 그분의 죽음은 곧 우리의 생명이었습니다. 그분의 죽음은 하나님께 진 죄의 빚을 청산하는 것이었습니다. 그분의 죽음이 없었다면 모든 피조물 가운데서도 우리는 가장 비참한 자들로 드러났을 것입니다. 그러므로 그분의 죽음을 기억하도록 이런 규례를 정하시는 것이 마땅합니다. 불쌍하고 연약하고 죄악된 인간이 끊임없이 기억해야 할 한 가지가 있다면 바로 그분의 죽음입니다.

신약성경에 주의 성찬이 제사로 주어졌고 이 제사를 통해 그리스도의 살과 피가 떡과 포도주의 형태로 그 자리에 실재한다는 말이 있습니까? 신약성경 어디에도 그런 언급은 찾아볼 수 없습니다! 주 예수께서 제자들에게 하신 "이것은 내 몸이니", "이것은 내 피니"라는 말씀은 곧 "내가 들고 있는 이 떡은 내 몸을 상징하고, 이 잔은 내 피를 상징한다"는 것입니다. 당시 제자들은 예수님의 이런 표현에 익숙했습니다. 이 말씀을 들었을 때 제자들은 "밭은 세상이요 좋은 씨는 천국의 아들들이요"라는 예수님의 말씀과 같은 방식으로 받아들였을 것입니다(마 13:38). 예수님이 자신의 살과 피를 들고 그들에게 먹고 마시라고 나누어 주시는 것이라 생각한 제자들은 하나도 없었을 것입니다. 신약성경의 어떤 저자도 성찬을 희생 제사로, 성찬상을 제단으로, 기독교 목사를 제사를 드리는 제사장으로 말하지 않습니다. 신약성경은 그리스도께서 단번에 자신을 드림으로 더 이상 속죄 제사를 드릴 필요가 없게 되었다고 일관되게 가르칩니다.[1]

국교회 기도서에 성찬은 제사로 주어졌고 그리스도의 몸과 피가 떡과 포도주의 형태로 실재한다는 주장을 조금이라도 인정하는 대목이 있습니까? 전혀 그렇지 않습니다. 심지어 제단이라는 말은 단 한 번도 등장하지 않습니다. 성찬을 제사로 부르는 대목은 더더욱 없습니다. 성찬 전체를 통해서 줄기차게 발견되는 한 가지는 그리스도의 죽음을 "기억하라"는 것입니다. 이 기도서는 특별히 말미에서 그리스도의 실제 몸과 피가 떡과 포도주의 형태로 존재한다는 생각을 분명하게 명시합니다. "그리스도의 실제 몸과 피는 이 땅이 아닌 하늘에 있다." 성찬과 관련하여 "제단", "제사", "제사장", "실재"라는 말을 즐겨 쓰는 이른바 국교회 신자들은 국교회가 전혀 사용하지 않는 말들을 쓰고 있다는 사실을 알아야 합니다.

지금 우리가 말하는 것은 정말 중요합니다. 우리는 이 사실을 꼭 붙잡아야 합니다. 절대 놓쳐서는 안 됩니다. 우리의 종교개혁자들이 온갖 위협을 무릅쓰고 로마 가톨릭과 치열하게 논쟁을 벌이지 않을 수 없었던 대목입니다. 성찬을 제사로 인정하느니 차라리 목숨을 내놓기를 바랐을 정도로 소중한 진리입니다. 성찬에서 "그리스도의 실재" 교리로 회귀하고, 옛날부터 전해 오는 소중한 국교회의 성찬식을 로마 가톨릭의 "미사"로 전락시키는 것은 곧 우리의 순교자들을 모독하고 개신교 종교개혁의 제일 되는 원리를 뒤집는 일입니다. 뿐만 아니라, 하나님의 말씀이 분명하게 가르치는 바를 무시하고 우리 주 예수 그리스도의 제사장직을 멸시하는 것입니다. 성찬은 제사가 아니라 "그리스도의 몸과 피를 기념"하기 위해 제정되었다고 성경은 분명히 가르칩니다. 십자가에서 이루신 그리스도의 대속의 죽음은 죄를 위해 단번에 드린 완전한 제사였기 때문에 다시 반복될 필요가 없다고 성경은 말씀합니다. 우리는 기독교 신앙의 위대한 이 두 가지 원리를 견고히 붙들어야 합니다. 성찬을 제정하신 목적을 분명히 이해함으로써 우리 영혼을 오늘날의 모든 기만적인 가르침부터 안전하게 보호할 수 있습니다.

2. 둘째, 누가 성찬에 참여해야 하는지 살펴보겠습니다. 성찬상으로 나아가 떡과 포도주를 먹고 마실 수 있는 사람은 누구입니까?

먼저 성찬에 참여하지 말아야 할 사람이 누구인지 보면 누가 참여해야 하는지가 더 분명해질 것입니다. 이 주제와 관련된 다른 부분도 그렇지만 특히 이 부분에 대해서 우리는 정말 무지합니다. 통탄을 넘어서 간담이 서늘할 지경입니다. 이 글이 이런 어처구니없는 상황을 조금이라도 개선시키는 데 일조할 수 있다면 너무나 감사하겠습니다. 존 번연의 「천로역정」에 보면 그리스도인의 순례 여정을 위협하는 두 거인이 등장하는데, 하나는 교황이고 다른 하나는 이교도입니다. 존 번연이 우리가 사는 이 시대를 볼 수 있었다면 무지라는 거인도 언급했을 것입니다.

세례 받은 사람은 누구나 성찬에 참여할 수 있다고 주장하는 것은 옳지 않습니다. 세례를 받았다 할지라도 성찬에 참여하기 위해서는 먼저 자신을 돌아보고 합당하게 준비해야 할 필요가 있기 때문입니다. 성찬은 환자의 마음이 어떻든 먹으면 효능을 나타내는 약과는 다릅니다. 마치 성찬에 나오는 것만으로 누구나 유익을 얻기라도 하는 것처럼, 일단 모든 회중이 성찬에 참여하도록 해야 한다는 가르침은 성경의 가르침과는 전혀 맞지 않습니다. 게다가 이런 가르침은 사람들의 영혼에 큰 해를 끼치고 성찬에 참여하는 것을 하나의 형식으로 전락시킵니다. 무지로 점철된 예배는 결코 하나님이 받으실 만한 예배가 될 수 없는 것처럼, 이유도 모른 채 성찬상으로 나아가는 사람은 바른 자리에 있다고 볼 수 없습니다. "사람이 자기를 살피고 그 후에야 이 떡을 먹고 이 잔을 마실지니"라고 성경은 말씀합니다(고전 11:28). 성찬에 참여하는 사람은 반드시 "주의 몸을 분변"해야 합니다. 다시 말해, 성찬이 무엇으로 이루어져 있는지, 성찬이 제정된 이유가 무엇인지, 그리스도의 죽음을 기념하는 것이 무슨 특별한 효용이 있는지 등을 알아야 한다는 것입니다. 하나님께서 "어디든지 사람을 다 명하사 회개"하고 복음을 믿으라고 하신 것은 맞지만(행 17:30) 성찬에 대해서도 똑같이 명하신 것은 아닙니다. 성찬은 결코 부주의하고 경망스럽게 참여할 만한 것이 아닙니다! 성찬은 엄중한 규례입니다. 엄숙하고 진지하게 받아야 합니다.

하지만 이것이 전부가 아닙니다. 공공연하게 죄를 짓고 있고 그 죄를 떠나기로 결심하지 않은 사람은 성찬상으로 나오면 안 됩니다. 이는 그리스도를 욕보이고 복음을 경멸하는 짓입니다. 그리스도를 죽게 한 죄를 끌어안고 있으면서 그리스도의 죽음을 기념하고자 한다고 고백하는 것은 이치에 맞지 않습니다. 계속해서 죄 가운데 머무는 것은 그 사람이 그리스도를 사랑하지 않으며 그분의 구속에 감사하지 않는다는 부인할 수 없는 증거입니다. 사제에게 고해를 하고 면죄를 선언 받았기 때문에 스스로 미사에 갈 자격이 있다고 생각하는 로마 가톨릭 신자는, 미사가 끝나면 다시 자신의 죄로 돌아갑니다. 성경을 읽지도 않고 성경이 무엇을 말씀하는지 알지도 못합니다! 하지만 습관적으로 하나님의 계명을 거스르면서 마치 성찬이 자신의 죄를 씻어 주고 큰 유익을 주기라도 하는 것처럼 성찬상으로 나가는 국교도가 있다면 그 역시 크게 다르지 않습니다! 그리스도께서 정하신 규례라 해도 악한 습관에 머무르는 사람에게는 아무런 유익을 끼치지 못합니다. 기존의 죄에 또 다른 죄를 더할 뿐입니다. 회개하지 않은 죄를 간직한 채 자신이 아직 악과 짝하고 있음을 알면서도 성찬상으로 나와 떡과 포도주를 대면하는 것은 인간이 할 수 있는 가장 악한 일들 가운데 하나요, 완고한 양심으로 나아가는 지름길입니다. 여전히 죄를 품고 있고 그 죄에서 떠날 마음이 없는 사람이라면 무슨 일이 있어도 성찬상으로 나오도록 해서는 안 됩니다. "주의 몸을 분변치 못하고" 먹고 마시는 자는 자신의 "정죄"를 먹고 마시는 것입니다. 죄인 줄 알면서도 공공연하게 그 죄를 버리지 않는 자에게 적용되어야 할 말씀입니다.

뿐만 아니라 스스로 구원받을 만하다고 여기는 사람, 곧 자기 의로 가득한 사람은 성찬에 나올 이유가 없습니다. 스스로 의롭다고 주장할 만큼 잘 사는 사람들은 성찬상으로 나올 자격이 없다고 하는 말이 처음에는 이상하게 들릴 수도 있습니다. 겉보기에는 바르고, 도덕적이고, 존경받을 만한 사람일 수 있습니다. 하지만 구원을 위해 자신의 선행과 선함을 의지하는 사람이 성찬에 나올 이유가 어디 있습니까? 성찬상으로 나아가면서 우리가 하는 일이 무엇입니까? 성찬 자리가 어떤 자리입니까? 자신은 전혀 의롭지도 선하지도 않다고 공적으로 고백하는 자리가 아닙니까? 우리 스스로는 아무런 가치도 없고 오직 그리스도 안에만 모든 소망이 있다고 고백하는 자리가 아닙니까? 자기는 죄인이라고, 죄로 가득하고 부패한 사람이라고, 본질상 하나님의 진노와 정죄에 합당한 사람이라고 고백하는 자리가 아닙니까? 자신의 공로가 아닌 그리스도의 공로를 힘입고, 자신의 의가 아닌 그리스도의 의를 힘입어 하나님의 용납하심을 바라는 자리가 아닙니까? 자기 의를 주장하는 사람에게는 이런 규례가 필요 없습니다. 그런 사람에게 이런 규례는 아무것도 아닙니다. 어쨌든 한 가지 분명한 점은, 스스로를 의롭게 생각하는 사람은 교회의 성찬상으로 나올 이유가 없다는 사실입니다. 교회의 성찬에 참여한다는 것은 곧 "자신의 의가 아닌 하나님의 무한하고 큰 긍휼을 힘입어 그 자리로 나온다"고 선언하는 것입니다. "우리는 주님의 상 밑에 떨어진 부스러기에도 합당치 않은 자들입니다"라고 고백하는 자리입니다. "이 자리에 나옴으로 우리의 죄를 떠올릴 수밖에 없는 것이 버겁고 힘들지만, 죄짐을 지고 가는 것은 더욱 견딜 수 없습니다"라고 고백하는 자리입니다. 스스로를 괜찮은 사람으로 생각하는 사람이 어떻게 성찬상으로 나와 이런 고백들을 할 수 있는지 저로서는 이해가 되지 않습니다! 이는 그리스도인이라 자처하는 많은 사람들이 이 위대한 성례가 제정된 참된 뜻과 의미를 알지 못한 채 형식적으로만 참여하고 있음을 보여주는 증거입니다.

분명한 점은, 주의 성찬은 죽은 영혼이 아닌 살아 있는 영혼을 위한 예식이라는 사실입니다. 부주의한 자, 무지한 자, 고의로 죄 가운데 머무는 자, 스스로를 의롭게 여기는 자가 성찬상으로 나오는 것은 왕의 잔칫상에 시체를 꾸며다 앉혀 놓은 것만큼이나 맞지 않는 일입니다. 신령한 잔치를 누리기 위해서는 신령한 마음은 물론 신령한 것을 구하는 미각과 욕구가 있어야 합니다. 그리스도께서 정한 규례가 불경건한 사람에게도 유익을 줄 것이라는 생각은 시체의 입에 떡과 포도주를 넣어 주면서 그렇게 생각하는 것만큼이나 어리석습니다. 부주의한 자, 무지한 자, 고의로 죄 가운데 머무는 자는 계속해서 그 상태에 머물기를 고집하는 한 성찬에 전혀 합당하지 않습니다. 이런 사람들에게 성찬을 독려하는 것은 이들을 이롭게 하는 것이 아니라 해롭게 하는 것입니다. 주의 성찬은 회심이나 칭의를 위한 규례가 아닙니다. 회심하지 않고 죄를 용서받지 않은 사람은 성찬을 통해 아무런 유익도 누리지 못합니다.

성찬에 참여해서는 안 되는 사람이 누구인지를 살펴보았습니다. 하지만 여전히 대답을 기다리는 질문이 있습니다. 성찬에 참여해야 하는 사람은 누구입니까? 교회의 교리문답이 이 물음에 답을 줍니다. 먼저 교리문답은 이렇게 묻습니다. "주의 성찬으로 나오는 사람에게 요구되는 것은 무엇입니까?" 그런 다음 "이전의 죄를 진실로 회개하고 새로운 삶을 살기로 굳게 결심하는지", "그리스도의 죽음을 감사함으로 기억하고 그리스도를 통해 주시는 하나님의 긍휼을 믿는 산 믿음이 있는지" 돌아보아야 한다고 합니다. 한마디로, 성찬으로 나오는 사람은 세 가지 분명한 표지—회개, 믿음, 사랑—가 있어야 한다고 말합니다. 진실로 죄에서 돌이키고 그 죄를 미워합니까? 예수 그리스도를 구원의 유일한 소망으로 의지합니까? 다른 사람을 사랑합니까? 이 세 질문에 "예, 그렇습니다"라고 대답할 수 있는 사람은 성경이 말씀하는 대로 성찬에 나오기에 합당합니다. 이런 사람은 담대하게 성찬으로 나오십시오. 이런 사람을 막을 것은 아무것도 없습니다. 성경이 말씀하는 대로 성찬을 위해 준비된 사람입니다. 그 사람은 확신을 가지고 나갈 수 있습니다. 틀림없이 성찬의 위대한 주인이 기쁨으로 맞아 주실 것입니다.

회개가 매우 불완전할 수 있습니다. 걱정하지 마십시오! 그리스도를 믿는 믿음이 연약할 수 있습니다. 걱정하지 마십시오! 참된 믿음입니까? 단돈 일 페니짜리 동전이라도 여왕의 형상이 새겨진 진짜 돈이라면 일상에서 통용되는 데 아무 문제가 없습니다. 이웃 사랑이 많이 부족할 수 있습니다. 걱정하지 마십시오! 참된 사랑이 맞습니까? 기독교 신앙은 은혜를 얼마나 많이 받아 누리는지가 아닌 참된 은혜를 누리고 있는지로 판단됩니다. 그리스도께서 나누시는 떡과 잔을 처음으로 받아든 열두 명의 참여자는 당시에 연약하고 보잘것없었습니다! 믿음도, 지식도, 담력도, 인내도, 사랑도 모두 부족했습니다! 그럼에도 그들 가운데 열한 명은 아무런 문제 없이 성찬의 은혜를 누렸습니다. 모든 허물과 연약함에도 불구하고 이들은 모두 참되고 진실한 신자였기 때문입니다.

이 중요한 원리를 잊지 않도록 가슴에 깊이 새기십시오. 하나님께로 돌이키고, 주 예수 그리스도를 믿으며, 실제로 이웃을 사랑하는 사람이면 성찬으로 나가는 데 문제 될 것이 전혀 없습니다. 여러분이 이런 사람입니까? 그렇다면 성찬으로 나갈 수 있습니다. 나아가 떡과 포도주를 취하고 위로를 얻으십시오. 감히 이보다 기준을 더 낮출 마음은 전혀 없습니다. 부주의하고 무지하며 자기 의에 빠진 사람들을 성찬으로 나아가도록 독려할 수는 없습니다. 물론 이보다 기준을 더 높이지도 않을 것입니다. 이런 기준에 완전하게 충족될 때까지 성찬에 나오지 못하도록 사람을 돌려보내지 않을 것입니다. 천사와 같이 오염되지 않은 마음이 되도록 기다리라고 하지 않을 것입니다. 우리 주님과 사도들 모두가 그렇게 하지 않으셨기 때문입니다. 자신의 죄를 절감하고 그리스도를 의지하며 거룩하기 위해 분투하는 사람이 있다면 주님의 이름으로 환영하려고 합니다. 스스로를 연약하고, 오류투성이고, 보잘것없고, 의심 많고, 비참하고, 가난한 사람으로 느낄 수 있습니다. 성찬으로 나가는 데 이런 것들은 문제가 되지 않습니다. 사도 바울도 분명히 이런 사람을 성찬을 위해 준비된 사람으로 받았을 것입니다. 저도 그렇게 할 것입니다.

3. 셋째, 성찬으로 나가는 사람이 기대할 수 있는 유익이 무엇인지 살펴보겠습니다. 매우 중요하면서도 그만큼 오해되고 있는 부분이기도 합니다. 이 부분에서 성례와 전혀 관계가 없는 막연하고 모호하고 불확실한 이해를 갖고 있는 그리스도인들이 많습니다.

대부분의 사람들이 "성찬을 먹고 마시면 좋다"고 생각합니다. 그러나 정작 무엇이 좋은지에 대해서는 정확히 말하지 못합니다. 성찬에 참여하는 것이 옳은 일이고 영혼에 유익이 될 것이라고 막연하게 생각합니다! 이는 성찬에 대해 무지한 것이나 마찬가지입니다. 이렇게 성찬에 참여하는 사람들을 그리스도께서 기뻐하실 것이라고 생각하거나 성찬을 통해 어떤 식으로든 실제적인 유익을 얻을 것이라는 기대는 전혀 맞지 않습니다. 예배에 대해서 성경이 분명히 밝히는 원리가 하나 있다면 그것은 바로 지각이 있는 예배입니다. 예배자는 적어도 자기가 무엇을 하는지는 알아야 합니다. 마음과 생각은 저 멀리 가 있고 몸만 자리를 지키는 예배는 전혀 예배로서의 가치가 없습니다. 자신이 하는 일이 무슨 일인지 모르고 목사가 하라고 하니까 그저 형식적으로 성찬에 나아와 떡과 포도주를 먹고 마시는 사람은 아무런 유익을 얻지 못합니다. 집에 있는 편이 낫습니다!

사람들 사이에 만연한 또 다른 잘못된 이해는 "성찬식에 참여하면 천국에 가고 죄가 씻어질 것이라는 생각"입니다. "지난 한 해 동안의 죄를 다 씻기 위해" 연말에 한 번 연례행사로 성찬식을 하는 교구들 때문에 사람들이 은연중에 이런 기만적인 생각을 갖게 됩니다. 집안에 아픈 사람이 있으면 목사를 불러 임종 전에 성찬을 받게 하는 것을 당연하게 여기는 습관에서 기인한 것이라고 할 수도 있습니다. 평생을 믿음 없이 불경건하게 살아온 가족이나 친척이 임종을 앞두고 성찬식을 했다는 이유로 위안을 얻는다니요! 그 사람이 진실로 회개하고 믿었는지, 새 마음을 가졌는지는 알지 못하고 전혀 신경도 쓰지 않는 것 같습니다. 이들이 아는 것이라고는 그저 "죽기 전에 성찬을 받았다"는 사실뿐입니다. 이것을 구원받은 증거로 여기고 안심하는 사람들을 보면 가슴이 철렁 내려앉습니다.

이런 생각은 그 사람의 마음이 성찬에 대한 무지로 가득하다는 안타까운 증거일 뿐입니다. 성경이나 기도서 어디에도 그런 생각을 죽은 자의 구원에 대한 위로의 근거로 말하지 않습니다. 이런 생각을 빨리 버릴수록 교회와 세상에 유익입니다.

여러분, 잊지 마십시오. 성찬은 결코 칭의나 회심을 위한 도구로 주신 것이 아닙니다. 이미 은혜 가운데 거하지 않는 사람에게 은혜를 더할 요량으로 주신 것이 아닙니다. 아직 죄를 용서받지 못한 사람의 죄를 용서하기 위한 것도 아닙니다. 이런 사람이 성찬을 받는다고 안 하던 회개를 하게 되고, 안 믿던 예수 그리스도를 주로 믿게 되지도 않습니다. 성찬은 이미 회개한 자를 위한 규례입니다. 회개하지 않은 사람을 회개하게 하기 위한 것이 아닙니다. 믿는 자를 위한 규례이지 믿지 않는 자를 위한 규례가 아닙니다. 회심한 자를 위한 규례이지 돌이키지 않은 자를 위한 규례가 아닙니다. 앞서 간 많은 사람들 덕분에 잘 닦여진 믿음과 회개라는 길로 가기를 거부하고 천국에 가는 지름길이라도 되는 양 성찬을 받는 사람은 스스로 속은 것을 발견하게 될 것입니다. 그 대가를 치를 날이 올 것입니다. 성찬은 이미 얻은 은혜를 더 깊이 누리기 위한 규례입니다. 은혜를 받지 못한 사람에게 은혜를 나눠 주기 위한 규례가 아닙니다. 성찬에 참여한다고 하나님과 원수 된 사람이 하나님과 화목하게 되는 것도 아닙니다. 의롭게 되거나 돌이키게 되지도 않습니다.

진실한 마음으로 성찬에 참여하는 신자가 주의 성찬으로부터 기대할 수 있는 유익을 교회 교리문답이 간명하게 잘 표현해 주고 있습니다. "우리 영혼이 새롭게 되고 강건해집니다." 신자가 믿음으로 성찬에 참여함으로써 얻을 수 있는 유익들이 있습니다. 그리스도의 속죄를 보다 선명하게 이해합니다. 그리스도께서 우리의 중보자와 보증인으로서 담당하는 모든 직분을 보다 선명하게 이해합니다. 그리스도께서 십자가에서 대신 죽으심으로 우리를 위해 완전한 구속을 이루셨음을 보다 선명하게 깨닫습니다. 그리스도 안에서 우리가 하나님께 완전히 받아들여지고 용납되었음을 더 잘 이해하게 됩니다. 죄를 깊이 회개해야 할 이유를 새롭게 발견합니다. 분명한 믿음으로 살아야 할 이유를 새롭게 발견합니다. 바른 마음으로 떡과 포도주를 먹고 마시는 사람은 그리스도와의 더욱 친밀한 교제로 이끌립니다. 그분을 더 알고 이해하고 싶어집니다.

주의 성찬을 바르게 받음으로써 영혼이 겸손해집니다. 그리스도의 살과 피를 상징하는 떡과 포도주를 대면함으로써 '우리의 죄가 얼마나 크면 하나님 아들의 죽음만이 이 죄를 속하고 우리를 죄책으로부터 구속할 수 있단 말인가?' 하는 생각을 하지 않을 수 없기 때문입니다. 성찬상으로 나와 무릎을 꿇을 때만큼 우리가 "겸손으로 옷 입어야" 할 때도 없을 것입니다.

바르게 참여한 성찬은 영혼을 소성하게 합니다. 떡이 쪼개지고 포도주가 부어지는 행위를 통해 그리스도의 살과 피로 이룬 우리의 구원이 얼마나 완전하고 온전한 것인지를 생각하게 됩니다. 떡과 잔 같은 생생한 상징을 통해 우리의 구속을 위해 얼마나 큰 값이 치러졌는지를 깨닫습니다. 우리가 진 죄의 빚을 모두 갚고도 남을 만한 충분한 대가가 치러졌다는 사실을 깨닫고, 그리스도를 믿으면 아무것도 두려워할 것이 없다는 위대한 진리를 확신하게 됩니다. "그리스도의 보혈"은 우리를 향한 모든 고소에 대한 대답입니다. 하나님은 그분 자신도 "의로우시며 또한 예수 믿는 자를 의롭다 하"시는 분입니다(롬 3:26).

주의 성찬을 바르게 받으면 영혼이 거룩해집니다. 성찬의 떡과 포도주를 통해 우리가 얼마나 주님께 큰 감사를 돌려 드려야 하는지를 깨닫습니다. 우리를 위해 죽으신 분을 위해 살아야 할 이유가 분명해집니다. 마치 "그리스도께서 너를 위해 하신 일을 생각해 보아라. 네가 무엇을 한들 그리스도를 위해 대단한 일을 한 것이 되겠는가? 자문해 보라"고 하는 것 같습니다.

중심으로 받는 주의 성찬은 신자로 절제하게 합니다. 성찬상으로 나갈 때마다 신자는 그리스도인이 된다는 것이 얼마나 엄중한 일인지 떠올립니다. 그리스도인으로 신실하게 살아가야 할 의무를 절감합니다. 떡과 포도주가 상징하는 엄청난 값을 치르고 산 몸이 되었으니 그리스도의 소유인 내 몸과 영으로 그리스도를 영화롭게 하는 것이 당연하지 않겠습니까? 이렇게 지식과 믿음을 가지고 정기적으로 성찬으로 나가는 신자는 죄를 허용하고 세상을 본받는 것이 점점 더 힘들어짐을 발견합니다.

바른 마음으로 성찬을 받는 신자는 이와 같은 은택을 누립니다. 성찬에서 떡을 떼고 포도주를 마심으로 신자의 회개가 깊어집니다. 믿음이 자랍니다. 지식이 더해 갑니다. 거룩한 삶을 사는 습관이 뿌리를 내립니다. 마음에 그리스도께서 "실제로 임재하심"을 더욱더 느끼게 될 것입니다. 믿음으로 떡을 뗌으로써 그리스도의 몸과 더 친밀한 연합을 누리게 될 것입니다. 믿음으로 잔을 마심으로써 그리스도의 피와 더 친밀한 연합을 누리게 될 것입니다. 자기에게 그리스도가 누구인지, 그리스도께 자신이 누구인지가 점점 명확해집니다. "그리스도와 한 몸이 되고, 그리스도께서 자기와 한 몸 되신다"는 것이 무엇인지 더 확실히 알게 됩니다. 자기 영혼의 신령한 생명의 뿌리가 물 댄 동산에 자리하고 있음을 느낄 것입니다. 자기 마음에서 은혜의 역사가 든든히 서 가고 진보를 이루는 것을 느낄 것입니다. 자연적인 사람에게는 이 모든 일이 그저 어리석게만 들릴 뿐입니다. 하지만 참된 그리스도인에게 이런 일들은 빛이요 건강이요 생명이요 화평입니다. 참된 신자가 주의 성찬을 복의 원천으로 발견하는 것은 전혀 새삼스러운 일이 아닙니다.

기억하십시오. 지금까지 묘사한 성찬의 유익과 온전한 복을 모든 그리스도인이 똑같이 누린다는 말이 아닙니다. 똑같은 그리스도인이라 할지라도 항상 똑같은 상태가 아닙니다. 성찬으로부터 항상 똑같은 은택을 얻어 누리는 것도 아닙니다. 하지만 참된 신자라면 누구나 주의 성찬을 가장 탁월하고 고상한 도움과 특권으로 여길 것입니다. 이 사실만큼은 분명히 말할 수 있습니다. 누구나 예외 없이 성찬을 하지 못하면 자기 영혼에 가장 큰 손실을 입을 것입니다. 잃어버리기 전까지는 그 가치를 전혀 모르는 것들이 있습니다. 가장 연약하고 겸손한 하나님의 자녀가 성찬으로부터 얻는 복이 어느 정도인지 가늠할 수 있는 사람이 없습니다.

4. 마지막으로, 그렇다면 왜 그렇게 많은, 이른바 그리스도인이라는 사람들이 성찬으로 나가기를 꺼리는지 살펴보겠습니다.

많은 사람들이 이미 세례를 받고도 전혀 주의 성찬으로 나가지 않고 있습니다. 그러면서도 믿음을 부인한다거나 그리스도와의 실제적인 교제가 없다는 말은 듣기 싫어합니다. 기독교 예배에 참석하고, 기독교를 배웁니다. 결혼식도 예배 형식으로 하고, 자녀들에게 유아세례를 받도록 합니다. 그러면서도 성찬의 자리에는 결코 나가지 않습니다! 수년을 이렇게 살아오면서도 부끄러움을 느끼지 않습니다. 급기야 죽을 때까지 한 번도 성찬에 나가지 않는 사람도 있습니다. 그러면서도 죽음 이후의 소망을 느낀다고 하고 지인들에게 이 소망에 대해 이야기합니다. 하지만 이런 사람들은 분명한 그리스도의 명령을 공공연히 거부하고 불순종 가운데 살다가 죽습니다! 이는 명백한 사실입니다. 주변을 보십시오. 제 말이 틀렸습니까? 모든 영국 교회 회중마다 성찬에 참여하는 사람들이 다수를 이루어야 합니다. 성찬에 참여하는 사람들이 소수를 이루는 회중이 되어서는 안 됩니다.

왜 그렇습니까? 왜 그래야만 합니까? 우리 주 예수 그리스도께서 제자들에게 하신 마지막 명령을 보십시오. 오해할 수 없을 만큼 분명하고 명백합니다. 그들 모두에게 "먹고 마시라. 이것을 행하여 나를 기념하라"고 말씀하십니다. 그분의 명령을 받들지 안 받들지 우리가 결정하도록 하셨습니까? 그것을 기념하고 안 하고는 제자들 각자가 알아서 판단할 몫이고 예수님은 성찬을 제정하기만 하신 것입니까? 전혀 그렇지 않습니다. 말도 안 되는 생각입니다. 사도 시대에는 예수님의 명령을 이렇게 생각할 수 없었습니다. 상상도 할 수 없는 일이었습니다. 사도 바울 역시 그리스도인은 당연히 성찬에 참여하는 것으로 여깁니다. 그리스도인이라 하면서 성찬으로 나오지 않는 것은 바울에게는 너무나 생소한 일이었습니다. 바울은 그런 것을 생각해 본 적이 없었습니다. 그렇다면 오늘날 성찬 주일마다 성찬식에 참여하지 않고 당당하고 유유히 예배당 문을 걸어 나가는 많은 사람들에 대해 무엇이라고 말해야 합니까? 이것이 도대체 무슨 일입니까? 이들은 도대체 왜 이렇게 하는 것입니까? 이것이 무엇을 뜻합니까? 이런 물음을 하나씩 살펴 가며 답을 찾아보도록 하겠습니다.

첫째, 무엇보다도 이런 사람들은 믿는다고 하지만 신앙에는 전혀 무관심하고 부주의할 뿐 아니라 기독교 신앙의 첫째 되는 원리조차 모르는 사람들입니다. 다른 사람들이 교회를 다니니까 덩달아 다닙니다. 하지만 교회에서 하는 일에 대해서는 전혀 관심도 없고 알지도 못합니다! 마음으로나 머리로나 양심으로나 의지로나 지각으로 그리스도를 전혀 믿지 않습니다. 베스도나 갈리오와 같이 기독교 신앙을 "언어와 명칭"의 문제 정도로 치부하는 사람들입니다. 바울 당시에는 교회에 이런 사람이 없었습니다. 설령 있더라도 그 수는 아주 미미했을 것입니다. 하지만 지금과 같은 말세에는 이런 사람들이 상당히 많습니다. 이들은 교회에 부담과 수치를 안깁니다. 이들에게는 빛과 지식, 은혜, 새로워진 양심, 변화된 마음이 필요합니다. 지금의 상태로는 그리스도께 받을 분깃이 없습니다. 소망이 없습니다. 이대로 죽는다면 천국에 가지 못할 자들입니다. 이런 사람들이 성찬에 나오기를 바라야 합니까? 그렇지 않습니다. 이들이 회심하지 전까지는 아닙니다. 회심치 않은 사람은 결코 하나님 나라에 들어가지 못합니다.

다음으로, 자신이 습관적으로 죄를 짓고, 그리스도인이 해야 할 의무를 고의로 거스르고 있다는 것을 알기 때문에 그리스도인이라 자처하면서도 성찬은 꺼리는 것입니다. 그런 상태로 계속 살면서 죄와 결별하지 않는 한 자신은 주의 성찬에 합당하지 않다는 사실을 이들의 양심은 압니다. 적어도 이 부분에서만은 상당히 옳은 생각을 하고 있습니다! 죄인 줄 알면서도 죄를 버리지 못하는 사람은 성찬으로 나오지 말기를 바랍니다. 이런 사람들에게 경고합니다. 지금 주의 성찬에 합당하지 않다면 아직 죽을 준비가 안 된 사람입니다. 이 상태로 죽는다면 영원히 잃어버린 자로 드러날 것이기 때문입니다. 성찬에 합당하지 않은 자는 천국에도 합당치 않습니다. 이런 사람들이 성찬으로 나오기를 제가 바라겠습니까? 물론 아닙니다! 오히려 하루라도 빨리 회개하고 돌이키기를 바랍니다. 악을 그치고 죄를 떠나기를 바랍니다. 절대 잊지 마십시오. 성찬을 위해 준비되지 않은 이대로라면 천국에도 합당치 않습니다.

셋째, 성찬에 가면 책임과 부담만 더 커질 것이라는 생각에 성찬으로 나가지 않습니다. 앞서 언급한 많은 사람들과 달리 이들은 신앙에 대해 무지하지도 부주의하지도 않습니다. 심지어 복음설교를 듣는 것과 같은 은혜의 방편에도 정기적으로 참여합니다. 그러면서도 성찬으로 나아가 신앙을 고백하는 것이 두렵다고 합니다. 성찬만 받고 결국 믿음에서 떨어져 나가게 될까 봐, 기독교 신앙을 욕되게 할까 봐 겁을 냅니다. 그럴 바에는 차라리 열심으로 신앙생활을 하는 것보다는 얌전히 있는 것이 지혜로운 길이라고 생각합니다. 이런 사람들은 성찬을 회피함으로써 다른 책임을 면하려고 하다가 결국 더 엄중하고 영혼을 해롭게 하는 일들에 직면하게 될 것입니다.

이 사실을 반드시 기억해야 합니다. 그리스도의 계명을 공공연하게 거스른 것에 대한 책임을 져야 할 것입니다. 이들은 자신들의 주께서 계속해서 제자들에게 명하셨던 일들—사람들 앞에서 그분을 고백하는 것—을 회피한 책임을 지게 될 것입니다. 성찬으로 나아가 떡을 떼고 포도주를 마시는 일은 엄중한 발걸음을 내딛는 일입니다. 이 발걸음을 가볍게 여기고 자기를 살피지 않은 채 부주의하게 성찬으로 나와도 될 사람은 아무도 없습니다. 하지만 누가 무슨 목적으로 우리를 성찬으로 부르시는지를 생각해 보면, 성찬을 거부하고 나가는 것 역시 못지않게 심각한 일입니다! 이런 사람들은 지금 자신이 무슨 짓을 하고 있는지 잘 생각해야 합니다. 그리스도의 명백한 계명을 무시하는 것이 안전하고 분별 있고 지혜로운 행동지침이라고 여기며 스스로를 기만하지 말아야 합니다. 그들은 결국 그 대가로 자신의 죄만 더하고 여기에 담긴 긍휼을 저버렸음을 발견하게 될 것입니다.

넷째, 스스로 성찬을 받을 자격이 없다고 생각해서 성찬으로 나가지 않는 사람들도 있습니다. 스스로 완전하다고 느끼지 못하면 누구도 성찬에 참여해서는 안 된다는 잘못된 생각에 빠져서 그런 때가 오기를 기다리고만 있는 사람들입니다. 성찬에 참여할 수 있는 자격을 너무 엄격하게 생각하다가 좌절하고 말 사람들입니다. 내적인 완전을 이루기를 기다리며 살다가 결국 그런 상태는 도달해 보지도 못하고 죽는 경우가 허다합니다. 이런 사람들은 성찬에 참여할 "자격"에 대해 완전히 잘못 생각하고 있습니다. 주의 성찬은 죄를 안 짓는 천사를 위한 것이 아니라 온갖 시험과 유혹으로 가득한 세상을 살아가는 사람, 날마다 은혜와 긍휼이 필요한 연약한 사람을 위한 것이라는 사실을 잊고 있습니다. 자신을 무가치하게 느끼는 것이야말로 우리가 성찬상으로 나갈 때 가장 필요하고 적합한 태도입니다. 우리의 모든 것에 대해 그리스도께 철저히 의존되어 있다는 사실을 깊이 자각하는 것이야말로 우리가 성찬상으로 가지고 나아갈 수 있는 최상의 마음입니다. 이런 부류에 속한 사람은 자신이 성찬을 위한 합당한 토대 위에 서 있는지, 자의적인 빛 가운데 서 있는 것은 아닌지 진지하게 고려해 보아야 합니다. 스스로 완전한 마음, 완전한 동기, 완전한 느낌, 완전한 회개, 완전한 사랑, 완전한 마음이라 느낄 때까지 기다린다면, 그 기다림은 영원히 끝나지 않을 것입니다. 어느 때든지 이런 마음으로 성찬에 참여한 사람은 없었습니다. 우리 주님과 사도들의 시대는 물론이거니와 세상이 존재하는 한 앞으로도 그런 사람은 없을 것입니다. 오히려 문자 그대로 성찬에 나올 자격과 가치가 있다고 느낀다는 말은 곧 은밀한 자기 의로 가득 차 있다는 뜻입니다. 하나님이 보시기에 성찬에 가장 합당하지 않은 사람이라는 증거입니다. 처음 은혜의 보좌로 나아갈 때뿐 아니라, 죽을 때까지 우리는 죄인으로 남아 있을 것입니다. 변화되고 새롭게 되고 거룩하게 된 회심한 자이기도 하지만, 여전히 죄인인 것도 사실입니다. 요컨대, 스스로를 "비참한 죄인"으로 절감하지 않는 사람은 결코 성찬에 합당하지 않습니다.

다섯째, 성찬에 합당하지 않은 사람들이 성찬을 받는다고 성찬에 참여하기를 거부하는 사람들이 있습니다. 다른 사람들이 성찬을 합당치 않게 받는 것을 보고 성찬 자체를 거부하는 것입니다.

그리스도께서 정하신 규례를 거부하는 것을 정당화하는 사람들이 대는 모든 이유 가운데 이처럼 어리석고 빈약하고 비합리적이고 비성경적인 것도 없습니다. 평생 성찬을 받지 않겠다는 말이나 마찬가지입니다! 언제 우리가 성찬에 참여하는 모든 사람이 진실로 회심하는 모습을 볼 수 있겠습니까? 이것은 다른 사람들을 판단하는 가장 건강하지 못한 태도입니다. "남의 하인을 비판하는 너는 누구냐." "내가 올 때까지 그를 머물게 하고자 할지라도 네게 무슨 상관이냐"(롬 14:4, 요 21:22). 다른 사람들이 성찬을 더럽히고 악용한다고 해서 우리가 이 위대한 특권을 거부할 이유가 어디 있습니까? 우리 주님보다 자신이 더 지혜롭다는 말입니까? 누가복음에 따르면, 최초의 성찬을 나누는 제자들 가운데는 가룟 유다도 있지 않았습니까? 성경은 이런 사람들이 근거로 말하는 것을 전혀 언급하지 않습니다. 사도 바울은 성찬에 참여하는 사람들의 불경한 태도를 책망하고 있습니다. 하지만 성경 어디에도 성찬에 합당하지 않게 참여하는 사람들이 있기 때문에 성찬에서 물러나라는 말은 없습니다. 기록된 성경이 말씀하는 것보다 더 지혜로운 체할까 조심하십시오. 알곡과 가라지의 비유를 보십시오. 알곡과 가라지가 추수 때까지 어떻게 함께 자라는지 보십시오(막 13:30). 완전한 교회와 완전한 회중, 완전한 성찬 참여자는 죄와 혼란으로 점철된 이 땅에서 기대할 수 있는 것이 아닙니다. 가장 고상한 은사를 사모하고 다른 사람들이 죄를 짓지 못하도록 하는 것도 중요합니다. 하지만 다른 사람들이 무지한 죄인이어서 그들의 양식을 해롭게 한다고 해서 나까지 굶어 죽을 필요는 없습니다. 다른 사람들이 합당하지 않게 성찬을 먹고 마신다는 것 때문에 우리가 성찬을 거부하고 등질 필요는 없는 것입니다.

이상이 오늘날 그리스도인으로 자처하는 많은 사람들이 성찬으로 나오지 않으면서 근거로 말하는 가장 흔한 핑계들입니다. 한 가지 덧붙이고 싶은 것은 성찬에 나오기를 거부하는 이 다섯 가지 이유들 가운데 "그럴듯한" 것이 하나도 없을뿐더러, 그런 핑계를 대는 사람들을 정죄에 이르게 하지 않을 것도 없습니다. 이런 사실을 부인하는 사람들에게 도전합니다. 저는 성찬을 위해 합당하게 준비되지 않은 어느 누구도 성찬에 참여하는 것을 원치 않습니다. 하지만 성찬에 참여하지 않는 사람들에게 말합니다. 위에서 말한 성찬에 참여하지 않는 이유들 때문에 실제로 정죄에 이를 것입니다. 성찬 참여자에 대한 무지와 주의 성찬에 대한 무지로 하나님 앞에 정죄를 받거나, 바른 삶을 살지 않아 죽기조차 합당하지 않은 것 때문에 정죄를 받을 것입니다. 요컨대, 자신은 성찬에 참여하지 않는다고 말하는 것은 곧 다음 세 가지 가운데 한 가지를 말하는 것이라고 보면 됩니다. "계속 죄를 지으며 살 것이기 때문에 성찬으로 나갈 수 없다." "그리스도의 명령이라는 것은 알지만 따르지 않겠다." "주의 성찬이 무엇을 말하는지 사실 나는 잘 모르겠다."

　여러분이 어떤 마음으로 이 대목을 이해할지, 성찬에 대해 어떤 생각을 가지고 있을지 저는 모릅니다. 하지만 여러분에게 오늘날과 같은 시대에 반드시 숙고해 보아야 할 몇 가지 경고를 발하며 이 주제를 마무리하려고 합니다.

첫째, 무엇보다 주의 성찬을 소홀히 하지 마십시오. 주 예수 그리스도께서 자신의 유익을 위해 정하신 규례를 무정하게 거부하는 사람의 영혼이 바른 상태에 있다고 하지는 못할 것입니다. 아직 심판이 우리를 기다리고 있습니다. 이 땅에서 행한 모든 행위에 대한 책임 있는 대답을 해야 할 시간을 앞두고 있습니다. 일생을 그리스도께서 정해 주신 규례를 통해 그분을 만나기를 거부한 사람이 어떻게 이날을 고대하고, 위로와 평강 가운데 그리스도를 대면할 기대를 할 수 있을지 저는 잘 모르겠습니다. 이 말이 찔립니까? 지금 자신이 성찬에 대해 어떻게 하고 있는지 잘 생각해 보십시오.

둘째, 주의 성찬을 함부로, 부주의하게, 형식적으로 받지 마십시오. 마음은 성찬에 아랑곳하지 않으면서 사지 몸만 성찬상으로 나가 떡과 포도주를 먹고 마시는 것은 크나큰 죄를 짓는 것입니다. 스스로 위대한 복을 걷어차는 짓입니다. 다른 모든 규례가 그렇겠지만, 성찬의 규례 역시 참여하는 마음 상태가 중요합니다. 모든 것이 여기에 달렸습니다. 회개, 믿음, 사랑도 없이 죄와 세상으로 가득 찬 마음으로 성찬상으로 나가는 것은 유익은커녕 해로움만 더할 뿐입니다. 이 말이 찔립니까? 지금 자신이 성찬에 어떻게 참여하고 있는지 잘 생각해 보십시오.

셋째, 주의 성찬을 우상시하지 마십시오. 성찬을 기독교 신앙의 가장 우선되는 규례로 여기는 사람은 자신이 증명하지도 못할 말을 하는 것입니다. 신약 대부분의 책에서 성찬은 심지어 언급조차 되지 않습니다. 목사의 의무에 대해 디모데와 디도에게 보낸 편지를 보면 성찬은 전혀 언급되지 않습니다. 성찬에 참여하는 것보다는 회개하고 돌이키고, 믿고 거룩해지고, 거듭나고 마음에 은혜를 누리는 것이 훨씬 중요합니다. 이런 것들 없이는 구원도 없습니다. 하지만 성찬이 없다고 해도 구원을 못 받는 것은 아닙니다. 십자가에서 회심한 강도는 성찬이라고는 받아 본 적이 없습니다. 가룟 유다는 성찬에 참여했었습니다! 주의 성찬을 기독교 신앙에서 가장 중요하고 중심적인 것으로 삼고자 하는 유혹이 듭니까? 기도와 설교보다 더 중요한 것으로 삼고 싶습니까? 조심하십시오. 자신이 성찬을 어떻게 대하고 있는지 잘 생각해 보십시오.

넷째, 주의 성찬에 꾸준히 참여해야 합니다. 성찬의 자리는 결코 빠지지 마십시오. 그 자리를 지키기 위해 모든 노력을 다하십시오. 몸의 건강을 위해서는 운동하는 습관이 중요합니다. 영혼의 건강을 위해서도 모든 은혜의 방편을 정기적으로 누리는 것이 중요합니다. 주의 성찬에 참여하는 것을 번거롭게 느끼는 사람은 지금 자신의 상태가 바른지, 성찬이라고 하는 혼인잔치에 갈 준비가 됐는지, 어린양의 성찬에 갈 준비가 됐는지 점검해 보아야 합니다. 부활한 예수님이 오시는 자리에 도마가 제자들과 함께 있었다면 나중에 그렇게 뜬금없는 짓을 하지 않았을 것입니다. 예수님이 오시는 그 자리를 비웠던 도마는 그 자리에서 제자들이 누렸던 복을 놓쳐 버렸지 않습니까! 이 말이 찔립니까? 여러분이 성찬을 어떻게 대하는지 주의하십시오.

다섯째로, 성찬 때 하는 고백에 손상을 가져올 일은 무엇이나 하지 말아야 합니다. 성찬에 참여한 즉시로 죄를 당해 달려가는 사람은 그 어떤 죄인보다 더 큰 죄를 짓는 것이 분명합니다. 마귀의 가르침을 온몸으로 설파하는 사람입니다. 주님의 원수들이 그리스도를 모독할 빌미를 제공하는 사람입니다. 사람들이 그리스도께로 오는 것을 가로막는 사람입니다. 거짓말하고, 방탕하고, 음란하고, 부정직하고, 정욕에 사로잡힌 채 성찬에 참여하는 자는 마귀를 돕는 자요, 가장 나쁜 복음의 원수로 행하는 것입니다. 이 말이 찔립니까? 지금 자신이 어떤 상태인지 보십시오.

마지막으로, 성찬을 기대하며 참여하는데도 성찬에서 큰 유익을 누리지 못하는 것처럼 느낄 수 있습니다. 그렇다 해도 결코 낙심하거나 절망하지 마십시오. 여러분의 기대가 너무 커서 그런 것일 수도 있습니다. 겉으로는 잘 드러나지 않는다 해도 여러분 영혼의 뿌리는 더욱 강건하게 자라고 있을 것입니다. 이 땅은 천국이 아닙니다. 우리는 눈에 보이는 것이 아닌 믿음으로 행하고, 이 땅에서 완전을 기대하지 말아야 합니다. 이런 사실을 마음에 깊이 새기십시오. 아무 이유 없이 소모적으로 스스로에 대한 반감을 키울 필요는 없습니다.

여러분에게 말합니다. 지금 우리가 다루는 이 주제를 진지하게 숙고해 보아야 합니다. 저는 잘못을 범하기 쉬운 가련한 죄인에 불과합니다. 하지만 한 가지, 마음에 결정한 것이 있다면 그것은 다음과 같습니다. 주의 성찬과 같이 분명한 어조로 말할 것을 요구하는 진리도 없습니다.[2]

7장
사랑

그런즉 믿음, 소망, 사랑, 이 세 가지는 항상 있을 것인데 그중의 제일은 사랑이라. (고전 13:13)

과연 사랑은 "기독교 은혜의 최고봉"입니다. 사도 바울은 계명의 목적은 "사랑"이라고 말합니다(딤전 1:5). 사랑은 누구나 동경한다고 고백하는 은혜입니다. 이런 말만 듣고 보면 누구나 사랑을 잘 이해하고 있는 것 같습니다. "이견과 논란이 많은" 다른 교리와 달리 사랑에 대해서는 그리스도인들 간에 전혀 이견이 없어 보입니다. 많은 사람들이 전혀 주저함이나 부끄러움 없이 칭의나 중생과 같은 그리스도와 성령의 사역에 대해 아는 바가 없다는 사실을 인정하리라고 봅니다. 하지만 "사랑"에 대해서 그렇게 말하는 사람은 거의 없습니다. 사람들은 신앙과 관련해 다른 것은 몰라도 "사랑"은 알고 있다고 자부합니다.

그렇기 때문에 사랑에 대해 몇 가지를 생각해 보고자 합니다. 사람들 사이에 사랑에 대한 그릇된 이해가 광범위하게 퍼져 있습니다. 저 역시 누구 못지않게 사랑에 탄복하는 사람입니다. 그러나 많은 사람들이 사랑을 전혀 잘못 이해하고 있는 것처럼 보입니다. 그래서 우리는 사랑과 관련하여 다음과 같은 몇 가지를 살펴보려고 합니다.

1. 성경에서 사랑이 어떤 자리를 차지하고 있는가
2. 성경은 사랑을 무엇이라고 이야기하는가
3. 진정한 사랑은 어디로부터 오는가
4. 왜 사랑을 "제일 되는" 은사라고 하는가

여러분도 이 주제에 관심을 갖고 함께하기를 바랍니다. 죄로 억눌린 이 세상에 사랑이 더 많아지고 더 크게 자라가기를 간절히 바라고 기도합니다. 기독교의 사랑이 희박한 곳만큼 인간의 타락한 본성이 강력하게 드러나는 곳도 없습니다. 물론 세상에 믿음과 소망, 하나님을 아는 지식 또한 빈약한 것이 사실입니다. 그러나 진정한 사랑만큼 빈약한 것은 없습니다.

1. 먼저, 성경에서 사랑이 어떤 자리를 차지하는지 살펴보겠습니다.

성경에서 사랑이 차지하는 자리를 먼저 살펴보는 것은 이 주제가 얼마나 중요한지를 분명히 하기 위함입니다. 오늘날 많은 고상한 그리스도인들은 기독교 신앙의 실천에 대해 좀처럼 관심을 갖지 않습니다. 자신들이 좋아하는 두세 가지 교리 외에는 관심이 없습니다. 그런데 성경은 교리뿐 아니라 실천에 대해 아주 많은 이야기를 하고 있습니다. 그중에 가장 중요하게 이야기하는 주제 가운데 하나가 바로 "사랑"입니다.

사랑에 대해 신약성경이 무엇이라고 하는지 먼저 살펴보겠습니다. 모든 신앙적인 문제를 다룰 때, 무엇보다도 먼저 성경이 무엇이라고 하는지를 보아야 합니다. 다루는 주제에 대해 분명하게 말씀하는 본문으로 돌아가 성경이 무엇이라고 하는지를 먼저 확인하는 것만큼 진리를 알아가는 좋은 길도 없습니다. 우리의 조상들이 그렇게 했습니다. 우리 주님 역시 성경 본문을 직접 인용하심으로써 사탄의 유혹과 유대인들의 공격을 물리치셨습니다. 성경 본문은 오늘날에도 우리가 끊임없이 되돌아가야 할 지침입니다. 성경으로 돌아가기를 부끄러워해서는 안 됩니다. 이 문제에 대해 "성경은 무슨 말씀을 하는가?" 하고 끊임없이 물어야 합니다.

사도 바울이 고린도 교회에 하는 말을 들어 보십시오. "내가 사람의 방언과 천사의 말을 할지라도 사랑이 없으면 소리 나는 구리와 울리는 꽹과리가 되고 내가 예언하는 능력이 있어 모든 비밀과 모든 지식을 알고 또 산을 옮길 만한 모든 믿음이 있을지라도 사랑이 없으면 내가 아무것도 아니요 내가 내게 있는 모든 것으로 구제하고 또 내 몸을 불사르게 내줄지라도 사랑이 없으면 내게 아무 유익이 없느니라"(고전 13:1-3).

사도 바울이 골로새 교회에 무엇이라고 하는지 보십시오. "이 모든 것 위에 사랑을 더하라. 이는 온전하게 매는 띠니라"(골 3:14).

사도 바울이 디모데에게 하는 말을 들어 보십시오. "이 교훈의 목적은 청결한 마음과 선한 양심과 거짓이 없는 믿음에서 나오는 사랑이거늘"(딤전 1:5).

사도 베드로가 하는 말을 들어 보십시오. "무엇보다도 뜨겁게 서로 사랑할지니 사랑은 허다한 죄를 덮느니라"(벧전 4:8).

우리 주 예수 그리스도께서 친히 사랑에 대해 무엇이라고 하시는지 들어 보십시오.[1] "새 계명을 너희에게 주노니 서로 사랑하라. 내가 너희를 사랑한 것 같이 너희도 서로 사랑하라. 너희가 서로 사랑하면 이로써 모든 사람이 너희가 내 제자인 줄 알리라"(요 13:34-35). 무엇보다도, 우리 주님이 최후의 심판에 대해서 하신 말씀을 들어 보십시오. 사랑이 없으므로 수많은 사람이 정죄를 받을 것이라고 말씀하십니다(마 25:41-42).

사도 바울이 로마 교회에 한 말을 들어 보십시오. "피차 사랑의 빚 외에는 아무에게든지 아무 빚도 지지 말라. 남을 사랑하는 자는 율법을 다 이루었느니라"(롬 13:8).

사도 바울이 에베소 교회에 하는 말을 들어 보십시오. "그리스도께서 너희를 사랑하신 것 같이 너희도 사랑 가운데서 행하라. 그는 우리를 위하여 자신을 버리사 향기로운 제물과 희생 제물로 하나님께 드리셨느니라"(엡 5:2).

사도 요한이 하는 말을 들어 보십시오. "사랑하는 자들아, 우리가 서로 사랑하자. 사랑은 하나님께 속한 것이니 사랑하는 자마다 하나님으로부터 나서 하나님을 알고 사랑하지 아니하는 자는 하나님을 알지 못하나니 이는 하나님은 사랑이심이라"(요일 4:7-8).

본문에 대해 다른 말이 필요 없을 만큼 성경은 분명하게 사랑에 대해 말씀하고 있습니다. 이 장이 다루는 주제를 대수롭지 않게 생각하는 사람이 있다면 위의 성경 본문들을 보라고 이야기해 주고 싶습니다. "사랑"을 부차적인 문제로 치부하는 사람이 있다면, 먼저 이 본문들을 확인한 다음 그렇게 말할 수 있어야 할 것입니다. 그러므로 여기서 그런 생각을 가진 사람들과 논쟁하느라 시간을 허비하지 않으려고 합니다.

본문이 말하는 것만으로 성경에서 사랑이 차지하는 자리는 논란의 여지가 없을 만큼 분명합니다. 사랑은 "구원에 동반하는 것들" 가운데 하나로 아주 중요한 주제임을 성경이 증거합니다. 그리스도인이라 자처하는 사람이라면 누구나 진지하게 주목해야 할 주제임이 분명합니다. 그리스도인이라 하면서 사랑이라는 주제를 외면하는 사람은 성경에 대해 얼마나 무지한지를 보여줄 뿐입니다.

2. 둘째, 성경은 과연 사랑을 무엇이라고 하는지 살펴보겠습니다.

우리는 사랑에 대해 분명히 이해하고 있어야 합니다. 이것이 무엇보다 중요합니다. 사랑에 대한 오해가 시작되는 것 역시 성경이 말씀하는 사랑을 모르는 데서 비롯됩니다. 성경이 사랑에 대해 무엇이라고 하는지 모르기 때문에, 많은 사람들이 실상은 사랑이 없으면서도 사랑을 가진 것처럼 착각하고 있습니다. 그들의 사랑은 성경이 말씀하는 사랑이 아닙니다.

성경은 가난한 자에게 자선을 베푸는 것을 사랑이라고 하지 않습니다. 많은 사람들이 이것을 사랑이라고 여깁니다. 하지만 사도 바울은 "내게 있는 모든 것으로 구제하고 또 내 몸을 불사르게 내줄지라도" 사랑이 없을 수 있다고 말합니다(고전 13:3). 물론 사랑이 많은 사람이 가난한 자를 기억하는 것은 당연합니다(갈 2:10). 가난한 사람을 돕고 구제하고 그 짐을 덜어 주기 위해 애쓸 것입니다. 제가 말하고자 하는 바는, 이런 것이 "사랑"을 구성하는 것은 아니라는 사실입니다. 성경이 말씀하는 사랑이 전혀 없이도 기부를 하고, 음식을 나누어 주며, 자선을 베풀 수 있습니다.

성경이 말씀하는 사랑은 다른 사람의 행동을 관용하는 데 있지 않습니다. 이 또한 흔히 잘못 생각하는 부분입니다! 많은 사람들이 다른 사람을 정죄하지 않고 잘못을 지적하지 않는 데서 사랑을 찾습니다. "판단하지 말라"는 주님의 명령을 누구에 대해서도 비판적인 생각을 갖지 않아야 하는 근거로 둘러댑니다. 경솔하고 악의적인 판단을 금하라는 주님의 명령을 판단 자체를 금하는 것으로 왜곡합니다. 여러분의 이웃이 술주정뱅이나 거짓말쟁이나 안식일을 업신여기는 자나 음란한 자일 수 있습니다. 하지만 무슨 상관입니까! "누군가에게 잘못되었다고 말하는 것은 사랑이 아닙니다"라고 이들은 말합니다. 본심은 착한 것을 믿어야 합니다! 안타깝게도 사랑을 이렇게 이해하고 있는 사람들이 참 많습니다. 정말 해로운 생각입니다. 죄를 눈감아 주고 모든 일을 합당하게 분별하기를 거부합니다. "삶"이 현저하게 잘못되어 있음에도 "본심"은 그렇지 않다고 둘러댑니다. 악에 눈을 감아 버리고 부도덕한 일들에 대해 부드러운 말로 일관합니다. 성경이 말씀하는 사랑은 이런 것이 아닙니다.

다른 사람의 종교적 신념을 부정하지 않는다고 해서 그것이 성경이 말씀하는 사랑은 아닙니다. 이 사회에 점증해 가는 또 다른 심각한 속임수입니다. 다른 사람에 대해 부정적인 말을 한 번도 해본 적이 없다는 사실만으로 자부심을 느끼는 사람들이 많습니다. 아리안주의자(Arian)나 소시니안주의자나 로마 가톨릭교도나 몰몬교도나 이신론자나 회의주의자나 형식주의자나 반율법주의자인 이웃이 있을 수 있습니다. 하지만 많은 사람들이 생각하는 사랑은 이들에 대해 잘못되었다고 말할 권리가 없다고 합니다! 그가 진실하기만 하면, 그의 영적인 상태를 부정적으로 보는 것은 "무자비한" 일이라는 것입니다! 이런 이해에서 저 자신이 항상 자유롭기를 바랄 뿐입니다! 그렇게 따지면 이방인들에게 복음을 전파하러 간 사도들 역시 무자비한 사람들입니다! 그들은 애써서 선교할 필요도 없습니다! 차라리 성경을 덮고 교회문을 닫는 것이 낫습니다! 모두가 옳습니다! 잘못된 사람은 아무도 없습니다! 모두가 천국에 들어가고, 아무도 지옥에는 가지 않을 것입니다. 이런 사랑은 괴물입니다. 서로의 생각이 극명하게 대비되는데도 모두의 생각이 동일하게 옳다고 하고, 저마다 물과 불처럼 교리가 상치되는데도 모두가 천국에 간다고 말하는 것은 성경이 말씀하는 사랑이 아닙니다. 이런 사랑은 성경을 모독하는 행위입니다. 마치 하나님이 우리에게 기록된 진리의 증거를 주지 않으셨다고 하는 것과 같습니다. 이런 사랑은 천국에 대한 이해를 뒤죽박죽으로 만들어 버리고 온갖 잡동사니로 채울 뿐입니다. 진실한 사랑은 모두의 가르침이 옳다고 하지 않습니다. 진실한 사랑은 이렇게 외칩니다. "사랑하는 자들아, 영을 다 믿지 말고 오직 영들이 하나님께 속하였나 분별하라. 많은 거짓 선지

자가 세상에 나왔음이라"(요일 4:1). "누구든지 이 교훈을 가지지 않고 너희에게 나아가거든 그를 집에 들이지도 말고 인사도 하지 말라"(요이 10).

이 문제에 대한 소극적인 논의는 여기까지 하겠습니다. 우리가 사는 이 시대에 만연한 기괴한 개념 때문에 저는 이 문제에 대해 오랫동안 숙고해 왔습니다. 이제 이 문제를 보다 적극적으로 살펴보겠습니다. 지금까지 무엇이 성경이 말씀하는 사랑이 아닌지를 살펴보았고, 이제는 성경이 말씀하는 사랑이 무엇인지 살펴보겠습니다.

사랑은 성령께서 신자의 마음에 불러일으키는 열매들 가운데 으뜸 되는 것이라고 사도 바울은 말합니다. "보라, 나 바울은 너희에게 말하노니 너희가 만일 할례를 받으면 그리스도께서 너희에게 아무 유익이 없으리라"(갈 5:2). 아담이 타락하기 전에 했던 것처럼 하나님을 사랑하는 것이 이 사랑의 가장 으뜸 되는 특징입니다. 사랑이 있는 사람은 온 마음과 뜻과 힘과 정성을 다해 하나님을 사랑하고자 합니다. 사람을 사랑하는 것이 이 사랑의 두 번째 특징입니다. 사랑이 있는 사람은 이웃을 자신과 같이 사랑합니다. 성경이 말씀하는 "사랑"을 보다 구체적으로 살펴보면 이렇습니다. 어떤 신자가 사랑하는 마음을 가졌다고 말하는 것은, 보다 구체적으로 말하면 그가 사람을 사랑한다는 것을 뜻합니다.

성경이 말씀하는 사랑은 신자의 삶을 통해 드러납니다. 자기와 관계된 사람들―그들의 몸과 영혼 모두―에게 기꺼이 친절을 베풉니다. 이웃을 사랑하는 사람은 친절하고 부드러운 말을 하며 좋은 일이 있기를 바라는 것만으로는 만족하지 못합니다. 이웃의 슬픔을 덜고 기쁨을 더하기 위해 자기가 할 수 있는 모든 일을 합니다. 이렇게 하는 것을 기쁨으로 여깁니다. 자신의 주님과 마찬가지로, 다른 사람의 섬김을 받기보다 섬기려고 합니다. 섬기고 나서도 그 대가로 무엇을 바라지 않습니다. 주님을 따르던 위대한 사도들과 마찬가지로 기꺼이 다른 사람을 위해 "자기가 할 수 있는 일을 다 합니다." 심지어 자기를 미워하는 사람에게도 악을 악으로 갚지 않습니다. 참된 사랑은 대가를 바라지 않습니다. 그렇게 사랑할 수 있다는 것 자체가 보답입니다.

성경이 말씀하는 사랑은 선을 행할 뿐 아니라 기꺼이 악을 감수하는 신자에게서 드러납니다. 분을 낼 만한 일이 있어도 참습니다. 해를 당해도 용서합니다. 부당한 대우를 받아도 온유함으로 받습니다. 욕을 들어도 잠잠합니다. 사랑으로 인해 많은 일들을 감수하고 감당하고 참습니다. 화평을 위해 자신을 부인하고 복종시킵니다. 신자에게 사랑은 자신의 기질과 분노와 혀를 제어하는 강력한 고삐와 재갈입니다. 진정한 사랑은 "내 권리는 어디 있는가? 내가 왜 이런 대접을 받는단 말인가?" 하고 묻지 않습니다. "어떻게 하면 화평을 추구할 수 있을까? 어떻게 하는 것이 사람들에게 가장 덕을 끼치는 것일까?"를 묻습니다.

성경이 말씀하는 사랑은 신자의 행실과 관대함에서 드러납니다. 사랑으로 신자는 친절하고, 이기적이지 않으며, 온화하고, 온순하고, 다른 사람을 배려합니다. 일상의 모든 관계에서 부드럽고, 사랑스러우며, 예의 바릅니다. 다른 사람이 자기를 기쁘게 하기를 바라기보다 먼저 다른 사람을 편하고 즐겁게 하려고 애씁니다. 참된 사랑은 다른 사람의 성공을 시기하지 않습니다. 다른 사람의 불행을 고소해하지 않습니다. 항상 믿고, 항상 바라며, 항상 다른 사람의 행실을 긍정적으로 바라보려고 합니다. 도무지 그렇게 할 수 없는 상황에 대해서는 연민과 동정을 품고 불쌍히 여깁니다.

이런 사랑의 원형을 어디서 찾을 수 있습니까? 복음서가 묘사하는 우리 주 예수 그리스도의 삶을 보십시오. 그분은 이런 사랑을 완벽하게 체현하고 있습니다. 그분의 모든 행실에서 사랑이 발산됩니다. 그분의 일상은 선행의 연속입니다. 그분이 감당한 모든 일에서 사랑이 배어 나옵니다. 그분의 일상은 사람들의 미움을 사고, 핍박을 당하고, 비방을 받고, 오해를 사는 나날이었지만 주님은 이 모든 것을 감내하셨습니다. 단 한마디의 불평도 그분의 입술에서 새어 나오지 않았습니다. 못된 성질 같은 것은 기미도 보이지 않았습니다. "욕을 당하시되 맞대어 욕하지 아니하시고 고난을 당하시되 위협하지 아니하시고 오직 공의로 심판하시는 이에게 부탁하시며"(벧전 2:23). 그분의 모든 마음가짐과 태도에서 사랑이 배어 나왔습니다. 그분의 입술에서는 항상 자애로운 율법이 흘러나왔습니다. 연약하고 무지한 제자들과 있을 때나, 도움과 구원을 간구하는 병들고 슬픈 사람들과 있을 때나, 세리와 죄인들과 있을 때나, 바리새인과 사두개인들과 있을 때나 그리스도는 한결같으셨습니다. 모두에게 자애로우시고 모두에게 오래 참으셨습니다.

하지만 기억하십시오. 우리의 복된 주님은 결코 죄인들의 비위를 맞추려고 하지 않으셨습니다. 결코 죄를 간과하지 않으셨습니다. 죄의 본색을 드러내고 죄와 뒹구는 자들을 책망하는 일에 결코 주저함이 없으셨습니다. 누가 되었든 거짓 교리를 거부하는 데 주저하지 않으셨습니다. 잘못된 행실의 본색과 그 결과를 가감 없이 드러내셨습니다. 모든 사물과 모든 일을 바르고 합당하게 판단하셨습니다. 천국과 영광의 나라를 말씀하실 때와 마찬가지로 지옥과 꺼지지 않는 지옥불에 대해서도 거침이 없으셨습니다. 그리스도의 삶은, 사랑이 모두의 행실이나 의견을 인정하는 것은 아니며 거짓된 교훈과 악한 행실을 정죄하면서도 사랑으로 가득할 수 있다는 확실하고 영속적인 증거를 남겨 주신 삶이었습니다.

이제 성경이 말씀하는 사랑의 참된 본질에 대해 알아보겠습니다. 성경이 말씀하는 참된 사랑이 아닌 것과 참된 사랑을 먼저 간략하게 살펴보았습니다. 제 마음에 분명하게 다가온 두 가지 실제적인 생각을 먼저 이야기하지 않을 수 없습니다. 여러분에게도 같은 깨달음으로 다가가기를 바랍니다.

사랑에 대한 이야기를 많이 듣습니다. 얼마나 통탄스러울 정도로 세상에 사랑이 없는지 잠시 생각해 보십시오! 그리스도인들 사이에서조차 참된 사랑을 찾아보기가 정말 어렵습니다! 이교도가 아닌 그리스도인 말입니다. 그리스도인의 가정이라고 하지만 서로를 향해 쉽게 성을 내고, 성욕과 이기심을 따라 행동하며, 악의적인 말을 주고받습니다! 이웃이나 이웃 교구들끼리 서로 다투고, 악독한 일을 행하며, 앙심을 품고, 편을 가르는 일이 비일비재합니다! 국교도와 비국교도, 칼빈주의자와 알미니안주의자, 고교회파와 저교회파 간에 서로 질타하고 다툽니다! 이런 모습을 보면 "사랑이 어디 있는가?"라고 물을 수밖에 없습니다. 세상의 지배적인 사조를 보면서

"사랑이 어디 있는가? 그리스도의 마음을 품으라고 했는데 그 마음을 품은 자가 과연 어디 있는가?"라는 생각이 들 수밖에 없습니다. 사람들이 진정한 사랑에서 멀어져 있는 지금, 그리스도의 대의가 답보 상태에 있고 불신앙이 팽배한 것은 놀랄 일이 아닙니다! 예수님의 말씀을 빗대어 이런 상황에 대해 이렇게 말할 수 있습니다. "인자가 올 때에 사랑을 보겠느냐?"

반대로 세상에 사랑이 많아지면 얼마나 행복한 곳이 되겠는지 한번 생각해 보십시오. 이 땅에서 벌어지는 비참한 일들은 대부분 사랑이 없어서 일어나는 일들입니다. 사실 질병과 죽음, 가난은 이 세상을 슬프게 하는 원인들의 절반도 차지하지 못할 것입니다. 못된 성질과 나쁜 습성, 분쟁, 다툼, 고소, 악의, 시기, 앙심, 사기, 폭력, 전쟁이 슬픔의 주된 원인입니다. 사람들이 성경이 말씀하는 사랑을 알아 간다면 인류의 행복을 배가시키고 슬픔은 반감시키는 일에 획기적인 진전을 이룰 수 있을 것입니다.

3. 그러면 성경이 말씀하는 사랑은 어디로부터 비롯됩니까?

앞서 묘사한 것처럼 사람에게 사랑은 자연스러운 것이 아닙니다. 정도의 차이는 있지만 본성적으로 우리는 모두 이기적이고, 시기하고, 화를 잘 내고, 악의에 차 있고, 심보가 비뚤어져 있고, 친절하지 않습니다. 어린아이를 그대로 내버려 두어 보십시오. 이런 증거가 확연히 드러납니다. 바른 훈육과 가르침 없이 자라게 된다면 사랑을 가진 아이를 단 한 명도 볼 수 없을 것입니다. 누가 가르쳐 주지 않아도 자기를 먼저 생각하고, 자신이 편하고 이익을 얻는 것을 가장 중요하게 생각합니다! 우쭐대고, 신경질 부리고, 자기 욕심대로 하려고 합니다! 이런 사실을 어떻게 설명할 수 있습니까? 한 가지 대답밖에 없습니다. 본성적인 마음은 참된 사랑을 알지 못합니다.

성경이 말씀하는 사랑은 성령께서 예비하신 마음이 아니고는 찾아볼 수 없습니다. 사랑은 정해진 토양에서만 자랄 수 있는 섬세하고 부드러운 식물과 같습니다. 먼저 바르게 되지 않은 마음에서 사랑이 자라기를 기대하는 것은 가시나무에서 포도를, 엉겅퀴에서 무화과를 따려고 하는 격입니다.

사랑이 자라는 마음은 성령으로 변화되고, 새롭게 되고, 변혁된 마음입니다. 아무리 미약하고 불완전할지라도 아담이 타락으로 상실한 하나님의 모양과 형상이 회복된 마음입니다. 그리스도와의 연합으로 하나님의 자녀가 되고 "신성한 성품에 참여한 자"의 마음입니다(벧후 1:4). 이런 성품에 참여한 자의 마음에서 가장 처음으로 드러나는 열매 가운데 하나가 바로 사랑입니다.

이런 마음은 죄를 깊이 깨닫습니다. 죄를 미워합니다. 죄를 피합니다. 날마다 죄와 싸웁니다. 이런 마음이 날마다 이기려고 힘쓰는 두드러진 죄는 바로 사랑이 부족해서 나타나는 이기심과 무정함입니다.

이런 마음은 자신이 우리 주 예수 그리스도께 빚진 자임을 절감합니다. 지금 자신이 누리는 위로와 소망, 화평이 다름 아닌 십자가에서 자신을 위해 죽으신 그리스도께로부터 비롯되었음을 끊임없이 느낍니다. 그러므로 어찌 감사하지 않을 수 있겠습니까? 자신의 구속주께 감사 외에 무엇을 돌려드리겠습니까? 그분을 닮아 가려고 애를 씁니다. 그분의 성령을 마시기 위해 힘씁니다. 그분의 발자취를 따라 사랑으로 충만한 삶을 살려고 날마다 분발합니다. "성령으로 말미암아 그리스도의 사랑이 마음에 부은 바 되는 것"이야말로 그리스도인의 사랑의 가장 분명한 원천입니다. 사랑이 사랑을 낳습니다.

이 부분에 여러분이 특별히 관심을 갖기를 바랍니다. 이는 오늘날 가장 중요한 일들 가운데 하나입니다. 사랑을 사모한다고 고백하는 사람은 많습니다. 하지만 정작 진정한 기독교 신앙에는 관심 갖지 않습니다. 복음으로 말미암은 열매는 좋아하고 가지려고 합니다. 하지만 이런 열매를 자라게 하는 유일한 원천인 뿌리를 원하지는 않습니다. 이런 열매와 불가분의 관계에 있는 기독교 신앙의 교리에 대해서는 궁금해 하지 않습니다.

사랑과 양선을 예찬하는 사람은 많지만, 인간의 부패와 그리스도의 피, 내면에서 역사하시는 성령의 사역에 대해서는 들으려고 하지 않습니다. 많은 부모들이 자기 자녀만큼은 이기적이지 않고 바른 성품을 가진 아이로 자라기를 바라면서, 자녀들이 회심하고 회개하고 믿음을 갖도록 애쓰는 일은 달가워하지 않습니다.

저는 뿌리 없이도 기독교 신앙의 열매를 가질 수 있고, 기독교의 교리를 모르고도 그리스도인의 성품을 가질 수 있으며, 마음에 역사하는 은혜 없이도 기독교의 사랑을 가질 수 있으리라고 기대하는 모든 근거 없는 낙관과 기대를 단호히 거부합니다.

물론 탁월한 교리적 신앙은 없지만 사랑이 많고 존경할 점이 많아 보이는 사람들이 있음을 압니다. 하지만 그런 경우는 아주 드뭅니다. 사람들이 따라 살아야 할 일반적인 원리가 참임을 드러내는 증거일 뿐입니다. 하지만 그런 경우라도 드러나는 모습과 개인적이고 은밀한 삶이 전혀 다른 경우가 허다합니다. 분명한 점은, 성경을 믿는 믿음으로 비옥해진 마음의 토양이 아닌 일반적인 원리만으로는 성경이 말씀하는 사랑이 나타날 수 없다는 사실입니다. 바른 교리와 가르침 없이는 거룩한 삶도 있을 수 없습니다. 하나님이 하나로 하신 것을 나누어 보려고 하는 것은 모두 부질없는 짓입니다.

제가 물리치려고 하는 기만과 속임은 우리 주변에 만연해 있습니다. 많은 부분이 통속 소설이나 허구로 부추겨집니다. 이런 소설에 등장하는 주인공과 영웅들은 항상 완벽한 사람으로 묘사됩니다. 늘 바른 일을 하고, 바른 말을 하고, 성품 또한 바릅니다! 항상 친절하고, 사랑스러우며, 이타적이고, 용서를 베풉니다! 하지만 이들의 신앙에 대해서는 한 마디도 하지 않습니다. 이런 허구에 따르면, 신앙의 교리를 모르고도 탁월한 실천적 신앙을 가질 수 있습니다. 성령의 은혜가 없이도 성령의 열매를 맺을 수 있습니다. 그리스도와 연합하지 않고도 그리스도의 마음을 가질 수 있습니다!

대부분의 소설이나 로맨스, 꾸며 낸 이야기를 읽는 위험이 바로 여기 있습니다. 이런 책들은 대부분 인간 본성에 대한 거짓된 이해를 심어 줍니다. 주인공이나 영웅들을 실제 모습이 아닌 당위적인 모습으로 그려 냅니다. 이런 글을 읽는 여러분은 세상에 대한 잘못된 개념과 이해를 가질 수밖에 없습니다. 결국 세상과 사람에 대한 비실제적이고 허구적인 개념을 갖게 됩니다. 도무지 세상에서 찾아볼 수 없는 남녀를 만나기를 바라고 그런 사람을 기대합니다.

여러분에게 부탁합니다. 소설이나 허구가 아닌 성경이 말씀하는 대로 사람을 이해하십시오. 은혜로 새롭게 된 마음 없이는 참된 사랑도 있을 수 없다는 사실을 마음에 새기십시오. 참된 믿음이 없는 사람도 어느 정도 친절하고, 예의 바르고, 상냥하며, 성격이 좋을 수 있습니다. 하지만 성경이 말씀하는 사랑이라고 하는 장성한 분량의 영광스러운 식물은 그리스도와의 연합과 성령의 역사 없이는 존재할 수 없습니다. 자녀들에게도 이 사실을 가르쳐 주십시오. 학교 교사를 비롯해 어떤 식으로든 교육에 참여하고 있는 사람은 학생들에게 이런 가르침을 주어야 합니다. 사랑을 고양하십시오. 사랑을 소중하게 여기십시오. 친절과 사랑과 선한 성품과 이타적인 마음과 온순하게 하는 은혜를 드높이는 책임을 회피하지 마십시오. 이런 은혜를 온전히 배울 수 있는 학교는 단 한 곳뿐입니다. 곧 그리스도의 학교입니다. 참된 사랑은 위로부터 옵니다. 참된 사랑은 성령의 열매입니다. 이 열매를 얻고자 하는 사람은 그리스도의 발아래 앉아 그분으로부터 배우십시오.

4. 마지막으로, 왜 사랑을 은혜 가운데 "가장 위대한" 것으로 부르는지 살펴보겠습니다.

이 부분에 대해서 사도 바울이 잘 말해 주고 있습니다. 바울은 자신의 위대한 사랑 장章을 이렇게 마무리합니다. "그런즉 믿음, 소망, 사랑, 이 세 가지는 항상 있을 것인데 그중의 제일은 사랑이라"(고전 13:13).

아주 놀라운 말입니다. 신약성경의 모든 저자 가운데 사도 바울

만큼 "믿음을 드높인" 이도 없을 것입니다. 로마서와 갈라디아서에는 믿음의 중요성을 가르치는 말로 가득합니다. 믿음으로 죄인은 그리스도를 붙들고 구원을 얻습니다. 믿음으로 의롭다 함을 받고 하나님과의 화평을 누립니다. 그런 사도 바울이 지금 믿음보다 더 위대하다고 말하는 것이 있습니다. 먼저 그리스도인이 누리는 탁월한 은혜 세 가지를 말한 다음, 다음과 같은 결론을 내립니다. "그중의 제일은 사랑이라." 사도 바울이 이런 결론을 내렸다면 그냥 넘기지 말아야 합니다. 사도 바울이 사랑을 믿음과 소망보다 더 위대한 것으로 결론 내렸다면 우리는 이를 어떻게 이해해야 합니까?

단 한 순간도 우리 안에 있는 사랑 때문에 우리 죄가 구속함을 받는다거나 하나님과 화목하게 되었다고 생각하면 안 됩니다. 그리스도의 피 외에 이렇게 할 수 있는 것은 없습니다. 믿음이 아니고는 그리스도의 피를 사모할 수 없습니다. 이를 알지 못하는 것은 비성경적인 무지입니다. 영혼을 의롭다 하고 그리스도와 하나 되게 하는 것은 오직 믿음입니다. 우리가 가진 사랑과 다른 모든 은혜는 불완전해서 하나님의 엄중한 심판을 견디지 못합니다. 이 모든 은혜를 가지고도 우리는 그저 "무익한 종"이라 고백할 수밖에 없는 것도 이 때문입니다(눅 17:10).

사랑이 믿음과 상관없이 존재할 수 있다고 생각하면 안 됩니다. 사도 바울은 어느 한 은혜를 다른 은혜와 경쟁관계로 두지 않습니다. 또 어떤 사람은 믿음을, 다른 사람은 소망을, 또 다른 사람은 사랑을 가지고 있는데 가장 탁월한 사람은 사랑의 은혜를 가진 사람이라고 말하는 것도 아닙니다. 이 세 가지 은혜는 서로 나뉘어 있을 수 없습니다. 믿음이 있는 곳에 사랑이 있습니다. 사랑이 있는 곳에 믿음이 있습니다. 해와 햇빛, 불과 열, 얼음과 냉기마저도 믿음과 사랑의 연합보다는 긴밀하지 못합니다.

사도 바울이 이 세 가지 은혜를 언급하면서 그중에 사랑이 제일이라고 말한 이유는 분명하고 단순합니다.

첫째, 사랑이 은혜 중에 가장 탁월한 은혜이기 때문입니다. 사랑은 신자와 그가 믿는 하나님 간에 서로 닮은 부분이 있는 은혜입니다. 하나님은 믿음이 필요 없습니다. 하나님은 자존하신 분입니다. 하나님이 기대고 믿어야 할 더 높은 존재는 없습니다. 하나님께는 소망도 필요 없습니다. 모든 것이 분명하고 확실합니다. 과거나 현재나 미래나 차이가 없습니다. 하지만 "하나님은 사랑"이십니다. 하나님의 백성이 더 많은 사랑을 갖고 있을수록 이들은 더욱 자신들의 하늘 아버지를 닮아 갑니다.

둘째, 사랑은 다른 사람을 가장 유익하게 하는 은혜이기 때문입니다. 믿음과 소망은 신자 자신에게 큰 유익을 주는 은혜입니다. 믿음은 신자의 영혼을 그리스도와 연합하게 하고, 하나님과 화목하게 하며, 천국으로 가는 길을 열어 줍니다. 소망은 영혼으로 장래의 일들을 기쁘게 고대하게 하고, 눈에 보이는 많은 어려움과 곤란 가운데서도 보이지 않는 것들로 인해 위로를 누리게 합니다. 하지만 사랑은 그 은혜를 가진 사람으로 유익하게 하는 탁월한 은혜입니다. 선행과 친절이 흘러 나게 하는 샘입니다. 선교와 학교, 병원이 있게 된 토대입니다. 사랑 때문에 사도들이 수많은 영혼을 위해 자신을 불살랐습니다. 사랑은 그리스도를 위한 일꾼들을 일으켜 세웁니다.

이들로 지치지 않고 수고하도록 합니다. 사랑은 다툼을 잠재우고, 분쟁을 그치며, "허다한 죄를 덮"습니다(벧전 4:8). 사랑은 기독교 신앙을 아름답게 단장해 세상에 그리스도를 높이 드러냅니다. 참된 믿음을 가진 사람은 실제로 그 믿음을 느낄 수 있습니다. 하지만 다른 사람은 그 믿음을 볼 수 없습니다. 믿음은 사랑으로 옷 입어야 사람들이 볼 수 있습니다.

셋째, 사랑이 가장 위대한 은혜인 이유는 모든 은혜 가운데 가장 영속되는 은혜이기 때문입니다. 사실 사랑은 영원토록 계속됩니다. 언젠가 믿음은 보이는 것에 자리를 내주어야 합니다. 모든 것이 확실해지면 소망도 자리를 비켜 주어야 합니다. 부활의 아침이 밝으면 오래된 연감처럼 이들 은혜는 할 일이 다 끝납니다. 하지만 사랑은 영원히 계속됩니다. 천국은 사랑이 거하는 처소가 될 것입니다. 천국에 거하는 사람들은 하나같이 사랑으로 충만할 것입니다. 천국에 있는 모든 이의 마음을 채울 한 가지 공통된 감정이 있는데 그것이 바로 사랑입니다.

이 세 가지 은혜를 서로 대비하면서 더 이야기해 보면 좋겠지만 시간과 지면 관계상 이만하는 것이 좋을 것 같습니다. 이 정도면 사랑이 가장 위대한 은혜라는 사실이 충분히 드러났다고 봅니다. 다시 말해 우리가 절대 잊지 말아야 할 사실은, 우리 안에 있는 사랑이 우리를 의롭다 하고 우리 죄를 없애 주는 것은 아니라는 것입니다. 사랑이 위대한 은혜이기는 하지만 그리스도와 믿음을 대신하지는 못합니다. 하지만 사랑은 우리를 하나님 닮은 사람이 되게 합니다. 사랑은 세상에 가장 큰 유익을 끼칩니다. 믿음의 역할이 다해도 사랑은 계속 남고 더 풍성히 남습니다. 이런 사실만 보더라도 사랑이 면류관을 쓰는 것이 옳습니다.

지금 여러분에게 한 가지 질문을 하겠습니다. 이 주제와 관련하여 분명히 짚고 넘어가야 할 것이 있습니다. 여러분은 지금까지 이야기한 은혜에 대해서 조금이라도 알고 있습니까? 사랑이라는 위대한 은혜를 가지고 있습니까?

사랑을 언급하는 사도 바울의 분명한 어조를 보면 이것은 결코 가볍게 지나칠 질문이 아님을 알 수 있습니다. 바울과 같은 사람도 사랑이라는 은혜가 없다면 자신은 "아무것도 아니라"고 말합니다. 주 예수께서도 사랑은 자신의 제자 된 자들에게서 드러나는 중요한 표지라고 말씀하셨습니다. 그러므로 자신의 영혼 구원을 소중하게 생각하는 사람이라면 누구나 이 질문을 진지하게 생각해 보아야 합니다. "사랑이라는 은혜가 나에게 어떤 영향을 미치고 있는가? 나는 이 은혜를 가지고 있는가?"

여러분이 기독교 신앙에 대해 꿰뚫고 있을 수 있습니다. 바른 교리와 거짓된 교리를 분간할 수도 있습니다. 심지어 성경을 인용하면서 자신의 의견을 변호하고 주장할 수도 있습니다. 하지만 삶과 성품에서 실제적인 결과로 드러나지 않는 지식은 가지고 있어 보아야 아무런 소용이 없습니다. 사도 바울의 말은 분명합니다. "내가 내게 있는 모든 것으로 구제하고 또 내 몸을 불사르게 내줄지라도 사랑이 없으면 내게 아무 유익이 없느니라"(고전 13:3).

여러분은 스스로 믿음이 있는 자라 생각하고 있을지 모르겠습니다. 하나님의 선택을 받았다는 사실에 안심하고 있을지도 모르겠습니다. 하지만 여러분이 반드시 기억해야 할 사실이 있습니다. 마귀도 믿음이 있습니다. 하지만 이 믿음 때문에 마귀가 어떤 도움을 받습니까? 그렇지 않습니다. 믿음이 있어도 전혀 유익이 없을 수 있습니다. 하나님의 택함을 받은 자들이 가진 믿음은 하나같이 "사랑으로 역사하는 믿음"입니다. 데살로니가 교인들이 가진 믿음과 소망은 물론 그들의 "사랑"을 알고 기억하기에, 사도 바울은 그들에게 이렇게 적습니다. "하나님의 사랑하심을 받은 형제들아, 너희를 택하심을 아노라"(살전 1:4).

여러분의 일상이 어떤지 보십시오. 집 안팎에서 성령이 말씀하시는 사랑이 어떤 자리를 차지하고 있는지 보십시오. 여러분의 성품은 어떻습니까? 가족을 어떻게 대하고 있으며 그들 가운데 어떻게 행하고 있습니까? 여러분의 말투는 어떻습니까? 특히 신경질이 나고 분이 날 때 말을 어떻게 합니까? 온순한 성품과 다정다감함, 인내, 온유함, 부드러움, 관용을 나타내고 있습니까? 다른 사람을 사랑으로 대합니까? "두루 다니시며 선한 일을 행하신" 그분의 마음에 대해 알고 있습니까? 모두를 사랑하시고 특별히 자기 제자들을 끔찍이 사랑하신 그분의 마음에 대해 알고 있습니까? 악을 선으로 갚고 미움에 친절로 반응하시며 모든 사람에 대한 연민을 느끼고도 남을 만큼 광대한 그분의 마음이 어떤 것이었는지 알고 있습니까?

사랑을 알지 못한 채 천국에 간다면 여러분이 어떻게 할지 궁금합니다. 사랑이 곧 법이고 모든 이기심과 성마른 것들은 완전히 배제되는 그곳에서 여러분이 무슨 위로를 얻을 수 있을지 모르겠습니다. 안타까운 일이지만, 성경이 말씀하는 사랑이 무엇인지 모르는 성마른 사람에게 천국은 아무것도 아닙니다! 어느 날 한 소년이 아버지에게 말했습니다. "할아버지가 천국에 가면 나와 형은 천국에 안 갔으면 좋겠어요." "그게 무슨 말이지?" 하고 아버지가 물었습니다. 그러자 소년이 대답합니다. "그곳에서 할아버지가 우리를 보시면 지금 하시는 것처럼 '얘들이 왜 왔지? 얼른 내보내'라고 하실까 봐 겁나요. 지금도 우리를 귀찮아하시는데, 천국에서도 그러실 것 아니겠어요?"

진정한 기독교의 사랑을 조금이라도 직접 맛보기까지는 결코 안심하지 말고 쉬지도 마십시오. 마음이 온유하고 겸손한 주님께 가서 배우십시오. 사랑은 어떻게 하는 건지 그분께 가르쳐 달라고 하십시오. 성령을 보내 주시도록, 옛 사람의 마음을 제하시고 새 본성을 주셔서 그리스도의 마음을 알 수 있도록 해주시라고 기도하십시오. 밤낮으로 은혜를 간구하십시오. 지금까지 제가 말한 것을 조금이라도 느끼기 전까지는 그분으로 쉬게 하지 마십시오. "사랑으로 행하는" 것이 무엇인지 알게 되면 여러분은 행복에 겨운 삶을 살 것입니다.

성경이 말씀하는 사랑을 이미 알고 있고 해마다 그 사랑에 더 자라가기를 사모하는 사람에게 두 가지 당부 겸 격려를 하고자 합니다. "사랑의 은혜를 실천하고 사람들에게 가르치십시오."

부지런히 사랑을 실천하십시오. 사랑은 부단한 연습과 실천을 통해서만 자라가는 은혜입니다. 일상의 소소한 부분에도 이 사랑이 스며들어 역사하도록 하십시오. 하루 종일 자신의 혀를 재갈 먹이고 성품을 잘 다스리십시오. 특히 종을 대할 때, 자녀를 대할 때, 가까운 친척을 대할 때 그렇게 해야 합니다. 성경이 말씀하는 현숙한 여인의 성품을 기억하십시오. "입을 열어 지혜를 베풀며 그의 혀로 인애의 법을 말하며"(잠 31:26). 사도 바울의 말을 기억하십시오. "너희 모든 일을 사랑으로 행하라"(고전 16:14). 사랑은 거창한 일에서뿐 아니라 사소한 일을 통해서도 드러나야 합니다. 사도 바울의 말을 잘 기억하십시오. "무엇보다도 뜨겁게 서로 사랑할지니 사랑은 허다한 죄를 덮느니라"(벧전 4:8). 이 모든 것을 마음에 새기고 힘써 지키는 것은 고통스러운 일입니다. 다른 사람들의 격려를 받지 못할 수도 있습니다. 하지만 끝까지 참아 내십시오. 사랑할 수 있는 것 자체가 큰 상급입니다.

마지막으로, 다른 사람에게 항상 사랑을 가르치십시오. 종이 있다면 종에게 가르치십시오. 서로에게 친절히 행하며, 기꺼이 돕고 배려하는 일이 얼마나 위대한 의무인지 말해 주십시오. 무엇보다도 자녀에게 가르치십시오. 그리스도께서는 자녀가 친절하고 온순하며 상냥하게 자라기를 원하신다는 것을 계속해서 상기시켜 주십시오. 자녀가 너무 어려 많은 것을 알아듣지 못하고 교리를 설명하지 못한다고 해도 사랑은 이해할 수 있습니다. 성경을 읽고 찬송을 따라 부르게 하는 것만으로는 자녀의 신앙에 큰 영향을 주지 못합니다. 그렇게 하는 것이 유용하기는 하지만, 자녀가 아직 어리기 때문에 아무 생각 없이 따라 하고, 별 느낌도 없이 암기하고, 의미도 모른 채 되풀이해서 말하다가 어린 시절이 지나면 다 잊어버리기가 쉽습니다. 자녀에게 성경과 찬송을 힘써 가르쳐 주십시오. 하지만 자녀의 신앙교육에서 그것이 전부가 되어서는 안 됩니다. 화를 가라앉히고, 서로에게 친절히 대하며, 이기적이지 않고, 온순하고, 예의 바르고, 참을 줄 알고, 부드럽고, 용서하는 아이가 되도록 가르치십시오. 므두셀라처럼 오래 산다고 해도 반드시 죽는 날이 오고, 사랑이 없으면 그날에 성령께서 "우리는 아무것도 아니라"고 말씀하신다는 사실을 알게 하십시오. 자녀들에게 "이 모든 것 위에 사랑을 더하라. 이는 온전하게 매는 띠니라"고 말해 주십시오(골 3:14).

8장
열심

좋은 일에 대하여 열심으로 사모함을 받음은……언제든지 좋으니라. (갈 4:18)

기독교 신앙과 관련된 다른 많은 주제들처럼 열심 또한 사람들이 쉽게 오해하는 주제입니다. "열심 있는" 그리스도인으로 여겨지는 것을 부끄러워하는 사람들이 많습니다. 열심 있는 사람이라고 하면 베스도가 바울에게 말한 대로 말할 사람들이 많습니다. "바울아, 네가 미쳤도다. 네 많은 학문이 너를 미치게 한다"(행 26:24).

하지만 성경을 읽는 사람이라면 열심은 누구도 지나칠 수 없는 주제입니다. 우리가 성경을 믿는 그리스도인이라면, 성경을 우리 믿음과 삶의 유일한 규칙으로 믿는다면, 이 주제를 외면하지 못합니다. 열심은 우리가 바르게 다루어야 할 주제입니다. 사도 바울이 디도에게 무엇이라고 말합니까? "그가 우리를 대신하여 자신을 주심은 모든 불법에서 우리를 속량하시고 우리를 깨끗하게 하사 선한 일을 열심히 하는 자기 백성이 되게 하려 하심이라"(딛 2:14). 주 예수께서 라오디게아 교회에 하시는 말씀을 들어 보십시오. "네가 열심을 내라. 회개하라"(계 3:19).

이 장을 통해 저는 여러분에게 열심을 내라고 호소할 것입니다. 열심을 내는 것을 부담스러워하지 마십시오. 움츠러들 필요가 없습니다. 오히려 열심을 내기를 사모해야 합니다. 신자가 열심을 내는 것은 세상에게도 복이 됩니다. 인류에게 크나큰 유익을 줍니다. 오늘날 열심이 얼마나 아름다운 것인지 알지 못하고 열심을 내는 사람을 "지나치게 믿는 사람" 혹은 "광신자"로 몰아붙이는 경향이 있습니다. 저는 이 나태하고, 굼뜨고, 편하기만 한 기독교 신앙의 허구성과 허탄함을 드러내고자 합니다. 우리 주님의 사도들 가운데 한 명이 바로 "열심당"이라는 이름을 가지고 있었다는 것을 압니까? 모름지기 그리스도인은 열심이 있는 사람이어야 합니다.

지금부터 성경이 말씀하는 열심이란 무엇인지 보겠습니다. 잘 들어 보십시오. 여러분 자신을 위해서, 그리고 여러분이 살아가는 이 세상의 유익을 위해서, 그리고 그리스도의 교회를 위해서 잘 들어 보십시오. 하나님이 도우셔서 "열심을 내는 것"이 곧 지혜라는 사실을 깨닫게 하시기를 바랍니다.

1. 신앙에 열심을 내는 것이 무엇인지 살펴보겠습니다.
2. 신앙에 열심을 내는 사람이라고 불려야 할 때가 언제인지 살펴보겠습니다.

3. 신앙에 열심을 내는 것이 왜 유익한지 살펴보겠습니다.

1. 먼저, 한 가지를 묻습니다. 신앙에 열심을 낸다는 것이 무엇입니까?

바로 하나님을 기쁘시게 하려는 열망으로 불타는 것입니다. 하나님의 뜻을 행하고, 모든 가능하고 합당한 방식으로 세상에서 하나님의 영광을 드높이고 알리는 것입니다. 이는 본성적으로 가질 수 있는 열망이 아닙니다. 회심한 모든 신자에게 성령께서 심으시는 마음입니다. 하지만 "열심 있는" 사람이라 불릴 만큼 다른 신자들보다 열심이 강한 사람이 있습니다.

이 열망이 너무나 강해서 이 소망에 한번 사로잡힌 사람은 하나님을 기쁘시게 하고 그리스도를 영화롭게 하는 일이라면 어떤 희생과 수고―온갖 어려움을 감수하고, 자신의 유익을 구하지 않고, 고난과 수고와 고생과 노력을 감내하며, 죽기까지 혼신의 힘을 다합니다―도 마다하지 않습니다.

신앙에 열심을 내는 사람은 한 가지 일에만 열중하는 사람이 됩니다. 열렬하다, 온 마음으로 한다, 지칠 줄 모른다, 철저하게 한다는 말만으로는 부족합니다. 이런 사람이 신경 쓰는 것은 한 가지밖에 없습니다. 이런 사람에게 중요한 것은 한 가지밖에 없습니다. 오직 한 가지만을 위해 삽니다. 한 가지 일에만 사로잡힙니다. 하나님을 기쁘시게 하는 일 말입니다. 이 한 가지 일, 곧 하나님을 기쁘시게 하고 하나님의 영광을 드높이기 위해서라면 사나 죽으나, 건강하거나 아프거나, 부요하거나 가난하거나, 사람들이 기뻐하거나 싫어하거나, 사람들이 지혜롭다고 하거나 미련하다고 하거나, 비난을 하거나 칭찬을 하거나 전혀 상관하지 않습니다. 자기가 열심을 내는 한 가지만 이루어질 수 있다면 다른 모든 것은 부차적인 것으로 여깁니다. 그것으로 만족합니다. 이런 사람은 램프와 같이 자신이 살라지기 위해 태어난 것처럼 느낍니다. 이런 사람은 항상 이 일을 위한 자리를 발견합니다. 이 일을 위해 설교하지 못하고, 일하지 못하고, 재물을 쓰지 못하게 되면 그것 때문에 울고, 탄식하고, 기도할 것입니다. 그렇습니다. 병이 들어 꼼짝 못하고 누워 있을 수밖에 없는 때조차도 자기 안팎의 죄와 싸워 죄가 바라는 대로 하지 못하게 합니다. 여호수아와 함께 르비딤 골짜기에서 싸우지 못하면 모세와 아론과 훌이 했던 것처럼 기도로 힘을 합합니다(출 17:9-13). 하나님을 영화롭게 하는 일에 자신이 직접 참여하지 못하면 다른 데서라도 돕는 손길이 일어날 때까지 주님께 기도하기를 쉬지 않습니다. 신앙에 열심을 낸다는 것은 바로 이런 것입니다.

우리는 모두 세상에서 위대한 업적을 이루는 사람들의 마음의 습관이 어떤지 잘 압니다. 알렉산더 대제, 줄리어스 시저, 올리버 크롬웰, 피터 대제, 찰스 12세, 말버러, 나폴레옹, 피트가 그런 사람들이었습니다. 모든 흠과 허물에도 이들은 하나같이 한 가지 일을 위해 정진하는 불굴의 사람들이었습니다. 위대한 한 가지 일을 위해 자신을 쏟아부은 사람들이었습니다. 한 가지 외에 다른 일들에는 꽤 넘치지 않았습니다. 다른 모든 일은 제쳐 놓았습니다. 날마다 자신이 바라보고 나아가는 일 외에는 모두 부차적이고 주변적인 것으로 여겼습니다. 주 예수 그리스도를 섬기는 일에 이런 마음의 습관을 갖고 정진하는 것이 바로 신앙에 열심을 내는 것입니다.

과학계에서 위대한 업적을 남긴 사람들이 어떤 마음의 습관을 가지고 살았는지 우리는 잘 압니다. 아르키메데스, 아이작 뉴턴, 갈릴레오, 천문학자 제임스 퍼거슨, 제임스 와트 역시 위대한 한 가지 일을 위해 정진하는 사람들이었습니다. 자신이 가진 모든 지적 능력을 한 가지 일을 위해 쏟아부은 사람들이었습니다. 다른 것은 신경 쓰지 않았습니다. 이렇게 했기에 성공을 거둘 수 있었습니다. 하나님을 섬기는 일에 동일한 습관으로 정진하는 것이 바로 신앙에 열심을 내는 것입니다.

엄청난 부를 축적하고 후세에까지 그것들을 남겨 주는 부자들이 어떤 마음 자세를 가지고 살았는지 우리는 잘 압니다. 가난하게 시작했지만 후대에 거부로 이름을 남긴 은행가와 상인, 기업가들이 어떤 사람들이었습니까? 하나같이 자신의 사업에 혼신을 다한 사람들이었습니다. 사업의 성공을 위해 다른 일들은 거들떠보지도 않았던 자들입니다. 아침에 눈을 떠 밤에 잠들 때까지 온통 그 일에 사로잡혀 있었습니다. 가장 잘 집중할 수 있는 상태로 가장 좋은 시간을 자신이 몸담고 있는 일을 위해 남김없이 쏟아부었습니다. 이들은 모두 한 가지 일을 위해 정진하는 불굴의 사람들이었습니다. 마음이 나뉘지 않았습니다. 몸과 힘과 정성을 다해 자신의 사업에 힘쓴 사람들이었습니다. 어떻게 보면 오직 그 일만을 위해 사는 것처럼 보였습니다. 하나님과 그분의 그리스도를 섬기는 일에 이런 마음의 습관으로 정진하는 것이 바로 신앙에 열심을 내는 것입니다.

모든 사도가 이런 마음의 습관과 열심을 가진 사람들이었습니다.

사도 바울을 보십시오. 그가 에베소 교인들에게 하는 말을 들어 보십시오. "내가 달려갈 길과 주 예수께 받은 사명 곧 하나님의 은혜의 복음을 증언하는 일을 마치려 함에는 나의 생명조차 조금도 귀한 것으로 여기지 아니하노라"(행 20:24). 빌립보 교인들에게 하는 말을 들어 보십시오. "형제들아, 나는 아직 내가 잡은 줄로 여기지 아니하고 오직 한 일 즉 뒤에 있는 것은 잊어버리고 앞에 있는 것을 잡으려고 푯대를 향하여 그리스도 예수 안에서 하나님이 위에서 부르신 부름의 상을 위하여 달려가노라"(빌 3:13-14). 회심한 날부터 그가 어떤 사람이 되었는지 보십시오. 그는 자신의 유망한 장래를 포기했습니다. 그리스도를 위해 모든 것을 버렸습니다. 한때 자신이 멸시하고 잔해하던 바로 그 그리스도를 증거하러 다녔습니다. 회심한 때로부터 로마에서 순교를 맞이하기까지 온갖 핍박과 압제와 반대와 감옥에 갇힘과 괴롭힘을 마다하지 않고 여기저기 다니며 복음을 전했습니다. 자신의 피로 자신의 믿음을 인 치기까지 평생 복음을 전했습니다. 이것이 바로 진정한 신앙의 열심입니다.

이는 또한 초대교회 그리스도인들의 특징이었습니다. 이들은 "어디서든지 반대를 받는" 사람들이었습니다(행 28:22). 밀실과 토굴에서 예배를 드릴 수밖에 없었습니다. 믿음 때문에 모든 것을 잃어야 했습니다. 십자가와 핍박, 모욕, 비판만이 이들을 기다리고 있었습니다. 그렇다고 뒤로 물러나거나 움츠러들지 않았습니다. 이런 반응에 반론을 제기하고 논쟁을 벌이지는 못했지만, 고난을 받을 수는 있었습니다. 논쟁으로 대적들을 설득할 수는 없었지만, 죽을 수는 있었습니다. 이를 통해 자신들의 진정성과 간절함을 증거할 수 있었습니다. 사자들의 밥이 될 수 있는 곳을 지나면서도 용기를 잃지 않았던 이그나티우스(Ignatius)를 보십시오. 이런 순간에조차 그는 이렇게 말했습니다. "이제야 내 주님이신 그리스도의 제자가 되는구나." 로마 총독 앞에서 그리스도를 부인하라는 요구를 받은 폴리갑(Polycarp)은 이렇게 담대하게 말했습니다. "사십 하고도 육 년을 그리스도를 섬겨 왔습니다. 그동안 그분은 단 한 번도 나를 거절하지 않으셨습니다. 그런데 내가 어찌 이런 나의 왕을 부인해서 그분을 욕되게 한단 말입니까?" 이것이야말로 참된 열심이 아닙니까!

마르틴 루터 또한 신앙에 열심을 내는 사람이었습니다. 당시 세상에서 가장 강력한 권위에 용감하게 맞섰습니다. 불굴의 노력으로 이들의 부패를 만천하에 드러냈습니다. 오랫동안 간과되어 온 진리, 곧 오직 믿음으로 의롭다 함을 받는다는 진리를 설교했습니다. 그에게 쏟아지는 출교, 파문과 저주의 위협을 무릅쓰고 말입니다. 보름스 의회로 나아가 황제와 교황의 특사와 웅성거리는 세상의 자녀들 앞에서 자신의 대의를 항변하는 그를 보십시오. 존 후스(John Huss)가 어떤 결말을 맞이했는지를 들어 가며 그만 포기할 것을 종용받았을 때 루터가 무엇이라고 했습니까? "이곳 보름스 의사당 지붕의 모든 타일마다 마귀가 덕지덕지 붙어서 나를 공격한다 해도 나는 주님의 이름으로 계속 이 길을 갈 것입니다." 이것이 바로 참된 열심입니다.

영국의 종교개혁자들은 하나같이 이런 열심의 사람들이었습니다. 이 땅에 종교개혁의 깃발을 처음 내건 존 위클리프(John Wycliffe)가 그랬습니다. 투병 중에도 자신의 침상을 박차고 일어난 그는, 그가 교황에게 한 말들을 모두 없던 것으로 하기를 바라는 곁에 있던 수도사들에게 말했습니다. "나는 죽지 않는다. 살아서 탁발수도회의 추악함을 만천하에 알리겠다." 그리스도의 복음을 부인하기보다 차라리 화형장에서 살라지기를 바랐던, 또 그렇게 살라졌던 토머스 크랜머가 이런 사람이었습니다. 그는 화형을 당하면서도 "아, 부끄러운 손이여"라고 하면서 그가 연약했을 때 자신의 입장을 철회한다는 문서에 서명했던 손을 먼저 타게 했습니다. 일흔의 나이에 자신을 불사를 장작더미 위에 서서 곁에 함께 있던 니콜라스 리들리(Nicholas Ridley)에게 이렇게 말했습니다. "리들리, 용기를 내게! 오늘 우리는 하나님의 은혜로 결코 꺼지지 않을 촛불처럼 타오를 것이네." 이것이 바로 열심입니다.

모든 위대한 선교사들 역시 하나같이 이런 열심의 사람이었습니다. 아도니람 저드슨(Adoniram Judson), 윌리엄 케리(William Carey), 로버트 모리슨(Robert Morrison), 프리드리히 슈바르츠(Friedrich Schwartz), 존 윌리엄스(John Williams), 데이비드 브레이너드(David Brainerd), 존 엘리엇(John Elliot)과 같은 선교사들에게서 이런 열심을 찾아볼 수 있습니다. 헨리 마틴(Henry Martyn) 역시 누구 못지않은 열심의 사람이었습니다. 케임브리지가 줄 수 있는 모든 학문적 영예를 성취한 사람으로서 원하는 일은 무엇이든 할 수 있는 전도유망한 사람이었습니다. 하지만 이 모든 것을 뒤로하고 흑암 가운데 신음하는 이교도들에게 복음을 전하기 위해 나섰고, 머나먼 이국에서 일찍 숨을 거두었습니다. 선교지에서 처참하게 살아가는 사람들의 모습을 보고 그는 이렇게 말했습니다. "이 사람들에게서 회개로 흐

느끼는 소리를 들을 수만 있다면, 구주를 기다리는 믿음에 찬 눈동자를 얻을 수만 있다면 내 몸이 갈기갈기 찢기는 일도 감당할 것이다!" 열심은 바로 이런 것입니다.

이제 이 땅에 속한 사람들의 모범을 뒤로하고, 우리 구주 예수 그리스도의 성품에서 탁월하게 빛을 발하던 열심으로 눈을 돌려 보겠습니다. 그리스도께서 이 땅에 오시기 수백 년 전에 많은 예언자들이 이미 이분에 대해 말했습니다. 그들은 "열심을 입어 겉옷을 삼으신" 분이라고 했습니다(사 59:17). "주의 집을 위하는 열성"으로 삼킴을 받을 분이라 했습니다(시 69:9). 또한 친히 "나의 양식은 나를 보내신 이의 뜻을 행하며 그의 일을 온전히 이루는 이것이니라"고 이르신 분입니다(요 4:34).

이런 예수님의 열심을 예로 들려면 어디서부터 시작해야 합니까? 또 그 끝은 어디입니까? 사복음서가 말하고 있는 그분 삶의 자취를 따라가 보십시오. 공생애 처음부터 마지막까지 모든 삶의 기록을 읽어 보십시오. 우리의 머리 되시고, 대제사장이 되시며, 대목자장이 되시는 주 예수 그리스도는 성경이 말씀하는 열심 그 자체이셨습니다.

그렇다면 우리 안에 있는 열심이 사그라지지 않도록 조심할 뿐 아니라, 이 열심이 잘못된 방향으로 가지 않도록 해야 합니다. 잘못된 열심은 저주가 되어 돌아올 수 있습니다. 하지만 가장 고상하고 탁월한 목적을 위한 열심은 그 자체로 크나큰 복이 아닐 수 없습니다. 불은 가장 유용한 도구 가운데 하나이지만, 제대로 다루어지지 않을 경우 그로 인한 참화는 상상을 초월합니다. 열심을 내는 것을 열등하거나 광신주의로 매도하는 사람들의 말에 신경 쓰지 마십시오. 선교가 얼마나 아름다운 것인지 알지 못하고 영혼을 돌이키려 하는 모든 노력을 비웃는 사람들의 말에 귀 기울 필요 없습니다. 해외선교를 부질없는 것으로 보고 도시 선교, 심방, 빈민학교, 노방 전도를 어리석은 광신주의 정도로 치부하는 사람들의 말에 신경 쓸 필요가 없습니다. 오히려 주 예수 그리스도를 정죄하는 말에 부화뇌동하지 않도록 조심해야 합니다. 우리를 "위하여 고난을 받으사……본을 끼쳐 그 자취를 따라오게 하려" 하신 그리스도를 거스르는 말을 하지 않도록 조심하십시오(벧전 2:21).

그리스도인을 자처하는 사람들 가운데, 우리 주님과 사도들이 팔레스타인 땅을 걸어 다니던 때에 살았다면 주님과 그분을 따르던 많은 사람들을 종교적 광신자나 극단주의자들로 치부했을 사람들이 많을까 겁이 납니다. 이들 가운데는 사도 바울과 우리 주 예수 그리스도가 아닌 안나스와 가야바, 빌라도와 헤롯, 베스도와 아그립바, 벨릭스와 갈리오와 잘 어울리는 사람들이 많습니다.

2. 두 번째로, 무엇이 진정한 열심인지 살펴보겠습니다.

사탄이 흉내 내지 못하는 은혜는 없습니다. 좋은 동전치고 위조범들이 찍어 내지 않은 것이 없습니다. 네로는 잔인하게 그리스도인들에게 들짐승의 가죽을 씌워 달아나게 한 뒤, 개들로 그들을 뒤쫓아 가서 물어뜯게 했습니다. 사탄의 계략 가운데 하나는 사람들 앞에 뒤틀린 그리스도인의 모습을 들이대서 기독교의 은혜가 사람들의 멸시거리가 되도록 하는 것입니다. 열심만큼 빈번하게 왜곡되는 은혜도 없습니다. 열심만큼 가짜가 많고 사람들이 오해하는 것도 없습니다. 그러므로 우리는 먼저 열심과 관련된 주변의 모든 허탄하고 부질없는 생각들을 정리해야 할 필요가 있습니다. 진실로 선하고 참되신 하나님께로부터 온 열심이 무엇인지 분명히 해야 할 필요가 있습니다.

첫째, 지식에 따른 열심이 참된 열심입니다. 맹목적이고 무지한 열심은 참된 열심이 아닙니다. 성경에 부합하는 진중하고, 합리적이고, 지각 있는 원리를 따라 한 걸음씩 내딛는 열심입니다. 믿지 않는 유대인들도 열심이 있었습니다. 그래서 바울은 말합니다. "그들이 하나님께 열심이 있으나 올바른 지식을 따른 것이 아니니라"(롬 10:2). 바리새인이었던 사울 역시 열심으로 그리스도인들을 핍박했습니다. 바울은 유대인들에게 "오늘 너희 모든 사람처럼 하나님께 대하여 열심이 있는 자"였다고 자신을 소개합니다(행 22:3). 므낫세도 열심으로 우상숭배를 했습니다. 자신의 죄를 속하자고 자신이 낳은 핏덩이를 불 가운데로 지나가게 할 정도로 열심을 다해 몰록을 섬기던 자가 아니었습니까! 사마리아 성에 하늘에서 불이 내리기를 바랐던 야고보와 요한은 얼마나 열심이 있었습니까! 칼을 뽑아 말고의 귀를 쳐 버린 베드로의 열심은 어떻습니까! 휴 라티머와 토머스 크랜머를 화형시킨 에드먼드 보너(Edmund Bonner)와 스티븐 가디너(Stephen Gardiner) 역시 열심으로 그렇게 했습니다. 성경에 부합하지는 않았지만 어쨌든 이들의 열심만큼은 인정을 해주어야 합니다. 스페인 종교재판소의 일원들은 복음을 저버리지 않는다는 이유로 사람들을 얼마나 잔혹하게 고문하고 죽였습니까? 이들도 자신들이 믿는 바 열심으로 그렇게 했습니다. 그렇습니다. 이들은 많은 남녀들을 화형대를 향해 줄지어 행진하도록 해놓고 이런 행위를 "신덕"이라 칭송했습니다. 하나님을 위해 그렇게 하고 있다고 믿었던 것입니다. 거대한 크리슈나 신상을 실은 곤돌라 앞에 드러누워 자신의 몸이 으스러지는 것을 감내했던 힌두교도들의 열심은 어떻습니까? 이 얼마나 대단한 열심입니까! 죽은 남편의 장례식에서 자신을 장작더미 위에 불사르도록 내어주곤 했던 인도 과부들의 열심은 또 어떻습니까? 이교도라는 이유로 왈도파와 알비파를 깎아지른 절벽에서 밀어 떨어뜨려 죽이는 식으로 핍박한 로마 가톨릭 교회의 열심은 어떻습니까? 사라센, 십자군, 예수회, 먼스터의 재세례파, 조안나 사우스코트를 따르던 자들은 어떻습니까? 그렇습니다. 이들 모두 열심이 대단하던 자들입니다. 자신들이 열심을 내는 일에 진지하고 간절한 마음으로 힘썼던 사람들입니다. 하지만 하나님께서 인정하시는 열심은 아니었습니다. 하나같이 "지식에 따른 열심"은 아니었습니다.

둘째, 참된 열심을 내기 위해서는 동기가 발라야 합니다. 사람의 마음은 간교해서 나쁜 동기를 가지고 좋은 일을 하기도 합니다. 유다의 왕인 아마시야와 요아스가 좋은 예입니다. 하나님을 기쁘시게 하기 위한 동기가 아니더라도 사람은 선하고 바른 일에 열심을 낼 동기를 가질 수 있습니다. 이런 열심은 아무 소용이 없습니다. 못쓰게 된 은과 같은 열심입니다. 하나님의 저울에 달아 보면 전혀 가치가 없는 열심입니다. 사람은 겉으로 드러나는 행위만 봅니다. 하지만 하나님은 동기를 보십니다. 사람은 얼마나 많은 일들을 이루었는지에 몰두합니다. 그러나 하나님께서는 그 사람의 마음을 보십니다.

집단 이기주의에서 나오는 열심이 있습니다. 사람은 마음에 은혜가 없으면서도 자기가 속한 교회나 교단의 이해를 증진하는 일에 힘든 줄 모르고 임할 수 있습니다. 그리스도를 사랑하지 않으면서도 자신이 속한 기독교 분파의 이해를 위해 기꺼이 목숨을 버릴 수도 있습니다. 바리새인들이 가졌던 열심이 이런 것이었습니다. 이들은 "교인 한 사람을 얻기 위하여 바다와 육지를 두루 다니다가 생기면 자신들보다 배나 더 지옥 자식이 되게 하는" 자들이었습니다(마 23:15). 참된 열심이라고 할 수 없습니다.

단순한 이기심의 발로로 열심을 낼 수 있습니다. 신앙에 열심을 내는 것으로 큰 이득을 보는 경우가 있기 때문입니다. 경건한 사람들이 인정을 받고 권위를 얻는 경우가 있기 때문입니다. 신앙의 옷을 입어서 세상의 좋은 것들을 얻는 경우가 종종 있습니다. 이런 때는 항상 거짓된 열심이 있기 마련입니다. 다윗을 주군으로 섬기던 요압이 그랬습니다. 청교도들이 득세했던 공화정 때 많은 영국 사람들이 그랬습니다.

사람들의 칭송을 듣는 것이 좋아 신앙에 열심을 내는 경우도 있습니다. 바알숭배를 없앴던 예후의 열심이 그런 것이었습니다. 레갑의 아들인 여호나답을 만나 그가 무슨 말을 하는지 보십시오. "나와 함께 가서 여호와를 위한 나의 열심을 보라"(왕하 10:16). 존 번연의 「천로역정」에 나오는 인물들 가운데 사람들의 "칭송"을 위해 시온 산으로 길을 나섰던 사람들이 보여주었던 열심이 이런 것이었습니다. 동료 피조물들의 칭송을 먹고 사는 사람들이 있습니다. 사회적으로 칭송을 못 얻을 바에는 차라리 그리스도인들에게라도 칭송을 받고자 하는 사람들입니다.

거짓된 동기를 가지고도 상당한 자기부인이나 자기희생을 이룰 수 있다는 사실은 사람의 부패가 얼마나 심각한지를 보여주는 서글픈 증거입니다. 자기 "몸을 불사르게 내줄지라도" 혹은 자기에게 있는 "모든 것으로 구제"한다 할지라도 이런 행위를 가지고 그 사람의 믿음의 증거를 삼을 수 없습니다(고전 13:3). 진정한 사랑 없이도 사람은 그렇게 할 수 있다고 바울은 말합니다. 광야로 나아가 은자로 살아간다고 해서 그 사람이 참된 자기부인을 안다고 단정하지는 못합니다. 수도원이나 수녀원에 칩거하거나, "애덕 수녀회"나 "자비 수녀회"의 일원이 된다고 자신을 십자가에 못 박고 희생하는 일을 저절로 배우게 되는 것은 아닙니다. 이 모든 일조차도 잘못된 원리를 가지고 할 수 있습니다. 하나님의 영광을 위한 열심이 아닌 잘못된 동기—자긍심을 은밀히 불러일으키고 사람들의 좋은 평판을 듣고 싶어서—에서 비롯된 것일 수 있습니다. 아무리 고상하고 대단하게 보일지라도 잘못된 동기에서 비롯된 열심은 모두 잘못된 것입니다. 이 땅에 속한 일일 뿐 하늘에 속한 일은 아닙니다.

셋째, 참된 열심이라면 항상 하나님의 뜻과 성경 말씀에서 분명히 드러나는 모범에 부합합니다. 가장 고상하고 탁월한 열심을 예로 들어 보겠습니다. 거룩함에 자라가고자 하는 열심이 있습니다. 이런 열심을 가진 사람에게 죄는 모든 악 가운데 가장 강력한 것이고, 그리스도를 닮아 가는 것이야말로 모든 복 가운데 가장 위대한 복입니다. 하나님과 친밀히 동행하기 위해서라면 못할 일이 없을 것 같습니다. 이 일을 가로막는다면 오른손이라도 기꺼이 잘라 내고, 오른 눈이라도 기꺼이 뽑아내겠다고 생각합니다. 예수 그리스도와 더 친밀히 교제하기 위해서라면 어떤 희생이라도 기꺼이 감수하고자 합니다. 사도 바울이 그런 사람이었습니다. "내가 내 몸을 쳐 복종하게 함은 내가 남에게 전파한 후에 자신이 도리어 버림을 당할까 두려워함이로다"(고전 9:27). "형제들아, 나는 아직 내가 잡은 줄로 여기지 아니하고 오직 한 일 즉 뒤에 있는 것은 잊어버리고 앞에 있는 것을 잡으려고 푯대를 향하여 그리스도 예수 안에서 하나님이 위에서 부르신 부름의 상을 위하여 달려가노라"(빌 3:13-14).

영혼 구원을 위한 열심에 대한 또 다른 예가 있습니다. 이런 열심을 가진 사람은 수많은 영혼들을 뒤덮고 있는 흑암을 밝히고자 하는 열망으로 타오릅니다. 자신이 만나는 모든 사람이 복음을 아는 지식에 이르는 것을 보고 싶어 못 견딥니다. 우리 주님이 그러셨습니다. 수많은 영혼들을 위한 열심 때문에 제자들은 물론 예수님 자신도 식사할 틈을 내지 못하는 때가 많았습니다(막 6:31). 사도 바울이 그런 사람이었습니다. "내가 여러 사람에게 여러 모습이 된 것은 아무쪼록 몇 사람이라도 구원하고자 함이니"(고전 9:22).

참된 열심은 악한 습관과 행실을 용납히지 않는 열심입니다. 술취함, 노예제도, 낙태와 같이 하나님이 미워하시는 모든 것을 미워하고, 이 땅에서 이런 것들을 없애기 위해 애를 씁니다. 하나님의 영광과 그분의 존귀한 이름을 위한 열심으로 타오릅니다. 하나님의 영광을 거스르는 모든 일을 죄로 여깁니다. 엘르아살의 아들 비느하스가 이런 사람이지 않았습니까? 우상숭배를 척결하는 히스기야와 요시야가 이런 모습이지 않았습니까?

참된 열심은 복음의 가르침을 보존하려는 열심입니다. 이런 열심을 가졌기 때문에 성경의 가르침에 부합하지 않는 모든 가르침을 미워합니다. 신앙적 오류를 마치 어떤 희생을 치르고라도 막아야 되는 역병처럼 대합니다. 그렇기 때문에 행여 복음의 가르침 하나라도 빠뜨려 전체 복음을 그르칠까 봐 하나님의 전체 경륜 하나하나에 세심한 주의를 기울입니다. 안디옥에서 바울이 그렇게 하지 않았습니까? 그는 이런 열심 때문에 베드로라 할지라도 면전에서 잘못을 지적하지 않을 수 없었습니다(갈 2:11). 이런 것들이 바로 참된 열심의 모습입니다. 이런 열심이라야 하나님 앞에서 존귀합니다.

넷째, 참된 열심은 인애와 사랑으로 조화를 이룹니다. 냉혹하고 신랄하고 악독한 열심이 아닙니다. 사람에 대한 적개심으로 드러나지 않습니다. 칼과 같은 육체의 병기로 무장한 열심이 아닙니다. 참된 열심이 사용하는 병기는 육신적이지 않습니다. 영적입니다. 참된 열심은 죄를 미워합니다. 그렇지만 죄인은 사랑합니다. 이단적인 가르침은 미워합니다. 하지만 여기에 매어 있는 사람들은 사랑합니다. 우상은 혁파하려고 하지만, 우상을 섬기는 사람들에 대한 깊은 연민을 가지고 있습니다. 모든 종류의 악을 미워합니다. 하지만 가장 추악한 악을 자행한 사람에게조차도 선을 행합니다.

참된 열심을 가진 사람은 사도 바울이 갈라디아 교인들에게 경고할 때처럼 잘못을 경고하되 어머니가 자녀를 타이를 때의 마음으로 합니다. 예수님이 서기관과 바리새인들에게 하신 것처럼 거짓 선생들에 대해서는 단호합니다. 하지만 예수님이 예루살렘을 보고 우신 것처럼 그들을 향해 애통해 하는 마음을 품습니다. 참된 열심은 단호합니다. 생명을 위협하며 몸을 썩게 하는 균을 대하는 외과 의사처럼 말입니다. 동시에 참된 열심은 부드럽습니다. 부드러워서 형제의 상처를 싸매 줍니다. 참된 열심은 아타나시우스가 그랬던 것처럼 사람을 의식하지 않고 세상을 향해 담대하게 진리를 말합니다. 하지만 진리를 말하면서도 "사랑"을 잃지 않으려고 애씁니다.

다섯째, 참된 열심은 항상 깊은 겸손을 동반합니다. 진실로 열심인 사람은 자신의 성과물을 내는 데는 전혀 관심이 없습니다. 자신의 욕구를 이루는 데는 전혀 관심이 없고 오히려 자신의 무익함을 절감합니다. 그저 하나님이 자기 같은 사람을 통해 일하신다는 사실에 놀라기만 합니다. 시내 산에서 내려온 모세가 그랬던 것처럼 자기 얼굴이 얼마나 아름답게 빛나는지 전혀 의식하지 못합니다. 마태복음 25장의 의인들처럼, 자신이 이룬 선행을 전혀 의식하지 못합니다. 클라우디우스 부캐넌(Claudius Buchanan)은 온 교회가 칭송하는 사람입니다. 죽어 가는 이교도들에 대한 선교의 필요성을 최초로 크게 부각시켰던 사람입니다. 문자 그대로 자신의 몸과 마음을 다 바쳐 잠자는 그리스도인들에게 선교의 중요성을 일깨웠던 사람입니다. 자신이 쓴 한 편지에서 이렇게 말합니다. "그리스도인들이 열심이라고 부르는 것을 제가 단 한 번이라도 제대로 가져 본 적이 있는지 모르겠습니다." 조지 윗필드는 복음을 가장 열정적으로 증거한 사람 가운데 하나입니다. 때를 얻든지 못 얻든지 항상 뜨거운 마음으로 수많은 영혼을 하나님께로 돌이키기 위해 부단히 애쓰고 힘쓴 사람입니다. 그럼에도 그는 삼십 년간의 설교사역이 끝난 후 "주님, 다시 시작할 수 있도록 저를 도와주십시오"라고 말했습니다. 로버트 맥체인은 하나님이 스코틀랜드 교회에 주신 가장 큰 복 가운데 하나였습니다. 그는 영혼 구원을 위한 일에 지칠 줄 모르고 헌신했던 목사입니다. 스물아홉의 나이로 세상을 떠났지만, 그만큼 선한 영향을 끼친 사람도 드뭅니다. 한 편지에서 그는 이렇게 적습니다. "제 마음에 얼마나 깊은 부패의 심연이 자리하는지는 하나님만이 아십니다. 이런 사람의 목회에 하나님께서 이렇게까지 복 주시다니요. 심히 놀라울 뿐입니다." 우리가 다 알다시피 자긍하고 자만한 마음에 참된 열심이 들어설 여지는 없습니다.

여러분, 특히 조금 전에 언급한 참된 열심의 정의를 잘 기억하기를 바랍니다. 지식에 부합하는 열심, 참된 동기에서 비롯된 열심, 성경의 모범에 부합하는 열심, 사랑으로 옷 입은 열심, 깊은 겸손을 수반한 열심이 바로 참된 열심입니다. 하나님이 인정하시는 열심입니다. 이런 열심은 아무리 많아도 지나침이 없습니다.

우리가 살고 있는 시대 상황을 볼 때 참된 열심에 대한 정의를 기억해야 할 필요성을 더욱 느낍니다. 진실하기만 하면 그 열심이 참된 것이라고 생각해서는 안 됩니다. 아무리 무지해도, 열심만 있으면 하나님이 보시기에 열심 있는 그리스도인이 된다고 생각하면 오산입니다. 신앙에 "열심"을 내는 것을 우상처럼 동경하는 사람들이 있습니다. "열심이 있는 사람"은 오류도 흠도 없을 것으로 생각합니다. 신학적 입장이 어떻든지 간에, 열심만 있으면 된다고 생각합니다. 교리의 세세한 부분까지 상관하지 않습니다. 그리스도인들의 이해가 다른 부분에 대해서는 "언어와 명칭"에 관한 것 정도로 치부합니다. 이런 사람이 열심 있는 사람입니까? 그렇다면 우리는 더 이상 할 말이 없습니다. 이들이 보기에는 "열심"이 허다한 죄를 덮습니다. 이 그럴듯한 가르침과 태도를 조심하십시오. 하나님이 보시기에 열심 있고 경건한 것처럼 가르치는 이론을, 저는 복음과 성경의 이름으로 반대합니다.

열심을 우상시하는 사람들은 하나님이 우리에게 진리와 오류의 기준을 주시지 않았다고 말합니다. 참된 기준인 성경이 분명하게 말씀하지 않기 때문에 성경만 가지고 판단을 내릴 수 없다고 말합니다. 이렇게 기록된 하나님의 말씀을 모독하는 사람들은 잘못된 길로 갈 수밖에 없습니다.

주 예수님의 시대부터 지금까지 열심 자체를 우상시하는 자들 때문에 진리를 위한 증거와 거짓된 가르침에 대한 정당한 반대마저 정죄를 당하곤 합니다. 서기관과 바리새인들은 "열심이 있는" 자들이었습니다. 그럼에도 우리 주님은 이들을 반대했습니다. 열심이 특별했던 자들이 어디 이들뿐입니까? 메리 여왕과 보너와 가디너는 교황주의를 회복하고자 "열심인" 자들이었습니다. 리들리와 라티머는 죽기까지 이들을 반대했습니다. 두 쪽 다 열심이 있으니 두 쪽 다 옳다고 할 수 있습니까? 마귀를 숭배하고 우상을 섬기는 자들은 오늘날도 얼마나 열심을 내는지 모릅니다. 우리의 선교사들도 이들이 잘못되었음을 사람들에게 알리는 일에 열심입니다. 어차피 그들의 "열심"이 그들을 천국으로 인도할 것이기 때문에 선교사들이나 로마 가톨릭교도들이 본국에 남아 있어도 된다고 말할 수 있습니까? 성경이 정말 진리에 대해 막연하고 모호합니까? 모호하고 막연한 것을 "열심"이라는 이름으로 그리스도를 대신하게 하고 "열심"이 있는 사람은 결코 잘못될 수 없다고 주장하는 것이 맞습니까? 결코 이런 가르침을 그대로 받아들여서는 안 됩니다! 이런 신학이 있다는 사실에 전율을 느낍니다. 이런 신학과 가르침에 현혹되지 말아야 합니다. 이런 가르침이 주변에 횡행합니다. 조심하십시오. 이는 오래전부터 계속되어 온 오류입니다. 옷만 바꿔 입었을 뿐입니다. 사람들이 오랫동안 품고 있는 허구, 곧 "삶이 바른 사람은 잘못될 수 없다"는 생각을 조심해야 합니다. 열심을 동경하십시오. 열심을 추구하십시오. 열심을 독려하십시오. 그러나 그 열심이 바른 열심이 되도록 하십시오. 다른 사람에게 있는 열심을 동경하되 "지식에 따른 열심"인지 구별해야 합니다. 반드시 바른 동기에서 비롯된 열심이어야 합니다. 성경의 장과 절들을 토대로 하는 열심이어야 합니다. 그 외의 모든 열심은 잘못된 불일 따름입니다. 성령으로 촉발된 불이 아닙니다.

3. 마지막으로, 사람이 열심을 내는 것이 왜 옳은지 살펴보겠습니다.

하나님이 사람에게 계명을 주시는 것은 그것이 마땅히 순종해야 할 의무임은 물론이요, 그 계명을 준행하는 사람의 이해와 직결되기 때문입니다. 하나님은 최고의 행복으로 발견되지 않을 은혜를 주신 적이 없습니다. 그리스도인의 성품을 이루는 모든 은혜가 그렇습니다. 신자의 열심도 마찬가지입니다.

열심은 그 열심을 품은 그리스도인의 영혼에 유익합니다. 운동은 건강에 이롭습니다. 정기적으로 몸의 근육을 움직여 주면 몸이 건강해지고 활력이 더해집니다. 운동이 몸을 이롭게 하는 것처럼, 열심은 영혼을 이롭게 합니다. 내면의 기쁨과 화평, 열심, 행복을 크게 증진시킵니다. 하나님의 영광을 위해 항상 열심인 사람만큼 그리스도를 기뻐하는 사람은 없습니다. 이런 사람은 항상 자신의 행동을 잘 살피고, 양심을 부드럽게 하고, 다른 사람의 영혼에 마음을 쓰고, 온 땅에 예수 그리스도를 아는 지식을 전파하기 위해 깨어 힘써 일하기를 마다하지 않습니다. 이런 사람은 밝은 빛 아래 살아가기 때문에 마음이 늘 온화하고 따뜻합니다. 다른 사람을 윤택하게 함으로써 스스로 윤택함을 누립니다. 성령으로 날마다 새로워집니다. 그 사람의 마음은 생기 넘치는 정원과 같습니다. 이런 사람들이 하나님을 영화롭게 하고, 하나님은 이들을 영화롭게 하십니다.

특정한 그리스도인에 관한 이야기로 듣지 말기 바랍니다. "여호와께서는 자기 백성을 기뻐하시는" 분임을 저도 잘 알고 있습니다(시 149:4). 작은 자에서 큰 자에 이르기까지, 하나님 나라의 어린아이에서부터 사탄과 치열하게 싸우는 연만한 군사에 이르기까지, 예수 그리스도께서 기뻐하지 않는 하나님의 자녀는 없습니다. 우리는 모두 하나님의 자녀입니다. 우리 가운데는 약하고 소심한 사람도 있는 것이 사실입니다. 하지만 하나님께서는 "아버지가 자식을 긍휼히 여김같이……자기를 경외하는 자를 긍휼히 여기"십니다(시 103:13). 우리는 모두 하나님이 직접 심으신 나무입니다. 우리 가운데는 이국 토양에서 생기를 잃어 허약해진 사람들도 많지만, 주 예수께서는 정원사가 손수 키우는 식물을 사랑하고 힘써 돌보듯 그분을 의지하는 불쌍한 죄인들을 사랑합니다. 또한 저는 믿습니다. 주께서는 그분을 위해 열심을 내는 백성을 특별히 기뻐하십니다. 마음과 힘과 정성을 다해 세상에서 하나님의 영광을 구하는 사람들을 기뻐하십니다. 이런 사람들에게 주께서는 다른 사람에게 하지 않으신 방식으로 자신을 나타내십니다. 다른 사람이 도무지 보지 못한 것들을 보여주십니다. 이들의 손으로 한 일에 복을 주십니다. 다른 사람은 귀로 듣기만 하던 신령한 위로로 이들의 마음을 기쁘게 하십니다. 이들은 하나님의 마음에 합한 자들입니다. 다른 사람보다 주님을 더 많이 닮았기 때문입니다. 간절하고 진실한 마음으로 열심을 내는 헌신된 그리스도인들만큼 믿음에 기쁨과 평강과 생생한 위로를 누리는 사람들도 없습니다. 이들만큼 이 땅에서 천국을 맛보는 사람들도 없습니다(신 11:21). 복음의 위로를 더 많이 누리는 사람들도 없습니다. 다른 이유를 발견하지 못한다면, 우리 자신의 영혼을 위해서라도 우리의 믿음에 열심을 내는 것이 마땅하지 않겠습니까!

열심은 신자 개인에게 유익이 될 뿐 아니라, 신앙을 고백하는 그리스도의 교회 전체에게도 유익입니다. 열심 있는 그리스도인들은 누룩과 같이 이름도 빛도 없이 교회 곳곳에서 참된 신앙으로 교회를 생기 있게 합니다. 이들은 소금과 같이 교회라고 하는 전체 몸이 부패하는 것을 막습니다. 사그라져 가는 교회에 부흥을 가져오는 것도 바로 이런 그리스도인들입니다. 모든 그리스도인은 마땅히 믿음에 열심을 내는 그리스도인이어야 합니다. 이는 아무리 강조해도 지나침이 없습니다. 교회 지도자들이 쉽게 범할 수 있는 잘못은 바로 열심 있는 사람들의 의욕을 꺾는 것입니다. 이렇게 되면 전체 몸의 생명력이 약해져서 결국 교회가 쇠퇴하게 됩니다.

열심은 하나님께서 존귀하게 하기를 기뻐하시는 은혜입니다. 유익하고 탁월하게 드려졌던 그리스도인들의 목록을 죽 한번 보십시오. 당대의 교회에 깊은 영향력을 남긴 자들이 아닙니까! 하나님께서 시온 성 성벽을 재건하는 영예를 허락한 사람들은 누구입니까? 성문으로부터 전투를 돌린 사람들은 누구입니까? 잘 배우고 학문적 자질이 뛰어난 사람들이 아니었습니다. 하나님을 향한 열심이 특별했던 사람들이었습니다.

라티머는 크랜머나 리들리와 같이 학문적 경륜이 깊지 않았습니다. 교부들의 말을 외워 인용하지도 못했습니다. 그는 교부나 역사적 인물을 인용하며 논쟁에 뛰어들기보다 성경에 착념했습니다. 하지만 영국의 종교개혁자들 가운데 라티머만큼 이 나라에 오랜 흔적과 영향을 남긴 사람도 드뭅니다. 라티머가 그런 영향력을 가질 수 있었던 이유가 무엇입니까? 바로 그의 순전한 열심 때문입니다.

청교도인 리처드 백스터는 당대에 지적으로 탁월한 신학자들만큼 탁월한 사람이 아니었습니다. 토머스 맨턴이나 존 오웬만큼 학문적으로 탁월하지는 못했습니다. 하지만 당대에 백스터만큼 광범위하게 영향을 미친 사람은 드뭅니다. 무엇 때문입니까? 바로 그의 불타는 열심 때문입니다.

조지 윗필드, 존 웨슬리, 존 베리지, 헨리 벤은 지적인 성취에 있어서 조셉 버틀러(Joseph Butler)에 비할 바가 못 되었습니다. 하지만 이들이 이 땅의 백성에게 미친 영향은 쉰 명의 버틀러를 더해 놓은 것보다 더 클 것입니다. 이들은 영국 교회를 파멸로부터 구했습니다. 이런 능력의 비결이 무엇입니까? 바로 열심입니다.

그들은 한결같이 영국 교회사의 역사적 전환점에 우뚝 선 사람들입니다. 반대와 핍박의 폭풍에 흔들림 없이 맞선 사람들입니다. 홀로 맞서기를 두려워하지 않았습니다. 자신들의 동기를 사람들이 몰라주어도 상관하지 않았습니다. 진리를 위해 모든 것을 배설물로 여겼습니다. 너 나 할 것 없이 가장 소중한 한 가지 일에만 착념하는 사람들이었습니다. 그 한 가지는 다름 아닌 하나님의 영광을 드높이는 일이었습니다. 세상에서 하나님의 진리를 보존하는 것이었습니다. 그들은 불꽃처럼 타올라 다른 이들에게 빛을 비춰 주었습니다. 항상 깨어 있어서 다른 사람들을 깨웠습니다. 온전한 생명력으로 다른 사람들을 생명으로 이끌었습니다. 항상 힘쓰는 이들의 모습에 도전을 받은 많은 사람들이 자신들도 함께 힘쓰는 자가 되었습니다. 시내 산에서 진으로 내려온 모세와 같이 이들은 사람들에게로 나아갔습니다. 나아가서 하나님 앞에 섰다가 온 사람처럼 빛을 발했습니다. 세상에 발을 딛고 사람들 사이에서 다닐 때도 이들이 남긴 자취에는 항상 천국에서 갓 길어 온 무엇인가가 함께 있었습니다.

열심은 다른 사람에게 쉽게 영향을 미칩니다. 기독교 신앙을 고백하는 사람들에게 생명력 넘치는 그리스도인, 진실로 열심을 내는 하나님의 사람보다 큰 영향을 주는 것도 없습니다. 이런 사람을 보면 욕을 할 수도 있습니다. 그들의 행동에서 트집을 잡고 흠을 찾으려 할 수도 있습니다. 그들을 부끄러워할 수도 있습니다. 갑자기 나타난 혜성을 바라보는 사람처럼 왜 열심을 내는지 모른 채 멍하니 바라보고만 있을 수도 있습니다. 하지만 열심이 있는 사람은 어떤 모양으로든 이들에게 선한 영향을 끼칩니다. 이들에게 있는 어둠을 비추어 보게 합니다. 좋든 싫든 간에 속절없는 자신들의 상태를 보고 생각하지 않을 수 없게 합니다. "나는 지금 무엇을 하고 있는가? 거추장스러운 사람으로 세상을 살아가는 것은 아닌가?" 하고 자문하지 않을 수 없게 합니다. 안타까운 사실이지만 "죄인 한 사람이 선한 것들을 모조리 망쳐 놓는다"는 말은 맞습니다. 하지만 열심 있는 그리스도인 한 명이 세상에 엄청난 유익을 끼친다는 사실 또한 복된 진리입니다. 그렇습니다. 열심 있는 한 사람이 자신이 속한 마을과 교회, 사회에 미치는 복은 실로 대단합니다. 이 한 사람으로 인해 막대한 유익을 얻습니다! 생각지도 못한 무수한 복음적 활동들이 이 한 사람으로 인해 이루어집니다! 오랫동안 닫혀 있던 많은 생명의 샘들이 이 한 사람으로 인해 열립니다! 사도 바울이 고린도 교인들에게 한 이 말은 과연 진리의 깊은 광맥입니다. "과연 너희의 열심이 퍽 많은 사람들을 분발하게 하였느니라"(고후 9:2).

열심이 교회와 개인을 유익하게 하듯이 세상 또한 이롭게 합니다. 열심이 없는 선교를 생각할 수 있겠습니까? 열심이 없었다면 도시 선교나 빈민학교 같은 활동은 생각할 수도 없습니다. 그리스도인의 열심이 없다면 교구심방이나 목회보조회(Pastoral Aid Societies, 영국 국교회의 청소년 사역과 전도의 전문 기관—편집자) 같은 것이 지금처럼 이루어질 수 있겠습니까? 이 땅의 어둔 곳들을 찾아 죄와 무지를 없애고 잃어버린 영혼들을 구원하는 열심이 없었다면 이 사회가 어떻게 되었겠습니까? 그리스도인의 열심이 없었다면 이 영광스러운 도구들이 다 무슨 소용이 있겠습니까? 열심이 이런 기관들을 세웠고, 열심 때문에 이런 기관들이 유지됩니다. 열심이 멸시 받던 사람들을 모으고, 영향력 있는 협회에서 핵심적인 역할을 하도록 합니다. 조직이 방대해지고 세속적으로 변질되어 갈 때 열심이 나태하고 굼뜬 사람들을 일깨웁니다. 우리 시대의 모팻과 윌리엄스와 같은 사람들이 가진 열심은 많은 사람들을 일깨워 진보를 나타내게 합니다. 열심 있는 사람들이 본향으로 돌아간 뒤에도 이들이 보여주었던 열심은 남아서 이들을 대신해 지속적으로 사람들에게 영향을 미칩니다.

그리스도인의 열심이 없었다면, 거대한 도시의 거리 모퉁이와 뒷골목을 전전하는 무지한 많은 사람들이 어떻게 되었을지 아무도 모릅니다. 사실 정부가 이들에 대해서 할 수 있는 일이라고는 지극히 미미합니다. 이들이 저지르는 온갖 범죄와 악행은 법으로 따라잡지 못합니다. 그리스도인이라고 하는 많은 사람들에게 이런 현실을 보는 눈이 없습니다. 제사장과 레위인처럼 못 본 척하고 다른 쪽으로 피해 갑니다. 하지만 열심은 다릅니다. 이런 현실을 간파하는 안목이 있고, 느끼는 마음이 있고, 대책을 강구하는 지혜가 있고, 사람들에게 호소하는 언변이 있고, 걷어붙이고 일할 두 팔이 있고, 이 일에 사람들을 참여시키기 위해 여기저기 쫓아다닐 발이 있습니다. 이런 열심이라야 불쌍한 영혼들을 그들이 처한 비천한 자리에서 일으키고 건져 냅니다. 열심은 이런 어려움들을 보면서 "죽어 가는 불쌍한 이 영혼들을 위해 무슨 일이라도 해야 한다"고 말만 하지 않습니다. 열심은 아낙 자손들이 가로막고 있다는 이유로 움츠러들거나 뒤로 물러나지 않습니다. 비스가 산에 선 모세와 같이 저 멀리 있는 약속의 땅을 바라보며 "저 땅을 반드시 얻게 될 것이다"라고 되뇝니다. 열심은 반드시 해야 할 일이 있다면 같은 마음을 가진 사람들이 모일 때까지 기다리지 않습니다. 많은 사람들이 호응을 보일 때까지 미루지 않습니다. 그리스도인의 열심은 다른 사람의 동조를 얻지 못해도 부질없어 보이는 소망을 붙들고 앞으로 나아갑니다. 아! 세상 사람들은 자신들이 그리스도인의 열심에 얼마나 큰 빚을 지고 있는지 모릅니다. 이런 열심이 얼마나 많은 범죄를 막았는지, 얼마나 많은 난동을 미연에 방지했는지, 얼마나 많은 사람들의 불안을 잠재웠는지 생각하지 못합니다. 이 열심으로 인해 법과 질서가 얼마나 잘 자리 잡았는지, 얼마나 많은 영혼들이 구원받았는지 도무지 알지 못합니다! 이뿐 아닙니다. 우리 또한 모든 그리스도인이 이런 열심을 품으면 얼마나 엄청난 일이 이루어질지 알지 못하는 것 같습니다. 목사들이 하나같이 헨리 비커스테스나 조지 윗필드, 로버트 맥체인과 같이 될 때 얼마나 놀라운 일이 이루어질지 제대로 알지 못하는 것 같습니다! 성도들이 하나같이 존 하워드(John Howard)나 윌리엄 윌버포스(William Wilberforce)나 헨리 손턴(Henry Thornton)이나 제임스 내스미스(James Nasmith)나 조지 무어(George Moore)와 같은 열심을 갖게 될 때 어떤 엄청난 일이 벌어질지 거의 생각하지 못하는 것 같습니다! 우리 자신은 물론 세상을 위해서 우리는 마땅히 열심 있는 그리스도인이 되기로 결심하고 분투해야 합니다!

그리스도인으로 자처하는 모든 사람은 다른 사람들의 열심을 사그라뜨리지 않도록 조심해야 합니다. 열심 있는 그리스도인이 되기를 갈망하고 또 그렇게 되도록 힘써야 합니다. 각자의 마음에 불을 더 뜨겁게 지피고, 서로의 마음에도 뜨겁게 지펴 주어야 합니다. 다른 그리스도인들의 열심에 찬물을 끼얹지 않도록 조심하십시오. 소중한 은혜의 싹이 막 움트기 시작할 때 그것을 잘라 버리지 않도록 조심해야 합니다. 자녀들의 마음에 있는 열심을 위축시키는 부모가 되어서는 안 됩니다. 아내의 열심을 누그러뜨리는 남편이 되어서는 안 됩니다. 형제자매의 열심이 무색해지지 않도록 하십시오. 교인들의 마음에 움트기 시작하는 열심을 짓밟아 버리는 목사가 되지 않도록 하십시오. 열심은 천상의 싹입니다. 그리스도 때문에라도 그 싹을 밟지 말아야 합니다. 열심을 내다 보면 실수할 수 있습니다. 지도가 필요할 수도 있습니다. 절제가 필요하고 조언이 필요할 수도 있습니다. 고대 전장의 코끼리들이 때로 아군에게 피해를 주었던 것처럼 피해를 가져올 때도 있을 것입니다. 피해를 준다고 이 냉담하고 악하고 부패하고 비참한 세상을 뜨거운 열심 없이 살라고 하는 것은 말이 되지 않습니다. 스코틀랜드의 수도원들을 무너뜨렸던 존 낙스처럼 열심은 편협한 생각을 가진 잠자는 그리스도인들에게 걸림돌이 될 수 있습니다. 열심은 새로운 것은 맹목적으로 싫어하고 모든 변화는 무턱대고 반대하는 케케묵은 교조주의자들의 편견에서 보면 거추장스러울 수밖에 없습니다. 그러나 열심은 결국 선한 결과로 인정을 받습니다. 존 낙스와 같이 당장 알 수는 없지만 결국 열심이 해가 아닌 큰 유익을 가져온 것으로 드러날 것입니다. 하나님의 영광을 위해 내는 열심은 해를 끼치지 않습니다. 그렇게 생각하는 사람들을 하나님께서 용서하실 것입니다! 하나님의 영광을 위한 열심이 지나치면 해가 된다고 생각하는 사람은 인간의 본성을 간과하는 사람입니다. 건강보다 질병이 훨씬 더 쉽게 전염된다는 사실을 잊고 있습니다. 열심을 내기보다 냉담해지기가 훨씬 쉽다는 사실을 모르고 있습니다. 그렇다면 교회는 열심에 재갈을 먹이기보다는 박차를 가해야 합니다. 사실 교회는 열심을 저지하고 억누르기보다는 촉구하고 격려해야 할 때가 더 많습니다.

이제 결론적으로 우리가 지금까지 살펴본 것들을 우리의 양심에 적용해 보겠습니다. 각기 다른 마음에 비추어 볼 때 이 장을 경고로 받아야 할 사람도 있고, 격려로 받아야 할 사람도 있으며, 마음을 새롭게 일깨우는 주제로 받아야 할 사람도 있을 것입니다. 하나님께서 각 사람의 상태와 필요를 따라 받게 하시기를 바랍니다.

첫째, 신앙을 분명히 고백하지 않는 사람들에게 먼저 경고합니다. 사실 이런 사람들이 너무 많은 것 같아 두렵습니다. 여러분이 신앙을 분명히 고백하지 않았다면 이 장을 경고로 받는 것이 마땅합니다. 주께서 은혜를 주셔서 여러분이 이 말을 경고로 받을 수 있기를 바랍니다!

여러분에게 묻습니다. 여러분에게 신앙에 대한 열심이 있습니까? 성경의 가르침에 비추어 볼 때 감히 이렇게 묻지 않을 수 없습니다. 하지만 여러분의 삶을 생각해 보면 어떤 대답이 나올지 두렵기만 합니다. 다시 묻습니다. 여러분에게 하나님의 영광을 위한 열심이 있습니까? 이 악한 세상에 그리스도의 복음을 전파하고자 하는 열심이 있습니까? 열심은 주 예수님의 삶의 특징이었습니다. 모든 천사가 이런 열심을 갖고 있습니다. 빛으로 이 세상을 지나가는 모든 그리스도인의 공통된 특징이 바로 이 열심입니다. 회심하지 않은 여러분, 여러분의 열심은 어디 있습니까? 여러분도 잘 알다시피 여러분에게는 전혀 열심이 없습니다. 열심이 얼마나 아름다운 것인지 도무지 알지 못합니다. 여러분과 여러분 주변의 사람들은 오히려 열심을 해롭고 악한 것으로 알고 경멸하고 비웃습니다. 여러분의 신앙에는 열심이 들어설 자리가 없습니다. 그렇다고 여러분에게 열심이 없는 것은 아닙니다. 하지만 그 열심을 다른 것에 쏟아붓고 있습니다. 이 땅에 속한 것에 열심을 냅니다. 잠시 있다가 사라질 것에는 얼마나 열심인지 모릅니다. 그러나 그것은 하나님의 영광을 위한 열심이 아닙니다. 영혼 구원을 위한 열심이 아닙니다. 맞습니다. 많은 사람들이 신문은 열심히 보면서도 성경에는 관심이 없습니다. 「타임」지는 날마다 보면서 복된 하나님의 말씀을 매일 볼 열심은 없습니다. 회계장부와 금전출납부는 꼼꼼히 보지만 훨씬 더 중요한 궁극적인 회계장부인 생명의 책에 대해서는 그런 열심을 보이지 않습니다. 오스트레일리아와 캘리포니아의 노다지에 대해서는 눈에 불을 켜면서도 측량할 수 없는 그리스도의 풍성함에 대해서는 전혀 마음이 없습니다. 가족, 레저, 직업과 같이 이 땅에 속한 일에는 열심을 내지만, 하나님과 천국과 영원에 대해서는 전혀 열심이 없습니다.

지금 여러분이 그렇다면, 제발 죽음의 잠에서 깨어나십시오. 일어나 자신이 얼마나 어리석은지 보십시오. 지금 여러분은 천년만년 살 것도 아니면서 죽을 준비를 전혀 하지 않고 있습니다. 지금 여러분은 성도와 천사들의 모임에 전혀 합당하지 않습니다. 깨어나십시오. 돌이켜 열심을 내십시오! 지금 자신이 얼마나 위태하게 살아가고 있는지 보십시오! 얼마나 스스로에게 해로운 삶을 살고 있는지 보십시오! 여러분의 부끄러운 냉담함과 무정함이 안 믿는 자들에게 핑계거리와 비방거리를 제공하고 있습니다. 목사들이 지어 놓은 것을 여러분은 무너뜨리기에 바쁩니다. 마귀를 이롭게 하고 있습니다. 깨어나십시오. 열심을 내고 회개하십시오. 자신이 얼마나 어리석고 불합리한지 보십시오! 영원한 것을 위해 열심을 내지 않으면 어디에 열심을 내겠습니까! 하나님의 영광과 영혼 구원에 열심을 내지 않으면 어디에 열심을 낸단 말입니까? 잠시 있다가 사라질 칭찬과 보수를 위해 애쓰면서 영원한 상을 위해서는 왜 열심을 내지 않는단 말입니까? 깨어나십시오. 돌이켜 열심을 내십시오! 오랫동안 멀리했던 성경을 펴서 읽으십시오. 여러분이 가진 이 복된 책을 펴서 읽으십시오. 어쩌면 한 번도 제대로 보지 않았을 이 책을 펴서 읽으십시오. 신약성경을 죽 읽어 가십시오. 열심을 내야 할 이유가 없습니까? 여러분의 영혼을 위해서라도 열심을 내야 합니다. 성경을 펴서 그리스도의 십자가를 보십시오. 어떻게 하나님의 아들이 십자가에서 여러분을 위한 보혈을 흘리셨는지 보십시오. 어떻게 그리스도께서 여러분을 위한 고난을 당하고 신음과 탄식으로 죽어 가셨는지 보십시오. 어떻게 자기 영혼을 죄를 위한 희생 제물로 드리셨는지 보십시오. 여러분과 같이 죄악된 형제 혹은 자매가 멸망하지 않고 영생을 얻도록 하기 위해서 말입니다. 성경을 펴고 그리스도의 십자가를 주목하여 보십시오. 여러분의 영혼을 위한 열심, 하나님의 영광을 위한 열심, 세상에 복음을 전파하기 위한 열심이 이는 것을 느낄 때까지 결코 쉬지 마십시오. 다시 말합니다. 깨어나십시오. 돌이켜 열심을 내십시오!

다음으로, 자신을 그리스도인으로 분명히 알지만 미지근한 삶을 사는 사람들에게 말합니다. 두려운 일이지만 영혼이 이런 상태로 있는 사람들이 참 많습니다. 여러분이 이런 사람이라면, 이 장의 주제를 통해 부지런히 자신의 마음을 살펴보아야 합니다.

지금 저는 여러분의 양심에 말하고 있습니다. 한 형제 된 자로서 사랑 안에서 묻습니다. 여러분에게 열심이 있습니까? 하나님의 영광과 복음 전파를 위한 열심이 있습니까? 이런 열심이 자신에게 얼마나 적은지 알 것입니다. 겨우 명맥만 유지하고 있음을 잘 알 것입니다. 거의 "죽게 된 것"이나 마찬가지임을 잘 알 것입니다(계 3:2). 여러분이 이런 상태라면 어딘가 분명히 잘못된 것이 있습니다. 여러분은 이런 상태로 있어야 할 사람이 아닙니다. 피로 값 주고 산 하나님의 자녀가 아닙니까? 이제까지 그 누구도 듣도 보도 못한 영광의 후사가 아닙니까? 그러므로 여러분은 결코 이런 상태로 있어야 할 사람이 아닙니다. 신앙의 열심 또한 미미한 채로 유지되어서는 안 됩니다.

물론 이 주제는 여러분이 다루기에 껄끄럽고 까다로운 것이라는 사실을 잘 압니다. 저 역시 제가 얼마나 무익한 사람인지를 항상 기억하면서 조심스럽게 이 말을 하고 있습니다. 하지만 우리는 진실을 이야기해야 합니다. 오늘날 많은 신자들이 상대방의 마음을 상하게 할 것을 두려워한 나머지 서로에게 아무런 유익도 되지 못하는 경우가 비일비재합니다. 잘못을 지적하고 반대는 잘하지만 실제 행동을 통해 유익을 끼치는 사람은 드뭅니다. 열심을 내는 사람을 무색하게 하고 다른 사람의 흥을 깨는 것은 잘하면서도 그리스도인의 열심을 불러일으키는 일에는 문외한인 사람들이 너무나 많습니다. 지난 세기의 역사가 기록하는 것처럼, 말버러가 아무것도 하지 못하도록 반대만 일삼고, 지나친 소심함으로 승리할 많은 기회를 놓치게 한 하원의원들과 같은 자들입니다. 그리스도의 교회를 둘러본 사람이라면 과연 하나님 나라가 왔고 하나님의 뜻이 이 땅에 이루어졌음에도 어떤 신자는 지극히 미미한 열심을 가지고 있음을 발견할 것입니다. 부인해도 소용이 없습니다. 이교도와 북미 대륙의 원주민과 아직도 흑암 가운데 있는 이 땅의 여러 지역을 섬기는 일을 해오던 선교협회들이 이를 적극적으로 돕고 지원하는 사람들이 없어서 답보 상태에 있거나 쇠퇴해 가고 있습니다. 더 이상 무슨 증거가 필요합니까? 여러분에게 묻습니다. 그리스도인들에게 열심이 있다면 이렇게 되었겠습니까? 저는 지금 수많은 사람들에게 기독교 사랑의 대명사처럼 되어 버린 보잘것없는 기부에 대해 말하고 있습니다. 이것을 과연 열심이라고 할 수 있습니까? 교구와 가정들마다 잘못된 가르침과 교리가 방치되고, 이른바 신자라고 하는 사람들이 이를 바라만 보고 있는 상황을 두고 어떻게 열심이 있다고 할 수 있겠습니까? 사도들은 과연 이런 상황을 어떻게 받아들였을까요? 사도들도 바라만 보고 있었을까요? 우리가 잘 알다시피, 전혀 그렇지 않았습니다.

여러분 가운데 우리가 지금까지 살펴본 내용 때문에 조금이라도 죄책감을 느끼거나 자신이 그렇다고 생각하는 사람이 있다면, 주님의 이름으로 호소합니다. 깨어나십시오. 돌이켜 열심을 내십시오. 링컨 인이나 템플 법학원이나 웨스트민스터 의회로만 열심을 제한

하지 마십시오. 은행이나 가게, 회계사무실로만 여러분의 열심을 제한하지 마십시오. 그리스도의 교회에서도 동일한 열심을 보여주십시오. 허탄한 바람을 위해 지나친 열심을 내지 마십시오. 이교도들에게 복음을 전파하거나, 불에 타 들어가는 나무를 건져 내듯이 로마 가톨릭에 빠진 사람들을 오류에서 건져 내고, 흑암 가운데 살아가는 북미의 여러 지역을 복음으로 밝히는 데는 열심을 내지 않으면서, 오스트레일리아에서 금광을 발견하거나 극지방을 탐험하는 일에만 열을 내서는 안 됩니다. 일찍이, 지금과 같이 문호가 활짝 열린 적이 없었습니다. 선을 행할 기회가 지금처럼 많은 때가 없었습니다. 신앙을 위해 일하는 사람들이나 기관에 오점이나 허물이 조금만 보여도 돕기를 거부하는 사람들이 있습니다. 저는 이들의 까다로움을 혐오합니다. 그들처럼 하면 아무 일도 하지 못할 것입니다. 그렇게 하려는 유혹을 뿌리쳐야 합니다. 이는 사탄의 계략 가운데 하나입니다. 전혀 일하지 않는 것보다는 흠이 있고 미약한 도구로라도 일하는 것이 낫습니다. 하나님과 그리스도를 위해 무엇이라도 하려고 애를 쓰십시오. 무지와 죄에 대항하여 무엇이라도 하려고 시도하십시오. 하나님이 힘 주시는 대로 나누어 주고, 모으고, 가르치고, 격려하고, 찾아보고, 기도하십시오. 힘닿는 대로 무엇이든 하기로 마음을 정하십시오. 가진 은사가 하나뿐이라고 땅에 묻어 버리지 마십시오. 그 은사가 유용하게 쓰일 수 있도록 힘쓰십시오. 우리 대부분이 지나온 우리 삶의 어느 한 날에 이룬 일들보다 더 많은 일들을 열두 시간 안에 이룰 수 있습니다.

여러분이 잠든 사이에도 수많은 소중한 영혼들이 멸망으로 내닫고 있습니다. 내면의 싸움에 더 열중해야겠다면 그렇게 하십시오. 자신의 감정과 느낌을 정확히 분별하고, 자기 자신의 부패를 깊이 숙고하십시오. 하지만 그러는 동안에도 영혼들은 지옥으로 내려가고 있음을 기억하십시오. 기도와 나눔, 사역, 편지, 호소, 기도를 통해 이런 영혼을 구원하기 위한 기여를 할 수 있다는 사실을 기억하십시오. 오, 깨어나십시오! 돌이켜 열심을 내십시오!

기억하십시오. 시간이 없습니다. 여러분은 곧 죽습니다. 이 세상에서만 하나님의 긍휼의 역사를 기대할 수 있습니다. 천국에 무지해서 배워야 하거나 회심하지 않은 사람은 없을 것입니다. 해야 할 일이 있다면 지금 해야 합니다. 오, 여러분은 도대체 언제 시작하려고 지금까지 미루고 있습니까? 깨어나십시오! 돌이켜 열심을 내십시오.

마귀를 보십시오. 해를 가하려는 열심이 얼마나 대단합니까! 저 옛날 버나드가 했던 엄중한 말을 들어 보십시오. "마지막 날 심판 때에 사탄이 일어나 고소하는 사람들이 있을 것이다. 영혼을 구원하고자 하는 이들의 열심이 영혼을 파괴하려는 사탄의 열심에도 미치지 못했기 때문이다." 깨어나십시오! 돌이켜 열심을 내십시오!

여러분의 구주를 생각해 보십시오. 여러분을 위한 그분의 열심을 생각해 보십시오. 죄인들을 위해 피를 쏟으신 겟세마네와 갈보리의 주님을 생각해 보십시오. 그분의 삶과 죽음을 생각해 보십시오. 그분의 고난과 행적들을 떠올려 보십시오. 이 모든 것이 여러분으로 인한 것이요, 여러분을 위한 것이었습니다. 이런 그분을 위해 여러분은 무엇을 하고 있습니까? 오, 이제 남은 시간을 그분을 위해 쓰기로 결심하십시오! 깨어나십시오! 돌이켜 열심을 내십시오!

마지막으로, 진실로 열심을 내는 그리스도인들을 격려하고자 합니다.

여러분에게 당부하고 싶은 말은 딱 한 가지, 끝까지 견디고 이기라는 것입니다. 끝까지 열심을 내십시오. 그 열심이 사그라지지 않도록 하십시오. 처음 역사, 처음 사랑에서 뒷걸음질 치지 마십시오. 처음 마음, 처음 믿음이 더 좋았다는 말을 듣지 않도록 하십시오. 게으르고 태만해지면 곧 여러분의 모든 뜨거운 마음이 온데간데없이 사라질 것입니다. 여러분은 조만간 전혀 다른 사람처럼 변할 것입니다. 이런 말을 불필요한 권고 정도로 치부하지 말기 바랍니다!

지혜롭고 젊은 신자를 찾기 어려운 것은 사실입니다. 하지만 열심이 있는 나이든 신자를 찾는 것 역시 이에 못지않게 힘듭니다. 스스로 열심이 지나치다고 생각하지 않도록 조심하십시오. 너무 지나치게 할 수도 있다고 생각하는 일이 없도록 하십시오. 그리스도의 대의를 위해 과도하게 애쓰고 있다고 생각하지 않도록 하십시오. 과도하게 애쓰는 사람이 한 명이라면, 해야 할 만큼 충분히 애쓰지 않는 사람은 수천에 이릅니다. 오히려 "밤이 오리니 그때는 아무도 일할 수 없느니라"는 말씀을 기억하십시오(요 9:4). 마지막으로 나누고, 모으고, 가르치고, 방문하고, 일하고, 기도하십시오. 조금 쉬는 게 좋겠다는 말을 듣고 이렇게 대답한 고결한 마음의 한 얀센주의자의 말을 마음에 새기십시오. "영원히 쉴 때가 오는데 굳이 이 땅에서 쉴 필요가 어디 있습니까?"

사람들의 지탄이 두렵다고 움츠러들지 마십시오. 때로 억울한 일을 당하고 욕을 먹어도 용기를 잃지 마십시오. 융통성이 없는 사람이라느니, 도가 지나치게 믿는 사람이라느니, 광신적이라느니, 미쳤다느니, 바보라느니 하는 말을 들어도 신경 쓰지 마십시오. 이런 말을 듣는 것이 오히려 영광입니다. 가장 지혜롭고 탁월한 사람들에게도 세상은 이렇게 말했습니다. 사람들의 칭찬을 받기 위해 열심을 내고, 또 칭찬을 들을 때만 열심을 낸다면, 다시 말해 세상 사람들의 칭찬이 윤활유가 되어 열심의 바퀴가 굴러간다면, 이 열심은 오래가지 못합니다. 사람들이 칭찬하고 언짢아하는 것에 연연하지 마십시오. 우리가 신경 써야 할 한 가지가 있다면 그것은 바로 하나님의 칭찬입니다. 우리의 행위와 관련하여 물어야 할 것은 단 한 가지입니다. "그런 행위들이 심판 날 어떻게 드러날 것인가?" 하는 것입니다.

9장

자유

아들이 너희를 자유롭게 하면 너희가 참으로 자유로우리라. (요 8:36)

이 장에서 살펴볼 자유라는 주제는 아무리 숙고해도 지나침이 없습니다. 트럼펫 소리처럼 모든 영국과 스코틀랜드 사람들의 귓가에 울려 퍼져야 할 소리입니다. 우리가 사는 이 땅은 자유의 요람이라고 할 만합니다. 우리는 진정 자유롭습니까?

현재 영국 사람들의 인식을 고려할 때, 특별히 주의를 기울여야 할 질문이 아닐 수 없습니다. 정치가 많은 사람들의 생각을 사로잡고 있습니다. 우리가 지금 영국 국민으로서 누리는 자유 외에, 모든 사람이 누릴 수 있으나 많은 이들이 누릴 생각을 하지 못하고 살아가는 자유가 있습니다. 이 자유는 어떤 정치적 변화에도 영향 받지 않는 자유입니다. 여왕도, 하원의장도, 대중적 인기를 누리는 탁월한 지도자도 결코 주지 못하는 자유입니다. 오늘 우리가 살펴볼 주제가 바로 이 자유에 관한 것입니다. 이런 자유에 대해 알고 있습니까? 우리는 진정 자유롭습니까?

이런 자유와 관련하여 이 장에서 우리가 살펴볼 내용은 세 가지입니다.

1. 자유가 가지는 일반적인 탁월함은 무엇인가
2. 가장 탁월하고 진정한 자유는 무엇인가
3. 진정한 자유를 어떻게 얻어 누리는가

그렇다고 이 장이 정치적 논설이 될 것이라고 생각할 필요는 없습니다. 저는 정치인이 아닙니다. 성경이 말씀하는 정치학 외에 저는 정치에는 문외한입니다. 제가 유일하게 관심을 갖고 신경 쓰게 될 당이 있다면, 그것은 주님 편에서 일하는 당일 것입니다. 그런 당이 있으면 제게 말해 주십시오. 기꺼이 지지하겠습니다. 제가 관심 갖는 유일한 선거가 있다면 그것은 은혜로 말미암은 선택입니다. 제가 가진 단 한 가지 바람은 죄인들이 자신의 부르심과 택하심을 확신하는 것입니다. 제가 그 무엇보다 사람들이 알고 고양시키기를 바라는 자유는 하나님의 자녀가 누리는 영광스러운 자유입니다. 제가 지지하는 유일한 정부는 우리 주와 구주 예수 그리스도의 어깨에 매인 정사입니다. 모든 무릎이 그리스도 앞에 엎드리고 모든 입술이 그리스도를 주라 고백하기를 바랄 뿐입니다. 지금부터 이러한 주제를 살펴 갈 때 주의를 집중하기를 바랍니다. 제가 말하는 자유를 누리지 못하는 사람이 있다면 어떻게 이런 참된 자유를 얻어 누리게 되는지 보여주겠습니다. 이 자유를 누리는 사람이 있다면 그에게 지금 자신이 누리는 자유가 얼마나 가치 있는 것인지 보여주겠습니다.

1. 먼저 제가 살펴보고자 하는 것은 자유가 갖는 일반적인 탁월함입니다.

자유의 가치를 모르는 사람이 어디 있다고 이런 주제를 다루는지 의아해 할 사람들이 있을 것입니다. 시간낭비라고 생각할 수도 있습니다. 저는 그렇게 생각하지 않습니다. 제가 믿기로 이 땅에 사는 적지 않은 사람들이 자신이 누리는 자유가 얼마나 소중한지 모르고 있습니다. 갓난아기 때부터 성인이 될 때까지 자유로운 제도와 조직에서 자라기 때문입니다. 그렇지 못한 나라에서 어떤 일이 벌어지는지 거의 알지 못합니다. 두 가지 형태의 가장 악랄한 전제정치—군사 독재정부의 잔혹한 압제와 사리를 분간하지 못하는 대중에 의한 불관용적 횡포—가 있다는 사실을 모릅니다. 요컨대, 많은 영국 사람들이 자유가 얼마나 가치 있는 것인지 전혀 알지 못합니다. 자유로운 나라에서 태어났을 뿐 아니라, 단 한 순간도 자유 없이 지내보지 않았기 때문입니다.

여러분, 기억하십시오. 이런 자유는 무덤 이편에서 누릴 수 있는 가장 위대한 복입니다. 이 나라에는 신체에 대한 자유가 있습니다. 타인의 인격과 소유와 명예를 침해하지만 않으면 우리를 간섭하고 나무랄 사람은 없습니다. 가장 가난한 사람이라도 자기 집에서는 왕 노릇 할 수 있습니다. 행위가 자유롭습니다. 자기 몸을 건사할 수만 있으면 하고 싶은 것은 무엇이나 할 자유가 있습니다. 가고 싶은 곳은 어디나 갈 자유가 있고, 원하는 대로 시간을 보낼 자유가 있습니다. 양심이 자유로운 나라에 살고 있습니다. 타인의 자유를 침해하지 않는 한 우리의 신앙을 지켜 갈 수 있습니다. 하나님을 예배할 수 있습니다. 자신이 믿고 있는 구원의 길을 누구에게도 강제할 수 없습니다. 우리가 사는 이 나라는 외국인이 지배하는 나라가 아닙니다. 법규를 제정하고 집행하고 개편하는 사람은 다름 아닌 우리와 같은 혈통을 가진 영국 사람, 영국의 통치자입니다.

정리하면, 세상 어느 나라도 일찍이 누려 본 적이 없는 자유를 지금 우리는 누리고 있습니다. 개인적인 자유, 공적인 자유, 종교적인 자유, 국가적인 자유가 있습니다. 몸이 자유롭고, 양심이 자유롭고, 의사표현이 자유롭고, 사상이 자유롭고, 행동이 자유롭고, 종교가 자유롭고, 언론이 자유롭고, 가정이 자유롭습니다. 이 얼마나 대단한 특권입니까! 이로 인해 누릴 수 있는 안락함이 얼마나 큽니까! 이런 자유의 가치를 제대로 아는 사람은 없을 것입니다. 고대 유대 율법학자들이 이와 관련하여 잘 말했습니다. "바다를 먹물 삼고 온 지면을 종이 삼아도 자유의 가치를 다 기록하고 칭송하지는 못할 것이다."

이런 자유가 없는 나라는 비참하기 이를 데 없습니다. 모든 세대의 모든 나라들이 비참하기 이를 데 없었던 것도 바로 이 자유가 없었기 때문입니다. 여러분이 성경을 읽는 사람이라면 이런 자유가 없는 바로와 블레셋의 치하에서 이스라엘 백성이 얼마나 혹독한 종살이를 했는지 기억할 것입니다. 역사를 공부하는 사람이라면 타국의 압제와 종교재판소의 권력 아래서 네덜란드, 폴란드, 스페인, 이탈리아 같은 나라들이 어떤 폭압을 견뎌야 했는지 잘 알 것입니다. 우리 시대라고 예외는 아닙니다. 악한 노예제도가 온갖 악을 분출하는 거대한 원천이 된 지 오래입니다. 노예만큼 비참한 사람이 또 어디 있겠습니까?

이 땅의 많은 나라들이 자유를 얻고 지키기 위해 엄청난 피를 흘렸습니다. 이들이 흘린 붉은 피가 온 땅에 강물을 냈습니다. 자유를 위해 수많은 그리스, 로마, 독일, 폴란드, 스위스, 영국, 미국 사람들이 기꺼이 목숨을 내놓았습니다. 이들이 자유로워지기 위해서 지불하는 대가는 아무리 커도 지나치다고 생각되지 않습니다.

억압과 독재 가운데 자유를 쟁취한 사람들은 인류에 큰 은택을 가져온 사람들로 추앙을 받았습니다. 그것은 마땅한 일입니다. 유대 역사에서 모세와 기드온이 그런 사람이었습니다. 스파르타의 레오니다스(Leonidas), 로마의 호라티우스(Horatius), 독일의 마르틴 루터, 스웨덴의 구스타프 바사(Gustavus Vasa), 스위스의 윌리엄 텔(William Tell), 스코틀랜드의 로버트 부르스(Robert Bruce)와 존 낙스, 영국의 알프레드(Alfred)와 햄덴(Hampden)과 청교도들, 미국의 조지 워싱턴(George Washington) 등은 역사에서 자유를 쟁취한 사람들로 기억되고 추앙되는 것이 마땅합니다. 많은 충성된 사람들을 배출한 나라는 가장 고귀한 칭송을 받아 마땅합니다.

어느 세대를 막론하고 자유를 억압하고 대적한 자들은 당대의 페스트와 역겨움의 대상이 되었습니다. 그것은 마땅한 일입니다. 이집트의 바로, 시라큐스의 디오니시우스, 로마의 네로, 프랑스의 찰스 9세, 영국의 메리와 같은 사람들은 세세토록 수치와 불명예의 상징이 될 것입니다. 대중은 폭정을 일삼은 이런 압제자들을 정죄하지 않은 적이 없습니다. 백성의 자유를 억압했다는 단 하나의 이유 때문입니다.

그럼 제가 왜 이런 사실을 장황하게 늘어놓고 있습니까? 자유를 칭송하기 위한 말을 십분의 일만 쏟아 놓으려고 해도 시간과 지면이 부족할 것입니다. 동지와 자유의 원수 간의 갈등과 싸움에 대한 기록이 없는 역사적 사료는 존재하지 않습니다. 이 땅에서 위대한 나라라는 칭송을 얻고 세상에 족적을 남긴 나라 가운데 자유가 없는 나라가 어디 있습니까? 지금 온 나라 가운데 무역, 예술, 과학, 문명, 철학, 도덕, 복지 등에 괄목할 만한 진보를 이룬 나라는 어떤 나라입니까? 하나같이 참된 자유가 보장된 나라입니다. 하루가 멀다 하고 내란 음모와, 좋지 않은 소문, 불만과 약탈과 같은 비참한 소문이 들리는 나라의 면면을 보십시오. 자유가 없습니다. 있더라도 명목상으로만 보장되어 있습니다. 사람들을 농노와 노예로 대할 뿐 스스로 사고하고 행동하는 주체로 인정하지 않습니다. 대서양 너머의 한 위대한 정치인이 사람들을 모아 놓고 이런 말을 한 것도 새삼스럽지 않습니다. "노예제도로 누리는 안락한 삶이 달콤하고 사랑스럽습니까? 전능하신 하나님은 결코 그렇게 보지 않으실 것입니다! 노예제도에 대해서 다른 사람들이 어떤 길을 택하든 제가 알 바 아닙니다. 하지만 저에게는 자유가 아니면 죽음을 주십시오!"[1]

영국 사람으로서 이 땅에서 누리고 있는 자유를 대수롭지 않게 여겨서는 안 됩니다. 이에 대해 경고를 발하는 것이 필요합니다. 영국만큼 불평과 비난이 들끓는 나라도 없기 때문입니다. 영국에는 주변에서 일어나는 범죄와 악을 피상적으로 생각하고 범죄율을 과장해서 보는 사람들이 많습니다. 주변에서 얼마나 많은 복과 특권을 누리고 있는지에 대해서는 눈을 감아 버립니다. 자신들이 누리는 이득을 평가절하합니다. 비교하려면 전체적으로 비교해야 한다는 사실을 잊고 있는 것 같습니다. 허물과 결점은 있지만 오늘날 영국만큼 모든 계층이 자유와 복지를 누리는 나라가 없습니다. 인간의 본성이 타락한 이상 이 땅에서 완전을 기대하는 것은 부질없는 일입니다! 어떤 법, 어떤 정부가 들어서도 일정한 확률의 부패와 범죄는 피할 수 없습니다. 다시 말합니다. 오늘날 영국이 누리는 자유를 과소평가하고 전방위적인 변화를 촉구하는 사람들을 따라다니기에 여념이 없는 사람들이 되지 마십시오. 변화가 곧 개선을 의미하는 것은 아닙니다. 오래된 신발은 구멍이 나거나 여러 군데가 닳고 쭈그러져 있을 수 있습니다. 그럼에도 그 신을 신고 걷지 못할 정도는 아닙니다. 하지만 새 신발로는 발이 아파 걸을 수조차 없습니다. 물론 지금 우리가 가진 법이나 정부보다 더 나은 법과 정부를 갖는 것이 나쁠 것은 없습니다. 더 나은 법과 정부는 필요합니다. 하지만 그렇게 하다가 지금의 법이나 정부만도 못한 법과 체제를 갖게 될 수도 있습니다. 오늘날 세상에 아무리 비천한 사람들의 것이라도 이들의 생명과 건강, 재산, 인격, 개인의 자유를 영국만큼 소중히 돌보는 나라도 없습니다. 더 많은 자유를 찾는다고 길을 나서 보십시오. 바다로 나가 보십시오. 지상에 우리가 누리는 만큼의 자유를 누리는 나라가 없음을 확인하게 될 것입니다.[2]

하지만 저는 영국 사람들이 누리는 자유를 과소평가하지 말되 또 그것을 과대평가하지 말라고 말합니다. 세상에서 노예로 살아가는 것만이 유일한 노예생활이 아닙니다. 잊지 마십시오. 마찬가지로 이 땅에서 잠시 누리는 자유가 유일한 자유가 아닙니다. 여러분의 영혼이 자유하지 못한데 자유로운 나라의 시민으로 사는 것이 무슨 소용입니까? 죄에 종 노릇 하고 마귀에 사로잡혀 살아가는 사람이 영국과 같은 나라에서 사상의 자유와 의사표현의 자유, 행동의 자유, 양심의 자유를 누리는 것이 다 무슨 소용입니까? 그렇습니다. 바로 나 네로 이상으로 실제적이고 파괴적이지만 육신의 눈으로는 볼 수 없는 독재자가 있습니다. 손으로 만지지 못하지만 한 아프리카 사람의 손발을 으스러지게 했던 것만큼 실제적일 뿐 아니라 영혼을 버겁고 쇠진하게 하는 사슬이 있습니다! 오늘 여러분이 기억하기를 바라는 폭정은 바로 이런 것입니다. 여러분이 이런 사슬, 이런 종 노릇에서 자유롭게 되기를 바랍니다. 여러분이 영국 사람으로서 누리는 자유를 소중히 여기십시오. 마땅히 그렇게 해야 합니다. 하지만 이런 자유를 과대평가하지 마십시오. 이 땅에서 잠시 누리는 자유를 넘어 더 고상한 자유를 바라보십시오. 이런 고상한 의미에서 과연 "우리가 자유한지"를 진지하게 생각해 보아야 합니다.

2. 두 번째로, 탁월하고 진정한 자유가 무엇인지 살펴보겠습니다.

제가 말하는 자유는 아담의 모든 후손이 원하기만 하면 손을 뻗어 잡을 수 있는 것입니다. 이 자유를 향한 열망을 가진 사람을 막을 것은 세상에 없습니다. 독재자들이 감옥으로 위협할 수 있을 것입니다. 하지만 이 자유를 가진 사람을 가로막을 것은 아무것도 없습니다. 일단 이 자유가 우리 것이 되면 누구도 우리 손에서 빼앗아 갈 수 없습니다. 우리를 고문할 수 있고, 죽일 수도 있으며, 교수형이나 참수형, 화형에 처할 수도 있습니다. 하지만 우리가 가진 참된 자유를 앗아 가지는 못합니다. 이 세상에서 가장 가난한 자도 이 자유를 누리는 데 있어서는 부자와 전혀 차별이 없습니다. 가장 많이 배운 사람은 물론 가장 못 배운 사람도 이 자유를 누립니다. 가장 강한 사람은 물론 가장 약한 사람도 이 자유를 누립니다. 교황이 내린 교서로 없앨 수 있는 것이 아닙니다. 일단 이 자유가 우리 것이 되면 그것은 우리의 영원한 소유입니다.

그러면 이처럼 영광스러운 자유란 무엇입니까? 어디서 이런 자유를 발견합니까? 어떻게 이런 자유를 얻습니까? 어떤 사람이 이런 자유를 얻었습니까? 지금 이런 자유를 주려고 하시는 분은 누구입니까? 이제 여러분은 제가 하는 말을 잘 들어 보십시오. 이런 질문들에 분명한 대답을 드리겠습니다.

제가 말하는 진정한 자유는 영적인 자유입니다. 영혼의 자유를 말합니다. 그리스도께서 주시는 자유입니다. 돈이 없고, 대가를 치르지 않아도 모든 그리스도인에게 거저 주시는 것입니다. 아들이 자유롭게 하면 진실로 자유롭게 됩니다. "주의 영이 계신 곳에는 자유가 있느니라"(고후 3:17). 사람들에게 무엇이 왕정과 공화정 간의 상대적인 자유에 열광하게 하는지 말해 보도록 하십시오. 차라리 보편적인 자유와 형제애, 평등을 위해 힘쓰라고 하십시오. 하나님 나라의 시민이 되기 전에는 가장 고상한 자유가 무엇인지 알 길이 없습니다. 그리스도께서 자유롭게 하신 사람이 아니라면 가장 탁월한 자유에 무지할 수밖에 없습니다.

그리스도께서 자유롭게 하신 사람은 죄책에서 자유합니다. 많은 사람들의 양심을 짓누르는 용서받지 못한 죄로 인한 무거운 짐이 더 이상 이들을 억누르지 못합니다. 그리스도의 피가 이 모든 죄를 깨끗하게 했습니다. 이제 이들은 용서받고, 화목하게 되고, 의롭게 되고, 하나님이 보시기에 받으실 만한 사람이 되었다고 느낍니다. 이들이 지은 죄가 아무리 크고 많아도 그 죄들을 돌아보고 이렇게 말합니다. "너는 더 이상 나를 정죄하지 못한다." 수년간의 부주의하고 경박했던 세속의 삶을 떠올리며 이렇게 말합니다. "누가 나를 정죄하리요?" 이것이 바로 참된 자유입니다. 이런 자유가 진정한 자유입니다.

그리스도께서 자유롭게 하신 사람은 죄의 권세에서 자유롭습니다. 죄가 더 이상 이들의 마음을 좌우하지 못합니다. 죄가 더 이상 홍수와 같이 이들을 엄습하지 못합니다. 그리스도 성령의 능력으로 이들은 자기 몸의 죄의 행위를 죽이고 그 정욕과 욕심과 더불어 육신을 십자가에 못 박습니다. 이들 안에 역사하는 그리스도의 은혜로 말미암아 죄로 치닫는 성향도 이깁니다. 육체가 반발하고 발악하지만 이기지는 못합니다. 마귀가 이들을 미혹하고 괴롭힐 수는 있지만 이기지는 못합니다. 이들은 더 이상 정욕과 욕심, 기분과 감정에 휘둘리며 종 노릇 하지 않습니다. 이 모든 일에서 이들은 자신들을 사랑하는 그리스도로 말미암아 넉넉히 이깁니다. 이것이 진정한 자유입니다. 자유롭게 되었다는 것은 바로 이것을 말합니다.

그리스도께서 자유롭게 하신 사람은 비굴한 두려움으로 하나님을 대하지 않습니다. 더 이상 하나님을 자신이 죄로 거스른 창조자로 알고 두려움과 공포로 다가서지 않습니다. 더 이상 하나님을 미워하지 않습니다. 동산에서 불순종한 아담과 달리 하나님을 피해 다니려고 하지 않습니다. 하나님의 심판을 생각하며 두려워 떨지 않습니다. 그리스도께서 그들에게 주신 양자의 영을 따라 하나님을 화목하게 된 아버지로 대하고, 하나님의 사랑을 생각하며 기뻐합니다. 하나님의 진노가 사라진 것을 느낍니다. 성부 하나님은 그리스도 안에서 이들을 보고 대하십니다. 그들 스스로는 무가치한 진노의 대상일 뿐이지만, 그리스도 안에 있는 그들은 하나님이 기뻐하시는 자들입니다. 이것이 진정한 자유입니다. 자유롭게 되었다는 것은 바로 이것을 말합니다.

그리스도께서 자유롭게 하신 사람은 사람을 두려워하지 않습니다. 더 이상 사람의 평판과 의견을 두려워하거나 사람들이 어떻게 생각할까에 연연하지 않습니다. 사람들의 호의를 얻고 미움을 사고 환심을 사고 화를 돋우는 데는 관심이 없습니다. 눈에 보이는 사람이 아닌 보이지 않으시는 그리스도를 바라봅니다. 그리스도의 은혜와 사랑을 입은 이상 사람들의 비난은 아무래도 좋습니다. 이들 역시 "사람을 두려워하는" 올무에 매여 살았습니다. 사람들의 말과 생각, 행위에 노심초사했습니다. 주변의 풍조나 유행을 거스르는 일은 꿈도 꾸지 못했던 사람들이었습니다. 소외된다는 생각에 움츠러들었습니다. 하지만 이제 이 올무에서 벗어나 구원을 받았습니다. 이것이 참된 자유입니다. 자유롭게 되었다는 것은 바로 이를 두고 하는 말입니다.

그리스도께서 자유롭게 하는 사람은 죽음을 두려워함으로 종 노릇 하지 않습니다. 더 이상 죽음은 이들을 당혹스럽게 하는 끔찍한 것이 아닙니다. 그리스도를 통해 이 마지막 원수를 정면으로 응시하고 이렇게 말할 수 있게 되었습니다. "너는 절대 나에게 해를 가할 수 없다." 죽음 이후에 도래할 실체들—썩고 부활하고 심판을 받고 영원으로 들어가는 것들—을 기다릴 뿐 이런 생각에 침체되지 않습니다. 열린 무덤 곁에 서서 이렇게 말할 수 있는 사람들입니다. "오 사망아, 너가 쏘는 것이 어디냐? 오 무덤아, 너의 승리가 어디에 있느냐?" 기꺼이 자신을 죽음의 침상에 누이고 이렇게 말합니다. "내가 사망의 음침한 골짜기로 다닐지라도 해를 두려워하지 않겠다"(시 23:4). "내 머리카락 하나도 그냥 떨어져 없어지지 않을 것이다." 이것이 참된 자유입니다. 자유롭게 되었다는 것은 바로 이것을 말합니다.

무엇보다도 그리스도께서 자유롭게 하신 사람은 영원히 자유롭습니다. 한번 하늘의 시민권을 얻은 사람의 이름은 결코 지워지지 않습니다. 그리스도 나라의 자유를 얻은 사람은 영원토록 이 자유를 누립니다. 이 세상의 자유가 주는 가장 큰 특권도 잠시입니다. 이 땅에서는 가장 자유롭다고 하는 시민도 결국 죽음에 굴복해야 하고, 죽음과 동시에 자신이 누렸던 모든 특권을 내려놓아야 됩니다. 하지만 그리스도의 백성이 누리는 자유의 특권은 영원합니다. 무덤에까지 이어질 뿐 아니라 그대로 살아서 역사합니다. 그뿐 아닙니다. 마지막 날에 다시 살아나서 영원토록 이 특권을 누립니다. 이것이 참된 자유입니다. 자유롭게 되었다는 것은 바로 이것을 말합니다.

어떻게 그리스도께서 이 엄청난 특권을 그분의 백성을 위해 얻게 되셨는지 궁금하십니까? 타당한 의문입니다. 동시에 분명한 답을 기대하기 어려운 질문이기도 합니다. 자, 이제 제 말을 잘 들어 보십시오. 그리스도께서 어떻게 그분의 백성을 자유롭게 하셨는지 보여주겠습니다.

그리스도의 백성이 누리는 자유는 여느 자유와 마찬가지로 엄청난 대가와 희생으로 얻은 것입니다. 이들을 결박한 힘이 대단했던 만큼 이들을 자유롭게 하기 위해 치르는 대가 역시 클 수밖에 없습니다. 이들을 자신의 포로로 주장했던 원수도 강력했기 때문에, 이 원수의 손에서 그들을 탈취하기 위해서는 그 이상의 권세와 능력이 있어야 했습니다. 하지만 예수 그리스도 안에 충분한 은혜와 능력이 있었습니다. 그분의 백성을 자유롭게 하기 위해 필요한 모든 대가를 지불하셨습니다. 그리스도께서 이들을 위해 치르신 대가는 다름 아닌 자신의 생명과 보혈이었습니다. 우리의 속죄 제물이 되셔서 십자가 위에서 우리 죄를 위한 고난을 당하셨습니다. 친히 이들의 저주가 되셔서 율법의 저주에서 이들을 속량하셨습니다(갈 3:13). 자신의 인격으로 이들의 죄값을 다 갚으셨습니다. 이들의 화목을 위해 필요한 모든 대가와 고초를 친히 담당하셨습니다(사 53:5). 율법이 말하는 최상의 의를 성취하심으로 이들을 향해 드리워진 율법의 요구를 하나하나 다 이루셨습니다. 스스로 이들의 죄가 되심으로 어떤 죄도 이들에게 전가되지 않도록 하셨습니다(고후 5:21). 이들을 대신해 마귀와 싸우셨습니다. 십자가에서 마귀를 이기셨습니다. 승리자이자 정복자로서 그리스도께서는 정사와 권세를 전리품으로 취하고 갈보리에서 모두 보여주셨습니다. 한마디로, 우리를 위해 자신을 주신 그리스도께서 우리를 구속하기 위해 필요한 모든 권리를 획득하셨습니다. 그리스도께서 자유롭게 하신 자들을 건드릴 자가 아무도 없습니다. 이들의 빚이 다 청산되었습니다. 겨우 갚은 것이 아니라 수천수만 배를 더 쳐서 갚으셨습니다. 온전하고 완전하고 충분한 속죄로 이들의 죄를 대속하셨습니다. 하나님의 속죄양의 죽음으로 하나님의 정의가 완전히 충족되었고 이들을 위한 완전한 자유가 주어졌습니다.

하나님의 영광스러운 구속의 계획을 주목하여 보고 이해합시다. 신자라고 하면서도 위로를 누리지 못하고 항상 의심을 떨쳐버리지 못하면서 허탄한 소망을 가질 수밖에 없는 이유는 이 부분에 무지하기 때문입니다. 어쨌든 그리스도께서 죄인을 구원하신다는 막연하고 모호한 생각으로 만족하는 사람들이 많습니다. 하지만 정작 왜, 어떻게 구원이 이루어지는지에 대해서는 한 마디도 하지 못합니다. 이런 무지를 저는 경멸합니다. 그리스도의 대속의 죽음과 속죄의 교리를 주목하여 보고 이 가르침으로 인해 우리 영혼이 쉼을 얻어야 합니다. 그리스도께서 십자가에 달리셨을 때, 그분의 백성을 대신해 그 자리에 서시고, 그분의 백성을 위해 고난당하시고 죽으심으로 그분 백성의 모든 죄값을 치르시고, 온전히 만족케 하시고, 그분 백성의 보증인과 대표가 되셨고, 이 사실로 인해 그분의 백성이 자유롭게 되었다는 진리를 견고하게 붙들어야 합니다. 이 진리를 분명하게 이해할수록 그리스도로 말미암아 자유롭게 된 특권이 얼마나 대단한 것인지 절감할 수 있습니다.

그러므로 이런 자유야말로 누릴 가치가 있는 유일한 자유입니다. 아무리 이 자유를 높이 칭송해도 부족합니다. 세상의 자유와 달리 이 자유는 과대평가될 위험이 전혀 없습니다. 오히려 아무리 높이 평가해도 부족하기만 할 뿐입니다. 다른 모든 자유는 아무리 만족스럽다고 해도 부족함이 많고, 늘 불확실하고 불안정한 자유일 뿐입니다. 그리스도의 자유만이 흔들리거나 전복되지 않습니다. 언약으로 인 쳐지고 확정된 유일하게 확실한 자유입니다. 하나님의 영원한 경륜이 이 자유의 토대입니다. 어떤 외세도 이 자유를 번복하거나 없애지 못합니다. 하나님의 아들이 친히 그분의 피로 확정하고 인 치신 것이기 때문입니다. 열국이 누리는 정치적 자유는 길다고 해도 몇 세기가 전부입니다. 그리스도께서 그분의 모든 백성에게 주시는 자유는 우리가 발 딛고 있는 단단한 이 땅보다 더 오래갑니다.

이 자유야말로 가장 진정하고 고상한 자유입니다. 죽음으로 향해 가는 이 변화무쌍한 세상에서 사람이 반드시 누려야 할 자유가 있다면 바로 이것입니다.

3. 마지막으로, 어떻게 하면 사람이 얻을 수 있는 가장 탁월한 자유를 누리는지 살펴보겠습니다.

이 부분과 관련하여 오늘날 만연한 오류 때문에라도 이 부분을 제대로 아는 것이 중요합니다. 영적인 자유가 있고, 그리스도만이 우리를 위해 이 자유를 이루셨다는 사실을 부정할 신자는 없을 것입니다. 하지만 이렇게 이룬 구속을 적용하는 데 있어서는 사람들의 생각이 갈립니다. "그리스도께서 실제로 자유롭게 해주신 사람들은 누구인가?"라는 물음에는 대답을 못합니다. 이 대답을 못한다는 이유 때문에 여전히 자신들의 사슬에 매여 있습니다. 다시 한 번 제 말을 잘 들어 주십시오. 이 주제에 대해 좀 더 자세히 설명해 보겠습니다. 그리스도께서 얻으신 구속이 없다면, 이 구속의 열매가 어떻게 자신의 것이 되는지 알지 못하면, 어떻게 이 자유가 자신과 관계가 있는지 깨닫지 못하면, 그리스도께서 그분의 백성에게 주신 이 자유에 대해 아무리 읽어도 아무런 소용이 없습니다.

날 때부터 그리스도의 자유를 덧입고 태어나는 사람은 없습니다. 특정한 도시에서 출생한 것 때문에 특권을 누리는 경우는 있습니다. 길리기아 다소에서 사도 바울은 로마 천부장에게 자신은 나면서부터 로마 시민이라고 했습니다. 하지만 영적인 것과 관련해서는 다릅니다. 아담의 자손인 우리는 나면서부터 죄의 종, 노예로 태어납니다. 본질상 우리는 "진노의 자녀"입니다. 천국에 이를 만한 자격이 전혀 없습니다.

세례를 받는다고 그리스도의 자유를 얻는 것이 아닙니다. 해마다 무수히 많은 사람들이 세례를 받으러 나와 삼위 하나님의 이름으로 세례를 받지만, 여전히 죄 아래 종 노릇 하고 평생을 그리스도와 상관없이 살아가는 사람들이 많습니다. 세례만 받았을 뿐 자신이 하늘 시민이라는 증거를 나타내지 않는 사람들의 영혼은 참으로 비참한 상태에 있는 것입니다!

그리스도의 교회 회원이 된다고 그리스도의 자유를 누리는 것이 아닙니다. 회사나 기업에서는 이름만 그 기관의 명부에 있으면 그들의 성품이 어떻든 상관없이 그 회사의 일원으로서 모든 특권을 누릴 수 있습니다. 그리스도의 나라는 이런 기업이나 단체가 아닙니다. 그리스도의 나라에 속한 사람인지 그리스도의 자유를 누리는 사람인지를 가리는 중요한 시금석은 바로 개인의 성품입니다.

이런 사실들을 잘 기억하십시오. 그리스도께서 이루신 구속의 범위를 제한하려는 것이 아닙니다. 그리스도께서 십자가에서 치르신 대가는 온 세상을 구원하고도 남습니다. 세례나 교회의 회원 됨을 폄훼하려는 것도 아닙니다. 하지만 그리스도께서 정하신 규례나 어두운 세상에서 그리스도께서 보존해 가시는 교회의 가치는 결코 가볍게 여길 것이 아닙니다. 제가 주장하는 바는 세례나 교회 회원된 것으로 결코 만족해서는 안 된다는 것입니다. 우리의 신앙이 이 수준에서 머물고 마는 것이라면, 아무런 유익도 만족도 얻을 수 없습니다. 그리스도께서 피로 값 주고 사신 구속과 관계가 있기 위해서는 이런 것들 이상의 무엇인가가 있어야 합니다.

물론 그리스도의 자유를 누리기 위해서는 믿음만 있으면 됩니다. 사람이 자유로워지기 위해서는 그리스도를 우리의 주와 구속자로 믿는 단순한 믿음만 있으면 됩니다. 그리스도를 받고, 의지하고, 그분께 헌신하고, 우리의 모든 짐을 그분께 맡겨 드리는 것만이 영적 자유를 누리는 길입니다. 그리스도로 말미암아 자유롭게 된 사람이 누리는 특권은 실로 엄청납니다. 사람이 처음 그리스도를 주와 구주로 믿게 되는 순간부터 이 엄청난 특권을 소유하게 됩니다. 아직 이 특권이 얼마나 소중한지 그 가치를 제대로 모를 수도 있습니다. 하지만 틀림없이 그의 것입니다. 그리스도를 믿는 자는 정죄에 이르지 않습니다. 거듭나고 의롭게 된 하나님의 후사요, 영생을 가진 자입니다.

우리가 지금 다루는 진리는 값을 매길 수 없을 만큼 소중한 진리 가운데 하나입니다. 이 진리를 견고하게 붙들어야 합니다. 절대 놓쳐서는 안 됩니다. 양심의 화평을 원한다면, 내면의 안식과 위로를 원한다면, 믿음만이 그리스도의 구속을 받아 누리는 유일하고도 위대한 비결이라는 사실에 대해 조금도 타협해서는 안 됩니다. 믿음을 단순하게 바라보십시오. 믿음을 복잡하게 해서 마음을 어지럽히지 마십시오. 온 힘을 다해 거룩을 추구하십시오. 여러분의 영혼에 역사하시는 성령의 증거를 확실하고 분명히 하기 위해 힘쓰십시오. 하지만 그리스도의 구속을 받아 누리는 데 있어서는 믿음만이 홀로 우뚝 선다는 사실을 기억하십시오. 영혼이 자유롭게 되는 것은 오직 믿음을 통해서입니다.

무지하고 잘 배우지 못한 사람에게 이 교리만큼 잘 들어맞는 것도 없습니다! 신학이 무엇인지도 모르고 신조조차 외우지 못하는 움막에 사는 가난하고 비천한 사람을 찾아가십시오. 가서 십자가의 이야기를 들려주고, 예수 그리스도와 죄인들을 향한 그분의 사랑 이야기를 들려주십시오. 이 땅에서 가장 잘 배운 사람만이 아니라 그와 같이 못 배운 사람에게도 동일하게 그리스도의 자유—죄책에서의 자유, 마귀로부터의 자유, 정죄로부터의 자유, 지옥으로부터의 자유—가 주어졌음을 말해 주십시오. 그리스도를 의지하고 믿기만 하면 이 모든 자유가 바로 그의 것이라고 말해 주십시오. 알아들을 수 있도록 분명하고, 담대하고, 쉽게 말해 주십시오.

병들고 죽어 가는 사람들에게 이 교리만큼 합당한 교리도 없습니다! 병들어 죽음을 기다리는 침상으로 가서 극악무도한 죄인에게 그가 받기만 하면 그와 같은 죄인에게도 소망이 있다는 사실을 사랑으로 말해 주십시오. 그리스도께서는 다름 아닌 죄인을 구원하러 오셨다고 말해 주십시오. 죄인 중 괴수도 예외가 아니라고 말해 주십시오. 그리스도께서 인간 영혼이 구원을 얻기 위해 필요한 모든 요구와 일을 이루시고 행하셨다고 말해 주십시오. 죽음을 기다리고 있는 사람이라도 믿기만 하면 즉시 모든 죄책에서 자유롭게 된다고 말해 주십시오. 그렇습니다. 이 성경 말씀을 그에게 들려 주십시오. "네가 만일 네 입으로 예수를 주로 시인하며 또 하나님께서 그를 죽은 자 가운데서 살리신 것을 네 마음에 믿으면 구원을 받으리라"(롬 10:9).

우리가 그리스도의 구속과 상관이 있는 사람인지 알고자 한다면 이 진리에서 절대 눈을 떼서는 안 됩니다. 자신이 선택 받았는지, 회심했는지, 은혜의 그릇인지 유추하느라 시간을 허비하지 마십시오. "그리스도께서 과연 나를 위해서 죽으셨는가?"와 같은 무익한 질문에 시간을 허비하지 마십시오. 성경에 보면 이런 질문을 한 사람은 아무도 없습니다. 난순한 이 한 가지 질문에 집중하십시오. "죄인으로서 나는 겸손히 그리스도를 의지하는가? 나를 그분께 맡겼는가? 나는 그리스도를 믿는가?" 다른 것은 거들떠보지도 마십시오. 이 사실에만 집중하십시오. 성경이 말씀하는 분명한 본문과 약속들에 자신의 영혼을 맡기기를 두려워하지 마십시오. 여러분이 믿는다면, 여러분은 자유입니다.

이제 결론으로 우리가 살펴본 전체 주제로부터 나올 수밖에 없는 질문 한 가지를 합니다. 모두에게 묻습니다. "여러분은 자유합니까?"

저는 여러분이 어떤 사람인지 모릅니다. 하지만 그것과 상관없이 중요한 사실 한 가지는 어느 세대를 막론하고 이 질문만큼 절박한 것도 없다는 것입니다. 정치적 자유, 시민적 자유, 상거래의 자유, 의사표현의 자유, 언론의 자유 외에도 많은 것들이 사람들의 관심을 사로잡고 있습니다. 영적인 자유를 생각하기 위해 시간을 내는 사람은 많지 않습니다. 아니, 아주 드뭅니다. 어떤 위치에 있든지 죄를 섬기는 사람은 죄의 종이라는 사실을 잊고 사는 사람이 너무나 많습니다. 그렇습니다! 이곳 영국에는 술에 인 박이고, 혼령에게 정신이 팔려 있고, 정욕, 야망, 정치 정당, 돈, 도박, 유행, 못된 성질과 기분의 종으로 살아가는 사람들이 많습니다! 육신의 눈으로는 이들이 매인 사슬이 보이지 않습니다. 이들 역시 스스로 자유자라고 외칩니다. 그럼에도 이들은 죄의 종 노릇을 하고 있는 것입니다. 사람들이 이 소리를 듣기 싫어해도 상관없습니다. 도박하는 자와 술취한 자, 탐하는 자, 호색적인 자, 탐식하는 자, 음란한 자는 자유자가 아니라 노예입니다. 마귀에게 손발이 묶여 있는 자입니다. "죄를 짓는 자는 마귀에게 속하나니"(요일 3:8). 정욕과 욕심의 노예로 살아가면서 자유자라고 떠벌리는 것은 명백한 거짓말입니다. 지옥으로 내려가는 것입니다.

아직 건강하고, 시간이 있고, 생명이 있을 때 깨어서 이 사실을 깨달아 알아야 합니다. 정치적 투쟁과 정당 간의 분쟁에 빠져서 자신의 소중한 영혼을 잊어서야 되겠습니까? 자신이 원하는 정치적 입장을 정직하게 따르면 됩니다. 하지만 어떤 정치체제가 줄 수 있는 자유보다 훨씬 더 고상하고 영속적인 자유가 있다는 사실을 결코 잊어서는 안 됩니다. 이 자유가 여러분의 것이 되기까지는 쉬지 마십시오. 여러분의 영혼이 자유를 누리기까지는 쉬면 안 됩니다.

두 번째로 묻습니다. "여러분, 자유롭고 싶은 마음이 있습니까?" 세상이 줄 수 있는 자유보다 더 고상하고, 더 나은 자유―여러분의 죽음과 함께 없어지는 자유가 아닌 무덤 저편에서도 계속될 자유―를 향한 갈망이 있습니까? 그렇다면 오늘 제가 하는 말을 잘 들으십시오. 그리스도를 구하십시오. 회개하고 믿으십시오. 그리고 자유를 얻으십시오. 그리스도께는 겸손하게 자유를 간구하는 자들에게 나누어 줄 자유가 얼마든지 있습니다. 그리스도께서 여러분 마음의 짐을 벗겨 주실 수 있습니다. 여러분의 속사람을 결박하고 있는 사슬을 끊어 버릴 능력이 있습니다. "아들이 너희를 자유롭게 하면 너희가 참으로 자유로우리라"(요 8:36).

이와 같은 자유야말로 진정한 행복의 비결입니다. 만족과 평강을 누리며 이 세상을 지나갈 수 있는 사람은 하늘 시민 외에는 없습니다. 이들의 어깨에 짊어진 이 땅의 짐은 쉽고 가볍기만 합니다. 이 땅에서 고통을 겪어도 이런 자유를 모르는 사람처럼 낙담하지 않습니다. 이 땅의 의무와 염려가 이들의 영혼을 삼키지 못합니다. 아무리 어두운 때를 지나고 있더라도 이들을 붙들어 주는 생각이 있습니다. "세상에서 일어나는 어떤 일도 나로 넘어지게 하지 못한다. 나는 영적으로 자유로운 사람이다."

이런 자유는 선한 정치인이 되는 비결입니다. 그리스도께서 자유롭게 하신 사람들은 각 세대마다 법과 질서의 진정한 우군이었고, 모든 계층의 유익을 도모하는 도구였습니다. 이백 년 전에 멸시 당하던 청교도들이 이 땅을 다스린 모든 정부가 한 것보다 영국의 자유에 더 많은 기여를 했다는 사실을 잊지 마십시오. 올리버 크롬웰만큼 이 나라를 존경받는 나라, 열국의 두려움을 사는 나라로 만든 사람은 없었습니다. 진정한 애국심의 근원은 그리스도께서 자유롭게 하신 사람들 가운데 하나가 되는 것입니다.

세 번째로 묻습니다. "여러분은 영적으로 자유합니까?" 그렇다면 이 자유로 인해 기뻐하고 감사하십시오. 사람들의 조롱과 멸시에 신경 쓰지 마십시오. 여러분이 가진 믿음이나 여러분의 주님을 부끄러워할 이유가 없습니다. 천국의 시민권을 가지고(빌 3:20), 하나님을 아버지로, 그리스도를 맏형으로, 천사들을 일상의 보호자로, 천국을 본향으로 둔 사람은 모든 것을 가진 사람입니다. 법을 바꾼다 해도 그가 가진 위대함에 무엇이 더해지는 것이 아닙니다. 더 많은 특권을 누리게 한들 하나님 앞에서 신자의 위상이 달라지는 것은 아닙니다. "내게 줄로 재어 준 구역은 아름다운 곳에 있음이여 나의 기업이 실로 아름답도다"(시 16:6). 지금 우리가 누리는 은혜와 장래의 영광에 대한 소망이 20개의 자치구나 카운티를 위한 선거권을 갖는 것보다 훨씬 더 크고 영속적인 특권입니다.

여러분은 자유롭습니까? 그렇다면 그 자유에 굳게 자리를 잡으십시오. 다시 종의 멍에를 메지 마십시오. 여러분을 다시 로마 가톨릭 교회로 이끌기 위해 꾸미는 그럴듯한 교언에 귀를 기울이지 마십시오. 한분의 중보자 예수 그리스도 외에 다른 중보자가 있다는 말에 귀를 기울이지 마십시오. 십자가에서 단번에 드린 희생 외에 다른 희생이 있다는 말에 속지 마십시오. 임마누엘의 대제사장 외에 다른 제사장이 있다는 말에 속지 마십시오. 십자가에 달리신 구주의 이름 외에도 다른 이름으로 예배할 수 있다는 말에 속지 마십시오. 하나님의 말씀이 아닌 다른 것도 믿음과 실천의 원리가 될 수 있다는 말에 속지 마십시오. 은혜의 보좌만이 아닌 고해를 통해서도 죄를 고백할 수 있다는 말에 속지 마십시오. 그리스도께서 그분의 믿는 백성의 마음에 주신 것만이 아니라 다른 효과적인 죄사함의 방법이 있을 수 있다는 말에 속지 마십시오. 우리가 살아 있는 동안 그리스도의 보혈의 샘에서만이 아니라 나중에 연옥을 통해서도 죄를 씻을 수 있다는 말에 속지 마십시오. 이 모든 진리로 울타리를 삼고 흔들림 없이 서 있으십시오. 잘못된 선생들이 그리스도인들에게서 복음의 자유를 앗아 가고 우리 가운데 다시 온갖 미신을 들이려고 하고 있습니다. 힘써 이런 가르침을 거부하십시오. 한 순간도 이런 가르침에 귀를 기울이지 마십시오. 이런 가르침은 조금도 허용하지 마십시오. 저 복된 종교개혁이 있기 전에 이 나라에 로마 가톨릭의 가르침이 얼마나 창궐했는지 기억해 보십시오. 복음으로 말미암은 영적인 자유의 불을 밝히기 위해 순교의 자리로 나아간 우리의 종교개혁자들이 치른 대가를 생각해 보십시오. 이 자유를 위해 분연히 일어나십시오. 그리고 이 자유를 조금도 손상시키지 말고 자녀들에게 고스란히 전해 주십시오.

    자유롭게 되었습니까? 그렇다면 여전히 영적인 흑암 가운데 손발이 결박되어 있는 수백, 수천만의 사람들을 날마다 기억하십시오.

아직 그리스도와 구원에 대해서 한 번도 들어 보지 못한 수많은 이교도들을 떠올려 보십시오. 아직도 메시아를 받아들이지 않고 온 지면에 흩어져 유랑하는 유대인들을 생각해 보십시오. 교황에게 포로로 잡혀서 참된 자유와 빛, 화평과 같은 것은 전혀 알지 못한 채 살아가는 수백만의 로마 가톨릭 교도들을 생각해 보십시오. 입으로는 믿는다고 하지만 실제로는 이교도와 같이 안식일도 모르고 은혜의 방편도 모른 채 끊임없이 마귀의 종 노릇 하기에 여념이 없는 수많은 사람들을 생각해 보십시오. 이런 사람들을 생각하고 불쌍한 마음을 가져야 합니다. 이들을 떠올리며 이렇게 말할 수 있어야 합니다. "이들을 위해 나는 무엇을 할 수 있을까? 이들이 자유를 얻어 누리도록 하기 위해 내가 할 수 있는 일은 무엇인가?"

바리새인과 예수회 사람들은 개종할 자를 찾아 땅과 바다를 두루 다닙니다. 정치인들은 자유무역과 구교도 해방을 위해 밤낮으로 수고하며 세를 규합하기에 여념이 없습니다. 박애주의자들은 흑인 노예제도를 없애기 위해 수년 동안 동분서주합니다. 그런데 그리스도로부터 자유를 얻었다는 우리가 사람들을 지옥에서 건지기 위한 일을 하지 않는다는 것이 말이 됩니까? 믿음이 있다면 결코 그럴 수 없습니다! 그리스도의 사랑을 생각해 봐도 그럴 수 없습니다! 이 세상의 자녀들은 이 땅에서 잠시 누릴 자유를 위해 이렇게 열심을 내는데, 영적인 자유를 위한다는 하나님의 자녀들은 더 큰 열심을 내는 것이 마땅하지 않습니까! 이런 문제를 이기적으로 생각하고 안일하게 지내는 것은 지금까지로 족합니다. 이제 남은 날들은 영적인 자유와 해방을 위해 매진해야 합니다. 영적인 자유가 얼마나 복된지

맛본 사람이라면, 다른 사람도 이 자유를 맛볼 수 있도록 모든 수고를 아끼지 말아야 합니다.

자유를 누리고 있습니까? 그렇다면 믿음으로 장차 도래할 선한 일들을 바라고 기대해야 합니다. 죄책과 죄의 권세로부터 자유롭게 되었지만, 그렇다고 마귀의 유혹과 위협을 받지 않는 것은 아닙니다. 유혹과 위협은 신자라면 날마다 부딪힐 수밖에 없는 현실입니다. 타락이 초래한 영원한 결과에서 구속되었지만 아직 질병과 연약함, 슬픔과 고통으로부터 구속된 것은 아닙니다. 그렇습니다. 그리스도께서 자유롭게 한 사람들 가운데 우리는 아직 천국이 아니라 이 땅을 살아가는 사람들이라는 사실을 고통스럽게 되뇌지 않아도 되는 사람은 없습니다. 우리는 아직 몸을 입고 있습니다. 아직 이 세상이라는 광야의 여정이 끝나지 않았습니다. 아직 본향에 이르지 못했습니다. 이미 많은 눈물을 흘렸지만 어쩌면 더 많은 눈물을 흘려야 할지 모릅니다. 우리 안에는 여전히 가난하고 연약한 마음이 자리합니다. 여전히 마귀의 공격을 받습니다. 우리의 구속이 시작된 것은 맞습니다. 하지만 아직 이루어진 것은 아닙니다. 구속의 뿌리가 자리를 잡았습니다. 하지만 아직 꽃은 피지 않았습니다.

그러나 용기를 내야 합니다. 더 나은 날들이 도래하고 있습니다. 우리의 위대한 구속자요 우리를 자유하게 하신 이가 우리 앞에 가서 그분의 백성을 위한 집을 준비하고 계십니다. 그분이 다시 오시는 날에 우리의 구속은 완성될 것입니다. 위대한 희년이 도래하고 있습니다. 몇 번의 성탄절과 몇 번의 새해를 더 맞이하고 나면, 모이고 흩어지기를 조금만 더 하면, 삶과 죽음을 조금만 더 직시하면, 결혼식과 장례식을 몇 번만 더 참석하면, 눈물을 조금 더 흘리고 조금 더 분투하면, 몇 차례 더 병들고 아프고 나면, 안식일과 성찬식을 조금 더 누리고 나면, 설교와 기도에 조금만 더 힘쓰고 나면, 마침내 끝이 옵니다! 우리 주님이 다시 오실 것입니다. 먼저 죽은 성도들이 무덤에서 일어날 것입니다. 살아 있는 성도들은 홀연히 변화될 것입니다. 그때 비로소 우리도 완전히 자유롭게 될 것입니다. 그때까지는 아닙니다. 우리가 믿음으로 누려 온 자유도 그때에는 눈에 보이는 자유로 바뀔 것입니다. 소망으로 인한 자유도 확실한 자유로 바뀔 것입니다.

그렇다면 우리 다 같이 그때를 기다리기로 다짐합시다. 깨어서 바라고, 기도하며, 천국에 자기를 위한 것들이 예비되어 있는 사람처럼 살아갑시다. 밤이 거의 지났습니다. 낮이 가까이 왔습니다. 우리의 왕이 곧 오십니다. 우리의 완전한 구속도 멀지 않았습니다. 처음 믿었을 때보다 우리의 완전한 구원도 더 가까이 와 있습니다. 예사롭지 않은 이 시대의 징조들이 모든 그리스도인으로 진지하게 깨어 있으라고 합니다. 이 세상 나라들은 혼돈 가운데 있습니다. 이 세상 권세들은 그것이 교회적인 것이든 세상적인 것이든 어디를 가나 휘청거리고 있습니다. 기초부터 흔들리고 있습니다. 그리스도의 영원한 나라의 시민, 어떤 일이 닥쳐도 맞을 준비가 되어 있는 사람은 복이 있습니다. 참으로 복 있는 사람입니다. 진실로 자신을 그리스도로 말미암은 자유자로 아는 사람은 복이 있습니다.

10장

행복

여호와를 자기 하나님으로 삼는 백성은 복이 있도다. (시 144:15)

한 불신자가 한번은 야외에 모인 군중에게 연설을 하고 있었습니다. 하나님도 마귀도 천국도 지옥도 부활도 심판도 내생도 없다고 군중을 설득하는 참이었습니다. 성경 같은 것은 없어도 되고, 사람들이 뭐라고 하든 상관할 필요가 없다고 했습니다. 자신이 하는 것처럼 하라고 사람들을 설득했습니다. 그의 말에는 거침이 없었습니다. 군중은 관심을 갖고 그의 말을 경청했습니다. 하지만 이는 "소경이 소경들을 인도하는" 모습에 불과합니다. 결국 둘 다 구덩이에 빠질 수밖에 없습니다.

연설 도중에 갑자기 한 나이든 여인이 사람들을 헤치고 그 사람이 서 있는 곳으로 나아갔습니다. 그의 앞에 선 여인은 그의 얼굴을 올려다보고 큰소리로 말했습니다. "선생, 당신은 행복하시오?" 이 불신자는 경멸하듯 그녀를 흘깃 볼 뿐 계속 자기 연설을 이어 갔습니다. "선생," 그녀는 다시 말했습니다. "대답을 해보세요. 당신은 행복하시오? 성경도 던져 버리라고 하고, 사람들이 믿음에 대해 말하는 소리에 귀를 기울이지 말라고 하고, 당신이 한 것처럼 하라고 하고, 당신처럼 살면 된다고 하는데, 다 좋아요. 하지만 당신의 충고를 받기 전에 먼저 당신이 얼마나 행복한지 좀 알아야겠습니다. 우리에게 그럴 권리가 있다고 생각하지 않으세요? 당신의 그 고상하고 섬세한 생각들 때문에 당신은 큰 위로를 받습니까? 정말 당신은 행복한가요?"

이 불신자는 그때 비로소 연설을 멈추고 이 여인의 물음에 대답을 하려고 했습니다. 말을 더듬고 얼버무리며 자기가 말한 것이 무엇을 의미하는지 설명하려고 애를 썼습니다. 주제를 바꿔 보려고도 했습니다. 결국 자신이 여기 온 것은 "바로 그 행복에 대해 말하기 위해서"라고 했습니다. 하지만 그런 말로는 이 여인의 궁금증을 잠재울 수 없었습니다. 여인은 계속해서 자신의 질문에 대답해 줄 것을 요구했고, 군중까지 이에 가세했습니다. 어떤 변명이나 얼버무리는 말도 소용이 없었습니다. 결국 이 불신자는 그 자리를 도망치듯 빠져나가야 했습니다. 이 물음에 아무런 대답도 할 수 없었던 것입니다. 그의 양심이 허락하지 않았을 것입니다. 자신은 행복하다고 감히 말할 수 없었던 것입니다.

이 질문을 던진 여인의 지혜를 보십시오. 그녀의 요구가 무례하고 무의미한 것처럼 보일지 모르지만, 사실 가장 단순하면서도 강력한 질문이자 정곡을 찌르는 요구였습니다. 어떤 사람에게는 조셉 버틀러나 윌리엄 팰리나 토머스 찰머스(Thomas Chalmers)와 같은 사람의 화려한 논조보다 이런 단순한 요구가 훨씬 효과적입니다. 신앙에 대한 새로운 이해를 주장하면서 오랜 성경적 기독교를 멸시하려는 사람이 있다면, 그의 양심이 이 여인의 질문에 대면하도록 해주십시오. 그런 새로운 이해 때문에 위로를 얻고 평안을 누리는지 대답해 보라고 하십시오. 어떤 사람의 믿음과 신앙이 진실한지를 판가름하는 중요한 시금석은 "과연 그것 때문에 행복한가?" 하는 것입니다.

여러분 모두 이 주제에 귀를 기울이기를 바랍니다. 다름 아닌 여러분 영혼의 구원과 밀접한 관련이 있는 주제입니다. 하나님 보시기에 바르지 못한 마음은 행복할 수가 없기 때문입니다. 앞에서 말한 불신자든 여인이든, 마음의 화평이 없는 영혼의 상태는 전혀 안전하지 않습니다.

저는 행복이라는 주제를 다루면서 다음 세 가지를 논하고자 합니다. 하나하나 주의를 기울이고 잘 따라와 보십시오. 하나님의 성령께서 여러분의 영혼에 이 모든 것이 잘 적용되게 해주시기를 기도합니다.

1. 모든 진정한 행복에 절대적으로 필요한 몇 가지를 먼저 살펴보겠습니다.
2. 흔히 행복해지는 길로 알고 있는 것들이 가진 일반적인 오류를 짚어 보겠습니다.
3. 진정으로 행복해지는 길이 무엇인지 살펴보겠습니다.

1. 우선, 모든 진정한 행복에 절대적으로 필요한 것이 무엇인지 살펴보겠습니다.

모든 사람은 행복하기를 바랍니다. 행복해지고자 하는 열망은 인간의 마음 깊은 곳에 자리하고 있습니다. 본성적으로 사람은 고통과 슬픔, 불안을 싫어합니다. 행복을 갈구합니다. 아픈 사람이 건강하기를 바라고 전쟁 포로가 자유를 원하는 것처럼, 사막을 지나가는 목마른 여행자가 시원한 물이 솟아나는 샘을 발견하기를 바라고 얼음으로 뒤덮인 극지방을 지나가는 항해자가 지평선에 떠오르는 해를 반기듯, 죽을 수밖에 없는 불쌍한 인간은 행복을 갈망합니다. 하지만 행복을 이야기할 때 자신이 말하고자 하는 바가 무엇인지를 제대로 아는 사람은 드뭅니다! 이 주제에 대한 사람들의 생각은 아주 모호하고 막연하며 불확실합니다! 실제로는 비참한 삶을 사는 사람들을 행복하다고 생각합니다. 실제로는 행복한 사람들을 우울하고 가엽게 보기도 합니다. 자신들의 본성적인 필요와 갈망을 전혀 채워 주지 못할 것을 행복으로 꿈꿉니다. 이 주제를 좀 더 자세히 살펴볼 이유가 바로 여기 있습니다.

참된 행복이란 슬픔과 불안으로부터 완전히 자유로워지는 상태를 말하지 않습니다. 잊지 마십시오. 슬픔과 불안으로부터 완전히 해방되는 것이 행복이라면 행복은 이 세상에 존재하지 않습니다. 그런 행복은 타락하지 않은 천사라면 모를까 사람은 누릴 수 없습니다. 제가 말하는 행복은 죽어 가는, 불쌍하고 죄악된 피조물이 바랄 수 있는 행복입니다. 우리의 모든 본성은 죄로 더럽혀졌습니다. 세상은 악으로 가득합니다. 질병, 죽음, 변화와 같은 것이 날마다 모든 방면에서 비극적인 일들을 수행하고 있습니다. 상황이 이렇기 때문에 이 땅에서 최고의 행복을 얻는다고 해도 완전한 행복일 수 없습니다. 여러 가지가 혼재된 행복일 수밖에 없습니다. 무덤 이편에 살면서 말 그대로 완전한 행복을 바라는 사람은 도무지 있을 수 없는 일을 바라는 것입니다.

호탕하게 웃는 것이 참된 행복은 아닙니다. 사람의 얼굴만 봐서는 그 사람의 마음을 제대로 알기가 어렵습니다. 사람들과 어울릴 때는 미소를 띠고 즐거워하지만, 혼자 있을 때는 두려움에 떨며 비참하고 불행하게 지내는 사람들이 많습니다. 마음이 견고한 평강으로 가득하지만 행동은 진지하고 엄숙한 사람들도 많습니다. 사람의 미소가 얼마나 믿을 만한 것이 못 되는지 다음 시구가 잘 말해 주고 있습니다. "만면에 미소가 끊이지 않는 사람이라도 악한일 수 있다." 영원한 하나님의 말씀은 "웃을 때에도 마음에 슬픔이 있고 즐거움의 끝에도 근심이 있느니라"고 합니다(잠 14:13). 여러분이 행복한지를 묻는 저에게 웃는 얼굴 말고 그 이상의 것을 들려주십시오. 진실로 행복한 사람은 물론 표정을 통해서 그 행복이 묻어나지만, 쾌활하고 유쾌한 얼굴을 하고도 전혀 행복하지 않을 수 있습니다.

이 땅에 있는 모든 기만적인 것 가운데 겉으로만 웃는 모습처럼 기만적인 것도 없습니다. 실체나 내용은 없는 공허하고 허탄한 쇼일 뿐입니다. 우리 사회에서 입담 좋은 사람은 많은 갈채와 환대를 받습니다. 하지만 그만의 사적인 공간으로 따라 들어가 보십시오. 우울한 낙담과 의기소침이 가득합니다. 제임스 가디너(James Gardiner) 대령은 사람들이 자신이 가장 행복할 것이라 생각하는 때조차도 차라리 개였으면 하고 바랐었다고 고백했습니다. 무도장에서 환한 미소로 춤추는 아름다운 여인을 보면 불행이라고는 전혀 모르는 사람처럼 보입니다. 하지만 다음날 아침 자신의 집에서는 주변 사람들에게 신경질을 부리고 있을지도 모릅니다. 세상이 주는 즐거움과 유쾌함은 참된 행복이 아닙니다! 물론 그 속에도 어느 정도 즐거움이 있기는 합니다. 잠시 기분을 북돋워 주고 생기를 주는 것도 사실입니다. 그렇다고 이것을 행복이라고 말할 수 없습니다. 가장 아름다운 꽃들만 꺾어다가 앞마당에 심어 놓는다고 해서 정원이 되는 것은 아닙니다. 유리를 다이아몬드라고 하고 쇠를 금이라고 할 수 있다면, 웃고 떠들기만 해도 행복한 사람이라 불릴 수 있을 것입니다.[1]

인간이 진정으로 행복하기 위해서는 인간 본성의 가장 큰 필요가 충족되어야 합니다. 기묘하게 지어진 인간의 체질이 요구하는 모든 것이 채워져야 합니다. 아무 얻는 것도 없이 "달라, 달라"고 공허하게 외치는 것이 하나도 없어야 합니다. 말이나 소는 배부르고 따뜻하기만 하면 행복합니다. 왜 그렇습니까? 이런 것들만으로도 만족하도록 지어졌기 때문입니다. 엄마 품에서 배부르고 따뜻한 아기는 더없이 행복해 보입니다. 왜 그렇습니까? 아직은 그것만으로도 만족할 수 있는 시기이기 때문입니다. 사람도 마찬가지입니다. 사람이 진실로 행복해지기 위해서는 최상의 필요가 충족되어야 합니다. 모든 것이 충족되어야 합니다. 조금이라도 빈틈이나 빈자리가 있어서는 안 됩니다. 채워지지 않은 열망이 있어서는 안 됩니다. 모든 필요가 온전히 채워지기까지 사람은 결코 진실한 행복을 맛보지 못합니다.

그러면 사람의 가장 주된 필요가 무엇입니까? 사람은 육신만 가진 것이 아닙니다. 영혼도 가졌습니다. 사람에게는 육신적 감각들만 있습니까? 듣고 보고 냄새 맡고 맛보고 느끼는 것이 전부입니까? 아니, 그렇지 않습니다. 생각하는 지성과 양심도 있습니다. 자신이 살고 움직이는 곳 외에 다른 세상에 대한 의식이 없습니까? 있습니다. 모든 인간의 내면에는 여전히 나지막한 소리가 울립니다. "이 세상이 전부가 아니다! 보이지 않는 세상이 있다. 무덤 저편에의 삶이 있다"고 속삭이는 소리가 들립니다. 사실입니다. 우리 인간은 기묘하고 놀랍게 지어졌습니다. 사람들이 진실만을 말한다면, 모든 인간이 이런 사실을 깨닫고 느끼고 있음을 알 수 있을 것입니다. 먹을 것과 입을 것과 이 땅에서 나는 것만으로 행복할 수 있는 척해 봐야 부질없습니다. 영혼이 바라는 것이 있기 때문입니다. 양심이 바라는 것도 있습니다. 이런 필요가 충족되지 않으면 진정한 행복은 없습니다.

진정한 행복을 위해서는 이 세상 어떤 것과도 상관없는 기쁨의 원천을 가져야 합니다. 이 땅에 있는 것은 모두 불만족과 불확실성이라는 스탬프가 찍혀 있습니다. 돈으로 살 수 있는 것도 모두 순간적인 필요를 채울 뿐입니다. 그것들이 우리를 떠나지 않아도 우리가 그것들을 놓고 떠나야 합니다. 이 땅에서 누리는 달콤하고 즐거운 관계도 끝나는 때가 있습니다. 언제라도 죽음이 찾아올 수 있습니다. 이 죽음은 모든 관계를 끊어 놓습니다. 여기 이 땅에 있는 것에 전적으로 의존하는 것을 행복이라고 하는 사람은 모래 위에 집을 짓거나 갈대에 기대어 서려는 사람입니다.

이 땅의 불확실한 것에 의존하는 것을 행복이라 말하지 마십시오. 여러분에게 편하고 안락한 집이 있을 수 있습니다. 아내와 자녀가 여러분이 바라는 전부일 수 있습니다. 이 땅의 모든 필요를 채우고도 남을 만큼 막대한 재산을 소유했을 수도 있습니다. 하지만 기억하십시오. 여러분의 행복을 위해 바라는 것이 지금 말한 이런 것을 넘어서지 못한다면, 여러분은 지금 벼랑 끝에 서 있는 것입니다. 여러분이 들이키는 기쁨의 강은 언제라도 바닥을 드러낼 수 있습니다. 진지하고 깊은 즐거움일지는 몰라도 두려울 정도로 짧게 유지되는 즐거움입니다. 뿌리가 없는 즐거움입니다. 이런 즐거움은 참된 행복이 아닙니다.

참된 행복은 어디를 둘러보아도 불안함이나 불편함이 없어야 합니다. 죄책으로 인한 두려움 없이 과거를 돌아볼 수 있어야 합니다. 주변을 보아도 불만족이 없어야 합니다. 염려나 불안함이 없이 장래를 바랄 수 있어야 합니다. 과거와 현재와 미래에 관한 어떤 일이라도 평온하게 생각해 볼 수 있어야 합니다. 담대하게 맞을 각오가 되어 있어야 합니다. 돌아보거나 떠올리기 싫은 약점이 있는 사람은 행복할 수 없습니다.

앞으로 갈 길은 물론 지나온 길을 한결같이 주목하여 바라볼 수 없다면 행복을 이야기하지 마십시오. 지금의 입장이나 위치는 편하고 즐거울 수 있습니다. 직업, 거처, 가족, 친구들에게서 많은 즐거움과 기쁨의 요소들을 발견하고 누릴 수 있습니다. 건강도 좋고 마음도 기쁠 수 있습니다. 하지만 그 자리에 서서 지난날들을 잠잠히 돌아보십시오. 해야 할 일을 하지 않은 죄와 하지 말아야 할 일을 한 죄를 모두 불안한 마음 없이 차분히 돌아볼 수 있습니까? 그런 죄악들이 어떻게 하나님의 심판을 피해 갈 수 있겠습니까? 마지막 날 이런 죄악들에 대해 어떻게 대답하겠습니까? 또한 장래를 보십시오. 앞으로 다가올 연수를 생각해 보십시오. 여러분이 틀림없이 맞게 될 일들에 대해 생각해 보십시오. 죽음을 생각해 보십시오. 심판을 생각해 보십시오. 마침내 하나님을 대면해야 할 때를 생각해 보십시오. 이 모든 일을 위한 준비가 되었습니까? 하나님을 대면할 각오가 되어 있습니까? 두려움 없이 마주 대할 자신이 있습니까? 오, 지난 날이나 장래는 고사하고 바로 지금 그렇게 할 수 없다면, 여러분이 자랑하는 행복이라는 것은 너무나 불확실합니다! 회칠한 무덤이나 다름없습니다. 겉보기에는 깨끗하고 아름답기까지 하지만 속에는 썩어 냄새나는 뼈와 부패한 시신뿐입니다. 요나의 호리병 식물처럼 한나절 만에 사라질 것들입니다. 이런 것을 참된 행복이라고 할 수 없습니다.

지금까지 말한 참된 행복을 위해 반드시 있어야 할 요소들을 잘 살펴보십시오. 위조지폐처럼 사람들 사이에 통용되고 있는 행복에 대한 많은 잘못된 이해를 가려내십시오. 진정으로 행복하기 위해서는 무엇보다 여러분의 영혼과 양심의 필요가 충족되어야 합니다. 진정으로 행복하기 위해서는 이 세상이 줄 수 있는 것을 넘어서는 그 무엇에 여러분의 기쁨이 뿌리내리고 있어야 합니다. 참된 행복을 위해서는 사방을 둘러보아도 모든 것이 괜찮고 편하게 느껴져야 합니다. 행복이라는 주제에 관심을 집중하기를 바라면서 제가 염두에 두는 것이 바로 이 오류 없는 참되고 진정한 행복입니다.

2. 이제 행복에 이르는 길에 대해 사람들이 흔히 잘못 생각하고 있는 것들을 살펴보겠습니다.

많은 사람들이 행복에 이르는 길로 여기는 것들이 있습니다. 행복한 사람이 되고자 무수히 많은 사람들이 쉴 새 없이 잘못된 길에 매달리고 있습니다. 자기가 원하는 모든 것을 손에 넣으면 행복해질 것이라고 착각합니다. 일이 잘못되면, 자신이 걸어온 길을 돌아보는 것이 아니라 운이 없었다고 생각합니다. 참된 행복에 대해 무지한 나머지 너도 나도 허상을 쫓고 있습니다. 길을 잘못 들어섰습니다. 절대 찾을 수 없는 것들을 찾아 헤매고 있습니다.

행복에 대해 사람들이 흔히 착각하고 있는 것 몇 가지를 말해 보겠습니다. 말하기에 앞서, 제가 사람들에 대한 연민과 사랑으로 이것을 다루고 있음을 알려드립니다. 저는 사람들에게 이런 속임과 허풍과 기만을 알려서 그들이 속지 않도록 할 의무가 있다고 믿습니다. 지금부터 제가 말하는 것들을 믿기만 해도 여러분은 많은 슬픔과 어려움을 당하지 않아도 될 것입니다.

첫째, 높고 대단한 자리에 있으면 행복할 것이라는 생각은 큰 착각입니다. 세상의 왕이나 통치자라고 반드시 행복한 것은 아닙니다. 이들만이 겪는 난관과 어려움이 있습니다. 수많은 악들을 어찌해 보지 못하고 보고만 있어야 합니다. 어쩌면 이들이 가진 위치나 지위 때문에 세상 누구보다도 더 자유롭지 못한 채 속박 가운데 살아가고 있는지도 모릅니다. 이들이 가진 높은 지위나 위치 때문에 짊어질 수밖에 없는 무거운 짐과 책임이 있습니다. 이런 것들이 날마다 이들의 마음을 짓누릅니다. 로마의 황제 안토니우스는 "로마 황제의 자리는 비탄함과 고통이 강을 이루는 자리다"라고 자주 말했습니다. 엘리자베스 여왕은 어느 날 우유 짜는 여종의 노랫소리를 듣고 차라리 여종으로 태어났더라면 하고 바랐다고 합니다. 우리의 위대한 시인이 한 이 말은 이 경우에 딱 들어맞습니다. "왕관을 두른 머리에는 근심과 걱정이 가실 날이 없다."

둘째, 부자면 다 행복할 것이라는 생각도 잘못된 것입니다. 재물이 있는 사람은 다른 사람을 부리고 원하는 많은 것을 소유할 수 있습니다. 하지만 내면의 평화까지 얻을 수 있는 것은 아닙니다. 생기 있고 밝은 마음은 재물로 얻을 수 없습니다. 재물을 얻고 지키고 쓰고 모으고 나누어 주는 일 때문에 끊임없이 신경을 쓰고 염려해야 합니다. 현자는 말하기를 "돈"은 "근심"의 또 다른 이름이라고 했습니다. 영어에서 "토지"(acres)와 "근심"(cares)은 똑같은 철자로 이루어져 있습니다.

셋째, 많이 배우고 학식이 풍부하면 행복할 것이라는 생각 또한 잘못된 것입니다. 지식은 사람의 시간과 에너지를 요구할망정 사람을 진실로 행복하게 하지는 않습니다. 아는 것이 많은 사람은 "번뇌도 많"습니다(전 1:18). 더 많이 알수록 자신의 무지를 절감하게 되기 때문입니다. 이 땅에 있는 것과 낯 아래 있는 것으로는 "병든 마음을 치료하지 못합니다." 우리의 머리뿐만 아니라 가슴의 필요도 채워져야 합니다. 지성은 물론 양심도 양식이 필요합니다. 아무리 세속적인 지식이 많아도 질병과 죽음과 무덤을 생각하는 사람에게 기쁨과 즐거움을 주지 못합니다. 높은 자리에 오른 사람은 종종 자신이 외롭고 공허하고 불안하다는 사실을 절감합니다. 그렇게 많이 배운 존 셀던조차도 죽음이 가까워오자 자신의 모든 배움과 지식도 사도 바울의 네 구절만큼 위로를 주지는 못한다고 고백했습니다(딛 2:11-14).

넷째, 하는 일 없이 놀고먹으면 행복할 것이라는 생각은 완전히 잘못된 것입니다. 매섭게 추운 겨울 새벽 다섯 시에 일터로 나가 하루 종일 도랑을 파야 하는 노동자가 한 부잣집 문 앞을 지나면서 "이런 날 아무 일도 하지 않고 이 시간까지 저렇게 잘 수 있으면 얼마나 좋을까!" 하고 부러워합니다. 이 얼마나 안타까운 풍경입니까! 이 사람은 지금 자신이 무슨 생각을 하는지 모르고 있습니다. 세상에서 가장 비참한 사람은 아무 할 일이 없는 사람입니다. 손발과 머리를 써서 하는 일만큼 인간의 행복에 꼭 필요한 요소도 없습니다. 일을 하지 않으면 마음이 피폐해지고 내면이 병듭니다. 인간 내면의 기관들도 일을 해야 합니다. 그렇지 않으면 피폐해집니다. 에덴동산에 나태함이나 게으름 따위는 없었습니다. 아담과 하와는 동산을 경작하고 지켜야 했습니다(창 2:15). 천국도 역시 나태하게 지낼 수 있는 곳이 아닙니다. 하나님의 종들이 하나님을 섬기는 자리입니다(계 22:3). 분명한 점은 게으르고 나태할수록 더 비참하고 불행해질 뿐이라는 사실입니다!

다섯째, 쾌락과 재미를 곧 행복이라 생각하고 그것을 추구하는 것만큼 잘못된 것도 없습니다. 삶을 허비하는 모든 지루하고 재미없고 따분하고 무익한 방식들 가운데 단연 으뜸은 쾌락 추구일 것입니다. 불멸하는 영혼을 가진 피조물이 잔치와 향연, 춤과 노래, 치장과 여행, 무도장과 카드놀이, 경마와 박람회, 군중, 폭소, 소란, 음악,

술 등에서 행복을 기대한다고 생각해 보십시오! 마귀만 즐겁게 할 일입니다. 천사들이 통탄할 일입니다. 심지어 어린아이도 하루 종일 장난감만 가지고 놀지는 않습니다. 음식도 먹어야 합니다. 그런데 다 큰 어른이 끊임없는 오락을 통해서 행복을 찾으려 하다니요. 어린아이보다 더 낮은 차원으로 곤두박질치는 것입니다.

우리는 지금 행복에 이르는 길로 흔히 착각하는 것들을 다루고 있습니다. 이것들을 잘 주목하여 보십시오. 아무리 많은 사람들이 그 길로 간다고 해도 흔들리지 마십시오. 행복에 이르는 지름길이라도 되는 것처럼 권하는 모든 것을 거부하십시오. 이런 것들 가운데 어느 하나라도 여러분을 참된 평안으로 이끌 것이라고 착각하는 순간 여러분은 완전히 속는 것입니다. 여러분의 양심은 전혀 만족하지 못할 것입니다. 불멸하는 여러분의 영혼이 결코 안식하지 못할 것입니다. 여러분의 전 존재가 불안해 하고 힘들어할 것입니다. 이런 잘못된 길 전부를 택하는지, 이들 중 하나만 취하는지는 중요하지 않습니다. 이런 것들 너머의 다른 것에서 행복을 추구하지 않는 한 여러분은 참된 행복에 이르지 못합니다. 아무리 여행을 계속해도 바라던 목표는 항상 처음 출발했을 때와 똑같이 멀리 떨어져 있는 것처럼 보일 뿐입니다. 구멍이 숭숭 뚫린 체에 물을 붓는 사람입니다. 큰 구멍이 뚫린 전대에 돈을 모으는 사람입니다. 지위나 재물이나 학식이나 빈둥거림이나 쾌락으로 자기 마음을 만족시키려는 사람은 하루에 좁쌀 한 톨로 거대한 코끼리를 배부르게 하겠다는 사람입니다.

제 말이 곧이들리지 않습니까? 의심스럽습니까? 그렇다면 인간의 경험이라고 하는 위대한 책을 펴 보도록 하겠습니다. 이 엄중한 책에서 몇 줄만 읽어 주겠습니다. 이 위대한 주제에 대해 탁월하게 증거하는 몇 사람의 이야기를 들어 보면 생각이 달라질 수도 있을 것입니다. 이들의 증거를 잘 들어 보기 바랍니다.

가장 먼저 이 사실을 증거할 사람은 솔로몬 왕입니다. 우리가 알다시피 그는 동시대의 다른 왕들과 비교도 되지 않을 권세와 지혜, 부를 가졌던 사람입니다. 그 자신의 고백에 따르면 그는 이 세상의 선한 것들이 어느 정도까지 사람을 행복하게 할 수 있는지에 대한 중대한 실험을 했습니다. 그가 기록해 놓은 책을 통해 우리는 이 흥미로운 실험의 결과가 어떻게 나왔는지 압니다. 그는 성령의 영감을 받아 전도서라는 책으로 모든 결과를 남겼습니다. 이런 중대한 실험을 하기 위한 조건으로 당시와 같이 적절한 때가 없었습니다. 이 유대 왕만큼 이 실험을 성공적으로 수행할 만한 사람이 없었습니다. 그럼에도 솔로몬이 어떻게 증거하고 있습니까? 그의 침울한 선언에서 그 결과를 알 수 있습니다. "보라, 모두 다 헛되어 바람을 잡으려는 것이로다"(전 1:14).

다음 증거자는 지적인 여성으로 유명한 프랑스의 마담 드 퐁파두르(Madam De Pompadour)입니다. 그녀는 루이 15세가 친애하는 벗이었습니다. 프랑스 궁정에서 그녀의 영향력은 대단했습니다. 돈으로 얻을 수 있는 것 가운데 그녀가 가질 수 없는 것은 하나도 없었습니다. 이런 그녀가 자신의 삶에 대해 어떻게 이야기합니까? "지체 높은 자들의 형편은 어떤가! 이들의 마음은 오직 미래에만 가 있고, 야망을 꿈꿀 때라야 행복할 뿐이다. 그러나 야망에는 평안이 없다. 나는 항상 우울하다. 때로는 그 이유도 모르겠다. 왕의 호의와 신하들의 존경, 집안 하인들의 환대와 애정, 많은 친구들의 우정을 누리는 내가 행복해야 마땅하지만, 더 이상 이런 것들은 나를 행복하게 하지 못한다. 전에 나를 기쁘게 했던 것들이 이제 더 이상 내 주의를 끌지 못한다. 파리에 있는 내 집을 으리으리하게 꾸며도 보았지만, 그것도 딱 이틀밖에 가지 않았다! 벨뷰에 있는 거처는 참 매력적인 곳이다. 하지만 유독 나 혼자만 이곳을 못 견뎌 한다. 친절한 많은 사람들이 내게 파리에서 일어나는 온갖 소식과 모험담을 전해준다. 이들은 내가 자신의 이야기를 듣고 있는 줄 알지만, 이야기가 다 끝나면 무슨 이야기를 했는지 다시 물어보기가 일쑤다. 한마디로, 나는 살아 있는 게 아니다. 죽을 때가 되기도 전에 이미 나는 죽은 사람이다. 모든 것이 내 삶을 쓰디쓰게 만들려고 작당을 한 것 같다. 내 삶은 죽음의 연속이다." 그녀의 이런 증거에 단 한 마디도 덧붙일 필요가 없습니다(*Sinclair's Anecdotes and Aphorisims*, p. 33).

다음 증거자는 독일의 유명한 작가인 괴테입니다. 그가 생존해 있을 때부터 많은 사람들은 그를 거의 우상처럼 떠받들었습니다. 지금도 많은 사람들이 그의 저작을 읽고 좋아합니다. 독일어가 통용되는 곳이면 어디서나 그의 이름을 들을 수 있고 그는 존경을 받습니다. 하지만 괴테가 생존해 있을 때부터 쉴 새 없이 쏟아진 사람들의 칭송과 찬사도 괴테를 행복하게 하지는 못했습니다. "여든 무렵 그는 자신의 전 생애를 통틀어 진정으로 행복했던 때는 겨우 몇 주에 불과할 거라고 고백했습니다. 더구나 행복을 느끼고 싶을 때마다 그는 자의식을 무시해야 했다고 합니다"(*Sinclair's Anecdotes and Aphorisms*, p. 280).

다음 증거자는 영국의 시인인 조지 고든 바이런(George Gordon Byron)입니다. 그는 세상의 기준대로 하면 반드시 행복했어야 할 사람 가운데 하나입니다. 그는 영국의 명망 있는 집안에서 태어났을 뿐 아니라 대단한 지적인 능력도 갖고 있었습니다. 그런 그를 세상은 놓치지 않았고 이내 그에게 큰 찬사와 영예를 돌렸습니다. 이제 그는 법이 허락하는 한에서 바라는 모든 것을 할 수 있는 충분한 재산과 능력도 갖게 되었습니다. 가난이라고는 전혀 모르는 사람이었습니다. 인간적으로 말해서 그로 하여금 삶을 누리고 행복하게 하지 못할 것은 하나도 없는 것처럼 보였습니다. 하지만 그는 비참한 사람으로 알려져 있습니다. 그의 시마다 슬픔과 비탄이 배어 나옵니다. 그의 편지들마다 비탄이 배어 있습니다. 피곤함과 싫증, 증오, 불만족이 구구절절이 배어납니다. 바이런이야말로 사회적 명망과 명성과 문학적 유명세만으로는 사람이 행복해질 수 없다는 사실을 보여주는 분명한 증거입니다.

다음 증거자는 유명한 과학자요 철학자인 험프리 다비(Humphrey Davy)입니다. 자신이 택한 삶의 길에서 탁월한 성공을 거둔 사람입니다. 위대한 철학자였을 뿐 아니라 유명한 과학자였습니다. 그는 그의 이름을 딴 안전램프를 발명해 메탄가스로 인한 갱도 폭발에서 수많은 광부들의 목숨을 구했습니다. 영국의 준 남작과 왕립협회의 대표였습니다. 그의 전 생애를 보면 거침없는 출세와 성공의 연속입니다. 배움만이 행복에 이르는 길이라면, 적어도 험프리 경만큼은 반드시 행복했어야 할 사람입니다. 하지만 그는 실제로 삶을 어떻게 느꼈습니까? 그가 생애 후반부에 쓴 침울한 일기들을 보십시오. 자신을 고통에 찬 두 단어로 묘사합니다. "너무나 보잘것없다!"

재치와 유쾌함이 넘쳤던 필립 체스터필드(Philip Chesterfield)가 다음 증인입니다. 제가 다른 말을 덧붙일 필요가 없이 체스터필드 자신이 이렇게 말하고 있습니다. "나는 일과 휴가가 다람쥐 쳇바퀴 돌듯 하는 것을 봐 왔고, 이제는 이 모든 허탈한 순환에서 손을 뗐다. 세상의 모든 즐거움을 다 맛보았고, 그 결과 이것이 얼마나 덧없는지도 알게 되었다. 그래서 그 자리를 떠난 것을 결코 후회하지 않는다. 그것들의 실제 가치를 평가할 수 있는 자리에 있었고, 실제로 그것들은 아주 저급한 것들이었다. 반면에 이런 것들을 경험하지 못한 사람들은 항상 환상을 가지고 과대평가하곤 한다. 겉으로만 흥겨워 보이고 휘황찬란하게 번뜩일 뿐 그 이면은 전혀 다르다는 사실을 모른다. 하지만 나는 그 이면에 있으면서 모든 것을 보았다. 이면에서 그것을 움직이는 모든 조악한 도르래와 속이는 밧줄들을 보았다. 무지한 관중의 경탄을 자아내도록 전체 장식을 비추는 수지 양초들이 타고 있는 모습을 보았다. 내가 보고 듣고 행한 것들을 돌이켜 볼 때, 세상의 모든 경박한 소란과 즐거움에 어떤 실체가 있을지 의심하지 않을 수 없다. 내 지난날의 모든 것을 아편에 취해서 꾼 몽환적인 꿈으로 여긴다. 이 덧없는 꿈을 나시 꾸겠다고 이런 역겨운 일을 다시 반복하는 것을 결코 원치 않는다." 그의 말 한 마디 한 마디가 모든 것을 자명하게 말해 주고 있습니다. 더 이상 무슨 말이 더 필요합니까?

세상 사람들의 운명을 좌지우지해 온 정치인과 지도자들이 우리의 마지막 증인들로 채택되는 것이 마땅하지만, 그리스도인의 사랑으로 그렇게 하지 않으려고 합니다. 영국의 많은 정치 지도자들의 이름을 죽 훑어보는 것만으로 제 마음이 어두워지려고 합니다. 얼마나 많은 사람들이 명예와 권력을 위해서 자신들의 삶을 소진해 버렸는지 생각해 봅니다. 높은 지위에 있던 수많은 사람들이 실망과 역겨움, 실패에 끊임없이 시달리다가 죽어 갔습니다! 새장에 갇힌 독수리가 자유를 갈망하는 것처럼 엄청난 권력을 소유하고도 진정한 안식을 향한 소박한 고백을 남긴 사람들이 얼마나 많은지 모릅니다! 세상 사람들로부터 "상황을 지배하는 자들"이라 갈채를 받는 사람들이 실제로는 자유도 없이 고역을 강제당하는 노예처럼 살고 있습니다! 이 모든 안타까운 증거들이, 저명한 사람이 되고 권세 있는 자리에 오르는 것이 필연적으로 행복을 뜻하는 것은 아님을 말해 줍니다. 이미 세상을 등진 자들이나 지금 살아 있는 자들이 모두 말해 주고 있습니다.

제 말을 믿지 않을 사람들이 많을 것입니다. 행복이라는 주제와 관련하여 사람의 마음에는 속이는 것이 있음을 저도 잘 압니다. 지금 제가 말하는 행복에 관한 진리만큼 사람들이 더디 믿는 것도 없을 것입니다. 주의를 기울이고 제 말을 조금만 더 들어 보십시오.

몇 날 오후를 저와 함께 런던 중심가에 서 있어 봅시다. 하루 일과를 마치고 자신의 집무실을 나서는 재력가들의 얼굴을 찬찬히 보십시오. 그중에는 백만장자도 있고 억만장자도 있을 것입니다. 롬바르드 거리와 콘힐, 영국은행에서 쏟아져 나오는 근엄하고 의젓한 이 사람들의 얼굴이 무엇을 보여주는지 아십니까? 이들의 볼과 이마에 깊게 패인 주름이 무엇을 뜻하겠습니까? 어마어마한 재력과 능력을 가졌지만, 이들의 얼굴에 깊이 드리운 근심어린 표정이 뜻하는 것은 무엇일까요? 무엇인가 심각하고 중요한 사실을 말해 주고 있습니다. 사람을 행복하게 하기 위해서는 금이나 돈 이상의 무엇이 필요하다는 사실을 말해 주고 있습니다.

다음으로 회기 중에 있는 국회 의사당 근처로 가서 있어 봅시다. 명망 있고 유명한 상원과 하원 의원들의 얼굴이 보입니다. 화창한 오월의 저녁이면 영국에서 막대한 권력을 가진 정치 지도자들이 토론과 논의를 위해 의사당으로 황급히 들어가는 모습을 볼 수 있습니다. 생각만 해도 두렵지만 어쨌든 이들이 혀를 어떻게 놀리느냐에 따라 많은 일들이 결정되는 것이 사실입니다. 내일 동이 트기 전까지 세상 많은 나라들의 평화와 번영에 큰 영향을 미칠 일들이 논의될 수도 있습니다. 이들 가운데는 이미 정부와 권력을 손에 쥔 사람도 있고, 또 권력을 다시 찾아오려고 호시탐탐 기회를 엿보며 기다리는 사람도 있습니다. 이렇든 저렇든, 각자의 자리를 찾아 서둘러 들어가는 이들의 얼굴이 무엇을 말해 주고 있습니까? 수심으로 가득 찬 이들의 얼굴에서 배울 수 있는 것이 무엇입니까? 깊이 파인 이마의 주름과 상념에 잠긴 무표정한 얼굴이 무엇을 말해 주고 있습니까? 엄중한 교훈을 말해 줍니다. 정치권력으로도 사람은 행복해질 수 없다는 것입니다. 그 이상의 무엇이 있어야 합니다.

다음으로 성수기를 맞은 런던의 가장 화려하고 번잡한 거리로 가 봅시다. 리젠트 거리나 폴몰, 하이드 파크나 메이페어로 가 봅시다. 근사하게 차려입은 사람들과 멋진 마차들을 보십시오! 미, 부, 지위, 유행, 친구 등 세상에서 얻을 수 있는 진귀한 것들을 다 가진 것처럼 보입니다. 하지만 이들 가운데서 행복하게 보이는 사람이 얼마나 있습니까! 그들의 얼굴에는 근심과 불만, 불안, 슬픔, 불행이 가득합니다! 마치 펜으로 얼굴에 써 놓은 것처럼 확연히 드러납니다! 그렇습니다. 이는 우리를 겸손하게 하는 교훈입니다. 하지만 우리에게 아주 필요한 교훈임에 틀림이 없습니다. 사람이 행복해지기 위해서는 지위, 유행, 아름다움 이상의 무엇이 필요합니다.

다음으로 영국의 조용하고 쾌적한 시골 교구로 가 보겠습니다. 정치적 논쟁이나 번잡한 도시의 유흥과 동떨어진 한적한 시골에 자리한 아름다운 마을입니다. 아직은 영국에 이런 곳이 적지 않게 남아 있습니다. 신작로나 마을회관이나 맥주 가게도 없는 시골 교구입니다. 온 마을 사람들이 함께 일하고, 온 마을 사람들이 교인으로 구성된 교회가 있고, 온 마을 아이들이 전교생인 학교가 있습니다. 목사가 온 마을 사람들을 돌보는 곳입니다. 이런 곳이라면 우리가 말하는 행복을 찾을 수 있을까요? 물론 이런 교구는 다른 도시 교구들보다 훨씬 평화롭고 조용합니다! 하지만 마을에 자리한 작은 움막집들을 하나씩 조용히 들여다보십시오. 곧 평화롭지만은 않다는 사실을 발견할 것입니다. 각 가정의 숨은 이야기들을 가만히 들어보면 금세 마음이 달라질 것입니다. 다른 사람을 험담하고 거짓말하고 비방하고 시기하고 자랑하고 게으르고 술취하고 허풍떨고 정욕에 사로잡혀 있고 다투는 모습이 도시 교구들과 별반 다르지 않다는 사실을 알게 될 것입니다. 물론 시를 보면 시골 마을들이 아름답게 묘사되고 그림을 봐도 온통 평화롭게 보이는 것이 사실입니다. 하지만 인간의 악한 본성은 장소와 환경이 바뀐다고 달라지지 않습니다. 이는 엄중한 사실입니다. 한적하고 평화로운 곳에 산다고 사람의 마음까지 행복해지는 것은 아닙니다. 아담의 자녀가 행복하기 위해서는 주거환경 이상의 무엇이 필요합니다!

이런 사실은 어제오늘의 일이 아님을 저도 잘 압니다. 전에도 이에 대한 무수한 논의들이 있었지만 아무런 성과가 없었고, 앞으로도 그럴 것이라고 생각합니다. 행복을 찾을 수 없는 곳에서 끊임없이 행복을 찾으려고 하는 인간의 고집스러운 추구에서 인간의 타락한 본성에 대한 증거가 여실히 드러납니다. 매 세기 수많은 현자들이 행복에 이르는 길에 대한 자신의 경험담을 남겼습니다. 앞으로도 사람들은 자신들이 이 길을 잘 알고 있다고 생각하고 이를 위한 가르침 따위는 필요 없다고 생각할 것입니다. 우리의 경고를 무시할 것입니다. 모두가 각자의 소견에 옳은 대로 하기에 바쁩니다. 허탄한 삶을 살면서 불안해 합니다. 그러다가 정신을 차리고 전 생애를 거대한 착각 속에 살아왔음을 발견하지만 그때는 이미 늦습니다. 사람들의 눈은 어두워져 있습니다. 자신들의 바람이 근거도 없고 사막의 신기루와 같이 헛된 것이라는 사실을 모릅니다. 사막을 헤매는 사람처럼 시원한 물을 들이킬 수 있는 오아시스에 가까이 왔다고 생각하고 가 보지만, 이내 그것이 엄청난 착시현상이었음을 알게 됩니다. 타 들어가는 사막 한가운데서 아무 소망도 없이 계속해서 헤매는 것입니다.

여러분, 아직 젊습니까? 그렇다면 복음을 전하는 이 목사의 눈물 어린 경고를 귀담아들으십시오. 행복이 없는 곳에서 행복을 찾으려고 애쓰지 마십시오. 재물에서도 행복을 찾지 마십시오. 권력이나 지위에서 행복을 찾으려고 하지 마십시오. 세상의 즐거움에서 행복을 찾으려고 하지 마십시오. 많이 배우고 알면 행복해질 것이라 생각하지 마십시오. 이 모든 것은 더없이 훌륭하고 아름다운 샘이 맞습니다. 여기서 나는 물도 달콤하기 이를 데 없습니다. 수많은 사람들이 이 샘에서 목을 축이느라 둘러서서 떠나지 않습니다. 하지만 하나님께서 이런 샘마다 써 놓으신 말씀을 기억하십시오. "이 물을 마시는 자마다 다시 목마르려니와"(요 4:13). 이 말씀을 기억하고 지혜롭게 행동하십시오.

여러분, 가난합니까? 그래서 부자가 되기만 하면 행복해질 것 같습니까? 이런 유혹을 물리치십시오. 부자인 이웃을 부러워하지 마십시오. 자신이 가진 것으로 만족하십시오. 행복은 집이나 땅의 소유에 있지 않습니다. 비단이나 귀금속으로는 마음의 슬픔과 비참함을 막을 수 없습니다. 성곽과 거대한 홀을 가졌어도 그 문들을 통해 들어오는 염려와 불안을 막지 못합니다. 걸어 다니는 사람 못지않게 마차를 타고 다니는 사람 역시 그만이 느끼는 비참함과 고통이 있습니다. 허름한 움막에 사는 사람만큼이나 번듯한 지붕이 있는 집에 사는 사람도 행복하지 못하기는 매한가지입니다. 오, 행복에 대해 사람들 사이에 만연한 착각이 무엇인지 잘 기억하십시오. 그리고 지혜로워지십시오!

3. 이제 마지막으로 진실로 행복해지는 길이 무엇인지 함께 살펴보겠습니다.

여기 참된 행복으로 나아가는 길이 있습니다. 사람이 취하기만

하면 되는 길입니다. 이 길을 취하고도 참된 행복에 이르지 못했다는 사람은 이제까지 단 한 사람도 없었습니다.

이 길은 모두에게 열린 길입니다. 이 길을 가기 위해서는 꼭 부자이어야 할 필요도 없고, 지체 높은 자리에 있어야 할 필요도 없으며, 많이 배워야 하는 것도 아닙니다. 주인을 위한 길일 뿐 아니라 종을 위한 길이기도 합니다. 부자만이 아니라 가난한 사람도 가는 길입니다. 스스로 가기를 거부하지 않는 한 누구도 배제하지 않는 길입니다.

이 길은 유일한 길입니다. 아담 시대 이래로 이 길을 간 사람은 누구나 행복했습니다. 행복에 이르는 왕도는 없습니다. 왕이라도 행복하고자 한다면 별 수 없습니다. 가장 비천한 자들과 함께 이 길을 가야 합니다.

이런 길이 어디에 나 있습니까? 어디로 가면 이 길을 찾습니까? 지금부터 잘 들어 보십시오.

진실로 행복해지는 길은 마음으로부터 참된 그리스도인이 되는 것입니다. 성경이 그렇게 말씀합니다. 사람들의 경험이 증거합니다. 회심한 사람, 그리스도를 믿는 사람, 하나님의 자녀가 된 사람만이 진실로 행복한 사람입니다.

비결치고는 너무 단순한 것 같습니까? 처음에는 믿기 어려울 정도로 간단하게 보일 것입니다. 하지만 가장 단순한 것이 가장 위대한 진리로 드러나는 경우가 많습니다. 세상에서 가장 지혜롭다고 하는 사람들이 전혀 발견하지 못한 이 비밀은, 그리스도를 믿는 가장 겸손한 신자들에게 계시됩니다. 저는 일부러 이 사실을 반복합니다.

세상으로 이 사실을 거부할 수 있으면 해보라고 하십시오. 참된 그리스도인만이 행복한 사람입니다.

그러면 누가 참된 그리스도인입니까? 교회나 채플에 빠지지 않고 예배를 드리면 그리스도인입니까? 정통 기독교 신조를 고백하고 존중하는 사람입니까? 복음을 사랑한다고 고백하는 사람은 모두 그리스도인입니까? 그렇지 않습니다. 전혀 아닙니다! 참된 그리스도인이란 이런 정의와는 사뭇 다릅니다. 그리스도인이라 불린다고 모두 그리스도인이 아닙니다. 제가 말하는 참된 그리스도인이란 마음과 삶이 그리스도인인 사람입니다. 성령의 가르침을 받고 자신의 죄를 절감하는 사람입니다. 자신의 모든 소망을 주 예수 그리스도와 그분의 구속에 두는 사람입니다. 거듭나서 실제로 신령하고 거룩한 삶을 사는 사람입니다. 이런 사람에게 신앙은 일요일에만 꺼내 입는 옷이 아닙니다. 날마다의 삶을 지배하고 다스리는 강력한 원리입니다. 이런 사람이 제가 말하는 진정한 그리스도인입니다.

참된 그리스도인이 행복하다는 말은 무슨 뜻입니까? 전혀 의심이나 두려움이 없다는 말입니까? 걱정이나 문제가 전혀 없다는 말입니까? 슬픔이나 염려가 전혀 없다는 말입니까? 고통도 느끼지 않고 눈물도 흘리지 않습니까? 이런 정의와는 전혀 상관이 없습니다. 여느 사람과 마찬가지로 그리스도인 역시 연약하고 허약한 육신을 가지고 있습니다. 여인의 후손이라면 누구나 갖는 감정과 정욕이 있습니다. 변화무쌍한 세상에 사는 것도 똑같습니다. 하지만 그의 마음 깊은 곳에는 견고한 평화와 실체가 있는 기쁨이 자리하고 있습니다. 그 평화와 기쁨은 결코 다함이 없습니다. 이것이 바로 진정한 행복입니다.

참된 그리스도인은 모두가 똑같이 행복합니까? 단 한 순간도 그렇지 않습니다! 하나님의 권속에는 장성한 사람뿐 아니라 이제 갓 태어난 아기도 있습니다. 그리스도의 신비로운 몸에는 강한 지체도 있지만 약한 지체도 있습니다. 그리스도의 양 무리에는 다 자란 양도 있지만 어린양도 있습니다. 하나님의 정원에는 레바논의 백향목만 있는 것이 아니라 벽면의 틈바구니에서 자라는 우슬초도 있습니다. 믿음에도 정도의 차이가 있듯이 은혜에도 정도의 차이가 있습니다. 믿음과 은혜가 클수록 행복한 사람입니다. 하지만 어떠하든 세상의 자녀와 비교해 보면 그리스도인은 행복한 사람입니다.

제가 참된 그리스도인은 모두가 항상 행복하다고 합니까? 아닙니다. 잠시라도 그렇지 않습니다! 각자가 누리는 위로의 차이가 있습니다. 어떤 사람은 지중해처럼 잠잠히 누리는가 하면, 한번에 150미터에 이르는 쳅스토의 파도와 같은 위로를 누리기도 합니다. 몸의 건강도 항상 일정한 것은 아닙니다. 이들을 둘러싼 환경도 마찬가지입니다. 이들이 사랑하는 영혼에 대한 특별한 염려에 사로잡히기도 합니다. 이들 역시 때로 잘못을 저지르기도 하고 흑암같이 캄캄한 때를 지나기도 합니다. 고질적인 죄에 넘어지기도 하고 하나님의 용서를 잊기도 합니다. 하지만 일반적으로 참된 그리스도인은 그 속에 깊은 평강의 샘이 있습니다. 아무리 가물어도 이 샘은 마르지 않습니다.[2]

참된 그리스도인만이 행복한 사람입니다. 그의 양심에 거리낌이 없기 때문입니다. 하나님을 향한 신비로운 증거자로서 긍휼을 따라 그리스도인 안에 자리한 양심은 그리스도 안에서 온전히 만족하고 안심합니다. 그리스도의 보혈로 자신의 죄가 깨끗이 씻겼음을 목도합니다. 대제사장 되신 그리스도의 중보를 통해 자신의 모든 두려움에 대한 해답을 얻습니다. 그리스도의 희생과 죽음을 통해 하나님도 의로우시고, 불의한 자를 의롭게 하시는 분임을 깨닫습니다. 신자의 양심은 더 이상 물고 뜯고 찌르는 일을 하지 않습니다. 더 이상 그리스도인을 두렵게 하지 않습니다. 주 예수 그리스도께서 모든 양심의 요구를 넉넉히 충족시키셨습니다. 양심은 더 이상 참된 그리스도인의 원수가 아닙니다. 오히려 그의 벗이요 조언자입니다. 그러므로 이런 그리스도인은 행복할 수밖에 없습니다.

참된 그리스도인만이 행복한 사람입니다. 잠잠히 앉아 편안한 마음으로 자신의 영혼에 대해 생각해 볼 수 있기 때문입니다. 뒤를 돌아보고 장래를 내다보며 자기 자신과 주변을 돌아보면서도 "내 영혼이 편하다"라고 말할 수 있는 사람이기 때문입니다. 이전에 지은 죄가 아무리 많고 크다고 해도 그리스도 안에서 모든 죄를 용서받았음을 알기에 자신의 과거를 돌아볼 수 있습니다. 그뿐 아니라 큰 위로를 얻기까지 합니다. 노아의 홍수가 온 지면을 덮고 심지어 가장 높은 산까지도 집어 삼켰던 것처럼, 그리스도의 의가 모든 죄를 덮습니다. 장차 도래할 일들을 잠잠히 생각하면서도 두려워하지 않을 수 있습니다. 질병은 고통스럽습니다. 죽음은 엄중한 현실입니다. 심판 날은 끔찍한 날이 될 것입니다. 하지만 그리스도인에게는 자신을 위하시는 그리스도가 있습니다. 두려워할 필요가 없습니다. 그리스도인은 자신의 모든 발걸음을 인도하시고 살피시는 성령 하나님을 편안한 마음으로 생각해 볼 수 있습니다. 그리고 이렇게 느낍니다. "그분은 나의 아버지이시다. 그리스도 예수 안에서 나와 화목하신 나의 아버지이시다. 나는 무익하고 유약하지만, 그리스도 안에서 나를 사랑하는 자녀로 받으시고 기뻐하신다." 두려움 없이 이런 생각을 할 수 있다니, 이 얼마나 엄청난 특권입니까! 독방에 갇힌 죄수의 애처로운 푸념과 탄식을 충분히 이해합니다. 온기도 있고 음식도 있고 옷도 있고 할 일도 있었지만, 그는 행복하지 않았습니다. 왜 그렇습니까? 자신이 지은 죄를 생각하지 않을 수 없었기 때문입니다.

참된 그리스도인만이 행복한 사람입니다. 이 세상에 전혀 영향 받지 않고 휘둘리지 않는 행복의 원천을 가졌기 때문입니다. 질병이나 죽음, 개인적인 상실이나 공적인 재앙에도 영향을 받지 않습니다. "모든 지각에 뛰어난 하나님의 평강"을 누립니다. 그를 위한 소망이 하늘에 예비되어 있습니다. 좀이나 동록이 상하게 하지 못할 보화를 가졌습니다. 도무지 흔들리지 않을 터에 자리한 집이 있습니다. 사랑하는 아내가 죽을 수도 있고, 그로 인해 마음이 갈가리 찢기는 것처럼 느낄 수도 있습니다. 사랑하는 자녀를 먼저 떠나보내고 이 냉랭한 세상에 혼자 남겨질 수도 있습니다. 삶의 계획이 좌절될 수도 있습니다. 건강을 잃을 수도 있습니다. 하지만 그럼에도 그의 기업은 여전히 그의 것으로 남아 있습니다. 그에게는 결코 죽지 않는 친구가 있습니다. 아무도 빼앗아 갈 수 없는 영원한 소유가 무덤 저편에 있습니다. 이 땅의 샘은 마를지라도, 그가 가진 하늘의 샘은 마를 날이 없습니다. 이것이 바로 진정한 행복입니다.

참된 그리스도인만이 행복한 사람입니다. 그의 모든 것이 바른 자리에 위치하고 바른 것을 향해 내닫고 있기 때문입니다. 그 존재의 모든 능력이 바른 목적을 향하고 있습니다. 이 땅의 것에 애착이 없습니다. 하늘의 것을 사모합니다. 그의 의지는 자기 자신에게 함몰되지 않습니다. 하나님의 뜻에 순복합니다. 그의 지성은 썩어 없어질 하찮은 것에 빠져 있지 않습니다. 항상 유익한 즐거움을 소망합니다. 선을 행하기를 즐거워합니다. 무질서가 초래하는 비참함을 모르는 사람이 있습니까? 모든 가족 구성원이 자신의 자리를 지키지 않는 집이 얼마나 불편하고 어려운지 모르는 사람이 있습니까? 회심하지 않은 사람의 마음이 바로 그런 집과 같습니다. 은혜는 그 사람의 마음에 있는 모든 것의 질서를 잡아 주고 바른 자리를 찾게 합니다. 영혼과 관련된 모든 것이 맨 처음에 오고, 세상에 속한 것이 그 다음에 자리합니다. 무질서와 혼란이 그칩니다. 더 이상 정욕이 자기 소견에 옳은 대로 하도록 내버려 두지 않습니다. 그리스도께서 전인全人을 다스리십니다. 그분에게 속한 모든 부분이 적합하고 합당하게 역사합니다. 새 마음만이 유일하게 명랑한 마음입니다. 이 마음만이 질서 가운데 있는 마음이기 때문입니다. 진정한 그리스도인은 합당한 자기 자리를 찾은 사람입니다. 자긍하는 마음과 자기 의지를 배제합니다. 바른 마음으로 그리스도의 발아래 앉아 그분의 말씀을 청종합니다. 하나님을 사랑하고, 사람을 사랑합니다. 그러므로 이런 사람은 행복할 수밖에 없습니다. 천국에서는 모두가 행복합니다. 그곳에서는 모두가 하나님의 뜻을 완벽하게 준행하기 때문입니다. 이런 하늘의 실체에 가까이 자리하는 사람일수록 더욱더 행복한 사람이 됩니다.

분명한 점은 그리스도가 없는 행복은 이 세상에 없다는 사실입니다. 그리스도만이 신자에게 영원히 거하실 보혜사를 보내십니다. 그리스도는 태양입니다. 그분이 아니면 이 땅에 온기가 없습니다. 그분이 빛입니다. 그분이 아니면 사람들은 항상 흑암 가운데 있을 뿐입니다. 그리스도가 양식입니다. 그분이 아니면 우리는 항상 굶주릴 수밖에 없습니다. 그리스도가 생수입니다. 그분이 아니면 우리는 항상 목마를 수밖에 없습니다. 그리스도에 여러분이 좋아하는 것을 더해 보십시오. 여러분이 좋아하는 자리에 그리스도를 놓아 보십시오. 여러분이 상상할 수 있는 모든 위안으로 그리스도를 둘러보십시오. 전혀 달라질 것이 없습니다. 하지만 여러분이 좋아하는 것에서 평화의 왕이신 그리스도를 분리해 보십시오. 사람은 결코 행복할 수 없습니다.

한 사람에게 그리스도에 대한 합당한 관심을 불어넣어 보십시오. 그는 아무리 가난해도 행복해 할 것입니다. 자신이 가장 좋은 것을 가졌다고 말할 것입니다. 부족함이 없다고 말할 것입니다. 그는 부요함을 가졌습니다. 오히려 그는 부자입니다. 그에게는 세상이 알지 못하는 양식이 있기 때문입니다. 지기를 떠나지도 버리지도 않을 친구가 생겼기 때문입니다. 성부와 성자가 그에게 오셨습니다. 그로 처소를 삼고 함께 사십니다. 주 예수 그리스도께서 그와 함께 떡을 떼시고 그는 그리스도와 함께 떡을 뗄 것입니다(계 3:20).

한 사람에게 그리스도에 대한 합당한 관심을 불어넣어 보십시오. 그는 아무리 질병으로 힘들어도 행복해 할 것입니다. 육신은 병으로 신음하고 고통으로 몸은 쇠약해져 가지만, 그의 마음만은 안식과 화평을 누릴 것입니다. 제가 이제까지 만난 가장 행복한 사람 가운데 하나는 치료가 불가능한 척추이상으로 누워 지내야 했던 여인이었습니다. 그녀는 난방도 안 되는 다락방에 누워서 지냈습니다. 누워 있는 그녀의 얼굴에서 짚으로 엮은 지붕까지는 겨우 60센티미터밖에 되지 않았습니다. 병이 회복될 기미도 전혀 보이지 않았습니다. 그러나 그녀는 항상 주 예수님으로 기뻐하며 지냈습니다. 그리스도 안에 있는 그녀의 영혼이 육신이 처한 환경을 이긴 것입니다. 그녀는 행복한 사람이었습니다. 그리스도께서 그녀와 함께하셨기 때문입니다.[3]

한 사람에게 그리스도에 대한 합당한 관심을 불어넣어 보십시오. 그는 무수한 외적인 재앙 가운데서도 행복한 사람으로 남아 있을 것입니다. 무능한 정부는 혼란에 빠져 있고, 반역과 무질서가 사회 전체를 뒤집어 놓고, 법이 사람들의 발아래 짓밟히고, 정의와 공평은 모독당하고, 자유가 땅바닥에 내동댕이쳐지고, 물리력이 사람들의 권리를 짓밟는 일이 계속되어도 그리스도를 바르게 아는 사람의 마음은 좌절하지 않을 것입니다. 언젠가 그리스도의 나라가 견고히 설 것을 기억합니다. 제1차 프랑스혁명의 소용돌이 속에서도 흔들림 없는 삶을 살았던 스코틀랜드 목사와 같이 그는 이렇게 말할 것입니다. "괜찮다. 의인은 아무 염려할 것이 없다."

제가 애써서 설명하는 이 교리를 마귀는 싫어합니다. 마귀는 여러분의 마음을 온갖 반대와 감언이설로 채워 내 말이 잘못되었다고 여러분을 설득하려 할 것입니다. 이런 반대를 대면하는 것은 하나도 두렵지 않습니다. 이제 여러분의 마음에 일어날 수 있는 반대 의견들을 살펴보겠습니다.

여러분은 "아주 신앙적이지만 전혀 행복하지 않는 사람들도 많다"라고 말할지도 모르겠습니다. 이런 사람들이 부지런히 예배에 참석하는 모습을 볼 것입니다. 성찬식에도 빠지는 일이 없습니다. 하지만 이들에게서는 제가 지금까지 말한 화평의 표지들을 발견할 수 없습니다.

여러분이 말하는 신자가 그리스도를 믿는 참 신자 맞습니까? 겉으로 드러나는 신앙의 모습만으로 진정으로 거듭난 사람, 하나님께로 회심한 사람임을 확신할 수 있습니까? 경건의 모양은 있으나 능력은 부인하는 사람, 신앙의 실체가 없는 명목상의 신앙인일 가능성은 없습니까? 여러 가지 신앙적인 행동을 하는 사람이라도 구원받는 믿음을 갖지 못한 사람일 수 있습니다! 형식적이고 의식적인 기독교 신앙은 사람을 행복하게 하지 못합니다. 마음에 화평을 누리기 위해서는 단순히 교회에 출석하고 성찬에 참여하는 행위 이상의 것이 필요합니다. 그리스도와 진정한 생명의 연합을 이루어야 합니다. 형식적인 신앙인이 아닌 참된 그리스도인이 행복한 사람입니다.

하지만 "회심하고 진실로 영적인 마음을 가진 사람이라고 모두 행복하게 보이는 것은 아니다"라고 말할지도 모르겠습니다. 이런 사람들이 자신의 마음 상태 때문에 힘들어하고 자기 안에 남아 있는 부패 때문에 슬퍼하는 모습을 자주 보았을 것입니다. 이런 그들의 모습이 온통 의심과 불안과 두려움으로 가득한 사람들처럼 보이게 했을 것입니다. 이런 사람들에게 이제까지 제가 말한 행복이란 것이 있기나 한지 의심스러웠을 것입니다.

여러분이 말한 이런 성도들이 많다는 사실을 저도 부인하지 않습니다. 참으로 안타까운 일입니다. 성도로서 누려야 할 특권을 누리지 못하고 사는 신자들이 많습니다. 마치 믿음으로 인한 즐거움과 화평을 전혀 모르는 사람들 같습니다. 하지만 이들에게 신자로서 자신의 신분을 포기하고 싶은지, 세상으로 다시 돌아가고 싶은지 물어본 적 있습니까? 그들이 지금 겪는 모든 슬픔과 의심과 두려움이 지나고 나면 다시는 이렇게 힘겹게 그리스도를 따라가지 않겠다고 생각한 적이 있는지 물어보았습니까? 그런 사람들에게 한번 물어보십시오. 그러면 아무리 약하고 어린 신자라도 대답은 한 가지일 것입니다. 그리스도를 믿는 소망의 한 파편을 붙들지언정 세상을 붙잡지는 않겠다고 말입니다. 이들 모두가 "우리가 가진 믿음은 너무나 약하고, 우리가 가진 은혜도 너무나 미약하며, 그리스도를 누리는 기쁨도 거의 없는 것이나 마찬가지이지만, 그래도 우리가 가진 것을 포기하지는 않을 것이다. 주께서 우리를 도살하실지라도, 우리는 주께로 피할 것이다"라고 대답할 것입니다. 꽃은커녕 아직 이파리조차 제대로 보이지 않지만, 행복이라는 나무는 많은 연약한 신자들의 마음에 깊이 뿌리내리고 있습니다.

그러면 여러분은 또 "대부분의 신자들은 행복해 보이지 않는다. 너무 진지하고 근엄하기만 하다"라고 말할 수도 있습니다. 여러분은 이들에게서 제가 말한 행복을 발견할 수 없다고 생각합니다. 그들의 표정에서 행복을 읽을 수가 없다는 것입니다. 그들이 가진 기쁨의 실체를 의심합니다. 좀처럼 행복한 모습을 보지 못하기 때문입니다.

이 장의 초두에 말한 것들을 대답 삼아―명랑한 얼굴이 곧 행복한 마음을 가진 사람이라는 확실한 증거는 아닙니다―다시 말할 수도 있겠지만, 그렇게 하지는 않겠습니다. 오히려 여러분에게 묻겠습니다. 여러분이 엄숙하고 진지하다고 말한 그리스도인을 만났을 때 혹시 여러분 때문에 그들이 그렇게 될 수밖에 없었던 것은 아닙니까? 여러분이 회심하지 않는 한 여러분을 만난 이들의 얼굴이 마냥 기쁘고 즐거울 수만은 없을 것입니다. 여러분이 멸망의 지름길을 가고 있다는 사실을 이들은 분명히 알고 있기 때문입니다. 이 사실 하나만으로도 그들이 고통스러워하기에 충분합니다. 하물며 그런 사람이 여러분 하나만이 아니고 수천수만에 이르니 이들이 어찌 슬퍼하고 괴로워하지 않을 수 있겠습니까? 불신자가 아닌 다음에야 날마다 맞닥뜨리는 상황을 어떻게 슬픔 없이 지날 수 있겠습니까? 아마도 회심하지 않은 여러분을 만난 것이 그들의 마음을 무겁고 어렵게 만드는 중요한 이유 가운데 하나였을 것입니다. 여러분이 회심하기 전까지는 회심한 사람들의 진지한 태도에 대해 판단을 유보하십시오. 모두가 그리스도를 사랑하고 같은 마음을 가진 사람들과 함께 모였을 때 그들이 어떤 모습인지 보십시오. 제 경험에 따르면, 참된 그리스도인들만큼 행복에 겨워하는 사람들도 없습니다.[4]

다시 말합니다. 다시 한 번 찬찬히, 확신을 가지고 분명하게 말합니다. 어떤 인생도 참된 그리스도인이 누리는 행복에 비견할 만한 행복을 누리지 못합니다. 참된 기쁨을 누리는 신자 주변에 있는 모든 다른 행복은 햇빛과 견주는 달빛이나 마찬가지입니다. 금과 나란히 놓인 구리나 마찬가지입니다. 원한다면, 믿지 않는 사람들의 웃음과 왁자지껄함을 자랑하십시오. 그리고 또 원한다면, 많은 그리스도인들에게서 드러나는 진지함과 심각함을 비아냥거리십시오. 그런 자랑과 비아냥거림은 아무런 영향도 주지 못합니다. 그리스도인의 참된 행복에 관한 주제를 모두 살폈습니다. 다시 말하지만 참된 그리스도인만이 진정으로 행복한 사람입니다. 진정한 그리스도인이 되는 것만이 참된 행복에 이르는 유일한 길입니다.

이제 몇 가지 간단한 적용의 말로 이 장을 마치겠습니다. 지금까지 참된 행복을 위해 꼭 필요한 것이 무엇인지를 보이려고 애를 썼습니다. 이 주제와 관련된 만연한 오해들에 대해서도 살펴보았습니다. 또한 명백하고 분명한 어조로 참된 행복을 찾을 수 있는 유일한 자리가 어디인지도 보았습니다. 이제 여러분의 양심에 분명하게 적용할 애정어린 호소로 이 장을 마치겠습니다.

먼저, 여러분 모두 자신의 마음에 "나는 정말 행복한가?" 하고 물어보기를 바랍니다.

빈부귀천을 막론하고 주인이나 종이나, 농부나 노동자나, 젊은이나 노인이나 반드시 대답해야 할 물음이 있습니다. "여러분은 진정 행복합니까?"

성경을 무시하고, 일이나 돈으로 신을 삼으며, 심판 날을 제외한 모든 것을 위한 준비를 하고, 영원을 제외한 모든 것을 위한 계획을 세우고, 오직 이 땅의 것에만 신경 쓰고 염려하는 세상 사람들이여, 그래서 행복합니까? 자신이 행복하지 않음을 <u>스스로</u> 잘 알 것입니다.

경솔하고 천박한 태도로 삶을 우습게 여기고, 이내 구더기의 먹이가 될 덧없는 몸을 가꾼다고 하루에 몇 시간씩 보내고, 마치 세상이 전부이기라도 한 것처럼 옷과 유행과 흥분과 인간의 칭송을 우상처럼 추구하며 사는 어리석은 여인이여, 그래서 행복합니까? 자신이 행복하지 않음을 스스로 잘 알 것입니다.

자기 자신과 쾌락에 탐닉하고, 촛불 주변의 나방처럼 이리저리 빈둥거리며, 스스로를 잘 안다고 생각하고, 영리하기 때문에 다른 사람이 참견할 필요가 없다고 생각하고, 도살장으로 끌려가는 소처럼 마귀가 자신을 포로로 사로잡고 있음을 모르는 젊은이여, 그래서 행복합니까? 자신이 행복하지 않음을 스스로 잘 알고 있습니다.

그렇습니다. 여러분 모두는 행복하지 않습니다! 여러분의 양심이 잘 압니다. 인정하고 싶지 않더라도 할 수 없습니다. 사실입니다. 여러분의 마음에는 거대한 공허가 자리합니다. 어떤 것으로도 채울 수 없는 허탈함입니다. 돈으로, 지식으로, 지위로, 쾌락으로 그것을 채우려고 해보십시오. 도무지 채워지지 않습니다. 여러분의 양심은 크게 상했지만, 그것을 치료하고 싸맬 것이 하나도 없습니다. 불신앙은 그렇게 할 수 없습니다. 자유로운 사상도 이것을 치료하지 못합니다. 로마 가톨릭도 마찬가지입니다. 이 모든 것은 가짜 약에 불과합니다. 이런 상처와 쓰라림을 치료할 수 있는 것은 아무것도 없습니다. 오직 복음만이 치료할 수 있습니다. 하지만 여러분은 아직 복음을 누리지 못합니다. 맞습니다. 여러분은 참으로 비참한 사람입니다!

오늘 이 경고를 받으십시오. 회심하지 않으면 여러분은 결코 행복해질 수 없습니다. 태양을 등지고 서서 따사로운 햇빛이 얼굴에 닿기를 바라는 사람처럼, 여러분은 지금 하나님과 그리스도를 등지고 서서 행복함을 누리려 하고 있습니다.

둘째로, 행복과는 거리가 먼 어리석은 삶을 살아가는, 참된 그리스도인이 아닌 모든 사람에게 경고합니다.

여러분을 보면 참으로 안타깝습니다. 여러분의 눈이 열려 지혜로운 자가 되도록 여러분을 설득할 수 있었으면 좋겠습니다. 영원한 복음의 망루에 선 파수꾼처럼 서서 비참함의 씨를 뿌리고 있는 여러분을 봅니다. 너무 늦기 전에 그 일을 멈추고 다시 생각해 보라고 외치고 싶습니다. 하나님께서 여러분의 눈을 열어 자신의 어리석음을 보게 하시기만을 바랄 뿐입니다!

여러분은 지금 물을 가두지 못할 웅덩이를 파고 있습니다. 시간과 정력과 애정과 같은 소중한 것을 아무 보람도 없는 일에 허비하고 있습니다. "너희가 어찌하여 양식이 아닌 것을 위하여 은을 달아 주며 배부르게 하지 못할 것을 위하여 수고하느냐"(사 55:2). 자신만의 바벨탑을 쌓아 올리고 있습니다. 하나님과 상관없이 스스로 행복해지려는 여러분의 계획을 하나님께서 비웃으십니다. 하지만 여러분은 이 사실을 모르고 있습니다.

여러분, 간청합니다. 꿈에서 깨십시오. 담대하게 일어나십시오. 죽을 때 수치만 가득한 허망한 삶을 생각해 보십시오. 여러분이 가진 명목상의 신앙은 정작 가장 큰 힘이 되어야 할 때에 아무짝에도 소용이 없고 아무런 도움도 되지 못한다는 사실을 생각해 보십시오.

눈을 뜨고 주변을 둘러보십시오. 하나님과 그리스도와 성령이 없이 과연 행복한 사람이 누가 있는지 말해 보십시오. 여러분이 여행하는 길을 보십시오. 앞서 간 사람들의 발자취를 주목하여 보십시오. 얼마나 많은 사람들이 이 길에서 돌이켜 자신들의 잘못을 인정하고 고백했는지 보십시오.

저는 경고합니다. 여러분이 참된 그리스도인이 아니라면 오는 세상에서는 말할 것도 없고 이 땅에서도 행복을 얻을 수 없습니다. 오, 제 말을 믿으십시오. 행복의 길, 구원의 길은 한 가지뿐입니다! 그리스도를 섬기기를 거부하고 자신의 길을 고집하는 사람은 결코 행복할 수 없습니다. 그러나 그리스도를 섬기는 사람은 이생과 내생의 약속을 가졌습니다. 이 땅에서 행복할 뿐 아니라 천국에서도 행복할 것입니다.

천국은 물론 이 땅에서도 행복하지 못하다면 그것은 여러분의 잘못입니다. 이 사실을 생각해 보십시오. 이런 어리석은 죄책 아래 있지 마십시오. 술주정뱅이, 아편쟁이, 자살하는 사람의 어리석음을 보고 안타까워하지 않을 사람이 있습니까? 하지만 돌이키지 않고 세상의 자녀로 살아가는 것보다 더 어리석은 일은 없습니다.

셋째, 아직 진정한 행복이 무엇인지 모르고 여전히 행복을 찾아다니는 여러분에게 유일하게 행복을 발견할 수 있는 길을 가라고 간청합니다.

진정한 행복에 이르는 길은 주 예수 그리스도의 손에 있습니다. 성부 하나님께서 굶주린 자들에게 떡을, 목마른 자들에게 생명수를 주시도록 성자 예수 그리스도를 세우시고 인 치셨습니다. 부유한 자와 권세 있는 자와 학식 있는 자들이 자주 열어 보려고 했지만 끝내

열지 못한 문, 곧 행복으로 난 문이 이제 모든 겸손하고 기도하는 신자에게 활짝 열렸습니다. 오, 행복해지고 싶습니까? 그리스도께로 가십시오!

그분께로 가십시오. 가서 여러분만의 길을 추구하기에 지쳤다고, 안식이 필요하다고 고백하십시오. 여러분은 스스로를 행복하게 하고, 천국으로 나아갈 만한 힘도 능력도 없다고 고백하십시오. 그리스도 외에는 아무런 소망이 없다고 말씀드리십시오. 주저 없이 말씀드리십시오. 이렇게 하는 것이 바로 그리스도께로 나아가는 것입니다.

그분께로 나아가십시오. 나아가 자비를 베풀어 주시라고, 구원을 베풀어 주시라고 간구하십시오. 그리스도의 흘리신 피로 깨끗하게 씻어 주시라고, 죄를 없애 주시라고 간구하십시오. 여러분의 양심에 평화를 주시라고, 그래서 괴로운 영혼을 고쳐 주시라고 간구하십시오. 주저하지 말고 간구하십시오. 이렇게 하는 것이 바로 그리스도께 나아가는 것입니다.

여러분이 힘을 낼 분명한 이유가 있습니다. 주께서 친히 여러분을 부르십니다. 다른 사람들만이 아니라 여러분에게도 이렇게 말씀하십니다. "수고하고 무거운 짐 진 자들아, 다 내게로 오라. 내가 너희를 쉬게 하리라. 나는 마음이 온유하고 겸손하니 나의 멍에를 메고 내게 배우라. 그리하면 너희 마음이 쉼을 얻으리니 이는 내 멍에는 쉽고 내 짐은 가벼움이라 하시니라"(마 11:28-30). 아무것도 기다리지 마십시오. 스스로 그럴 만한 가치가 없게 느껴질 것입니다. 충분히 회개하지 않은 것처럼 느껴질 것입니다. 하지만 더 이상 지체하지 마십시오. 그리스도께로 나아가십시오.

여러분이 힘을 낼 분명한 이유가 있습니다. 여러분이 받은 그 부르심을 따라 수많은 사람들이 이미 그 문으로 들어갔습니다. 가서 바라던 안식을 얻었습니다. 이들 역시 여러분과 마찬가지로 세상을 섬기던 자들이었습니다. 어리석음과 죄에 깊이 빠져 있던 자들이었습니다. 여러분과 마찬가지로 자신의 완악함에 진저리를 친 사람들이었습니다. 구원과 안식을 간절히 원하던 자들이었습니다. 그런 그들이 그리스도에 대해서 들었고, 기꺼이 그들을 돕고 구원하고자 하신다는 사실을 알았습니다. 수많은 의심과 망설임 끝에 믿음과 기도로 그리스도께로 나아갔습니다. 가서 그리스도는 과연 그들이 생각했던 것보다 수천 배 더 은혜로우신 분임을 알았습니다. 그분 안에서 안식과 행복을 얻었습니다. 그 후로 이들은 그리스도의 십자가를 졌고 평강을 맛보았습니다. 오, 이들의 발자취를 따라가십시오!

하나님의 자비하심을 따라 호소합니다. 그리스도께로 나아가십시오. 그리스도께로 나아가면 항상 행복을 누릴 수 있습니다. 더 이상 미루지 마십시오. 과거의 잠에서 깨어나십시오. 일어나 자유롭게 되십시오! 오늘이 바로 그리스도께로 나아갈 날입니다.

마지막으로, 참된 그리스도인들이 더 행복할 수 있도록 몇 가지 지침을 드리겠습니다.

이 지침들은 여러분만이 아니라 바로 제 자신의 양심에 적용하기를 바라는 것들입니다. 그리스도 안에 있는 평강이 너무나 달콤해서 여러분 안에는 그것을 더욱 알고자 하는 열망이 타오를 줄 압니다. 그러므로 이 지침들은 그런 여러분이 주목할 가치가 있는 것들입니다.

신자들이여, 그리스도를 섬기는 가운데 더 행복하기를 바란다면, 매년 은혜 가운데 자라도록 애를 쓰십시오. 답보를 거듭하지 않도록 조심하십시오. 가장 거룩한 사람이 항상 가장 행복한 사람이었습니다. 해마다 더욱 거룩해지겠다고 다짐하십시오. 그리스도의 충만함을 더 잘 알고, 더 많이 느끼고, 더 잘 보겠다고 목표를 정하십시오. 전날의 은혜를 의지하지 마십시오. 자신이 다다른 신앙의 정도로 만족하지 마십시오. 더 열심히 성경을 연구하십시오. 죄를 더욱 미워하십시오. 자기 의지를 더욱더 죽이십시오. 임종을 향해 갈수록 더욱 겸손해지십시오. 그리스도와의 인격적이고 직접적인 교제를 추구하십시오. 날마다 하나님과 동행한 에녹과 같이 되도록 힘쓰십시오. 자그마한 죄라도 양심을 더럽히지 못하게 하십시오. 성령을 근심시키지 마십시오. 부차적인 신앙의 문제로 다투거나 분쟁을 일삼지 마십시오. 구원에 꼭 필요한 진리들을 견고하게 붙잡으십시오. 이런 사실들을 기억하고 실천하십시오. 더욱 행복한 사람이 될 것입니다.

신자들이여, 그리스도를 섬기는 가운데 더 행복하기를 바란다면, 해마다 더욱 감사하기 위해 힘쓰십시오. "주 안에서 기뻐"하는 것이 무엇인지 더욱 알게 해주시도록 기도하십시오(빌 3:1). 자신의 죄악 됨과 부패를 깊이 절감할 줄 알아야 합니다. 지금 여러분의 모습은 하나님의 은혜로 이루어진 것이라는 사실에 더 깊이 감사해야 합니다. 하나님의 백성 사이에 감사가 줄고 불평이 늘었습니다! 우리 것이 아닌 것을 탐내고 불평이 끊이질 않습니다. 우리가 누리는 많은 자비를 즐거워하거나 송축하지 않고 있습니다. 오, 하나님께서 우리에게 감사와 찬송의 위대한 영을 부어 주시기만을 바랄 뿐입니다.

신자들이여, 그리스도를 섬기는 일에서 더 큰 행복을 누리고 싶다면, 해마다 선을 행하기 위해 더욱 힘쓰십시오. 자신의 주변을 주의 깊게 살피고 유익을 주는 사람이 되도록 하십시오. 하나님을 닮은 성품이 되도록 하십시오. 하나님은 선하실 뿐 아니라 "선을 행하시는" 분입니다(시 119:68). 오늘날 이기적인 신자들이 많습니다! 자신의 영적 질병을 키워 가며 불 곁에서 게으르게 앉아만 있습니다. 항상 자기 마음의 상태에 대한 불만을 늘어놓습니다. 여러분, 일어나십시오. 일어나 여러분의 시대와 세대에 유익한 사람이 되십시오! 여러분이 성경을 읽어 줄 사람이 세상에 단 한 사람도 없단 말입니까? 말을 건넬 사람이 하나도 없단 말입니까? 하나님의 영광과 이웃의 유익을 위해 문자 그대로 여러분이 할 수 있는 일이 전혀 없단 말입니까? 오, 저는 그렇게 생각하지 않습니다! 아니, 그렇게 생각할 수가 없습니다. 의지만 있다면 여러분이 할 일이 많을 것입니다. 여러분 자신의 행복을 위해서라도 일어나십시오. 지체하지 마십시오. 담대하게 진실만을 분명히 말하고 열심히 일하는 그리스도인은 항상 가장 행복합니다. 여러분이 하나님을 위해 더 많은 일을 할수록 하나님께서 여러분을 위해 더 많이 일하실 것입니다.

세상과 타협하고 머뭇거리는 그리스도인은 참된 행복을 맛볼 것이라고 기대하지 말아야 합니다. 믿음에 가장 단호한 그리스도인이 항상 가장 행복한 사람으로 드러날 것입니다.

11장
형식적인 신앙

경건의 모양은 있으나 경건의 능력은 부인하니. (딤후 3:5).

무릇 표면적 유대인이 유대인이 아니요 표면적 육신의 할례가 할례가 아니니라. 오직 이면적 유대인이 유대인이며 할례는 마음에 할지니 영에 있고 율법 조문에 있지 아니한 것이라. 그 칭찬이 사람에게서가 아니요 다만 하나님에게서니라. (롬 2:28-29).

이 두 성경 구절은 어느 때든지 우리 모두가 진지하게 주목해야 할 말씀입니다. 특히 지금과 같은 교회와 세상을 신자로 살아가는 우리가 귀 기울여야 할 말씀입니다. 주 예수 그리스도께서 세상을 떠나신 이래, 오늘날처럼 거짓된 신앙고백과 형식적인 신앙이 만연했던 적도 없습니다. 그러므로 우리는 할 수만 있으면 우리 자신을 돌아보고 우리의 신앙을 잘 살펴서 자신이 어떤 사람이고 어떤 신앙을 갖고 살아가는지 알아야 합니다. 우리의 기독교 신앙이 모양만 있는 것인지 새롭게 된 마음으로부터 비롯된 것인지 알아야 합니다.

이 주제를 다루는 가장 좋은 방법은, 관련된 하나님의 말씀을 펴서 그 말씀을 살펴보는 것입니다. 사도 바울은 이 부분에 대해서 무엇이라고 합니까? 바울은 로마서에서 다음과 같은 위대한 원리를 이야기합니다. "무릇 표면적 유대인이 유대인이 아니요 표면적 육신의 할례가 할례가 아니니라. 오직 이면적 유대인이 유대인이며 할례는 마음에 할지니 영에 있고 율법 조문에 있지 아니한 것이라. 그 칭찬이 사람에게서가 아니요 다만 하나님에게서니라"(롬 2:28-29). 이 말씀에는 세 가지 교훈이 두드러집니다.

1. 먼저, 형식적인 신앙은 신앙이 아닙니다. 따라서 형식적인 그리스도인은 하나님이 보시기에 그리스도인이 아닙니다.
2. 둘째, 마음은 참된 신앙이 자리하는 곳입니다. 참된 그리스도인은 마음으로부터 그리스도인인 사람입니다.
3. 셋째, 참된 신앙은 사람들의 칭찬에 연연하지 않습니다. "사람들의 칭찬이 아닌 하나님의 칭찬"을 얻으려고 합니다.

이 세 가지 위대한 원리를 찬찬히 살펴보겠습니다. 한 위대한 청교도 목사가 다음과 같이 말한 지 벌써 이백 년이 지났습니다. "오늘날 영국에서 저질러지는 가장 큰 죄는 형식적인 신앙입니다. 온 땅이 이 죄로 신음하고 있습니다. 우리 조상이 살던 때보다 더 많은 빛이 이 땅에 주어졌지만 생명은 그때만 못합니다. 흉내는 많이 내지만 실체는 적습니다. 신앙고백은 더 많아졌지만, 거룩은 더 사그라졌습니다"(Thomas Hall, on 2 Tim. 3:5, 1658). 이 청교도 목사가 이 시대를 살았다면 무엇이라고 했을까요?

1. 우리는 먼저, 형식적인 신앙은 신앙이 아니고, 형식적으로 믿는 그리스도인 역시 하나님 보시기에는 그리스도인이 아니라는 점을 살펴보겠습니다.

형식적인 신앙이란 무엇입니까? 먼저 정의를 분명히 해야 합니다. 많은 사람들이 이 부분에 대해 모호한 생각을 갖고 있는 것 같습니다. 형식적인 신앙이 무엇인지를 분명히 정의해야 이 장에서 말하고자 하는 바를 이룰 수 있습니다. 그래서 첫 번째 단계는 형식적인 신앙이 무엇인지 정의하고, 묘사하고, 그려 내는 것입니다.

그리스도인이라고 불리기는 하지만 그리스도인이라 할 만한 실체가 없고, 겉으로 드러나는 모습을 통해 그리스도인이라 불리기는 하지만 자기 내면에서는 그렇게 느끼지 못하고, 신앙고백은 있지만 실천이 없는 사람들이 가졌다고 말하는 신앙입니다. 이런 신앙은 사람의 마음이나 삶에는 전혀 영향을 주지 못합니다. 겉모양이나 습관을 통해서만 그리스도인으로 나타납니다. 이런 사람의 신앙을 저는 "형식적인 신앙"이라고 합니다. 신앙의 모양과 껍데기와 형식만 있을 뿐 신앙의 실체와 능력은 없습니다.

예를 들어, 종교적인 의식과 규례를 지키는 것이 신앙의 전부인 사람들을 보십시오. 그들은 정기적으로 공예배에 참석합니다. 성찬에도 정기적으로 참여합니다. 하지만 그 이상은 없습니다. 기독교 신앙을 경험한 적이 없습니다. 성경도 익숙하지 않고, 성경을 읽는 것도 좋아하지 않습니다. 세상적인 삶의 방식을 그대로 고수합니다. 친구를 사귀고 결혼 상대를 고를 때도 신자인지 불신자인지 따지지 않습니다. 설교 말씀을 듣는 데도 전혀 무관심한 것처럼 보입니다. 이런 사람과 몇 주를 함께 지내면서 주중에 말하고 행동하는 것을 보면 불신자나 이신론자가 아닌지 착각할 정도입니다. 이런 사람에 대해서 무엇이라고 해야 하겠습니까? 스스로를 그리스도인이라 고백하지만 이들의 마음과 삶에는 기독교 신앙의 실체를 찾아보기가 어렵습니다. 이런 사람들이 바로 형식적인 그리스도인입니다. 형식뿐인 신앙을 가진 자들입니다.

눈을 돌려, 신앙에 대해 이야기하는 것이 신앙의 전부인 사람들을 보십시오. 이론적으로는 복음을 잘 알고 있습니다. 복음주의 교리를 좋아한다고 고백합니다. 자신들의 견해는 "바르고", 자신들의 이해에 동조하지 않는 사람은 모두 "무지하다"고 말합니다. 하지만 그것이 전부입니다! 더 이상 나아가지 않습니다. 이들의 개인적인 생활을 잘 살펴보면 실천적 경건에 대해서는 무지함을 알게 될 것입니다. 이런 사람들은 진실하지도, 사랑이 많지도, 겸손하지도, 정직하지도, 친절하지도, 온유하지도, 이타적이지도, 영예롭지도 못합니다. 이런 사람들을 무엇이라고 해야 하겠습니까? 명목상으로만 그리스도인일 뿐 이들의 신앙에는 열매도 실체도 없습니다. 이런 사람들이 바로 형식적인 그리스도인입니다. 이들의 신앙은 공허한 형식주의일 뿐입니다.

이런 형식적인 신앙을 경계해야 합니다. 형식적인 신앙은 수많은 영혼들을 비참하게 만드는 암초입니다. "종교 자체를 신경 쓸 필요는 없다. 드러나는 것에만 신경 쓰면 된다. 종교의 좋은 점은 유익하다는 것이다. 하지만 현실성이나 용도는 떨어진다." 마키아벨리가 한 가장 사악한 말들 가운데 하나입니다. 이런 이해는 이 땅에 속한 것입니다. 그렇습니다. 땅 아래 지옥으로부터 온 생각입니다. 이런 생각을 조심하십시오. 깨어서 이런 가르침을 경계해야 합니다. 이를 두고 성경은 죄라고 말씀합니다. 쓸모없는 형식주의라고 말씀합니다.

바울 사도가 로마 교인들에게 한 말을 들어 보십시오. "무릇 표면적 유대인이 유대인이 아니요 표면적 육신의 할례가 할례가 아니니라"(롬 2:28). 얼마나 신랄하고 단호한 말입니까! 육신으로 하면 아브라함의 후손이고 열두 지파 가운데 하나에 속하며 난 지 팔일 만에 세례를 받고 모든 절기를 지키고 성전에서 정기적으로 예배에 참여한다고 해도, 하나님이 보실 때는 유대인이 아닐 수 있습니다. 겉으로는 그리스도인이요 교회의 교인으로 신앙고백을 하고, 기독교 세례를 받고 기독교의 규례에 참여하지만, 여전히 하나님 보시기에는 그리스도인이 아닐 수 있습니다.

이사야 예언자가 하는 말을 들어 보십시오. "너희 소돔의 관원들아, 여호와의 말씀을 들을지어다. 너희 고모라의 백성아, 우리 하나님의 법에 귀를 기울일지어다. 여호와께서 말씀하시되 너희의 무수한 제물이 내게 무엇이 유익하뇨. 나는 숫양의 번제와 살진 짐승의 기름에 배불렀고 나는 수송아지나 어린양이나 숫염소의 피를 기뻐하지 아니하노라. 너희가 내 앞에 보이러 오니 이것을 누가 너희에게 요구하였느냐. 내 마당만 밟을 뿐이니라. 헛된 제물을 다시 가져오지 말라. 분향은 내가 가증히 여기는 바요 월삭과 안식일과 대회로 모이는 것도 그러하니 성회와 아울러 악을 행하는 것을 내가 견디지 못하겠노라. 내 마음이 너희의 월삭과 정한 절기를 싫어하나니 그것이 내게 무거운 짐이라. 내가 지기에 곤비하였느니라. 너희가 손을 펼 때에 내가 내 눈을 너희에게서 가리고 너희가 많이 기도할지라도 내가 듣지 아니하리니 이는 너희의 손에 피가 가득함이라"(사 1:10-15). 우리가 이 말씀을 제대로 이해한다면 이는 정말 두려운 말씀입니다. 여기서 전혀 쓸모없는 것으로 말하는 희생 제사는 모두 하나님이 친히 정하신 것입니다! 하나님이 "가증히 여긴다"고 말씀하신 절기와 규례 역시 모두 하나님이 친히 정하신 것이 아닙니까! 그러나 아무리 하나님이 직접 정하신 절기와 규례와 제도라 해도 예배자의 마음 없이 형식적으로 사용된다면 하나님이 직접 나서서 그것들을 쓸모없는 것으로 선언하십니다! 사실 쓸모없는 정도가 아니라 그보다 훨씬 악한 것으로 전락합니다. 심지어 가증하고 해로운 것이 되고 맙니다. 아주 명확하여 도저히 잘못 알아들을 수 없는 말씀입니다. 하나님이 보시기에 형식적인 신앙은 전혀 가치가 없음을 보여줍니다. 신앙이라 부를 가치도 없습니다.

마지막으로, 우리 주 예수 그리스도께서 하시는 말씀을 들어 보십시오. 당시 유대인들에게 하시는 말씀입니다. "이 백성이 입술로는 나를 공경하되 마음은 내게서 멀도다"(마 15:8). 그리스도는 반복적으로 서기관과 바리새인들의 형식적인 신앙과 위선을 비난하시고 제자들에게 이런 모습을 경계하십니다. 어떤 장에서는 여덟 번이나 경고와 비난의 말씀을 쏟아 내십니다. "화 있을진저, 외식하는 서기관들과 바리새인들이여!" 예수님은 가장 추악한 죄인으로 알려진 사람들에게 항상 자애로운 말씀을 해주시고 그들에게 문을 열어 주셨습니다. 그러나 형식주의라는 독한 질병은 가장 통렬한 언어를 써서 드러내셨습니다. 예수님도 우리가 형식주의를 그렇게 다루기를 바라실 것입니다. 무지한 사람이 보기에는, 형식주의자가 최선의 신앙생활은 아니더라도 열심이 많은 신앙생활을 하는 것처럼 보일 것입니다. 그러나 그리스도 앞에서는 다릅니다. 그리스도께서 보시기에 형식주의는 전혀 신앙이 아닙니다.

이런 성경의 증거에 대해 무엇이라고 해야 하겠습니까? 이런 성경 말씀에 증거를 더하는 것은 어려운 일이 아닐 것입니다. 이런 증거들만 있는 것이 아닙니다. 이런 말씀은 기독교 신앙을 고백하며 <u>스스로 그리스도인이라 부르는 모든 사람</u>에게 주시는 분명한 경고입니다. 죄를 두려워하고 피하듯이 형식주의를 경계하고 피해야 한다고 가르칩니다. 형식주의가 웃으며 우리 손을 잡을지도 모릅니다. 죄는 칼을 뽑아들고 우리를 치러 오는 원수와 같이 보이는 반면에, 형식주의는 미소를 지으며 우리 손을 붙잡는 형제처럼 보이기가 쉽습니다. 하지만 둘 다 목적은 한 가지입니다. 우리 영혼을 망가뜨리는 것입니다. 그런데 둘 중에 형식주의가 우리 영혼에 훨씬 더 파괴적입니다. 자신의 생명을 사랑한다면 종교 안에 있는 형식주의를 조심해야 합니다.

형식적인 신앙만큼 곳곳에 만연한 것도 없습니다. 형식적인 신앙은 온 인류가 앓고 있는 거대한 유전병입니다. 우리의 출생과 더불어 생기고, 우리가 자라면서 자라나며, 죽기 전까지는 결코 완전히 없어지지 않습니다. 교회나 채플이라고 예외가 아닙니다. 가난한 자뿐만 아니라 부자도 똑같이 가지고 있는 질병입니다. 배운 자나 못 배운 자나 매한가지입니다. 로마 가톨릭교도나 개신교도 모두에게 있습니다. 고교회나 저교회 모두에게 있습니다. 복음주의자나 국교도 할 것 없이 모두 가지고 있습니다. 어디를 가든 우리를 따라다닙니다. 우리가 속한 교회라고 예외는 아닙니다. 형식주의라는 질병에 감염될 위험은 어디에나 있습니다. 로마 교회는 말할 것도 없고 퀘이커교나 플리머스 형제단에게도 있습니다. 자신이 속한 곳에는 어떤 식으로든 형식적인 신앙이 전혀 없다고 생각하는 사람은 형식적인 신앙에 대해 눈이 멀어 아무것도 보지 못하는 사람입니다. 자신의 생명을 사랑한다면, 형식적인 신앙을 조심하십시오.

형식적인 신앙만큼 영혼에 해로운 것도 없습니다. 신앙의 실체는 소홀히 하면서 신앙의 형식만 좇으면 양심이 완악해지는 끔찍한 결과를 맞게 됩니다. 속사람을 영적으로 무디게 하는 딱지가 자리를 잡으면 시간이 갈수록 이 딱지는 두터워집니다. 겉으로는 거룩한 말을 하고 거룩한 일을 다루면서 마음은 죄와 세상을 향해 달려가는 사람만큼 소망이 없는 사람도 없습니다. 소작인에게 형식적인 신앙의 본을 보이는 지주, 형식적인 가족기도로 가족 앞에서 체면을 유지하는 주인, 마음에 아무런 감흥이 없으면서 매주 성경의 가르침과 기도를 읊조리는 회심하지 않은 성직자, 교독 시간에 아무런 감동 없이 "아멘"을 연발하는 회심하지 않은 교회 직원, 마음은 저급하고 세속적인 것을 즐기며 사는데도 단지 좋은 목소리를 가졌다는 이유로 매 주일마다 회중 앞에서 신령한 찬송을 부르는 회심하지 않은 성악가 등. 이런 모든 사람은 무시무시한 위험에 처한 사람들입니다. 마음이 굳어지고 화인 맞은 양심으로 점점 변해 갑니다. 자신의 영혼을 사랑하는 사람은 형식주의를 경계해야 합니다.

마지막으로, 형식적인 신앙만큼 불합리하고 무분별하고 어리석은 것도 없습니다. 그런 신앙을 갖고도 병이 들거나 임종을 맞이할 때 자신이 위로를 얻을 수 있을 것이라고 기대하는 것입니까? 전혀 위로를 얻지 못할 것입니다. 그림 속의 불로는 몸을 따뜻하게 하지 못합니다. 그림 속의 잔치로는 허기진 배를 채우지 못합니다. 마찬가지로 형식적인 신앙으로는 불안한 영혼이 화평을 누리지 못합니다. 형식적인 신앙을 가진 사람은 마치 하나님께서 그런 자신의 무정함과 죽어 있는 상태를 알지 못한다고 생각하는 것 같습니다. 신앙의 모양으로 이웃과 지인, 함께 예배하는 교인, 목사는 속일지 몰라도 하나님은 속이지 못합니다. 하나님마저 속일 수 있을 것이라 생각하는 것처럼 어리석은 것도 없습니다. "눈을 만드신 이가 보지 아니하시랴"(시 94:9). 하나님은 마음의 은밀한 것까지 속속들이 아십니다. 마지막 날에 "사람들의 은밀한 것을 심판하"실 것입니다(롬 2:16). 일곱 교회의 천사들에게 "내기 네 행위를……알고"라고 말씀하신 분은 변함이 없습니다(계 2:2). 혼인 예복을 입지 않고 잔치에 참여한 사람에게 "친구여, 어찌하여 예복을 입지 않고 여기 들어왔느냐"고 말씀하신 분이 외적인 종교라고 하는 작은 외투에 속으실 리가 없습니다(마 22:12). 마지막 날 수치를 당하지 않으려거든, 다시 말하지만 형식적인 신앙을 조심하십시오.

2. 둘째, 마음은 참된 신앙이 자리하는 곳이고, 진정한 그리스도인은 마음이 새롭게 된 사람입니다.

마음은 사람의 됨됨이를 가늠하는 진정한 시금석입니다. 말이나 행위만으로 사람을 알 수 있는 것은 아닙니다. 마음은 잘못되어 있지만, 거짓되고 헛된 동기로 바른 말과 행동을 할 수 있습니다. "대저 그 마음의 생각이 어떠하면 그 위인도 그러한즉"(잠 23:7).

마음은 사람의 신앙을 바로 가늠하는 시금석입니다. 교리적으로 바른 신조를 고백하고, 바른 경건의 모양을 유지하는 것으로는 충분치 않습니다. 중요한 것은 그 사람 마음의 됨됨이입니다. 하나님은 사람 마음의 됨됨이를 보십니다. "사람은 외모를 보거니와 나 여호와는 중심을 보느니라"(삼상 16:7). 사도 바울 역시 마음을 사람의 영혼을 바로 가늠하는 시금석으로 말합니다. "무릇 표면적 유대인이 유대인이 아니요 표면적 육신의 할례가 할례가 아니니라"(롬 2:28). 이처럼 강력한 말이 유대인은 물론 그리스도인을 위해 쓰여진 것임을 의심할 사람이 있습니까? 사도 바울은 마음에 세례를 받은 사람이 그리스도인이라는 사실을 우리가 알기를 바랄 것입니다.

마음은 구원받는 믿음이 시작되는 자리입니다. 본질상 사람의 마음은 경건하지 않습니다. 반드시 성령으로 새롭게 되어야 합니다. "새 영을 너희 속에 두고 새 마음을 너희에게 주되"(겔 36:26). 본성적으로 마음은 완고합니다. 반드시 깨지고 부드러워져야 합니다. "너희 육신에서 굳은 마음을 제거하고 부드러운 마음을 줄 것이며"(겔 36:26). "하나님께서 구하시는 제사는 상한 심령이라. 하나님이여, 상하고 통회하는 마음을 주께서 멸시하지 아니하시리이다"(시

51:17). 본성적으로 마음은 하나님에 대하여 닫혀 있습니다. 반드시 열려야 합니다. 하나님께서 루디아의 "마음을 열어" 주셨습니다(행 16:14).

마음은 구원받는 참된 믿음이 자리하는 곳입니다. "사람이 마음으로 믿어 의에 이르고 입으로 시인하여 구원에 이르느니라"(롬 10:10). 마귀가 그러는 것처럼 사람도 예수님이 그리스도이심을 믿으면서도 여전히 죄 가운데 머물 수 있습니다. 자신이 죄인임을 믿고, 그리스도만이 유일한 구원자라는 사실도 믿을 수 있습니다. 더구나 굼뜨기는 해도 이따금씩 더 나은 사람이 되고자 하는 바람도 있습니다. 하지만 마음으로 이런 사실을 믿지 않으면 그리스도를 믿음으로 붙들고 사죄와 평강을 얻을 수 없습니다. 의롭게 하는 믿음은 곧 마음으로 믿는 믿음입니다.

마음은 참된 거룩과 지속적인 선행과 경건의 샘입니다. 참된 그리스도인은 거룩합니다. 그의 마음이 거룩을 사모하기 때문입니다. 마음으로부터 순종합니다. 마음으로부터 하나님의 뜻을 행합니다. 이들의 모든 행실이 연약하고 미약하며 불완전하지만, 하나님을 기쁘시게 하기에는 충분합니다. 하나님을 사랑하는 마음으로 하는 행위이기 때문입니다. 보잘것없는 과부의 헌금을 부유한 유대인의 헌금보다 더 칭찬하셨던 주님은 헌금을 얼마나 많이 했는지가 아니라 어떻게 했는지를 보십니다. 하나님이 보고자 하시는 것은 "착하고 좋은 마음"으로부터 나오는 것입니다(눅 8:15). 마음이 바르게 되지 않은 한 진정한 거룩은 있을 수 없습니다.

제 말이 생경하게 들릴 수도 있습니다. 여러분이 갖고 있는 생각에 배치될 수도 있습니다. 행위가 바른 신앙을 하나님이 기뻐하신다고 생각하는 사람도 있을 것입니다. 하지만 전혀 잘못 알고 있는 것입니다. 성경 전체의 가르침을 거스르는 생각입니다. 마음이 바르지 않은 채 외적으로만 올곧은 것은 정확히 바리새주의입니다. 기독교에 속한 외적인 행위―세례, 성찬, 교인, 헌금 등―는 마음이 바르지 않은 사람 누구도 천국으로 데려가지 못합니다. 이런 모든 행위는 외적인 것일 뿐 아니라 또한 내면의 것의 표출이어야 합니다. 하나님께서는 마음의 일에 주목하십니다.

다음 세 가지 본문을 통해 바울은 이 주제와 관련하여 중요한 원리를 교훈합니다. "할례 받는 것도 아무것도 아니요 할례 받지 아니하는 것도 아무것도 아니로되 오직 하나님의 계명을 지킬 따름이니라"(고전 7:19). "그리스도 예수 안에서는 할례나 무할례나 효력이 없으되 사랑으로써 역사하는 믿음뿐이니라"(갈 5:6). "할례나 무할례가 아무것도 아니로되 오직 새로 지으심을 받는 것만이 중요하니라"(갈 6:15). 바울은 복음 안에서 할례는 더 이상 필요 없다고 말합니다. 그것이 전부입니까? 그렇지 않습니다! 그 이상의 것을 말하고 있습니다. 참된 신앙은 외양으로 이루어지는 것이 아니라고 말합니다. 참된 신앙의 핵심은 세례의 문제를 훨씬 뛰어넘는 것이라는 말입니다. 그리스도 예수의 통치 하에서 가장 중요한 것은 거듭나는 일입니다. 모든 것이 구원받는 참된 믿음에 달려 있습니다. 생명과 행실 모두가 거룩해야 합니다. 겉으로 드러나는 것이 아니라 이런 것들에 주목해야 합니다. "나는 새로운 피조물이 되었는가? 나는 진실로 그리스도를 믿고 있는가? 나는 거룩한 사람인가?" 우리는 이에 대답해야 합니다.

하나님이 보시기에 마음이 거짓되면 모든 것이 거짓됩니다. 온갖 옳은 일을 할 수 있습니다. 하나님께서 직접 정하신 형식과 규례를 존중하는 것처럼 보일 수 있습니다. 하지만 하나님 앞에서 마음이 바르지 못하면 하나님을 기쁘시게 하지 못합니다. 마음이 먼저 하나님께 드려지지 않으면 하나님은 아무것도 받지 않으십니다.

법궤는 유대 성막에서 가장 거룩한 것이었습니다. 법궤 위에는 시은소가 있었습니다. 그 안에는 하나님께서 친히 손가락으로 율법을 기록한 두 돌판이 들어 있었습니다. 이 법궤가 보존된 성막의 휘장 안으로는 대제사장만이 들어갈 수 있었습니다. 그것도 일 년에 한 번만 들어갈 수 있었습니다. 이스라엘 진영에 법궤가 있다는 것은 곧 특별한 복이 함께하는 것을 의미했습니다. 하지만 이스라엘이 악한 마음으로 우상처럼 법궤를 의지했을 때 법궤는 나무로 만든 여느 상자에 불과하게 되었습니다. 법궤를 소유했다고 해서 달라지는 것은 없었습니다. 이스라엘은 자신들의 특별한 필요를 따라 이 법궤를 진 안으로 옮기면서 이렇게 말했습니다. "여호와의 언약궤를 실로에서 우리에게로 가져다가 우리 중에 있게 하여 그것으로 우리를 우리 원수들의 손에서 구원하게 하자"(삼상 4:3). 법궤가 진 안으로 들어오자 모든 경외와 존경을 표시했습니다. "여호와의 언약궤가 진영에 들어올 때에 온 이스라엘이 큰소리로 외치매 땅이 울린지라"(삼상 4:5). 하지만 모두 허사였습니다. 이스라엘은 블레셋 앞에 무참히 패했습니다. 법궤도 빼앗겼습니다. 왜 이렇게 되었습니까? 그들의 신앙은 그저 외양뿐이었기 때문입니다. 법궤를 소중히 여기고 법궤를 존귀하게 했지만, 이 법궤의 하나님께 마음을 드리지는 않았던 것입니다.

하나님 앞에서 거대한 업적을 이룬 유다와 이스라엘 왕이 많았습니다. 하지만 혁혁한 업적을 이루고도 경건하고 의로운 사람의 목록에 오르지 못한 사람들이 많습니다. 르호보암의 경우, 처음에는 좋았습니다. "삼 년 동안을 다윗과 솔로몬의 길로 행하였음이더라"(대하 11:17). 하지만 그 후에는 그 전처럼 하나님을 구하지 않았습니다. "르호보암이 악을 행하였으니 이는 그가 여호와를 구하는 마음을 굳게 하지 아니함이었더라"(대하 12:14). 역대서에 따르면 아비얌은 바른 말을 많이 하고 여로보암과 싸워 이겼습니다. 그럼에도 그에 대한 평결은 좋지 못합니다. 열왕기서는 그를 가리켜 이렇게 말합니다. "그의 하나님 여호와 앞에 온전하지 못하였으나"(왕상 15:3). 아마샤에 대해서는 "여호와께서 보시기에 정직하게 행하기는 하였으나 온전한 마음으로 행하지 아니하였더라"고 합니다(대하 25:2). 이스라엘의 왕인 예후는 하나님의 명령을 받고 일어나 우상을 척결했습니다. 하나님의 역사를 행하는 데 특별한 열심을 보였습니다. 하지만 그에 대해 성경은 이렇게 말씀합니다. "그러나 예후가 전심으로 이스라엘 하나님 여호와의 율법을 지켜 행하지 아니하며 여로보암이 이스라엘에게 범하게 한 그 죄에서 떠나지 아니하였더라"(왕하 10:31). 한마디로, 이 모든 왕에 대해 성경이 공통적으로 말씀하는 바가 있습니다. 이들 모두가 잘못된 마음을 가지고 있었다는 것입니다. 이들은 하나님 보시기에 마음이 바르지 못했습니다.

오늘날 영국 교회의 예배를 보면 외적인 것은 나무랄 데가 없습니다. 건물도 아름답고, 의식도 아름답습니다. 감각을 만족시킬 수 있는 모든 것을 구비하고 있습니다. 눈과 귀와 본성적 감성을 만족시킵니다. 하지만 이 모든 것으로도 하나님을 기쁘시게 하지 못합니다. 한 가지가 빠져 있기 때문입니다. 그리고 이 한 가지가 결여된 것이 모든 것을 망쳐 놓습니다. 그것이 무엇입니까? 마음입니다! 하나님께서는 겉으로 경건하게 보이는 화려한 예식에 가린 것들을 보십니다. 그리고 이런 것들을 기뻐하지 않으십니다. 상하고 통회하고 새롭게 되고 돌이킨 마음을 찾지 못하시면, 아무리 화려하고 아름다운 예배와 건물과 목사와 사람들이 있어도 하나님은 전혀 기쁘시지 않습니다. 머리를 조아리고 무릎을 꿇고 큰소리로 아멘 하고 두 손을 모으고 얼굴을 돌려 동쪽을 바라본다고 해도, 바른 마음이 없으면 하나님이 보시기에 아무것도 아닙니다.

마음이 바르면 하나님은 많은 결함들을 너그럽게 보십니다. 잘못된 판단을 할 수도 있고, 행동에 결함이 있을 수도 있습니다. 외적으로 균형 잡히지 못한 신앙 행위가 있을 수 있습니다. 하지만 중심에 자리한 마음이 바르면 하나님께서는 부족함을 일일이 정죄하시지 않습니다. 마음이 진실하고 바르면, 많은 것들이 불완전해도 용서하시고 은혜롭고 자비롭게 대하실 것입니다.

여호사밧과 아사는 유다의 왕으로 결함이 많은 사람들이었습니다. 여호사밧은 마음이 결연하지 못해 거절을 못하고 이스라엘의 역대 왕 중에 가장 악한 아합과 가까이 지냈습니다. 아사는 마음이 쉽게 동요하는 사람이었습니다. 하나님보다 아람 왕을 더 의지하기도 했고, 자신을 꾸짖는 하나님의 예언자의 말에 노하여 그를 감옥에 가두기까지 했습니다(대하 16:10). 하지만 둘 다 이런 허물을 상쇄하고도 남을 중요한 특징이 있었습니다. 이 둘은 모두 바른 마음을 가지고 있었던 것입니다.

히스기야가 지킨 유월절은 그 자체로 많은 결점들이 있었습니다. 백성 가운데 "기록된 규례대로" 유월절을 지키지 않은 사람들이 많았습니다. 하지만 이들은 바르고 정직한 마음으로 유월절을 지켰습니다. 히스기야는 다음과 같이 이들을 위해 기도합니다. "선하신 여호와여, 사하옵소서. 결심하고 하나님 곧 그의 조상들의 하나님 여호와를 구하는 사람은 누구든지 비록 성소의 결례대로 스스로 깨끗하게 못하였을지라도 사하옵소서 하였더니 여호와께서 히스기야의 기도를 들으시고 백성을 고치셨더라"(대하 30:18-20).

요시야가 지킨 유월절은 규모나 내용면에서 다윗과 솔로몬 때 지켰던 유월절에 훨씬 미치지 못했습니다. 심지어 여호사밧과 히스기야 때 유월절을 지킨 것에도 미치지 못했습니다. 그럼에도 성경이 이런 유월절에 대해 무엇이라고 말씀하는지 보십시오. "선지자 사무엘 이후로 이스라엘 가운데서 유월절을 이같이 지키지 못하였고 이스라엘 모든 왕들도 요시야가 제사장들과 레위 사람들과 모인 온 유다와 이스라엘 무리와 예루살렘 주민과 함께 지킨 것처럼은 유월절을 지키지 못하였더라"(대하 35:18). 이런 사실은 한 가지로밖에 설명이 안 됩니다. 이들처럼 바른 마음으로 유월절 예배를 지킨 자들이 없었던 것입니다. 그 정도로 하나님께서는 예배자의 규모와 숫자를 보지 않으십니다. 그들의 마음을 보십니다. 요시야가 지킨 유월절의 영광은 다름 아닌 함께 참여한 백성의 마음 상태에 있었던 것입니다.

오늘날 이 땅에는 말 그대로 사람들의 이목을 전혀 끌지 못할 정도로 적게 모여 하나님을 예배하는 교회들이 많습니다. 보잘것없고 지저분한 채플에서 모이기도 하고, 초라한 다락방과 지하실에서 모이기도 합니다. 이들이 부르는 찬양은 음악적으로 전혀 아름답지 않습니다. 기도도 미약하기 그지없습니다. 설교는 또 어떻습니까! 하지만 성령께서 이들 가운데 함께하실 때가 많습니다! 이들 가운데 있던 죄인들이 돌이킵니다. 로마 가톨릭의 으리으리한 성당과 찬란한 개신교 예배당에서 드리는 예배보다 하나님 나라가 더 풍성하게 임합니다. 어떻게 그럴 수 있습니까? 이 일을 어떻게 설명하겠습니까? 이 미약한 회중은 마음으로부터 믿는 신앙을 배우고 또 보존해 온 것입니다. 마음의 역사를 추구합니다. 마음의 역사를 존귀하게 여깁니다. 그 결과 하나님께서 기뻐하시고 복을 주십니다.

지금까지 제가 말한 것들을 잘 생각해 보십시오. 성경이 그렇게 말씀하고 있습니다. 속한 교회가 어디든 간에 중심으로 믿는 그리스도인이 되기로 오늘 결심하십시오. 감독교도든 장로교도든, 침례교도든 독립교도든 능력은 없고 형식만 있는 경건의 모양에 만족하지 마십시오. 형식적인 신앙은 구원받는 신앙이 아니라는 사실을 확신하십시오. 마음으로 믿는 믿음만이 천국에 이르는 유일한 신앙임을 확신하십시오.

하지만 기억해야 할 점이 있습니다. 형식적인 신앙으로는 구원에 이르지 못한다고 해서 곧 신앙의 형식이 필요 없는 것은 아닙니다. 이런 무분별한 극단을 조심하십시오. 무엇을 잘못 사용한다고 해서 그것을 바르게 사용하는 것까지 금할 필요는 없습니다. 일부 지역에서 맹목적으로 형식을 우상시한다고 해서 형식을 폐하자고 하면 안 됩니다. 이스라엘 백성이 언약궤를 우상시하고 하나님의 자리를 대신했을 때 언약궤는 이들에게 아무런 유익이 되지 못했습니다. 하지만 이 언약궤를 부주의하고 불경하게 다루다가 웃사가 죽었습니다. 또한 이 언약궤를 합당하고 바르게 다루자 오벳에돔의 집에 복이 임했습니다. 이에 대해 조셉 홀(Joseph Hall)이 말하는 강력한 진리를 들어 보십시오. "형식적인 신앙이 전부인 사람은 위선자다. 하지만 형식이 없는 자는 무신론자다"(*Hall's Sermons*, No. 28). 형식이 우리를 구원하지는 못합니다. 그러나 형식을 무시해서는 안 됩니다. 랜턴이 집은 아닙니다. 하지만 어둔 밤에 안전하게 집에 도착하도록 돕습니다. 기독교의 형식을 부지런히 사용하십시오. 그러면 큰 복을 누릴 것입니다. 다만 형식을 사용할 때 잊지 말아야 할 점이 있습니다. 신앙에서 가장 중요하고 제일 되는 원리는 마음의 상태라는 사실입니다.

3. 마지막으로, 참된 신앙을 많은 사람들이 기뻐할 것이라고 기대해서는 안 됩니다. 참된 신앙은 사람들이 아닌 하나님이 기뻐하시는 것입니다.

이것은 다루기에 껄끄럽고 부담스러운 주제이지만, 그렇다고 피해 갈 마음은 없습니다. 여러분 모두가 마음으로 믿는 신앙을 갖기를 간절히 바라는 한 사람으로서 말하지 않을 수 없습니다. 거짓된 주장과 요구를 통해서라도 내 주님의 군대에 자원하는 사람들의 숫자를 늘리고 싶은 마음은 추호도 없습니다. 성경이 보증하지 않는 것은 그 무엇도 약속할 수 없습니다. 사도 바울의 말은 아주 분명하고 틀림없습니다. 마음으로 믿는 신앙은 "그 칭찬이 사람에게서가 아니요 다만 하나님에게서" 나는 신앙입니다(롬 2:29).

하나님의 진리와 성경이 말씀하는 기독교 신앙은 사람들에게 전혀 인기가 없습니다. 인기 있어 본 적이 없습니다. 세상이 존재하는 한 앞으로도 그럴 것입니다. 인간의 본성이 어떤지 성경이 말씀하는 대로 잠잠히 받아들이며 숙고하는 사람이 없습니다. 그런 반응은 좀처럼 기대할 수 없습니다. 사람이 변하지 않는 한 인류는 항상 마음으로 믿는 신앙보다는 형식적인 신앙을 더 좋아할 것입니다.

형식적인 신앙은 일깨움을 받지 못한 양심에 꼭 맞습니다. 사람들은 종교를 가지고 살아갑니다. 사람들은 대체로 무신론과 노골적인 불신앙을 좋아하지 않습니다. 대개 많은 것을 요구하지 않는—마음을 많이 힘들게 하지 않고, 죄짓는 데 큰 방해가 되지 않을—종교를 하나 정도 가지고자 합니다. 이런 이유로 사람들이 종교를 꼭 필요로 하는 것처럼 보이기도 합니다.

형식적인 신앙은 인간의 은밀한 자기 의를 충족시킵니다. 정도의 차이는 있겠지만 어떤 식으로든 우리는 모두 바리새인입니다. 구원받기 위해서는 많은 것을 해야 하고, 많은 종교 의식들을 행하면 결국에 천국에 이르게 된다는 생각이 우리 안에 자리합니다. 바로 이런 생각을 충족시키는 것이 형식주의입니다. 하나님과 화평을 이루는 길이 행위와 형식을 통해 열릴 것처럼 보이기 때문입니다.

형식적인 신앙은 인간의 본성적 나태함을 만족시킵니다. 기독교 신앙에서 가장 수월한 부분—껍데기와 형식—에 과도한 의미를 부여합니다. 사람들은 이것을 좋아합니다. 힘들게 종교생활 하기를 싫어합니다. 양심이 고통을 받고 내면생활이 방해 받는 것을 싫어합니다. 헤롯처럼 양심을 다독일 수 있는 "많은 일을" 합니다. 형식주의는 마치 천국으로 난 넓은 문과 쉬운 길이 있는 것처럼 착각하게 합니다(막 6:20).

사실이 사람의 주장보다 더 설득력이 있는 법입니다. 사실은 좀처럼 그 주장을 굽히지 않습니다. 모든 세대마다 있었던 종교의 역사를 보십시오. 항상 사람들에게 인기 있었던 것이 무엇인지 보십시오. 출애굽부터 사도행전의 마지막까지 이스라엘의 역사를 보십시오. 항상 사람들이 호의를 보였던 것이 무엇인지 보십시오. 구약의 예언자들이 끊임없이 정죄하고 반대했던 죄 가운데 하나가 바로 형식적인 신앙 아닙니까? 우리 주 예수께서 이 세상에 오셨을 때, 형식주의는 거대한 역병처럼 유대 사회를 집어삼키고 있었습니다. 사도들의 시대가 지난 후 그리스도 교회의 역사를 보십시오. 형식주의가 초대 그리스도인들의 생명력과 삶을 얼마나 순식간에 잠식하는지 보십시오! 사람들이 흔히 중세라고 하는 시대를 보십시오. 형식주의가 기독교 진영으로 불리는 온 땅을 완전히 뒤덮어 버려서 복음의 역동성이라고는 도무지 찾아볼 수 없습니다. 마지막으로 지난 삼 세기 동안의 개신 교회 역사를 보십시오. 신앙이 살아 역사한 곳을 찾아보기가 얼마나 어렵습니까! 개신교가 형식으로 전락한 나라들이 얼마나 많습니까! 부인할 수 없는 사실입니다. 이런 사실들이 우뢰와 같이 외치는 소리가 있습니다. 형식적인 신앙은 사람들이 좋아하는 것이라고 말입니다. 형식적인 신앙이 사람들의 칭송을 얻었습니다.

비단 역사적 사실뿐입니까? 당장 우리 눈앞에서 일어나는 일들을 봐도 마찬가지입니다. 오늘날 영국 사람들이 형식적인 신앙을 좋아한다는 사실을 부인할 수 있는 사람이 있습니까? 사도 요한이 거짓 교사들에 대해 말하면서 괜히 "그들은 세상에 속한 고로 세상에 속한 말을 하매 세상이 그들의 말을 듣느니라"고 한 것이 아닙니다(요일 4:5). 여러분의 기도생활에 대해 말하고, 정기적으로 교회에 나가고, 간간이 성찬에서 참여해 보십시오. 대부분의 영국 사람들은 그런 여러분을 믿음 좋은 그리스도인으로 여길 것입니다. "더 이상 뭐가 더 필요한가?"라고 말합니다. "이 사람이 그리스도인이 아니면 도대체 누가 그리스도인인가?"라고 말합니다. 누구에게든 이보다 더한 것을 요구하는 순간부터 융통성 없는 사람, 옹졸한 사람, 광신자, 열광주의자라는 소리를 듣습니다! 이런 사람이 천국에 가는 것에 대해 미심쩍어하는 기미를 조금이라도 비치면 곧바로 무정한 사람이라는 소리를 듣습니다! 이쯤 되면 형식적인 신앙이 인기 있다는 사실을 부정하기가 어렵습니다. 그렇습니다. 사람들은 형식적인 신앙을 좋아합니다. 항상 그랬습니다. 그리스도께서 오실 때까지 그럴 것입니다. 항상 "사람들의 칭송"을 들었고 또 그럴 것입니다.

이제 마음으로부터 믿는 신앙을 살펴보겠습니다. 형식적인 신앙과는 전혀 다른 반응을 들을 것입니다. 일반적으로 마음으로 믿는 신앙이 사람들로부터 좋은 소리를 들어 본 적이 없습니다. 이런 신앙을 고백하는 사람들에게 돌아오는 것은 조롱과 비아냥과 조소와 경멸과 증오와 미움과 비방과 핍박과 감옥뿐이었습니다. 심지어 죽임을 당하기까지 했습니다. 이런 신앙을 좋아하는 사람들은 항상 신실하고 열정적이었습니다. 하지만 그 수는 미미했습니다. 형식적인 신앙과 비교해 볼 때 "사람들의 칭송"을 거의 들어 본 적이 없습니다.

마음으로부터 믿는 신앙은 사람들이 좋아하기에는 너무나 초라합니다. 본성적인 인간으로 하여금 자랑할 여지를 남겨 두지 않습니다. 오히려 죄책 아래 있고, 잃어버린 자이며, 지옥에 합당한 죄인이고, 구원받기 위해서는 그리스도께로 피해야 한다고 말할 뿐입니다. 살아 있는 것 같으나 실상은 죽어 있으므로 다시 살림을 받아야 하고, 성령으로 거듭나야 한다고 말합니다. 인간의 교만한 마음은 이런 가르침을 도무지 견디지 못합니다. 자신의 상태가 이와 같다는 소리를 듣는 것을 못 견딥니다.

마음으로부터 믿는 신앙은 사람들이 좋아하기에는 너무 거룩합니다. 본성적인 인간을 그냥 내버려 두지 않습니다. 그의 세속성과 죄를 건드립니다. 그가 끔찍이도 하기 싫어하는 것들―회심, 믿음, 회개, 영적인 사고, 성경 읽기, 기도 등―을 요구합니다. 사랑하고 애착을 갖는 많은 것들을 버리라고 합니다. 하지만 그렇게 할 마음을 갖지 못합니다. 이런 것들을 좋아하게 되리라고는 상상도 하지 못합니다. 흥을 깨는 사람이나 사사건건 간섭하는 사람처럼 자신의 길을 가로막는 것들을 좋아하게 될 것이라 생각하지 못합니다. 도무지 적응이 되지 않습니다.

구약 시대에는 이런 신앙이 인기가 있었습니까? 다윗이 하나님께 어떻게 호소하는지 보십시오. "성문에 앉은 자가 나를 비난하며 독주에 취한 무리가 나를 두고 노래하나이다"(시 69:12). 죄를 비난하는 설교를 하고 마음을 하나님께 돌이키라고 했다는 이유로 예언자들은 핍박을 당하고 학대를 받았습니다. 엘리야, 미가야, 예레미야, 아모스와 같은 예언자들이 하나같이 이런 경우입니다. 유대인들은 절대 형식주의나 의식주의를 거부하지 않았습니다. 그들은 마음으로부터 하나님을 섬기는 일을 지독하게 싫어했습니다.

신약 시대에는 좀 나아졌습니까? 주 예수 그리스도의 사역과 사도들의 모든 행적이 이 물음에 충분한 답을 제공합니다. 형식주의를 부추기는 메시아가 왔다면, 의식주의를 칭송하는 복음이었다면 서기관과 바리새인들이 마다했을 리가 없습니다. 하지만 마음의 겸손함과 구별됨이 첫째 원리였던 신앙을 이들은 도무지 견딜 수가 없었습니다.

그러면 지난 열여덟 세기 동안 그리스도를 주로 고백하는 기독교회에서는 어땠습니까? 마음으로부터 믿는 신앙이 인기를 얻었습니까? 초대교회가 처음 사랑을 떠나기 전 초기 몇 세기를 제외하고는 거의 그런 적이 없습니다. 이때가 지나기가 무섭게 형식주의와 성사주의를 반대하던 사람들은 "이스라엘을 어지럽게 하는 자"로 낙인 찍혀 거센 비난을 받았습니다. 종교개혁이 일어나기 훨씬 전에, 마음의 거룩을 외치고 형식주의를 부정하던 사람들은 공공의 적으로 취급되었습니다. 이런 소리를 못하게 강하게 저지당하고, 출교 당하고, 감옥에 갇혔습니다. 존 후스와 같이 죽임을 당했습니다. 종교개혁 당시도 루터의 저작과 그의 동료들에 대한 비난과 비방이 들끓어 잠잠할 날이 없었습니다. 그 이유가 무엇입니까? 형식주의와 의식주의, 수도승 생활, 사제술 등을 거세게 반대하고 마음으로부터 믿는 신앙의 필요성을 역설했기 때문입니다.

　이 땅 영국에서는 어땠습니까? 이런 신앙이 인기가 있었습니까? 잠시 인기 있었던 적이 있지만, 그때 외에는 대체로 외면당했습니다. 메리 여왕 때에 이런 신앙은 전혀 인기가 없었습니다. 라티머와 그의 형제들이 순교를 당한 것도 이때입니다. 스튜어트 왕조 때도 인기가 없기는 마찬가지였습니다. 청교도가 되는 것이 술주정뱅이가 되고 욕쟁이가 되는 것보다 못한 일로 여겨졌습니다. 지난 세기 중반에도 가슴으로부터 믿는 신앙은 인기가 없었습니다. 요한 웨슬리와 조지 윗필드가 국교회에서 추방을 당했던 때가 아닙니까! 순교당한 우리의 종교개혁자와 초기 청교도, 감리교도들이 근본적으로 추구했던 것은 한 가지였습니다. 바로 마음으로부터 믿는 신앙입니다. 이들은 하나같이 미움을 샀습니다. 형식주의의 무용성을 주장했고, 거듭남과 믿음과 회개와 영적인 사고와 마음의 거룩 없이는 구원받을 수 없다고 역설했기 때문입니다.

　오늘날은 어떻습니까? 마음으로부터 믿는 신앙이 인기가 있습니까? 안타깝게도 그렇지 않습니다. 교인들 가운데 이런 신앙을 추구하는 사람들을 보십시오. 이들은 상대적으로 늘 소수입니다. 각자가 속한 교회와 교구에서 따돌림을 받습니다. 많은 힘든 일과 견디기 힘든 말, 오명을 견뎌야 합니다. 함부로 취급되고, 비방과 조롱과 조소와 온갖 핍박을 견뎌야 합니다. 전혀 인기가 없습니다! 강단에서 이런 신앙을 선포하는 설교자들을 보십시오. 물론 이들과 같은 신앙을 추구하는 소수의 사람들은 이들을 더없이 아끼고 사랑합니다.

심지어 이런 신앙을 추구하지 않는 사람들조차 이들의 열정과 언변과 재능을 높이 삽니다. 이런 이유로 때로 "유명한 설교자"라는 말도 듣습니다. 하지만 그들을 진심으로 좋아하는 소수의 사람들 외에는 마음으로부터 믿는 신앙을 가르치는 이런 신실한 교사들을 제대로 알아주는 사람은 드뭅니다. 이들에게 공감하는 사람도 드뭅니다. 도움이 필요한 때에 이들의 편이 되어 주는 사람도 드뭅니다. 자신들의 주님이 이 땅에 계실 때에 그러셨던 것처럼 자신들도 거의 혼자 일할 수밖에 없음을 절감합니다. 참으로 가슴 아픈 일입니다. 하지만 이들이 믿는 신앙은 옳습니다. 오늘날도 마음으로부터 믿는 신앙이 "사람들의 칭송"을 얻지 못하기는 매한가지입니다.

하지만 사람들이 그들을 어떻게 생각하고 인정해 주는지는 큰 의미가 없습니다. 우리를 판단하시는 분은 주님입니다. 마지막 날에 우리를 심판하는 것은 사람이 아닙니다. 사람이 위대한 백 보좌에 앉아 우리의 믿음을 판단하고 영원한 선언을 하는 것이 아닙니다. 하나님이 인정하시는 사람들만이 그리스도의 심판대에서도 인정을 받을 것입니다. 바로 여기에 마음으로부터 믿는 신앙의 가치가 있습니다. 사람의 칭송은 못 얻지만 "하나님의 칭찬"을 받습니다.

하나님께서는 마음으로부터 믿는 신앙을 인정하시고 이 땅에서부터 영화롭게 하십니다. 하늘에서 내려다보시며 모든 자녀들의 마음을 속속들이 살피십니다. 마음으로부터 죄에서 돌이키고, 마음으로부터 그리스도를 믿고, 마음으로부터 삶의 거룩을 추구하고, 마음으로부터 하나님의 아들과 그분의 율법과 뜻과 말씀을 사랑하는 모습을 볼 때마다 하나님은 너무나 기뻐하십니다. 하나님께서는 이런 사람을 기념하는 책을 쓰십니다. 아무리 가난하고 못 배웠어도 상관이 없습니다. 천사들에게 그를 위한 특별한 임무를 맡기십니다. 그 안에서 은혜의 역사를 지속해 가시고, 날마다 그에게 평강과 소망과 힘을 주십니다. 그를 사랑하는 독생자의 지체로 여기십니다. 그분의 아들이 그러셨던 것처럼 하나님의 진리를 증거하는 자로 여기십니다. 신자 자신이 보기에는 자신의 마음이 지극히 연약해 보입니다. 하지만 하나님께서는 너무나 기뻐하시는 산 제사이기 때문에 그분은 결코 멸시하지 않으십니다. 이를 엄중히 선언하십니다. 이런 하나님의 기쁨과 즐거움이 사람의 칭송보다 비교할 수 없을 만큼 가치 있습니다!

마지막 날에 하나님께서는 온 세상 앞에서 마음으로부터 믿는 신앙을 그분이 얼마나 기뻐하시는지 선포하실 것입니다. 천사들에게 명령하여 온 세상으로부터 성도들을 영광스러운 무리로 모으게 하실 것입니다. 죽은 자들을 일으키시고 산 자들을 변화시키셔서 이들을 사랑하는 아들의 보좌에 앉히실 것입니다. 마음으로부터 그리스도를 섬긴 모든 사람은 하나님께서 이렇게 말씀하시는 것을 들을 것입니다. "내 아버지께 복 받을 자들이여, 나아와 창세로부터 너희를 위하여 예비된 나라를 상속받으라. 네가 적은 일에 충성하였으매 내가 많은 것을 네게 맡기리니 네 주인의 즐거움에 참여할지어다. 너희가 사람들 앞에서 나를 시인하였으니 나도 너희를 내 아버지와 거룩한 천사들 앞에서 시인하노라. 너희는 나의 모든 시험 중에 항상 나와 함께한 자들인즉 내 아버지께서 나라를 내게 맡기신 것 같이 나도 너희에게 맡기노라"(마 25:21-34, 눅 12:8; 22:28-29). 다름 아닌 그리스도께 자기 마음을 드린 자들에게 이런 말씀을 하실 것입니다! 형식적인 신앙을 가진 자들, 위선자들, 악인들, 불경건한 자들에게는 이런 말씀을 하지 않으십니다. 온 마음을 다해 믿는 믿음의 열매를 보고 부러워하겠지만 이 열매에 참여하지 못합니다. 이 날이 오기까지 마음으로부터 믿는 신앙의 온전한 가치를 알 사람이 없습니다. 하지만 그날이 오면, 오직 그때에야 우리는 하나님의 칭찬을 받는 것이 사람의 칭찬을 받는 것보다 얼마나 더 귀한지 온전히 깨닫게 될 것입니다.

마음으로부터 믿는 신앙을 취한다고 해서 사람들이 여러분을 칭찬할 것이라고 약속하지는 못합니다. 하지만 그리스도께 나아가서 전심으로 그분을 섬기는 사람에게는 필요한 대로 주어지는 용서, 소망, 인도, 평안, 위로, 은혜, 하루를 살아갈 능력, 세상이 줄 수도 없고 앗아갈 수도 없는 기쁨이 주어질 것이라고 감히 약속할 수 있습니다. 하지만 이런 신앙을 사람들이 좋아할 것이란 말은 못합니다. 오히려 조롱과 비아냥, 비방과 무정함, 반목과 핍박이 여러분을 기다릴 것입니다. 마음으로부터 믿는 신앙에는 십자가가 있습니다. 이 십자가를 기꺼이 지고 가야 합니다. "하나님의 나라에 들어가려면 많은 환난을 겪어야 할 것이라"(행 14:22). "그리스도 예수 안에서 경건하게 살고자 하는 자는 박해를 받으리라"(딤후 3:12). 세상이 여러분을 미워하면 하나님께서 여러분을 사랑하실 것입니다. 세상은 여러분을 버릴 것이지만, 그리스도께서는 결코 버리지 않으실 것입니다. 여러분은 실패하지 않을 것입니다. 하나님이 그렇게 약속하십니다. 마음으로부터 믿는 신앙 때문에 잃어버리는 것이 무엇이든지 간에 하나님의 칭찬은 그 모든 것을 능히 채우고도 남습니다.

이제 다음 세 가지 명백한 적용의 말을 덧붙이면서 이 장을 마치겠습니다. 여러분 모두의 양심에 깊이 새겨 주고 싶은 말입니다. 이제와 또 영원히 하나님께서 많은 영혼들을 복되게 하시기를 바랍니다!

첫째, 여러분의 신앙은 마음으로부터 비롯된 신앙이 아닌 형식뿐인 신앙이 아닙니까? 하나님 앞에서 이 물음에 정직하게 대답해 보십시오. 만약 여러분의 신앙이 형식적인 신앙이라면, 지금 자신이 얼마나 큰 위험에 처해 있는지 심각하게 고민해야 합니다.

시련의 날에 자신의 영혼을 위로하고, 임종의 침상에서 소망으로 눈을 감게 하고, 마지막 날에 여러분을 구원할 수 있는 것은 아무것도 없습니다. 형식적인 신앙은 아무도 천국으로 데려가지 못합니다. 고철 조각처럼 맹렬한 심판과 시련의 불을 견디지 못합니다. 이런 상태로 계속 머물다가는 곧 영원히 잃어버린 자로 드러나고 말 것입니다.

여러분, 진심으로 촉구합니다. 여러분이 처한 위험을 바로 보십시오. 잠에서 깨어 돌이키십시오. 국교도든 비국교도든, 고교회파든 저교회파든 경건의 모양만 있고 경건의 능력이 없다면 깨어 그 자리에서 돌이키십시오. 복음주의자로 일컫지만 형식적이 신앙인입니까? 깨어나십시오. "악의 없는 마귀 같은 것은 없다"고 오래전 한 청교도가 말했습니다. 복음주의적 형식주의만큼 위험한 형식주의도 없습니다.

여러분, 애정어린 마음으로 경고합니다. 저는 경고만 발할 뿐입니다. 이 경고를 여러분의 영혼에 적용하실 수 있는 분은 하나님뿐입니다. 무정한 기독교 신앙만큼 위험할 뿐 아니라 어리석은 것도 없습니다! 서퍽에 사는 한 사람이 임종을 앞두고 아들에게 이런 유언을 남겼습니다. "아들아, 어떤 신앙을 갖든 결코 흉내만 내는 것으로 만족하면 안 된다." 지혜로운 충고가 아닐 수 없습니다.

둘째, 마음이 스스로를 정죄하고 무엇을 어떻게 해야 할지 알지 못할 때, 여러분을 안전하게 할 유일한 길인 예수 그리스도께로 나아가야 합니다.

지체하지 말고 예수 그리스도께 달려가십시오. 그분 앞에 자기 영혼의 상태가 어떤지 모두 털어놓으십시오. 과거의 형식적인 신앙을 고백하고 용서를 구하십시오. 약속하신 성령의 은혜를 구하십시오. 자신의 속사람을 새롭게 해주시라고 간청하십시오.

주 예수님은 우리 영혼의 위대한 의사이십니다. 그분은 이 땅에 의사로 오셨습니다. 그분에게 어려운 일은 없습니다. 그분이 고치지 못할 사람은 없습니다. 그분이 쫓아내지 못할 마귀는 없습니다. 형식적인 신앙으로 여러분의 마음이 굳을 대로 굳어져 무감각하게 되었을 수 있습니다. 하지만 길르앗의 향유가 틀림없이 그 마음을 부드럽게 할 것입니다. 구원할 능력이 충분한 의사가 고치지 못할 마음은 없습니다. 바로 오늘 주 예수 그리스도께로 나아가 그분의 이름을 부르십시오. "구하라 그러면 너희에게 주실 것이요. 찾으라 그러면 찾아낼 것이요. 문을 두드리라 그러면 너희에게 열릴 것이니" (눅 11:9).

마지막으로, 마음이 자신을 정죄하지 않고 하나님을 향한 견고한 확신을 가진 사람이라면, 큰 책임감을 느껴야 합니다.

흑암에서 빛으로 여러분을 불러내셔서 새롭게 하신 하나님을 날마다 찬양하십시오. 하나님께서 선한 일을 쉬지 않으시도록 날마다 간구하십시오.

부지런히 깨어 여러분 속사람의 면면을 살피십시오. 형식주의는 틈만 있으면 언제라도 우리 안으로 뛰어 들어오려고 합니다. 이집트의 개구리 재앙 때, 바로의 침실이라고 예외는 아니었습니다. 깨어 있으십시오. 경계를 늦추지 마십시오. 자신이 성경을 부지런히 읽고 있는지, 기도생활은 어떤지, 성내거나 말을 함부로 하는지 잘 살피십시오. 여러분의 가정을 경건하게 세워 가고 주일을 거룩하게 지키십시오. 이런 일들이 형식적인 습관으로 전락하지 않도록 힘쓰십시오. 이렇게 하는 것만큼 필요하고 선한 일은 없습니다. 신령하고 경건한 사람이라고 해서 죄로 급격히 무너지지 말란 법은 없습니다. 그러므로 깨어서 항상 자신을 부지런히 살피십시오.

마지막으로, 주님의 재림을 고대하십시오. 소망하십시오. 여러분이 누릴 최상의 것이 아직 남아 있습니다. 곧 주님이 오십니다. 시험과 미혹의 때가 곧 그칩니다. 심판과 상급으로 성도들의 모든 것이 신원 받는 날이 곧 옵니다. 그날을 바라며 안심하십시오. 힘써 일하고, 깨어서 그날을 기다리십시오. 어쨌든 그날이 오면 확연히 드러날 한 가지 사실이 있습니다. 일생을 통틀어 그리스도께 우리 마음을 온전히 드린 시간은 한 시간도 채 되지 않는다는 사실 말입니다.

12장

세상

너희는 그들 중에서 나와서 따로 있고 부정한 것을 만지지 말라. (고후 6:17)

본문이 말하는 바는 기독교 신앙에서 아주 중요한 주제입니다. 세상과 구별되는 것은 그리스도인의 의무입니다. 바울이 고린도 교인들에게 "그들 중에서 나와 따로 있으라"고 말하면서 강조하고자 한 것이 바로 이 의무입니다.

여러분 모두와 그리스도인이라 자칭하는 모든 사람이 귀 기울여야 할 주제입니다. 이 땅에 교회가 존재한 이래, 세상과 구별되는 그리스도인의 삶은 신자의 마음에 하나님의 은혜가 역사하고 있다는 중요한 표지가 되어 왔습니다. 성령으로 거듭나고 그리스도 예수 안에서 새로운 피조물이 된 사람은 항상 "세상에서 나와" 구별된 삶을 살기를 힘썼습니다. 삶에서 이런 실체가 없는 그리스도인들은 언제나 세상으로부터 "나와 따로 있기"를 싫어했습니다.

이 시대만큼 이 주제가 적실한 때도 없을 것입니다. 수많은 교회들이 신앙을 즐겁고 편한 것으로 포장하느라 여념이 없습니다. 십자가의 거치는 것은 뭉툭하게 다듬어서 최대한 자기부인(self-denial)의 의무에 대한 부담을 느끼지 않아도 되도록 합니다. 그리스도인이 "편협하고 배타적"이어서는 안 된다고 목소리를 높이고, 경건하기로 이름난 옛 성도들이 영혼을 해친다고 부정했던 것들도 사실은 그다지 해롭지 않다고 주장합니다. 신자는 어디든 못 갈 데가 없고, 무엇이든 할 자유가 있다고 말합니다. 무엇을 하며 시간을 보내고, 무엇을 읽고, 누구와 어울리고, 무엇에 빠져 있는지는 바른 그리스도인이 되는 것과는 전혀 상관이 없다고 합니다. 수많은 사람들이 이런 생각을 갖고 살아갑니다. 때가 이렇기 때문에 경고의 목소리를 발하는 것이 필요합니다. 그래서 이 부분에 대해 하나님께서 어떻게 말씀하시는지 주목하도록 해야 합니다. 성경은 말씀합니다. "그들 중에서 나와 따로 있으라."

지금부터 우리 시대에 긴요한 이 주제와 관련된 네 가지를 여러분과 함께 살펴보려고 합니다.

1. 먼저, 세상은 영혼을 위태롭게 하는 것들로 가득합니다.
2. 세상과 구별된다는 것에 대해 사람들이 어떻게 오해하고 있는지 살펴보겠습니다.
3. 세상과 구별된다는 것의 진정한 의미가 무엇인지 살펴보겠습니다.

4. 그리스도인들이 세상에서 승리하는 비결이 무엇인지 살펴보겠습니다.

이 내용들을 본격적으로 살펴보기 전에, 먼저 여러분에게 한 가지 경고할 것이 있습니다. 어떤 사람이 참된 그리스도인인지 알지 못하고서는 이런 말들을 도무지 이해할 수 없습니다. 어떻게 살든, 무엇을 믿든 상관없이 교회에 나가 예배를 드리는 사람이 모두 그리스도인이라고 생각하는 사람은 사실 세상과 구별되는 것에 신경을 쓰지 않습니다. 자신의 영혼을 소중히 여기고 성경을 주의 깊게 읽는 사람이라면, 그리스도인이라 불리는 사람들은 회심한 사람과 그렇지 않은 사람으로 나뉜다는 것을 알 것입니다. 신약 시대에 참된 그리스도인의 위치는 구약 시대에 열국 가운데 있는 유대인의 위치와 같다는 사실 또한 알 것입니다. 다시 말해 참된 그리스도인이란 복음을 통해 부름받고 복음을 믿으며 살아가는 "특별한 백성"입니다. 그렇기 때문에 신자와 불신자 간에는 차이가 있을 수밖에 없습니다. 오늘날 많은 사람들이 세상으로부터 구별되는 것을 기피하고, 심지어 드러내 놓고 싫어하거나 당혹스러워하는 것이 사실입니다. 하지만 이 장을 통해서 그것이 뜻하는 바가 무엇인지 "가감 없이" 말해 보려고 합니다. 잘 들어 보십시오.

1. 먼저, 세상은 인간의 영혼을 위태롭게 하는 것들로 가득 차 있습니다.

여기서 "세상"이라고 할 때는 우리가 살고 움직이는 물리적인 세상을 가리키지 않습니다. 하늘이나 땅 아래 있는 하나님이 창조하신 모든 것이 그 자체로 인간의 영혼에 해롭다고 하는 것은 무지의 소치입니다. 오히려 해와 달과 별들, 산과 들과 골짜기, 바다와 호수와 강, 동물과 식물은 그 자체로 선한 것들입니다(창 1:31). 이 모든 것이 날마다 하나님의 지혜와 능력을 선포합니다. "우리를 지어 내신 이, 대주재 성부 하나님." "물질"이 그 자체로 악하고 부패했다는 말은 영지주의와 같은 이교적 이원론에서 비롯된 어리석은 사설邪說에 불과합니다.

본문이 "세상"이라고 할 때는 이 세상의 것만을 생각하고 오는 세상에 대해서는 간과하는 사람들을 가리킵니다. 그들은 항상 하늘에 속한 것보다 이 땅에 속한 것을 더 생각합니다. 영원보다는 현세를 더 생각합니다. 영혼보다는 육신에 대해 더 생각합니다. 하나님을 기쁘시게 하기보다는 사람을 기쁘게 하는 것을 더 생각합니다. "세상"이라고 할 때 제가 지칭하는 바는 바로 이런 사람들의 상태, 습관, 사고, 생각, 행동, 성향, 목적, 정신, 어조 등과 같은 것입니다. 바울은 이런 "세상에서 나와서 따로 있으라"고 말합니다.

그렇기 때문에 우리가 잘 알고 있는 교회 교리문답은 처음부터 "세상"을 영혼의 원수로 가르칩니다. 세례 받은 그리스도인이 거부하고 부인해야 할 세 가지가 있다고 합니다. 항상 싸우고 거부해야 할 세 가지 원수가 있다고 합니다. 육체와 마귀와 "세상"입니다. 모두가 거대한 원수들입니다. 구원을 위해서는 이 세 원수들을 모두 이겨야 합니다.

하지만 아무리 사람들이 교회 교리문답을 공부하기를 좋아한다고 해도, 역시 우리는 궁극적으로 성경의 증거로 돌아가야 합니다. 지금부터 인용할 성경 말씀이 세상을 영혼을 해롭게 하는 원천으로 말하고 있지 않다면, 세상에 대해 지금까지 한 말들은 아무 의미가 없을 것입니다.

먼저 사도 바울이 하는 말을 들어 보겠습니다.

"너희는 이 세대를 본받지 말고 오직 마음을 새롭게 함으로 변화를 받아 하나님의 선하시고 기뻐하시고 온전하신 뜻이 무엇인지 분별하도록 하라"(롬 12:2).

"우리가 세상의 영을 받지 아니하고 오직 하나님으로부터 온 영을 받았으니 이는 우리로 하여금 하나님께서 우리에게 은혜로 주신 것들을 알게 하려 하심이라"(고전 2:12).

"그리스도께서 하나님 곧 우리 아버지의 뜻을 따라 이 악한 세대에서 우리를 건지시려고 우리 죄를 대속하기 위하여 자기 몸을 주셨으니"(갈 1:4).

"그때에 너희는 그 가운데서 행하여 이 세상 풍조를 따르고 공중의 권세 잡은 자를 따랐으니 곧 지금 불순종의 아들들 가운데서 역사하는 영이라"(엡 2:2).

"데마는 이 세상을 사랑하여 나를 버리고 데살로니가로 갔고 그레스게는 갈라디아로 디도는 달마디아로 갔고"(딤후 4:10).

야고보 사도는 이렇게 말합니다.

"하나님 아버지 앞에서 정결하고 더러움이 없는 경건은 곧 고아와 과부를 그 환난중에 돌보고 또 자기를 지켜 세속에 물들지 아니하는 그것이니라"(약 1:27).

"간음한 여인들아, 세상과 벗된 것이 하나님과 원수 됨을 알지 못하느냐. 그런즉 누구든지 세상과 벗이 되고자 하는 자는 스스로 하나님과 원수 되는 것이니라"(약 4:4).

사도 요한은 이렇게 말합니다.

"이 세상이나 세상에 있는 것들을 사랑하지 말라. 누구든지 세상을 사랑하면 아버지의 사랑이 그 안에 있지 아니하니 이는 세상에 있는 모든 것이 육신의 정욕과 안목의 정욕과 이생의 자랑이니 다 아버지께로부터 온 것이 아니요 세상으로부터 온 것이라. 이 세상도, 그 정욕도 지나가되 오직 하나님의 뜻을 행하는 자는 영원히 거하느니라"(요일 2:15-17).

"보라, 아버지께서 어떠한 사랑을 우리에게 베푸사 하나님의 자녀라 일컬음을 받게 하셨는가. 우리가 그러하도다. 그러므로 세상이 우리를 알지 못함은 그를 알지 못함이라"(요일 3:1).

"그들은 세상에 속한 고로 세상에 속한 말을 하매 세상이 그들의 말을 듣느니라"(요일 4:5).

"무릇 하나님께로부터 난 자마다 세상을 이기느니라. 세상을 이기는 승리는 이것이니 우리의 믿음이니라"(요일 5:4).

"또 아는 것은 우리는 하나님께 속하고 온 세상은 악한 자 안에 처한 것이며"(요일 5:19).

마지막으로 주 예수 그리스도께서 하시는 말씀을 들어 보십시오.

"가시떨기에 뿌려졌다는 것은 말씀을 들으나 세상의 염려와 재물의 유혹에 말씀이 막혀 결실하지 못하는 자요"(마 13:22).

"예수께서 이르시되 너희는 아래에서 났고 나는 위에서 났으며 너희는 이 세상에 속하였고 나는 이 세상에 속하지 아니하였느니라"(요 8:23).

"그는 진리의 영이라 세상은 능히 그를 받지 못하나니 이는 그를 보지도 못하고 알지도 못함이라. 그러나 너희는 그를 아나니 그는 너희와 함께 거하심이요 또 너희 속에 계시겠음이라"(요 14:17).

"세상이 너희를 미워하면 너희보다 먼저 나를 미워한 줄을 알라"(요 15:18).

"너희가 세상에 속하였으면 세상이 자기의 것을 사랑할 것이나 너희는 세상에 속한 자가 아니요 도리어 내가 너희를 세상에서 택하였기 때문에 세상이 너희를 미워하느니라"(요 15:19).

"이것을 너희에게 이르는 것은 너희로 내 안에서 평안을 누리게 하려 함이라. 세상에서는 너희가 환난을 당하나 담대하라. 내가 세상을 이기었노라"(요 16:33).

"내가 세상에 속하지 아니함 같이 그들도 세상에 속하지 아니하였사옵나이다"(요 17:16).

이 열아홉 개의 말씀에 대한 설명은 일일이 하지 않겠습니다. 더 이상 설명이 필요 없을 만큼 각 구절마다 증거의 내용이 분명합니다. 이 말씀들을 주의 깊게 읽어 보고도 "세상"이 그리스도인 영혼의 원수요, 세상의 벗된 것과 그리스도의 벗된 것은 정면으로 배치된다는 사실을 알지 못하는 사람이라면, 더 이상 이야기를 해봐야 아무 소용이 없을 것입니다. 제가 보기에 이 말씀들은 하나같이 정오의 태양과 같은 분명한 교훈을 발하고 있습니다.

그렇다면 성경의 증거 외에 역사적 사실과 경험은 "세상"을 어떻게 증거하는지 보겠습니다. 성숙한 그리스도인이라면 눈을 크게 뜨고 지금 교회가 어떻게 돌아가고 있는지 보십시오. "세상"만큼 신자들의 믿음에 큰 피해를 주는 것이 어디 있습니까? 신앙을 고백하는 그리스도의 종들에게서 그리스도를 앗아 가는 것은 현저한 죄나 공공연한 불신앙이 아닙니다. 세상에 대한 사랑, 세상에 대한 두려움, 세상의 염려, 세상에 속한 일, 세상의 재물, 세상의 쾌락, 세상에 뒤처지지 않으려는 조바심과 같은 것이 바로 그리스도와 멀어지게 하는 것입니다. 수많은 젊은이들의 신앙이 세상이라는 거대한 암초에 부딪혀 끊임없이 가라앉고 있습니다. 이들이 기독교의 신앙고백에 반대하는 것은 아닙니다. 일부러 악한 길을 택하는 것도 아닙니다. 공공연하게 하나님을 대적하는 것도 아닙니다. 결국에는 천국에 가게 될 것이라는 기대도 하고 있습니다. 게다가 신앙을 갖는 것이 어떤 식으로든 도움이 된다고 생각합니다. 그러면서도 자신이 섬기는 우상을 포기하지 못합니다. 세상에 대한 애착을 끊어 버리지 못합니다. 그렇기 때문에 처음에는 천국을 향해 힘차게 출발을 하고 신앙의 경주도 잘하던 사람이 성인이 되면서 곁길로 빠지기 시작하고 결국 멸망으로 난 넓은 내리막길로 치닫습니다. 시작은 아브라함과 모세와 같았지만, 끝이 데마와 롯의 아내와 같습니다.

"세상"이 얼마나 많은 영혼들을 도살했는지는 마지막 날에 제대로 알 수 있을 것입니다. 그중에 다수가 믿는 가정에서 훈련을 받고, 어려서부터 복음에 대해 들었던 사람들로 드러날 것입니다. 그들은 밝은 전망을 가지고 포구를 떠났던 자들입니다. 부모의 축복과 기도를 힘입어 생명의 대양으로 출항했던 자들입니다. 그러나 세상의 미혹을 받아 바른 항로를 이탈하고 결국 비참한 모습으로 허망하게 항해를 마감합니다. 참으로 비극적인 일입니다. 많은 사람들이 지금도 그 길을 향해 가고 있습니다! "세상에서 나와서 따로 있으라"는 바울의 권면에 귀를 기울여야 합니다.

2. 두 번째로, 세상에서 나와 따로 있으라는 말에 대해 사람들이 흔히 잘못 생각하는 것이 무엇인지 살펴보겠습니다.

먼저 세상과 구별된다는 것이 뜻하는 바가 아닌 것이 무엇인지를 분명히 해야 할 필요가 있습니다. 좋은 의도를 가진 진실한 그리스도인이 세상과 구별되겠다고 하면서 하나님께서 전혀 의도하시지 않은 일을 하는 모습을 봅니다. 더 큰 문제는 하나님께서 명하신 대로 하고 있다는 굳은 확신 가운데 행한다는 것입니다. 이것은 큰 오해입니다. 이런 오해는 막대한 해를 끼칩니다. 이런 오해를 틈타 악한 자들은 믿음의 의무를 송두리째 부정하고 조롱합니다. 믿음의 의무를 행하지 않는 것을 합리화하는 명분으로 삼습니다. 진리의 길로 비방거리가 되게 합니다. 그렇지 않아도 거치는 것이 되는 그리스도의 십자가를 더욱 비방거리가 되게 합니다. 그렇기 때문에 세상과 구별되는 것에 대한 논의를 계속 진행하기 전에 이 부분에 대해 먼저 언급하지 않을 수 없습니다. 여러분은 실제로 큰 오류를 범하고 있으면서도, 진지한 마음으로 자신은 "하나님을 섬기고 있다"고 생각할 수 있습니다(요 16:2). "올바른 지식"에 합하지 않는 열심을 내고 있을 수 있습니다(롬 10:2). 그렇다면 기도해야 합니다. 세상으로부터 구별되는 것과 관련해서 바른 판단과 구별된 상식을 주시도록 기도해야 합니다.

첫째, 사도 바울이 "세상에서 나와 따로 있으라"고 말한 것은 그리스도인은 모든 세상 직업과 일을 버려야 한다는 말이 아닙니다. 바울은 군인, 선원, 변호사, 의사, 상인, 은행가, 자영업, 사업을 금하는 말을 한 적이 없습니다. 신약성경은 이런 행동을 바른 것으로 말하지 않습니다. 고넬료는 백부장이었습니다. 누가는 의사였습니다. 세나는 율법교사였습니다. 게으름이야말로 죄입니다. 합법적인 직업은 오히려 나태와 게으름의 유혹에서 빠져나오도록 돕습니다. "누구든지 일하기 싫어하거든 먹지도 말게 하라"(살후 3:10). 그 자체로 전혀 죄가 아닌 생계를 위한 수단을 포기하고 이런 일들을 악인과 마귀에게 넘겨주는 것은 태만하고 비겁한 행동입니다. 오히려 우리의 믿는 바를 직장에서 실현하는 것이 옳습니다. 우리의 믿음에 방해가 된다는 그럴듯하고 경건해 보이는 이유로 직장과 일을 포기하는 것은 전혀 옳지 않습니다.

둘째, 사도 바울의 "세상에서 나와 따로 있으라"는 말씀은 회심하지 않는 사람들과 관계를 끊으라는 의미가 아닙니다. 이런 행위를 정당화하는 말씀은 신약성경 어디에도 없습니다. 우리 주님과 제자들은 결혼잔치에 가기를 마다하지 않았고, 바리새인들과 한자리에서 식사를 했습니다. 성경은 "불신자 중에 누가 청하면" 가면 안 된다고 하지 않습니다. 오히려 갔을 때에 어떻게 해야 하는지를 말씀합니다(고전 10:27). 더구나 회심한 사람이 누구이고 회심하지 않은 사람은 누구인지, 어느 모임이 경건하고 어느 모임이 경건하지 않은지 필요 이상으로 판단하는 것은 위험합니다. 잘못되기 쉽습니다. 무엇보다도 이렇게 살다 보면 사람들 사이에서 선을 행할 기회를 놓칠 수밖에 없습니다. 어디를 가든 우리가 주님과 함께 가면, 사람들이 우리를 보고 "아무쪼록 몇 사람이라도 구원"하려고 할 뿐 결코 손해를 끼치는 사람들이 아니라고 말할 수밖에 없지 않겠습니까?(고전 9:22)

셋째, 사도 바울이 "세상에서 나와 따로 있으라"고 말한 것은 이 땅에서 그리스도인은 신앙 이외에는 전혀 관심을 가져서는 안 된다는 말이 아닙니다. 과학, 예술, 문학, 정치를 무시하는 것—영적인 일을 직접적으로 다루는 것이 아니면 아무것도 읽지 않고, 신문은 전혀 거들떠보지도 않으며, 세상에 무슨 일이 어떻게 돌아가는지 알려고 하지도 않고, 정부가 무엇을 어떻게 하는지는 안중에도 없고, 입법기관과 의회를 이끄는 사람들에 대해 전혀 무관심한 것—을 옳게 보는 사람들도 있을 것입니다. 하지만 신자가 이렇게 하는 것은 다름 아닌 나태함과 이기심으로 신자로서의 의무를 저버리는 일입니다. 디모데에게 한 권면을 보면 사도 바울은 신자가 "모든 경건과 단정함으로 고요하고 평안한 생활"을 하는 데 선한 정부가 얼마나 중요한 역할을 하는지 알고 있었습니다(딤전 2:2). 사도 바울은 이교 작가들의 글을 읽는 것을 부끄러워하지 않았을 뿐 아니라, 자신의 말과 글에서 인용하기까지 합니다. 사도 바울이 인용하고 예를 드는 것을 보면 그가 세상의 법과 관습과 직업에 대해 잘 알고 있었고 또 그렇게 아는 것을 하찮게 여기지 않았던 것이 분명합니다. 세상의 일에 무지한 것이 경건한 일이라도 되는 양 자랑 삼아 이야기하는 신자들이야말로 기독교 신앙으로 조롱거리가 되게 하는 사람들입니다. 교회당에 발을 들여 놓을 생각이 전혀 없던 한 대장장이는 설교자가 철의 성분과 속성에 대해 잘 알고 있는 모습에 감명을 받아 그의 복음 설교를 들으러 교회당으로 들어섰다고 합니다.

넷째, "세상에서 나와 따로 있으라"고 한 바울의 말이 곧 그리스도인은 옷차림과 매너와 행실과 말소리가 사람들과 구별되어야 한다는 의미는 아닙니다. 이런 방식으로 사람들의 관심을 끄는 것은 가장 바람직하지 못합니다. 이는 반드시 피해야 할 일입니다. 사람들과 어울릴 때에 모든 사람의 시선을 끌 만한 색깔이나 모양의 옷차림은 반드시 삼가야 합니다. 악인들이 조롱할 빌미를 제공할 뿐 아니라 가식적이고 거만하게 보일 수 있습니다. 우리 주님과 사도들과 브리스가와 버시와 이들과 함께했던 사람들은 옷차림과 같은 외적인 것으로 스스로를 부각시키거나 사람들의 주목을 끌려고 하지 않았습니다. 우리 주님은 바리새인들이 사람들에게 보이려고 그 경문 띠를 넓게 하며 옷술을 길게 한다고 비난하셨습니다(마 23:5). 진정한 거룩과 성결은 이런 것들과는 전혀 다릅니다. 눈에 띌 만큼 혐오스럽고 괴상하게 옷을 입고, 우는 듯한 애처로운 목소리로 말하며, 억지로 꾸며 낸 부자연스러운 겸손과 진지함으로 자신이 세상과 얼마나 다른지를 나타내려는 사람은 핵심을 완전히 놓치고 있을 뿐 아니라 주님의 원수들에게 비방거리를 제공할 뿐입니다.

다섯째, 사도 바울이 "세상에서 나와 따로 있으라"고 했을 때 그리스도인은 사람들과 어울리지 말고 따로 지내야 한다고 말하는 것이 아닙니다. 인위적으로 세상과 단절된 환경을 만들어 지내는 것이 가장 탁월한 거룩을 이루는 길이라고 생각하는 것이 바로 로마 가톨릭의 가장 큰 오류 가운데 하나입니다. 수많은 신부, 수녀, 은자들이 이런 비참한 속임 가운데 살아갑니다. 그리스도께서 말씀하신 거룩은 이런 삶이 아닙니다. 이 땅에서 제자들을 위해 하신 마지막 기도에서 주님은 이렇게 말씀하십니다. "내가 비옵는 것은 그들을 세상에서 데려가시기를 위함이 아니요 다만 악에 빠지지 않게 보전하시기를 위함이니이다"(요 17:15). 사도행전이나 서신서들에서 이런 인위적인 분리를 말하는 대목은 한 군데도 없습니다. 참된 신자는 언제나 이 세상 사람들과 섞여서 자신의 의무를 행하고, 사람들을 두려워하지 않고 인내와 온유함과 순전함과 담대함으로 각자의 자리에서 하나님의 영광을 위해 살아갑니다. 동굴이나 세상 한 귀퉁이로 숨으면 세상과 마귀로부터 우리 마음을 지킬 수 있을 것이라는 생각은 어리석기 짝이 없습니다. 참된 신앙과 비세속성은 하나님께서 우리에게 허락하시고 우리를 두신 자리를 소심하게 저버리는 행동을 통해 드러나지 않습니다. 오히려 용감하게 자기 자리를 지키고 서서 악을 이기는 은혜의 능력을 나타내는 모습을 통해 현저하게 드러납니다.

마지막으로 사도 바울이 "세상에서 나와 따로 있으라"고 말했을 때에는 회심하지 않은 교인들이 섞여 있는 교회를 떠나라거나, 신자가 아닌 사람들과 함께 예배드리는 자리에 가지 말라거나, 불경건한 사람들이 참여하는 성찬에는 가지 말라고 한 것이 아닙니다. 주변에 이런 잘못된 생각을 하는 사람들이 상당히 많습니다! 너무나 안타까운 일입니다. 이런 생각을 정당화할 수 있는 구절은 신약성경 어디에도 없습니다. 오히려 이런 생각은 순전히 인위적으로 고안된 것입니다. 이는 정죄 받아 마땅합니다. 우리 주 예수 그리스도는 가룟 유다가 도적인 줄 아시면서도 삼 년 동안 사도들과 함께 데리고 다니셨을 뿐 아니라 그와 성찬을 나누셨습니다. 알곡과 가라지의 비유에서 주님은 회심한 신자와 그렇지 않은 자를 "추수 때까지 함께 자라게 두"실 것이라고 말씀하십니다(마 13:30). 일곱 교회에 보낸 주님의 편지와 사도 바울의 서신서에서 교회의 잘못과 부패가 언급되고 이런 것들 때문에 교회가 책망 받는 모습을 자주 봅니다. 하지만 그런 이유로 교회를 저버리거나 교회의 규례를 무시하지 않습니다. 한마디로, 어린양의 혼인잔치가 이르기까지는 완벽한 교회와 완벽한 회중, 완벽한 성찬은 기대하지 말아야 합니다. 혹시 전혀 그리스도인답게 살지 않는 교인들이 있고, 함부로 성찬에 참여하는 교인들이 있다고 해도 그것은 그들의 죄이지 그들과 함께 성찬에 참여하는 우리의 죄가 아닙니다. 우리는 그들을 심판할 자리에 있지 않습니다. 이런 이유로 교회로 모이기를 힘쓰지 않고, 그리스도인으로 마땅히 참여해야 할 규례를 소홀히 하는 것은 성경적이지도 않을뿐더러 매우 어리석고 터무니없는 짓입니다. 세상과 구별될 것을 말씀하신 우리 주님이나 사도 바울이 뜻한 바도 아닙니다.

 세상에서 구별되는 것이 무엇인지 알고자 하는 사람은 이 여섯 가지 오류들을 차분히 숙고해 봐야 합니다. 각각의 요점과 관련하여 여기서 제가 말한 것보다 훨씬 더 많은 것들이 있습니다. 이런 오류들 하나하나가 우리 가운데 만연해 있고 이로 인해 무수히 많은 불행하고 비참한 일들이 초래되고 있습니다. 그러므로 그리스도인은 경계를 늦추지 말아야 합니다. 이런 오류들은 결국 나중에 잘못된 것으로 드러나 결국 버릴 수밖에 없을 것입니다. 첫사랑의 열심에 이런 오류들을 너무 성급하게 자신의 것으로 삼지 마십시오.

이 부분과 관련하여 두 가지 충고를 하고 다음 부분으로 넘어가겠습니다. 특히 젊은 그리스도인들은 잘 들으십시오.

먼저, 진실로 세상으로부터 구별되기를 바란다면 이 일은 결코 단시간에 이루어질 수 없다는 사실을 기억하십시오. 직접적으로 그리스도를 위한 일에 헌신한다고 회심하지 않은 모든 가족과 반목을 일삼고, 옛 친구들과의 모든 관계를 "단절"하고, 불신자가 있는 모임은 아예 피하고, 폐쇄적인 삶을 산다고 생각해 보십시오. 언뜻 보면 꽤 옳은 것 같습니다. 양심도 만족합니다. 심지어 이들과 함께 살아가느라 생길 수 있는 많은 어려움들도 피할 수 있는 것 같습니다. 하지만 사실은 이기적이고 나태하고 자기만족적인 동기에서 그렇게 행동하는 경우가 많지 않습니까? 십자가를 지는 진정한 신자의 의무는 오히려 자신을 부인하는 것이 아닐까요? 그렇다면 이와는 전혀 다른 행동을 해야 합니다.

또 다른 충고를 드립니다. 세상으로부터 구별되고자 한다면 조급하고 까다롭고 무정하고 시무룩하고 무뚝뚝한 태도를 갖지 않도록 항상 조심하십시오. "말로 말미암지 않고" 신자의 거룩한 "행실로 말미암아" 구원에 이르게 되는 불신자도 있다는 사실을 잊지 마십시오(벧전 3:1). 누가 어떻게 생각하든 우리가 유쾌하고 친근하고 원만한 성품을 가지고 먼저 다른 사람을 배려하고, 순전하고 선한 증거를 받는 모든 일에 기꺼이 힘쓰는 것은 우리가 믿는 삶과 신앙의 원리들 때문임을 회심하지 않은 사람들에게 보여주기 위해 힘쓰십시오. 다시 말하지만, 세상과 우리 사이에 불필요한 분리가 있어서는 안 됩니다. 계속해서 살펴보겠지만, 많은 일들에 있어서 우리는 세상과 구별되어야 하는 것이 맞습니다. 하지만 이런 구별은 올바른 것이어야 합니다. 사람들이 기분 나빠 해도 어쩔 수 없습니다. 하지만 어떤 일이 있어도 세상과 구별되려고 힘쓰는 노력을 두고 세상 사람들이 어리석고, 몰지각하고, 터무니없고, 비합리적이고, 무정하고, 비성경적이라고 비판할 빌미를 주어서는 안 됩니다.

3. 세 번째로, 그렇다면 성도들이 진정으로 세상과 구별된다는 것이 무엇인지 살펴보겠습니다.

성도들이 진정으로 세상과 구별된다는 것은 무엇을 의미합니까? 이를 정의하는 것은 결코 쉬운 일이 아닙니다. 모든 참된 그리스도인이 "세상과 세상에 속한 것들"과 관련하여 힘써 추구해야 할 일이 있다는 것은 아주 분명한 사실입니다. 지금까지 인용한 말씀들이 그것을 명백히 보여줍니다. 이 문제에 대한 열쇠는 "따로 있고"(separation)라는 말로 대변되는 세상과의 구별에 있습니다. 그렇다면 도대체 세상과 구별된다는 것은 무엇입니까? 사실 세상과 구별된다는 것이 뜻하는 몇 가지 원리를 나열하는 것은 그리 어려운 일이 아닙니다. 하지만 일반적인 원리를 넘어서 그것을 개인의 삶의 정황에 적용할 수 있도록 하는 것은 별개의 문제입니다. 지금부터 우리가 하고자 하는 것이 바로 적용입니다.

가장 먼저, "세상에서 나와 따로 있기"를 바라는 사람은 옳고 그름에 대한 세상의 기준에 따라 지배되기를 거부하는 습관을 가져야 합니다.

다른 사람들이 하는 것처럼 시대의 조류와 풍조를 따르고, 사회의 보편적인 의견에 보조를 맞추며, 자신의 시계를 광장의 시계탑에 맞추고 살아가는 사람들이 대부분입니다. 하지만 진정한 그리스도인은 이런 삶으로는 결코 만족하지 못합니다. 다른 무엇보다도 성경이 무엇이라고 말씀하는지, 하나님의 말씀에는 어떻게 기록되어 있는지를 먼저 생각합니다. 하나님이 잘못되었다고 하시는 것은 어떤 것도 옳을 수 없다고 확실히 믿습니다. 사람들이 대수롭지 않게 생각한다고 해도 하나님이 심각하게 보시면 그것은 결코 하찮은 것이 될 수 없음을 분명히 압니다. 사람들이 죄가 아니라고 생각하는 것도 하나님이 죄라고 하시면 그것은 죄입니다. 주변에서 흔히 일어나는 일이 되었고 많은 사람들이 "큰 해를 끼치는 일은 아니다"고 해도, 술취함, 욕설, 도박, 거짓말, 속임, 사기, 제7계명을 어기는 모든 행위를 결코 가볍게 여기지 않습니다. "모두가 그렇게 생각한다", "모두가 그렇게 말한다", "누구나 하는 일이다", "누구나 가는 곳이다"와 같은 주장은 아무런 의미가 없습니다. 유일하게 중요한 기준은 성경이 그것을 죄로 정하고 있는가 하는 것입니다. 교구나 교회에서 그런 입장을 견지하는 사람이 자기 혼자라고 해도 결코 성경을 거스르는 방향으로 가지 않습니다. 이런 이유로 사람들이 자기를 따돌린다고 해도 성경을 거스르지 않을 뿐 아니라 전혀 위축되지도 않습니다. 이것이야말로 성경이 말씀하는 진정한 세상과의 구별입니다.

둘째, "세상에서 나와 따로 있기"를 바라는 사람은 여가 시간을 보내는 데도 신중합니다.

언뜻 보기에 여가 시간을 어떻게 보내는지는 중요한 일이 아닌 것 같습니다. 하지만 인생의 햇수를 더할수록 여가 활동은 주의를 요하는 중요한 주제임을 절감합니다. 존경받을 만한 직업을 가지고 합법적인 일에 종사하는 것은 영혼을 보호하는 좋은 울타리가 됩니다. 적어도 이런 일에 힘쓰고 있는 시간은 상대적으로 덜 위험한 시간입니다. 바쁘게 일하는 사람은 마귀의 속임에 귀 기울일 여유가 없기 때문입니다. 하지만 하루 일과를 끝내고 맞는 여가 시간은 미혹될 여지가 많은 위험한 시간입니다.

그리스도인의 삶을 살고자 하는 사람은 저마다 일과 후 저녁시간을 어떻게 보낼지에 대해 진지하게 고민하고 미혹되지 않도록 조심해야 합니다. 저녁시간은 하루 일과를 마치고 느슨해지기 쉬운 시간입니다. 그리스도인들이 전신갑주를 내려놓기 쉬운 시간입니다. 하루 중 영혼에 큰 어려움을 초래할 수 있는 가장 위험한 시간입니다. "이에 마귀가 가서"라는 성경 말씀처럼, 마귀와 더불어 세상이 찾아오는 시간입니다. 하루 일과를 마친 저녁은 불쌍한 영혼이 선술집에 가서 죄에 떨어지도록 미혹되는 시간입니다. 직장인이 호텔 바에 앉아서 전혀 이로울 것이 없는 것들을 보고 듣고 있기가 쉬운 시간입니다. 상류층 사람들은 춤이나 카드놀이에 빠져 밤늦게 잠자리에 들기가 쉽습니다. 우리의 영혼을 사랑한다면, 세속적으로 살고 싶지 않다면 저녁시간을 어떻게 보낼지에 신경을 써야 합니다. 여러분이 저녁을 어떻게 보내는지 말해 보십시오. 여러분이 어떤 상태에 있는지 대략 알 수 있습니다.

참된 그리스도인은 자신의 저녁시간을 허비하지 않기 위한 원칙을 세웁니다. 다른 사람들이 그 시간을 어떻게 보내는지는 상관이 없습니다. 조용히 생각하고, 성경을 읽고 기도할 수 있는 시간을 항상 만듭니다. 물론 그 시간을 지켜 가기가 쉽지는 않습니다. 사교적이지 못하고 엄격하다는 비난을 들을 각오를 해야 합니다. 사람들과 어울리느라 습관적으로 늦게 들어오고, 기도도 하는 둥 마는 둥 후다닥 해치우고, 성경도 대충 읽고, 거리끼는 양심을 가지는 것보다 훨씬 낫습니다. 자신의 교회나 주변에서 자기 혼자만 그렇게 한다고 해도 이 원칙을 저버리면 안 됩니다. 여러분과 같은 사람이 거의 없어도 상관없습니다. 이상한 사람으로 취급받아도 상관없습니다. 이렇게 하는 것이 바로 성경적으로 세상과 구별되는 것입니다.

셋째, "세상에서 나와 따로 있기"를 바라는 사람은 세상일에 사로잡히거나 집착하지 않기로 항상 결심해야 합니다.

진정한 그리스도인은 어떤 위치나 어떤 자리에서든 자기에게 주어진 일을 성실히 행하기 위해 힘씁니다. 정치인이든 상인이든 은행가든 법률가든 의사든 직장인이든 농부든 상관없습니다. 그리스도인은 항상 자기가 맡은 일을 성실히 행해서 사람들이 자신을 비방할 여지를 남겨 두지 않습니다. 그럼에도 그리스도인은 일 때문에 그리스도와의 관계를 소홀히 하지 않습니다. 일 때문에 주일 성수나 성경 읽기나 개인기도 시간이 영향을 받고 자신과 천국 사이에 구름이 끼기 시작하면 "뒤로 물러나 더 이상 넘어오지 말라. 자리나 명예나 재물에 내 영혼을 팔 수 없다"고 선언할 것입니다. 다니엘처럼 어떤 대가를 치를지라도 하나님과 교제하는 시간을 만들 것입니다. 자신을 부인할지언정 성경 읽기와 기도 시간을 방해 받지 않습니다. 나만 그렇게 하는 것처럼 보일 수 있습니다. 많은 사람들이 놀립니다. 다른 사람들은 그렇게 까다롭게 안 해도 잘만 지낸다고 비아냥 댑니다. 하지만 그리스도인은 이런 비아냥에 아랑곳하지 않습니다. 아무리 당장 손해를 보는 일이 있어도 희생을 각오하고 단호하게 세상과의 거리를 둡니다. 영혼을 피폐하고 궁핍하게 하느니 차라리 세상적으로 좀 덜 갖고 덜 성공하는 삶을 택합니다. 이런 삶의 방식을 고수하고 시류를 거스르기 위해서는 엄청난 자기부인이 필요합니다. 하지만 이것이야말로 성경적으로 세상과 구별되는 것입니다.

넷째, "세상에서 나와 따로 있기"를 바라는 사람은 죄와 연관될 수밖에 없는 모든 오락과 여흥을 항상 멀리해야 합니다.

이것은 다소 껄끄러운 주제이지만, 한번 다뤄 보겠습니다. 세상과의 구별됨을 다루면서 이 부분에 대해서 분명한 소리를 발하지 않는다면, 자기 직분에 충실한 목사, 그리스도께 신실한 목사라고 할 수 없을 것입니다.

신앙이 있다고 하는 사람이 어떻게 아무 거리낌 없이 경마를 즐기고 극장을 출입할 수 있는지 사실 저는 이해가 되질 않습니다. 양심은 참 희한한 기관입니다. 저마다 양심의 자유가 있고 스스로를 판단해야 하는 것은 맞습니다. 똑같은 행동이라도 어떤 사람은 아무렇지 않게 느끼는 반면, 다른 사람은 악으로 여기고 혐오할 수 있습니다. 여기서는 제가 옳다고 생각하는 바를 말하겠습니다. 여러분이 그것을 진지하게 생각하고 판단해 보기를 바랍니다.

말이 전속력으로 질주하는 모습을 보는 행동 자체는 전혀 해로울 것이 없습니다. 셰익스피어의 희곡은 인간의 지성이 산출해 낼 수 있는 가장 정교하고 섬세한 작품이기도 합니다. 하지만 문제는 지금 영국에서 유행하는 경마와 극장은 공공연한 악이라 할 수 있는 것들과 긴밀하게 연결되어 있다는 데 있습니다. 저는 분명히 이렇게 말할 수 있습니다. 경마장과 극장을 출입함으로써 필연적으로 하나님의 계명을 거스를 수밖에 없는 상황이기 때문에, 이런 오락을 즐기는 한 죄짓는 것을 피할 수 없습니다.

그리스도인으로 자처하는 모든 사람은 이 사실을 기억하고 자신의 행실을 잘 살펴야 합니다. 경마를 보고 연기자들의 좋은 노래와 연기를 즐기겠다고, 조금만 생각해 보면 알 수 있는 사실들에 눈과 귀를 닫을 권리가 그리스도인에게는 없습니다. 도박, 베팅, 술취함, 음란함과 밀접하게 얽혀 있는 오락을 여가라는 이름으로 즐기는 사람은 세상과의 구별됨을 이야기할 수 없습니다. "하나님께서 심판하실" 것입니다(히 13:4). "이는 그 마지막이 사망임이라"(롬 6:21).

여러분, 제 말을 받아들이기가 쉽지 않을 것입니다! 하지만 사실이지 않습니까? 경마장이나 극장에 함께 가지 않겠다고 하는 여러분의 모습이 친지나 친구들에게는 아주 편협하고 소심하게 보일 수 있습니다. 하지만 우리의 제일 되는 원리를 저버려서는 안 됩니다.

세상은 얼마나 영혼에게 위험한 곳입니까? 그런 곳으로부터 나와야 합니다. 그렇지 않습니까?

우리 영혼을 사랑한다면 죄와 결탁된 오락에 참여해서는 안 됩니다. 그렇게 하지 않는 것은 세상으로부터 구별되는 것이라고 말할 수 없습니다.[1]

다섯째, "세상에서 나와 따로 있기"를 바라는 사람은 합당하고 해롭지 않은 놀이라 할지라도 적당히 할 줄 알아야 합니다.

지각 있는 그리스도인은 모든 레크리에이션을 잘못된 것으로 여기지 않습니다. 눈물과 수고가 그치지 않는 이 세상을 사는 사람이라면 간간이 누리는 휴식과 여유는 누구에게나 필요합니다. 몸과 지성이 모두 부담 없이, 즐겁게 할 수 있는 일들이 필요합니다. 특히 젊은 시절에는 더욱 그렇습니다. 지성과 몸의 건강을 위해서는 운동이 꼭 필요합니다. 크리켓, 조정, 달리기 등 여러 운동경기는 전혀 해로울 것이 없습니다. 체스와 같이 기술이 필요한 놀이를 즐기는 것도 전혀 문제될 것이 없습니다. 우리는 모두 기묘하게 지어진 피조물입니다. 한 시인이 이렇게 말한 것도 놀라운 일이 아닙니다.

"천 개의 현으로 이루어진 하프와 같은 우리의 삶이
오래도록 음률이 틀어지지 않는 것이 묘하다!"

신경과 뇌와 소화기관과 폐와 근육을 강건하게 하는 것은 무엇이나 그것이 죄악되지 않는 한 그리스도의 사역에 합당하고 복이 됩니다. 그러므로 이런 것들을 감사함으로 누려야 합니다. 혹사당하는 우리의 생각을 건강한 방식으로 숨을 돌리게 하는 것은 무엇이든 악하지 않습니다. 오히려 선한 일입니다.

하지만 세상과 구별되고자 한다면 건전한 것이라 해도 과도하게 하지 않도록 조심해야 합니다. 그리스도를 진심으로 섬기고자 한다면, 여느 사람들처럼 그런 것들을 하는 데 온 마음과 힘과 뜻과 정성과 시간을 쏟아서는 안 됩니다. 적당히 할 때는 유익이 되지만 지나치면 해가 됩니다. 적당한 양을 복용하면 몸을 건강하게 하는 약도, 많은 양을 한꺼번에 복용하면 독이나 다름없습니다. 여가나 놀이가 바로 그렇습니다. 그것들을 누리는 것과 오용하는 것은 별개입니다. 여가와 놀이를 즐기는 그리스도인은 언제 멈추어야 할지를 압니다. "이제 됐다. 이 정도면 충분하다" 하고 말할 줄 압니다. 이런 것들이 개인적인 경건생활을 침해합니까? 이런 것들에 너무 많은 관심이 갑니까? 영혼에 세속적인 영향을 미칩니까? 이 땅의 것에 착념하도록 합니까? 그렇다면 절제하고 조심해야 합니다. 그러기 위해서는 용기와 자기절제, 단호함이 필요합니다. 절제할 줄 모르고 사소한 것을 중요한 것으로 삼고, 중요한 것을 사소한 것으로 여기는 사람들은 이런 우리의 행동을 탐탁지 않게 여기고 비난할지 모릅니다. 하지만 세상에서 나와 따로 있고자 하는 사람이라면 사람들의 시선에 연연해서는 안 됩니다. 다른 사람이 무엇이라 생각하든 상관없이, 심지어 건전하고 합당한 것을 누리는 일에 있어서도 적당히 할 줄 알아야 합니다. 이것이 바로 진정한 세상과의 구별입니다.

마지막으로, "세상에서 나와 따로 있기"를 바라는 사람은 어떻게 세상 사람들을 친구로 삼고, 그들과 친분을 맺을지에 대해 신중해야 합니다.

    이 땅에 사는 한 회심하지 않은 사람들을 상대하는 일은 피할 수 없습니다. "세상 밖으로" 나가지 않는 한 이들과 거래를 하고 관계를 맺을 수밖에 없습니다(고전 5:10). 정중하고 친절하게 사랑으로 이들을 대해야 합니다. 이것이 우리의 마땅한 의무입니다. 하지만 이들을 대하고 아는 것과 친분을 쌓아 가는 것은 별개입니다. 이들과 무분별하게 어울리고 친분을 쌓아 가는 것은 영혼에 아주 해롭습니다. 인간은 서로 어울리다 보면 영향을 주고받을 수밖에 없습니다. 인간이 원래 그렇게 지어졌습니다. "함께 어울리는 사람들을 보면 그가 어떤 사람인지 알 수 있다"는 옛 말은 틀림이 없습니다. 성경도 분명히 말씀합니다. "지혜로운 자와 동행하면 지혜를 얻고 미련한 자와 사귀면 해를 받느니라"(잠 13:20). 그리스도인으로서 일관된 삶을 살고 싶다고 말하면서 자신의 영혼이나 성경이나 하나님이나 그리스도나 거룩에 관심 갖지 않거나 기껏해야 부차적인 것으로 생각하는 사람을 친구로 사귄다면, 이런 사람은 결코 자신이 뜻한 바를 이루지 못할 것입니다. 곧 이들의 삶은 자신의 삶과 다르고, 이들의 생각 역시 자신의 생각과 다르며, 이들이 좋아하는 것 역시 자신이 좋아하는 것과 다름을 발견할 것입니다. 그렇기 때문에 이들이 바뀌지 않는 한 이들과 어울리지 말아야 합니다. 한마디로, 이들과 결별을 고해야 한다는 것입니다. 물론 쉽지 않은 일입니다. 하지만 자신의 영혼을 해롭게 할지 친구를 잃을지 둘 중에 선택을 해야 한다면, 당연히 후자를 선택해야 합니다. 친구들이 우리와 함께 좁은 길로 가기를 원치 않는다면, 친구들의 비위에 맞추고자 넓은 길로 다닐 이유가 없습니다. 회심하지 않은 사람과 회심한 사람이 친밀한 관계를 유지하려고 하는 것은, 이 두 사람이 각각의 본성에 따라 일관된 길을 가는 한 불가능한 일입니다.

이는 남편이나 아내 될 사람을 선택하는 일에 있어서도 역시 신중히 고려되어야 할 원리입니다. 하지만 정작 필요한 때 자주 무시되는 원리이기도 합니다. 인생의 배우자를 택하면서 다른 많은 것들은 신중하게 고려하면서도 유독 신앙을 간과하는 사람들이 많습니다. 혹은 시간이 지나면 배우자가 신앙을 갖게 될 것이라고 막연히 생각합니다. 하지만 기도하고, 성경을 읽고, 하나님을 경외하고, 그리스도를 사랑하고, 주일을 거룩하게 지키는 그리스도인이 신앙을 진지하게 생각하지 않는 사람을 배우자로 맞이한다면 틀림없이 불행에 빠지고 해를 입을 것입니다. 질병은 전염이 되어도 건강은 전염되지 않습니다. 배우자를 택하는 데 있어서 일반적으로 선한 조건이 나쁜 조건으로 전락할 수는 있어도 나쁜 조건이 선한 조건으로 고양되는 법은 없습니다. 아주 미묘한 주제이기 때문에 여기서 더는 언급하지 않겠습니다. 하지만 아직 결혼을 앞둔 그리스도인 남녀에게 분명히 말합니다. 자신의 영혼을 사랑한다면, 신앙이 퇴보하기를 원치 않는다면, 삶의 화평과 평안을 깨뜨리고 싶지 않다면, 어떤 대가를 치르더라도 진정한 그리스도인이 아닌 사람과는 결혼하지 않겠다고 결심하십시오. 불신자와 결혼하느니 차라리 죽는 것이 낫습니다. 이 결심을 굳건히 하십시오. 어느 누구도 이런 자신의 결심을 흔들지 못하도록 하십시오. 이 결심이 무너지면 "세상에서 나와 따로 있는 것"은 전혀 불가능한 일임을 발견할 것입니다. 목에 연자 맷

돌을 묶고 천국으로 가는 경주를 하고 있는 자신을 발견할 것입니다. 결국 구원을 얻는다고 해도 "불 가운데서 받은 것"과 같을 것입니다(고전 3:15).

지금까지 바울의 충고를 따라 세상에서 나와 따로 있고자 하는 사람들을 위한 여섯 가지 일반적인 원리를 제시했습니다. 이 원리들이 오류가 없고 완전하다고는 믿지 않습니다. 하지만 우리가 깊이 생각하고 주목해야 할 원리들임에는 틀림이 없습니다. 다루기 쉽지 않은 주제임이 분명합니다. 그리스도인으로 살아가다 보면 어떻게 하는 것이 그리스도인의 마땅한 의무인지에 대한 의구심이 계속해서 생길 것입니다. 이런 경우에는 다음과 같은 작은 지침들이 유용할 수도 있습니다. 의구심이 생기는 경우에는 하나님께서 지혜를 주시도록, 우리가 바른 판단을 내릴 수 있도록 먼저 기도해야 합니다. 기도는 모든 일에 가치가 있지만, 특히 그리스도인으로서 바르게 판단하고 행동하고 싶지만 어떻게 하는 것이 옳은지 명확하지 않을 때 더욱 가치가 있습니다. 또한 이런 경우에는 우리가 하나님 앞에서 행하고 있다는 사실을 기억하고 자신을 자주 돌아보아야 합니다. 내가 하나님 앞에서 행하는 것이 맞고 또 그렇게 생각하고 있다면, 이러저러한 자리에 내가 가야 하는가, 이러저러한 일을 내가 해도 되는가 하고 물어야 합니다. 또한 이런 때는 우리 주님의 재림과 심판 날이 도래하고 있음을 잊지 말아야 합니다. 그날에 내가 과연 이러저러한 자들과 함께 발견되기를 바라는가? 이러저러한 방식으로 산 것으로 드러나기를 바라는가 하고 물어야 합니다. 마지막으로, 이와 비슷한 상황에서 가장 탁월한 그리스도인들은 어떻게 했는지를 찾아보아야 합니다. 어떻게 해야 할지 분명한 판단이 서지 않는 경우에 좋은 모범들을 본받는 것은 전혀 부끄러운 일이 아닙니다. 세상과 구별되는 일에 있어서 혼란스러워하는 사람들을 위해 이런 몇 가지 제안을 하는 것입니다. 이런 제안들이 여러분이 처한 힘든 상황을 타개하고 무수한 난제들을 해결하는 데 도움이 될 것이라고 믿습니다.

4. 이제 결론으로, 그리스도인이 진정으로 세상을 이기는 비결이 무엇인지 함께 살펴보겠습니다.

세상과 구별된 존재로 살아가는 것은 쉬운 일이 아닙니다. 인간 본성이 변하지 않고 마귀가 우리 주변을 끊임없이 배회하는 한 결코 쉬울 수가 없습니다. 늘 깨어 힘쓰고 싸워야 합니다. 부단한 자기 부인과 분투가 필요합니다. 이로 인해 육신의 가족에게 배척을 받을 수도 있고 동료나 이웃에게 따돌림을 받을 수도 있습니다. 사람들을 성나게 하는 일, 조롱과 핍박을 초래하는 일인 줄 알면서도 그렇게 할 수밖에 없는 때도 있습니다. 많은 사람들이 단호한 신앙생활에서 뒷걸음질 치고 움츠러드는 것도 이런 이유에서입니다. 그렇게 하는 것이 옳지 않음을 이들도 잘 압니다. 그렇게 하는 것이 그리스도를 제대로 섬기는 것이 아님을 잘 압니다. 그렇게 하는 자신의 마음도 편하지 않습니다. 하지만 사람을 더 두려워하기 때문에 어쩔 수 없습니다. 그래서 이런 사람들은 사는 내내 만족을 느끼지 못할 뿐 아니라 상한 마음으로 이러지도 저러지도 못합니다. 세상을 좇아 살자니 신앙의 양심상 그렇게 하지 못하겠고, 신앙에 힘쓰자니 세상적인 것이 그 속에 너무 많아 그렇게 하지도 못합니다. 이래저래 행복할 수 없는 사람들입니다. 진리가 드러나면 많은 사람들이 이런 상태로 발견될까 봐 두렵습니다.

하지만 각 세대마다 세상을 이긴 사람들이 있습니다. 결연히 세상의 길을 떠나 분명하게 세상과 구별된 사람들입니다. 세상의 생각과 평판에 휘둘리지 않았습니다. 각자의 궤도를 따라 정확히 운행하는 행성처럼 신자로서 자신의 길을 간 사람들입니다. 세상의 찌푸림과 칭찬에 연연하지 않은 사람들입니다. 이들이 이렇게 승리할 수 있었던 비결이 무엇입니까? 지금부터 그 비결을 살펴보겠습니다.

세상을 이기는 첫 번째 비결은 바른 마음입니다. 새롭게 된 마음, 성령으로 변화되고 거룩하게 된 마음입니다. 그리스도께서 거하시는 마음입니다. 이전 것은 지나가고 모든 것이 새롭게 된 마음입니다. 이런 마음의 중요한 표지는 그 마음이 바라고 추구하는 성향이 어디로 기울어져 있느냐 하는 것입니다. 이런 마음을 가진 사람은 더 이상 세상과 세상에 속한 것을 좋아하지 않습니다. 그렇기 때문에 세상의 것을 포기하고 버리는 것을 시험이나 희생으로 여기지 않습니다. 이전에 좋아하던 사람들과 그들과 어울리던 방식, 그들과 나눈 대화와 오락, 세상의 책과 일들을 더 이상 좋아하지 않습니다. 이전에 자연스럽게 여기던 것들로부터 벗어납니다. 새로운 원리를 통해 발휘되는 힘, 곧 이전에 익숙한 본성적인 것들을 물리치는 힘이 얼마나 강한지 모릅니다! 밤나무의 새싹이 밀고 나와 이전의 이파리들을 소리 없이 떨어뜨려 낙엽이 되게 하는 것처럼, 신자가 가진 새로운 마음은 그의 욕구와 성향에 부인할 수 없는 영향을 미쳐 이전에 애착을 갖고 살아가던 많은 것들을 내려놓게 합니다. 이제 더 이상 그런 것들을 좋아하지 않게 되었기 때문입니다. "세상에서 나와 따로 있기"를 바라는 사람은 먼저 자신이 새 마음을 가졌는지를 분명히 해야 합니다. "눈은 몸의 등불이니 그러므로 네 눈이 성하면 온몸이 밝을 것이요"(마 6:22). 마음의 성향과 추구하는 바가 바르지 않으면 바른 행동은 있을 수 없습니다.

세상을 이기는 두 번째 비결은 보이지 않는 것들을 실제로 믿고 살아가는 산 믿음입니다. 성경이 무엇이라고 말씀합니까? "무릇 하나님께로부터 난 자마다 세상을 이기느니라. 세상을 이기는 승리는 이것이니 우리의 믿음이니라"(요일 5:4). 눈에 보이지 않는 것을 눈에 보이는 것처럼 끊임없이 바라고 사는 습관을 얻고, 날마다 우리의 영혼, 하나님, 그리스도, 천국, 지옥, 심판, 영원과 같은 위대한 실체를 생각하며 살고, 우리가 육신의 눈으로 보지 못하는 것은 우리 눈에 보이는 것과 마찬가지로 실제적이고 수천 배나 더 중요하다고 확신하는 것만이 이 세상을 이기는 길입니다. 히브리서 11장에 기록된 존귀한 믿음의 성도들의 군대는 바로 이 믿음으로 영광스러운 성령의 증거를 얻었습니다. 육신의 눈으로는 볼 수 없지만, 이들은 모두 실제로 하나님이 계시고 구주가 계시며 돌아갈 본향이 있다고 굳게 확신하며 살았던 사람들입니다. 믿음으로 무장한 사람은 오는 세상에 비추어 이 세상을 그림자로 여기기 때문에, 세상이 주는 칭찬이나 비난, 세상이 약속하는 보상이나 적개심에 연연하지 않습니다. 세상에서 나와 따로 있고자 하는 사람은, 눈에 보이는 것이 무서워 뒷걸음질 치고 움츠러들기보다 이런 믿음을 갖도록 기도하고 힘써야 합니다. "예수께서 이르시되 할 수 있거든이 무슨 말이냐. 믿는 자에게는 능히 하지 못할 일이 없느니라 하시니"(막 9:23). 모세와 같이, 보이지 않는 분을 바라고 이집트를 버리는 일이 가능함을 알게 될 것입니다. 모세와 같이, 자기가 잃어버릴 것들에 연연하지 않습니다. 자기를 못마땅해 하는 사람들 때문에 힘들어하지 않습니다. 망원경을 통해 보는 사람처럼 이 세상 너머로부터 도래하는 더 나은 상을 바라보기 때문입니다(히 11:26).

세상을 이기는 세 번째 비결은 모든 합당한 상황에서 그리스도를 담대히 고백하는 습관을 들이는 것입니다. 제 말에 오해 없기를 바랍니다. 아무 때나 무분별하게 나팔을 불어 대 자신의 신앙을 강요하라는 말이 아닙니다. 세상과 구별되기 위해 분투하는 모든 사람이 자신의 색깔을 분명히 드러내고 그리스도 섬기기를 전혀 부끄러워하지 않는 사람들로서 행하고 분명한 소리를 발하라는 것입니다. 그리스도인의 원리를 진중하고 부단하게 주장하고 세상의 자녀들과 다른 원리를 따라 살아가며 그 길에서 벗어나기를 원치 않는다는 것을 세상의 자녀들이 분명히 보도록 항상 준비하고, 누구와 있든 우리가 가진 표준을 분명하고 정중하게 유지하는 삶은 우리 안에 부인할 수 없는 습관을 만듭니다. 이로 인해 우리는 세상과 구별된 사람으로 쉽게 드러날 것입니다. 물론 처음에는 쉽지 않고, 이에 따른 대가도 클 것입니다. 하지만 계속 그렇게 살면 살수록 그 삶을 유지하는 것이 더 수월해집니다. 계속해서 그리스도를 주로 고백하는 행동은 곧 우리 안에 습관으로 자리하게 됩니다. 일단 습관이 자리하면 그것은 성품으로 굳어집니다. 그리고 우리의 성품이 알려지면 많은 어려움을 피할 수 있습니다. 사람들이 우리에게서 바랄 수 있는 것이 무엇인지 알게 되기 때문입니다. 특별히 구별된 사람으로 살아가는 우리를 보고 더 이상 생경하게 여기지 않을 것입니다. 쐐기풀을 단단히 붙들고 있는 사람이, 두려워 떨면서 손만 대어 보는 사람보다 상처를 훨씬 덜 입습니다. 양심에 비추어 잘못된 것임에도 행동하라는 요구를 받았을 때, 단호하지만 정중하게 "아니오"라고 할 수 있어야 합니다. 처음부터 자신이 어떤 사람인지를 분명히 하고, "자신이 누구에게 속하여 누구를 섬기는 사람인지" 밝히는 것을 부끄러워하지 않는 사람은 곧 세상을 이길 사람입니다. 아니, 이미 이긴 사람입니다. 담대하게 신앙을 고백하는 삶은 승리로 가는 긴 여정입니다.

이제 몇 가지 적용의 말로 이 장을 마치겠습니다. 앞에서 영혼을 파괴하는 세상의 위험, 세상으로부터 참된 구별됨의 본질, 세상을 이기는 비결을 살펴보았습니다. 이제 여러분에게 직접적인 유익을 줄 수 있는 몇 가지를 말하는 동안 마지막으로 다시 한 번 제 말에 귀를 기울여 주시기 바랍니다.

먼저, 묻습니다. 여러분은 세상을 이기고 있습니까? 아니면 세상이 여러분을 이기고 있습니까? 세상으로부터 나오고, 세상과 구별되는 것이 무엇인지 압니까? 아니면 세상에 함몰되고 얽매어 세상을 따라가고 있습니까? 구원을 얻고자 한다면, 이 물음에 대답할 수 있어야 합니다.

애끓는 마음으로 경고합니다. 세상과 "구별되는 것"이 무엇인지 모른다면, 여러분의 영혼은 크나큰 위험에 처해 있는 것입니다. 세상은 지나갑니다. 세상에 빌붙어 살고, 세상만을 생각하며 사는 사람도 이 세상과 함께 영원한 멸망으로 떨어질 것입니다. 너무 늦기 전에 자신의 곤경을 깨달아 알아야 합니다. 임박한 진노를 피해야 합니다. 시간이 없습니다. 만물의 마지막이 가까이 왔습니다. 그림자가 길어졌습니다. 해가 저무는 모양입니다. 아무도 일할 수 없는 밤이 옵니다. 심판의 위대한 백 보좌가 놓일 것입니다. 심판이 시작될 것입니다. 모든 사람의 행실이 낱낱이 기록된 책들이 펼쳐질 것입니다. 깨어나십시오. 오늘이라 부르는 날이 가기 전에 세상으로부터 나와 따로 있어야 합니다.

    조금 있으면, 세상의 일과 세상의 오락은 온데간데없어질 것입니다. 돈을 버는 일도, 돈을 쓰는 일도 없을 것입니다. 더 이상 먹고 마시는 일도 없을 것입니다. 좋은 옷을 입고 잔치하고 도박하는 일도 다 사라지고 없을 것입니다. 이 모든 일이 영원히 사라지고 나면 여러분은 무엇을 하렵니까? 영원한 천국, 곧 거룩이 모든 것이 되고 세상은 흔적도 없이 사라지는 곳에서 여러분은 무엇을 하렵니까? 이런 일들을 생각하고 지혜로운 자가 되십시오! 깨어나십시오. 세상이 두른 결박의 사슬을 박차고 나와야 합니다. 깨어나십시오. 임박한 진노를 피하십시오.

    두 번째는 조언입니다. 세상에서 나와 있고 싶어도 방법을 모른다면, 제 말을 잘 들어 보십시오. 회개한 죄인으로 주께 달려 나가 여러분의 속내를 모두 털어놓으십시오. 여러분의 마음을 다 쏟아 놓으십시오. 하나도 남김없이 다 쏟아 놓으십시오. 세상과 육체와 마귀로부터 구원받고 싶은 죄인이라고, 그런 여러분을 구원해 주시라고 간구하십시오.

우리의 복된 구주께서 "하나님 곧 우리 아버지의 뜻을 따라 이 악한 세대에서 우리를 건지시려고 우리 죄를 대속하기 위하여 자기 몸을 주셨"습니다(갈 1:4). 그리스도는 세상이 어떤지 아십니다. 친히 33년 동안 세상에 사셨습니다. 사람들이 어떤 곤경에 처했는지 잘 아십니다. 우리를 위해 사람이 되셨고, 사람들 가운데 거하셨기 때문입니다. 하나님 보좌 우편에 앉으신 분이시기에 자기를 힘입어 하나님께 나아오는 모든 자를 구원하실 수 있습니다. 죄인의 괴수라도 어려울 것이 없습니다. 또한 구원하신 자들을 능히 세상의 악으로부터 지키실 수 있습니다. 우리에게 하나님의 자녀가 되는 권세를 나누어 주실 수 있습니다. 우리를 구원에서 떨어지지 않게 하실 수 있습니다. 우리로 넉넉히 이기는 자가 되게 하십니다. 다시 한 번 말합니다. 믿음의 기도로 그리스도께로 나아가십시오. 나아가서 그분의 손에 모든 것을 남김없이 맡기십시오. 세상에서 나와 따로 있는 것이 지금은 힘들어 보여도 결국 예수님께는 능치 못할 일이 없음을 알게 될 것입니다. 여러분은, 심지어 여러분조차도 세상을 이긴 자로 드러날 것입니다.

세 번째는 격려의 말입니다. 경험을 통해 세상으로부터 나와 따로 있는 것이 무엇인지 알고 있는 사람에게 말합니다. 안심하고 끝까지 이기십시오. 여러분은 지금 바른 길을 가고 있습니다. 두려워할 필요가 없습니다. 영원한 언덕이 저 앞에 보입니다. 처음 믿었을 때보다 구원이 더 가까이 왔습니다. 위로를 얻고 힘을 내십시오.

여러분은 무수히 많은 싸움을 싸웠을 것입니다. 잘못된 길로 들어선 적도 많았을 것입니다. 기진해서 곧 이집트로 다시 내려가야만 할 것 같은 생각이 들기도 했을 것입니다. 하지만 여러분의 주님께서 여러분을 버리지 않으셨습니다. 여러분이 감당하지 못할 시험을 허락하지도 않으실 것입니다. 끊임없이 세상에서 나오기 위해 힘쓰십시오. 주변에 그런 사람이 없다고 부끄러워하지 마십시오. 가장 결연한 그리스도인이 가장 행복한 그리스도인이라는 사실을 굳게 붙잡으십시오. 그렇게 달려갈 길을 다 간 후에 너무 거룩하게 이 길을 달려왔다고, 하나님과 너무 가깝게 살았다고 말한 사람을 본 적이 없습니다.

마지막으로, 성경이 하는 말씀을 들어 보십시오.

"누구든지 사람 앞에서 나를 시인하면 인자도 하나님의 사자들 앞에서 그를 시인할 것이요"(눅 12:8).

"예수께서 이르시되 내가 진실로 너희에게 이르노니 나와 복음을 위하여 집이나 형제나 자매나 어머니나 아버지나 자식이나 전토를 버린 자는 현세에 있어 집과 형제와 자매와 어머니와 자식과 전토를 백 배나 받되 박해를 겸하여 받고 내세에 영생을 받지 못할 자가 없느니라"(막 10:29-30).

"그러므로 너희 담대함을 버리지 말라. 이것이 큰 상을 얻게 하느니라. 너희에게 인내가 필요함은 너희가 하나님의 뜻을 행한 후에 약속하신 것을 받기 위함이라. 잠시 잠깐 후면 오실 이가 오시리니 지체하지 아니하시리라"(히 10:35-37).

이 말씀들은 다름 아닌 바로 우리를 위해 기록되었습니다. 이 말씀들을 굳게 붙잡고 결코 잊어버리지 맙시다. 끝까지 이깁시다. 세상에서 나와 따로 있기를 부끄러워하지 맙시다. 합당한 상급이 기다리고 있음을 확신하십시오.

13장
재물

한 부자가 있어 자색 옷과 고운 베옷을 입고 날마다 호화롭게 즐기더라. 그런데 나사로라 이름 하는 한 거지가 헌데투성이로 그의 대문 앞에 버려진 채 그 부자의 상에서 떨어지는 것으로 배불리려 하매 심지어 개들이 와서 그 헌데를 핥더라. 이에 그 거지가 죽어 천사들에게 받들려 아브라함의 품에 들어가고 부자도 죽어 장사되매 그가 음부에서 고통중에 눈을 들어 멀리 아브라함과 그의 품에 있는 나사로를 보고. (눅 16:19-23)

성경을 읽는 사람이라면 부자와 나사로의 비유를 모르는 사람은 없을 것입니다. 그중에서도 본문은 탕자의 비유와 마찬가지로 읽는 사람의 마음에 깊이 각인될 만한 아주 인상적인 장면입니다.

이유는 간단합니다. 부자와 나사로의 비유는 그 자체로 선명하게 채색된 그림이기 때문입니다. 읽는 동안 우리는 어느새 이야기 속으로 빨려 들어갑니다. 그래서 어느 순간부터 우리는 독자가 아니라 바로 곁에서 이 상황을 지켜보는 구경꾼이 됩니다. 여기서 묘사하는 모든 사건을 하나하나 지켜봅니다. 비유가 묘사하는 바를 하나하나 눈으로 봅니다. 대화 하나하나를 귀로 듣습니다. 비유가 묘사하는 모든 것을 손으로 만질 수 있을 것 같은 착각이 들 정도입니다. 부자가 베푼 연회, 부자가 입은 자색 옷, 고운 아마포, 그 집의 대문, 그 곁에 기대어 앉은 거지, 그 몸의 헌데, 그것을 핥는 동네 개들, 빵 부스러기, 두 사람의 죽음, 부자의 장사됨, 천사들의 영접, 아브라함의 품, 지옥에서 두려움으로 깬 부자, 지옥 불, 천국과 지옥을 가르는 구렁, 소망 없는 후회 등. 이 모든 것이 우리 눈앞에 도드라지고 우리 지각에 깊이 새겨집니다. "가장 탁월한 언어를 구사하는 사람은 청중의 귀를 눈으로 바꾼다"는 유명한 아라비아 화술의 표준에 견주어도 전혀 손색이 없는, 탁월한 언어 구사력이 돋보이는 이야기입니다.

하지만 이 비유의 탁월한 언어 구사와 구성을 칭찬하고 기뻐한다고 해서 모두가 이 비유로부터 영적인 교훈을 받는 것은 아닙니다. 눈으로는 아름다운 글에 탄복하지만 마음은 여전히 잠들어 있을 수 있습니다. 마음의 눈으로는 아무것도 보지 못하는 것입니다. 흥미롭게「천로역정」을 읽는 사람들은 많지만, 이들 중 많은 사람들이 여전히 하늘 도성을 향해 가는 순례자의 분투를 어리석은 것으로 여깁니다. 오늘날 수많은 사람들이 본문의 비유를 알지만, 자신이 어떠한지 물어보는 데까지 이르는 사람은 드뭅니다. 이들의 귓전은 울려도 이들의 양심을 울리지는 못하는 것입니다. 양심은 여전히 귀머거리로 남아 있습니다. 나단 예언자가 다윗에게 외쳤던 "당신이 그 사람이라"는 외침을 듣지 못합니다(삼하 12:7). 한 번도 하나님께로 돌아서서 떨리는 마음으로 "주여, 이것이 제 모습입니까? 그렇습니까?"라고 물어본 적이 없는 사람들입니다.

이 비유가 가르치고자 하는 진리를 함께 생각해 봅시다. 비유의 다른 부분보다도 앞에서 인용한 대목에 집중해 보기로 하겠습니다. 성령께서 우리에게 기꺼이 배우려는 마음과 지각을 주셔서 우리 영혼에 길이 남을 교훈으로 받게 하시기를 바랍니다.

1. 먼저, 하나님께서 이 두 사람을 각각 얼마나 서로 다른 환경에 두셨는지 살펴보겠습니다.

예수님은 한 부자와 거지에 대한 말씀으로 이 비유를 시작하십니다. 부자나 거지 둘 중 하나를 칭찬하거나 높이시는 말씀은 한 마디도 하지 않으십니다. 이 부자와 거지가 각각 처한 환경을 설명하실 뿐입니다. 한 사람이 처한 환경 자체를 가지고 그 사람을 높이거나 정죄하시지 않습니다.

이 두 사람은 극적인 대조를 이룹니다. 두 사람에 대한 묘사를 보십시오.

이 세상의 모든 좋은 것을 넉넉히 가진 사람이 있습니다. "한 부자가 있어 자색 옷과 고운 베옷을 입고 날마다 호화롭게 즐기더라"(눅 16:19).

여기 또 다른 한 사람이 있습니다. 말 그대로 아무것도 아닌 사람입니다. 친구도 없고, 병이 든 데다 거의 굶어죽기 직전입니다. "그런데 나사로라 이름 하는 한 거지가 헌데투성이로 그의 대문 앞에 버려진 채"(눅 16:20).

두 사람 다 아담의 후손입니다. 둘 다 흙에서 났습니다. 같은 나라, 같은 땅, 같은 정부 아래서 삽니다. 하지만 이 둘이 처한 상황은 확연히 다릅니다!

그러나 이 비유가 가르치고자 하는 교훈은 여기에 있지 않습니다. 부자가 항상 나쁜 사람이고 예외 없이 지옥으로 내려가는 것은 아닙니다. 가난하다고 다 선해서 천국으로 가는 것도 아닙니다. 성급하게 부자는 악하다는 극단적인 결론을 내릴 필요가 없습니다. 이 둘이 처한 서로 다른 환경 자체에 선악 간의 차이가 있는 것은 아닙니다. 하나님은 재물의 유무에 따라 사람을 차별하시는 분이 아닙니다. 우리 주 예수님의 말씀에서도 그런 뉘앙스는 전혀 찾을 수 없습니다. 그저 우리가 흔히 세상에서 볼 수 있는 모습을 묘사하실 뿐입니다.

보편적 평등은 매우 고상한 이상입니다. 이상 사회를 꿈꾸는 사람들이 가장 좋아하는 말입니다. 각 세대마다 부자들에 맞서도록 가난한 자들을 선동하고, 만인은 평등하다는 인기 있는 가르침으로 사회를 어지럽게 한 사람들이 있었습니다. 그러나 세상이 지금과 같은 질서로 계속되는 한 보편적 평등은 이루어질 수 없습니다. 사회의 불평등과 불공평을 비난하는 사람들은 대부분 많은 이들의 호응을 얻었습니다. 하지만 인간의 본성이 변하지 않는 한 이런 불평등은 계속될 수밖에 없습니다.

지혜로운 사람이 있는가 하면 어리석은 사람이 있습니다. 강한 사람이 있는가 하면 약한 사람이 있습니다. 건강한 사람이 있는가 하면 병든 사람이 있습니다. 게으른 사람이 있는가 하면 부지런한 사람이 있습니다. 신중한 사람이 있는가 하면 그렇지 못한 사람이 있습니다. 이런 상황이 달라지지 않는 한 이 땅에는 항상 부자와 가난한 자가 있을 수밖에 없습니다. 자녀가 부모의 잘못된 행동을 답습하는 한, 인간이 조절할 수 없는 해와 비와 더위와 추위와 바람과 파도와 가뭄과 역병과 폭풍과 폭설이 계속되는 한 이 땅에는 부자와 가난한 자가 병존할 수밖에 없습니다. 세상의 그 어떤 정치 경제학으로도 가난한 자들을 땅에서 그치게 하지 못합니다(신 15:11).

지금 당장 영국 사람들이 가진 재산을 모두 몰수해서 모든 사람에게 고루 재분배해 보십시오. 스무 살 이상의 모든 사람에게 똑같은 분량의 재산을 나누어 줘 보십시오. 똑같이 가진 상태에서 모든 것을 다시 시작하도록 해보십시오. 그러고 나서 오십 년이 되는 해에 모든 것이 어떻게 되는지 보십시오. 재물을 재분배하기 전과 똑같은 상황이 재현되는 모습을 볼 것입니다. 그때와 똑같이 사람들마다 서로 다른 형편과 상황에서 살아갈 것입니다. 그동안 일을 열심히 한 사람이 있는가 하면 빈둥거렸던 사람이 있을 것입니다. 항상 부주의한 사람이 있는가 하면 항상 주도면밀한 계획 아래서 모든 것을 실행하는 사람이 있을 것입니다. 사는 사람이 있는가 하면 파는 사람이 있고, 허비하는 사람이 있는가 하면 모으는 사람이 있을 것입니다. 그리고 여전히 어떤 사람은 부자로 드러나고 어떤 사람은 가난한 자로 드러날 것입니다.

인위적으로 모든 사람을 똑같게 하려는 헛되고 어리석은 말에 귀를 기울이지 마십시오. 차라리 모든 사람의 키, 몸무게, 힘, 지능도 다 똑같아야 한다고 주장하는 편이 낫습니다. 참나무마다 모양과 크기가 똑같아야 한다고 주장하는 것이 낫습니다. 풀마다 이파리 길이가 같아야 한다고 주장하는 것이 낫습니다.

우리 주변에 보이는 모든 고통의 궁극적인 원인은 죄라는 사실을 마음에 깊이 새깁시다. 죄는 부자가 누리는 엄청난 사치와 가난한 자가 당하는 비참함의 가장 큰 원인입니다. 상류층의 무정한 이기심과 하층민의 속절없는 가난의 가장 큰 원인입니다. 모든 사람의 마음이 새롭게 되고 거룩하게 되어야 합니다. 마귀가 결박되어야 합니다. 평화의 왕이 오셔서 위대한 권세와 통치를 회복하셔야 합니다. 이 모든 일이 먼저 이루어져야 보편적 행복을 누릴 수 있습니다. 지금 부자와 가난한 자를 나누는 구렁이 메워질 수 있습니다.

특정한 형태의 정부나 교육방식, 정치 정당이 이 땅에 천년왕국을 세울 것이라는 생각을 경계하십시오. 모든 사람에게 선을 베풀기를 힘쓰십시오. 가난한 형제들을 불쌍히 여기고 곤경에서 이들을 일으켜 세우기 위한 모든 노력을 경주하십시오. 더 많이 배우고, 도덕성을 기르고, 가난한 사람들이 처한 상황을 개선하기 위한 노력을 게을리하지 마십시오. 하지만 타락한 세상을 살고 있다는 사실 또한 잊지 마십시오. 온통 죄로 둘러싸인 세상을 살고 있음을 잊지 마십시오. 마귀가 온 땅을 다니며 역사하는 것을 잊지 마십시오. 그런 의미에서 이 비유에 나오는 부자와 나사로는 우리 주님이 오시기 전까지 이 땅에 계속될 두 부류의 사람을 가리키고 있음을 기억하십시오.

2. 다음으로, 어떤 사람이 처한 현재 상황이 그 사람 영혼의 상태까지 말해 주는 것은 아닙니다.

이 비유에서 부자는 세상이 말하는 성공한 사람의 전형입니다. 이 땅의 삶이 전부라면, 이 사람은 자기 마음에 원하는 바를 모두 가진 사람일 것입니다. 우리가 알다시피 이 부자는 "자색 옷과 고운 베옷을 입고 날마다 호화롭게" 즐겼습니다. 돈으로 얻을 수 있는 모든 것을 가진 것이 분명합니다. 전도서와 잠언의 지혜자가 이렇게 말한 것은 당연합니다. "돈은 범사에 이용되느니라"(전 10:19). "부요한 자는 친구가 많으니라"(잠 14:20).

하지만 이 비유를 다 읽은 사람이라면 이 부자야말로 가장 불쌍하고 가장 가난한 사람임을 깨달을 것입니다. 이 부자가 지금 누리는 모든 좋은 것을 제해 보십시오. 아무것도 남는 것이 없습니다. 죽으면 모든 것이 끝입니다. 무덤 저편까지 가져갈 수 있는 것은 아무것도 없습니다. 오는 세상을 위해 준비해 둔 것이 아무것도 없습니다. 많은 재물이 있었지만 정작 "하늘을 위해 재물을 쌓아 두지"는 않았던 것입니다. 자색 옷과 고운 베옷이 많았지만 정작 의의 옷은 없었습니다. 매일 연회로 모이는 친구들은 많았지만, 정작 하나님 보좌 우편에 앉으신 분을 친구로 모시지는 못했습니다. 온갖 진귀한 음식을 날마다 먹었으면서도 정작 생명의 떡은 맛보지 못했습니다. 이 땅에서는 으리으리한 저택을 가졌지만 영원한 세상에서는 자신이 거할 자리를 단 한 뼘도 얻지 못했습니다. 하나님도, 그리스도도, 믿음도, 은혜도, 사죄도, 거룩도 없이 짧은 몇 년을 살다가 소망도 없이 사망의 구덩이로 내려가야 했습니다. 이 땅에서 그가 누렸던 모든 번영이 얼마나 허탄하고 공허합니까! 이 부자는 실제로는 아주 궁핍한 자였습니다.

나사로는 문자 그대로 세상에서 아무것도 가진 것이 없는 사람으로 나옵니다. 그의 삶보다 더 궁핍하고 처참한 삶이 또 있을까 싶을 정도입니다. 집도, 돈도, 양식도, 건강도, 심지어 걸칠 만한 옷 한 벌 없는 사람이었습니다. 그의 헐벗은 모습은 너무 비참해서 한 번 보면 쉽게 잊혀지지 않습니다. 나사로는 "헌데투성이로 그의 대문 앞에 버려진 채" 있었습니다. 동네 개들까지 와서 그의 헌데를 핥곤 했습니다. 잠언의 지혜자의 말이 옳습니다. "가난한 자는 이웃에게도 미움을 받게 되나"(잠 14:20). "가난한 자의 궁핍은 그의 멸망이니라"(잠 10:15).

하지만 이 비유를 끝까지 읽은 사람이라면 이런 나사로야말로 궁극적인 의미에서 전혀 가난한 자가 아니라고 말할 것입니다. 그는 하나님의 자녀였습니다. 영광의 후사였습니다. 영원한 부요함과 의를 가지고 있었습니다. 생명책에 그의 이름이 기록되어 있었습니다. 천국에 그를 위한 자리가 마련되어 있었습니다. 구주의 의라고 하는 가장 좋은 옷이 마련되어 있었습니다. 가장 좋은 벗을 가진 사람이었습니다. 하나님이 그의 기업이었습니다. 가장 좋은 음식이 그를 위해 예비되어 있었습니다. 세상이 알지 못하는 양식이 있는 사람이었습니다. 무엇보다도 그가 가진 모든 것은 영원한 것이었습니다. 살아서는 물론이고 그가 죽은 후에도 그의 것이었습니다. 무덤 너머에서 오히려 더 확연히 드러날 것이었습니다. 영원히 그의 것이었습니다. 이렇게 보면, 그는 "가난한 나사로"가 아닌 "부자 나사로"였습니다.

우리는 하나님의 기준으로 모든 사람을 평가해야 합니다. 재물이나 수입의 규모가 아닌 영혼이 처한 상태로 판단해야 합니다. 하나님께서 사람의 자녀들을 내려다보실 때 세상의 기준에 따라 이들을 판단하시는 것이 아닙니다. 돈이 얼마나 있고, 땅을 얼마나 가졌고, 어떤 직함을 가졌는지를 보시지 않습니다. 영혼이 처한 상태만을 보시고 그것에 따라 판단하십니다. 여러분도 그런 기준으로 사람을 보려고 힘써야 합니다! 오, 우리가 직함이나 지식이나 재물보다 은혜를 더 귀히 여길 수 있으면 얼마나 좋겠습니까! 하지만 "얼마나 가졌는지"가 사람에 대한 유일한 판단기준이 될 때가 너무나 많습니다! 믿음에 부요해지고 하나님을 향해 부자가 되기까지, 모든 사람은 비참할 정도로 가난하다는 사실을 잊지 말아야 합니다(약 2:5).

하나님의 저울에 달아 보면 은혜와 비교해서 세상의 모든 재물이 아무것도 아니라는 사실이 신기하게 다가올 사람도 있을 것입니다! 이상하게 들릴지 모르지만, 하나님이 보시기에는 회심하지 않은 왕보다 회심한 거지가 훨씬 더 중요합니다. 화창한 햇살 아래 화려하게 날아다니는 나비와 같이 영적 실체에 무지한 세상 사람들의 찬사를 받으며 잠시 삶을 누리다가 영원한 흑암과 비참함으로 내려가는 사람이 있는 반면, 이 땅을 기어 다니다가 사람들에게 밟혀 뭉개진 벌레처럼 모든 사람의 멸시를 받지만 결국 영화로운 부활과 더불어 그리스도와 영원한 복락을 누리는 사람이 있습니다. 이런 사람을 가리켜 우리 주님은 "내가 네 환난과 궁핍을 알거니와 실상은 네가 부요한 자니라"고 말씀하십니다(계 2:9).

아합 왕은 북이스라엘 열 지파를 다스렸습니다. 오바댜는 한갓 그 집의 종에 불과했습니다. 하지만 하나님이 보시기에 이 왕과 종 가운데 누가 더 소중합니까? 대답을 모를 사람이 없다고 생각합니다.

리들리와 라티머는 자신들이 누리던 모든 지위와 품위를 잃고 범죄자로 감옥에 던져졌고, 결국 화형에 처해졌습니다. 이들을 잔해했던 핍박자 보너와 가디너는 교회의 고위직에까지 올라 막대한 수입을 얻었을 뿐 아니라 죽을 때도 아무런 어려움이 없었습니다. 하지만 이 두 부류의 사람 중 누가 주님 편에 섰습니까?

유명한 목사인 리처드 백스터는 악의가 담긴 비방을 받고 가장 불의한 재판을 통해 기나긴 감옥생활을 했습니다. 그를 감옥에 가둔 재판장 조지 제프리스(George Jeffreys)는 도덕적으로나 신앙적으로 악랄하기로 소문이 난 사람이었습니다. 백스터는 감옥에 갇힌 반면, 제프리스는 온갖 영예를 다 누렸습니다. 하지만 이 둘 중에 누가 선한 사람입니까? 제프리스입니까? 아니면 「성도의 영원한 안식」(The Saints Everlasting Rest)의 저자인 백스터입니까?

재물이 많고 세상적으로 성공하는 것이 곧 하나님의 은혜를 입은 증거는 아니라는 사실을 분명히 해야 합니다. 오히려 성공과 부는 인간의 영혼에 올무와 걸림돌로 작용할 때가 많습니다. 세상을 사랑하고 하나님을 잊어버리게 하기가 쉽습니다. 솔로몬이 하는 말을 들어 보십시오. "부자 되기에 애쓰지 말고"(잠 23:4). 바울은 무엇이라고 합니까? "부하려 하는 자들은 시험과 올무와 여러 가지 어리석고 해로운 욕심에 떨어지나니 곧 사람으로 파멸과 멸망에 빠지게 하는 것이라"(딤전 6:9).

마찬가지로 가난과 시험을 하나님이 진노하시는 증거로 보아서는 안 됩니다. 오히려 감추어진 복으로 드러나는 경우가 많습니다. 가난과 시험으로 인해 세상과의 불의한 관계를 절연하게 되는 경우가 많습니다. 위의 것에 우리 마음을 두게 합니다. 죄인으로 하여금 자기 마음의 상태를 보게 합니다. 성도로 하여금 선한 일에 풍성한 열매를 맺도록 합니다. 욥기가 무엇이라고 합니까? "볼지어다, 하나님께 징계 받는 자에게는 복이 있나니 그런즉 너는 전능자의 징계를 업신여기지 말지니라"(욥 5:17). 사도 바울은 무엇이라고 합니까? "주께서 그 사랑하시는 자를 징계하시고 그가 받아들이시는 아들마다 채찍질하심이라 하였으니"(히 12:6).

세상에서 행복에 이르는 위대한 비결 가운데 하나는 인내하고, 만족하는 마음을 갖는 것입니다. 이 세상은 상급을 받는 장소가 아니라는 사실을 날마다 잊지 않기 위해 애를 쓰십시오. 신원하고 보상하는 때는 아직 오지 않았습니다. 이때가 오기 전에는 아무것도 성급히 판단하지 마십시오. 전도자의 지혜를 기억하십시오. "너는 어느 지방에서든지 빈민을 학대하는 것과 정의와 공의를 짓밟는 것을 볼지라도 그것을 이상히 여기지 말라. 높은 자는 더 높은 자가 감찰하고 또 그들보다 더 높은 자들도 있음이니라"(전 5:8). 그렇습니다! 심판의 날이 아직 남았습니다. 이날에 비로소 모든 것이 제자리를 찾을 것입니다. 마침내 "하나님을 섬기는 자와 섬기지 아니하는 자"의 차이가 극명해질 것입니다(말 3:18). 나사로의 후손과 부자의 후손의 본 모습이 마침내 드러나고, 모든 사람이 각기 행한 대로 심판을 받을 것입니다.

3. 세 번째로, 어떻게 모든 계층이 무덤으로 내려가는지 살펴보겠습니다.

비유에서 부자도 죽고 나사로도 죽었습니다. 이 땅에 사는 동안에는 서로 다른 모습으로 완전히 다른 삶을 살았지만, 결국에는 둘 다 똑같은 죽음의 잔을 마셨습니다. 이 둘 모두 예외 없이 모든 산 자에게 정해진 길로 갔습니다. 부자와 가난한 자가 함께 만나는 자리로 내려갔습니다. 흙에서 와서 흙으로 돌아갔습니다(창 3:19).

모든 사람의 정해진 운명이 이렇습니다. 영광 중에 주님이 다시 오시기 전에 죽는다면 우리도 마찬가지입니다. 그동안 우리가 가졌던 모든 계획과 궁리와 공부와 연구를 뒤로하고, 우리의 모든 발명과 발견과 학문적인 성취를 뒤로하고, 우리 스스로는 도무지 이길 수 없고 무장해제시킬 수 없는 마지막 원수인 죽음을 대면해야 합니다. 므두셀라의 삶과 홍수가 오기 전까지 땅에 생존했던 사람들의 삶을 기록한 창세기의 각 장은 각 사람의 삶에 대해 짧은 언급을 하면서 "그가 죽었더라"는 말로 마무리합니다. 그로부터 4,800년이 지났지만, 우리 가운데 이보다 더 나은 말로 자기 일생을 마무리할 수 있는 사람이 누가 있습니까? 말버러와 워싱턴과 나폴레옹과 웰링턴의 영웅적인 역사들도 하나같이 동일한 언급으로 마무리됩니다. 아무리 위대하고 탁월한 업적으로 칭송을 받은 사람이라도 모두 한 가지 운명을 맞이합니다. "그가 죽었더라."

죽음은 모든 사람을 평등하게 하는 강력한 실체입니다. 아무도 남겨 두지 않고, 아무도 기다려 주지 않습니다. 아무리 화려한 장례식을 치러도 그 운명이 전혀 달라지지 않습니다. 여러분이 준비될 때까지 미뤄 주지도 않습니다. 외호를 두르고, 많은 문들을 만들고, 빗장을 지르고, 볼트로 박아도 죽음이 찾아오는 것을 막을 길이 없습니다. 영국 사람들 가운데는 자기 집이 성이라는 것을 자랑스럽게 생각하는 이들이 있습니다. 하지만 자랑할 만한 그 모든 것으로도 죽음을 감동시키지는 못합니다. 오스트리아의 한 귀족은 자기 앞에서는 죽음과 천연두라는 말은 입에도 담지 못하도록 했습니다. 그렇게 하면 죽음이나 질병을 막을 수 있으리라고 생각했던 것입니다. 하지만 그런 말을 입 밖에 내지 않는다고 죽음이 깜박 잊고 찾아오지 않는 것이 아닙니다. 그런 것과 상관없이 하나님의 정한 때가 되면 죽음은 어김없이 찾아옵니다.

한 남자가 많은 돈을 주어야 살 수 있는 편안하고 멋진 마차를 타고 길을 가고 있습니다. 그 곁에는 다른 사람이 힘겹게 길을 따라 걷고 있습니다. 하지만 이 둘은 결국 죽음이라는 한 집에서 만나게 될 것입니다.

어떤 사람은 압살롬과 같이 오십 명도 넘는 종들의 수종을 받습니다. 하지만 또 어떤 사람은 자기를 위해서 손가락 하나를 까딱해 줄 사람이 없습니다. 하지만 이 두 사람 모두 결국에는 자기 혼자만 누워야 하는 자리로 내려가야 합니다.

어마어마하게 많은 재산을 가진 사람이 있는 반면에 돈 한 푼이 없는 사람이 있습니다. 하지만 많든 적든 이 세상 너머로까지 돈을 가지고 갈 수 있는 사람은 없습니다.

나라의 절반을 소유한 사람이 있는가 하면, 푸성귀를 딸 텃밭 한 마지기도 없는 사람이 있습니다. 하지만 이렇든 저렇든 마지막에는 두 걸음만큼의 땅만 있으면 족합니다.

모든 좋은 것으로 자기 몸을 가꾸고 먹이고 치장하는 사람이 있는가 하면, 기본적인 먹거리나 입을 거리조차 없는 사람이 있습니다. 하지만 이렇든 저렇든 두 사람 모두 상여꾼들이 "재는 재로, 흙은 흙으로"라고 외치며 흙으로 자신의 관을 덮게 될 날을 향해 가고 있습니다. 지금부터 오십 년만 지나 보십시오. 망자의 뼈를 들고 "이것은 부자의 뼈고, 이것은 가난한 자의 뼈다"라고 구별할 사람은 아무도 없을 것입니다. 그냥 모두 죽은 자의 뼈일 뿐입니다.

물론 죽음에 대한 이런 이야기는 어제오늘의 일이 아닙니다. 이런 사실을 전혀 부정할 필요가 없습니다. 저는 지금 모든 사람이 익히 아는 말을 하고 있습니다. 너무나 잘 알고 있지만 필요한 만큼 느끼지 못하는 것 또한 사실입니다. 맞습니다! 죽음에 대한 이런 사실을 제대로 느끼고 있다면 적어도 지금처럼 말하고 행동하지는 않을 것입니다!

때로 복음을 전하는 목사들이 강한 어조나 용어를 사용할 때 의아해 하기도 할 것입니다. 그들이 즉각적인 결단을 요구하는 것 때문에 당혹스럽기도 할 것입니다. 그리스도를 더 친근히 알 것을 촉구하고, 자신의 거듭남과 구원을 분명히 하도록 요구하는 것은 극단적이고 지나치다고 생각할 것입니다. 그런 설교를 듣기는 하지만 받아들이지는 않습니다. "목사님의 의도는 알겠는데, 좀 지나친 것 같다"고 말하면서 교회당을 나섭니다.

하지만 죽음이라는 실체에 대해 말할 때는 달리 방법이 없음을 알아야 합니다. 우리가 섬기는 회중의 숫자가 죽음으로 인해 점점 줄어 갑니다. 한 명 두 명 보이지 않는 얼굴이 늘어납니다. 다음은 누구 차례일지 알 수가 없습니다. 한번 넘어진 나무는 다시 일어날 수 없는 것처럼, "사망 후에는 심판"이 있습니다. 그러므로 죽음에 대해 전할 때는 담대하고 결연할 수밖에 없습니다. 어떻게 죽음을 말하면서 두루뭉술하게 돌려 말할 수 있겠습니까? 사람들의 기분을 상하게 할지언정, 영원히 잃어버린 자가 되는 모습을 보고 싶지는 않습니다. 그러므로 복음을 설교하는 목사로서 리처드 백스터가 세운 기준, "다시는 설교하지 못할 자처럼 설교하고, 죽어 가는 자가 죽어 가는 자에게 설교하는 것처럼 설교하겠다!"를 추구하지 않을 수 없습니다.

찰스 2세가 자신의 설교자들 가운데 한 사람을 가리켜 말한 것이 곧 우리 설교자들의 특징이 되어야 합니다. "저 설교자는 죽음이 바로 자기 등 뒤에 와 있는 것처럼 설교한다. 그의 설교를 들은 날은 잠을 제대로 잘 수가 없다."

오, 사람들이 언젠가 죽을 사람처럼 사는 법을 배우면 얼마나 좋겠습니까? 조만간 떠나게 될 이 세상과 이 땅에서 잠시 누리는 편한 것들에 마음이 사로잡혀 사는 것은 너무나 어리석고 비참한 일입니다. 일 센티미터도 안 되는 시간을 만끽해 보겠다고 영광스러운 불멸의 삶을 잃어버리다니요! 이 땅에서 우리는 영생에 비하면 하찮을 수밖에 없는 일들에 사로잡혀 수고하고 애쓰고 힘씁니다. 작은 흙더미 위를 이리저리 분주하게 다니는 개미들처럼 말입니다. 하지만 불과 몇 년이면 우리 모두는 떠나고 없을 세상입니다. 다른 세대가 우리 자리를 채울 것입니다. 우리는 영생을 위해 살아야 합니다.

누구도 우리에게서 빼앗아 갈 수 없는 기업을 추구하며 살아야 합니다. 존 번연의 황금률을 기억해야 합니다. "인생을 잘 살고 싶은 사람은 자신의 죽는 날을 일생의 친구로 삼고 어디를 가든 동행해야 합니다."

4. 네 번째로, 사람의 영혼이 하나님 보시기에 얼마나 소중한지 보겠습니다.

이 비유에서 부자도 죽어 장사되었습니다. 살아생전에 그가 누리던 것들을 볼 때 아마도 성대한 장례식이 치러졌을 것이 분명합니다. 하지만 그것으로 끝입니다. 육신과 영혼이 나뉘는 순간 이후에 대해서는 아무것도 들은 바가 없습니다. 그리고 곧이어 지옥에서 고통당하는 이야기를 듣습니다.

물론 나사로도 죽었습니다. 장례식이나 제대로 치렀는지 모르겠지만, 어쨌든 이에 대해서는 들은 바가 없습니다. 일생을 길에서 전전하다가 죽은 거지나 노숙자를 장사하는 것은 가장 울적한 일들 가운데 하나입니다. 나사로의 장례도 예외는 아니었을 것입니다. 하지만 우리가 분명히 아는 것은 그가 죽은 직후 천사들이 그를 아브라함의 품으로 옮겨 갔다는 사실입니다. 모든 신실한 자들이 의인의 부활을 기다리는 안식의 자리로 데려간 것입니다.

이 비유 가운데 위안과 감동을 주는 놀라운 표현이 있습니다. 지금부터 제가 하는 말을 잘 들어 보십시오. 이 땅에서 그리스도를 믿는 모든 죄인과 그들의 성부 하나님과의 관계를 잘 보여주는 말입니다. 만왕의 왕께서 그리스도의 가장 비천하고 미약한 제자에게까지 어떠한 관심과 사랑을 보여주시는지 보십시오.

정작 본인들은 꿈도 꾸지 못할 수 있지만, 이 땅의 신자들을 누가 어떻게 수종 드는지 보십시오. 이들이 성령으로 거듭날 때 천사들이 얼마나 기뻐하는지 모릅니다. 일생 동안 천사들이 신자들을 수종 듭니다. 광야와 같은 세상을 지날 때 천사들이 그를 둘러 진을 칩니다. 죽을 때도 천사가 그를 수종 들어 본향으로 안전하게 데리고 갑니다. 그렇습니다! 신자 자신이 보기에는 자기만큼 악하고 저급한 사람도 없는 것 같겠지만, 그리스도 안에 있는 가난하고 겸손한 신자는 우리가 도무지 헤아릴 수 없는 관심과 하늘 아버지의 돌보심을 받습니다. 주께서 그의 목자가 되셨기에 아무것도 부족한 것이 없습니다(시 23:1). 있는 모습 그대로 그리스도께로 나오고 그분과 합하기만 하면, 언약이 정하는 모든 은택을 받아 누립니다.

여러분, 무거운 죄의 짐에 짓눌려 있습니까? 여러분의 죄가 주홍 같을지라도 눈과 같이 희게 될 것입니다.

여러분, 마음이 굳어져 악으로 치우칩니까? 주께서 여러분에게 새 마음을 주시고 새 영을 부어 주실 것입니다.

여러분, 연약하고 용기가 없습니까? 베드로 원수들 앞에서 담대하게 주를 고백하게 하신 성령께서 여러분을 담대하게 하실 것입니다.

여러분, 무지합니까? 도마의 더딘 믿음을 친히 담당하신 분께서 여러분을 모든 진리 가운데로 인도하실 것입니다.

여러분, 혼자인 것 같습니까? 모든 사람이 바울을 버리고 떠났을 때 그의 곁에서 그를 붙드셨던 바로 그분이 여러분 곁에 계실 것입니다.

여러분, 극심한 어려움과 시험에 처했습니까? 네로의 집안 사람들로 끝까지 성도로 남아 있게 하신 분께서 여러분으로 끝까지 이기게 하실 것입니다.

하나님께서는 신자의 머리카락까지 세십니다. 그분이 허락하시지 않으면 어떤 해도 당하지 않을 것입니다. 신자에게 위해를 가하는 자는 다름 아닌 하나님의 눈동자를 건드리는 것입니다. 그리스도 몸의 지체와 형제 된 자를 건드리는 것입니다.

신자가 당하는 시험은 예외 없이 하나님의 지혜를 따라 허락된 것입니다. 욥에게 했던 것처럼 사탄은 기껏해야 신자를 괴롭힐 수 있을 뿐입니다. 그것도 하나님께서 허락하실 때만 말입니다. 신자가 감당하지 못할 시험은 일어나지 않습니다. 신자를 둘러싼 모든 일이 합력하여 선을 이룹니다.

신자의 발걸음은 모두 은혜 가운데 영광으로 나아가도록 정해졌습니다. 천국을 위해 준비될 때까지 신자는 이 땅에서 보존됩니다. 그러나 때가 되면 단 한 순간도 늦춰지는 일은 없습니다. 주님의 추수 때가 되기 위해서는 합당한 햇빛과 바람, 추위와 더위, 비와 폭풍이 지나야 합니다. 그리고 나서 신자의 일이 다 끝나면 그때 하나님의 천사들이 본향으로 그를 데려갈 것입니다. 나사로를 데려간 것처럼 말입니다.

그리스도의 백성을 조롱하는 세상 사람들은 자신들이 지금 조롱하는 사람들이 어떤 사람들인지 모릅니다. 천사들도 기꺼이 수종 들기를 부끄러워하지 않는 사람들이라는 사실을 모릅니다. 그리스도의 형제자매들을 조롱하는 것임을 알지 못합니다. 바로 이들 덕분에 자신들의 환난의 때가 줄어든 것을 세상 사람들은 모릅니다. 이들의 중보로 자신들이 화평한 가운데 생활하는 것을 사람들은 모릅니다. 무장한 군대보다 나사로와 같은 사람들의 기도가 국제 정세에 더 큰 영향을 미치는 것을 이들은 모릅니다.

그리스도를 믿는 신자들이 이 글을 읽는다면, 자신들이 얼마나 큰 특권과 소유를 누리고 있는지 알아야 합니다. 부모의 숨은 수고를 모른 채 마냥 천진난만하게 학교에 다니는 아이들처럼, 신자들은 성부께서 자신의 안녕을 위해 어떻게 일하고 계시는지 잘 알지 못합니다. 행위가 아닌 믿음으로 살기를 배우십시오. 자신을 위해 하늘에 감춰진 보화가 충만한 것을 아십시오. 육신을 입고 살아가는 한 이 땅은 항상 시련의 자리일 수밖에 없습니다. 하지만 그 와중에도 나사로의 형제들에게 주어진 위로, 사람들이 전혀 맛보지 못한 크나큰 위로가 있습니다.

5. 마지막으로, 이기심이 영혼을 파괴하는 위험한 죄라는 사실을 알아야 합니다.

이 비유에서 부자는 아무런 소망이 없는 사람입니다. 성경에서 지옥으로 떨어진 잃어버린 영혼을 묘사하는 그림을 찾으려면 이 부자를 보십시오. 이 부자의 영혼이 바로 그런 상태에 있습니다. 비유 처음에는 자색의 고운 옷을 입은 부자로 떵떵거리며 지내던 것으로 나오지만, 비유 말미에는 영원한 불 가운데서 고통당하는 최후를 맞습니다.

이 부자가 살인자나 도둑이나 간음한 자나 거짓말을 일삼는 사람이라는 언급은 전혀 없습니다. 무신론자라든지, 불신앙인이라든지, 하나님을 비방하는 자라든지 하는 언급도 전혀 없습니다. 유대 도성의 유지로서 유대교가 정하는 모든 규례에 정기적으로 참석했다는 것은 익히 짐작할 수 있습니다. 하지만 그가 영원히 잃어버린 영혼이었는지에 대해서는 아는 바가 없습니다. 성경이 말씀하지 않기 때문입니다. 이런 정황을 생각해 볼 때 한 가지 매우 중요한 사실이 떠오릅니다. 여기, 모든 외적인 삶에서 잘못된 점이 없는 한 사람이 있습니다. 최소한 이 비유의 묘사만 놓고 보면, 이 사람의 행동이나 됨됨이에 대해서는 책잡을 만한 것이 없습니다. 화려한 옷을 입고 살기는 하지만 그럴 만한 여유와 능력이 있기 때문에 그것이 문제가 되지 않습니다. 성대한 잔치를 벌이고 즐거움을 누립니다. 그만큼 부자이기 때문입니다. 여기에 대해 성경은 가타부타 말하지 않습니다. 오늘날도 사람들로부터 선한 사람이라 존경을 받는 부자들이 있습니다. 하지만 이 사람의 종국은 지옥으로 귀결됩니다. 이 부분이 바로 우리가 주목해야 할 대목입니다.

첫째, 우리가 주목해야 할 것은 우리 자신만을 위해 살지 말라는 경고입니다. "나는 잘못된 일을 하지 않았다. 나와 관계된 모든 사람을 합당하게 대했다. 기독교인으로서 모든 예배나 행사에 빠짐없이 참여했다"고 말할 수 있습니다. 하지만 이 외에도 성경이 요구하는 또 다른 질문이 있습니다. "누구를 위해 살았는가? 자신을 위해 살았는가? 아니면 그리스도를 위해 살았는가? 삶을 지배하는 주도적이고 궁극적인 원리와 목적은 무엇인가?" 너무 지나친 물음 같습니까? 하지만 이는 다음과 같은 사도 바울의 말에 정확히 부합하는 물음입니다. "그가 모든 사람을 대신하여 죽으심은 살아 있는 자들로 하여금 다시는 그들 자신을 위하여 살지 않고 오직 그들을 대신하여 죽었다가 다시 살아나신 이를 위하여 살게 하려 함이라"(고후 5:15). 그러므로 우리가 이 부자와 같이 자신만을 위해 산다면 우리 영혼은 결국 파멸에 이르고 말 것이라고 결론 내릴 수 있습니다.

둘째, 이 부자는 마땅히 해야 할 일을 하지 않는 죄의 심각성을 보여줍니다. 이 부자가 천국이 아닌 지옥으로 내려간 것은 그가 지은 적극적인 죄 때문이라기보다는 오히려 마땅히 해야 함에도 하지 않은 죄 때문이라고 할 수 있습니다. 나사로가 그 집 문 앞에 있었습니다. 하지만 아무도 그에게 관심을 갖지 않았습니다. 마태복음 25장의 내용과 정확히 일치하지 않습니까? 여기서 정죄 받은 자들은 적극적인 죄를 지었기 때문이 아닙니다. 이들이 정죄 받는 내용이 무엇입니까? "내가 주릴 때에 너희가 먹을 것을 주지 아니하였고 목마를 때에 마시게 하지 아니하였고 나그네 되었을 때에 영접하지 아니하였고 헐벗었을 때에 옷 입히지 아니하였고 병들었을 때와 옥에 갇혔을 때에 돌보지 아니하였느니라 하시니"(마 25:42-43). 이들이 정죄 받은 이유는 해야 할 특정한 일들을 하지 않았기 때문이었습니다. 그러므로 우리가 적극적으로 짓는 죄는 물론 마땅히 해야 할 일을 하지 않는 죄 역시 우리를 멸망에 이르게 할 수 있다는 결론을 내릴 수 있습니다. 어셔(Usher) 대주교는 임종을 앞두고 이런 엄중한 기도의 말을 남겼습니다. "주님, 제 모든 죄를 용서해 주십시오. 특히 제가 마땅해야 하는 일임에도 하지 않은 죄에서 저를 용서해 주십시오."

셋째, 이 부자의 비유는 많은 재물에는 그만큼 큰 위험이 도사리고 있음을 보여줍니다. 그렇습니다! 대부분의 사람들이 항상 동경하고 바라고 추구하는 재물―이 재물을 얻겠다고 일생을 허비하고 우상처럼 섬기기도 하는―은 소유하는 만큼 큰 영적인 위험이 도사리고 있습니다! 재물을 소유함으로 마음이 무정해지기 쉽습니다. 마음이 냉랭하게 굳어지기 쉽습니다. 믿음과 관련된 일에 눈이 멀 수 있습니다. 자신도 모르게 하나님을 잊고 살게 합니다.

동일한 주제에 대해 성경이 사용하는 언어와 정확히 일치하지 않습니까? 주님께서 무엇이라고 말씀하십니까? "예수께서 둘러보시고 제자들에게 이르시되 재물이 있는 자는 하나님의 나라에 들어가기가 심히 어렵도다 하시니……낙타가 바늘귀로 나가는 것이 부자가 하나님의 나라에 들어가는 것보다 쉬우니라 하시니"(막 10:23, 25). 사도 바울은 무엇이라고 합니까? "돈을 사랑함이 일만 악의 뿌리가 되나니 이것을 탐내는 자들은 미혹을 받아 믿음에서 떠나 많은 근심으로써 자기를 찔렀도다"(딤전 6:10). 성경이 자주 재물을 일만 악과 죄의 뿌리라고 말한다는 것만큼 놀라운 사실도 없을 것입니다. 재물에 대한 아간의 욕심 때문에 이스라엘 군대가 패퇴하고 아간 자신도 죽어야 했습니다. 재물 때문에 발람은 하나님의 계시를 거슬러 하나님의 백성을 저주하려는 죄를 지었습니다. 재물 때문에 들릴라는 블레셋 사람들에게 삼손을 팔아넘겼습니다. 재물 때문에 게하시는 나아만과 엘리사에게 거짓말을 하고 문둥병이 들었습니다. 재물 때문에 아나니아와 삽비라는 초대교회의 최초의 위선자로 드러났고 목숨을 잃었습니다. 재물 때문에 가룟 유다는 그리스도를 팔아넘기고 자신은 영원한 멸망으로 떨어졌습니다. 이런 사실들은 재물에 대한 욕심이 얼마나 위험한지를 소리 높여 외치고 있습니다.

재물은 아무리 가져도 사람이 만족할 줄을 모르는 것들 가운데 하나입니다. 물론 재물이 있기 때문에 하지 않아도 되는 염려가 있습니다. 하지만 염려를 하지 않게 해주는 것 이상으로 많은 염려를 불러오는 것이 또한 재물입니다. 재물을 얻기 위해서는 많은 수고를 해야 하고, 그렇게 얻은 재물을 지키기 위해서는 또 많은 염려를 해야 합니다. 재물을 사용하는 데 있어서도 크나큰 유혹이 있습니다. 재물을 악용할 소지가 정말 많습니다. 재물을 잃어 슬픔에 빠지기도 합니다. 후손에게 재물을 물려주는 것도 쉽지 않은 일입니다. 세상에서 일어나는 모든 분쟁과 고소의 삼분의 이가 돈 때문입니다!

가지면 가질수록 올무가 되고 사람의 마음을 달라지게 하는 것이 재물입니다. 멀리서 보면 재물은 참 좋아 보입니다. 있으면 너무나 행복할 것 같습니다. 하지만 일단 우리 손에 들어오면 독으로 변하는 경우가 많습니다. 일확천금의 기회를 가진 사람의 영혼에 재물이 어떤 영향을 미치는지 제대로 말할 수 있는 사람이 없습니다. 가난할 때는 믿음의 경주를 잘 하다가도 부자가 되면 하나님을 잊어버리는 사람들이 무수히 많습니다.

이 비유에 나오는 부자와 같이 많은 재물을 가진 사람들의 영혼은 갑절의 괴로움을 당할 수밖에 없습니다. 막대한 재물은 영혼에게 가장 해로운 환경입니다. 이런 상황에서 자신을 온전히 지키기 위해서는 갑절의 노력과 경계가 필요합니다.

넷째, 이 부자의 비유는 종말의 시대에 자기중심적으로 살아가지 말 것을 경고합니다. 디모데후서 3:1-2이 특별히 경고합니다. "말세에 고통하는 때가 이르러 사람들이 자기를 사랑하며 돈을 사랑하며." 지금 우리는 종말의 때를 살아가고 있습니다. 그러므로 자신의 영혼을 사랑하는 사람이라면 여기서 경고하고 있는 죄를 조심해야 합니다.

우리는 지금 우리가 살아가는 시대를 제대로 분변하지 못하고 있는지도 모릅니다. 사람에게는 직접 느끼고 본다는 이유로 자신이 당하는 불행과 괴로움을 과장하고 확대해석하는 경향이 있습니다. 그렇다 하더라도, 오늘날 자기중심적인 삶보다 더 큰 경고를 발해야 할 것이 또 있을까 싶습니다. 영국에서 모든 계층의 사람들이 지금처럼 안락하게 지내고 좋은 것들을 누리고 산 때가 없었을 것입니다. 하지만 사람들이 자신을 위해 사용하는 재물과 구제하고 선을 베푸는 일을 위해 사용하는 재물 간에 심각한 불균형이 있습니다. 많은 부자들이 기부와 선행을 한 번의 기부금으로 끝내 버리곤 합니다. 인색한 모습이 아닐 수 없습니다. 많은 탁월한 일들을 했던 종교기관들이 자금난으로 문을 닫고 있습니다. 구제를 위한 기부자 명단이 점점 줄어들고 있습니다. 영국에 있는 부자들이 기부를 위해서 말 그대로 단 한 푼도 쓰지 않고 살아갑니다. 기부를 한다고 해도 자신들이 가진 재물에 비해 턱없이 인색하게 합니다. 이것이 바로 우리의 슬픈 현실입니다. 이것이 "종말의 때"에 만연할 것이라고 예언된 이기심과 탐심이 아니고 무엇입니까?

이것은 건드리기 쉽지 않은 부담스럽고 미묘한 주제임을 잘 압니다. 하지만 그렇다고 해서 그리스도의 목사가 이렇게 중요한 주제를 피해 갈 수는 없는 노릇입니다. 오늘날 우리가 관심을 갖고 살펴보아야 할 주제입니다. 이 시대가 그것을 요구합니다. 제 자신과 신앙을 고백하는 모든 사람에게 하는 말입니다. 물론 믿음이 전혀 없는 세속적인 사람들이 성경이 말씀하는 대로 이 주제를 볼 것이라고 기대하는 것은 아닙니다. 이들에게 성경은 믿음과 행실의 유일한 규칙이 아니기 때문입니다. 이런 사람들에게 성경을 인용하는 것은 부질없는 짓입니다.

하지만 신앙을 고백하는 모든 그리스도인에게 요구합니다. 탐심과 이기심에 대해 성경이 무엇이라고 말씀하는지 잘 생각해 보십시오. 자원함으로 후히 나누어 주는 것에 대해 성경이 무엇이라고 말씀하는지 잘 생각해 보십시오. 주 예수께서 괜히 "하나님께 대하여 부요하지 못한" 어리석은 부자에 대해서 말씀하시는 것이 아닙니다(눅 12:21). 씨 뿌리는 자의 비유에서 "재물의 유혹"을 말씀의 씨가 열매 맺지 못하는 이유로 말씀하고 계시지 않습니까?(마 13:22) 왜 예수님께서 "불의의 재물로 친구를 사귀라"고 말씀하시겠습니까?(눅 16:9) 예수님께서 괜히 "네가 점심이나 저녁이나 베풀거든 벗이나 형제나 친척이나 부한 이웃을 청하지 말라. 두렵건대 그 사람들이 너를 도로 청하여 네게 갚음이 될까 하노라. 잔치를 베풀거든 차라리 가난한 자들과 몸 불편한 자들과 저는 자들과 맹인들을 청하라. 그리하면 그들이 갚을 것이 없으므로 네게 복이 되리니 이는 의인들의 부활 시에 네가 갚음을 받겠음이라"고 말씀하시는 것이 아닙니다(눅 14:12-14). "너희 소유를 팔아 구제하여 낡아지지 아니하는 배낭을 만들라. 곧 하늘에 둔 바 다함이 없는 보물이니 거기는 도둑도 가까이 하는 일이 없고 좀도 먹는 일이 없느니라"는 말씀은 또 어떻습니까?(눅 12:33) "주 예수께서 친히 말씀하신 바 주는 것이 받는 것보다 복이 있다 하심을 기억하여야 할지니라"고 성경은 말씀합니다(행 20:35). 왜 예수님께서 강도 만난 이웃을 모르는 채 피해 간 제사장과 레위인의 행실을 따르지 않도록 조심하라고 말씀하시겠습니까?(눅 10:34) 왜 사도 바울이 탐심을 가장 끔찍한 우상숭배의 죄에 비견하겠습니까?(골 3:5) 이런 성경 말씀과 재물을 대하는 이 사회의 습관과 언어와 느낌은 얼마나 다릅니까? 세상을 아는 사람들에게 묻습니다. 제 말이 틀린지 한번 대답해 보십시오.

앞에서 인용한 말씀들을 잘 숙고해 보기 바랍니다. 반드시 얻는 교훈이 있을 것입니다. 물론 동양과 서양의 관습에는 큰 차이가 있습니다. 앞에서 인용한 말씀의 일부는 은유라는 것도 잘 압니다. 그럼에도 이 모든 표현의 기저에는 한 가지 공통적인 원리가 자리합니다. 이 원리마저 무시해서는 안 됩니다. 오늘날 자칭 그리스도인이라고 하면서도 앞에서 한 말들이 듣기 거북하고 불편한 사람은, 제 말을 부인하기 전에 먼저 이 말씀이 뜻하는 바가 무엇인지를 말할 수 있어야 합니다.

맞습니다. 기부와 자선에 힘쓴다고 그것 때문에 죄가 속해지는 것은 아닙니다. 선행 때문에 우리가 의롭게 되는 것도 아닙니다. 가난한 자를 먹이고 우리의 소유를 나누고 병원을 세우고 교회당을 짓는 일을 한다고 해도 사랑이 없으면 아무것도 아니라는 것도 맞습니다. 하지만 우리의 재물로 구원받는 것이 아니라는 사실이 곧 우리의 재물을 선한 일에 함께 나누지 않아도 된다는 말은 아닙니다. 이런 극단에 빠지지 않도록 조심해야 합니다.

여러분 가운데 재물을 가진 사람이 있습니까? 그렇다면 "삼가 모든 탐심을 물리치라"는 말씀을 기억하십시오(눅 12:15). 천국으로 가는 여정에 큰 짐을 지고 있음을 기억하십시오. 본성적으로 모든 사람은 영원히 잃어버린 바 될 위험에 처해 있습니다. 하지만 여러분의 소유 때문에 여러분은 배나 큰 위험에 처해 있습니다. 불을 꺼뜨리는 흙과 마찬가지로, 재물과 같이 신앙의 불꽃을 맥없이 꺼뜨리는 것도 없습니다. 조지 뷰캐넌(George Buchanan)은 임종을 앞두고 자신의 오랜 제자인 제임스 1세에게 자신은 "왕과 지체 높은 사람들은 거의 가지 못하는 곳으로 간다"는 메시지를 전했습니다. 다른 사람들과 마찬가지로 여러분도 구원받을 수 있습니다. 하나님께는 능치 못할 일이 없습니다. 아브라함, 욥, 다윗은 모두 부자였음에도 구원을 받았습니다. 하지만 조심하십시오! 재물이 종으로 있을 때는 선합니다. 하지만 일단 재물이 주인이 되면, 이보다 더 악한 주인은 없습니다. 우리 주님이 하신 말씀을 가슴 깊이 새기십시오. "재물이 있는 자는 하나님의 나라에 들어가기가 심히 어렵도다 하시니"(막 10:23). 오래전 한 목사가 "그 아래 금광이 자리한 땅은 대개가 아주 척박하다"는 말을 했습니다. 참으로 옳은 말입니다. 에드워즈 6세 앞에서 설교하면서 "탐심을 삼가고 조심하라"는 말씀을 세 차례 연거푸 인용한 라티머는 이렇게 말했습니다. "서너 시간의 설교 내내 이 말씀만을 반복해야 한다면 어떻게 하시겠습니까?" 우리의 기도서 가운데 "선하신 주님, 우리가 가진 모든 재물로부터 우리를 건져 주소서"라는 기도만큼 지혜롭고 필요한 기도도 없습니다.

앞의 경우와 달리 여러분 가운데 재물이 거의 없는 사람이 있습니까? 여러분보다 재물이 많은 사람들을 질투하거나 부러워하지 마십시오. 오히려 저들을 위해 기도해 주십시오. 저들을 불쌍히 여기십시오. 저들의 잘못을 사랑을 가지고 대하십시오. 높은 자리에 있으면 항상 어지러울 수밖에 없습니다. 이들의 행동을 성급히 정죄하지 마십시오. 여러분이 저들처럼 재물이 많았다면 저들보다 더한 사람이었을지 누가 압니까? 재물을 사랑하지 않도록 조심하십시오. 재물은 "일만 악의 뿌리"입니다(딤전 6:10). 재물이 없어도 재물을 사랑할 수 있습니다. 자기애에 빠지지 않도록 하십시오. 궁궐에서는 물론 움막에서도 자기애에 빠질 수 있습니다. 가난하기 때문에 구원 받을 것이라고 착각하지 마십시오. 나사로와 함께 영광의 자리에 있고자 한다면 그와 같이 궁핍함으로 인한 어려움뿐 아니라 은혜에도 함께 참여한 사람이어야 합니다.

우리의 뼛속 깊이 자리한 자기애―이 부자의 영혼을 파멸로 이끈―를 이길 수 있는 비결을 알고 싶습니까? 비결은 단 한 가지입니다. 지옥에 가기를 무서워한다고 되는 것도 아닙니다. 천국을 바란다고 되는 것도 아닙니다. 도덕적 의무감으로 해결되는 것도 아닙니다. 전혀 그렇지 않습니다! 자기애라는 질병은 우리의 본성 밑바닥에 똬리를 틀고 있기 때문에 그런 부차적인 동기만으로는 치유가 되지 않습니다. 그리스도 구속의 사랑을 경험하는 것 외에는 다른 치료책이 없습니다. 본성적으로 자신이 얼마나 비참한 죄책 아래 있는지 깨달아야 합니다. 여러분을 온전케 하는, 여러분의 양심에 뿌려진 그리스도 구속의 보혈의 능력을 경험해야 합니다. 그리스도를 묵상함으로 하나님과 화평을 누리는 것이 얼마나 달콤한지 맛보고, 성령으로 말미암아 화목케 하신 성부의 사랑이 여러분의 마음을 가득 채우는 것을 느껴야 합니다.

그때 비로소 이기심이라고 하는 원천이 무너지기 시작합니다. 하지만 그 전에는 아닙니다. 그리스도께 얼마나 어마어마한 빚을 지고 있는지 아는 사람은 그분께 무엇을 드린다 해도 하나도 아깝지 않습니다. 대단한 것을 드렸다고 생각지 못할 것입니다. 도무지 합당하지 않은 과분한 사랑을 받았음을 절감하기 시작하면서 온 마음 다해 그분을 사랑하고 조금이라도 그분께 그 사랑을 돌려드리고자 합니다. 복에 겨워 이런 탄식을 쏟아 냅니다. "내게 주신 모든 은혜를 내가 여호와께 무엇으로 보답할까"(시 116:12). 측량할 수 없는 긍휼을 값없이 받아 누리는 한 사람으로서, 무엇을 드려도 아깝지 않은 그분을 기쁘시게 할 일이 있다는 것 자체를 큰 특권으로 여깁니다. 그리스도께서 그분의 피로 값 주고 산 자신은 더 이상 자신의 것이 아님을 잘 알기 때문에, 자신의 몸과 영으로 하나님을 영화롭게 하기 위해 혼신의 힘을 다할 것입니다(고전 6:20).

그렇습니다. 그리스도의 사랑을 믿음으로 깨닫는 것 외에 우리 본성에 깊이 자리한 자기애를 효과적으로 치료할 묘약은 없습니다. 다른 치료책들은 이 질병을 잠시 잠재울 뿐입니다. 이 질병을 고칠 묘약은 오직 그리스도의 사랑을 맛보아 아는 것 외에는 없습니다. 다른 해독제들은 흉한 부위만을 가릴 뿐입니다. 하지만 그리스도의 사랑을 맛보아 아는 것은 완전한 치료를 약속합니다.

온순하고 좋은 성품으로 이기심을 어느 정도는 가릴 수 있습니다. 사람들의 칭찬으로 잠시 동안은 자신이 그런 사람이 아닌 것으로 착각할 수도 있습니다. 자기 의에서 비롯된 금욕주의와 자의적인 자기부인으로 다른 사람들이 그것을 못 보게 할 수도 있습니다. 하지만 성령께서 사람의 마음에 계시해 주시는 그리스도의 사랑을 알고 단순한 믿음으로 그것을 마음에서 누리지 못하면, 이기심의 뿌리를 건드리고 잘라 내는 일은 불가능합니다. "나를 사랑하사 나를 위하여 자기 자신을 버리신"이라는 말씀이 뜻하는 바를 온전히 깨달은 사람은 자신을 그리스도께 드리기를 기뻐합니다(갈 2:20). 자신이 가진 모든 것을 드려 그분을 섬기기를 기뻐합니다. 그분을 위해 삽니다. 자신의 안전을 담보하는 방편으로 그렇게 하는 것이 아닙니다. 그는 이미 안전하기 때문에 그렇게 할 필요가 없습니다. 그분을 위해 일할 것입니다. 생명과 평강을 누리기 위해서가 아닙니다. 그는 이미 생명과 평강 가운데 있기 때문입니다.

이기심의 권세에서 벗어나고자 하는 사람은 그리스도의 십자가로 나아가십시오. 가서 자신의 영혼을 위해 어떤 속전이 지불되었는지를 보십시오. 가서 여러분과 같이 불쌍한 죄인도 영생을 누릴 수 있도록 어떤 놀라운 희생제사가 드려졌는지 보십시오. 하나님의 아들이 어떻게 여러분을 위해 자신을 내어놓으셨는지 보고, 그런 그분을 위해 여러분을 드리는 것은 지극히 작은 일임을 배우십시오.

이렇게 하면 이 비유에서 부자를 멸망으로 이끌었던 것과 똑같은 여러분의 질병을 치료할 수 있습니다. 하지만 기억하십시오. 진정으로 이런 질병을 치료할 수 있는 묘약은 한 가지뿐입니다! 자신을 위해 살지 않기 위해서는 그리스도를 위해 살아야 합니다. 기억하십시오. 이 묘약을 아는 것이 끝이 아닙니다. 이 묘약을 여러분의 영혼에 발라야 합니다. 이 묘약이 어떻다고 듣기만 하는 것이 아니라 그것을 여러분의 영혼에 사용해야 합니다.

이제 마지막으로 여러분에게 자기성찰이라는 매우 긴요한 의무를 촉구하면서 이 장을 마치겠습니다.

이 비유와 같은 성경 분문을 통해 많은 사람들의 마음에 자기 중심을 살피고자 하는 바람이 일어나야 합니다. "나는 어떤 사람인가? 나는 어디를 향해 가고 있는가? 나는 지금 어떻게 살고 있는가? 죽은 후 나는 어디로 갈 것인가? 이 세상을 떠날 준비가 되어 있는가? 도래하는 세상에서 거하게 될 본향을 고대하고 있는가? 옛 사람을 벗고 새 사람을 입었는가? 나는 진실로 그리스도와 연합한 용서받은 영혼으로 사는가?" 부자와 나사로의 이야기를 들은 사람이라면 마땅히 마음에 이런 물음이 일어나야 합니다. 성령께서 여러분의 마음에 이런 의문을 불러일으키시기를 바랍니다!

자신의 영혼이 구원받기를 바라고, 지금 자신의 상태에 대해서 안심할 수 없는 사람들에게 말합니다. 아직 기회가 있을 때에 구원을 찾고 또 찾으십시오. 사람을 구원하셔서 천국으로 들어가게 하실 수 있는 유일한 분이신 주 예수 그리스도께로 나아가십시오. 천국의 열쇠가 그분께 있습니다. 성부께서 그분께 나아오는 모든 자를 구원하도록 그분을 구주로 세우셨습니다. 간절하고 진심어린 기도로 그분께 나아가 여러분의 형편을 말씀드리십시오. 그리스도께서 "죄인을 영접하러" 오셨다는 말을 들었다고 말씀드리십시오(눅 15:2). 그래서 이렇게 나아왔다고 말씀하십시오. 그리스도로 말미암아 그리스도께서 바라는 방식으로 구원받기를 바란다고 하고 여러분을 구원해 주시라고 말씀드리십시오. 조금도 미루지 말고 지금 당장 하십시오! 이 부자의 소망 없는 상태를 잊지 마십시오. 죽은 뒤에는 아무 기회도 소망도 없습니다.

　마지막으로, 믿는 모든 그리스도인들에게 말합니다. 사랑과 자비로 후히 나누어 주는 일에 힘쓰십시오. 자신이 하나님의 청지기임을 기억하십시오. 대가를 바라지 않고, 인색함이 아니라 넉넉한 마음으로 기회가 있을 때마다 가진 것을 사람들과 나누십시오. 재물은 영원히 가지고 있지 못합니다. 어느 한 날, 가진 재물을 어떻게 썼는지 회계해야 합니다. 할 수 있을 때 영원을 위한 보화를 쌓아 두십시오!

　부자들에게 자의적으로 가난하게 되라고 하는 말이 아닙니다. 그렇게 하면 정작 하나님께서 두신 자리에서 청지기로 살아가기를 거부하는 일이 될 것입니다. 세속의 직업을 떠날 필요도 없습니다. 가족을 부양할 책임을 방기하라는 말도 아닙니다. 자신의 직업에 부지런히 힘쓰는 것은 그리스도인의 마땅한 의무입니다. 우리가 부양해야 할 가솔들의 필요를 채우는 것 역시 합당한 그리스도인의 책무입니다. 하지만 이 땅을 지나가는 동안 자기 가족과 자기 자신만 보지 말고 항상 주변을 살펴보십시오. 몸은 물론 영혼이 가난한 사람들과 가진 것으로 함께하십시오. 이 땅에서 우리가 살 날은 길지 않습니다. 이 짧은 시간에 우리가 가진 재물을 어떻게 선용할 수 있겠습니까? 이 땅을 떠나면서 이 땅이 조금이라도 더 행복하고 거룩한 곳이 되도록 하려면 재물을 어떻게 사용해야 하겠습니까? 사치를 줄여야 하지 않겠습니까? 우리 자신을 위해 돈을 쓰는 것 이상으로 그리스도의 대의와 그리스도의 가난한 자들을 위해 돈을 써야 하지 않겠습니까? 우리가 선을 행할 대상이 없단 말입니까? 조금이라도 우리가 슬픔을 덜어 주고 위로를 더해 줄 수 있는 아픈 자, 가난한 자, 궁핍한 자가 주변에 없단 말입니까? 언제 어디서 살든 이런 물음에는 부정적인 대답이 나올 수가 없습니다. 영국의 그리스도인들이 그 소유에 걸맞게 나누기만 한다면, 이 땅의 모든 기독교 자선 기관마다 재정이 넘쳐 날 것입니다. 적어도 재정 때문에 문 닫는 일은 없을 것입니다.

주 예수를 믿는다고 하는 신자만큼 이런 호소에 귀를 기울여야 할 사람도 없습니다. 본문의 비유는 본성적으로 우리의 자리가 어딘지, 신자가 그리스도께 어떤 빚을 지고 있는지를 극명하게 보여줍니다. 우리는 모두 나사로처럼 죽음에 이르는 병이 들었지만 아무 도움도 받지 못한 채 천국의 문 앞에 기대어 굶어 죽어가고 있었습니다. 하나님을 찬양합니다! 나사로에게 하셨던 것처럼 하나님은 우리를 돌아보셨습니다. 예수께서 우리를 구원하기 위해 오셨습니다. 우리를 위해 자신을 내어주셨습니다. 우리가 소망 가운데 살도록 말입니다. 가난한 나사로와 같은 세상을 위해 하늘로부터 이 세상으로 내려오셨고 종의 형체로까지 낮아지셨습니다. 가난한 나사로와 같은 세상을 위해 그리스도께서는 우리를 위해 십자가에 못 박히시기 바로 전까지 이 땅 여기저기를 두루 다니시며 선을 행하시고 사람들의 영혼은 물론 몸의 필요를 채우시고 고쳐 주셨습니다.

제가 믿기로, 구제와 자선에 힘쓰는 것은 그리스도의 마음에 부합한 일을 하는 것입니다. 혹시 이전까지 여러분에게 그런 습관이 없었다면 지금부터라도 가진 것을 나누는 습관을 들이기를 바랍니다. 일단 습관을 들이기 시작하면 점점 더 많은 것을 나눌 수 있게 됩니다.

지금까지 부자와 나사로의 비유를 통해 이 시대를 살아가는 우리에게 특별히 필요한 메시지, 곧 세속과 탐심에 대한 경각심을 일깨우는 경고들을 살펴보았습니다. 하나님께서 이 장의 주제를 진지하게 숙고한 여러분의 마음에 복 주시기를 기도합니다.

14장
최고의 친구

나의 친구로다. (아 5:16)

친구를 갖는다는 것은 이 땅에서 누릴 수 있는 최고의 복 가운데 하나입니다. 재물을 갖는 것을 최고의 복이라고 말하지 마십시오. 애정어린 마음은 금보다 낫습니다. 불쌍히 여길 줄 아는 친구를 갖는 것이 땅을 갖는 것보다 낫습니다. 친구가 없는 사람은 궁핍한 사람입니다.

죄로 차고 넘치는 세상은 슬픔으로 가득합니다. 세상은 어두운 곳입니다. 외로운 곳입니다. 낙담을 주는 것들로 가득합니다. 이런 세상을 비추는 광명한 햇빛은 바로 친구의 우정입니다. 어려움을 반감시키고 기쁨은 배가시키는 것이 우정입니다.

진정한 친구를 찾기란 여간 어려운 것이 아닙니다. 성공가도를 달릴 때는 함께 먹고 마시고 웃고 떠들 사람도 많습니다. 하지만 힘겨운 때를 지나는 사람 곁에서 자리를 지켜 주는 친구는 드뭅니다. 우리가 병들고, 힘이 없고, 가난할 때 우리를 사랑해 주는 친구는 드뭅니다. 무엇보다도, 우리 영혼을 돌아볼 줄 아는 친구는 더욱 드뭅니다.

여러분, 진정한 친구가 필요합니까? 오늘 여러분이 주목해야 할 한 사람을 소개하기 위해 이 글을 씁니다. 성경이 "어떤 친구는 형제보다 친밀하니라"고 말씀하는 바로 그분입니다(잠 18:24). 여러분이 영접하기만 하면, 이 땅에서와 영원토록 기꺼이 여러분의 친구가 되어 줄 분입니다. 이분에 대해 말할 테니 한번 잘 들어 보십시오.

여러분이 꼭 알기를 바라는 분은 바로 예수 그리스도입니다. 그리스도를 최고의 자리에 모시는 가정은 복이 있습니다! 그리스도를 가장 친밀한 친구로 모신 사람은 복이 있습니다!

1. 어려울 때 함께 해줄 친구가 있으면 좋겠습니까? 주 예수 그리스도가 바로 그런 친구입니다.

사람은 하나님이 지으신 이 땅에서 도움을 가장 필요로 하는 존재입니다. 죄인이기 때문입니다. 죄인에게는 절실한 필요가 있습니다. 가난, 배고픔, 목마름, 추위, 질병은 이런 필요와 비교하면 아무것도 아닙니다. 죄인은 죄사함이 필요합니다. 죄사함은 가장 크고 절실한 필요임에도 죄인 스스로는 이 죄사함을 얻지 못합니다. 죄책으로 괴로워하는 양심과 사망에 대한 두려움으로부터 건짐을 받아야 합니다. 하지만 죄인 스스로는 죄사함을 얻을 힘이 없습니다. 바로 이런 필요 때문에 그리스도께서 세상에 오셨습니다. "그리스도 예수께서 죄인을 구원하시려고 세상에 임하셨"습니다(딤전 1:15).

본성적으로 우리 모두는 죽어 가는 불쌍한 피조물에 불과합니다. 왕에서 거지에 이르기까지 우리는 모두 죽을 수밖에 없는 영혼의 질병으로 신음합니다. 이런 사실을 알든지 모르든지, 그것을 느끼든지 느끼지 못하든지, 우리는 모두 날마다 죽어 가고 있습니다. 죄의 인자가 우리의 혈관을 타고 흐릅니다. 우리는 스스로를 치료할 수 없습니다. 매 순간 더 악화되기만 할 뿐입니다. 그리스도께서 이 질병을 담당하셨습니다. 우리를 "치료하며 고쳐 낫게 하려고" 그리스도께서 세상에 오셨습니다(렘 33:6). "두 번째 사망"에서 우리를 구하기 위해 오셨습니다(계 2:11). "사망을 폐하시고 복음으로써 생명과 썩지 아니할 것을 드러내시려고" 오셨습니다(딤후 1:10).

우리 모두는 본성적으로 감옥에 갇힌 채무자입니다. 하나님께 수천 달란트의 빚을 졌지만 전혀 갚을 능력이 없습니다. 악한 파산자입니다. 이런 상태에서 벗어날 소망이 없습니다. 어마어마한 빚을 진 채무자의 책임에서 벗어나지 못합니다. 날이 갈수록 빚은 늘어만 갑니다. 우리의 이런 모든 상태를 그리스도께서 아셨고, 친히 이 모든 것을 담당하셨습니다. 우리를 "속량"하고 "구속"하셨습니다(호 13:14). "가난한 자에게 아름다운 소식을 전하고……마음이 상한 자를 고치며 포로 된 자에게 자유를, 갇힌 자에게 놓임을 선포"하셨습니다(사 61:1). "율법의 저주에서 우리를 속량하셨"습니다(갈 3:13).

우리 모두는 본성적으로 좌초되어 버려진 자였습니다. 영생의 포구에 결코 도달할 수 없는 자였습니다. 구조될 소망도, 능력도 없이 성난 파도에 이리저리 휩쓸리다 물속으로 빠져 들어가고 있었습니다. 죄책의 짐을 진 채 각자 죄의 사슬에 매여서 속절없이 가라앉는 배처럼 마귀의 밥이 될 수밖에 없는 자들이었습니다. 주 예수께서 이 모든 상황을 아셨습니다. 그리고 우리를 구하러 오신 것입니다. 하늘에서 내려오셔서 우리의 강력한 도움이 되셨습니다(시 89:19). "잃어버린 자를 찾아 구원하러" 오신 것입니다(눅 19:10). 우리를 "불쌍히 여기사……건져서 구덩이에 내려가지 않게" 하셨습니다(욥 33:24).

주 예수 그리스도께서 하늘에서 내려오시지 않았으면 우리가 구원받을 수 있었겠습니까? 전혀 그럴 수 없었습니다. 이집트와 그리스와 로마의 현자라는 사람들조차 하나님과 화목하는 길을 모릅니다. 그리스도께서 우리를 친구 삼지 않으셨다면 우리는 영원히 지옥에서 잃어버린 자가 되었을 것입니다.

주 예수 그리스도께 우리를 구원할 의무가 있었습니까? 전혀 그렇지 않습니다! 그분 마음의 자발적인 사랑과 긍휼, 연민으로 오신 것입니다. 그렇다고 누가 먼저 좀 오시라고, 오셔서 구원해 달라고 간청해서 오신 것이 아닙니다. 넘치는 은혜를 따라 오신 것입니다.

창조 이래로 세상의 역사를 살펴보십시오. 주변에 여러분을 잘 알고 사랑한다는 사람들을 둘러보십시오. 사람의 자손에게서는 찾아볼 수 없는 우정입니다. 언제 어디에도 예수 그리스도와 같은 진정한 친구는 없었습니다.

2. 진정한 친구를 원합니까? 주 예수 그리스도가 바로 그런 친구입

니다.

진실한 친구는 행동으로 드러납니다. 그 사람이 무슨 말을 하고, 어떻게 느끼며, 무엇을 바라는지가 아닙니다. 그의 말이나 글이 아닌 그의 행동이 모든 것을 말합니다. "우정이 있다는 것은 다름 아닌 행동을 말합니다."

주 예수께서 사람을 위해 하신 일들이야말로 그분 우정의 어떠한지를 말해 주는 확실한 증거가 됩니다. 그리스도께서 우리를 위해 보여주신 자기부인과 자비는 이제까지 세상에서 볼 수 없는 것이었습니다. 말로만이 아니라 행동으로 우리를 사랑하신 것입니다.

우리를 위해 우리의 본성을 입으셨습니다. 여자에게서 태어나셨습니다. 하나님이시요, 성부와 동등하신 분이 잠시 자신의 영광을 내려놓으시고 우리와 같은 혈과 육을 입으셨습니다. 전능하신 만물의 창조주께서 여느 인간과 다를 바 없는 연약한 아기가 되셨습니다. 차이가 있다면 우리와 달리 죄가 없었다는 것뿐입니다. "우리 주 예수 그리스도의 은혜를 너희가 알거니와 부요하신 이로서 너희를 위하여 가난하게 되심은 그의 가난함으로 말미암아 너희를 부요하게 하려 하심이라"(고후 8:9).

그분은 우리 때문에 이 악한 세상에서 33년을 지내셨습니다. 그것도 멸시받고 거절당하는 사람으로서, 질고와 슬픔을 아는 사람으로서 말입니다. 그분은 만왕의 왕이셨지만, 머리 둘 곳 하나 없으셨습니다. 만주의 주이셨지만, 자주 기진하시고 배가 고프고 목마르고 가난하셨습니다. "오히려 자기를 비워 종의 형체를 가지사 사람들과 같이 되셨고……자기를 낮추시고 죽기까지 복종하셨으니"(빌

2:7-8).

그분은 우리 때문에 모든 죽음 가운데 가장 고통스러운 죽음을 당하셨습니다. 십자가에 죽으신 것입니다. 죄와 흠이 없으셨지만, 정죄 받는 자리에 자신을 내어주시고 죄인으로 정죄 받으셨습니다. 생명의 왕께서 도살장으로 끌려가는 어린양과 같이 죽음에 넘겨지셨습니다. "우리를 위하여 죽으"신 것입니다(살전 5:10).

왜 그렇게 하셔야만 했습니까? 그렇게 해야 할 의무가 있었습니까? 아닙니다. 전혀 그렇지 않습니다! 열두 명도 더 되는 천사들을 불러 싸우게 하고 말씀으로 원수들을 이기실 수 있었습니다. 그런데도 그리스도께서는 자발적으로 고난으로 나아가셨습니다. 우리 죄를 위한 속전이 되시려고 말입니다. 오직 자신의 살과 피가 찢겨져야만 죄악된 인간과 거룩한 하나님이 화평할 수 있다는 사실을 아셨습니다. 다른 길은 없음을 아셨습니다. 그래서 그분의 목숨을 우리를 위한 속전으로 내어놓으신 것입니다 우리를 살리려고 죽으셨습니다. 우리로 이기게 하려고 고난을 당하셨습니다. 우리로 영광을 얻게 하려고 수욕을 당하셨습니다. "그리스도께서도 단번에 죄를 위하여 죽으사 의인으로서 불의한 자를 대신하셨으니 이는 우리를 하나님 앞으로 인도하려 하심이라"(벧전 3:18). "하나님이 죄를 알지도 못하신 이를 우리를 대신하여 죄로 삼으신 것은 우리로 하여금 그 안에서 하나님의 의가 되게 하려 하심이라"(고후 5:21).

인간으로서는 도무지 헤아릴 수 없는 우정입니다. 사랑하는 친구를 위해 죽는 사람이 있다는 소리를 가끔 듣습니다. 하지만 자신을 증오하는 사람을 위해 목숨을 내어놓는 사람이 있다는 말은 들어 본 적이 없습니다. 이것이 바로 예수님께서 우리를 위해 하신 일입니다. "우리가 아직 죄인 되었을 때에 그리스도께서 우리를 위하여 죽으심으로 하나님께서 우리에 대한 자기의 사랑을 확증하셨느니라"(롬 5:8).

땅 이 끝에서 저 끝까지 모든 족속에게 물어보십시오. 자기를 미워하는 자를 위해 사랑으로 목숨을 내어놓은 사람이 있다는 말을 들어 봤는지 말입니다. 하나님의 아들 예수와 같이 존귀하고 고상하신 분이 우리와 같이 저급한 사람만큼 낮아지셨을 뿐 아니라, 그런 우리를 위해 죽으셨습니다. 예수님과 같이 값비싼 우정을 드러낸 사람이 없습니다. 다른 사람의 유익을 위해 예수님처럼 큰 고난을 겪고 엄청난 대가를 치른 사람을 들어 본 적이 없습니다. 참으로 예수 그리스도와 같은 친구는 없습니다!

3. 권세 있고 힘 있는 친구를 원합니까? 바로 예수 그리스도가 그런 친구입니다.

도움을 필요로 할 때 적실한 도움을 줄 수 있는 사람은 세상에 그리 많지 않습니다. 다른 사람에게 도움이 되고자 하는 선의는 차고 넘치시만, 정작 그럴 능력이 없습니다. 다른 사람이 슬퍼하는 모습을 보고 가슴이 아파서, 할 수만 있으면 그것을 조금이라도 덜어 주고 싶어 합니다. 고통 받는 친구를 위해 함께 울어 주는 것까지는 할 수 있습니다. 하지만 그 슬픔 자체를 없애 주지는 못합니다. 사람은 약하기 그지없기 때문입니다. 하지만 그리스도는 강하십니다. 이 땅에 있는 가장 좋은 친구라도 약한 것은 어쩔 수 없습니다. 하지만 그리스도는 전능하십니다. "예수께서 나아와 말씀하여 이르시되 하늘과 땅의 모든 권세를 내게 주셨으니"(마 28:18). 예수 그리스도만큼 자신의 친구를 위해 모든 일을 할 수 있는 사람은 없습니다. 사람은 기껏해야 잠깐 동안 육신의 친구밖에는 되지 못합니다. 그러나 그리스도는 우리 몸과 영혼의 친구가 되실 수 있습니다. 이제와 또 영원히 친구로 남아 계십니다.

첫째, 그리스도는 죄를 용서하시고 죄인의 괴수라도 구원하실 수 있습니다. 가장 큰 죄책으로 짓눌린 양심이라도 그 모든 짐으로부터 건지셔서 하나님과 화평을 누리게 하실 수 있습니다. 가장 악하고 더러운 죄도 깨끗이 씻으실 수 있습니다. 하나님이 보시기에 눈보다 더 희게 씻으실 수 있습니다. 헐벗고 가난한 아담의 자손을 영원한 의로 덧입히실 수 있습니다. 우리가 믿고 그분이 말씀만 하시면 누구라도 평강, 소망, 용서, 하나님과의 화해를 얻어 누릴 수 있습니다. "예수의 피가 우리를 모든 죄에서 깨끗하게 하실 것이요"(요일 1:7).

둘째, 그리스도는 가장 굳은 마음도 돌이키게 하시고 그 속에 새 영을 창조하실 수 있습니다. 가장 경박하고 불경건한 사람에게조차 성령으로 말미암은 새 마음을 심으실 수 있습니다. 옛것은 지나가게 하고, 모든 것을 새롭게 하실 수 있습니다. 이전에 미워하고 싫어하던 것들도 사랑하게 하실 수 있습니다. "영접하는 자 곧 그 이름을 믿는 자들에게는 하나님의 자녀가 되는 권세를 주셨으니"(요 1:12). "그런즉 누구든지 그리스도 안에 있으면 새로운 피조물이라. 이전 것은 지나갔으니 보라, 새 것이 되었도다"(고후 5:17).

셋째, 그리스도는 그분을 믿는 모든 사람을 끝까지 지키시고 그분의 제자를 만드실 수 있습니다. 세상과 육체와 마귀를 이기고 피 흘리기까지 싸울 은혜를 주십니다. 모든 유혹과 수많은 위험에도 이들을 안전하게 본향으로 이끄실 수 있습니다. 세상의 도움 없이도 끝까지 신실한 신자로 남아 있게 하실 수 있습니다. "자기를 힘입어 하나님께 나아가는 자들을 온전히 구원하실 수 있으니"(히 7:25).

넷째, 그리스도는 그분을 사랑하는 모든 사람에게 최상의 은사를 주실 수 있습니다. 돈으로 살 수 없는 내면의 위로를 이 땅에서 누리게 하십니다. 가난해도 화평하게 하시고, 슬픔 중에도 기뻐하게 하시며, 고난 중에도 인내하게 하실 수 있습니다. 죽음을 맞이해서도 밝은 소망의 싸개 안에 머물게 하십니다. 그래서 두려움 없이 어둔 골짜기를 지나갈 수 있도록 하십니다. 죽음 후에는 영원히 썩지 않을 면류관과 영국 여왕이라도 줄 수 없는 값진 상급을 나누어 주실 수 있습니다.

이것이 진정한 권세입니다. 진정한 위대함입니다. 진정한 능력입니다. 가서, 평화를 찾아보겠다고 자기 몸을 괴롭게 하는 불쌍한 힌두교 우상숭배자를 보십시오. 오십 평생 자기 몸을 괴롭게 해보지만 평화는 도무지 보이지 않습니다. 자기 영혼을 위해 기도해 달라고 사제들에게 돈을 갖다 바치는 순진한 로마 가톨릭 신자를 보십시오. 여전히 아무 위로도 누리지 못하고 죽음을 맞습니다. 행복을 얻어 보겠다고 무수한 돈을 써 대는 부자를 보십시오. 여전히 불행하고 만족을 느끼지 못합니다. 하지만 예수님을 보십시오. 그분이 하실 수 있는 일들을 생각해 보십시오. 그리고 그분을 의지하는 자들을 위해 지금도 날마다 하고 계시는 일을 생각해 보십시오. 마음이

상한 자를 어떻게 싸매시는지, 병든 자를 어떻게 위로하시는지, 그분을 의지하는 가난한 자를 어떻게 돌보시는지, 어떻게 그들에게 일용할 양식을 베푸시는지 생각해 보십시오. 사람을 두려워하는 마음이 얼마나 큽니까? 악한 세상의 저항은 또 얼마나 강력합니까? 육신의 정욕은 또 얼마나 제멋대로 날뜁니까? 사망에 대한 두려움은 끔찍하기만 합니다. 마귀가 우는 사자와 같이 삼킬 자를 찾아다니지 않는 곳이 없습니다. 하지만 예수님은 이 모든 것보다 강하십니다. 예수님은 이 모든 원수를 넉넉히 이기실 수 있습니다. 그렇다면 예수 그리스도와 같이 권능 있는 친구는 없다는 말이 사실이지 않습니까?

4. 사랑이 많고 자애로운 친구가 필요합니까? 예수 그리스도가 아닙니까!

다정함과 친절함은 진실한 우정의 핵심입니다. 아무리 돈으로 돕고 조언을 한다고 해도 사랑으로 다정하게 대하지 않으면 그 은혜가 반감됩니다. 주 예수께서 사람들에게 품으신 사랑은 어떤 것입니까? 성경은 이를 가리켜 "지식에 넘치는 사랑"이라고 말씀합니다(엡 3:18).

죄인을 영접하시는 그분의 모습에서 사랑이 찬란하게 빛납니다. 그분은 구원을 얻기 위해 그분에게 오는 사람은 아무도 그냥 돌려보내지 않으십니다. 아무리 구원에 합당하지 않은 사람이라도 예외가 없습니다. 악명 높은 삶을 살고 하늘의 별보다 많은 죄를 지은 사람이라고 해도 마찬가지입니다. 예수님은 이들을 기꺼이 영접하시고 죄사함과 평강을 주십니다. 그리스도의 긍휼에는 한계가 없습니다. 그분의 연민도 마찬가지입니다. 상종 못할 인간이라고 세상이 포기한 사람들의 친구가 되기를 부끄러워하지 않으십니다. 악하고, 음란하며, 죄의 질병으로 심하게 오염되어 있어서 그리스도께서 영접하지 못할 사람은 없습니다. 어떤 죄인이라도 그리스도는 기꺼이 그들의 친구가 되십니다. 모든 죄인을 받으실 만한 친절과 긍휼이 있으신 분입니다. 모든 죄인을 고치는 묘약을 가지신 분입니다. 오래전부터 그리스도께서는 자신의 우정이 바로 이런 것이라고 선언해 오셨습니다. "내게 오는 자는 내가 결코 내쫓지 아니하리라"(요 6:37).

그리스도를 믿고 그분의 친구가 된 죄인들을 대하시는 모습에서 그분의 사랑이 빛을 발합니다. 계속해서 되풀이되는 우리의 어리석고 죄악된 행동에 힘들고 짜증이 날 만도 한데 우리 주님은 끝까지 참으십니다. 아무리 자주 예수님께 찾아와 불평을 늘어놓아도 귀찮아하지 않으십니다. 우리가 가진 슬픔과 고통에 깊은 연민을 갖고 계십니다. 그분은 과연 "질고를 아는" 분입니다(사 53:3). 우리의 고통에 함께 아파하십니다. 신자가 감당하지 못할 시험은 허락하시지 않습니다. 날마다 계속되는 이들의 싸움에 은혜를 더하십니다. 우리의 미약한 섬김도 모두 받으십니다. 어린 자녀가 이제 막 옹알이를 하고 걸음마를 떼기 시작하는 모습에 감격하는 부모처럼, 그리스도께서는 연약한 신자의 노력을 기뻐하십니다. 우리를 위해 이런 말씀도 성경에 기록되게 하셨습니다. "여호와는 자기를 경외하는 자들과 그의 인자하심을 바라는 자들을 기뻐하시는도다"(시 147:11). "여호와께서는 자기 백성을 기뻐하시며 겸손한 자를 구원으로 아름답게 하심이로다"(시 149:4).

이 땅에서는 이에 견줄 만한 사랑을 도무지 찾아볼 수가 없습니다! 우리의 관심과 애정을 받을 만한 사람을 우리는 사랑합니다. 혹은 자신의 혈육이면 그렇지 못해도 사랑합니다. 주 예수님은 그 속에 전혀 선한 것이 없는 죄인을 사랑하십니다. 우리는 자신의 사랑에 반응하고 보답할 만한 사람을 사랑합니다. 하지만 주 예수님은 그분이 하신 일에 비하면 아무것도 되갚을 수 없는 죄인을 사랑하십니다. 사람들은 사랑받을 만한 자격이 되고 사랑받을 이유가 있는 사람을 사랑합니다. 하지만 죄인의 위대한 친구인 예수님께서는 그분의 영원한 긍휼만이 죄인을 사랑하는 이유입니다. 그리스도의 사랑은 공평하고 사심이 없는 사랑입니다. 이타적이고 값없이 주는 사랑입니다. 예수 그리스도와 같이 진실한 사랑을 하는 친구가 또 어디 있단 말입니까?

5. 지혜롭고 사려 깊은 친구가 필요합니까? 주 예수 그리스도가 있습니다.

사람의 우정은 사실 눈먼 우정입니다. 지각없고 무분별한 친절로 자기가 사랑하는 사람을 오히려 해롭게 할 때가 많습니다. 진실한 마음으로 조언을 하지만, 잘못된 조언을 하기도 합니다. 친구를 도우려고 한 조언이 나쁜 결과를 초래하는 경우도 많습니다! 때로 친구라고 하면서 우리를 생명의 길에서 멀어지게 하고 좀처럼 빠져나오기 힘든 세상의 허탄한 것들에 빠지게 하는 경우가 많습니다! 주 예수님의 우정은 그렇지 않습니다. 항상 우리를 유익하게 합니다. 전혀 해롭지 않습니다.

주 예수님은 지나친 집착과 탐닉으로 친구에게 해를 끼치시는 일이 전혀 없습니다. 주시는 것마다 하시는 일마다 우리를 유익하게 할 뿐입니다. 우리의 유익으로 드러날 일이라면 말하기 껄끄럽고 우리가 듣기 싫어하더라도 말씀하십니다. 오히려 자기 십자가를 지고 예수님을 따르라고 하십니다. 선한 싸움을 싸우는 용사처럼 어려움을 견디라고 하십니다. 세상과 육신과 마귀를 대항하여 선한 싸움을 싸우라고 하십니다. 그분의 백성조차 당장은 이런 말씀이 부담스럽고 싫지만 천국에 이른 후에는 그것이 모두 옳았음을 알게 될 것입니다.

주 예수님은 그분 친구들의 일을 다루면서 실수하시지 않습니다. 완전한 지혜로 이들의 관심사를 다루십니다. 이들에게 일어나는 모든 일은 하나같이 적실한 때에 합당한 방식으로 이루어집니다. 이들의 영혼이 필요로 하는 한, 건강한 만큼 병도 허락하시고 기쁜 만큼 슬픔도 허락하시며 부유한 만큼 가난도 감내하게 하십니다. 이들을 의의 길로 인도하시고 하늘 도성까지 이끄십니다. 지혜로운 의사와 같이 때로는 쓰디쓴 약을 처방하시되 꼭 필요한 만큼만 그렇게 하십니다. 그분의 백성은 실수가 없으신 이 친구가 자신을 다루는 방식을 오해하기도 합니다. 어리석게도, 예수님이 말씀하신 방식이 아닌 다른 방식으로 했으면 더 나았을 것이라고 생각하기도 합니다. 하지만 부활의 아침이 오면 하나님께서 자신의 뜻이 아닌 그리스도의 지혜로운 뜻대로 이루신 것에 안도하며 감사를 드릴 것입니다.

주변을 둘러보십시오. 얼마나 많은 사람들이 친구 때문에 끊임없이 어려움을 당합니까? 친구라고 하면서 서로 사랑과 선행을 격려하기보다 세속과 음란함으로 끌어들이는 경우가 얼마나 많습니까? 서로 자주 만나기는 하는데, 서로의 유익이 아니라 서로의 해를 위해서 만난 것으로 드러날 때가 얼마나 많습니까? 천국에 이르는 길을 가도록 독려하기보다 이 세상에 대한 사랑을 서로 확인하는 것이 전부입니다. 친구의 집에 들렀다가 예기치 않게 상처만 받고 나오는 경우도 많습니다.

죄인의 위대한 친구인 예수님을 보십시오. 사람의 우정과 그분의 우정이 어떻게 다른지 보십시오. 예수님이 제자들과 함께 길을 가면서 하시는 말씀을 들어 보십시오. 완전한 지혜로 제자들을 위로하고 책망하며 독려하시는 모습을 보십시오. 베다니에 살던 마리아와 마르다의 집을 방문하신 것처럼, 사랑하는 친구들을 찾아가시는 그분을 보십시오. 갈릴리 바닷가에서 저녁을 드시면서 사랑하는 제자와 나누시는 대화를 들어 보십시오. "요한의 아들 시몬아, 네가 나를 사랑하느냐?"(요 21:16) 주님과 동행하는 것은 항상 우리를 깨끗하게 합니다. 그분이 주시는 선물은 언제나 우리 영혼에 유익이 됩니다. 그분의 친절은 항상 지혜롭습니다. 그분과의 교제는 항상 우리 마음을 고양시켜 줍니다. 인자와 보내는 하루가 이 땅의 친구들과 보내는 천 날보다 낫습니다. 그분과 은밀하게 보낸 한 시간이 왕의 궁정에서 보낸 일 년보다 낫습니다. 예수 그리스도와 같이 지혜로운 친구는 없었습니다.

6. 세월이 가고 시절이 변해도 한결같이 함께할 친구를 원합니까? 예수 그리스도가 그런 친구입니다.

주 예수께서 인류와 사귀기 시작하신 지 육천 년이 지났습니다. 그동안 이 땅에 많은 친구가 있었습니다. 불행하게도 수많은 사람들이 그분의 초청을 거절하고 비참하게 살다가 영원히 잃어버린 자가 되고 말았습니다. 그보다 적은 수이긴 하지만, 그리스도의 우정을 소중히 여겨 엄청난 특권을 받아 누리고 구원에 이른 사람도 많습니다. 그동안 그리스도께서는 온갖 종류의 사람들을 친구로 사귀셨습니다.

첫째, 그리스도는 각계각층의 사람들을 친구로 사귀셨습니다. 다윗, 솔로몬, 히스기야, 욥과 같이 왕과 부자들도 있었습니다. 베들레헴의 목자들, 야고보, 요한, 안드레와 같이 가난한 자들과도 사귀셨습니다. 계층과 상관없이 이들은 모두 그리스도의 절친한 벗이었습니다.

둘째, 그리스도는 모든 연령대의 사람들을 친구로 사귀셨습니다. 므낫세, 삭개오, 에디오피아 내시와 같이 나이가 들어서 그리스도의 친구가 된 사람들이 있습니다. 반면에 요셉, 사무엘, 요시야, 디모데와 같이 어릴 적부터 그리스도를 친구로 모신 자들도 있었습니다. 하지만 이들은 모두 나이와 상관없이 그리스도를 벗으로 모신 자들이었습니다.

셋째, 그리스도는 사람들의 기질과 성격을 가리지 않으셨습니다. 이삭과 같이 단순하고 소박한 성격의 친구가 있었는가 하면, 모세와 같이 말과 행동에 능한 자도 친구가 되었습니다. 베드로와 같이 성질이 불같은 사람도 있었고, 요한과 같이 수줍음을 많이 타고 조용한 사람도 있었습니다. 마르다와 같이 활동적이고 적극적인 사람이 있었는가 하면 마리아와 같이 그분의 발아래 잠잠히 앉아 배우기를 좋아하는 사람도 있었습니다. 수넴 여인과 같이 동족들에게도 드러나지 않게 조용히 살아간 사람이 있는가 하면, 바울과 같이 온 세상을 두루 다니며 소동케 하는 사람도 있었습니다. 하지만 이렇든 저렇든 이들은 모두 그리스도의 친구가 되었습니다.

넷째, 그리스도는 사람들이 사는 환경이나 조건을 가리지 않으셨습니다. 에녹과 같이 결혼해서 자녀를 둔 사람도 있었고, 다니엘과 세례자 요한처럼 결혼을 하지 않고 독신으로 산 사람도 있었습니다. 나사로와 에바브로디도처럼 자주 아픈 사람도 있었고 버시와 드루배나와 드루보사처럼 강건한 사람도 있었습니다. 네로 집안의 가솔처럼 종으로 살아가는 사람도 있었습니다. 엘리사와 같이 악한 종을 데리고 있는 사람도 있었고, 오바댜와 같이 악한 주인을 둔 종도 있었습니다. 다윗처럼 불량한 아내와 자녀들을 둔 사람도 있었습니다. 하지만 그 처한 상황이 어떻든 이들은 모두 그리스도의 친구였습니다.

다섯째, 거의 모든 나라와 족속과 방언이 그분의 친구가 되었습니다. 열대 지방에도 한대 지방에도 그리스도의 친구들이 있습니다. 문명이 발달된 나라에도, 그렇지 못한 나라에도 친구들이 있습니다. 그분의 생명책에는 그리스 사람과 로마 사람의 이름은 물론 유대인과 이집트 사람, 자유자와 종의 이름이 기록되어 있습니다. 이 책에는 과묵한 영국 사람과 조심성 많은 스코틀랜드 사람, 감정에 예민

한 아일랜드 사람, 불같은 성격의 웨일즈 사람, 쾌활한 프랑스 사람, 기품 있는 스페인 사람, 섬세한 이탈리아 사람, 사색을 즐기는 독일 사람, 건장한 아프리카 사람, 정확한 인도 사람, 오랜 문화를 자랑하는 중국 사람, 문명의 이기와 거의 상관이 없는 뉴질랜드 사람의 이름이 다 있습니다. 하지만 국적과 지역과 언어는 달라도 모두가 그리스도의 친구가 되었습니다. 이 모든 사실이 그리스도와의 우정이 얼마나 건실하고 든든하고 유익한 것인지를 보여줍니다. 그리스도와 처음 우정을 맺기 시작한 때도 그렇지만 지금도 이들은 전혀 부족함을 모릅니다. 그리스도와의 우정을 누리는 사람들은 예나 지금이나 결핍이나 부족함이 전혀 없습니다. 한 사람, 한 사람이 각자의 영혼의 필요가 넉넉히 채워지는 것을 날마다 경험하기 때문입니다. 이렇게 오랫동안 광범위한 나라의 사람들을 통해 온전히 만족스럽고 충분한 것으로 검증된 우정은 없었습니다.

7. 마지막으로, 끝까지 신뢰할 수 있는 우정이 필요합니까? 주 예수 그리스도를 친구로 삼으십시오.

이 땅에서는 아무리 선한 것이라 할지라도 영원하지 못합니다. 재물은 날개가 있어서 언제든지 흔적도 없이 사라져 버리기 쉽습니다. 젊음과 아름다움은 기껏해야 몇 년 동안만 지속될 뿐입니다. 몸의 근력도 곧 약해져 갑니다. 마음과 지성도 이내 고갈되고 맙니다. 모든 것이 쇠락의 길을 걷거나 사라져 버립니다. 모든 것이 잠시 있다가 사라질 것들입니다. 하지만 한 가지 탁월한 예외가 있습니다. 주 예수님의 우정만큼은 그렇지 않습니다.

주 예수님은 결코 변하지 않는 친구이십니다. 변덕이 무엇인지 모르십니다. 한 번 사랑하신 자는 끝까지 사랑하십니다. 자기 아내를 버리는 남편이 있습니다. 자녀를 팽개치는 부모가 있습니다. 맹세를 하고 서약을 하지만 필요에 따라 변하거나 소홀해집니다. 젊고 부자였을 때는 사람들의 칭송을 듣던 사람이 가난하거나 나이 들어 잊혀지는 경우가 부지기수입니다. 그러나 그리스도는 자신의 친구를 그렇게 대하지 않습니다. 그분은 한결같습니다. 그분은 "어제나 오늘이나 영원토록 동일"하십니다(히 13:8).

주 예수님은 결코 자신의 친구를 떠나지 않습니다. 그리스도와 그분의 백성 사이에는 작별인사가 필요 없습니다. 그분은 죄인의 마음에 오신 순간부터 영원히 그와 거하십니다. 세상은 작별을 고하는 일로 가득합니다. 아무리 화목한 가정도 시간이 지나고 죽음이 닥치면 이별할 수밖에 없습니다. 아들은 장성하면 제 갈 길을 가야 합니다. 딸 역시 결혼하면 아비 집을 떠나야 합니다. 아무리 행복하고 화목한 가정도 한 해 한 해가 헤어짐과 흩어짐의 연속입니다. 사랑하는 가족의 얼굴을 다시 못 볼 것이기 때문에 집 대문을 나서는 가족을 눈물로 배웅하기도 합니다! 가족을 장지에 묻고 돌아온 집은 얼마나 썰렁하고 고독하고 조용하고 텅 빈 것 같은지요! 하지만 하나님을 찬양합시다! 모두가 이렇게 떠나야 한다고 해도 결코 우리를 떠나지 않는 친구가 계시지 않습니까! 주 예수님은 이렇게 말씀하십니다. "내가 결코 너희를 버리지 아니하고 너희를 떠나지 아니하리라"(히 13:5).

주 예수께서는 그분의 친구들이 가는 곳이면 어디든 함께 갑니다. 그리스도와 그분이 사랑하시는 자들이 나누일 가능성은 전혀 없습니다. 이 땅과 이 땅 아래 그 어디든 이 위대한 친구와 그분이 사랑하는 자들의 영혼을 나누어 놓을 자리는 없습니다. 주어진 의무 때문에 집을 멀리 떠나 있는 동안에도 그분은 그분의 백성과 그곳에 함께 가십니다. 불과 물의 맹렬한 시련의 때에도 그리스도께서는 이들과 함께하십니다. 그들이 병들어 누워 있을 때에도 그리스도께서는 침상 맡에서 그들과 함께 계시며 모든 일로 합력하여 선을 이루게 하십니다. 가족과 세상 친구들이 더 이상 함께할 수 없는 사망의 음침한 골짜기라도 그분은 함께 가십니다. 바로 곁에서 말입니다. 낙원이라는 전혀 새로운 세상에서 깰 때조차도 그분은 여전히 그곳에 그들과 함께하십니다. 심판의 날에 새 몸을 입고 부활한 때에도 그들은 혼자가 아닐 것입니다. 그분의 친구인 이들을 가리켜 "내 친구들이니 자유롭게 다니게 하라"고 말씀하십니다. "세상 끝날까지 너희와 항상 함께 있으리라" 하신 말씀을 그대로 이루십니다(마 28:20).

주위를 둘러보십시오. 모든 사람의 계획마다 어떻게 실망으로 끝났는지 보십시오. 여러분이 알고 있는 작별과 분리와 실망과 사별이 얼마나 많은지 생각해 보십시오. 하지만 적어도 한분만큼은 절대 실패하시지 않습니다. 이런 분을 친구로 누린다는 것이 얼마나 큰 특권입니까! 예수 그리스도와 같이 신뢰할 수 있는 친구는 없습니다.

이제 간단한 적용의 말과 함께 이 장을 마치겠습니다. 여러분이 어떤 사람이고, 여러분의 영혼이 어떤 상태에 있는지 저는 모릅니다.

하지만 지금부터 제가 하는 말은 여러분이 관심을 갖고 찬찬히 숙고해 보아야 할 중요한 말이라는 것만큼은 분명히 압니다. 이 글이 여러분은 영적인 일에는 전혀 마음을 쓰지 않는 사람으로 확인하는 데 쓰이지 않기를 바랍니다! 오, 그리스도를 조금만 더 생각할 수 있다면 얼마나 좋을까요!

첫째, 그리스도께서 여러분의 친구이고, 여러분이 그분의 친구인지 진지하게 자문해 보십시오.

수많은 사람들이 그리스도를 친구로 모시지 않습니다. 참으로 안타까운 현실입니다. 그리스도의 이름으로 세례를 받고, 그리스도의 교회의 일원이 되고, 그리스도의 은혜의 방편에 참여하는 것 역시 게을리해서는 안 됩니다. 하지만 이것만 가지고 그리스도의 친구인지 말하기는 어렵습니다. 그리스도를 죽게 한 죄를 미워합니까? 죄인을 구원하러 이 세상에 오신 구주를 사랑합니까? 그리스도께서 소중히 보시는 영혼들에 대한 관심이 있습니까? 화목케 하시는 말씀을 즐거워합니까? 죄인의 친구이신 그리스도와 기도로 교제합니까? 그리스도와의 친밀한 교제를 추구합니까? 오 여러분, 이런 질문에 "예"라고 대답할 수 없다면 자신이 정말 그리스도의 친구가 맞는지 다시 생각해 보아야 합니다.

둘째, 그리스도를 친구로 모시지 않은 사람은 누가 되었든지 가련하고 비참한 존재입니다.

저는 일부러 이렇게 말을 합니다. 아무 생각 없이 무작정 이런 말을 하는 것이 아닙니다. 다시 말하지만 그리스도를 친구로 모시지 않은 사람은 가난하고 비참한 존재입니다.

불신과 비극으로 가득한 세상에 사는 여러분에게는 위로를 누릴 진정한 원천이 없습니다. 필요할 때 숨을 피난처가 없습니다. 여러분은 죽어 갑니다. 하지만 아직 죽을 준비가 되지 않았습니다. 죄가 있지만 용서받지 못해서 그대로 여러분의 것으로 남아 있습니다. 그런 여러분은 심판을 면치 못합니다. 하지만 아직 하나님을 대면할 준비가 되어 있지 않습니다. 준비가 되었다고 하지만, 유일한 중보자요 보증인이신 그리스도를 통해 대면하기를 거부하고 있습니다. 그리스도보다 세상을 더 사랑합니다. 죄인의 위대한 친구를 거부합니다. 천국에 여러분을 위해 간구해 줄 친구가 없습니다. 그렇습니다. 안타깝지만 사실입니다! 여러분은 궁핍할 뿐 아니라 비참한 존재입니다. 여러분이 돈을 얼마나 버는지는 전혀 중요하지 않습니다. 그리스도를 친구로 모시지 않는 한 여러분은 궁핍한 자입니다.

셋째, 여러분이 진실로 친구를 원한다면 그리스도께서 기꺼이 여러분의 친구가 되실 것입니다.

그리스도께서는 여러분이 그분의 백성이 되기를 오랫동안 바랐습니다. 그리고 지금, 여러분을 부르십니다. 기꺼이 여러분을 받으실 것입니다. 아무리 스스로 그럴 가치가 없는 사람처럼 느껴지고 예수님의 친구가 될 자격이 없다고 느껴져도 아무런 문제될 것이 없습니다. 그리스도께서는 여러분의 지난 모든 죄를 용서하실 것입니다. 그리고 여러분에게 의의 옷을 입혀 주실 것입니다. 성령을 보내 주실 것입니다. 자신의 사랑하는 자녀가 되도록 하실 것입니다. 여러분의 할 일은 그저 그분께로 가는 것입니다.

그리스도는 여러분의 모든 죄를 가지고 오라 하십니다. 자신이 잘못되었음을, 악한 죄인임을 인정하기만 하라고 하십니다. 이 모든 죄를 부끄러워한다고 고백하라고 하십니다. 아무것도 기다리지 말고 지금 그대로, 스스로는 아무 가치가 없게 느껴지는 바로 그 상태로 와서 그분의 친구가 되라고 하십니다. 오, 그리스도께 와서 지혜로운 자가 되십시오! 와서 안전하게 거하십시오. 와서 복 있는 자가 되십시오. 와서 그리스도의 친구가 되십시오.

마지막으로, 그리스도가 여러분의 친구입니까? 여러분은 놀라운 특권을 누리고 있습니다. 계속해서 이에 합당한 삶을 살아가십시오.

날마다 여러분의 친구이신 그리스도와의 친밀한 교제를 누리십시오. 그분께 더 가까워지십시오. 그분의 은혜와 능력을 더욱 알아가십시오. 참된 기독교 신앙은 특정한 명제들을 추상적으로 믿기만 하는 것이 아닙니다. 날마다 실제로 살아 계시는 인격이신 하나님의 아들 예수 그리스도와 함께 살아가는 것입니다. 바울이 말합니다. "이는 내게 사는 것이 그리스도니 죽는 것도 유익함이라"(빌 1:21)

날마다 모든 일에서 여러분의 주와 구주를 영화롭게 하려고 애쓰십시오. "많은 친구를 얻는 자는 해를 당하게 되거니와 어떤 친구는 형제보다 친밀하니라"(잠 18:24). 그리스도가 그런 친구가 아닙니까! 여러분의 주님을 슬프시게 하는 것은 무엇이나 피하십시오. 여러분의 고질적인 죄와 싸우십시오. 그리스도의 친구로서의 삶과 모순되는 모든 것과 싸우십시오. 사람들 앞에서 그리스도를 고백하지 못하게 하는 것과 싸우십시오. 잘못된 일로 미혹될 때마다 이렇게 말하십시오. "영혼아, 내 영혼아, 이것이 네 친구이신 그리스도께 할 일이냐?"

무엇보다, 여러분에게 부어 주신 긍휼을 생각하고 날마다 여러분의 친구 안에 머물기를 배우십시오! 병으로 몸져누우면 어떻게 할 것입니까? 엄청난 가난과 시련이 찾아오면 어떻게 할 것입니까? 이 땅의 친구들이 여러분을 버려서 여러분 혼자 남게 되면 어떻게 할 것입니까? 이 모든 일은 언제라도 일어날 수 있습니다. 하지만 그리스도 안에 있는 한 여러분에게는 친구가 있습니다. 전능하신 친구, 사랑이 많으신 친구, 지혜로우신 친구, 결코 여러분을 저버리시지 않을 친구가 함께 있습니다. 오, 이런 여러분의 친구를 생각하십시오. 이런 여러분의 친구를 더 많이 생각하십시오.

이제 얼마 안 있으면 여러분의 친구가 여러분을 본향으로 데려갈 것입니다. 그곳에서 여러분은 그분과 영원히 거할 것입니다. 이제 얼마 안 있으면 그분이 여러분을 알아 온 것처럼 스스로를 알게 될 것이고, 그분이 여러분을 보아 온 대로 스스로를 보게 될 것입니다. 그리고 그곳에 모인 온 세상 사람들이 고백하는 소리를 듣게 될 것입니다. 그리스도를 자신의 친구로 둔 사람은 참으로 부자요 복된 사람이라는 고백을 듣게 될 것입니다.

15장

병

사랑하시는 자가 병들었나이다. (요 11:3)

성경을 읽는 사람이라면 본문이 포함된 장이 무슨 이야기를 담고 있는지 익히 알고 있을 것입니다. 손에 잡힐 듯한 생생한 묘사, 흥미진진한 전개, 놀라운 간결성 등 모든 면에서 이 장에 견줄 만한 글이 없습니다. 이런 탁월한 설화체야말로 성경이 영감 받은 글이라는 명백한 증거 가운데 하나라는 생각이 듭니다. 베다니에서 일어난 이 이야기를 읽으면서 "불신자들로서는 결코 이해할 수 없는 무엇인가가 이 이야기 속에 있다"는 생각을 하지 않을 수 없습니다. "하나님의 손가락만이 이런 글을 기록할 수 있다"는 생각을 하지 않을 수 없습니다.

지금부터 우리가 묵상하려고 하는 부분은 이 장에서도 특별히 우리에게 교훈하는 바가 큰 감동적인 대목입니다. 이 장은 자기 형제 나사로가 병들었을 때 마리아와 마르다가 예수님께 기별을 보낸 내용을 담고 있습니다. "주여, 보시옵소서. 사랑하시는 자가 병들었나이다." 간단하고 평이한 메시지이지만, 각 단어 하나하나가 담고 있는 내용은 아주 심오합니다.

이 경건한 두 여인이 가진 어린아이와 같은 믿음을 보십시오. 기겁을 하고 놀란 아기가 즉시 엄마의 품을 찾아 파고드는 것처럼, 나침반의 바늘이 극점을 향해 치닫다 못해 부르르 떠는 것처럼, 절실한 필요의 때에 주 예수님을 바라봅니다. 자신들의 목자로, 전능한 친구로, 질고를 위해 태어난 형제인 예수님을 찾습니다. 한 집안의 자매라고 해도 이 둘은 여러 가지 면에서 다릅니다. 하지만 이 문제에서만큼은 한 사람처럼 그리스도를 찾습니다. 어려움이 찾아오자 누가 먼저라 할 것도 없이 이들은 제일 먼저 그리스도의 도우심을 떠올립니다. 도움이 필요한 때에 그리스도를 피난처로 삼습니다. 도움이 절박한 때에 이 두 자매와 같이 주님을 찾는 사람은 복이 있습니다!

이 두 자매가 나사로의 상태를 전하는 기별에 배어난 겸손을 보십시오. 나사로를 가리켜 "사랑하시는 자"라고 합니다. "당신을 사랑하는 자, 당신을 믿는 자, 당신을 섬기는 자"라고 하지 않습니다. "당신이 사랑하시는 자"라고 합니다. 마리아와 마르다는 하나님의 가르침을 잘 배운 사람들인 것 같습니다. 그리스도를 향한 자신들의 사랑이 아닌 자신들을 향한 그리스도의 사랑을 잘 배워서 알고 있었습니다. 바로 이 사랑이 이들이 가진 소망의 토대였고, 기대할 수 있는 참된 근거였습니다. 다시 말하지만, 이 두 자매와 같은 생각을 가진 사람은 복이 있습니다! 그리스도를 향해 우리가 품은 사랑만으로는 평강을 누리기에 충분하지 않습니다. 우리 밖에 있는 그리스도께서 우리를 향해 품으신 사랑을 바라보아야 합니다.

마지막으로, 마리아와 마르다가 주님과 누리는 사랑의 관계를 보십시오. 이 역시 그들이 전하는 기별에서 나타납니다. "사랑하시는 자가 병들었나이다." 나사로는 회심한 사람이었습니다. 믿고 새롭게 되고 거룩하게 된 회심한 사람이었고, 그리스도의 친구였으며, 영광의 후사였습니다. 이런 나사로가 병들었습니다! 그렇다면 병은 하나님의 진노를 샀다는 증거라고 할 수 없습니다. "하나님을 사랑하는 자 곧 그 뜻대로 부르심을 입은 자들에게는 모든 일이 합력하여 선을 이루느니라"(롬 8:28). "세계나 생명이나 사망이나 지금 것이나 장래 것이나 다 너희의 것이요"(고전 3:22). 다시 말하지만, 이런 사실을 아는 사람은 복이 있습니다! 병들었을 때 "이 병은 하늘에 계신 내 아버지로부터 온 것이다. 반드시 나를 유익하게 할 것이다"라고 고백할 수 있는 사람은 복 있는 사람입니다.

이 본문을 통해 병에 대해 살펴보려고 합니다. 이 땅에 사는 누구나 마주할 수밖에 없는 것이 병입니다. 피하고 싶다고 피할 수 있는 것이 아닙니다. 누구나 언제든지 병이 들 수 있다는 사실을 알기 위해 예언자가 되어야 할 필요는 없습니다. 우리는 삶의 한가운데서 죽음과 더불어 살아갑니다. 지금부터 그리스도인으로서 우리가 병을 어떻게 보아야 할 것인지 생각해 보겠습니다. 세상 사람들이 흔히 생각하는 것처럼 병에 대해 생각한다고 병을 재촉하는 것은 아닙니다. 오히려 하나님께서 우리에게 병을 맞이하는 지혜를 주시기를 바랍니다.

이 주제와 관련하여 우리가 살펴볼 것은 세 가지입니다.

1. 병의 보편성에 대해 살펴보겠습니다.
2. 병으로 인한 일반적인 유익이 무엇인지 살펴보겠습니다.
3. 병과 관련된 특별한 의무들이 무엇인지 살펴보겠습니다.

1. 먼저, 병의 보편성에 대해 살펴보겠습니다.

이 부분에 대해서는 세세한 설명이 필요 없을 것입니다. 우리의 삶 자체가 이 사실을 증거하기 때문입니다. 병의 성격을 부정할 사람은 없습니다. 그러므로 자명한 사실을 증거하기 위해 또 다른 증거를 더할 필요는 없다고 봅니다.

병은 장소를 가리지 않습니다. 유럽, 아시아, 아프리카, 아메리카 등 어디에나 있습니다. 열대 지방이든 한대 지방이든, 문명국이든 문맹국이든 예외가 없습니다. 남녀노소 할 것 없이 모두 병들고 죽습니다.

계층에 따라 차별이 있는 것도 아닙니다. 은혜를 누리는 신자라고 병에 걸리지 않는 것이 아닙니다. 재물이 있다고 병을 비껴갈 수는 없습니다. 유력한 사람이라고 병의 공격을 막을 수 있는 것도 아닙니다. 왕이나 신하나, 주인이나 종이나, 부자나 가난한 자나, 배운 자나 못 배운 자나, 교사나 학생이나, 의사나 환자나, 목사나 회중이나 이 가공할 원수 앞에서는 차별이 있을 수 없습니다. "부자의 재물은 그의 견고한 성이라"(잠 18:11). 영국의 부자들은 자기 집을 성이라고 부릅니다. 하지만 아무리 견고한 성이라도 병과 죽음이 못 들어오게 막을 수는 없습니다. 아무리 빗장을 치고 문을 걸어 잠가도 소용이 없습니다.

병은 누구도 예외가 될 수 없을 뿐 아니라, 우리 몸 어디나 병에 걸리지 않는 곳이 없습니다. 정수리에서 발끝까지 병에 무방비 상태로 노출되어 있습니다. 우리가 얼마나 병과 이로 인한 고통에 취약한지 생각만 해도 끔찍합니다. 우리 몸이 걸릴 수 있는 병이 몇 가지가 되는지 셀 수 있는 사람이 있습니까? 병리 해부학 박물관을 거리낌 없이 둘러볼 수 있는 사람이 있습니까? "천 개의 현으로 이루어진 하프와 같은 우리의 삶이 오래도록 음률이 틀어지지 않는 것이 묘하다!" 제 생각에는 사람이 빨리 죽는 것보다 이른바 평균수명을 채우고 죽는다는 것이 더 신기합니다.

병에 걸려 신음하는 것은 사실 인간이 겪을 수 있는 가장 비천하고 고통스럽고 견디기 힘든 시련 가운데 하나입니다. 강인한 용사를 어린아이와 같이 바꿔 놓습니다. 메뚜기도 짐으로 느끼게 합니다(전 12:5). 가장 용감한 사람도 낙담시키고, 바늘 하나 떨어지는 소리에도 놀라게 만듭니다. 우리 인간은 심히 기묘하게 지어졌습니다(시 139:14). 몸과 마음은 신기할 정도로 긴밀하게 연결되어 있습니다. 병이 들면 성정과 마음 상태까지 엄청난 영향을 받습니다. 뇌와 간, 신경이 병들면 솔로몬과 같던 두뇌도 금세 어린아이의 수준으로 전락해 버립니다. 가난한 사람이 당하는 굴욕과 부끄러움이 어떤 것인지 이해하는 아량 있는 사람일지라도 병든 사람을 오랫동안 돌보는 일은 잘하지 못합니다. 긴 병에 장사 없다는 옛 말은 사실입니다.

병이란 사람이 노력한다고 막을 수 있는 것이 아닙니다. 물론 평균 수명이 조금 늘기는 했습니다. 의사들이 계속해서 신약을 개발하고, 놀라운 치료 성과를 거두기도 합니다. 위생 관리를 잘하도록 규제를 철저히 강화하면 사망률을 낮출 수도 있을 것입니다. 하지만 건강한 지역이든 그렇지 못한 지역이든, 온화한 지방이든 추운 지방이든 대증요법을 써서 치료하던 사람은 결국 병들고 죽습니다. "우리의 연수가 칠십이요 강건하면 팔십이라도 그 연수의 자랑은 수고와 슬픔뿐이요 신속히 가니 우리가 날아가나이다"(시 90:10). 정말 그렇습니다. 이 말씀은 3,300년 전의 세상에 대한 기록이지만 지금도 여전히 사실입니다.

이 엄중한 사실—병의 보편성—을 어떻게 생각해야 하겠습니까? 이 사실을 어떻게 설명할 수 있을까요? "아빠, 왜 사람은 다 병들고 죽어요?"라고 묻는 어린 자녀에게 어떻게 대답하겠습니까? 중차대한 질문이 아닐 수 없습니다. 그러므로 이 문제에 대해 짚고 넘어가지 않을 수가 없습니다.

처음 창조 때부터 질병이 있었다고 생각할 수 있겠습니까? 세상을 더없이 완전하게 지으신 분이 불필요하게 고통과 아픔을 지었다고 생각할 수 있겠습니까? 모든 것을 지으시며 "아주 좋았더라" 하신 분이 아담의 후손이 아프고 병들도록 지으셨다고 할 수 있겠습니까? 질병과 죽음의 원인을 하나님께 돌리다니요! 참으로 불경하고 역겨운 발상입니다. 하나님의 완전한 창조 역사를 불완전한 것으로 만드는 짓입니다. 그러므로 질병과 죽음의 원인을 창조가 아닌 다른 데서 찾는 것이 맞습니다.

성경에서 만족스러운 대답을 찾을 수 있습니다. 사람을 원래의 존귀한 자리에서 끌어내리고, 원래 가졌던 특권들을 앗아 간 무엇인가가 세상으로 들어왔습니다. 정교한 기계를 망가뜨리는 데는 한 줌의 모래면 충분한 것처럼, 하나님이 지으신 완전한 세상 질서를 어그러뜨리는 무엇인가가 들어온 것입니다. 그것이 무엇입니까? 죄입니다. "죄가 세상에 들어오고 죄로 말미암아 사망이 들어왔나니"(롬 5:12). 죄는 지금 온 세상에 만연한 모든 병과 질환, 통증, 고통의 원인입니다. 아담과 하와가 하나님이 금하신 실과를 따먹고 타락했을 때 세상에 시작된 저주로 이 모든 것이 시작된 것입니다. 타락이 없었으면 병과 고통이 없었을 것입니다. 죄가 없었으면 질병도 없었을 것입니다.

여기서 잠깐 멈춰서 여러분에게 무신론자나 이신론자, 곧 성경을 믿지 않는 불신자의 주장처럼 터무니없는 것도 없다는 사실을 상기시키고자 합니다. 불신자의 그럴듯한 주장에 혼란스러워하는 모든 젊은 여러분에게 충고합니다. 하나님을 믿지 않고 살아가는 것이 얼마나 비합리적이고 어려운 일인지 알아야 합니다. 그리스도인이 되는 것보다 불신자가 되는 것이 더 고지식하고 불합리한 믿음을 필요로 합니다. 성경이 아니고서는 설명이 안 되는 많은 명백한 증거들이 인간의 상황에 광범위하게 존재합니다. 그중에 가장 현저한 것이 바로 질병과 병과 이로 인한 고통입니다. 다시 말해, 무신론자와 이신론자가 풀어야 할 난제 가운데 하나가 바로 인간의 몸입니다.

여러분은 어떤 사람을 무신론자라고 하는지 들어 보았을 것입니다. 무신론자는 하나님이 없다고 믿는 사람입니다. 창조자나 제1원인(First Cause) 같은 것은 없고 모든 것이 우연히 지금과 같이 조합을 이루게 되었다고 믿는 사람입니다. 왜 우리가 이런 가르침을 받아야 합니까? 영국에서 가장 이름 있는 의과 대학에 무신론자를 데려가서 인간의 몸이 얼마나 놀라운 구조를 이루고 있는지 배우도록 하십시오. 모든 관절과 혈, 근육, 힘줄, 신경, 뼈, 사지가 얼마나 기묘하고 신비하게 이어져 있는지 연구해 보라고 하십시오. 인간 몸의 모든 부분이 어떻게 각각의 쓰임새에 맞게 자기 역할을 하는지 그 사람에게 보여주십시오. 땀과 눈물을 흘리는 일을 위해, 또 몸의 생명력을 회복하기 위해 얼마나 많은 정교하고 섬세한 작용이 몸 전체에서 이루어지는지 보라고 하십시오. 그러고도 과연 제1원인이신 하나님의 존재를 부정할 수 있는지, 이 모든 경이로운 메커니즘이 과연 우연히 이루어진 것인지 물어보십시오. 이 모든 세포와 기관들이 우연히 조합된 것인지, 또 과연 그럴 수 있는지 물어보십시오. 자신이 날마다 사용하는 시계, 날마다 먹는 양식, 혹은 추운 날씨에 입는 코트를 보고도 그렇게 생각하는지 물어보십시오. 오, 전혀 그렇지 않습니다. 인체 디자인이야말로 무신론자들이 도무지 극복하기 어려운 난제입니다. 하나님은 살아 계십니다.

이신론자에 대해서도 들어 본 적이 있을 것입니다. 이신론자란 세상과 그 속에 있는 모든 것을 창조한 신을 믿습니다. 하지만 성경은 믿지 않습니다. "하나님은 믿지만 성경은 믿지 않습니다! 창조자는 믿지만 기독교 신앙은 아닙니다!" 이것이 바로 이신론자의 신앙입니다. 이런 자들의 가르침을 들어야 하겠습니까? 이들 역시 병원으로 데려가서 병이 초래한 끔찍한 증상들을 대면하도록 하십시오. 아직 선악을 제대로 분별하지 못하는 어린아이가 암이라는 불치병으로 신음하며 누워 있는 병동에 가보라고 하십시오. 대가족을 거느린 자애로운 어머니가 극심한 고통을 수반하는 질병에 걸려 괴로워하는 병동에 가보라고 하십시오. 육신을 가진 사람이라면 예외 없이 겪을 수밖에 없는 고통과 고뇌를 설명해 보라고 하십시오. 세상을 지은 창조자는 믿지만 성경을 믿지 않는 이 사람에게 이 피조 세계에 만연한 모든 혼돈과 불완전을 어떻게 이해해야 할지 물어보십시오. 기독교 신학을 비웃고 아담의 타락을 믿기에는 너무나 지혜로운 이 사람에게 이 세상 구석구석에 퍼져 있는 고통과 질병을 어떻게 이해하고 있는지 물어보십시오. 아무리 물어봐도 만족스러운 대답을 듣지 못할 것입니다. 이신론자가 세상을 이해하는 방식으로는 인간이 당하는 질병과 고통은 설명이 안 되는 난제로 남아 있을 뿐입니다. 인간은 죄를 지었고, 그 결과 고통을 당하는 것입니다. 지음 받은 최초의 상태에서 아담이 타락함으로 그의 후손이 질병 가운데 신음하다 죽는 것입니다.

　질병으로 신음하는 사람이 세상에 가득한 것은 성경의 말씀이 참되다는 간접적인 증거입니다. 성경은 이런 상황을 정확히 설명합니다. 성경은 모든 사람의 마음에 일어날 수밖에 없는 물음에 대한 답을 줍니다. 세상의 어떤 종교도 이런 물음에 답을 주지 못합니다. 모두 이 부분에서 실패합니다. 입을 다뭅니다. 혼란스러워합니다. 성경만이 이 주제를 정면으로 응시합니다. 그리고 대담하게 인간은 타락한 피조물이라고 선언합니다. 동시에 타락한 인간의 필요를 온전히 충족시키는 구원의 체계를 선포합니다. 그러므로 이것이야말로 성경이 하나님으로부터 비롯되었다는 증거라고 결론 내릴 수 있습니다. 기독교는 하늘로부터 온 계시입니다. "아버지의 말씀은 진리니이다"(요 17:17).

오직 성경만이 하나님께서 자신을 계시하시기 위해 사람에게 주신 책입니다. 우리는 이 유구한 토대 위에 든든히 서야 합니다. 하나님의 영감으로 이루어진 이 책에 대한 현대 회의주의의 새로운 공격들에 현혹되지 마십시오. 우리 믿음의 원수들이 성경의 난제를 빌미로 제기하기를 좋아하는 사변적인 질문에 마음을 빼앗기지 마십시오. 이런 질문에 대답하기가 쉽지 않을 것입니다. 하지만 그렇다고 그것이 곧 성경이 하나님의 영감 받은 책임을 의심할 이유는 되지 않습니다. 성경의 모든 책이 하나님의 영감으로 이루어진 책이라는 안전한 반석에 믿음의 닻을 내리십시오. 성경을 대적하는 자들에게 그들이 하는 모든 주장에도 불구하고 성경에 필적할 만한 책은 이 세상에 하나도 없다고 말해 주십시오. 사람의 필요를 성경만큼 충족시키는 책은 없습니다. 인간의 상태에 대해 이토록 정확하고 만족스럽게 말하는 책은 없습니다. 성경의 난제에 대해서는 기꺼이 기다릴 수 있다고 말해 주십시오. 성경의 난제에 대한 확실한 답이 아직 없다고 하더라도, 기존에 명백하게 드러난 진리만으로도 여러분의 양심은 만족시키고 영혼을 구원하기에는 충분하다고 말해 주십시오. 언젠가 모든 난제가 명쾌하게 해결될 때가 있을 것입니다. 지금은 여기서는 알지 못해도 곧 알게 될 날이 다가오고 있습니다.

2. 다음으로, 세상에 만연한 질병이 인간에게 주는 유익이 무엇인지 살펴보겠습니다.

일부러 "유익"(benefits)이라는 말을 썼습니다. 인간이 걸리는 병이라는 주제를 다루면서 병이 주는 유익을 살펴보는 것은 아주 중요합니다. 하나님의 통치를 설명하는 데 있어서 인간의 병은 회의주의자들이 물고 늘어지기 좋아하는 부분이라는 것을 모르는 바가 아닙니다. "하나님이 사랑의 하나님이라면 어떻게 사람들을 고통으로 신음하도록 내버려 둘 수 있단 말인가? 질병과 고통을 막을 수 있으면서도 그렇게 하지 않는 하나님이 어떻게 사랑의 하나님인가? 하나님이 살아 있다면 어떻게 이런 일이 있을 수 있는가?"와 같은 의문들이 사람들의 마음에서 끊이지 않습니다.

이 모든 의구심과 물음은 하나같이 불합리한 것이라고 대답하고 싶습니다. 지진이나 허리케인이나 폭우와 같이 세상의 질서를 어그러뜨리는 것처럼 보이는 여러 현상들은 창조주의 존재에 대해 의구심을 갖게 하기에 충분합니다. 델리와 칸푸르에서 있었던 끔찍한 참극을 증거로 하나님의 섭리를 의심하기도 합니다. 이 모든 일로 하나님의 긍휼을 의심하는 것은, 세상에 만연한 질병으로 하나님의 존재 자체를 부정하는 것처럼 불합리하기는 마찬가지입니다.

세상에 만연한 질병과 고통 때문에 하나님이 사랑이라는 사실을 받아들이기 어렵다면 눈을 들어 세상을 둘러보십시오. 세상이 어떻게 돌아가고 있는지 한번 보십시오. 사람들이 어느 정도로 장래의 이득을 위해서 현재의 손실을 감수하고, 장래의 기쁨을 위해 현재의 슬픔을 감수하며, 장래의 건강을 위해서 현재의 고통을 인내하는지 보십시오. 밭에 뿌려진 씨는 먼저 썩어져야 합니다. 농부는 추수를 바라보고 씨를 뿌립니다. 학교에 가는 것이 힘들지만 부모의 성화를 못 이기는 아이는 눈물을 훔치며 등교합니다. 부모도 자식이 힘든 것은 원치 않지만 장래에 그가 얻을 지식을 기대하며 학교를 계속 보냅니다. 한 가정의 가장이 수술을 받으면 당장 일을 하지 못하게 될 것을 알면서도 수술대로 올라갑니다. 수술이 끝나면 다시 건강을 회복할 것을 바라고 말입니다. 이 위대한 원리를 세상을 다스리시는 하나님의 통치에도 적용하라고 말하고 싶습니다. 하나님께서 사람에게 고통과 질병, 어려움을 허락하시는 것은 사람이 괴로워하는 모습을 즐기시는 분이기 때문이 아닙니다. 이런 과정을 통해서 사람의 마음과 지각과 양심과 영혼에 영원히 계속되는 유익을 주기 위함입니다.

다시 말하지만 질병이 "유익"을 준다는 말은 당장은 제 자신의 일이 아니기 때문에 쉽게 내놓는 말이 아닙니다. 저 또한 질병과 이로 인한 고통이 얼마나 힘든지, 그것이 포함하는 것이 무엇인지 잘 압니다. 또 이로 인해 초래되는 비참함과 절망감 역시 엄청나다는 것을 알고 있습니다. 그렇다고 저는 질병과 이로 인한 고통을 순전히 나쁜 것으로 보지는 않습니다. 하나님께서 지혜로 허락하신 것이기 때문입니다. 질병은 사람의 영혼에 도사린 악과 죄가 그 사람을 제멋대로 유린하지 못하도록 유익한 일을 합니다. 사람이 전혀 죄를 짓지 않는 존재라면 굳이 힘든 질병과 고난 속에서 유익을 찾으려고 하는 것 자체가 당혹스러운 일이 될 것입니다. 하지만 죄가 이 세상에 역사하는 한 질병은 선한 것입니다. 질병은 저주로 역사하지만 복으로도 역사합니다. 맞습니다. 질병과 이로 인한 고통은 아주 까다로운 선생입니다. 하지만 인간 영혼의 진정한 친구이기도 합니다.

질병이 주는 첫 번째 유익은, 사람이 병으로 인해 죽음이라는 실체에 직면한다는 것입니다. 건강한 사람은 자신이 마치 죽지 않을 사람처럼 살아갑니다. 마치 이 땅이 영원한 집인 것처럼 일과 쾌락, 정치, 학문을 추구합니다. 비유에 나오는 어리석은 부자처럼 장래에 대한 계획을 세웁니다. 마치 영원히 이 땅에서 살 수 있는 사람처럼 말입니다. 잠시 살다가 곧 떠나야 될 사람이 아닌 것 같습니다. 때로 사람은 중병에 걸리고 나서야 이런 착각에서 깨어납니다. 병은 이처럼 사람으로 몽상에서 깨어나게 합니다. 이 땅에 사는 것 이상으로 죽음이 확실하다는 사실을 일깨워 줍니다. 이렇게라도 자신의 처지를 제대로 깨닫는 것이 얼마나 큰 복인지 모릅니다.

두 번째 유익은, 병으로 인해 사람은 하나님과 자신의 영혼, 이 세상 너머의 세상을 진지하게 생각하게 된다는 것입니다. 건강할 때는 이런 생각을 할 겨를이 없습니다. 이런 생각을 좋아하지도 않습니다. 가능하면 이런 생각을 멀리합니다. 불편하고 어리석게 생각합니다. 하지만 심각한 병에 걸리면 사람은 이런 것들을 생각하지 않을 수 없게 됩니다. 질병이 이런 생각을 사람들의 눈앞으로 가져다 주기 때문입니다. 심지어 벤하닷과 같은 악한 왕도 병이 들자 엘리사를 떠올립니다(왕하 8:8). 이교 선원들조차 죽음의 위협 앞에서는 두려워하여 각각 자기의 신을 불렀습니다(욘 1:5). 무엇이 되었든 사람들로 이런 생각을 하게 하는 것은 유익입니다.

세 번째 유익은, 병으로 인해 사람의 마음이 부드럽게 되고 지혜를 받아들일 준비가 된다는 것입니다. 본성적인 인간의 마음은 돌처럼 완고합니다. 이 사람의 눈에는 이 땅과 관련이 있는 것만 선하고 좋은 것으로 보입니다. 하지만 오래 몸져눕게 되면 생각이 바뀝니다. 병으로 인해 세상의 "선한" 것이 얼마나 공허하고 허탄한 것인지 보게 됩니다. 보다 느슨하게 그것들을 붙잡고자 합니다. 사업을 하는 사람은 자기 마음이 원하는 것은 돈이 전부가 아님을 깨닫습니다. 세상에 마음을 빼앗기고 살아가던 여인은 값비싸고 화려한 옷이나 소설, 무도회와 오페라에 대한 이야기들이 전부가 아니라는 사실을 깨닫게 됩니다. 무엇이든 이 땅의 것에 필요 이상의 마음을 두고 살아가던 사람들에게 달리 생각할 계기를 마련해 주는 것은 선한 일입니다.

네 번째 유익은, 병으로 인해 우리가 보다 겸손해진다는 것입니다. 우리는 모두 본성적으로 교만하고 거만합니다. 교만이라는 질병에서 자유로운 사람은 거의 없습니다. 가난한 사람이라고 예외는 아닙니다. 다른 사람을 깔보는 것이 자연스럽습니다. 본성적으로, 다른 사람을 자기보다 더 낫게 생각하는 사람은 없습니다. 사람들 앞에서는 내색을 안 하고 심지어 겸손한 것처럼 보이지만, 마음속으로는 자신을 다른 사람보다 더 낫게 생각합니다. 하지만 몸져눕게 되면 생각이 달라집니다. 우리는 스스로를 모두 "흙집에 사는" 가련한 벌레와 같고 "하루살이 앞에서라도 무너질" 자로 생각할 수 있게 됩니다(욥 4:19). 왕이나 신하나, 주인이나 종이나, 부자나 가난한 자 모두가 죽음을 향해 가는 피조물이며 곧 나란히 하나님의 법정에 서게 된다는 사실을 생각하지 않을 수 없게 됩니다. 무덤과 관을 앞에 두고 교만하기는 어렵습니다. 이런 교훈을 가르치는 것은 무엇이든 선하다고 할 수 있습니다.

다섯 번째 유익은, 병으로 인해 그 사람의 신앙이 드러난다는 것입니다. 세상에 믿는다고 말하는 사람은 많습니다. 하지만 시험을 통과할 믿음을 가진 사람은 많지 않습니다. 대부분의 사람들이 조상으로부터 물려받은 전통으로 만족합니다. 자신이 가진 소망의 이유에 대해서 말하지 못합니다. 병은 때로 사람의 영혼이 딛고 선 신앙의 토대가 무가치하고 효력 없는 것임을 드러나게 합니다. 자신이 딛고 선 토대가 전혀 안전하지 않다는 것을 알게 합니다. 손에 붙들고 있는 것이 믿을 만한 것이 못 된다는 사실을 깨닫게 합니다. 신앙의 모양은 갖추고 있지만 이제까지 "알지 못하는 신"을 예배하고 살아왔음을 발견하게 합니다. 잔잔한 바다와 같이 평온하고 건강할 때는, 자신이 신조나 신앙고백을 제대로 붙들고 가는 것처럼 보입니다. 하지만 풍랑이 이는 바다와 같이 고통 속에 몸부림칠 때는 그런 자신의 생각이 얼마나 바르지 못한 것이었는지를 알게 됩니다. 오래 계속되는 한파는 사람이 살고 있는 집이 얼마나 부실하게 지어졌는지를 알게 합니다. 마찬가지로, 병은 때로 사람으로 하여금 자신이 얼마나 은혜 없이 살고 있는지를 보게 합니다. 무엇이든 우리 믿음의 본색을 드러내 주는 것은 선합니다.

물론 병에 걸렸다고 모든 사람이 이런 은택을 입는 것은 아닙니다. 전혀 그렇지 않습니다! 해마다 몸져누웠다가 회복되는 사람이 수없이 많지만, 아무런 교훈을 얻지 못하고 다시 세상으로 돌아가는 사람도 많습니다. 주변의 많은 사람들이 몸져누웠다가 그 자리를 일어나지 못하고 무덤으로 내려가지만 그것을 보면서도 짐승마냥 아무것도 깨닫지 못하는 사람이 정말 많습니다. 살 때도 아무런 감흥이 없이 살지만 죽을 때도 "고통이 없이" 무덤으로 내려갑니다(시 73:4). 입에 담기도 두려운 일입니다. 하지만 실제로 이런 사람들이 많습니다. 사람의 마음과 양심이 죽어 있는 상태가 얼마나 심각한지 사실 저로서는 짐작도 못하겠습니다.

그렇다면 지금까지 우리가 살펴본 질병으로 인한 유익을 얻는 사람이 정말 그렇게 적단 말입니까? 결코 그렇지는 않습니다. 앞서 말한 것처럼 병이 들었다는 사실 자체가 영적인 유익을 담보하는 것은 아니지만, 제가 믿기로 영적인 유익을 얻는 사람들은 많은 경우 병이 그 계기가 됩니다. 병이 든 것을 하나님께서 "오시는 날"로 생각하는 사람들이 많습니다. 몸져누운 기간을 두려움 가운데 보내다가 하나님의 은혜로 나으면 많은 경우 구원의 길을 갑니다. 병 때문에 선교사가 이교도에게 다가가는 문이 활짝 열리기도 합니다. 건강했다면 선교사를 배척했을 사람도 병 때문에 선교사가 전하는 복음의 좋은 소식을 기꺼이 들으려고 합니다. 우리가 사는 이 땅 영국에서도 병은 복음 사역자를 가장 크게 돕는 촉매제 가운데 하나입니다. 사람들이 건강할 때는 그냥 지나치던 복음과 권고를 병이 들어서야 비로소 제대로 이해하고 알아듣기 때문입니다. 또한 병은 사람을 구원하는 데 사용되는 하나님의 가장 유용한 도구 가운데 하나입니다. 병을 통해 사람이 갖는 느낌은 일시적이고 잠정적인 경우가 많지만, 성령께서 이런 느낌을 통해 사람의 마음에 효과적으로 역사하십니다. 한마디로, 질병으로 인해 하나님의 놀라운 섭리 가운데 영혼이 구원에 이르게 되는 사람들이 많습니다.

이 부분에 대해서는 이 정도 언급하면 되었다고 생각합니다. 어쨌든 앞서 말한 것처럼, 사람들이 질병을 통해 하나님과 그들의 영혼을 생각하게 된다면(이 사실을 부인할 수 있는 사람이 있습니까?) 병은 사람들에게 유익하게 하는 것이 맞습니다.

아프다고 세상 사람들이 보는 앞에서 불평하고 투덜거릴 권리가 우리에게는 없습니다. 오히려 이로 인해 하나님께 감사함이 마땅합니다. 병은 하나님의 훌륭한 증거자입니다. 영혼의 조언자입니다. 양심을 일깨웁니다. 마음을 정결하게 합니다. 병은 저주가 아니라 복이라고 분명히 말할 수 있습니다. 해가 아니라 도움입니다. 손실이 아니라 이득입니다. 인간의 적이 아니라 친구입니다. 죄로 가득 찬 세상을 살아가는 사람들이 병이 들 수 있다는 것은 하나님의 긍휼입니다.

3. 마지막으로, 병이 만연한 세상에서 우리 각자에게 주어진 의무를 살펴보겠습니다.

병이라는 주제를 다루면서 이 부분에 대해 언급을 안 하고 지나갈 수 없습니다. 하나님의 메시지를 영혼에게 전할 때는 일반적인 원리만 전하는 것이 아니라 그것을 구체적으로 적용하도록 돕는 일 역시 못지않게 중요합니다. 여러분에게 이 주제와 관련하여 각자에게 주어진 책임을 말하지 않을 수 없습니다. 이 글을 읽고 나서 "이 글이 내게 주는 실천적인 교훈은 무엇인가? 질병과 죽음으로 가득한 이 세상에서 나는 어떻게 해야 하는가?"라는 질문에 대답을 하지 못하는 사람이 한 명도 없기를 바랍니다.

첫째, 세상에 질병과 이로 인한 고통이 만연한 현실이 우리에게 요구하는 중차대한 의무 가운데 하나는 항상 하나님을 대면할 준비를 하면서 살라는 것입니다. 병이 들면 우리는 죽음을 떠올립니다. 죽음이라는 문을 통해 우리는 모두 심판의 자리로 나아갑니다. 심판은 우리가 마침내 하나님을 대면하는 시간입니다. 병들고 죽어 가는 이 세상을 살아가는 한 사람으로서 배워야 할 첫 번째 교훈은 하나님을 대면할 준비를 하라는 것입니다.

하나님을 대면할 준비가 되는 때가 언제입니까? 여러분의 악행이 용서받고, 죄가 가려지기 전까지는 아직 아닙니다! 여러분의 마음이 새롭게 되고, 여러분의 의지가 하나님의 뜻에 순복하기를 기뻐하기 전까지는 아직 아닙니다! 여러분은 많은 죄를 지었습니다. 매주 교회당에 가면 여러분의 입술로 죄를 고백하도록 합니다. 하지만 오직 예수 그리스도의 피만이 죄를 없앨 수 있습니다. 그리스도의 의만이 하나님이 보시기에 받으실 만한 사람이 되게 합니다. 어린아이와 같은 단순한 믿음만이 그리스도와 그분의 은택을 바라보도록 합니다. 하나님을 만날 준비가 되었는지 알고 싶습니까? 여러분은 무엇을 믿습니까? 여러분의 믿음은 어디에 있습니까? 여러분의 본성적인 마음으로는 하나님과 함께할 수 없습니다. 하나님의 뜻을 준행하는 것이 하나도 즐겁지 않습니다. 성령께서 그리스도의 형상을 따라 여러분을 변화시켜 주셔야 합니다. 자신이 과연 하나님을 대면할 준비가 되었는지 알고 싶습니까? 여러분에게 죄를 이기고 거룩하게 하는 은혜가 역사하는지 보십시오. 여러분이 회심하고 거룩하게 된 증거가 어디 있습니까?

　이렇게 되는 것이 바로 하나님을 대면할 준비가 되는 것입니다. 죄사함과 하나님 앞에서 살아가는 온유함, 믿음으로 말미암은 칭의와 거룩하게 된 마음, 그리스도의 흘리신 피와 그리스도의 성령의 내주하심은 기독교 신앙의 본질입니다. 논쟁을 일삼기 좋아하는 신학자들에게 논쟁거리를 제공하는 용어와 명칭의 문제를 말하는 것이 아닙니다. 이는 실로 엄중하고도 분명한 실체입니다. 질병으로 신음하는 세상에서 이런 실체를 실제로 소유하고 누리고 살아가는 것이 우리 영혼이 알고 힘써야 할 첫 번째 의무입니다.

　둘째, 질병으로 신음하고 죽어 가는 이 세상을 살아가는 우리에게 부여된 또 다른 중요한 의무는 인내로 질병을 감당하는 것입니다. 질병은 육신이 감당하기 버거운 것임은 분명합니다. 우리의 신경과 힘줄이 풀어지는 것을 느끼고, 가만히 앉아 있는 것 외에는 아무것도 할 수 없고, 우리의 계획이 어그러지는 것을 빤히 보면서 포기할 수밖에 없고, 격통으로 불면의 나날을 보내야 합니다. 이 모든 것은 불쌍하고 죄악된 인간의 본성에 혹독한 시련입니다. 이런 질병으로 성마르게 되는 것은 전혀 이상한 일이 아닙니다! 이런 삶을 피할 수 없는 이 세상을 지나가기 위해서는 당연히 인내하기를 배워야 합니다.

　이제 여러분의 차례가 되면, 어떻게 인내로 질병을 감당하려고 합니까? 건강할 때에 은혜를 더해 놓아야 합니다. 제멋대로 가려고 하는 성질과 기질을 다스릴, 성령의 거룩하게 하시는 능력을 구해야 합니다. 기도에 힘써야 합니다. 하나님의 뜻을 행할 뿐 아니라 기쁨으로 행할 수 있는 힘을 항상 간구해야 합니다. 하나님께 구하면 그런 능력과 도움을 얻을 수 있습니다. "내 이름으로 무엇이든지 내게 구하면 내가 행하리라"(요 14:14).

기독교 신앙의 적극적인 은혜는 말할 것도 없고 성경이 성령의 열매로 말씀하는 겸손, 온유, 오래 참음, 믿음, 인내와 같은 소극적인 은혜에 대해서도 충분한 관심을 기울이고 간구하기를 쉬지 말아야 합니다. 이런 소극적인 은혜는 특별히 하나님을 영화롭게 합니다. 그리스도인의 성품에서 드러나는 기독교 신앙의 적극적인 은혜를 멸시하고 못마땅해 하는 사람들을 돌이키게 하는 것이 바로 이 소극적 은혜입니다. 특히 병들었을 때만큼 이런 은혜가 찬란한 빛을 발하는 때도 없습니다. 이런 은혜로 질병을 감내하는 많은 그리스도인들의 모습 자체가 도무지 외면하고 지나갈 수 없는 설교로 다가갑니다. 여러분이 고백하는 교리를 단장하고 싶습니까? 여러분이 믿는 기독교 신앙의 아름다움을 사람들이 알기를 원합니까? 그렇다면 지금 제가 하는 조언을 귀담아들으십시오. 병든 때에 발휘할 인내를 쌓아 두십시오. 그러면 그 병은 죽음에 이르는 병이 아닌 "하나님의 영광"을 나타내는 병으로 사용될 것입니다(요 11:4).

셋째, 또 다른 중요한 의무는 자신과 같은 사람들에게 연민을 갖고 기꺼이 그들의 필요를 채우기 위해 힘쓰는 것입니다. 병은 결코 우리와 멀리 있지 않습니다. 아픈 사람이 없는 교회가 없습니다. 아픈 사람이 있는 곳마다 여러분을 향한 부르심이 있습니다. 필요를 따라 돕고, 병문안을 가기도 하고, 다른 필요가 없는지 친절하게 살피고, 마음 깊이 우러나는 위로의 말을 건네는 것만으로도 큰 유익이 됩니다. 병이 들면 퉁명스러워지기 쉬운데, 이런 친절한 행위들이 그 마음을 누그러뜨리고 서로 간에 일체감을 불어넣습니다. 이런 행위를 통해 사람들을 그리스도께로 이끌어 구원에 이르게 할 수 있습니다. 그리스도인은 이런 선행을 힘쓰기에 민첩해야 합니다. 질병과 고통으로 가득한 세상에서 우리는 "서로의 짐을 지고", "서로를 친절하게 대하고 불쌍히 여겨야" 합니다(갈 6:2, 엡 4:32).

이런 행위를 사소한 것으로 여기는 사람들이 있을 수 있습니다. 이런 사람들은 아주 대단하고 위대하고 놀라운 영웅적인 행위가 있어야 한다고 생각합니다! 그러나 형제애에서 비롯된 작은 섬김과 돌봄과 관심이야말로 "그리스도의 마음"을 품었다는 가장 분명한 증거 가운데 하나입니다. 우리의 복된 주님도 이런 일에 힘쓰셨습니다. 항상 "두루 다니시며 선한 일을 행하"셨습니다(행 10:38). 최후의 심판을 묘사하는 엄중한 본문에서는 이런 일들에 큰 의미를 부여하고 있습니다. 그리스도께서는 이렇게 말씀하십니다. "내가……병들었을 때에 돌보았고"(마 25:36).

여러분의 사랑이 진실한 것인지를 알고 싶습니까? 사람들이 말은 많이 하지만 그 실체는 찾아보기가 힘든 복된 은혜를 자신이 가지고 있는지 알고 싶습니까? 그렇다면 무정한 이기심으로 병중에 있는 형제자매를 소홀히 하지 않도록 노력하십시오. 그들을 돌아보십시오. 그들의 필요를 살피고 도와주십시오. 여러분이 그들을 기억하고 생각하고 있음을 알게 하십시오. 그들의 짐을 덜어 주십시오. 무엇보다도, 그들의 영혼에 유익이 되기 위해 힘쓰십시오. 설령 그들에게 유익이 되지 않는다 할지라도 여러분 자신에게 유익이 될 것입니다. 여러분으로 불평하지 않도록 할 것입니다. 여러분의 영혼에 복이 될 것입니다. 우리 주변의 아픈 사람들을 통해 하나님은 우리를 시험하시고 우리가 어떤 사람인지 알게 하십니다. 질병과 고통을 허락하심으로 그리스도인의 사랑을 시험하십니다. 하나님의 사랑의 저울에서 무게가 안 나가는 것으로 드러나지 않도록 조심하십시오. 질병과 고통으로 신음하는 세상에 살면서 다른 사람을 돌아보고 살기 위해서는 배워야 할 것이 많습니다.

앞에서 말한 제안들이 많은 사람들의 마음에 역사하기를 기도합니다. 다시 말하지만, 하나님을 대면할 준비를 항상 하고, 질병과 고난을 감내할 인내를 쌓아 가며, 연약한 사람을 돌아보고 진심으로 불쌍히 여기는 것은 질병과 고통으로 가득한 세상을 살아가는 그리스도인이 힘써야 할 의무입니다. 거창하고 불합리한 요구가 아니지 않습니까! 한 사람도 수도원으로 물러나 자신에게 주어진 의무를 도외시하는 일은 하지 말아야 합니다. 사람들이 자신이 사는 세상이 어떤 세상인지를 알고 그에 걸맞게 살았으면 좋겠습니다. 믿음과 거룩과 인내와 사랑의 삶을 사는 사람이 가장 진실한 그리스도인입니다. 물론 가장 지혜롭고 합리적인 사람이기도 합니다.

이제 네 가지 적용의 말과 더불어 이 장을 마치겠습니다. 이 글이 여러분의 영적인 유익을 위해 사용되기만을 바랄 뿐입니다.

잘 들어보십시오. 먼저, 하나님 말씀의 대사로서 여러분 모두에게 묻겠습니다. 지금까지 이 주제와 관련하여 살펴본 내용으로부터 자연스럽게 도출되는 질문이요, 모든 계층과 조건과 지위를 막론하고 누구에게나 적용되는 질문입니다. 여러분 자신이 몸져눕게 되면 어떻게 하겠습니까?

다른 사람들만이 아니라 여러분에게도 죽음의 침상에 누워 신음하다가 사망의 어둔 골짜기로 내려가야 할 때가 옵니다. 여러분의 조상처럼 아프고 병들어 죽어야 할 때가 옵니다. 그때가 가까이 와 있을 수 있고 멀리 떨어져 있을 수도 있습니다. 하나님만이 그때가 언제인지 아십니다. 하지만 그때가 언제가 되었든지 상관없이 여러분에게 묻습니다. 그때가 되면 어떻게 하겠습니까? 그때에 누구에게서 위로를 얻겠습니까? 어디에 여러분의 영혼을 기대겠습니까? 무엇에 소망을 두겠습니까? 어디서 힘을 얻겠습니까?

이런 물음들을 외면하지 마십시오. 여러분의 양심에 비추어 이런 질문들을 대답해 보십시오. 만족할 만한 대답을 찾기까지 이 물음을 계속 던지십시오. 소중한 선물인 생명과 불멸의 영혼을 하찮은 것처럼 여기면 안 됩니다. 나중에 좀 더 적절한 때가 되면 다시 생각해 보겠다고 미루지 마십시오. 마지막에라도 돌이킬 수 있다고 넘겨짚지 마십시오. 가장 중요한 일을 마지막으로 남겨 두지 마십시오. 지금 하십시오. 십자가 상에서 한 강도가 구원을 얻은 것은 기뻐할 일이고 소망을 가질 일입니다. 하지만 이 한 사람이 구원을 얻었다고 자신도 그럴 수 있을 것이라고 짐작하지 마십시오. 다시 묻습니다. 반드시 대답을 해야 할 물음입니다. "병들어 몸져눕게 되면 여러분은 어떻게 하겠습니까?"

이 땅에서 영원히 살 사람이라면 이런 말을 할 필요도 없습니다. 하지만 그럴 수 있는 사람은 하나도 없습니다. 누구도 우리가 지나가야 할 죽음을 다른 사람으로 대신하게 할 수 없습니다. 각자 자신의 자리로 돌아가야 할 때가 있습니다. 그날을 위해 모두가 준비해야 합니다. 지금 이토록 많은 관심을 받고 있는 우리의 몸―신경을 써서 입히고, 먹이고, 가꾸고, 따뜻하게 하는―도 언젠가는 반드시 재와 티끌로 돌아갑니다. 다른 것은 다 있는데 가장 절실히 필요한 것만 없다면 얼마나 끔찍하겠습니까? 몸을 위해서는 필요한 것을 다 해 놓고 정작 영혼을 무시한 것으로 드러나면 얼마나 후회가 되겠습니까? 헨리 뷰포트(Henry Beaufort) 추기경과 같이, 구원받은 증거는 하나도 없이 죽는 일은 얼마나 두려운 일입니까! 다시 한 번 여러분의 양심에 묻습니다. "병들어 몸져눕게 되면 여러분은 어떻게 하겠습니까?"

둘째, 이 주제와 관련해서 조언을 필요로 하고 또 기꺼이 그것을 받아들이려는 여러분―아직 스스로 하나님을 만날 준비가 안 되었다고 생각하는 사람―을 위해 권고합니다. 지체하지 말고 주 예수 그리스도를 친밀히 아십시오. 회개하고 돌이켜 그리스도께로 피하십시오. 그리고 구원을 얻으십시오.

영혼이 없는 사람이 누가 있으며, 이런 사실을 부인할 사람이 또 누가 있겠습니까? 그렇다면 여러분 영혼의 구원을 위해 힘쓰십시오. 세상의 모든 무모한 도박 가운데 하나는, 하나님을 대면할 준비가 되어 있지 않으면서 회개도 하지 않고 자신을 방치하는 것입니다. 여러분이 죄인이 맞다면, 스스로 죄인이라고 생각한다면(스스로 죄 없다 할 수 있는 사람이 누가 있습니까?) 여러분이 알고 있는 죄에서 떠나십시오. 모든 죄의 길을 버리고 지체 없이 그리스도께로 나아가십시오. 여러분을 구원할 구원자가 필요합니까? 바로 지금 여러분을 구원할 수 있는 유일한 구원자께 나아가십시오. 가서, 여러분의 영혼을 구원해 달라고 부르짖으십시오. 믿음으로 그분을 찾으십시오. 여러분의 영혼을 그분께 맡기십시오. 죄를 용서해 주시라고, 하나님과의 평화를 주시라고 간구하십시오. 성령을 부어 주시라고, 여러분을 온전한 그리스도인으로 만들어 주시라고 기도하십시오. 하나님께서 여러분의 기도를 들으실 것입니다. 지금까지 여러분이 어떤 사람이었고, 무슨 짓을 하며 살아왔는지 상관없이 여러분의 기도를 거절하지 않으실 것입니다. "내게 오는 자는 내가 결코 내쫓지 아니하리라"고 말씀하신 분이 아닙니까!(요 6:37)

모호한 기독교 신앙을 갖지 않도록 조심하십시오. 유구한 역사를 자랑하는 국교회에 속했기 때문에 모든 것이 괜찮을 것이라는 허황된 소망에 안주하지 마십시오. 하나님은 사랑이 많으신 분이기 때문에 결국에는 다 잘될 것이라는 생각을 버리십시오. 그리스도와의 친밀하고도 인격적인 연합과 교제를 하기 전까지는 쉬지 마십시오. 안심하지 마십시오. 성령께서 여러분의 마음에 죄가 모두 씻겼다고, 깨끗하게 되었다고, 의롭게 되었다고, 그리스도와 하나가 되었다고, 그리스도께서 여러분 안에 거하신다고 증거하시기 전에는 안심하지 마십시오. 디모데후서 1:12에서 사도가 말한 것과 같이 여러분도 말할 수 있기 전에는 안심하지 마십시오. 쉬지 마십시오. "내가 믿는 자를 내가 알고 또한 내가 의탁한 것을 그날까지 그가 능히 지키실 줄을 확신함이라"(딤후 1:12).

막연하고 모호하고 불분명한 신앙은 건강하고 일이 잘 되어 갈 때는 아무 문제가 없어 보입니다. 하지만 일단 여러분이 병들어 신음할 때 이런 신앙이 할 수 있는 것은 아무것도 없습니다. 젊고 일이 잘 풀릴 때는 형식적이고 피상적인 교회 회원으로 살아가도 아무런 문제가 없습니다. 하지만 죽음이 눈에 들어오기 시작하면 피상적인 교회생활은 아무런 도움이 되지 못합니다. 그럴 때에는 마음으로 믿는 그리스도와의 연합된 신앙 외에 어떤 것도 소용이 없습니다. 그리스도를 하나님의 보좌 우편에서 우리를 위해 간구하시는 우리의 중보자와 제사장, 의사, 친구로 알고 또 그렇게 믿는 믿음만이 사망의 쏘는 것을 없애고, 우리로 두려움 없이 병을 마주 대할 수 있게 합니다. 죽음을 두려워하여 일생을 종 노릇 하며 사는 사람을 건져 주실 분은 그리스도뿐입니다. 조언이 필요한 모든 사람에게 말합니다. 그리스도를 친밀히 아십시오. 병으로 몸져누웠을 때 소망과 위로를 누리고자 한다면 그리스도를 친밀히 알고 그분과 사귀십시오. 그리스도를 찾으십시오. 그분을 의지하십시오.

    그리스도를 안다면 모든 염려와 어려움을 그분께 가지고 가십시오. 그분은 넉넉히 그것들을 지나가도록 하실 것입니다. 짓누르는 양심으로 괴로운 사람은 마음을 그리스도께 쏟아 놓으십시오. 우리 죄의 고백을 들으실 이는 그리스도뿐입니다. 그분만이 여러분의 짐을 벗겨 주고 자유롭게 하실 것입니다. 병이 들자마자 가장 먼저 그리스도께로 나아가십시오. 마리아와 마르다처럼 말입니다. 이 생을 마감할 때까지 그리스도를 주목하십시오. 그리스도만이 알 가치가 있는 분입니다. 그분을 더 잘 알수록 더 많이 사랑하게 될 것입니다. 그러면 그분과의 친밀한 교제를 누릴 수 있습니다.

셋째, 모든 그리스도인에게 말합니다. 병으로 신음할 때야말로 우리가 참으로 하나님을 영화롭게 할 수 있는 때임을 잊지 마십시오. 그럴 때일수록 하나님의 손에 자신을 맡기고 잠잠히 기다리십시오.

이 부분은 너무나 중요합니다. 신자라도 병이 들면 그 마음이 쉽게 무기력해집니다. 사탄은 의심과 의문의 화살들을 쏘아 대느라 분주합니다! 예기치 않게 병으로 몸져눕게 되고 가만히 앉아 있을 수밖에 없게 된 하나님의 자녀들이 금방 우울하고 의기소침해지는 모습을 많이 보아 왔습니다. 경건한 사람도 금세 자학에 빠지곤 합니다. "하나님이 나를 버리셨다. 하나님은 더 이상 나를 돌보지 않으신다"와 같은 우울한 생각에 사로잡힙니다.

병으로 신음하는 모든 신자에게 간청합니다. 건강할 때와 마찬가지로 병들었을 때 역시 우리는 하나님을 영화롭게 해야 할 신자임을 잊지 마십시오. 병이 들어 고통에 시달리고 신음하면서도 잠잠히 하나님을 기다리기 위해서는, 여기저기 분주하게 다니며 많은 위대한 일들을 이루어 낼 때보다 하나님의 은혜가 더 많이 필요합니다. 그리스도께서는 신자가 병들었을 때도 그들이 건강할 때와 다름없이 그들을 돌보십니다. 심지어 신자들이 심한 징계 아래 있다고 느끼는 때조차도 하나님은 진노가 아닌 사랑으로 그들을 대하십니다. 자신의 모든 연약한 지체를 향해 그리스도께서 품으시는 사랑과 연민을 기억하십시오. 자신의 지체들을 항상 돌보시는 분이 그들이 병중에 있는 때 더욱 잘 돌보시지 않으시겠습니까! 그리스도께서도 이 땅에서 인간의 모든 연약함과 질고를 겪으셨습니다. 아픈 사람의 마음이 어떤지 속속들이 아십니다. 이 땅에 계시는 동안 "백성 중의 모든 병과 모든 약한 것을 고치"셨습니다(마 4:23). 이 땅에 계시는 동안 병중에 있는 사람들에게 특별한 연민을 보이셨습니다. 그것은 지금도 마찬가지입니다. 건강할 때보다 병들었을 때 신자는 그리스도를 더욱 닮아 갑니다. 그리스도께서는 "우리의 연약한 것을 친히 담당하시고 병을 짊어지셨"습니다(마 8:17). 주 예수님은 "질고와 슬픔을 아는 분"이셨습니다. 자기에게 닥친 고난을 믿음으로 감당할 때만큼 그리스도의 제자들이 고난 받으신 구주의 마음을 가장 잘 배울 수 있는 기회도 없습니다.

마지막으로, 격려의 말로 이 글을 마치겠습니다. 하나님께서 이 말을 모든 신자의 마음에 새겨 주시기를 진심으로 기도합니다. 그리스도와 친밀히 교제하는 습관을 가지되, 사람들이 말하는 것처럼 "너무 지나치게" 믿게 될까 하는 우려는 아예 하지 마십시오. 병중에서도 마음에 "큰 화평"을 누리고 싶다면 이 말을 잘 기억하고 그대로 행하십시오.

실천적인 기독교 신앙의 수준을 낮추고 그리스도인의 삶에 대한 이른바 "극단적인 견해"를 거부하는 경향이 기독교 진영 내에 있는 것을 보아 왔습니다. 심지어 신앙이 있다고 하는 사람조차 자신의 신앙을 위해 세속적인 사람들로부터 떨어져 나온 사람들을 "배타적이고, 편협하고, 까다롭고, 사랑이 없고, 매정한 마음을 가진" 사람들로 매도합니다. 이 글을 읽는 그리스도 안에 있는 모든 신자는 이런 비난에 영향 받거나 동참하지 않도록 조심해야 합니다. 이 사망의 골짜기를 빛 가운데 지나가기를 바라는 사람은 "자기를 지켜 세속에 물들지" 않도록 하고, "하나님을 온전히 따라"가며, 하나님과 동행해야 합니다. 꼭 그렇게 해야 합니다(약 1:27, 민 14:24).

많은 사람들이 기독교 신앙을 가졌다고 하면서도 병들거나 고통을 당할 때 신자가 마땅히 누릴 위로를 거의 누리지 못하는 것은 그들의 신앙에 철저함이 없기 때문입니다. 오늘날 많은 사람들에게 호응을 얻고 있는 "이도 저도 아닌" 신앙, "모든 사람의 비위를 맞춰 가는" 신앙은 정작 하나님께는 모욕적인 것입니다. 죽음의 침상에서 벨 베개 속에 가시를 넣어 놓는 격입니다. 많은 사람들이 이런 사실을 모르고 지내다가 마침내 그것을 깨닫게 되지만 그때는 너무 늦습니다. 이런 신앙이 가진 필연적인 약점과 무기력함은 평소에는 잘 드러나지 않고 인정하기도 쉽지 않지만, 병상에서만큼은 그 정체가 확연히 드러납니다.

위로가 절박한 때에 "큰 안위"를 얻기 위해서는 그리스도와 연합한 사실로만 만족해서는 안 됩니다(히 6:18). 그리스도와 가슴으로 누리는 경험적인 연합과 교제가 무엇인지 맛보아 알아야 합니다. "연합"과 "교제"는 별개입니다. 그리스도와의 "연합"을 아는 수많은 사람들이 그분과의 "교제"가 무엇인지는 모릅니다.

병마와 길게 씨름한 후 마침내 약도 듣지 않고 죽음 외에 남은 것이 없을 때가 올 것입니다. 친구들이 둘러서 있지만 전혀 도움이 되지 못합니다. 위로의 말을 듣고 사랑하는 사람들을 보아도 전혀 위로가 되지 못합니다. 심지어 기도의 능력조차 우리에게 위로를 주지 못할 때가 옵니다. 세상과 그 그림자가 우리 발밑에서 녹아내립니다. 영원과 그 실체가 우리 마음에 어렴풋이 깃들기 시작합니다. 이런 시험의 때에 무엇이 우리를 붙들어 줄 수 있겠습니까? 무엇이 우리로 하여금 "내가……해를 두려워하지 않을 것은"이라고 되뇌게 하겠습니까?(시 23:4) 그리스도와의 친밀한 교제 외에는 없습니다. 믿음으로 우리 안에 거하시는 그리스도, 오른팔로 우리의 머리를 감싸 안으시는 그리스도, 바로 곁에 앉아 계시는 그리스도만이 최후의 분투에 완전한 승리를 가져다주십니다.

그리스도께 더 가까이 나아갑시다. 그분을 마음으로 더 사랑합시다. 더욱 철저하게 그분만을 위해 살아갑시다. 더 분명하게 그분을 본받읍시다. 더 담대하게 그분께 우리 죄를 고백합시다. 더 온전히 그분의 발자취를 따라갑시다. 이런 신앙은 항상 그에 걸맞은 상급을 줍니다. 세상 사람들은 물론 이런 신앙을 비웃을 것입니다. 연약한 형제들은 지나친 신앙이라고 생각할 것입니다. 하지만 이런 신앙이 끝까지 이깁니다. 심지어 꼭 병으로 씨름하는 어둔 골짜기가 아니더라도 선명하게 빛을 보는 때가 많습니다. 병들었을 때 우리를 위로로 감싸 안습니다. 화평을 가져다줍니다. 오는 세상에서는 영원히 사그라지지 않는 영광의 면류관을 받을 신앙입니다.

시간은 금방 지나갑니다. 이 세상의 풍조는 지나갑니다. 몇 번만 더 아프면 모든 것이 다 끝날 것입니다. 몇 번만 더 장례식에 참석하고 나면 드디어 우리 차례가 옵니다. 몇 차례만 풍랑을 더 견디면 안전한 포구에 들어갈 수 있습니다. 우리는 지금 더 이상 질병도 없고, 사별이나 고통이나 울부짖음이나 슬픔이 없는 곳을 향해 가고 있습니다. 해가 갈수록 천국은 더 많은 사람들로 채워져 가고, 이 세상은 텅 비어 갈 것입니다. 먼저 간 친구들이 남아 있는 친구들보다 더 많아지고 있습니다. "잠시 잠깐 후면 오실 이가 오시리니 지체하지 아니하시리라"(히 10:37). 그분 앞에는 충만한 기쁨이 있습니다. 그리스도께서 그분 백성의 눈에서 모든 눈물을 닦아 주실 것입니다. 멸망해야 할 마지막 원수는 사망입니다. 그리고 그렇게 될 것입니다. 그런 날이 반드시 옵니다(계 20:14).

그때까지 하나님의 아들을 믿는 믿음으로 살아갑시다. 온전히 그리스도를 의지하고 그분은 영원히 사시는 분이라는 사실을 기뻐합시다.

그렇습니다. 하나님을 찬양합니다! 우리는 죽더라도 그리스도는 살아 계십니다. 친구와 가족들이 무덤으로 내려가더라도 여전히 그리스도는 살아 계십니다. 사망을 이기시고, 복음으로 생명과 불멸을 도래하게 하신 그분이 살아 계십니다. "사망아, 네 재앙이 어디 있느냐. 스올아, 네 멸망이 어디 있느냐"고 하신 분이 살아 계십니다(호 13:14). 어느 날 우리의 죽을 몸을 홀연히 변화시켜서 자신의 영광스러운 몸과 같이 되게 하실 분이 살아 계십니다. 사나 죽으나, 병들 때나 건강할 때나 담대하게 그리스도를 의지합시다. 앞서 간 우리 조상과 더불어 날마다 "우리 주 예수 그리스도로 말미암아 하나님께 감사하리로다!"라고 외치는 것이 마땅합니다(롬 7:25).

16장
하나님의 가족

하늘과 땅에 있는 각 족속에게 이름을 주신 아버지. (엡 3:14-15)

가족이라는 말은 항상 우리 마음에 특별한 감정을 불러일으킵니다. 이 땅에 사는 사람들 가운데 어떤 식으로든 "가족"의 일원이 아닌 사람이 없습니다. 부자나 가난한 사람 할 것 없이 모두가 일가친척이 있습니다. 그들을 일컬어 가족이라고 합니다.

일 년 중에는 크리스마스처럼 가족이 함께 모이는 특정한 때가 있습니다. 그때가 되면 흩어져 살던 가족이 함께 모여 난롯가에 옹기종기 둘러앉아 그동안 살아온 이야기를 서로 주고받습니다. 직장 때문에 도시에 살던 젊은이들도 며칠 휴가를 내어 부모나 어른들이 계시는 시골집으로 돌아옵니다. 길지 않은 시간이지만 형제자매들이 함께 만납니다. 부모 자식 간에 서로 얼굴을 쳐다보며 복되고 즐거운 시간을 보냅니다. 많은 대화들이 오갑니다! 그동안의 삶에 대해 물어볼 것들이 참 많습니다! 서로의 삶에 대한 흥미로운 이야기들이 쏟아집니다! 크리스마스를 맞아 오랜만에 난롯가에 "온 가족"이 둘러앉아 이야기꽃을 피우는 모습은 행복 그 자체입니다.

가족이 서로 모이는 것은 자연스럽고 바르고 선한 일입니다. 이들이 밤새 도란도란 이야기를 나누는 모습은 정겹습니다. 타락한 인간이 여전히 누리는 몇 안 되는 선한 즐거움 가운데 하나입니다. 이 죄악된 세상에서 하나님의 은혜 다음으로 가족애만큼 사람들을 서로 하나 되게 하는 원리도 없습니다. 본성적인 인간 사회에서 혈연이야말로 가장 강력한 연대의 고리입니다. 중국의 태고 항에서 싸우고 있는 영국 수병들을 도와야 한다고 재촉하는 부하들에게 미 해군장교는 이렇게 말했습니다. "당연히 이들을 도와야 한다. 피는 물보다 진하다." 자신의 가족을 위해 사람들은 목소리를 높입니다. 다른 이유는 없습니다. 가족이기 때문입니다. 그들에 대한 부정적인 말은 들으려 하지 않습니다. 심지어 평소에 자신이 전혀 관심 갖지 않는 일이라도 일단 가족의 일원이 관련되면 달라집니다. 무엇이 되었든지 가족애를 고양시킬 수 있는 것이라면 권할 만합니다. 할 수만 있으면 크리스마스 때 "온 가족"이 함께 모이는 것은 지혜로운 일입니다.

이렇게 온 가족이 모인다고 좋은 일만 있는 것은 아닙니다. 이 세상에서 그렇지 않다면 오히려 이상할 것입니다. 만나서 좋기만 한 가족을 찾아보기란 정말 쉽지 않습니다. 해가 갈수록 가족 간의 관계가 소원해지고 빈자리가 늘어납니다. 시간이 감에 따라 겪을 수밖에 없는 여러 가지 변화와 가족 구성원의 죽음은 더욱 슬픈 그림을 만들어 냅니다. 나이가 들수록 더 이상 우리와 함께할 수 없는 가족의 얼굴과 목소리가 떠오를 것입니다. 아무리 크리스마스가 즐거워도 곁을 떠난 가족에 대한 그리움은 완전히 사그라지지 않습니다. 행복한 한때가 가고 자녀들이 다시 자신들의 일상으로 떠나고 나면, 연만한 부모는 자녀들이 또다시 모일 때까지 오랜 시간을 그리움으로 보내게 될 것입니다. 그리고 때가 되면 "온 가족"이 모이는 일조차 뜸해질 것입니다.

여러분 가운데 한 사람도 빠짐없이 속하게 되기를 바라는 가족이 있습니다. 많은 사람들의 멸시를 받는 가족입니다. 심지어 이런 가족이 있다는 사실조차 모르는 사람들이 많습니다. 하지만 이 땅에 존재하는 어느 가족보다 중요한 가족입니다. 이 가족 구성원이 되면 왕의 아들이 되는 것과는 비교할 수 없는 특권을 누립니다. 사도 바울이 에베소서에서 "하늘과 땅에 있는 각 족속에게 이름을 주신"이라는 말로 대변되는 가족입니다.

우리가 여기서 함께 살펴보려고 하는 것이 바로 하나님의 가족입니다. 하나님의 가족이 된 사람이 누리는 놀라운 은택이 무엇인지 보겠습니다. 하늘과 땅에 흩어져 있던 이 가족이 모두 모이게 되는 그날, 다시 흩어지거나 나뉘지도 않고 눈물과 슬픔도 없이 함께 만나게 될 그날에 여러분도 그 속에서 함께 발견될 수 있기를 바랍니다. 제가 말씀을 맡은 그리스도의 목사요 여러분 영혼의 벗으로서 성경이 말씀하는 "하늘과 땅에 있는 한 가족"에 대해 말할 테니 잘 들어 보십시오. 여기서 우리가 살펴볼 것은 세 가지입니다.

1. 이 가족의 구성원이 누구인지 살펴보겠습니다.
2. 이 가족이 현재 어떤 모습인지 살펴보겠습니다.
3. 이 가족의 장래는 어떠한지 살펴보겠습니다.

이 땅의 가족 관계는 끝나는 날이 옵니다. 누구나 이 땅에서 보내게 될 마지막 크리스마스가 있기 마련입니다. 하나님을 대면할 소망으로 자신의 마지막 크리스마스를 보낼 수 있는 사람은 복이 있습니다!

1. 성경이 "하늘과 땅의 한 가족"이라고 부르는 가족이 가리키는 것은 무엇입니까? 이 가족을 이루는 구성원은 누구입니까?

모든 진정한 그리스도인으로 구성된 가족입니다. 성령이 내주하시는 모든 그리스도인입니다. 그리스도를 믿는 모든 참된 신자입니다. 모든 세대와 교회와 나라와 방언의 성도들입니다. 신실한 사람들로 이루어진 복된 모임입니다. 하나님이 택하신 자들과 같은 말입니다. 믿음의 권속들입니다. 그리스도의 신비로운 몸입니다. 그리스도의 신부입니다. 산 성전으로 지어져 가는 자들입니다. 결코 멸망하지 않을 양 무리입니다. 장자들의 교회입니다. 거룩한 보편 교회입니다. 이 모든 표현은 다름 아닌 "하나님의 가족"을 뜻합니다.

하나님의 가족 구성원이 되는 것은 이 땅에서 맺는 본성적인 관계와 전혀 상관이 없습니다. 자연적인 출생이 아닌 새로운 출생으로 하나님의 가족이 됩니다. 목사가 회중에게 나누어 줄 수 있는 것이 아닙니다. 아무리 사랑이 많은 부모라도 자녀에게 줄 수 있는 것이 아닙니다. 교회에서 시행되는 모든 은혜의 방편을 풍성하게 누릴 수 있는 믿는 집안에서 태어난다고 하나님의 가족이 되는 것도 아닙니다. 반드시 거듭나야 합니다. 성령만이 하나님의 가족의 산 지체가 되게 합니다. 구원받을 사람을 참된 교회로 이끄는 것은 성령이 하시는 특별한 직분이요 권세입니다. 거듭난 자들은 하나같이 "혈통으로나 육정으로나 사람의 뜻으로 나지 아니하고 오직 하나님께로부터 난 자들"입니다(요 1:13).

그러면 왜 성경은 참된 그리스도인의 모임을 하나님의 가족으로 부르는지 생각해 본 적이 있습니까? 왜 이들을 "가족"이라 부르는지 궁금합니까? 잘 들어 보십시오.

첫째, 한 아버지를 모셨기 때문입니다. 그리스도 예수를 믿음으로 이들은 모두 하나님의 자녀입니다. 한 성령으로 난 자들입니다. 전능하신 하나님의 아들딸입니다. 양자의 영을 받아 하나님을 아바 아버지라 부르는 자들입니다(갈 3:26, 요 3:8, 고후 6:18, 롬 8:15). 하나님을 아버지로 아는 이들은 항상 자신을 벌주려고 벼르고 있는 완고한 주인을 대하듯 하나님을 대하지 않습니다. 하나님을 대할 때 이들은 예수님을 모든 믿는 자의 죄와 악을 용서하시고, 가장 미약한 자를 향한 연민으로 가득한 자애롭고 화목한 부모를 대하듯 합니다. 주기도문의 첫마디인 "하늘에 계신 우리 아버지"라는 부름은 그리스도인들이 입에 발린 말로 하는 것이 아닙니다. 그러므로 이들을 하나님의 "가족"이라 하는 것은 당연합니다.

둘째, 한 이름을 기뻐하는 자들이기 때문입니다. 그 이름은 바로 이들의 위대한 머리요 만형인 주 예수 그리스도입니다. 하이랜드에서 씨족의 성이 모든 구성원을 하나로 이어 주는 고리가 되는 것처럼, 예수님의 이름은 모든 신자를 하나의 거대한 가족으로 묶어 줍니다. 신자들은 이 땅의 가시적인 교회를 구성합니다. 교회마다 이름이 다르기는 하지만, 그리스도의 산 지체로서 이들은 모두 한 마음과 한 생각으로 한 구주를 기뻐합니다. 이들 중 어느 하나도 예수님을 유일한 소망으로 품지 않은 사람이 없습니다. 어느 한 사람도 "그리스도가 니의 모든 것이다"라고 말하지 않을 사람이 없습니다. 자신들을 위해 십자가에서 죽으신 그리스도를 생각하는 것이 그렇게 달콤할 수가 없습니다. 하나님의 보좌 우편에서 지금도 자신들을 위해 중보하시는 그리스도에 대한 생각에 행복해 합니다. 신자들로부터 그리스도의 이름을 앗아 가느니 차라리 하늘에서 해를 가져가라고 할 사람들입니다. 세상 사람들이 보기에 그리스도의 이름은 아무것도 아니겠지만, 신자들에게는 모든 위로와 소망과 안식과 평강으로 넘쳐 나는 이름입니다. 그러므로 어찌 이들을 "한 가족"이라고 하지 않을 수 있겠습니까!

셋째, 가족만이 가질 수 있는 공통점이 많기 때문입니다. 한 성령의 인도를 받아 사는 이들은 삶과 마음, 기호, 성품에서 동일한 보편적인 표지가 나타납니다. 한 가정의 형제자매들이 서로 닮는 것처럼, 전능하신 하나님의 아들딸들 역시 서로 닮은 구석이 많습니다. 이들은 모두 죄를 미워하고 하나님을 사랑합니다. 그리스도께 구원의 소망을 둡니다. 자신을 의지하지 않습니다. 세속에서 "나와 따로 있고" 위의 것을 바라보기 위해 진력합니다. 이들은 모두 본성적으로 동일한 성경을 자기 영혼의 양식과 천국을 향해 나아가는 순례 여정의 유일하고도 확실한 안내자로 여기고 부지런히 묵상합니다. 시편기자가 하나님의 말씀을 "내 발에 등이요 내 길에 빛이니이다"라고 고백한 것처럼 말씀에 대한 동일한 고백을 합니다(시 119:105). 기도할 때도 같은 은혜의 보좌로 나아갑니다. 호흡하는 것만큼이나 하나님께 기도드리는 것을 소중히 여깁니다. 날마다 변함없는 규칙인 하나님의 말씀을 부여잡고 이 말씀이 가르치는 바를 따라 살기 위해 애씁니다. 내면에서도 동일한 체험을 합니다. 회개와 믿음, 소망, 사랑, 겸손, 내면의 싸움은 정도에는 차이가 있지만 모든 신자가 예외 없이 겪는 것들입니다.

참된 신자들 안에서 공통적으로 드러나는 이런 동질성에 주목할 필요가 있습니다. 기독교 신앙의 진리성에 대한 가장 강력한 간접적인 증거 가운데 하나이기 때문입니다. 성령 역사의 실체를 말해 주는 가장 위대한 증거 가운데 하나이기도 합니다. 문명화된 사회에 사는 그리스도인도 있고, 또 그렇지 못한 그리스도인도 있습니다. 교육을 잘 받은 그리스도인도 있고, 읽는 것조차 하지 못하는 그리스도인도 있습니다. 부자가 있는가 하면 가난한 그리스도인이 있습니다. 국교도인 그리스도인이 있는가 하면 비국교도인 그리스도인도 있습니다. 나이든 그리스도인이 있는가 하면 젊은 그리스도인도 있습니다. 하지만 이 모든 차이에도 불구하고 이들은 모두 놀라울 정도로 같은 마음과 같은 성품을 가지고 살아갑니다. 이들이 누리는 기쁨과 슬픔, 사랑과 증오, 소망과 두려움은 모두 신기할 정도로 동일합니다. 이런 중요한 특징들에 대해 사람들이 어떻게 생각하든, 저는 여기서 하나님이 역사하시는 분명한 증거를 봅니다. 하나님의 역사는 항상 동일합니다. 시대나 장소나 사람이나 환경에 따라 달라지지 않습니다. 그러므로 참된 그리스도인들을 "한 가족"에 비유하는 것은 전혀 이상한 일이 아닙니다.

회심한 영국 사람과 힌두교에서 회심한 인도 사람을 서로 대면시켜 보십시오. 확신하건대, 서로 말이 통한다면 곧 서로 간에 닮은 점이 많다는 것을 깨닫고 처음 만난 사이임에도 서로를 아주 편하게 느낄 것입니다. 한 사람은 이튼스쿨이나 옥스퍼드에서 자라 영국 사회의 모든 특권을 누렸고, 다른 사람은 철저한 이교 사회 한가운데서 자랐습니다. 그래서 습관이나 삶의 방식에서 보면 이 두 사람은 빛과 어둠이 다른 것만큼이나 다를 수밖에 없습니다. 하지만 이 두 사람이 처음 만나고 반 시간이 지난 뒤 보십시오. 벌써 정겨운 친구가 되어 있을 것입니다! 영국 그리스도인은 자신과 함께 자라고 공부했던 동료 학생이나 대학 친구보다 이 인도 그리스도인에게서 자신과 더 많은 공통점을 발견할 것입니다! 이 일을 어떻게 설명할 수 있습니까? 성경을 통한 성령의 가르침의 통일성 때문이라고 이야기할 수밖에 없습니다. 온 세상 사람들을 한 가족으로 부르시고 만들어 가시는 (본성이 아닌) 은혜의 손길이 머물기 때문입니다. 그러므로 하나님의 백성이야말로 가장 고상한 의미에서 "한 가족"입니다.

우리가 여기서 주목하고자 하는 바가 바로 그리스도인이 누리는 가족됨입니다. 저는 여러분 모두가 이 가족에 속하기를 바랍니다. 이런 사실을 한 번도 생각해 본 적이 없다면 이 글을 계기로 숙고해 보기를 바랍니다. 이 가족의 아버지가 누구신지 보았습니다. 우리 주 예수 그리스도의 아버지 하나님이십니다. 이 가족의 머리와 맏형이 누구신지 보았습니다. 이 가족의 구성원이 된 사람들은 한 가지 위대한 동질성을 나타냅니다. 다시 말하지만 이 글을 계기로 하나님의 가족됨을 깊이 숙고하기를 바랍니다.

기억하십시오. 이 가족 밖에서는 구원이 없습니다. 이 가족에 속하는 것만이 천국에 이르는 유일한 길이라고 성경은 말씀합니다. 우리 영혼의 구원은 어떤 교회에 속하고 다른 교회를 떠나는 데 달려 있지 않습니다. 어느 한 교회나 교파에 속한 것으로 구원을 받는다고 생각하는 사람은 속고 있는 것입니다. 그런 생각이 속임수였음을 발견할 날이 올 것입니다. 하지만 그때는 너무 늦습니다. 그렇습니다. 우리 영혼의 생명은 이런 것보다 훨씬 더 중요한 것에 따라 좌우됩니다. 한 이름을 받은 "하늘과 땅에 있는 각 족속"에 속하는 것만이 곧 영생을 얻는 길입니다.

2. 다음으로, 한 가족으로 부름받은 "하늘과 땅에 각 족속"이 있는 현재의 자리가 어디인지 살펴보겠습니다.

우리가 주목하는 이 가족은 크게 두 부분으로 나뉘어 살아갑니다. 각각 거하는 거처가 있습니다. 이 가족의 한 부분은 하늘에 거하고 다른 한 부분은 땅에 거합니다. 지금은 이처럼 서로 전혀 다른 곳에서 살아갑니다. 하지만 하나님의 목전에 이들은 한 몸을 이룹니다. 한 몸으로 온전히 연합할 날이 오고 있습니다.

하늘과 이 땅 외에 다른 곳은 없다고 성경은 말씀합니다. 기억하십시오. 제3의 자리는 없습니다. 연옥 같은 곳은 없습니다. 참된 그리스도인이 아닌 사람이 죽으면 가서 죄를 없애고, 다시 훈련을 받으며, 다시 그리스도인이 될 기회를 갖는 곳은 없습니다! 그리스도인이 거하는 자리는 두 곳뿐입니다. 눈에 보이는 이 땅과 우리 눈에는 보이지 않는 천국입니다. 아직 천국에 이르지 않은 가족은 이 땅에 있습니다. 그리고 이 땅을 떠난 가족은 천국에 있습니다. 하나님의 한 가족이 머무는 자리는 오직 이 두 곳뿐입니다. 잊지 마십시오.

하늘에 있는 가족은 안전합니다. 주 예수께서 "낙원"이라고 분명히 말씀하신 곳에서 안식을 누립니다(눅 23:43). 이들은 이 땅에서의 경주를 마친 신자들입니다. 자신의 싸움을 다 싸웠습니다. 주어진 역사를 마치고 배울 것을 다 배운 사람들입니다. 자기 십자가를 다 진 사람들입니다. 모진 풍파가 이는 바다와 같은 세상을 지나 마침내 안전한 포구에 이른 사람들입니다. 이들이 지금 어떻게 무엇을 하며 있는지 잘 알지는 못합니다. 다만 분명한 점은, 이들은 지금 더없이 행복할 것이라는 사실입니다. 이들은 죄와 시험으로 인한 어려움을 당하지 않아도 됩니다. 가난과 염려와 고통과 질병과 슬픔과 눈물에 영원히 작별을 고한 사람들입니다. 지금 이들은 자기들을 사랑하사 자기 몸을 내어주신 그리스도와 함께 있습니다. 그런 이들이 행복하지 않을 수 있겠습니까?(빌 1:23) 더 이상 두려운 마음으로 자신의 과거를 돌아보지 않습니다. 긴장과 두려움을 가지고 장래를 바라지 않아도 됩니다. 이들이 누리는 행복을 완성하기 위해 이제 세 가지 일만 이루어지면 됩니다. 그리스도께서 영광 중에 세상에 다시 임하시는 것과, 이들의 몸이 무덤에서 일어나는 것, 하늘은 물론 땅의 모든 신자가 모이는 것입니다. 그리고 이 세 가지 일은 반드시 일어날 일로 알고 전혀 의심하지 않습니다.

하나님의 가족의 일부는 아직 이 땅에 있습니다. 이 악한 세상 여기저기에 흩어져 살고 있습니다. 각자가 받은 은혜의 분량을 따라 같은 길을 걷고 있습니다. 모두가 각자의 자리에서 믿음의 경주를 하고 있습니다. 믿음의 싸움을 싸웁니다. 십자가를 지고 살아갑니다. 죄와 싸우고 마귀를 대적합니다. 육체를 십자가에 못 박고, 세상과 싸우며, 그리스도를 증거합니다. 자기 마음의 죄에 대해 아파합니다. 미약하지만 자기 영혼의 구원을 완성하기 위해 말씀을 듣고, 읽으며, 또 그 말씀을 따라 기도하기를 쉬지 않습니다. 각자 자신이 진 십자가가 가장 무겁고 자기가 맡은 일이 가장 힘들고 자기 마음이 가장 괴로운 것처럼 생각할 때도 많지만, 어쨌든 자기 앞에 주어진 길을 묵묵히 믿음으로 걸어갑니다. 이런 그들의 모습이 세상 사람들에게는 의아하게 다가갈 뿐입니다. 가끔 그렇게 살아가는 본인들조차 고개를 갸우뚱할 때가 있습니다.

그러나 아무리 사는 자리가 달라도 이들은 여전히 한 가족입니다. 모두가 동일한 성품에 참여한 사람들입니다. 그 기업과 소유가 같고 하나님과 누리는 관계가 같습니다. 물론 언뜻 보면 하늘에 있는 성도들이 이 땅에 있는 성도들보다 더 행복해 보이는 것은 사실입니다. 하지만 이런 차이는 본질적인 차이가 아닙니다. 정도의 차이일 뿐입니다.

첫째, 이들은 모두 같은 구원자를 사랑합니다. 동일한 하나님의 완벽한 뜻을 기뻐합니다. 하지만 이 땅에 있는 신자들의 사랑이 보다 불완전하고 굳건하지 못한 것은 사실입니다. 또한 이들은 눈으로 보는 것을 따라 살지 않고 믿음의 눈으로 보는 것을 따라 삽니다. 하늘에 있는 성도들은 연약함이나 의심이나 나눔이 없는 사랑으로 하나님을 사랑합니다. 믿음이 아닌 눈으로 직접 보고 누리며 삽니다. 그렇게 보는 모든 것은 땅에 있는 성도들과 마찬가지로 이전에 믿었던 것들입니다.

둘째, 이들 모두가 성도입니다. 하지만 이 땅에 있는 성도들은 항상 "육체의 소욕은 성령을 거스르고 성령은 육체를 거스르나니 이 둘이 서로 대적함으로 너희가 원하는 것을 하지 못하게 하려"는 것을 보면서 이 땅을 지나가야 하는 순례자들입니다(갈 5:17). 악한 세상의 한가운데를 지나가야 하기 때문에 자기 자신의 모습과 자신을 둘러싼 죄악에 진절머리를 칠 때가 많습니다. 반면, 하늘에 있는 성도들은 세상과 육체와 마귀로부터 완전히 구원을 받고 영광스러운 자유를 누립니다. 그래서 성경은 이들을 "온전하게 된 의인의 영들"이라고 말씀합니다(히 12:23).

셋째, 이들은 모두 동일하게 하나님의 자녀입니다. 하지만 하늘에 있는 자녀들은 이 땅에서 배워야 할 것들을 이미 다 배웠습니다. 주어진 일을 모두 마쳤습니다. 영원한 안식을 맛보고 있습니다. 이 땅에 있는 성도들은 아직 학교가 끝나지 않았습니다. 날마다 지혜를 배웁니다. 더디기도 하고 어려움도 많습니다. 때로 징계와 채찍으로 지난날의 교훈을 되새겨야 할 때도 있습니다. 이들의 안식은 현재형이 아닌 미래형입니다.

넷째, 이들 모두가 하나님의 용사입니다. 하지만 이 땅의 용사들은 여전히 전쟁 중입니다. 이들의 싸움은 아직 끝나지 않았습니다.

날마다 하나님의 전신갑주를 새롭게 입어야 합니다. 하늘에 있는 용사들은 모두 승리한 자들입니다. 이제 어떤 원수도 이들에게 해를 가하지 못합니다. 마귀의 불화살도 이들에게는 미치지 못합니다. 투구를 벗고 방패를 내려놓아도 됩니다. 마침내 성령의 검인 말씀을 향하여 "네 칼집에 들어가서 가만히 쉴지어다"라고 말할 수 있게 되었습니다(렘 47:6). 깨어 조심할 필요가 없이 마침내 편히 앉아서 쉴 때가 온 것입니다.

마지막으로, 이들은 모두 동일하게 안전합니다. 하늘에 있다고 더 안전하고 이 땅에 있다고 덜 안전하지 않습니다. 놀랍게 들릴지 모르지만, 사실입니다. 그리스도께서는 하늘에 있는 지체들을 돌보시는 만큼 이 땅을 지나가는 지체들을 돌보십니다. 아무리 연약한 성도라 해도 그리스도의 손에 있는 그를 빼앗아 가는 것보다 차라리 하늘에서 별을 따는 것이 쉽습니다. 하늘과 땅에 있는 성도들 모두 동일하게 안전합니다. "영원한 언약을 세우사 만사에 구비하고 견고하게 하신" 하나님으로 인해 안전하게 되었습니다(삼하 23:5). 이 땅의 지체들은 육신의 무거운 짐과 믿음의 희미한 불빛 때문에 자신들이 얼마나 안전한지 잘 보지 못하고 알지 못하고 느끼지 못할 때가 많습니다. 하지만 이들은 모두 "말세에 나타내기로 예비하신 구원을 얻기 위하여 믿음으로 말미암아 하나님의 능력으로 보호하심을 받았"습니다(벧전 1:5). 그러므로 본향에 다다른 성도들만큼이나 아직 본향으로 가는 여정에 있는 성도들 역시 안전합니다. 마지막 날에는 한 명도 잃어버린 사람이 없을 것입니다. 한 그리스도인의 시 구절이 이 사실을 잘 노래하고 있습니다.

하늘에 있는 영화롭게 된 영들아,
우리보다 더 행복하지만 더 안전한 것은 아니다.

이 부분을 마무리하기 전에 여러분이 현재 하나님의 가족이 어디에 자리하고 있는지 충분히 알고, 이 사실을 합당하게 숙고할 것을 당부합니다. 눈에 보이는 성도들이 하나님의 가족의 전부인 것처럼, 그들이 누리는 특권이 전부인 것처럼 생각하지 말아야 합니다. 이 땅에서는 소수의 성도들만 볼 수 있을 뿐입니다. 하지만 이미 수많은 성도들이 안전하게 하늘에 다다랐고, 마지막 날에는 이들이 모두 만나 "아무도 능히 셀 수 없는 큰 무리"를 이룬다는 사실을 잊지 말아야 합니다(계 7:9). 여러분은 단지 이 땅에서 분투하고 있는 일부 성도들만 볼 뿐입니다. 더 많은 가족들은 이미 하늘에서 영원한 안식 가운데 있음을 기억해야 합니다. 여러분은 지금 승리한 가족이 아닌 믿음으로 싸워 가는 가족을 보고 있을 뿐입니다. 십자가를 지고 가는 가족이지 낙원에서 안전한 가족이 아닙니다. 하나님의 가족은 여러분이 생각하는 것보다 훨씬 더 부요하고 영화롭습니다. 제 말을 믿으십시오. "땅과 하늘에 있는" 하나님의 가족에 속하는 것은 결코 작은 일이 아닙니다.

3. 마지막으로, 하늘과 땅에 있는 하나님의 가족의 장래에 대해 살펴보겠습니다.

이 땅에 있는 가족의 장래를 이야기한다고 할 때, 이 말에는 상당히 많은 불확실성이 내포되어 있을 수밖에 없습니다! 우리에게 무슨 일이 어떻게 닥칠지 누가 이야기할 수 있겠습니까! 우리가 세상을 떠날 때, 우리의 자녀들이 맞닥뜨려야 할 분리와 시험과 슬픔을 우리가 알 수 없다는 것은 크나큰 긍휼입니다. "하루 동안 무슨 일이 일어날지" 알 수 없다는 것도 긍휼이지만, 앞으로 다가올 이십 년 동안 무슨 일이 일어날지 알지 못하는 것은 더욱 큰 하나님의 긍휼입니다(잠 27:1). 우리의 가족과 소유에 앞으로 무슨 일이 일어날지 안다고 해보십시오. 이로 인한 슬픔과 근심으로 많은 가족들이 지금처럼 행복하게 모이지 못할 것입니다. 가족모임이 우울과 근심과 한숨으로 가득할 것입니다! 지금은 부모를 기쁘게 하는 착한 소년도 탕자의 발자취를 따라가서 영영 돌아오지 못하게 될지 모릅니다! 어머니의 마음의 기쁨이 되는 예쁜 딸도 몇 년 후면 자신이 원하는 사람을 만나 결혼한다고 고집을 부리게 될지 모릅니다! 가족 구성원에게 갑작스럽게 질병이 찾아올 수도 있습니다. 그것을 속수무책으로 지켜보아야 하는 다른 가족은 말할 것도 없고, 병에 걸린 본인의 삶이 얼마나 힘겹고 고달프게 될지 생각해 보십시오! 유산이나 재산 문제로 얼마나 많은 분리와 다툼이 생기는지 보십시오! 함께 뒹굴며 자라던 자녀들이 단 몇 파운드 때문에 평생 등을 돌리고 다시 만나지 않으려는 경우가 얼마나 많습니까! 이 땅의 가정들에 흔히 일어나는 일들을 생각해 볼 때 "장래에 어떤 일이 일어날지" 안다는 것은 썩 유쾌한 일이 아닙니다. 단적으로 지금은 크리스마스라고 온 가족이 모여 있지만 어쩌면 온 가족이 모이는 것이 마지막이 될 가정들이 수백, 수천 개는 될 것이라는 사실만 생각해 보아도 그렇습니다.

하지만 하나님께 감사한 것은 이런 가족과는 "장래"가 전혀 다른 한 위대한 가족이 있다는 사실입니다. 여러분이 주목하기를 바라는 가족이 바로 이 가족입니다. 하나님의 가족의 장래는 전혀 불확실하지 않습니다. 오히려 행복하고 좋은 일들만이 이들을 기다리고 있습니다. 어떤 좋은 일들이 이들을 기다리고 있는지 나열해 보겠습니다. 잘 들어 보십시오.

첫째, 하나님의 가족은 모두 안전하게 본향에 다다를 것입니다. 이 땅에서는 흩어져 고난을 당하기도 하고, 거센 풍랑에 휩쓸리기도 하며, 많은 어려움에 고개를 숙일 수 있지만, 어느 한 사람 영원히 멸망하는 자는 없을 것입니다(요 10:28). 가장 어리고 연약한 양이라도 광야에 남겨져 죽어 가는 일은 없을 것입니다. 마지막 날 이 땅 끝에서 저 땅 끝까지 하나님의 가족들을 불러 모으는 나팔소리가 날 때는 가장 미약한 자녀라 할지라도 잃어버린 바 되지 않을 것입니다. 세상과 육체와 마귀가 온갖 방해를 하겠지만, 하나님의 온 가족은 본향에서 만날 것입니다. "곧 우리가 원수 되었을 때에 그의 아들의 죽으심으로 말미암아 하나님과 화목하게 되었은즉 화목하게 된 자로서는 더욱 그의 살아나심으로 말미암아 구원을 받을 것이니라"(롬 5:10).

둘째, 하나님의 가족은 모두가 영화롭게 된 몸을 입을 것입니다. 주 예수 그리스도께서 다시 오시면 죽은 성도들이 무덤에서 일어나고 산 성도들은 홀연히 변화될 것입니다. 더 이상 연약함으로 가득한 죽을 몸을 입고 있지 않아도 됩니다. 병이나 고통과는 전혀 상관이 없는 부활하신 우리 주님이 입으신 몸을 입을 것입니다. 이 땅에서는 하나님을 섬기고 싶어도 몸이 병들면 섬기지 못하지만, 그때에는 그럴 일은 없습니다. 피곤한 줄도 모른 채 밤낮으로 하나님을 예배할 것입니다. 지금과 달리 하나님을 섬기는 일이 방해 받거나 분산되지 않을 것입니다. 이전 것은 다 지나갈 것입니다. "내가 만물을 새롭게 하노라" 하신 하나님의 말씀이 성취될 것입니다(계 21:5).

셋째, 하나님의 가족이 모두 한자리에 모이게 될 것입니다. 언제 어디서 죽었는지는 전혀 문제될 것이 없습니다. 이 땅에서는 시간과 장소에 따라 서로 헤어지고 보지 못할 수 있습니다. 아브라함, 이삭, 야곱의 때에 천막을 치고 옮겨 다닌 사람이 있는가 하면 오늘날처럼 기차로 여행을 다니는 때를 살다 간 사람도 있을 것입니다. 오스트레일리아의 사막에 뼈를 묻은 사람이 있을 수 있고, 영국 교회 묘지에 안장된 사람도 있을 수 있습니다. 하지만 이렇든 저렇든 상관없습니다. 모두가 함께 모일 것입니다. 이 땅 사방에서 행복한 한 가족으로 다시 모여 더 이상 분리됨이나 헤어짐이 없을 것입니다. 하나님의 가족이 이 땅에서 서로를 보지 못하는 아픔은 오래가지 않을 것입니다. 오히려 잠깐의 결별이 있은 후에 영원히 함께 모일 것입니다. 우리가 어디에 사는지는 전혀 문제되지 않습니다. 하나님의 가족에게 지금은 흩어져 있는 때지 모이는 때가 아닙니다. 어디서 죽는지도 전혀 문제될 것이 없습니다. 무덤이 어디에 자리하든지 낙원에서는 모두 똑같은 거리입니다. 하지만 하나님의 가족에 속했는지는 우리가 마침내 다시 만날 수 있을지를 판가름하는 중요한 문제입니다.

넷째, 하나님의 가족은 생각과 판단에서도 온전히 하나가 되는 날이 있을 것입니다. 지금은 작은 문제에 대해서조차 의견과 판단이 갈립니다. 구원에 필요한 요소에 대해서는 놀라울 정도의 통일성을 드러내지만, 믿음과 예배의 형식, 교회정치와 관련된 많은 이론적인 부분에 있어서는 안타까울 정도로 의견이 갈립니다. 하지만 이 모든 것에서조차 정확히 하나가 되는 날이 옵니다. 에브라임은 더 이상 유다 족속과 반목하지 않고, 유다 족속도 더 이상 에브라임과 반목하지 않을 것입니다. 국교도와 비국교도 간의 갈등과 긴장도 없을 것입니다. 마침내 부분적으로만 알던 불완전한 지식이 종언을 고할 것입니다. 분리와 분열, 오해와 곡해는 모두 잊혀질 것입니다. 같은 언어, 같은 생각만이 존재할 것입니다. 육천여 년간의 분요와 소란에 종언을 고하고 완전한 일치와 조화를 이룰 것입니다. 마침내 온 가족이 천사와 사람들 앞에 한마음으로 드러날 것입니다.

다섯째, 하나님의 가족은 마침내 거룩에도 온전해질 것입니다. 지금도 그리스도 안에서 완전하기는 하지만, 이 땅에서 실제로 완전한 것은 아닙니다(골 2:10). 거듭나고 그리스도의 형상을 따라 새롭게 되기는 했지만, 여전히 죄를 짓고 여전히 부족합니다(약 3:2). 우리 각자가 잘 아는 사실입니다. 더 전심으로 하나님을 사랑하지 못하고, 더 신실하게 하나님을 섬기지 못하는 자신의 모습에 슬픔의 눈물을 삼키곤 합니다. 하지만 이 모든 부패와 연약함으로부터 완전히 자유롭게 되는 날이 옵니다. 이 모든 연약함을 벗어 버리고 다시 일어나는 날, 그리스도의 재림의 날입니다. 그날에는 조금의 못된 기질이나 부패한 성향도 남아 있지 않을 것입니다. 우리의 머리 되신 그리스도께서 흠이나 주름이 없는, 해와 같이 밝고 달과 같이 명랑한 자들―완전히 거룩해진―로 성부께 드리는 날입니다(엡 5:27, 아 5:10). 지금 우리의 불완전함에도 이렇게 아름답게 빛나고 꽃피는 것이 은혜라면, 전혀 불순한 것 없이 은혜가 그 자체로 드러나게 될 때에는 얼마나 아름답고 명랑하겠습니까! 마지막 날에 그리스도의 성도들 가운데서 그리스도께서 영광을 받으실 때 이 은혜는 진실로 그렇게 드러날 것입니다.

마지막으로, 하나님의 가족은 영원한 기업을 얻을 것입니다. 죄악된 이 세상의 모든 일이 끝나고 나면 전능하신 하나님의 모든 아들딸이 영원한 기업을 얻을 것입니다. 이들 가운데 가장 미약하고 연약한 자라도 결코 배제되거나 잊혀지지 않습니다. 각 사람이 분량대로 기업을 받아 누립니다. 은혜의 그릇이 큰 사람은 물론 가장 작은 사람도 모두 충만하게 영광을 받아 누립니다. 이 영광과 상급이 무엇인지 구체적으로 정확하게 이야기해 보려고 하는 것은 부질없는 짓입니다. 사람의 눈으로 도무지 본 적도 없을 뿐 아니라 인간의 생각과 지성으로는 헤아릴 수 없는 것이기 때문입니다. 주님의 형상으로 깨어난 하나님의 가족 구성원이 흡족하게 누릴 것이라는 사실을 아는 것만으로 충분합니다(시 17:51). 이들이 누릴 기쁨과 영광과 상급이 영원하다는 사실을 아는 것으로 충분합니다. 주의 날에 받은 이 상급은 결코 잃어버리거나 빼앗길 것이 아닙니다. 이들을 위해 예비된 기업은 "썩지 않고 더럽지 않고 쇠하지 아니하는 유업"입니다(벧전 1:4).

하나님의 가족 앞에 놓인 이런 장래는 실체가 있는 위대한 것입니다. 사람이 만들어 낸 막연한 허상이 아닙니다. 실체가 있는 참된 것으로 머지않아 우리가 목도할 것입니다. 그러므로 이런 실체를 진지하게 살펴보고 마땅히 숙고해 봐야 합니다.

이 땅에서 가장 부유하고 위대하고 고상하다는 가족들을 보십시오. 지금까지 우리가 살펴본 하나님의 가족의 장래와 견줄 만한 실체를 가진 가족이 있습니까? 이 땅에서는 아무리 부자라고 해도 백여 년 어간에 모두 사라집니다. 아무리 지체 높은 가문이라고 해도 가문의 이름을 더럽히는 추문이 이는 것을 막을 능력은 없습니다. 많은 경우 그들의 행복은 실체가 없는 것으로 드러납니다. 은밀한 슬픔과 비극이 없는 가족이 없습니다. 현재의 상태나 장래를 보더라도 "하늘과 땅에 있는" 하나님의 가족과 견줄 만한 가족은 하나도 없습니다. 현재의 소유나 장래의 일을 봐도 하나님의 가족과 같은 가족은 이 땅에 없습니다.

이제 결론입니다. 몇 가지 적용의 말과 더불어 이 장을 마치겠습니다. 마지막으로 다시 한 번 귀를 기울여 주십시오. 이 적용의 말이 여러분의 영혼을 유익하게 하기를 기도합니다.

먼저, 묻겠습니다. 앞으로 가족들이 모일 기회가 있을 때마다 스스로에게든 다른 식구들에게든 동일한 질문을 해보시기 바랍니다. 행복하다고 느끼는 순간마다 이 질문을 떠올려 보십시오. 단순하지만 너무나 중요한 질문입니다. 여러분은 하나님의 가족입니까?

자신이 하나님의 가족이라고 생각하는 사람에게 묻습니다. 여러분은 정말 하나님의 가족입니까? 개신교인이다, 국교도다, 비국교도다 하는 것은 제가 바라는 답이 아닙니다. 그 이상의 대답을 들어야겠습니다. 여러분의 신앙이 여러분의 영혼을 흡족하게 하고 영혼을 구원하는 것이기를 바랍니다. 이 땅에 사는 동안 평강으로 역사하는 것은 물론 죽을 때 역시 소망으로 역사하는 신앙이기를 바랍니다. 이런 평강과 소망을 갖기 위해서는 개신교도, 국교도, 비국교도 이상의 존재가 되어야 합니다. "하나님의 가족" 구성원이 되어야 합니다. 여러분 주변의 수많은 사람들이 하나님의 가족이 아닐 것입니다. 그렇다고 그것이 여러분이 하나님의 가족이 되지 않아도 될 이유는 아닙니다.

아직 하나님의 가족이 아니라면, 오늘 지체 말고 하나님의 가족이 되십시오. 여러분의 영혼이 얼마나 소중한지, 여러분의 죄가 얼마나 악한지, 하나님이 얼마나 거룩하신지, 여러분이 지금 얼마나 위험한 상태인지 눈을 크게 뜨고 보십시오. 바로 지금 회개하십시오. 여러분을 구원하기를 바라시는, 하나님의 가족의 위대한 머리가 되시는 예수 그리스도를 바라보십시오. 이분이 얼마나 여러분을 사랑하시는지, 어떻게 여러분을 위해 사셨고 죽으셨고 부활하셨는지, 어떻게 여러분을 위한 온전한 구속을 이루셨는지 눈을 크게 뜨고 보십시오. 여러분이 그리스도를 믿을 때 하나님께서 어떻게 여러분에게 값없이 온전한 구원을 즉각적으로 주시는지 보십시오. 눈을 크게 뜨고 보십시오. 즉시 그리스도를 찾으십시오. 와서 그분을 믿으십시오. 오늘 여러분의 영혼을 그리스도께 맡기십시오.

여러분의 가족이 어떤 사람들인지, 어떤 이력을 가지고 있는지 저는 모릅니다. 어디로 가서 휴가를 보내는지, 어떤 사람들과 함께 가는지 저는 모릅니다. 하지만 하나님의 가족에 속하는 것은 곧 세상에서 가장 탁월하고 행복한 가족을 갖게 되는 것이라고 감히 말할 수 있습니다.

둘째, 하늘과 땅에 있는 하나님의 가족이 누리는 특권을 생각해 보고 더욱 감사하는 마음을 가지십시오. 세상이 도무지 줄 수 없을 뿐 아니라 빼앗아 갈 수도 없는 특권을 누리는 것입니다. 이 얼마나 큰 긍휼입니까! 가난이나 질병을 초월하는 특권입니다. 영원히 여러분의 소유로 주어진 특권입니다. 이 땅의 가족들이 옹기종기 모여 정겨운 대화를 나누는 난로는 곧 싸늘하게 식고 아무도 찾지 않는 곳이 될 것입니다. 언제 가족들이 모였었는가 싶을 정도로 오래 전 일이 되고 말 것입니다. 지금 우리가 그토록 그리워하고 보고 싶어 하는 사랑스러운 얼굴들은 순식간에 사라지고 없을 것입니다. 우리를 반겨 맞는 기쁜 목소리의 주인공도 이내 무덤으로 내려가고 아무리 그리워도 더 이상 들을 수 없게 될 것입니다. 하지만 우리가 그리스도의 가족이 되면 더 나은 모임이 우리를 기다리고 있습니다. 이런 사실을 자주 떠올리며 감사합시다!

하나님의 온 가족이 한자리에 모이는 그날에는 이 땅에서 믿음 때문에 당했던 온갖 어려움과 희생이 신원함을 받을 것입니다. 아무도 누락되거나 잃어버린 바 되지 않을 것입니다. 오기로 예정된 모든 사람이 빠짐없이 모인 자리가 될 것입니다. 눈물도 없고, 헤어짐도 없는 모임이 될 것입니다. 이 땅에 있는 동안 속하기 위해 분투할 가치가 있는 모임이지 않습니까? 그런 가족이지 않습니까? "하늘과 땅에 있는" 하나님의 가족들이 모두 모일 날이 도래하고 있습니다.

그날이 오기까지는 우리가 속한 가족의 이름에 걸맞게 이 땅을 살아갑시다. 우리 아버지의 집이 비방거리가 되게 할 만한 일을 하지 않도록 애를 씁시다. 우리의 성품과 행위와 대화를 통해 우리 주님의 이름이 아름답게 드러나도록 진력합시다. 서로를 형제로 자랑하고 모든 다툼을 피합시다. "하나님의 가족"의 명예가 우리 자신에게 달린 것처럼 행동합시다.

하나님의 은혜로 말미암아 우리 자신과 다른 사람들에게 우리의 부르심과 선택을 분명히 하는 삶을 살아갑시다. 이렇게 살면, 천국을 위해 이 세상에 속한 것을 저버릴 때마다 그리스도의 영원한 나라에 넉넉히 들어가리라는 소망을 가지게 될 것입니다. 전속력으로 천국의 항구에 다다르게 될 것을 기대할 수 있습니다(벧후 1:11). 이렇게 사는 것은 자연스럽게 하나님 아버지의 가족을 다른 사람에게 선전하고 소개하는 일이 될 것입니다. 그리고 우리의 이런 노력에 하나님이 복 주시면 "우리도 함께 가자"고 말하는 사람이 생겨날 것입니다.

17장

본향

주여, 주는 대대에 우리의 거처가 되셨나이다. (시 90:1)

위에 인용한 말씀이 특별히 감동적으로 다가오는 이유를 두 가지로 말할 수 있습니다. 본문은 시편 90편이라고 하는 놀랍도록 장중한 노래의 첫 소절입니다. 다른 사람들은 이 시편을 어떤 감흥으로 읽는지 잘 모르지만, 저는 이 시편을 읽을 때마다 등받이에 몸을 기댄 채 상념에 잠기곤 합니다.

먼저, 시편 90편은 성경의 시편들 가운데 "하나님의 사람, 모세"를 저자로 하는 유일한 노래입니다.[1] 이 시편은 자신이 이집트에서 이끌고 나온 온 세대가 광야에서 스러져 가는 모습을 지켜보아야 했던 모세가 자신의 감흥을 기록한 것입니다. 해마다 이스라엘의 불신앙 때문에 두려운 심판이 성취되고 있는 것을 저자는 목도했습니다. "너희 시체가 이 광야에 엎드러질 것이라. 너희 중에서 이십 세 이상으로서 계수된 자 곧 나를 원망한 자 전부가 여분네의 아들 갈렙과 눈의 아들 여호수아 외에는 내가 맹세하여 너희에게 살게 하리라 한 땅에 결단코 들어가지 못하리라"(민 14:29-30). 자신이 이집트에서 이끌어 낸 각 지파의 지도자들이 하나둘씩 광야에서 스러져 가는 모습을 보았습니다. 자신과 함께 승리의 기쁨으로 홍해를 건넜던 날쌔고, 강하고, 지혜롭고, 온유하고, 아름답던 용사들이 사십 년에 걸쳐서 하나둘씩 마른 풀과 같이 스러져 가는 모습을 보았던 것입니다. 자신의 동포이자 동역자였던 그들이 광야에서 늙고 쇠약해져 결국 숨을 거두는 모습을 본 것입니다. 그러므로 이런 그가 "주여, 주는 대대로 우리의 거처가 되셨나이다"라고 할 때는 그냥 하는 말이 아닙니다. 우리 역시 이 땅을 지나가는 나그네와 순례자입니다. 영원히 이 땅에 남을 사람은 없습니다. "주여, 주는 우리의 돌아갈 본향이십니다."

다른 이유로, 시편 90편은 국교회의 장례 예식 모범의 한 부분을 차지합니다. 국교회 기도서가 나름대로 약점을 가지고 있는 것이 사실이지만, 그것이 무엇이든 간에 기도서의 장례 예식 모범에 표현된 독특한 아름다움을 부정할 사람은 없을 것입니다. 교회 무덤으로 신자의 관을 맞아들이는 목사가 읽도록 되어 있는 이 아름다운 본문은, 곁에서 신자의 죽음을 슬퍼하는 자들로 하나님의 집을 소망하도록 합니다. 몸의 부활을 말하는 고린도전서 15장을 인용하는 대목은 얼마나 아름다운지 모릅니다. 그리스도께서 다시 오실 때까지 머물러 있어야 할 집으로 잠든 신자의 몸을 내릴 때 읽게 되어 있는 기도 역시 너무나 아름답습니다. 하지만 제가 특별히 아름답게 생각하는 대목은 형제의 죽음을 슬퍼하는 사람들이 장례를 마치고 다시 교회당으로 들어왔을 때 인용하는 시편 90편입니다. 영감 받은 율법의 수여자가 발하는 이 놀라운 고백만큼 사랑하는 이를 떠나보내고 견디기 힘든 슬픔으로 흐느끼는 사람들의 마음을 차분하게 가라앉히고, 이들의 영혼을 진중하게 어루만지는 소리가 또 있을까 싶을 정도입니다. "주여, 주는 대대에 우리의 거처가 되셨나이다." "주여, 주는 우리의 돌아갈 본향이십니다."

이 말씀을 통해 여러분에게 유익이 될 두 가지를 생각해 보려고 합니다. 영국의 가정은 세계적으로 행복하고 평온하기로 소문이 나 있습니다. 이 땅에 남겨진 천국의 한 조각이라고 말할 정도입니다. 하지만 이런 영국의 가정도 영원히 계속되지는 않습니다. 결국에는 이런 가정도 무너지고, 죽음이나 다른 이유로 가족이 뿔뿔이 흩어질 수밖에 없습니다. 하지만 신자가 거하게 될 본향은 다릅니다. 지금부터 신자에게 주어진 가장 탁월하고 참되고 행복한 본향에 대해 이야기해 보려고 합니다.

1. 먼저 우리가 생각해 보고자 하는 것은 이 세상이 어떤 곳인가 하는 것입니다.

많은 부분에서 이 세상은 참 아름다운 곳이라고 말할 수 있습니다. 사실입니다. 바다와 강, 일출과 석양, 산과 계곡, 추수를 기다리는 들판과 울창한 숲, 탐스러운 과실과 꽃, 낮과 밤 등. 이 모든 것은 각각의 아름다움을 뽐냅니다. 자연을 제대로 누릴 줄 아는 마음이라면 단 하루도 냉랭함과 무정함에 휩싸일 겨를이 없을 것입니다! 하지만 세상이 아무리 아름다워도 그 속에는 여전히 이곳이 우리의 본향은 아니라는 사실을 상기시켜 주는 것들이 있습니다. 이곳은 잠시 머무는 숙소이자 장막입니다. 잠시 세 들어 사는 곳이며, 훈련과 가르침을 받는 학교일 뿐입니다. 우리가 영원히 살 본향은 아닙니다.

세상은 변합니다. 우리를 둘러싼 모든 사람은 항상 분주하게 움직이고, 변하고, 그러다가 사라집니다. 가족, 재산, 지주, 소작인, 농부, 노동자, 상인 등 모든 이들이 끊임없이 분주하게 움직입니다. 세 세대가 지날 때까지 동일한 곳을 거처로 삼고 사는 사람을 찾아보기 힘듭니다. 극히 예외적인 경우일 뿐 결코 흔한 일은 아닙니다. 이렇게 모든 것이 변하는 세상을 영원히 거할 본향이라고 할 수 없습니다.

세상은 시련과 실망으로 가득한 곳입니다. 웬만큼 나이든 사람치고 세상이 이렇다는 것을 부인할 사람이 어디 있습니까? 결혼해서 살든 독신으로 살든 시련이 있기는 마찬가지입니다. 아이들이라고 예외가 아닙니다. 남자로 살든 여자로 살든 시련이 있기는 마찬가지입니다. 돈이 있다고, 건강하다고 시련이 비껴가는 것은 아닙니다. 이 세상을 사는 사람치고 시련 없는 사람이 없습니다. 세상에는 온갖 종류의 시련이 있습니다. 일일이 이름을 열거할 수 없을 정도입니다. 우리가 아는 시련은 사실 이 세상에 있는 시련의 십분의 일도 채 안 될 것입니다. "은밀한 어려움"이 없는 가정이 없습니다. 온갖 시련과 실망으로 가득한 곳을 본향이라고 할 수는 없습니다.

세상은 죽음이 가득한 곳입니다. 죽음은 항상 우리 옆에 그리고 우리 주변에 도사리고 있습니다. 우리가 가는 곳 어디나 죽음의 소식이 있습니다. 크리스마스로 가족들이 모이는 때마다 빈자리가 늘어 갈 것입니다. 서른 살만 지나 보십시오. 사랑하는 사람들의 이름 가운데 살아 있는 사람들의 이름보다 죽어서 더 이상 볼 수 없게 된 사람들의 이름이 점점 더 늘어 갈 것입니다. 우리의 어머니와 아버지들은 어디에 있습니까? 우리의 목사와 교사들은 다 어디로 갔습니까? 우리의 형제자매들은 어디에 있습니까? 우리의 남편과 아내들은 어디에 있습니까? 우리의 이웃과 친구들은 어디에 있습니까? 우리가 처음 교회당에 들어가서 예배를 드릴 때 백발이 성성하던 예배자들은 다 어디에 있습니까? 학교에서 함께 뛰놀고 배우던 소년소녀들은 다 어디에 있습니까? 이런 질문에 "죽었습니다! 그들의 무덤에는 벌써 데이지 꽃이 자라기 시작했고, 이제 우리만 남았습니다" 하는 대답을 들을 수밖에 없습니다. 시간이 지날수록 이런 대답을 수도 없이 들어야 할 것입니다. 죽음으로 가득한 세상을 본향이라 할 수는 없습니다.

세상에는 흩어짐과 분열이 난무합니다. 끊임없이 가족이 깨어지고, 뿔뿔이 흩어집니다. 양 부모가 모두 세상을 떠나고 나면 온 가족이 다시 모이기가 어렵습니다! 가족을 연결시켜 주던 고리가 끊어졌습니다. 이제 그 무엇으로도 이 고리를 다시 연결할 수 없습니다. 건물의 돌들을 접합시켜 주던 시멘트가 부스러져 다 떨어져 나간 것 같습니다. 서로를 결합시키는 원리가 상실된 것 같습니다. 사소한 이유로 촉발된 유치한 언쟁과 돈 때문에 생긴 다툼이 회복 불가능한 불화로 번지는 경우가 많습니다. 금이 간 사기 그릇을 다시 붙여 보려고 애쓰지만 예전의 모습으로 다시 되돌리지 못합니다! 같이 젖을 먹고 자란 사람들끼리 같은 교회 묘지에 묻히거나 죽을 때까지 서로 좋은 관계를 유지하는 경우가 정말 드뭅니다. 이처럼 온갖 불화와 분열로 가득한 세상을 본향이라 할 수는 없습니다.

어제오늘의 일이 아니기 때문에 놀랄 필요도 없습니다. 죄가 맺은 쓰디쓴 열매입니다. 타락이 초래한 비극적인 결과입니다. 아담과 하와의 타락으로 변화, 시련, 죽음, 분열과 같은 것이 세상에 들어왔습니다. 그렇기 때문에 이런 일들이 있다고 투덜거리거나 안달하거나 불평하지 말아야 합니다. 우리가 처한 상황을 받아들여야 합니다. 각자가 처한 자리에서 슬픔을 덜고 위로를 더하도록 최선을 다해야 합니다. 주변의 모든 사람을 받아 주고 모든 상황을 감내해야 합니다. 하지만 이 세상이 우리의 본향은 아니라는 이 한 가지 사실만큼은 결코 잊어서는 안 됩니다.

여러분, 아직 젊습니까? 자신의 모든 상황이 유망하게 보이고, 즐겁고 행복합니까? 제가 세상의 어두운 면만을 부각시키는 것 같습니까? 조심하십시오. 시간이 조금만 지나 보면 지금처럼 말하지 못할 것입니다. 더 늦기 전에 지혜로워지십시오. 세상과 사람에 대해 너무 크게 기대하지 마십시오. 제 말을 믿으십시오. 이 땅에서 사람과 사물에 대한 기대를 낮출수록 더 행복해질 것입니다.

여러분, 세상에서 번창하고 성공하고 있습니까? 죽음과 질병과 낙담과 가난과 가족 간의 반목은 여러분 집 대문을 지나가기만 할 뿐 안으로 들어오지 않는 것 같습니까? 그래서 마음속으로 '지금까지 괜찮았는데, 해로운 일이 있어 봐야 얼마나 있겠어? 나는 죽을 때도 편하게 죽을 거야'라고 말하며 안심합니까? 조심하십시오. 여러분은 아직 항구에 다다르지 않았습니다. 예기치 못한 난관이 폭풍과 같이 들이쳐 여러분의 어선을 뒤집어 놓을지도 모릅니다. 이 땅의 것으로 안정감을 얻지 마십시오. 아무리 귀한 것이라도 느슨하게 잡고 가십시오. 언제라도 놓아 버릴 준비를 하십시오. 수중에 재물이 있을 때 그것을 잘 사용하십시오. 하지만 재물을 꽉 붙잡고 온몸을 재물에 의지하지 마십시오. 순식간에 부서져 손을 꿰뚫고 나올 수 있습니다.

여러분, 가정이 행복합니까? 가족과 함께 난롯가에 둘러앉아 정겨운 이야기를 나눌 생각에 잔뜩 기대에 부풀어 있습니까? 여러분의 가족에게는 질병이나 죽음이나 가난이나 불화나 다툼 같은 것이 생소합니까? 그렇다면 이로 인해 하나님께 감사하십시오. 깊이 감사해야 합니다! 이 땅에서 천국에 가장 근접한 것이 바로 진실로 행복한 그리스도인의 가정이라 할 수 있습니다. 하지만 조심하십시오. 이런 상태가 언제까지 계속될 것이라고 생각하면 안 됩니다. 반드시 끝이 옵니다. 지혜로운 사람은 이런 사실을 항상 염두에 두고 살아갑니다. "형제들아, 내가 이 말을 하노니 그때가 단축하여진 고로 이후부터 아내 있는 자들은 없는 자 같이 하며 우는 자들은 울지 않는 자 같이 하며 기쁜 자들은 기쁘지 않은 자 같이 하며 매매하는 자들은 없는 자 같이 하며 세상 물건을 쓰는 자들은 다 쓰지 못하는 자 같이 하라. 이 세상의 외형은 지나감이니라"(고전 7:29-31).

2. 두 번째로 우리가 생각해 볼 것은 이 세상을 지나가는 진정한 그

리스도인에게 그리스도가 누구신가 하는 것입니다.

두말할 필요도 없이 참된 그리스도인이 마침내 다다르게 될 본향은 천국입니다. 천국은 참된 그리스도인이 날마다 향해 가는 곳이며, 날이 갈수록 더 가까워져 가는 곳입니다. "만일 땅에 있는 우리의 장막 집이 무너지면 하나님께서 지으신 집 곧 손으로 지은 것이 아니요 하늘에 있는 영원한 집이 우리에게 있는 줄 아느니라"(고후 5:1). 다시 한 번 연합된 몸과 영혼이 새롭게 되고, 아름답게 되며, 완전하게 되어 천국에 있는 성부의 위대한 집에서 영원히 살게 될 것입니다. 우리는 아직 이 집에 다다르지 못했습니다. 우리가 있는 이곳은 천국이 아닙니다.

그렇다면 이 땅에 있는 동안에 우리 영혼이 머물 집이 없단 말입니까? 황량한 이 세상에서 지속적으로 우리 영혼이 고침 받고 안식과 평안을 누릴 집은 없단 말입니까? 감사하게도 하나님께서는 이 땅에서도 우리가 누릴 수 있는 집을 주셨습니다. 수고하고 무거운 짐 진 영혼이 쉴 수 있는 집을 주셨습니다. 바로 그리스도입니다. 믿음으로 그리스도를 압니다. 그분을 믿는 믿음으로 삽니다. 날마다 믿음으로 그분 안에 거합니다. 양심의 풍파가 일 때마다 그리스도께 피합니다. 어려움이 닥칠 때마다 그리스도를 피난처로 삼습니다. 이 땅에 사는 동안 매일 아침저녁에 그리스도를 우리의 제사장으로, 우리의 죄 고백을 들어 주시는 분으로, 우리를 용서해 주시는 분으로, 우리의 영적인 인도자로 누립니다. 죽기 전에도 이 땅에서 그리스도를 신령한 집으로 누립니다. 믿음으로 그리스도를 누리는 모든 죄인에게 그리스도는 가장 고상한 의미에서 우리의 거처가 되십니다. 그러므로 "우리가 이 땅의 순례자요 나그네인 것은 맞지만, 그런 우리에게도 거할 집이 있다"고 하는 신자의 말은 사실입니다.

집은 그리스도께서 이 땅을 지나가는 인간 앞에 두신 모든 상징과 은유 가운데 가장 큰 위로와 기쁨을 주는 것이 아닐까 싶습니다. 집(home)이라는 말은 영어에서 가장 달콤하고 다정다감한 어감과 느낌을 주는 말 가운데 하나입니다. 집은 우리를 가장 기쁘게 하는 생각들로 가득한 곳입니다. 집이 그 집에 사는 사람들에게 최상의 행복을 누리게 하는 곳인 것처럼, 그리스도를 믿는 모든 영혼은 그분을 집과 같이 느낍니다. 변화무쌍하고 낙담이 끊이지 않는 죽어 가는 세상의 한가운데서 참된 그리스도인은 항상 이 땅의 어떤 권세로도 앗아 갈 수 없는 무엇인가를 가지고 살아갑니다. 아침, 점심, 저녁에 신자들 바로 가까이에 살아 계시는 피난처이신 그리스도께서 계십니다. 신자들의 산 거처로 그들과 함께 계십니다. 세상은 신자들의 자유와 재산, 생명을 빼앗아 갈 수 있습니다. 건강도, 땅도, 집도, 친구도 빼앗아 갈 수 있습니다. 하지만 그들의 거처만큼은 빼앗아 가지 못합니다. 자기가 살 집을 지고 다니는 비천한 생물처럼, 그들이 어디로 가든 그리스도께서 그들과 함께하십니다. 신자는 어디를 가든 자신이 거할 처소가 되시는 그리스도를 떠나지 않습니다. 그러므로 경건한 리처드 백스터가 이렇게 노래한 것은 당연합니다.

제가 감옥에 머문들
주님과 함께 말씀을 나누지 못하겠습니까?
죄로부터, 주님의 진노와 지옥으로부터 저를 건져 주십시오.

저를 주님의 자녀라 불러 주십시오. 그러면 제가 자유하겠나이다!

그리스도와 같은 집은 없습니다! 그리스도 안에는 그분께 나아오는 모든 사람이 거할 자리가 충분합니다. 누구든지 거할 수 있습니다. 손님 취급을 받는 사람이 없습니다. 아무도 거절당하지 않습니다. 문은 항상 활짝 열려 있습니다. 빗장이 처지는 일은 결코 없습니다. 그리스도께로 나아오는 모든 자를 위해 가장 좋은 예복과 살찐 송아지와 가락지와 신발이 항상 예비되어 있습니다. 여러분이 과거에 가장 악한 중에 악한이었든, 죄에 종 노릇 한 사람이든, 모든 의의 원수로 행했든, 바리새인 중의 바리새인이었든, 사두개인 중의 사두개인이었든, 서기관 중의 서기관이었든 상관없습니다. 여러분이 그리스도께로 나오는 한 소망이 있습니다. 모든 죄가 사함 받고, 모두가 용서받고, 모든 것이 잊혀질 것입니다. 바로 오늘 여러분의 영혼이 들어가 거할 처소가 예비되어 있습니다. 그 처소는 바로 그리스도입니다. "내게로 오라"고 그리스도께서 외치십니다(마 11:28). "문을 두드리라 그리하면 너희에게 열릴 것이니"(마 7:7).

그리스도와 같은 집은 없습니다! 그리스도 안에는 모든 사람을 위한 다함없는 풍성한 긍휼이 있습니다. 처음 그리스도께 받아들여졌을 때 누린 긍휼 이상의 긍휼을 그 이후에도 누립니다. 한번 받아들여진 후에는 너무 연약하고 악하다는 이유로 거절당하거나 쫓겨나는 일은 없습니다. 결코 그런 일은 없습니다! 그리스도는 그분이 받아들이신 자들을 끝까지 지키십니다. 시작하신 일을 반드시 이루십니다. 받으신 자들을 즉시 온전히 의롭다고 하십니다. 의롭다 하신 자들을 거룩하게 하십니다. 거룩하게 하신 자들을 영화롭게 하십니다. 소망이 없는 자라고 쫓아내지 않습니다. 그리스도 안에서는 새롭게 되지 못할 사람, 회복되지 못할 사람이 없습니다. 무無로부터 세상을 지으신 분이 능치 못할 일은 없습니다. 스스로 신자의 거처가 되시는 분이 "내게 오는 자는 내가 결코 내쫓지 아니하리라"고 말씀하셨고, 또 그렇게 행하실 것입니다.

그리스도와 같은 집은 없습니다! 그리스도 안에는 모든 사람에 대한 변치 않는 자애로움과 인내, 온유가 있습니다. 그리스도는 "엄한" 분이 아니십니다. "마음이 온유하고 겸손한" 분이십니다(마 11:29). 그리스도께로 피한 사람치고 함부로 다뤄지거나 환영받지 못한다는 느낌을 가진 적이 없습니다. 이들을 위해 항상 진미가 풍성하게 준비되어 있습니다. 성령께서 이들을 성전 삼으시고 그 안에 거하십니다. 날마다 이들을 인도하고 이끄시며 교훈하십니다. 잘못된 길로 가면 다시 바른 길로 인도하십니다. 넘어지면 다시 일으키십니다. 고의로 죄를 범하면 징계와 훈계로 이들을 더 온전하게 세우십니다. 하지만 이 집안의 원리는 사랑입니다.

그리스도와 같은 집은 없습니다! 그리스도 안에는 변하는 것이 없습니다. 젊은이부터 나이든 사람까지 자기에게 속한 모든 자를 사랑하십니다. 이들을 위해 선한 일을 하시는 것을 전혀 번거로워 하지 않으십니다. 이 땅의 집은 갖은 변덕과 불확실한 것들뿐입니다. 친절마저 속이는 것일 때가 많습니다. 예의 바르고 정중한 것도 말뿐, 속으로는 함께 있는 것을 지겨워하고 빨리 가 주기를 바랄 뿐입니다. 얼마나 오래 함께 있어야 할지, 친구들이 얼마나 여러분을 보고 싶어 하는지 거의 알지 못합니다. 하지만 그리스도는 그렇지 않습니다. "예수 그리스도는 어제나 오늘이나 영원토록 동일하시니라"(히 13:8).

그리스도와 같은 집은 없습니다! 그분과 시작된 교제는 중단 없이 계속됩니다. 믿음으로 일단 그리스도와 연합한 사람은 그분과의 영원한 연합에 들어간 것입니다. 이 땅의 집은 언제나 끝이 있습니다. 마음이 기는 오랜 가구도 결국 팔거나 버릴 수밖에 없게 됩니다. 가정의 어른들도 자기 조상에게로 돌아가야 합니다. 정들었던 집이라도 무너뜨려야 할 날이 옵니다. 하지만 그리스도는 그렇지 않습니다. 믿음은 결국 눈에 보이는 것에 자리를 내어줄 것입니다. 소망은 결국 확실한 현실로 변모될 것입니다. 우리 눈으로 볼 날이 오면 더 이상 믿을 필요가 없습니다. 우리는 이 땅에서 저 하늘로 옮겨집니다. 외부 뜰에서 지성소로 옮겨집니다. 일단 그리스도 안에 거하면, 그 이후로는 결코 그리스도 밖에 있게 되지는 않습니다. 우리의 이름이 하나님 어린양의 생명책에 기록되어 있기만 하면 우리는 영원한 집에 속한 자입니다.

이제 결론을 내리기 전에 여러분 모두에게 묻습니다. 여러분 자신의 영혼을 위한 집이 있습니까? 그곳은 안전한 곳입니까? 여러분은 용서를 받았습니까? 의롭게 되었습니까? 하나님을 대면할 준비가 되었습니까? 진심으로 여러분이 하늘의 본향에 이르게 되기를 바랍니다. 그러나 제 물음을 기억하십시오. 수많은 사람과 인사를 주고받을 때나, 수많은 만남과 이별 가운데, 호탕한 웃음과 유쾌함 속에서, 모든 기쁨과 연민 가운데서 제가 묻는 말에 잘 대답하십시오. 여러분은 영혼을 위한 집이 있습니까?

이 땅에 있는 집은 곧 영원히 무너질 것입니다. 시간이 그 시점을 향해 잰걸음으로 치닫고 있습니다. 몇 년이 채 지나지 않아 우리도 곧 나이가 들고 죽을 것입니다. 오, 영원히 죽지 않는 여러분의 영혼을 위한 영원한 집을 찾으십시오! 너무 늦기 전에 여러분의 영혼을 위한 집을 마련하십시오.

그리스도를 찾으십시오. 그분 안에 안전이 있습니다. 하나님의 진노의 홍수가 이 죄악된 세상을 엄몰할 때 그리스도는 방주가 되십니다. 그리스도 밖에 있는 자들에게는 저주가 있을 것입니다! 그리스도를 찾으십시오. 행복이 그분께 있습니다. 자기 영혼을 위한 영원한 집을 마련한 사람들 외에 사실 웃고 기뻐하고 즐거운 마음으로 살아갈 만한 사람은 하나도 없습니다. 다시 촉구합니다. 더 이상 지체하지 말고 지금 당장 그리스도를 찾으십시오.

둘째, 그리스도가 여러분의 영혼이 거할 집이라면, 제가 친구로서 하는 이 권고를 받으십시오.

자신이 태어난 집을 부끄러워하고, 아기 때부터 자기를 키워 준 부모를 부끄러워하고, 함께 뛰놀던 형제자매를 부끄러워하는 사람은 보통 비루한 사람으로 사람들이 아주 싫어합니다. 하물며 자기를 위해 십자가에서 죽으신 그리스도를 부끄러워하는 사람에 대해서는 무엇이라고 해야 하겠습니까? 자신의 신앙을 부끄러워하고, 자신의 주님과 본향을 부끄러워하는 사람에 대해서는 무엇이라고 해야 하겠습니까?

이런 사람으로 드러나지 않도록 하십시오. 주변 사람들이 여러분을 어떻게 생각하든지 그리스도인으로 살아가는 것을 결코 부끄러워하지 마십시오. 비웃을 테면 비웃으라고 하십시오. 조롱할 테면 조롱하라고 하십시오. 마지막 숨을 거둘 때도 그렇게 할 수 있는지 보십시오. 심판 때도 그렇게 할 수 있는지 보십시오. 여러분의 깃발을 높이 쳐드십시오. 여러분이 어떤 사람인지를 나타내 보이십시오. 여러분의 정체성을 분명히 하십시오. 술 마시고, 도박하고, 거짓말하고, 욕하고, 주일을 범하고, 게으르고, 교만한 것을 부끄러워해야 합니다. 성경 읽기와 기도, 그리스도께 속한 것은 결코 부끄러워할 일이 아닙니다. 마지막에 이기는 사람이 결국 웃을 것입니다 선한 용사는 자신이 위해 싸우는 여왕의 휘장과 자신이 입은 제복을 부끄러워하지 않습니다. 여러분의 주님을 부끄러워하지 않도록 하십시오. 여러분의 본향을 부끄러워하지 마십시오.

셋째, 그리스도가 여러분 영혼의 본향이라면, 사랑으로 드리는 제 충고를 받으십시오. 무슨 일이 있어도 집을 떠나 방황하고 다녀서는 안 됩니다.

세상과 마귀는 틈만 있으면 여러분이 신앙을 저버리고 자신들과 어울리게 하려고 혈안이 되어 있습니다. 여러분의 육체는 '이들과 어울린다고 큰일이 나겠나' 하고 속삭입니다. 큰 해로움은 없을 것이라고 꼬드깁니다. 조심하십시오. 이런 식으로 찾아오는 유혹을 조심하십시오. 롯의 처와 같이 뒤를 돌아보지 않도록 조심하십시오. 여러분의 영원한 본향을 저버리지 마십시오.

죄를 범하는 것이 즐거운 것은 사실입니다. 하지만 이런 즐거움은 참된 즐거움이 아닙니다. 우리를 만족시키지도 못합니다. 세상을 따라 살아도 짧기는 하지만 나름대로 흥분과 즐거움이 있습니다. 사실입니다. 하지만 이 즐거움의 끝은 쓰디씁니다. 지혜를 따라 사는 것만이 참된 즐거움을 누리는 길입니다. 지혜를 따라가는 것만이 평강에 이르는 길입니다. 지혜를 꼭 붙들고 좌로나 우로나 치우치지 마십시오. 어디든 어린양이 이끄시는 대로 따라가십시오. 사람들이 무슨 말을 하든 상관하지 말고, 그리스도와 그분의 원리에 착념하십시오. 그분을 섬기는 삶을 살수록, 바로 이런 삶만이 행복한 삶임을 절감할 것입니다. 가장 고상한 의미에서 "내 본향과 같은 곳은 없다"고 기꺼이 소리 높여 노래하게 될 것입니다.

넷째, 그리스도가 여러분 영혼의 거처라면, 여러분의 의무에 대한 이 조언을 잘 받으십시오. 그리스도 안에서 여러분이 누리는 행복을 사람들에게 전할 수 있는 기회를 놓치지 마십시오. 여러분이 어디에 누구와 함께 있든 여러분에게는 행복하게 거할 집이 있다고 말해 주십시오.

여러분의 말에 귀를 기울이는 사람이 있다면, 그리스도는 참으로 선하신 주님이라고, 그리스도를 섬기는 일은 너무나 행복한 일이라고 말해 주십시오. 그분의 멍에는 가볍고 그분의 짐은 가볍다고 말해 주십시오. 마귀가 무엇이라고 비방하든, 여러분이 거하는 집의 원리는 결코 우중충하지 않고, 여러분이 섬기는 주님은 세상 누구보다 후한 삯을 주시는 분이라고 말해 주십시오! 어디에 있든지 할 수 있는 한 선을 행하려고 힘쓰십시오. 여러분이 거하는 행복한 집에 함께 거할 사람들이 많아지도록 힘쓰십시오. 친구와 친지들이 들으려고 한다면, 저 옛날 모세가 그의 장인 호밥에게 한 것처럼 "여호와께서 주마 하신 곳으로 우리가 행진하나니 우리와 동행하자. 그리하면 선대하리라"고 말하십시오(민 10:29).

18장
하나님의 후사

무릇 하나님의 영으로 인도함을 받는 사람은 곧 하나님의 아들이라. 너희는 다시 무서워하는 종의 영을 받지 아니하고 양자의 영을 받았으므로 우리가 아빠 아버지라고 부르짖느니라. 성령이 친히 우리의 영과 더불어 우리가 하나님의 자녀인 것을 증언하시나니 자녀이면 또한 상속자 곧 하나님의 상속자요 그리스도와 함께한 상속자니 우리가 그와 함께 영광을 받기 위하여 고난도 함께 받아야 할 것이니라. (롬 8:14-17).

본문에서 사도 바울이 말하고 있는 사람들은 이 땅에서 가장 부요한 사람들입니다. 그럴 수밖에 없습니다. "하나님의 상속자요 그리스도와 함께한 상속자"라고 하지 않습니까!

이들이 물려받은 기업이야말로 유일하게 가치가 있는 것입니다. 다른 모든 것으로는 만족을 얻지 못하고 실망할 수밖에 없습니다.

상한 마음을 치료하지 못하고 짓눌리는 양심을 자유롭게 하지 못합니다. 가정의 문제를 해결하지 못합니다. 질병과 사별, 이별, 죽음을 넘어서지 못합니다. 하지만 "하나님의 후사들"에게는 이런 것들로 인한 절망과 낙담이 들어설 자리가 없습니다.

제가 지금 말하는 이 기업은 하나님의 자녀가 영원토록 누릴 기업입니다. 다른 모든 것은 죽을 때까지 사람들과 함께 있더라도 그들이 죽는 순간 다 상관없이 됩니다. 억만장자라 해도 단 한 푼도 무덤 저편으로 가져가지 못합니다. 하지만 "하나님의 후사들"의 경우는 다릅니다. 이들이 받은 기업은 영원한 기업입니다.

세상 사람들이 물려받는 기업과 달리 이 기업은 누구나 받을 수 있습니다. 일생 동안 열심히 일해도 이 땅에서 재산과 부를 누리는 사람은 소수입니다. 하지만 하나님의 자녀가 누리는 영광과 존귀와 영생은, 하나님을 힘입어 그것을 받고자 하는 사람이면 누구나 값없이 받습니다. 누구든지 "하나님의 상속자요 그리스도와 함께한 상속자"가 될 수 있습니다.

이 기업에 참여하고자 하는 사람이 있습니까? 그렇다면 먼저 이 기업을 물려받은 이 땅에 있는 하나님의 가족의 일원이 되어야 합니다. 모든 진정한 그리스도인이 속한 가족 말입니다. 하늘의 영광을 누리기를 바란다면, 먼저 이 땅에 있는 하나님의 자녀 가운데 하나가 되어야 합니다. 아직 하나님의 후사가 아닙니까? 제가 이 글을 쓰는 것은 바로 여러분과 같이 아직 하나님의 후사가 아닌 사람으로 하나님의 자녀가 되도록 설득하기 위함입니다. 지금 당장은 하나님의 자녀가 되고자 하는 소망이 희미할 뿐이라도 결국에는 그런 사람으로 드러나도록 하기 위해 이 글을 쓰는 것입니다. 참된 그리스도인만이 하나님의 자녀입니다! 하나님의 자녀만이 하나님의 후사입니다! 본문을 통해 지금부터 이 사실을 증거하고 이 사실로부터 우리가 얻을 수 있는 교훈이 무엇인지 살펴보려고 합니다. 제 말을 잘 들어 보십시오.

1. 참된 그리스도인의 관계를 살펴보겠습니다. 모든 참된 그리스도인은 하나님의 자녀입니다.
2. 참된 그리스도인의 표지를 살펴보겠습니다. 모든 참된 그리스도인은 "하나님의 영의 인도함"을 받습니다. "양자의 영"을 받습니다. "성령의 증거"를 받습니다. "그리스도와 함께 고난"을 받습니다.
3. 참된 그리스도인의 특권을 살펴보겠습니다. 모든 참된 그리스도인은 이런 관계에서 비롯된 "하나님의 상속자요 그리스도와 함께한 상속자"로서의 특권을 누립니다.

1. 먼저, 모든 참된 그리스도인은 하나님의 자녀입니다.

하나님의 자녀라는 말보다 더 고상하고 위로 넘치는 말이 어디 있겠습니까! 하나님의 종, 하나님의 신하, 하나님의 용사, 하나님의 제자, 하나님의 친구 역시 멋지고 탁월한 말들입니다. 하지만 하나님의 자녀만큼은 아닙니다. 성경은 무엇이라고 말씀합니까? "종은 영원히 집에 거하지 못하되 아들은 영원히 거하나니"(요 8:35).

세상 사람들은 부자와 귀족의 자녀가 되고 왕과 왕실의 후손이 되는 것을 최고의 특권과 영예로 여깁니다. 하지만 만왕의 왕이요 만주의 주의 자녀가 되고 영원히 거하시는 거룩하신 이의 자녀가 되는 것은 이것과 비교할 수 없이 고상하고 존귀한 영예요 특권입니다. 참된 그리스도인은 예외 없이 이 기업을 누립니다.

이 땅의 부모들이 자기 자녀를 사랑하고, 보호하고, 부양하고, 양육하는 것은 당연합니다. 자녀들도 이런 일들에서는 당연히 부모를 의지합니다. 부모의 집이지만 자녀의 집이니 다름없고, 자녀가 나쁜 행실을 한다고 해도 그것이 자녀를 향한 부모의 사랑을 없애지는 못합니다. 이 모든 것이 이 세상에서 자녀들이 육신의 부모에게서 누리는 특권입니다. 그렇다면 죄악된 인간이 하나님을 향하여 "그분은 내 아버지다"라고 말할 수 있는 것이 얼마나 큰 특권인지 생각해 보십시오.

어떻게 우리와 같이 죄악된 인간이 하나님의 자녀가 될 수 있습니까? 언제 이런 영광스러운 관계를 갖게 되었습니까? 본성적으로 우리는 하나님의 자녀가 아닙니다. 세상에 태어날 때 우리는 하나님의 자녀가 아니었습니다. 어떤 인간도 자연적 출생으로 하나님을 아버지라 부르지 못합니다. 그렇게 말하는 것은 악한 이단의 가르침입니다. 시인으로 타고났다, 화가로 타고났다는 말은 하지만 하나님의 자녀로 타고났다는 말은 못합니다. 에베소서는 말합니다. "우리도……다른 이들과 같이 본질상 진노의 자녀이었더니"(엡 2:3). 사도 요한도 자신의 서신에서 이렇게 말합니다. "하나님의 자녀들과 마귀의 자녀들이 드러나나니 무릇 의를 행하지 아니하는……자는 하나님께 속하지 아니하니라"(요일 3:10). 국교회 교리문답은 성경의 가르침을 따라 이렇게 지혜롭게 가르칩니다. "본성상 우리는 죄 가운데 진노의 자녀로 태어난다." 그렇습니다. 인간은 본성상 하나님의 자녀가 아닌 마귀의 자녀로 태어납니다! 죄는 아담의 후손에게 지속적으로 전해져 내려옵니다. 하지만 은혜는 자연적인 출생을 통해 전해지는 것이 아닙니다. 경건한 사람이라고 그 자녀가 경건하게 태어나는 것은 아닙니다. 그렇다면 언제 어떻게 이런 놀라운 변화와 전이가 일어납니까? 언제 어떤 방식으로 죄인들이 전능하신 하나님의 아들딸들이 됩니까?(고후 6:18) 성령께서 구원을 위해 예수 그리스도를 믿도록 인도하시기 전까지는 사람은 하나님의 자녀가 아닙니다.[1] 갈라디아서가 무엇이라고 합니까? "너희가 다 믿음으로 말미암아 그리스도 예수 안에서 하나님의 아들이 되었으니"(갈 3:26). 고린도전서는 무엇이라고 합니까? "너희는 하나님으로부터 나서 그리스도 예수 안에 있고"(고전 1:30). 요한복음은 무엇이라고 합니까? "영접하는 자 곧 그 이름을 믿는 자들에게는 하나님의 자녀가 되는 권세를 주셨으니"(요 1:12). 믿음으로 죄인은 하나님의 아들과 연합합니다. 믿음을 통해 죄인은 그리스도의 지체가 됩니다. 믿음으로 죄인은 성부 앞에서 흠이나 주름이 없는, 하나님이 기뻐하시는 사람으로 드러납니다. 믿음으로 죄인은 하나님의 독생자와 혼인하고 많은 하나님의 자녀들 가운데 하나로 여겨집니다. 믿음으로 죄인이 "아버지와 그의 아들 예수 그리스도"와의 사귐을 누립니다(요일 1:3). 믿음으로 죄인이 하나님의 가족이 되고, 성부의 집에서 살게 됩니다. 믿음으로 죄인이 사망이 아닌 생명을 얻고 종이 아니라 아들로 살아가게 됩니다. 어느 교회를 다니고 어느 교파에 속했든지 상관없습니다. 이런 믿음을 가진 사람을 저는 하나님의 아들이라 부릅니다.

이는 결코 잊어서는 안 될 중요한 사실들입니다. 믿기 전까지는 누구도 그 사람이 하나님의 자녀인지 알지 못합니다. 물론 하나님의 자녀는 영원 전부터 하나님이 아셨고, 택하셨으며, 양자됨을 위해 예정하셨습니다. 하지만 이 땅에서 때가 되어 믿도록 부름받기 전까지는 아닙니다. 그들이 하나님의 자녀임을 우리가 확신하기 전까지는 아닙니다. 하나님의 천사들이 기뻐하는 회개와 믿음이 있기 전까지는 아닙니다. 천사들이라도 하나님이 택하신 자들을 기록해 놓은 생명책을 볼 수 없습니다. 이 땅에서 누가 하나님의 "숨기신 자"인지 알지 못합니다(시 83:3). 천사들이 믿지 않은 사람 때문에 기뻐하는 일은 없습니다. 하지만 가련한 죄인이 회개하고 믿는 모습을 보는 천사들은 기쁨을 감추지 못합니다. 불 속에 타들어 가다가 빼내진 나뭇가지처럼 죄인 한 사람이 또 불에서 건짐을 받았기 때문입니다. 아담의 후손 가운데 또 한 생명이 회개하고 하늘 아버지의 가족이 되었기 때문입니다(눅 15:10). 하지만 실제로 그리스도를 믿기 전까지 누가 하나님의 자녀인지 우리는 알 수 없습니다.

그리스도를 믿든 안 믿든 상관없이 모든 사람은 하나님의 자녀라는 기만적인 개념을 갖지 않도록 조심하십시오. 오늘날 많은 사람들이 무분별하게 이런 가르침을 받아들이고 있습니다. 자신의 양심을 다독이려고 이런 망상을 쫓아갑니다. 하지만 이런 이해는 하나님의 말씀이 가르치는 바와 전혀 다릅니다. 망상에서 깨어나 두려워 떨 때가 오고 있습니다.

어떤 면에서 하나님을 온 인류의 보편적인 아버지로 생각할 수 있습니다. 하나님은 만물을 있게 하신 위대한 제1원인입니다. 온 인류를 지으신 창조자입니다. 모든 인간은 그리스도인이든 아니든 오직 그분을 "힘입어 살며 기동하며 존재"합니다. 틀림없는 사실입니다. 이런 의미에서 바울도 아테네 사람들에게 그들의 시 구절을 인용해 "우리가 그의 소생이라"고 말했습니다(행 17:28). 하지만 이런 의미의 자녀됨이 곧 천국의 권리를 의미하는 것은 아닙니다. 어떤 의미에서 보면 하나님의 피조물로서의 자녀됨은 인간뿐 아니라 돌, 나무, 짐승, 심지어 마귀도 가지고 있습니다(욥 1:6).

하나님께서 모든 인간을 연민으로 사랑하시고 불쌍히 여기시는 것도 사실입니다. "여호와께서는 모든 것을 선대하시며 그 지으신 모든 것에 긍휼을 베푸시는도다"(시 145:9). "주께서는 너희를 대하여 오래 참으사 아무도 멸망하지 아니하고 다 회개하기에 이르기를 원하시느니라"(벧후 3:9). "죽을 자가 죽는 것도 내가 기뻐하지 아니하노니 너희는 스스로 돌이키고 살지니라"(겔 18:32). 그래서 우리 주 예수님도 이렇게 말씀하십니다. "하나님이 세상을 이처럼 사랑하사 독생자를 주셨으니 이는 그를 믿는 자마다 멸망하지 않고 영생을 얻게 하려 하심이라"(요 3:16).

하나님께서는 오직 그분의 아들 예수 그리스도의 지체들과 화해하시고 이들의 죄를 사하시는 아버지가 되십니다. 그래서 구원받기 위해 그리스도를 믿지 않는 사람은 누구나 예수 그리스도의 지체라는 가르침을 전혀 인정할 수 없습니다. 하나님의 거룩과 의를 정면으로 거스르는 가르침입니다. 하나님의 의와 거룩은 죄인이 중보자를 통하지 않고 하나님께로 나아오는 것을 결코 용납하지 않습니다. 그리스도 밖에 있는 사람에게 하나님은 "소멸하는 불"이십니다(히 12:29). 전체 신약성경의 교리가 이런 가르침을 인정하지 않습니다. 그리스도를 자신의 중보자로 영접하고 구원자로 믿지 않는 사람은 누구도 그리스도 안에 있는 모든 좋은 것을 주장할 수 없다고 신약성경은 가르칩니다. 그리스도를 믿지 않으면서 하나님을 아버지로 삼고 위로를 누릴 수 있다는 주장은 아주 위험한 오류입니다. 하나님은 그리스도의 지체가 아닌 사람과는 절대 화목하지 않으십니다.

이런 저의 주장을 편협하고 무자비하다고 비난하는 것은 온당치 못합니다. 복음은 모든 사람에게 열려 있기 때문입니다. 복음의 약속은 누구에게나 풍성하게 열려 있습니다. 복음의 초청은 간절할 뿐 아니라 다정하기까지 합니다. 복음의 요구는 단순명료합니다. "주 예수 그리스도를 믿기만 하면 누구든지 구원을 받는다"는 것입니다. 하지만 고개를 숙여 그리스도의 쉽고 가벼운 멍에 아래로 들어가기를 거부하는 교만한 사람과, 여전히 죄의 길을 고집하고 주장하는 세속적인 사람 역시 하나님의 자녀라고 주장하는 것은 전혀 성경이 말씀하는 바가 아닙니다. 하나님께서 그들의 아버지가 되겠다고 말씀하셨습니다. 하지만 하나님께서 그들의 아버지가 되시기 위해서는 그들이 반드시 그리스도를 통해 하나님께로 나아가야 합니다. 그리스도께서 그들의 구주가 되겠다고 하셨습니다. 하지만 그리스도께서 그들의 구주가 되시기 위해서는 그들이 자신들의 영혼을 먼저 하나님께 맡기고 자신들의 중심을 하나님께 드려야 합니다. 사람들은 이런 조건은 싫어하면서 감히 하나님을 자신들의 아버지라 부르기를 좋아합니다! 그리스도의 요구를 멸시하면서도 그리스도께서 자신들을 구원해 주실 것이라고 기대합니다. 하나님은 그들의 아버지입니다. 하지만 이들 스스로 갖다 붙인 조건을 통해서만 그렇습니다! 그리스도는 이들의 구원자입니다. 하지만 이들이 자의로 갖다 붙인 조건에서만 그렇습니다! 이보다 더 비합리적이고 일방적인 가르침이 어디 있습니까? 이보다 더 교만한 가르침이 어디 있습니까? 이보다 더 불경건한 가르침이 또 어디 있습니까? 이런 가르침을 조심해야 합니다. 오늘날과 같은 종말의 때에 이런 가르침이 얼마나 만연한지 모릅니다. 특히 시인과 소설가, 감상적인 사람, 마음이 여린 여성의 입을 통해서 제창되는 이런 가르침은 관대하고 아름답게까지 들립니다. 하지만 조심해야 합니다. 우리가 가진 성경을 완전히 배제하고 우리 자신을 하나님보다 더 지혜로운 자로 주장할 요량이 아니라면 말입니다. 성경이 말씀하는 유구한 토대 위에 견고히 서 있어야 합니다. 그리스도를 통하지 않는 하나님의 자녀됨은 없습니다! 그리스도를 믿지 않고 그리스도와의 관계를 주장할 수 없습니다!

이런 가르침에 대해 이렇게까지 경고하는 데는 이유가 있습니다. 오늘날 불신앙을 조장하고, 마귀를 돕고, 영혼을 파괴하는 신학이 각광 받고 있기 때문입니다. 아마사에게 나아갔던 요압과 같이 이들은 자비와 관용과 사랑을 앞세웁니다. 이들의 신학에 따르면 하나님은 그저 자비롭고 사랑 많은 신일 뿐입니다. 그분의 거룩과 의는 완전히 배제됩니다! 이들은 지옥에 대해서는 입도 뻥긋하지 않습니다. 온통 천국에 관한 이야기뿐입니다! 영원한 멸망은 전혀 언급하지 않습니다. 사랑이 많은 하나님이 멸하실 리 없다는 것입니다. 모든 사람이 구원받을 수밖에 없다는 것입니다! 이렇게 세련되고 우아한 가르침 아래서 믿음과 성령의 역사는 아무것도 아닌 것이 되고 맙니다! "무엇이든 믿는 사람은 믿음이 있는 것이다! 무엇이든 생각하는 사람은 성령이 있는 것이다! 모두가 옳고 아무도 그르지 않다! 누구도 자신의 신념에 따라 행동하는 것 때문에 정죄 받아서는 안 된다! 그가 가진 신념은 존중되어야 한다. 그가 처한 환경의 결과이기 때문이다! 피부색 때문에 비난받아서는 안 되는 것처럼, 어떤 사람의 생각이 다르다고 해서 비난해서는 안 된다. 있는 그대로 받아들여야 한다! 성경이 말씀하는 것이 전부가 아니다! 성경은 오래 전에 기록되었다! 지금과는 맞지 않는 부분이 많다! 물론 필요한 부분도 있고 맞는 부분도 있지만, 성경의 모든 내용이 그런 것은 아니다!" 이 신학에서 말하는 이런 모든 주장을 심각하게 생각하고 경계해야 합니다. 이들이 주장하는 "관용", "자비", "폭넓은 관점", "새로운 빛", "편협한 신앙으로부터의 자유"는 언뜻 보면 세련되고 고상한 것 같지만 사람들을 지옥으로 인도하는 신학의 미사여구일 뿐입니다.

첫째, 이런 신학은 역사적 사실과 정면으로 배치되는 신학입니다. 메소포타미아 지역에 가보라고 하십시오. 가서 이 지역을 호령했던 니느웨와 바벨론이 흔적도 없이 사라진 것을 보라고 하십시오. 사해로 가서 신비로울 정도로 쓰디쓴 물을 맛보라고 하십시오. 팔레스타인으로 가서 젖과 꿀이 흐르던 땅이 왜 광야와 같이 변했는지 사람들에게 물어보라고 하십시오. 자신들의 땅을 잃고 온 세상에 흩어져 유랑하며 어디를 가도 동화되지 못하는 유대인들을 보라고 하십시오. 그리고 대답해 보라고 하십시오. 과연 하나님이 결코 죄를 심판하지 않는 순전한 자비와 사랑의 하나님인지 말입니다.

둘째, 이런 신학은 사람의 양심과 정면으로 배치되는 가르침입니다. 아주 이른 나이에 죽음을 대면해야 하는 어린아이의 침상 맡에 가서 자신들의 교리를 가지고 그 아이와 부모를 위로해 보라고 하십시오. 그들의 세련되고 거만한 신학으로 죽으면 어떻게 될지 몰라 두려움으로 고통스러워하는 이들의 양심을 위로하고 편안히 눈을 감도록 해보라고 하십시오. 그들의 표현을 빌면 구식의 신학이 주장하는 성경의 약속과 회심, 그리스도의 보혈을 믿는 믿음이 없이도 기쁨과 행복 가운데 죽어 간 것으로 검증될 만한 경우들이 있으면 이야기해 보라고 하십시오. 사람들이 이 세상을 떠날 때가 되면 이 새로운 가르침이 사람들의 양심을 얼마나 비참하게 하는지 분명히 알게 될 것입니다. 죽어 가는 사람의 양심은 지옥 같은 것은 없다는 말로 안심시킬 수 있는 것이 아닙니다.

셋째, 이런 신학은 천국에 대한 모든 합리적인 생각에 정면으로 배치되는 가르침입니다. 모든 사람이 가는 천국이 있다고 생각해 보십시오! 거룩한 사람이나 불경한 사람, 순전한 사람이나 부정한 사람, 선한 사람이나 악한 사람 모두가 함께 모인 혼란스러운 거대한 집단을 천국이라고 생각해 보십시오! 그런 곳에서 하나됨이 가능하겠습니까? 이른바 형제애와 조화로운 연대를 기대할 수 있겠습니까? 다 함께 기뻐하는 예배가 그런 곳에서 가능하겠습니까? 그런 곳에 일치와 조화와 화평과 하나됨이 있을 수 있겠습니까? 의인과 악인, 바로와 모세, 아브라함과 소돔 사람, 바울과 네로, 베드로와 가룟 유다, 살인자나 취중에 죽은 사람과 리처드 백스터나 조지 허버트(George Herbert)나 윌리엄 윌버포스나 로버트 맥체인과 같은 사람 간의 구분이 존재하지 않는 천국이란 보통 사람들이 생각하는 천국 개념과도 전혀 맞지 않습니다! 뒤죽박죽에 혼란투성이인 군중 틈에서 영원을 보내느니 차라리 영원히 소멸되어 버리는 편이 낫습니다! 이런 곳은 지옥이나 다름이 없습니다!

넷째, 이런 신학은 거룩과 도덕이 가지는 중요성과도 정면으로 배치되는 가르침입니다. 삶이 어떻든 모두가 하나님의 자녀이고, 세상에서의 삶이 아무리 달라도 모두 천국에 가는 것이라면 거룩하게 살려고 애쓸 필요가 어디 있습니까? 진실되고 의롭고 경건하게 살 이유가 어디 있습니까? 아무도 지옥에 가지 않고 모두가 천국에 간다면 바르게 살 필요가 어디 있겠습니까? 이런 신학자들에게 배우느니 차라리 그리스와 로마의 시인과 철학자들로부터 배우는 편이 더 나을 것입니다. 거룩과 도덕에 대한 개념을 전복시키고 그렇게 살기 위해 힘쓰는 삶을 무색하게 만드는 가르침은 확실히 천국에서 비롯된 가르침이 아닙니다. 이 땅에 속한 가르침입니다. 하나님으로부터 난 가르침이 아닙니다. 마귀에게서 비롯된 것입니다.

다섯째, 이런 신학은 성경과 정면으로 배치되는 가르침입니다. 이들의 이론과 정면으로 배치되고 그것들을 논박할 수 있는 성경 구절은 무수히 많습니다. 성경을 이들의 가르침에 맞추려면 이런 모든 구절을 성경에서 빼야 할 것입니다. 그러면 전체 성경의 권위는 곧 사라지고 맙니다. 이런 사람들이 성경을 대신할 다른 무엇을 줄 수 있습니까? 아무것도 없습니다! 생명의 떡을 앗아 가고 그 대신에 돌을 쥐어 주는 격이 될 것입니다.

여러분에게 경고합니다. 이런 가르침을 조심하십시오. 지금 제가 드높이기 위해 애쓰고 있는 교리를 견고히 붙잡으십시오. 지금까지 말한 것들을 잘 기억하고 잊지 마십시오. 하나님의 자녀가 아니면 영광의 후사가 아닙니다! 그리스도와 상관이 없으면 하나님의 자녀가 아닙니다! 그리스도를 믿는 전인적인 믿음이 아니면 그리스도와 상관이 없습니다! 이것은 하나님의 진리입니다. 이 진리를 저버려서는 안 됩니다.

여러분 가운데 자신이 하나님의 자녀인지 알고 싶은 사람이 있습니까? 오늘 스스로에게 물어보십시오. 하나님 앞이라 생각하고 자신이 회개하고 믿고 있는지 자문해 보십시오. 마음으로부터 그리스도와 연합하고, 경험적으로 그리스도와의 친밀한 교제를 누리고 있는지 자문해 보십시오. 만약 그렇지 못하다면 아직 하나님의 자녀가 아닌 것이 분명합니다. 아직 여러분은 죄 가운데 있습니다. 여러분의 창조자라는 의미에서 하나님을 아버지라 할 수 있겠지만, 여러분과 화해하고 죄를 용서하신 아버지는 아닙니다. 그렇습니다! 교회와 세상이 한목소리로 이와는 다른 말을 할 수도 있습니다. 목사와 교인들도 한목소리로 여러분이 듣기 좋은 말을 할 수 있습니다. 하지만 하나님의 피조물이라는 의미에서 자신을 하나님의 자녀로 여기는 것은 아무런 의미가 없습니다. 하나님이 하시는 말씀을 들으십시오. 그리스도를 믿지 않으면 여러분은 하나님의 자녀가 아닙니다. 거듭난 것이 아닙니다.

여러분, 하나님의 자녀가 되고 싶습니까? 먼저 자신의 죄를 절감하고 구원을 위해 그리스도께로 피해야 합니다. 그러면 즉시 하나님의 자녀로 발견될 것입니다. 자신의 악함을 인정하고 오늘 그리스도께서 내민 손을 붙잡으십시오. 하나님의 자녀됨과 이로 인한 모든 특권을 얻으십시오. 여러분의 죄를 고백하고 그리스도께 가져가십시오. "만일 우리가 우리 죄를 자백하면 그는 미쁘시고 의로우사 우리 죄를 사하시며 우리를 모든 불의에서 깨끗하게 하실 것이요"(요일 1:9). 그러면 여러분의 죄와 같은 옛것은 지나가고 모든 것이 새롭게 됩니다. 오늘부터 여러분은 죄 용서를 받고 "사랑하시는 자 안에서" 용납되었습니다(엡 1:6). 오늘 여러분은 천국에서 새 이름을 얻었습니다. 오늘 아침에는 진노의 자녀로 일어났지만, 저녁에는 하나님의 자녀로 잠자리에 들 것입니다. 하나님의 자녀가 되고 싶은 열망이 진실된 것이라면, 그저 죄로부터 자유롭고 싶은 것이 아니라 참으로 자신의 죄악됨을 안다면, 여러분을 위한 참된 위로가 예비되어 있습니다. 성경 모든 곳에서 그렇게 기록하고 있습니다. 제가 어떻게 감히 여러분과 하나님 사이를 가로막을 수 있겠습니까? 다만 제가 말할 수 있는 것은 바로 지금 주 예수 그리스도를 믿으라는 것입니다. 믿고 하나님의 "자녀"가 되어 구원받으라는 것이 전부입니다.

여러분은 하나님의 자녀입니까? 그렇다면 기뻐하십시오. 여러분이 누리는 놀라운 특권을 진실로 기뻐하십시오. 이것은 감사할 이유가 됨이 분명합니다. 그리스도의 사랑하셨던 사도의 말을 들어 보십시오. "보라, 아버지께서 어떠한 사랑을 우리에게 베푸사 하나님의 자녀라 일컬음을 받게 하셨는가"(요일 3:1). 하늘이 땅을 돌아보다니요! 거룩하신 하나님께서 죄인에게 사랑을 베푸시다니요! 더구나 자녀라 부르시다니요! 이 얼마나 놀라운 사실입니까? 세상이 여러분을 몰라주면 어떻습니까! 사람들이 여러분을 비웃으면 또 어떻습니까! 억울하게 비방하면 어떻습니까! 비웃을 테면 비웃으라고 하십시오. 하나님이 여러분의 아버지이십니다. 부끄러워할 이유가 전혀 없습니다. 여왕은 사람을 귀족으로 세울 수 있습니다. 감독은 목사를 세울 수 있습니다. 하지만 여왕도, 영주도, 의원도, 감독도, 사제도, 집사도 자신의 권세로는 아무도 하나님의 자녀로 만들 수 없습니다. 하나님의 자녀보다 더 위대한 권세가 또 어디 있습니까! 하나님을 아버지라 부르고, 그리스도를 맏형으로 둔 사람은 설령 가난하고 비천한 계급으로 산다고 해도 전혀 부끄러워할 필요가 없습니다.

2. 두 번째로, 참된 그리스도인이 하나님의 자녀됨을 누리는 표지가 무엇인지 살펴보겠습니다.

어떻게 사람이 하나님의 자녀됨을 확신할 수 있습니까? 자신이 거듭나 믿음으로 그리스도께로 간 사람인지 아닌지 어떻게 알 수 있습니까? "하나님의 자녀"가 나타내는 표지는 무엇입니까? 영생을 사모하는 사람이라면 반드시 물어볼 수밖에 없는 질문들입니다. 지금부터 제가 언급할 여러 성경 구절들이 이런 물음에 답을 주고 있습니다. 이 말씀들을 잘 숙고해 보십시오.

첫째, 하나님의 자녀는 성령의 인도하심을 따라 살아갑니다. 이 장 초두에 인용한 성경 말씀이 무엇이라고 합니까? "무릇 하나님의 영으로 인도함을 받는 사람은 곧 하나님의 아들이라"(롬 8:14).

모든 하나님의 자녀는 눈에 보이지 않지만 성령의 가르침과 인도를 따라 삽니다. 더 이상 자기 소견에 옳은 대로 행하거나, 자신의 길을 고집하거나, 자기 안의 본성적인 마음의 욕구를 따라 살지 않습니다. 성령께서 이들을 인도하십니다. 성령께서 이들을 지도하십니다. 말로 설명하지는 못하지만 이들이 마음과 삶과 감정에서 느끼는 움직임이 있습니다. 이런 움직임은 한결같은 방향을 추구하는 것으로 드러납니다.

이들은 죄를 떠납니다. 자기 의를 버립니다. 세상을 멀리합니다. 이것이 바로 성령께서 하나님의 자녀를 인도하시는 길입니다. 하나님께서 양자 삼으신 이들을 성령께서 가르치고 훈련하십니다. 자신들의 마음을 보게 하십니다. 자신의 소견에 옳은 대로 행하는 것에 치를 떨게 하십니다. 내면의 화평과 평강을 사모하게 하십니다.

하나님의 자녀는 그리스도께로 인도함을 받습니다. 성경으로 돌아갑니다. 기도의 자리로 나아갑니다. 거룩으로 이끌립니다. 이것이 바로 성령께서 이들을 인도하여 지나가도록 하시는 길, 많은 선진들이 앞서 갔던 길입니다. 하나님께서 양자 삼으신 이들을 성령은 거룩하게 하십니다. 죄를 쓰디쓰게 느끼도록 하십니다. 반면에 거룩은 아주 달콤하게 느끼도록 하십니다.

이들을 먼저 시내 산으로 이끌어 율법을 알게 하시고, 마음이 무너지도록 하시는 분도 성령입니다. 그런 이들을 갈보리로 이끌어 십자가를 보게 하시고, 무너지고 상한 마음을 싸매고 어루만져 주시는 분도 성령입니다. 이들을 비스가 산으로 데려가 약속의 땅을 보게 하시는 분도 성령이고, 이들의 마음을 기쁨으로 차오르게 하시는 분도 성령입니다. 이들을 광야로 이끌어 들이셔서 자신들의 공허함을 보게 하시는 분도 성령이고, 이들을 다볼 산과 헐몬 산으로 이끌어 장차 누릴 영광을 엿보게 함으로 마음을 기쁘게 하시는 분도 성령입니다. 모든 하나님의 자녀는 이런 성령의 인도하심을 받습니다. 모든 하나님의 자녀는 "주의 권능의 날에 주의 백성이 거룩한 옷을 입고 즐거이 헌신"하고 자기 자신을 하나님께 드립니다(시 110:3). 성령의 인도를 받는 하나님의 자녀는 하나같이 바른 길을 통해 거주할 성읍에까지 이릅니다(시 107:7).

이런 사실을 잘 기억하고 잊어버리지 마십시오. 하나님의 자녀는 "하나님의 성령의 인도하심"을 받는 자들입니다. 정도의 차이는 있지만 항상 동일한 길을 갑니다. 하늘 성읍에 이르러 이 땅에서 성령의 인도하심을 받은 경험을 나누는 것을 들어 보면 정말 놀라울 것입니다. 이것이 바로 하나님의 자녀가 공통적으로 갖는 표지 가운데 하나입니다.

둘째, 모든 하나님의 자녀는 하늘에 계신 아버지를 향하여 양자된 자녀들이 갖는 마음을 느낍니다. 이 장을 시작하며 인용한 말씀이 무엇이라고 합니까? "너희는 다시 무서워하는 종의 영을 받지 아니하고 양자의 영을 받았으므로 우리가 아빠 아버지라고 부르짖느니라"(롬 8:15).

하나님의 자녀는 죄가 본성적 마음에 잉태한 비굴한 두려움을 가지고 하나님을 대하지 않습니다. 이들은 아담과 하와가 두려워 "여호와 하나님의 낯을 피하여 동산 나무 사이에 숨을" 수밖에 없도록 하고, 가인으로 "여호와 앞을 떠나"도록 한 죄책에서 구속함을 받았습니다(창 3:8, 4:16). 이들은 더 이상 하나님의 거룩과 정의와 위엄을 두려워하지 않습니다. 하나님과 자신들을 가르는 무한한 간극을 더 이상 느끼지 않습니다. 자신들의 죄 때문에 하나님이 진노하실 것이라는 두려움도 없습니다. 하나님의 자녀는 인간의 영혼을 결박하는 사슬로부터 자유롭게 된 자들이기 때문입니다.

이들이 하나님께 갖는 마음은 화목과 확신입니다. 하나님을 그리스도 예수 안에서 자신과 화목하게 된 아버지로 압니다. 하나님의 거룩한 본성과 속성이 요구하는 것을 위대한 중보자요 중재자이신 주 예수께서 모두 만족시키셨음을 압니다. 그래서 이들은 하나님을 "자기도 의로우시며 또한 예수 믿는 자를 의롭다" 하신 분으로 압니다(롬 3:26). 이제 이들은 하나님께 나아갈 때 자신들의 아버지께 나아가듯 담대히 나아갑니다. 아버지이신 하나님께 자유롭게 말씀드립니다. 종의 영과 자유의 영, 두려움의 영과 사랑의 영 사이에 위대한 교환이 이루어진 것입니다. 이들도 물론 하나님이 거룩하신 것을 잘 압니다. 하지만 이는 더 이상 두려움의 이유가 아닙니다. 물론 이들도 자신들이 죄인인 것을 압니다. 하지만 이 사실은 더 이상 이들을 두렵게 하지 못합니다. 거룩하신 하나님이 그리스도 안에서 자신들과 완전히 화해하신 것을 알기 때문입니다. 여전히 죄인이지만 예수 그리스도로 옷 입은 것을 알기 때문입니다. 이것이 바로 하나님의 자녀가 느끼는 정서입니다.

물론 이들 가운데 어떤 사람은 이런 정서를 더 생생하게 느낍니다. 종의 영의 잔재를 죽을 때까지 가지고 가는 사람도 있습니다. 때로 다시 옛 사람에게 속한 것들로 돌아가게 될 것 같은 두려운 마음이 불쑥불쑥 일어나 힘들어하는 사람도 있습니다. 하지만 함께 이야기를 나눠 보면, 그리스도를 알고 난 후로 하나님에 대한 마음이 이전과 완전히 달라졌다고 하는 사람이 대부분입니다. 마치 자신과 하늘에 계신 아버지 사이에 로마식 입양이 이루어진 것처럼 느낍니다. 마치 하나님께서 이들 각 사람에게 "내 아들이 되려느냐?" 하고 물으시고 이들은 "그럼요"라고 대답한 것처럼 느낍니다.

이것은 우리가 견고하게 붙들어야 할 사실입니다. 하나님의 자녀는 세상 자녀가 자신의 아버지에게 느끼지 못하는 것을 하나님 아버지께 느낍니다. 하나님의 자녀는 더 이상 종과 같은 비굴한 두려움을 갖지 않습니다. 자신을 대견해 하는 부모를 대하는 것처럼 하나님을 느낍니다.

셋째, 하나님의 자녀는 양심에 성령의 증거를 가집니다. 성경이 무엇이라고 말씀합니까? "성령이 친히 우리의 영과 더불어 우리가 하나님의 자녀인 것을 증언하시나니"(롬 8:16).

하나님의 자녀는 자신과 하나님의 관계를 분명히 확신하는 증거를 갖습니다. 이전 것은 지나가고 전혀 새로운 것이 도래했다고 말할 수 있는 무엇인가를 느낍니다. 죄책이 사라지고 평강이 회복됩니다. 하늘 문이 열리고 지옥 문이 닫힙니다. 한마디로, 세상의 자녀가 갖지 못하는 것—분명하고 확실한 근거를 가진 소망—이 이들에게는 있습니다. 바울이 성령의 "인"과 "보증"이라고 말하는 것을 갖습니다(고후 1:22, 엡 1:13).

물론 하나님의 자녀 간에도 성령의 증거를 받는 정도가 다른 것이 사실입니다. 어떤 사람은 양심이 분명하고 커다란 소리로 "나는 그리스도께 속했고, 그리스도는 내 기업이다"라고 증거합니다. 또 다른 사람은 보다 작고 미약한 속삭임으로 들려서 마귀와 육체가 방해를 하면 듣지 못하는 경우가 많습니다. 어떤 하나님의 자녀는 확신의 순풍 아래 천국으로의 여정을 미끄러지듯 달려가는가 하면, 또 어떤 자녀는 항해하는 내내 이리저리 휩쓸리고 자기에게 믿음이 있음을 확신하지 못하기도 합니다. 이런 신자에게, 그렇기 때문에 그가 얻은 작은 믿음의 소망을 저버릴 것인지 물어보십시오. 그렇다고 의심과 갈등, 싸움과 두려움에만 사로잡혀 있을 것인지 물어보십시오. 그렇다고 믿음을 버리고 다시 세속적이고 경박한 사람의 마음으로 돌아갈 것인지 물어보십시오. 그렇다고 자신이 붙잡고 있는 것을 팽개치고 다시 세상으로 돌아가는 것이 좋겠는지 물어보십시오. 그가 어떤 대답을 할지 모를 사람이 있습니까? "그럴 수 없습니다"라고 대답할 것입니다. "내가 믿고 있는지, 내게 은혜가 있는지 확신하지는 못하지만 절대 놓아 버리고 싶지 않은 무엇인가가 있는 것은 확실합니다"라고 대답할 것입니다. 그것이 무엇입니까? 그것이 바로 성령의 증거입니다.

하나님의 자녀는 양심에 성령의 증거를 갖고 있습니다. 이는 하나님의 자녀됨의 또 다른 표지입니다.

또 다른 한 가지 표지로, 모든 하나님의 자녀는 그리스도와 함께 고난을 받습니다. 성경이 하는 말씀을 들어 보십시오. "자녀이면 또한 상속자 곧 하나님의 상속자요 그리스도와 함께한 상속자니 우리가 그와 함께 영광을 받기 위하여 고난도 함께 받아야 할 것이니라"

(롬 8:17).

　모든 하나님의 자녀는 각자가 져야 할 십자가가 있습니다. 복음으로 인해 감당해야 할 시험과 어려움, 고난이 있습니다. 세상으로부터 시련을 당하고, 육체로부터, 마귀로부터 어려움을 겪습니다. 친구와의 관계에서 오는 어려움이 있습니다. 애매한 말을 듣고, 부당한 대우를 받고, 많은 오해를 삽니다. 나쁜 평판을 감내해야 합니다. 비방과 조롱과 억지소리를 듣는 것도 예사입니다. 세상적인 이해관계에서도 손해를 감수해야 합니다. 사람들을 기쁘게 할지 하나님께 영광을 돌릴지, 하나님께 영광을 돌리고 사람들이 원하는 것을 하지 않을지 선택해야 할 때가 자주 있습니다. 심지어 하나님의 자녀는 자기 마음으로부터도 어려움을 당합니다. 대부분의 하나님의 자녀는 일반적으로 자기만이 가진 육체의 가시가 있습니다. 어떻게 보면 이것이 가장 가공할 만한 원수라고 할 수 있습니다.

　하나님의 자녀 가운데서도 고난을 더 받는 사람이 있는가 하면 상대적으로 고난을 덜 받는 사람이 있습니다. 고난 받는 방식도 서로 다릅니다. 하나님께서는 지혜로운 의사와 같이 각 사람에게 필요하고 알맞은 만큼 고난을 허락하십니다. 실수가 없으십니다. 하지만 고난을 통과하지 않고 낙원에 이르는 하나님의 자녀를 본 적이 없습니다.

　고난은 하나님의 가족의 일용할 양식입니다. "주께서 그 사랑하시는 자를 징계하시고"(히 12:6). "징계는 다 받는 것이거늘 너희에게 없으면 사생자요 친아들이 아니니라"(히 12:8). "우리가 하나님의 나라에 들어가려면 많은 환난을 겪어야 할 것이라"(행 14:22). "무룻 그리스도 예수 안에서 경건하게 살고자 하는 자는 박해를 받으리라"(딤후 3:12). 자신은 어려움 같은 것을 겪어 본 적이 없다고 자랑스럽게 말하는 집 주인에게 라티머 주교는 "그렇다면 하나님께서 여기 계실 리가 없습니다"라고 말했습니다.

하나님의 자녀는 고난을 통해 거룩하게 됩니다. 고난을 통해 세상과 절연하고 하나님의 거룩에 참여합니다. 이들을 구원하신 "구원의 창시자"도 "고난을 통하여 완전히게" 되셨습니다(히 2:10, 12:10). 위대한 성도치고 고난이나 부패를 경험하지 않은 사람이 없었습니다. 필립 멜랑턴(Philip Melancthon)은 이렇게 말했습니다. "염려할 것이 없으면 사람들은 보통 기도하지 않는다."

이 부분에 대해 좀 더 이야기해 보면, 하나님의 자녀는 예외 없이 지고 가야 할 십자가가 있습니다. 고난 받으시는 구주께는 고난당하는 제자들이 있습니다. 이들의 신랑은 이 땅에 있을 때 질고를 아는 슬픔의 사람이었습니다. 그런데 신부가 슬픔이 무엇인지 모르고 마냥 기뻐만 하는 사람이면 되겠습니까? 애통하는 자는 복이 있습니다! 십자가를 불평하지 말아야 합니다. 십자가 또한 하나님의 자녀 된 표지입니다.

성경이 말씀하는 하나님의 자녀됨을 말하는 표지가 없는데도 자의로 하나님의 자녀라고 생각해서는 안 됩니다. 하나님의 자녀된 표지도 드러나지 않는데 스스로 그렇게 생각해서는 안 됩니다. 다시 말하지만 조심하십시오. 성령의 인도하심을 따라 사는 모습이 드러나지 않고, 양자의 영이 있는 증거도 보이지 않고, 성령이 양심에 증거하시는 것도 알지 못하고, 십자가를 지고 간다는 것이 무엇인지도 모르는 사람을 어찌 하나님의 자녀라 할 수 있겠습니까? 다른 사람이 어떻게 생각하든지 저는 그런 사람을 하나님의 자녀라 말하지 않습니다! 그에게서 드러나는 반점은 하나님의 자녀의 반점이 아닙니다(신 32:5). 이런 사람은 하나님의 영광의 후사가 아닌 것입니다.

국교회 교리문답도 배웠고 세례도 받았기 때문에 하나님의 자녀라 믿는 사람이 있습니다. 교회의 교인명부는 생명책이 아닙니다. 하나님의 자녀라고 사람들이 불러 주고 유아세례를 받고 기도서를 따라 기도하는 것과, 실제로 하나님의 자녀가 되는 것은 전혀 별개입니다. 교리문답을 다시 읽어 보십시오. 은혜로 말미암아 하나님의 자녀가 되는 것은 "죄에 대해서는 죽고 의에 대해서 거듭나는 것"입니다. 경험을 통해서 이런 사실을 알지 못하는 사람은 하나님의 자녀가 아닙니다.

그렇기 때문에 단순히 교회 교인이라는 이유로 하나님의 자녀라고 주장하지 마십시오. 교인의 자녀라고 당연히 하나님의 자녀가 되는 것은 아닙니다. 이런 자녀됨은 로마서 8장이 말하는 자녀됨과 다릅니다. 로마서가 말하는 자녀됨은 구원받아야 누리게 되는 자녀됨입니다.

성령의 증거가 없이도 구원받을 수 있는지 궁금해 하는 사람이 있을 수도 있습니다. 여러분이 말하는 성령의 증거가 소망을 확신하는 것을 말한다면, 성령의 증거가 없이도 구원받았다고 말할 수 있습니다. 하지만 여러분이 말하는 것이 증거에 대한 내면의 느낌, 지식, 구원의 소망을 말하는 것이라면, 대답이 달라집니다. 구원받은 사람이라면 이런 내적인 변화와 느낌이 없을 수 없습니다. 그러므로 하루

속히 구원에 대한 잘못된 생각을 버리고 자신의 부르심과 구원을 확실하게 하십시오. 하나님과의 관계와 하나님 앞에서의 위치를 분명히 하십시오. 항상 의심하고 의구심을 품고 살아가는 것이 정직한 미덕은 아닙니다. 진지한 신자라는 의미는 더더욱 아닙니다. 로마 가톨릭 신자는 그렇게 하는 것이 미덕이 되기도 합니다. 하지만 성경이 말씀하는 하나님의 자녀됨은 그런 것이 아닙니다. 내적인 증거가 없을 수가 없습니다. 청교도인 존 다드(John Dod)는 말합니다. "신자는 확신을 얻을 수 있다. 아니 얻어야 한다. 오래 믿었으면서 확신이 없다면, 처음 믿은 이래로 지금까지 무엇을 했단 말인가?"

참된 그리스도인들 가운데는 자신들에게서 드러나는 자녀됨의 증거가 너무나 미약해서 유익을 얻지 못할 뿐 아니라 오히려 고통만을 가중시킬 뿐이라고 생각하는 사람이 있을 수 있습니다. 그 미약한 증거를 주신 분이 누구입니까? 누구 때문에 죄를 미워하게 되었습니까? 어떻게 그리스도를 사랑하게 되었습니까? 거룩을 위해 힘쓰는 사람이 되게 하신 분이 누구입니까? 그런 느낌이 어디서 왔습니까? 본성이 그런 느낌을 주었습니까? 자연적인 사람의 마음은 그런 마음을 가지래야 가질 수가 없습니다. 마귀가 주었습니까? 마귀는 그런 마음을 질식시키고 고사시키지 못해 안달하는 존재가 아닙니까? 힘을 내십시오. 용기를 내십시오. 두려워하지 마십시오. 낙담하지 마십시오. 계속해서 앞으로 전진하십시오. 미약한 증거이기는 하지만 그것이 하늘로부터 온 것이라면 소망이 있습니다. 더욱더 힘쓰십시오. 부지런히 찾고 구하십시오. 두드리십시오. 그러면 마침내 자신이 "하나님의 자녀"임을 알게 될 것입니다.

3. 마지막으로, 하나님의 자녀가 누리는 특권에 대해 알아보겠습니다.

하나님의 자녀가 되는 것보다 영광스러운 것도 없습니다. 이 장을 시작할 때 인용한 성경 말씀은 위로의 금맥입니다. "자녀이면 또한 상속자 곧 하나님의 상속자요 그리스도와 함께한 상속자니 우리가 그와 함께 영광을 받기 위하여 고난도 함께 받아야 할 것이니라"(롬 8:17).

참된 그리스도인은 "후사"입니다. 아직 드러나지는 않았지만 이들을 위해 예비된 것이 있습니다.

"하나님의 후사"입니다. 이 땅에서 부자의 상속자가 되는 것은 대단한 일입니다. 그렇다면 만왕의 왕의 자녀요 후사로 드러나는 것은 어떻겠습니까!

참된 그리스도인은 "그리스도와 함께한 상속자"입니다. 하나님의 위엄을 함께 나누고, 하나님의 영광에 함께 참여합니다. 그리스도와 더불어 영화롭게 될 사람들입니다.

하나님의 모든 자녀를 위해 예비된 일들입니다. 한 명도 예외가 없습니다. 아브라함이 자녀들이 물려받을 기업을 위해 하나님의 약속을 붙들고 믿음으로 행하지 않았습니까? 하나님 또한 자신의 자녀들이 기업을 받을 수 있도록 모든 일을 다 하시는 분입니다. 한 명도 배제되지 않습니다. 한 명도 누락되지 않을 것입니다. 주께서 자녀들을 영화롭게 하시는 그날에 모두가 각자의 분량을 따라 기업을 얻을 것입니다.

성도들이 받아 누릴 기업이 무엇인지 밝히 드러낼 수 있는 사람이 있습니까? 아직 하나님의 자녀에게 밝히 드러나지 않았고 주어지지 않은 이 기업을 설명할 수 있는 사람이 누구입니까? 말로는 다 설명할 수가 없습니다. 인간의 언어가 너무 빈약하기 때문입니다. 설명을 한다고 해도 인간의 지성이 그것을 감당하지 못합니다. 전능하신 하나님의 아들딸에게 예비된 기업의 영광을 설명할 사람은 아무도 없습니다. "우리가 지금은 하나님의 자녀라. 장래에 어떻게 될지는 아직 나타나지 아니하였으나"라고 한 사도 요한의 말은 참입니다(요일 3:2).

성경마저도 하나님의 자녀가 받아 누릴 영광의 기업에 대해서는 베일만 살짝 치켜 올려 보여줄 뿐입니다. 어떻게 그 이상 할 수 있단 말입니까? 더 많이 드러내 주었다고 해도 우리가 감당하지 못했을 것입니다. 우리의 지성은 여전히 이 땅에 속해 있기 때문입니다. 우리의 총명 역시 아직도 육신에 속해 있기 때문에 순전히 하늘에 속한 이 기업을 제대로 감당할 수가 없습니다. 그래서 성경은 하나님의 기업을 다루면서 소극적인 용어를 사용합니다. 영광스러운 기업이 아닌 것이 무엇인지를 가려냅니다. 그래서 어렴풋이나마 짐작할 수 있게 합니다. 우리가 듣고 이해할 수 있게 영광의 기업에 속한 것이 아닌 것이 무엇인지 묘사합니다. 이 기업은 "썩지 않고 더럽지 않고 쇠하지 아니하는 유업"이라고 말씀합니다(벧전 1:4). "시들지 아니하는 영광의 관을 얻으리라"고 말씀합니다(벧전 5:4). 마귀가 결박되었기 때문에 "더 이상 밤이나 저주가 없다"고 말씀합니다(계 20:2, 21:25, 22:3). "사망이 불못에 던지울 것"이라고 말씀합니다(계 20:14). "모든 눈물을 그 눈에서 닦아 주"실 것이라고 말씀합니다(계

21:4). 그래서 이런 기업을 물려받을 자는 더 이상 아프지 않을 것이라고 말씀합니다(사 33:24). 정말 영광스러운 일이 아닙니까! 하나님의 기업은 썩지 않습니다! 시들지도 않습니다! 쇠하지도 않습니다! 마귀도 없습니다! 죄의 저주도 없습니다! 슬픔도 없습니다! 눈물도 없습니다! 아픔도 없습니다! 사망도 없습니다! 하나님의 자녀의 잔이 넘칠 것이 분명합니다!

성경에는 참된 그리스도인이 자신의 장래의 영광에 대해 숙고하도록 하나님의 영광의 기업을 적극적으로 언급해 놓은 부분도 있습니다. 달콤함과 기쁨과 말할 수 없는 위로가 넘칠 것이라고 말씀합니다. 기진한 순례자들을 격려하고 힘을 북돋우게 하기에 충분한 표현들이 많습니다. 여기에 대해서는 나중에 다룰 때가 있을 것입니다.

여러분, 하나님을 아는 지식이 즐겁습니까? 비록 지금은 우리가 하나님과 그리스도에 대해 아는 것이 지극히 미약하지만, 그럼에도 이런 지식을 주는 성경을 읽는 것이 소중합니까? 그래서 더욱더 보고 싶어집니까? 하나님을 영광 중에 온전히 알게 되는 날이 옵니다. 성경이 무엇이라고 말씀합니까? "그때에는 주께서 나를 아신 것 같이 내가 온전히 알리라"(고전 13:12). 하나님을 찬양합시다. 그때에는 그리스도인들 사이에 어떤 불일치나 이견도 없을 것입니다. 감독교인과 장로교인, 칼빈주의자와 알미니안주의자, 천년주의자나 무천년주의자, 국교도나 비국교도, 유아세례를 옹호하는 신자나 성인세례만을 인정하는 신자 등 모두가 마침내 온전한 영광을 목도할 것입니다. 이전의 무지는 사라집니다. 우리가 얼마나 어리석고 유치

했는지 깨닫게 될 것입니다.

여러분, 거룩을 추구하고 거룩하게 사는 것이 즐겁습니까? 삶 가운데 드러나는 죄가 너무나 버겁게 느껴지고 싫습니까? 하나님의 형상을 온전히 덧입고 싶습니까? 우리가 영화롭게 되는 날에 그렇게 될 것입니다. 성경이 하는 말씀을 들어 보십시오. "자기 앞에 영광스러운 교회로 세우사 티나 주름 잡힌 것이나 이런 것들이 없이 거룩하고 흠이 없게 하려 하심이라"(엡 5:27). 오, 죄와 영원히 결별할 수 있다니요! 지금 우리가 가진 가장 탁월한 것조차도 그날에는 보잘것없어 보일 것입니다! 우리의 모든 동기와 생각과 행위와 말은 하나같이 유치하고 부패하고 오염되어 있습니다! 우리 가운데 많은 사람들이 말은 납달리와 같이 잘하지만 실제 행동에 있어서는 끓는 물과 같았던 르우벤처럼 정함이 없습니다!(창 49:4, 21)

여러분, 안식이 즐겁습니까? 그리스도인으로서 사는 것이 기드온의 삼백 용사와 같이 "비록 피곤하나 추격하는" 것처럼 느낍니까?(삿 8:4) 항상 깨어 있어야 하고 싸워야 할 필요가 없는 세상을 사모합니까? 영광 중에 그런 안식을 누릴 날이 옵니다. 성경이 말씀합니다. "그런즉 안식할 때가 하나님의 백성에게 남아 있도다"(히 4:9). 그때에는 날마다 시시각각 죄와 육신과 세상과 마귀와 싸울 필요가 없습니다. 원수가 결박됩니다. 전쟁이 끝납니다. 악인이 마침내 끊어집니다. 곤비한 자가 결국 쉼을 얻습니다. 위대한 평화가 찾아듭니다.

여러분, 하나님을 섬기는 것이 즐겁습니까? 연약한 육신 때문에 소원하는 만큼 하지는 못하지만, 그리스도를 위해 살아가는 것이 즐겹습니까? 마음은 원이지만 육신이 연약한 것 때문에 아파하고 탄식합니까? 그리스도의 이름으로 냉수 한 잔을 나눌 기회가 생겼을 때 마음이 뜨거워짐을 느낍니까? 자신이 얼마나 무익한 종인지를 절감하고 탄식합니까? 위로를 얻으십시오. 영광 가운데 온전히 섬기게 되는 날이 옵니다. 그날에는 피곤이 무엇인지 모를 것입니다. 성경이 말씀하는 것을 들어 보십시오. "그의 성전에서 밤낮 하나님을 섬기매"(계 7:15).

여러분, 참된 만족을 원합니까? 세상이 얼마나 공허한지를 절감합니까? 우리 마음의 빈 곳이 채워지기를 바랍니까? 영광의 날이 오면 그렇게 될 것입니다. 질그릇에 금이 가듯 우리 몸이 쇠약해지는 것 때문에 슬퍼하지 않아도 됩니다. 아름다운 장미의 가시 때문에 속상해 하지 않아도 됩니다. 우리가 마시는 달콤한 잔에 섞인 쓴맛을 더 이상 맛보지 않아도 됩니다. 시들어 버린 박넝쿨 때문에 슬퍼한 요나와 같이 슬퍼할 필요가 없는 날입니다. 더 이상 솔로몬처럼 말하지 않아도 됩니다. "모두 다 헛되어 바람을 잡으려는 것이로다"(전 1:14). 노년의 다윗과 같이 탄식하지 않아도 됩니다. "모든 완전한 것이 다 끝이 있어도"(시 119:96). 성경이 무엇이라고 말씀합니까? "주의 형상으로 만족하리이다"(시 17:15).

여러분, 성도들과의 교제가 즐겁습니까? 땅에 있는 "존귀한 자들"과 함께 있을 때만큼 행복한 때가 없습니까?(시 16:3) 성도들과 함께 교제할 때가 가장 즐겁습니까? 영광의 기업을 얻게 되는 날에 여러분은 온전한 교제 가운데로 들어갑니다. 성경이 하는 말씀을 들어 보십시오. "인자가 그 천사들을 보내리니 그들이 그 나라에서 모든 넘어지게 하는 것과 또 불법을 행하는 자들을 거두어 내어"(마 13:41).

"그가 큰 나팔소리와 함께 천사들을 보내리니 그들이 그의 택하신 자들을 하늘 이 끝에서 저 끝까지 사방에서 모으리라"(마 24:31). 하나님을 찬양합니다! 우리가 성경에서 본 성도들, 지금 본받아 살아가는 성도들을 만나게 될 것입니다. 세상이 감당하지 못했던 사도, 예언자, 족장, 순교자, 개혁자, 선교사, 목사들을 모두 만나 보게 될 것입니다. 그리스도 안에서 사랑하고 알았지만 눈물을 삼키며 먼저 보내야 했던 모든 얼굴을 대면할 것입니다. 이 땅에 있을 때보다 더 밝게 빛나고 영화롭게 된 그들을 볼 것입니다. 무엇보다도 이들을 다시 못 보게 될까 봐 조바심을 갖지 않아도 됩니다. 우리가 장차 누릴 영광의 기업에는 사망이나 헤어짐이나 작별이 없기 때문입니다.

여러분, 그리스도와 교제하는 것이 즐겁습니까? 그분의 이름이 소중합니까? 죽기까지 우리를 사랑하신 그분의 사랑을 생각하면 마음이 뜨거워집니까? 영광의 기업으로 들어가면 그분과 완전한 교제를 누립니다. "우리가 항상 주와 함께 있으리라"(살전 4:17). 낙원에서 그분과 함께할 것입니다(눅 23:43). 영광의 나라에서 그분을 대면할 것입니다. 못 박혔던 손과 발, 가시관을 쓰셨던 머리를 직접 볼 것입니다. 그분이 계신 곳에 하나님의 자녀들도 같이 있을 것입니다. 그분이 오실 때 그들도 함께 데려오실 것입니다. 그분이 영광으로 좌정하실 때, 그들도 곁에 함께 좌정할 것입니다. 얼마나 복된 장면입니까! 저는 죽어 가는 이 세상에서 죽음을 향해 달려가는 사람입니다. 제 앞에 있는 모든 것은 어둠입니다. 오는 세상은 아무도 가 본 적이 없는 항구입니다. 하지만 그리스도께서 거기 계십니다. 이 땅에서 믿음으로 그분을 따르는 것에도 이런 기막힌 위로와 평강이 따르는데, 그분을 직접 대면할 때는 어떻겠습니까? 광야에서 불기둥과 구름기둥을 따라 행진하는 것이 흥분되고 좋았다면, 우리의 영원한 기업인 약속의 땅에서 우리의 영원한 여호수아와 함께 거하는 것은 어떻겠습니까?

여러분 가운데 아직 하나님의 기업의 후사가 아닌 사람이 있습니까? 여러분이 지금 얼마나 많은 것들을 잃어버리고 있는지 모릅니다. 또 앞으로는 어떻습니까! 여러분은 지금 참된 위로를 누리지 못하고 있습니다! 기껏해야 이 땅에 속한 목적을 위해 분주하고 애쓰고 수고합니다. 안식을 구하고 찾지만 발견하지 못합니다. 허상을 쫓아 열심히 달려가지만 손에 잡히지 않습니다. 왜 행복하지 못한지 날마다 자문해 보지만, 그 이유를 전혀 알 수 없습니다. 배고프고 목마르고 공허하기만 할 뿐 아무것도 손에 잡히지 않습니다. 오, 여러분이 지혜로워지면 좋겠습니다! 오, 여러분이 예수께서 부르시는 소리를 들었으면 좋겠습니다! 그분을 알았으면 좋겠습니다!

여러분이 하나님의 후사라면 기뻐하고 즐거워하십시오. 「천로역정」에 나오는 인내라는 소년처럼 기다릴 가치가 있습니다. 여러분이 누릴 가장 탁월한 것은 아직 도래하지 않았습니다. 불평 없이 십자가를 지고 갈 이유가 있습니다. 장래의 영광에 비하면 십자가는 아무것도 아니기 때문입니다. "생각하건대 현재의 고난은 장차 우리에게 나타날 영광과 비교할 수 없도다"(롬 8:18). "우리 생명이신 그리스도께서 나타나실 그때에 너희도 그와 함께 영광 중에 나타나리라"(골 3:4). 악인들의 재산과 소유를 부러워할 필요가 없습니다. 여러분이야말로 진정한 부자입니다. 제 교구의 한 교인이 임종을 맞으면서 "이제까지 살았던 그 어느 때보다 저는 지금 부자입니다"라고 한 말은 진실입니다. 므비보셋이 다윗에게 말했던 것처럼 여러분도 말할 수 있습니다. "내 주 왕께서 평안히 왕궁에 돌아오시게 되었으니 그로 그 전부를 차지하게 하옵소서"(삼하 19:30). 자신의 모든 재물을 다 나누어 주고 난 후 그에게 남은 것이 무엇이냐고 묻는 사람에게 "소망이 남았다"라고 한 알렉산더처럼 말할 수 있습니다. 아프다고 낙담에 빠질 이유가 없습니다. 여러분의 영원한 부분은 안전합니다. 몸에 무슨 일이 있어도 상관이 없습니다. 죽음을 잠잠히 바라볼 수 있습니다. 죽음은 기껏해야 영원한 기업으로 나아가는 통로일 뿐입니다. 세상의 것—이별과 사별, 난관과 상실—들 때문에 힘에 지나게 슬퍼할 이유가 없습니다. 그러지 않아도 됩니다. 더 좋은 것들로 거둘 날이 도래하고 있습니다. 여러분의 보화는 안전합니다. 해가 갈수록 천국은 여러분이 사랑하는 사람들로 채워지고 있고, 이 땅은 점점 더 비어 가고 있습니다. 여러분이 누릴 기업은 얼마나 영광스럽습니까! 여러분이 하나님의 자녀라면 이 모든 것이 여러분의 것입니다. "자녀이면 또한 상속자, 하나님의 상속자니."

이제 결론으로, 여러분에게 묻습니다. 여러분은 누구의 자녀입니까? 본성의 자녀입니까? 아니면 은혜의 자녀입니까? 마귀의 자녀입니까? 아니면 하나님의 자녀입니까? 둘 중 하나일 수밖에 없습니다.

그렇다면 여러분은 누구의 자녀입니까?

여러분이 반드시 대답해야 할 물음입니다. 결국 이 둘 중 하나로 죽게 될 것이기 때문입니다. 지금 바로 대답해야 합니다. 시간이 많지 않습니다. 세상은 쇠락해 갑니다. 여러분도 그리스도의 심판대를 향해 가고 있습니다. 죽음이 얼마 남지 않았습니다. 하루 동안 무슨 일이 일어날지 인간은 알지 못합니다. 주님이 곧 오십니다. 이 질문에 대답하기 전까지는 여러분이 쉴 수 없기를 바랍니다! 오, "나는 거듭났다. 나는 하나님의 자녀다"라고 말할 수 있기 전까지는 여러분이 만족하지 못했으면 좋겠습니다!

여러분, 하나님의 자녀가 아닙니까? 지체하지 말고 하나님의 자녀가 되십시오. 부자가 되고 싶습니까? 그리스도 안에 측량할 수 없는 보화가 있습니다. 귀족이 되고 싶습니까? 왕이 될 것입니다. 행복하고 싶습니까? 지각에 뛰어난 평강을 누릴 것입니다. 세상이 빼앗아 갈 수 없는 평강입니다. 세상에서 나오십시오. 십자가를 지고 그리스도를 따르십시오! 세속과 경박함을 버리십시오. 주님의 말씀을 들으십시오. "너희에게 아버지가 되고 너희는 내게 자녀가 되리라. 전능하신 주의 말씀이니라 하셨느니라"(고후 6:18).

여러분, 하나님의 자녀입니까? 하늘 아버지의 가문에 합당하게 행하십시오. 여러분의 삶에서 하나님을 영화롭게 하십시오. 그분의 모든 계명에 즉시 철저하게 순종하십시오. 하나님의 자녀로, 영광의 후사로 이 세상을 지나가십시오. 여러분의 하늘 아버지와 여러분이 얼마나 닮았는지 세상으로 알게 하십시오. 경건한 삶을 사십시오. 위의 것을 추구하십시오. 하늘의 본향을 두고 이 땅에 둥지를 틀지 마십시오. 눈에 보이지 않는 도성을 바라고 사는 사람처럼 사십시오. 하늘의 시민권자로 사십시오. 그래서 본향에 다다르는 여정에서 당하는 모든 어려움을 기꺼이 감당하십시오.

모든 환경에서 하나님의 자녀처럼 느끼고 또 그렇게 살아가십시오. 이 땅이라도 여전히 여러분 아버지의 땅입니다. 여러분은 지금 여러분 아버지의 땅을 걷고 있는 것입니다. 여러분이 누리는 모든 위로와 긍휼뿐 아니라 모든 난관도 아버지로부터 온 것임을 잊지 마십시오. 모든 염려를 그분께 맡겨 버리십시오. 그분 안에서 항상 기뻐하고 만족하십시오. 만왕의 왕의 자녀인데 슬퍼할 이유가 어디 있습니까? 사람들이 여러분을 하나님의 자녀로 사는 것이 정말 즐거운 일인지 의심스러운 눈초리로 바라보게 할 이유가 어디 있습니까?

하나님의 자녀로서 다른 사람들을 대하십시오. 사는 날 동안 흠이 없게 살아가십시오. 다른 사람들에게 해를 끼치지 마십시오. 그들 가운데 "화평케 하는 자"가 되십시오(마 5:9). 무엇보다 여러분의 자녀 역시 하나님의 자녀가 되도록 애를 쓰십시오. 다른 무엇보다 하늘의 기업을 물려받도록 하십시오. 부모가 자녀에게 해줄 수 있는 것 중 하나님의 후사가 되게 하는 것보다 더 좋은 것은 없습니다.

그리스도인으로서의 부르심을 끝까지 이루어 가십시오. 하나님의 자녀로서의 삶을 완성시켜 가십시오. 모든 무거운 죄짐을 벗어 버리십시오. 죄는 여러분을 쉽게 이 세상에 얽매이게 합니다. 항상 그리스도를 바라보십시오. 그분 안에 거하십시오. 그분 없이는 아무것도 할 수 없음을 잊지 마십시오. 그리고 그분과 함께라면 무엇이든 할 수 있습니다(요 15:5, 빌 4:13). 날마다 깨어 기도하십시오. 견고하고 흔들리지 말며 항상 주의 일에 힘쓰는 자가 되십시오. 그리스도의 제자로서 사람들에게 물 한 잔을 대접해도 그 상을 결코 잃지 않으리라는 말씀을 기억하십시오. 해가 갈수록 하나님의 본향에 가까워지고 있음을 기억하십시오.

"잠시 잠깐 후면 오실 이가 오시리니 지체하지 아니하시리라"(히 10:37). 그때가 되면 하나님의 자녀가 영광스러운 자유 가운데 온전히 드러날 것입니다(롬 8:19, 21). 그날이 되면 세상은 하나님의 자녀가 참으로 옳았음을 인정하게 될 것입니다. 그날이 되면 하나님의 자녀가 마침내 완전한 성년이 되어 자신의 기업을 차지할 것입니다. 이런 복된 음성을 들을 것입니다. "내 아버지께 복 받을 자들이여, 나아와 창세로부터 너희를 위하여 예비된 나라를 상속 받으라"(마 25:34). 그날에 모든 것이 신원될 것입니다.

19장
큰 무리

> 형제들아, 우리가 너희에게 구하는 것은 우리 주 예수 그리스도의 강림하심과 우리가 그 앞에 모임에 관하여. (살후 2:1)

본문에는 우리의 관심을 끄는 특별한 표현이 있습니다. "우리가 그 앞에 모임"이라는 말입니다.

"우리가 그 앞에 모임!"이라는 세 마디는 사람이라면 누구나 환영할 만한 말입니다. 사람은 본성적으로 사회적인 존재입니다. 혼자 있는 것을 싫어합니다. 세상 어디를 가든 사람들은 함께 만나고 모이기를 좋아합니다. 아담의 후손이면서도 "서로 모이기를" 싫어하는 것은 예외적인 일일 뿐 통상 그런 것은 아닙니다.

예를 들면, 크리스마스는 영국 사람들에게 특별한 시즌입니다. 전국적으로 흩어졌던 가족들이 함께 모이는 절기입니다. 이때가 되면 도시나 시골, 부자나 가난한 자, 궁정이나 노역소 할 것 없이 어디서나 크리스마스 파티와 크리스마스 분위기라는 말을 들을 수 있을 정도입니다. 많은 사람들이 일 년 열두 달 중 이때 단 한 번 가족이나 친지들의 얼굴을 봅니다. 이때 자녀들은 부모 형제를 보기 위해 며칠간 휴가를 냅니다. 오랫동안 보지 못했던 정겨운 친구들을 찾아 나섭니다. 아이들은 크리스마스 분위기가 한껏 무르익은 집에 빨리 가고 싶어서 학교가 파하기만을 기다립니다. 장사하는 사람들도 이때만큼은 잠시 가게를 닫습니다. 연중무휴로 장사를 하는 가게라 해도 크리스마스를 맞아서는 단 몇 시간이라도 문을 닫습니다. 한마디로, 와이트 섬에서부터 버윅 온 트위드, 남쪽 끝에서 북쪽 갑에 이르기까지 온 나라가 "함께 모이기 위해" 길을 떠나고 또 그런 가족, 친지, 친구들을 맞이하는 기쁨과 기다림이 가득합니다.

이런 절기를 누릴 수 있다는 것은 복입니다! 영국 땅에 이런 절기가 해마다 이어지기를 바랍니다. 빈약하고 천박한 철학이나 이런 크리스마스 모임을 비웃습니다. 냉랭하고 무정한 신앙이나 이런 모임에 눈살을 찌푸리고 세상적인 것으로 매도합니다. 질서 있고 안정된 사회일수록 그 근원에는 가족의 사랑과 우애가 자리합니다. 타락한 세상에서 계속해서 선한 것으로 남아 있고, 타락한 인간이 마귀와 같은 존재로 전락하지 않도록 하는 몇 안 되는 것들 가운데 하나입니다. 전체 사회 시스템이 계속해서 돌아가도록 보이지 않게 역사하는 윤활유와 같습니다. 무엇이든 가족애와 형제애를 북돋우는 것은 국가에 이롭습니다. 영국에서 가족들이 서로 모이고 방문하는 일을 더 이상 볼 수 없는 크리스마스가 오지 않기를 바랍니다!

하지만 이 땅에서의 모임이 아무리 선하다고 해도 저마다 슬픔과 후회가 남습니다. 가장 행복한 파티에도 행복하지 못한 사람이 있고, 즐겁고 유쾌한 모임이라 해도 그 즐거움이 길게 유지되지는 못합니다. 더구나 해가 더할수록 행복한 모임을 이루던 가족들이 하나둘 이 세상을 등집니다. 이런 일은 피할 수 없습니다. 그래서 크리스마스의 즐거움을 누리는 중에도 문득문득 몇 년 전, 심지어 작년까지만 해도 그 자리에 함께 있던 가족 생각에 멍해지곤 합니다. 오래 살수록 더 외롭게 느껴질 수밖에 없습니다. 떠난 가족들의 얼굴과 목소리는 크리스마스로 모인 가족 친지들의 와자지껄한 웃음소리에도 묻혀 사라지지 않습니다. 사람들이 말은 안하고, 하더라도 자주 하지는 않지만, 이런 느낌을 받지 않는 가족이 없습니다. 누가 뭐라 할 것도 없고, 누가 강요한 것도 아니지만 유쾌하고 행복한 모임일수록 더욱 그렇습니다. 중년 이상의 연배에 있는 사람치고 크리스마스 파티와 같은 즐거운 모임에서 그런 미묘한 속내를 느끼지 않는 사람이 없을 것입니다. 이 세상에서는 아무리 즐거운 모임이라도 사람들의 마음속에는 미묘한 그리움으로 인한 슬픔과 외로움이 혼재되어 있습니다.

그렇다면 앞으로 이보다 더 나은 "모임"을 누릴 수는 없는 것입니까? 크리스마스와 새해 모임을 넘어서는 훨씬 더 고상한 모임—슬픔이 없는 기쁨, 눈물이 없는 명랑함으로 충만한 모임—을 기대할 수는 없습니까? 감사하게도 여러분의 이런 질문에 대답하는 것이 제게는 전혀 어려운 일이 아닙니다. 그리고 이 장이 바로 이런 질문에 대한 대답입니다.

1. 참된 그리스도인들이 주 앞에서 모이는 "대회"가 도래하고 있습니다. 이것이 무엇이고, 언제 그런 일이 있을 것입니까?

   이 모임은 세상 마지막에 이루어질 것입니다. 그리스도께서 다시 이 땅에 오시는 날 말입니다. 그리스도께서 처음 이 땅에 오신 것이 분명한 것처럼, 그분이 다시 오실 것도 분명합니다. 구름 타고 공중으로 들려 올리신 것처럼, 또 그렇게 오실 것입니다. 모두가 볼 수 있는 모습으로 육신을 입고 승천하셨던 것처럼, 모두가 볼 수 있게 다시 오실 것입니다. 그렇게 오셔서 가장 먼저 하실 일은 자기 백성을 "모으는 일"이 될 것입니다. "그가 큰 나팔소리와 함께 천사들을 보내리니 그들이 그의 택하신 자들을 하늘 이 끝에서 저 끝까지 사방에서 모으리라"(마 24:31).

   택하신 자들을 모으는 방식에 대해서는 성경이 분명히 말씀합니다. 죽은 성도들이 모두 일어나고, 산 성도들이 모두 변화됩니다. "바다가 그 가운데에서 죽은 자들을 내주고 또 사망과 음부도 그 가운데에서 죽은 자들을 내주매"라고 성경은 말씀합니다(계 20:13). "주께서 호령과 천사장의 소리와 하나님의 나팔소리로 친히 하늘로부터 강림하시리니 그리스도 안에서 죽은 자들이 먼저 일어나고 그 후에 우리 살아남은 자들도 그들과 함께 구름 속으로 끌어 올려 공중에서 주를 영접하게 하시리니 그리하여 우리가 항상 주와 함께 있으리라"(살전 4:16-17). "보라, 내가 너희에게 비밀을 말하노니 우리가 다 잠잘 것이 아니요 마지막 나팔에 순식간에 홀연히 다 변화되리니 나팔소리가 나매 죽은 자들이 썩지 아니할 것으로 다시 살아나고 우리도 변화되리라"(고전 15:51-52).

택하신 자들을 모으시는 목적 역시 성경이 분명히 말씀합니다. 그리스도의 백성에게 최종적인 상급을 주시기 위함입니다. 그들은 모든 죄책으로부터 완전히 의롭게 되었다고 만물 앞에서 선포됩니다. "창세로부터 예비된 나라"를 상속 받습니다. 자신들의 주님의 즐거움에 공식적으로 참여합니다. 또한 그리스도의 백성의 안전을 위함입니다. 방주 안의 노아나 소알 땅의 롯과 같이 악인에 대한 하나님의 심판의 폭풍이 온 천지를 집어 삼키기 전에 이들을 안전한 곳으로 피하게 하기 위함입니다. 여리고 성의 라합 식구들처럼, 불구덩이에서 터럭 하나 그을리지 않았던 다니엘의 세 친구들처럼 하나님의 원수들에게 임할 최후의 재앙으로부터 보호하기 위함입니다. 아무리 두려운 표징이 따른다고 해도 성도들은 그리스도와 더불어 온 성도들과 모이는 날을 두려워할 필요가 없습니다. 만물의 마지막 파멸이 이르기 전에 지존자의 은밀한 곳에 숨겨질 것이기 때문입니다. 이처럼 마지막 날에 있을 이 위대한 모임은 성도들의 안전과 상급을 위함입니다. 하나님의 백성을 모으는 천사들이 "너희는 무서워하지 말라. 십자가에 못 박히신 예수를 너희가 찾는 줄을 내가 아노라"고 말할 것입니다(마 28:5). 그리고 그들의 주님께서 "내 백성아, 갈지어다. 네 밀실에 들어가서 네 문을 닫고 분노가 지나기까지 잠깐 숨을지어다"라고 하실 것입니다(사 26:20).

이 대회는 거대한 무리로 드러날 것입니다. 이 땅의 처음 성도였던 아벨 이래로 주님이 오시는 날까지 사는 모든 하나님의 자녀가 모일 것입니다. 모든 세대, 모든 나라, 모든 교회, 모든 민족, 모든 방언에 속한 모든 성도가 모일 것입니다. 단 한 사람도 잊혀지거나 간과되지 않을 것입니다. 가장 약한 자라고, 가장 미천한 자라고 배제되는 일은 없을 것입니다. 지금과 같이 곳곳에 "흩어져" 살아갈 때는 작은 무리처럼 보이지만, 다 함께 모이는 그날에는 아무라도 능히 셀 수 없는 큰 무리로 드러날 것입니다.

이 대회는 놀라운 대회가 될 것입니다. 육신적으로는 전혀 본 적도 없고 알지도 못하고, 만나도 말도 통하지 않을 사람들이 이 땅 끝에서 저 땅 끝으로부터 모여 조화로운 거대한 무리를 이룰 것입니다. 오스트레일리아에 사는 성도나 영국에 사는 성도나 전혀 차이가 없이 홀연히 다 함께 모이게 될 것입니다. 오천 년 전에 죽어서 그 뼈가 이미 흙으로 돌아간 신자들은 천사들의 나팔소리가 울릴 때 살아 있던 성도들과 전혀 다르지 않게 무덤에서 일어난 자신의 몸이 홀연히 변화되는 모습을 볼 것입니다. 무엇보다 은혜의 이적이 일어나는 모습을 목도하게 될 것입니다. 구원받았으리라고는 전혀 예상치 못했던 사람들의 얼굴을 천국에서 대면하게 될 것입니다. 뒤죽박죽되었던 언어가 다시 하나의 언어로 회복될 것입니다. 이렇게 모인 거대한 무리는 한 마음과 한 언어로 "하나님께서 행하신 일이 어찌 그리 크냐!" 하고 탄복할 것입니다(민 23:23).

이 대회는 겸손한 대회로 드러날 것입니다. 완고하고 편협한 신앙은 영원히 종언을 고할 깃입니다. 서로교단과 교파가 다른 사람들이 너 나 구분 없이 나란히 한자리에 있을 것입니다. 이 땅에서는 서로 용납하지 못했을지라도, 천국에서는 전혀 그럴 일이 없습니다. 같은 자리에서 예배는 고사하고 기도도 같이 하지 않던 국교도와 비국교도들이 그렇게 했던 자신의 모습을 부끄럽게 여기고 이후로는 영영토록 함께 주님을 찬양할 것입니다. 지금은 비록 각자의 규례와 성례를 용납하지 못하지만 그날에는 주님의 목전에 나란히 자리할 것입니다. 이 세상에서는 도무지 보지 못하는 일이 일어날 것입니다. 사람들이 일찍이 본 적이 없을 정도로 모든 분파주의, 당파심, 신자를 형제로 대하지 못했던 것들, 신앙적 시기심, 신앙적 교만과 같은 것들이 철저히 사라진 모임이 될 것입니다. 모든 신자가 완전한 겸손으로 옷 입은 모습일 것입니다(벧전 5:5).

이렇게 놀랍고 대단한 "대회"를 우리는 자주 떠올려 보아야 합니다. 이 땅을 살아가는 우리가 깊이 숙고해야 할 모임입니다. 우리는 정치적 모임, 학회, 동호회 등 날이 갈수록 필요와 조건에 따라 모임이 분화되어 가는 시대를 살고 있습니다. 하지만 이런 모임은 하나같이 사라질 것입니다. 얼마 지나지 않아 사람들에게서 까맣게 잊혀질 것입니다. 그리고 오직 한 모임만이 중요해지는 때가 옵니다. 그때에는 "안전하고 영화로운 그리스도의 백성의 모임에 나도 들 수 있을 것인가? 아니면 영원한 저주 가운데 남겨질 것인가?" 하는 것만이 초미의 관심사가 될 것입니다. 뒤에 남겨지는 사람으로 드러나지 않도록 우리 모두가 주의해야 합니다.

2. 참된 그리스도인들의 "대회"를 사모해야 할 이유가 무엇입니까?

모든 그리스도인은 마땅히 마지막 날에 있을 이 모임을 항상 기쁜 마음으로 고대하며 살아야 합니다. 이것이 사도 바울의 분명한 생각입니다. 바울 사도는 이 모임을 모든 신자들이 사모하고 고대해야 할 것으로 그리스도의 재림과 동일시하고 있습니다. 좁은 길을 걷는 모든 순례자의 믿음을 고취시킬 "장차 올 좋은 것"으로 드높이고 있습니다. 하나님의 종이 면류관과 안식을 얻고 나라를 얻을 것은 물론, 복된 "회중"에 들 것이라고 말하는 것 같습니다. 이 모임이 갖는 특별한 복이 무엇입니까? 그것이 무엇이기에 우리가 기쁨과 즐거움으로 이 모임을 고대한단 말입니까? 지금부터 그 이유를 살펴보겠습니다.

먼저, 모든 참된 그리스도인의 "모임"은 그들의 현재의 모습과는 전혀 다를 것이기 때문입니다. 함께 모이기보다는 흩어지는 것이 현재 사람들이 존재하는 방식으로 보입니다. 해마다 세상에 태어나는 수많은 사람들 가운데 죽을 때까지 계속해서 함께 살다가 죽는 사람들이 얼마나 드뭅니까! 한 지붕 아래서 태어나고 자란 자녀들이라 해도 커 가면서 뿔뿔이 흩어져 마지막 숨을 거둘 때는 훨씬 더 멀리 떨어져 있는 경우가 대부분입니다. 하나님의 백성이라고 예외는 아닙니다. 세상 여기저기에 소금처럼 흩어져 살아갑니다. 가끔 만날 수는 있고 또 일정한 기간 동안 나란히 살기도 하지만, 계속해서 함께 살지는 못합니다. 물론 신자들이 흩어져 사는 것은 세상에는 더할 나위 없는 유익입니다. 집집마다 촛불들이 나눠져 있지 않고 한 집에만 모여 있으면 밤에 그 마을은 칠흑과 같이 변할 것입니다. 이런 면에서 세상에는 유익이지만, 신자들에게는 결코 작은 시련이 아닙니다. 많은 날 동안 외롭고 쓸쓸하게 지내야 합니다. 형제들과의 교제가 너무 그립습니다. 주님을 사랑하는 자들과 조금이라고 함께 하고 싶은 마음이 간절합니다. 소망과 위로 가운데 함께할 수 있는 날을 고대하며 살아갑니다. 풍성한 교제를 나누며 영원히 함께할 날이 도래하고 있습니다. 그러므로 낙심하지 말고 기뻐해야 합니다. 신자들의 "대회"로 모일 날이 시시각각으로 가까워 오고 있기 때문입니다.

둘째, 모든 참된 그리스도인이 마침내 이루게 될 "대회"는 한 마음으로 이루는 모임이 될 것이기 때문입니다. 이 땅에서 우리가 보는 모임은 아닙니다. 이 땅에서는 어느 모임을 가나 위선자와 거짓 신앙고백자가 없는 곳이 없습니다. 알곡이 있는 곳에는 어디나 예외 없이 가라지가 있습니다. 좋은 생선이 있는 곳에는 어김없이 나쁜 생선이 함께 있습니다. 지혜로운 처녀가 있는 곳이면 어디나 미련한 처녀도 함께 있습니다. 이 땅에 완전한 교회는 없습니다. 어느 성찬식을 가도 가롯 유다와 같은 자들이 함께합니다. 어디를 가나 데마와 같은 자가 있습니다. 하나님의 자녀들이 모이는 곳에는 어디나 사탄도 함께 있습니다(욥 1:6). 하지만 이런 상태가 끝나는 날이 옵니다. 우리 주님이 성부께 하나님의 백성을 완전한 교회로 드리는 날입니다. "자기 앞에 영광스러운 교회로 세우사 티나 주름 잡힌 것이나 이런 것들이 없이 거룩하고 흠이 없게 하려 하심이라"(엡 5:27). 이런 교회를 생각해 보십시오. 얼마나 영광스럽습니까! 이 세상에서는 참 그리스도인 여섯 명도 함께 모이기 힘듭니다. 몇 명만 모여도 그리스도인은 한겨울에 화창한 날을 만난 것처럼 기뻐합니다. 엠마오로 내려가던 제자들이 예수님의 가르침을 받을 때 그랬던 것처럼 마음에 뜨거움을 느낍니다. 그렇다면 "아무라도 능히 셀 수 없이 많은" 참 그리스도인들이 모인 대회에 참여하는 그의 마음은 어떻겠습니까! 더구나 이 많은 그리스도인들이 다 한마음같이 느끼고 한 사람같이 보며 판단할 뿐 아니라, 그 모든 판단과 느낌과 생각이 더 이상 온전할 수 없을 만큼 온전하다고 생각해 보십시오. 얼마나 행복하고 즐거운 모임이 되겠습니까! 그동안의 모든 비참한 논쟁이 다 사라지고 없을 것입니다. 칼빈주의자도 더 이상 알미니안주의자를 미워하지 않습니다. 알미니안주의자도 칼빈주의자를 미워하지 않습니다. 국교도는 더 이상 비국교도와 다투지 않습니다. 비국교도도 국교도와 더 이상 다툴 이유가 없습니다. 불일치나 부조화나 말다툼이 없습니다. 모든 신자가 가진 은혜가 장성한 데까지 자라고, 신자의 모든 고질적인 죄들이 봄날 너도밤나무의 이파리들처럼 다 떨어지고 없을 것입니다. 생각만 해도 감격스럽지 않습니까! 사도 바울이 우리더러 이런 현실을 대망할 것을 재촉한 것도 전혀 이상할 것이 없습니다.

셋째, 모든 참된 그리스도인 가운데 한 사람도 빠지는 사람이 없는 대회가 될 것이기 때문입니다. 가장 연약한 양이라고 광야에 홀로 남겨지는 일은 없습니다. 숨을 몰아쉬는 어린아이라도 관심에서 멀어지거나 배제되지 않습니다. 눈물과 슬픔 가운데 떠나보낸, 그리스도 안에서 잠든 사랑하는 친구나 친지들을 다시 대면하게 될 것입니다. 우리가 본 그 어떤 모습보다도 밝고 아름답고 행복한 모습일 것입니다. 세상의 시작부터 마지막까지 우리보다 앞서 선한 싸움을 싸운 하나님의 모든 성도들과의 교제에 참여할 것입니다. 족장과 예언자들, 사도와 교부들, 순교자와 선교사들, 개혁자와 청교도들 등 하나님의 택하심을 입은 모든 무리를 거기서 만날 것입니다. 그들의 글과 저작을 읽기만 해도 즐거웠는데, 그들을 직접 본다고 생각해 보십시오! 그들이 어떤 모범으로 살아갔는지 듣는 것만으로도 가슴이 뛰고 다시 마음을 다잡을 수 있게 되었는데, 그들과 대면하고 이야기를 나누고 질문을 던질 수 있다면 얼마나 즐겁겠습니까! 아브라함, 이삭, 야곱과 자리를 같이하고 어떻게 성경도 없이 믿음을 지켰는지 들을 수 있을 것입니다. 모세, 사무엘, 다윗, 이사야, 다니엘과 이야기하면서 어떻게 그들이 아직 오시지도 않은 그리스도를 믿었는지 들을 수 있을 것입니다. 베드로, 바울, 나사로, 마리아, 마르다와 함께 이야기를 나누면서 주께서 그들에게 어떻게 행하셨는지 들을 수 있을 것입니다. 생각만 해도 너무나 가슴 벅차지 않습니까! 사도 바울이 그리스도인들의 대회를 대망하라고 한 것은 당연한 일이었습니다.

마지막으로, 끝나는 시간이 없고 각자의 처소로 돌아갈 필요가 없는 모임이 될 것이기 때문입니다. 이 땅에서는 그런 모임이 없습니다. 모두가 끝없이 분주하기만 합니다. 차분히 모임을 누리는 사람을 보기 어렵습니다. "안녕하세요?" 하기가 무섭게 "안녕히 가세요"라고 하는 모임이 대부분입니다. 세상의 염려와 일상의 의무, 가족 부양의 책임, 직업과 일들이 우리의 인생을 갉아먹는 것 같습니다. 이로 인해 하나님의 백성이 차분히 서로 교제하고 친교를 나누는 것 자체가 불가능해져 버렸습니다. 하지만 감사하게도 이런 상황만 계속되는 것은 아닙니다. "안녕히 가세요", "잘 가"와 같은 말을 더 이상 들을 수 없는 때가 옵니다. 우리가 다시 만날 때는 이전 것은 지나가고 더 이상 죄나 슬픔이 없을 것입니다. 가난도 돈도 가족에 대한 염려도, 질병이나 고통이나 노화나 죽음이나 변화와 같은 것이 전혀 없는 때입니다. 영원히 존재가 계속되고, 한결같고, 편안하고, 전혀 분주함이나 쫓김이 없는 때입니다. 이런 복된 변화를 짐작이나 할 수 있겠습니까? 사도 바울이 위의 것을 추구하고 장차 나타날 것을 대망하라고 촉구한 것은 전혀 이상할 것이 없습니다.

지금부터 제가 말하는 몇 가지를 주의해서 잘 듣고 깊이 생각해 보십시오. 그리스도인의 삶과 모든 경험에는 우리가 곱씹어야 할 귀한 양식이 들어 있습니다. 지금 제가 분명하게 말할 수 있는 한 가지는, 그리스도의 재림과 그분의 백성이 다시 모이는 것을 대수롭지 않게 생각하고, 그것을 기뻐하거나 즐거워하거나 대망하지 못하는 사람은 자신이 정말 그리스도인이 맞는지, 은혜 안에 있는 것이 맞는지 진지하게 다시 생각해 보아야 한다는 것입니다.

먼저, 단도직입적으로 묻습니다. 회피하려고 하지 말고 잘 들어 보십시오. 주님이 다시 오셔서 천사들을 보내 자신의 백성을 모으실 때 여러분도 함께 모일 것 같습니까? 아니면 뒤에 남겨질 것 같습니까?

어쨌든 한 가지는 분명합니다. 이 위대한 날 세상에는 그리스도의 우편에 있는 사람과 좌편에 있는 사람의 두 부류만이 존재할 것입니다. 의롭다 여겨지는 사람과 악인으로 드러난 사람, 방주 안에서 안전한 사람과, 방주 밖에 있는 사람, 알곡으로 하나님의 곡간에 들인 사람과 살라지기 위해 쭉정이로 남겨진 사람의 두 부류만 존재할 것입니다. 여러분은 어느 편에 있을 것 같습니까?

아직 몰라서 대답을 못할 수도 있습니다. 자신이 어떻게 될지 확신하지 못할 수도 있습니다. 좋은 쪽에 있기를 바라지만 결국에 그렇게 드러나게 될지 자신이 없어서 그럴 수도 있습니다. 이렇든 저렇든 대답을 하지 못하겠다면 좋습니다! 하지만 여러분이 자신 있게 대답할 수 있을 때까지 쉬기 말기를 바랍니다. 성경은 누가 그리스도와 함께 모일 자인지 분명히 말하고 있습니다. 이 말씀을 정직하게 대면하고 잘 살펴본다면, 과연 여러분이 그들 중 하나로 드러날 것인지 스스로에게 대답할 수 있을 것입니다. 그러므로 안심하지 마십시오. 여러분이 그런 사람이라는 것을 알 때까지 결코 쉬지 마십시오!

이 땅에서의 삶보다 더 나은 것을 바랄 수 없는 사람이 어떻게 이 세상과 작별을 고할 수 있는지, 그리스도 안에서 다시 만날 것을 기약할 수 없는 상황에서 어떻게 자녀들에게 "잘 있으라"고 할 수 있는지, 어떻게 자녀들을 이 험한 세상의 파도에 남겨 두고 떠날 수 있는지, 사는 동안 다시 행복하게 만나게 될지 혹은 오는 세상에서 복된 재회를 하게 될지 모르는 상태에서 어떻게 사랑하는 가족을 머나먼 곳으로 떠나보낼 수 있는지 사실 저로서는 이해가 가지 않습니다. 다만 이런 사실들에 대해 궁금해 하지 않고, 이런 사실들에 대한 고민이나 기대하는 마음도 없기 때문에 사람들이 그럴 수 있을 것이라고 생각할 뿐입니다. 하지만 일단 이런 생각과 고민을 하기 시작한 사람은 자신이 그리스도 안에서 안전한 것으로 발견되기까지는 결코 쉬지 못할 것입니다.

둘째, 자신이 하나님의 가족으로 함께 모이게 될지 자기 영혼의 상태를 시험해 보는 분명한 시금석이 있습니다. 지금 자신이 이 땅에서 어떤 모임을 가장 좋아하는지 스스로에게 물어보십시오. 하나님의 백성과 함께 모이는 것을 정말 좋아하는지 물어보십시오.

이 땅에서 참된 그리스도인들과 함께 모이는 것을 싫어하는 사람이 어떻게 천국에서 그들과 모이기를 기뻐할 수 있겠습니까? 무도장과 경마장과 파티와 오락과 세상적인 모임에 마음이 가 있으면서 정작 하나님을 예배하는 일은 지루하고 번거롭게 여기는 사람이 어떻게 천국에서 성도들과, 그것도 성도들로만 이루어진 모임을 즐거워할 수 있겠습니까? 불가능합니다. 그럴 수는 없습니다.

이 땅에서 우리가 즐거워하는 것을 보면 우리 마음이 어떤 상태인지를 알 수 있습니다. 이 땅에서 우리 마음의 상태가 어떤가 하는 것은 이후에 우리가 어디에 있을지를 가늠해 보게 하는 중요한 시금석입니다. 천국은 준비된 사람들을 위해 예비된 곳입니다. 이 땅에서 죄인들과 어울리는 것만을 좋아하면서 천국에서 성도들과 모이기를 기대하는 것은 철저하게 자신을 기만하는 것입니다. 이런 삶에서 돌이키지 않고 그렇게 살다가 죽는다면, 차라리 세상에 태어나지 말았으면 좋았겠다고 후회하게 될 것입니다.

셋째, 여러분이 참된 그리스도인이라면, 복된 장래를 자주 생각하고 대망하십시오. 여러분의 더 나은 것들은 아직 이르지 않았습니다. 구속이 가까워 오고 있습니다. 밤이 거의 다 지났습니다. 아침이 오고 있습니다. 이제 조금만 있으면 여러분이 사랑하는 분, 곧 오실 것이라고 기다리는 그분이 지체 없이 오실 것입니다. 그분 안에서 죽은 성도들과 함께 오실 것입니다. 살아 있는 자들을 홀연히 변화시킬 것입니다. 고대하십시오! "함께 모일 날"이 가까워 오고 있습니다.

배가 파선된 후 맞는 아침은 비탄하기 이를 데 없는 순간입니다. 간신히 살아나 안전하게 뭍에 다다른 생존자들의 기쁨도 잠시, 물에 빠져 살아나지 못한 동료 선원들에 대한 생각으로 비통함에 젖습니다. 하지만 하나님의 어린양의 보좌를 두른 하나님의 자녀들의 모임에는 그런 슬픔이 들어설 자리가 없을 것입니다. 함께 항해하던 형제자매가 모두 안전하게 천국의 포구에 다다를 것이기 때문입니다. "그 남은 사람들은 널조각 혹은 배 물건에 의지하여 나가게 하니 마침내 사람들이 다 상륙하여 구조되니라"(행 27:44). 휘몰아치는 거대한 파도라 해도 하나님께서 택하신 자들을 어찌하지는 못합니다. 파도가 잠잠해지고 날이 밝아 해가 다시 떠오르면 배 안에 탔던 동료 모두가 안전한 것으로 드러나고, 마침내 하나님의 자녀들의 모임에 다 함께 참여하게 될 것입니다.

이 땅에서는 심지어 전투에서 위대한 승리를 거둔 다음 날에도 맘껏 승리의 기쁨을 만끽할 수 없습니다. 승리의 기쁨은 전장에서 함께 싸우다 스러져 간 전우들에 대한 생각과 그들을 살리지 못한 자책과 후회로 얼룩지기 마련입니다. "전사하고 실종되고 부상당한" 전우의 명단에 많은 사람들이 가슴을 쥐어뜯습니다. 많은 가정들에 슬픔이 가득합니다. 자식의 전사 소식을 견디지 못하고 무덤으로 내려가는 백발이 성성한 부모들도 있습니다. 웰링턴의 위대한 공작은 "승리만이 우리가 해야 할 전부다. 승리 아니면 패배가 있을 뿐이다"라는 말을 자주 했습니다. 하지만 감사하게도 천국에는 이런 슬픔이 없습니다! 우리 구원의 위대한 대장을 따르는 용사들은 마지막 날 점호에 하나도 빠짐없이 대답할 것입니다. 전사자가 없는 이들의 점호 명부는 전투 전과 똑같습니다. 이 마지막 모임에는 실종된 신자가 단 한 명도 없을 것입니다.

크리스마스 가족파티에서 보이지 않는 식구 생각에 마음이 슬퍼집니까? 전과 달리 생긴 빈자리에 눈시울이 뜨거워집니까? 자녀들이 함께 모인 행복한 자리지만 교회 묘지에 묻힌 사랑하는 얼굴들과 목소리가 떠올라 마음이 무거워집니까? 하늘을 바라보고 장래에 모두가 만날 것을 대망하십시오! 그리 오래 걸리지 않을 것입니다. 세상은 점점 쇠락해 가고 있습니다. 주님의 재림이 가까워 옵니다. 사랑하는 사람들과 헤어지거나 그들을 떠나보낼 일이 전혀 없는 모임이 우리를 기다리고 있습니다. 많은 눈물로 무덤에 먼저 뉘인 사랑하는 신자들은 모두 안전하게 우리를 기다리고 있습니다. 기쁨으로 그들을 다시 볼 날만 남았습니다. 기대하십시오! 다시 말합니다. 믿음으로 우리 "주 예수 그리스도의 강림하심과 우리가 그 앞에 모임"을 굳게 붙잡으십시오. 이 사실을 믿으십시오. 이 사실을 생각하십시오. 이 사실에 안심하십시오. 모두가 그대로 이루어질 사실입니다.

해마다 12월이 되면 떠나간 가족들 생각에 쓸쓸하고 적막한 느낌을 지울 수가 없습니까? 함께 파티로 모여 함께 찬양하고, 마음을 털어놓고, 그동안 서로의 삶이 어땠는지 나눌 사람이 없습니까? 해가 갈수록 하늘은 신자들로 채워져 가고 이 땅은 점점 비어져 가고 있음을 압니까? 어제오늘의 이야기가 아닙니다. 여러분이 지금 마시는 잔은 앞서 간 많은 신자들이 마셨던 잔입니다. 위의 것을 생각하십시오. 장래를 대망하십시오. 고독하고 쓸쓸한 시간은 조만간 지난날의 이야기가 될 것입니다. 많은 무리와 함께 모일 날이 얼마 남지 않았습니다. "깰 때에 주의 형상으로 만족하리이다"(시 17:15). 이제 얼마 안 있으면 결코 헤어지거나 흩어질 일이 없는 대회를 보게 될 것입니다. 결코 끝나지 않는 안식일을 맞이할 것입니다. "우리 주 예수 그리스도의 강림하심과 우리가 그 앞에 모임"으로 모든 것이 신원될 날입니다.

20장
위대한 분리

손에 키를 들고 자기의 타작마당을 정하게 하사 알곡은 모아 곳간에 들이고 쭉정이는 꺼지지 않는 불에 태우시리라. (마 3:12)

이것은 세례자 요한이 말한 예언의 말씀입니다. 아직 성취되지 않은 예언이자 우리 주 예수 그리스도에 관한 말씀입니다. 우리는 언젠가 이 말씀이 성취되는 모습을 목도하게 될 것입니다. 그때가 언제인지는 하나님만이 아십니다.

우리는 이 말씀이 전하는 위대한 진리를 진지하게 숙고해 보아야 합니다. 지금부터 이 진리를 함께 차례로 살펴보려고 합니다. 잘 들어 보십시오. 때를 따라 여러분의 영혼에게 필요한 말씀으로 드러날지도 모릅니다. 이 말씀을 읽는 오늘이 여러분의 인생에서 가장 복된 날로 드러날지도 모릅니다.

1. 이 말씀에 나타난 첫 번째 진리는, 온 인류가 두 그룹으로 나뉜다는 것입니다.

하나님이 보시기에 온 인류는 두 개의 그룹 중 하나에 속해 있습니다. 위의 말씀은 이 두 그룹 모두를 언급합니다. 알곡이라 불리는 사람과 쭉정이라 불리는 사람입니다.

사람이 보기에 이 땅에는 서로 다른 수많은 종류의 사람들이 사는 것 같지만, 하나님께는 오직 두 종류의 사람밖에 없습니다. 사람은 겉모양에 따라 판단하고 분류하지만 하나님께서는 마음을 보시기 때문입니다. 하나님께 중요한 것은 마음뿐입니다. 하나님의 방법대로 마음의 상태에 따라 사람을 구분하면, 세상에는 두 부류의 사람만 있는 것이 맞습니다. 알곡이든 쭉정이든 둘 중 하나입니다.

그러면 누가 알곡입니까? 이것은 우리가 특별히 주목해야 할 물음입니다.

알곡은 주 예수 그리스도를 믿는 모든 신자입니다. 성령의 인도하심을 따라 사는 모든 사람입니다. 자신을 죄인으로 느끼고 구원을 얻기 위해 복음으로 피하는 사람입니다. 주 예수를 사랑하고 그분을 위해 살고 그분을 섬기는 사람입니다. 그리스도만을 신뢰하고, 성경을 자신의 삶과 행동의 유일한 원리로 삼으며, 죄를 원수로 여기고, 천국만을 본향으로 생각하는 사람입니다. 어느 교회에 속해 있든, 어느 나라 사람이든, 무슨 이름으로 불리든, 어느 민족과 방언 가운데 속했든 상관없이 이렇게 살아가는 모든 사람이 바로 하나님의 알곡입니다. 계층과 지위, 조건, 계급이 무엇이든 이렇게 믿고 살아가는 사람들이 바로 하나님의 "알곡"입니다.

스스로를 죄악된 존재로 느낀다 해도 상관없습니다. 이런 사람들은 온 인류에서 소중한 무리입니다. 성부 하나님의 아들딸입니다. 하나님의 성령이 거하시는 성전입니다. 성부께서는 이들이 가진 허물이나 악을 주목하여 보지 않으십니다. 사랑하시는 아들의 신비한 몸의 지체들이기 때문에, 그 아들 안에서 이들을 보고 기뻐하십니다. 주 예수께서는 이들에게서 십자가에서 당한 자신의 질고 사역의 열매를 보고 만족해 하십니다. 성령께서는 이들을 자신이 친히 지어 가는 신령한 전으로 보고 기뻐하십니다. 한마디로, 이런 사람들이 바로 이 땅의 "알곡"입니다.

쭉정이는 누구입니까? 이 또한 우리가 주목해야 할 물음입니다. 누가 되었든지 간에 그리스도를 믿는 구원하는 믿음이 없는 모든 사람, 거룩하게 하시는 성령의 역사가 없는 모든 사람이 쭉정이입니다. 불신자는 말할 것도 없고, 형식적인 그리스도인이 여기에 포함됩니다. 비웃는 사도개인과 자기 의로 가득한 위선적인 바리새인과 같은 사람입니다. 일요일에만 신자처럼 행사하는 사람도 있고, 노골적으로 자신이 즐기는 쾌락과 세상을 위해 사는 사람도 있습니다. 이렇든 저렇든 이들에게는 앞서 언급한 두 가지 중요한 표지가 드러나지 않습니다. 구원하는 믿음이 없고 성령의 거룩하게 하시는 역사도 없습니다. 이 모든 사람이 바로 "쭉정이"입니다. 페인과 볼테르와 같은 사람은 물론 형식적인 신앙으로 만족하는 사람, 살았으나 실상은 죽어 있는 교인이 여기에 속합니다. 줄리안(Julian)과 포피리(Porphyry) 같은 사람은 물론 오늘날 설교 듣는 것은 좋아하면서도 회심하지 않은 모든 사람이 여기에 속합니다. 교회를 다니든 안 다니든 상관없이 하나님이 보시기에 이런 사람은 다 똑같습니다. 모두가 "쭉정이"입니다.

쭉정이는 성부 하나님께 영광을 돌리지 않습니다. "아들을 공경하지 아니하는 자는 그를 보내신 아버지도 공경하지 아니하느니라"(요 5:23). 셀 수 없이 많은 천사들조차 흠모하는 강력한 구원을 무시합니다. 자신의 교훈을 위해 은혜로 기록된 하나님의 말씀에 불순종합니다. 자신의 죄를 위해 하늘을 떠나 이 땅으로까지 낮아지신 분의 음성을 듣지 않습니다. 자신의 "생명과 호흡과 필요한 모든 것"을 주신 분을 사랑하지도 섬기지도 않습니다. 하나님께서는 이런 자들을 기뻐하지 않으십니다. 이들의 처지와 형편을 불쌍히 여기시기는 하지만, "쭉정이"로 보실 뿐입니다.

그렇습니다! 여러분이 범상한 두뇌를 선물로 받아서 탁월한 일들을 성취한 사람일 수 있습니다. 온 나라를 좌지우지하고, 수백만 군대를 움직이고, 군중이 숨을 죽이고 여러분의 말에 귀를 기울일 정도로 권세 있는 사람일 수 있습니다. 그러나 고개를 숙여 그리스도의 멍에 아래로 들어가지 않고, 전심으로 그분의 복음을 영접함으로 그분을 영화롭게 하지 않는 한 그분의 목전에서 여러분은 아무것도 아닙니다. 은혜가 없는 자연적인 은사는 눈금 없는 자와 같이 아무런 쓸모가 없습니다. 겉으로 보기에는 대단하게 보이지만 아무런 가치가 없습니다. 땅을 기어 다니는 미미한 곤충이 차라리 여러분보다 존귀한 존재입니다. 그래도 이 곤충은 피조물로서 자신을 지으신 창조자께 순응하며 열심히 살아가지 않습니까! 하지만 여러분은 그렇지 않습니다. 하나님이 주신 마음과 의지와 지성과 몸으로 그분을 영화롭게 하지 않습니다. 그것들로 오히려 하나님이 마련하신 질서와 제도를 어그러뜨립니다. 영원보다 이 세상에 사는 날이 더 중요한 것처럼 살아갑니다. 영혼보다 육신을 위해 살아갑니다. 여러분은 감히 그 어떤 선물보다 귀한 선물인 성육신하신 하나님의 아들을 무시합니다. 온 하늘을 할렐루야로 채우는, 이 아들에 속한 사람들에 대해 무정합니다. 이런 무가치한 부류에 여러분이 속했다면, 안타깝게도 여러분은 이 땅에서 자라는 "쭉정이"가 맞습니다.

다른 것은 다 잊어도 이 사실만은 우리 마음에 깊이 새겨야 합니다. 세상에는 오직 두 부류의 사람밖에 없습니다. 알곡과 쭉정이뿐입니다.

유럽 대륙에는 많은 나라들이 있습니다. 각 나라마다 독특한 언어와 법, 문화를 가지고 있습니다. 하지만 하나님 앞에서는 이 대륙도 단지 알곡과 쭉정이 두 부류의 사람으로 채워져 있을 뿐입니다.

영국 사회에는 많은 계층들이 있습니다. 귀족과 평민, 농부와 상인, 주인과 종, 부자와 가난한 자 등. 하지만 하나님 앞에서는 오직 알곡과 쭉정이 두 부류의 사람뿐입니다.

예배를 드리기 위해 다양한 생각을 가진 많은 사람들이 모입니다. 형식적으로 그 자리를 지키는 사람이 있는가 하면, 진실로 그리스도를 만나고자 앉아 있는 사람도 있습니다. 다른 사람 때문에 그 자리에 나온 사람이 있는가 하면, 하나님을 기쁘시게 하기 위해 나온 사람도 있습니다. 온 마음으로 예배에 참여하고 끝까지 진지하게 예배를 드리는 사람이 있는가 하면, 마음은 이미 다른 곳에 두고 따분하고 지루한 마음으로 예배를 드리는 사람이 있습니다. 하지만 하나님 앞에서는 예배로 모인 회중에도 알곡과 쭉정이 두 부류의 사람뿐입니다.

1851년 런던에서 열린 만국 박람회에 세계 각지에서 수백만 명이 왔습니다. 유럽, 아시아, 아프리카, 아메리카 등지에서 기술과 산업 발달을 통해 이룬 일들을 보려고 수많은 사람들이 몰려들었습니다. 그동안 한 번도 만난 적이 없었던 우리 첫 조상 아담의 후손이 한 지붕 아래서 서로 얼굴을 대면했습니다. 하지만 하나님 앞에서는 박람회의 거대한 유리 궁전에 모여든 사람들도 여전히 알곡과 쭉정이 두 부류로 나뉠 뿐입니다.

믿는다고 하는 그리스도인을 이런 식으로 나누는 것을 세상은 좋아하지 않습니다. 세상은 한사코 사람을 두 부류가 아닌 세 부류로 나누려고 합니다. 너무 높고 엄밀한 기준을 들이대는 것은 이 세상 현실에는 맞지 않다고 합니다. 그러면 한 사람도 이 땅을 성도로 살아갈 수 없을 것이기 때문이라고 합니다. 그렇다고 신앙을 전혀 갖지 않는 것 역시 잘못되었다고 합니다. 그렇게 하는 것은 바르지 않기 때문입니다. "저렇게까지 악하지 않을 수 있어 얼마나 감사한지 몰라요"라고 말할 것입니다. 하지만 구원받을 만큼만 신앙을 갖고 더 이상 추구하지는 않습니다. 전반적으로 선한 사람으로 드러나기를 바라지만, 구체적인 선행을 하지는 않습니다. 얌전하고, 편하고, 적당한 신앙을 가지고 살다가 별 어려움 없이 천국에 가기를 바랍니다. 이것이 바로 세상이 좋아하는 기독교 신앙에 대한 생각입니다. 이것이 바로 세상이 생각하는 제3의 부류―알곡과 쭉정이의 중간―입니다. 대부분의 사람들은 자신이 알곡까지는 아니더라도 이 중간 부류에는 속할 것이라고 생각합니다. 알곡과 쭉정이로 나누는 구분을 싫어하는 것도 이 때문입니다. 알곡이 되기는 부담스럽고, 그렇다고 쭉정이로 드러나는 것도 싫은 것입니다.

하지만 제3의 부류는 없습니다. 이것은 영혼을 파멸로 이끄는 속임수입니다. 이런 생각에 솔깃해서는 안 됩니다. 로마 가톨릭의 연옥만큼이나 헛된 생각입니다. 거짓말하는 자들이 피난처로 삼는 생각입니다. 공중누각입니다. 봄이 오면 녹아 없어질 러시아의 얼음궁전입니다. 전혀 실체가 없는 공허한 망상일 뿐입니다. 성경 어디에도 제3의 부류의 그리스도인을 언급하고 있지 않습니다.

노아의 홍수 때도 방주 안에 있는 사람과 방주 밖에 있는 사람 두 부류만 있었습니다. 복음서의 그물 비유에서도 두 부류만을 말합니다. 좋은 물고기에 해당하는 사람과 나쁜 물고기에 해당하는 사람입니다. 열 처녀 비유에서도 지혜로운 처녀와 미련한 처녀 두 부류만을 말합니다. 심판 날에 대한 기사에서도 양과 염소, 보좌 우편과 좌편에 앉은 사람들만을 이야기할 뿐입니다. 그리고 마지막 심판에 따라 이들이 갈 곳도 천국과 지옥 두 곳뿐입니다.

이 땅 위에 존재하는 교회 역시 두 부류의 사람으로 채워져 있을 뿐입니다. 본성적인 상태에 있는 사람과 은혜 안에 거하는 사람, 좁은 길로 가는 사람과 넓은 길로 가는 사람, 믿음을 가진 사람과 믿음이 없는 사람, 회심한 사람과 회심하지 않은 사람, 그리스도의 편에 선 사람과 그리스도를 대적하는 사람, 그리스도와 함께 모이는 사람과 그렇지 않은 사람입니다. 결국 "알곡"과 "쭉정이" 두 부류뿐입니다. 신앙을 고백하는 이 땅의 교회는 결국 두 부류의 사람으로 나뉩니다. 제3의 부류는 없습니다.

그러므로 자신을 잘 살펴보아야 합니다. 여러분은 알곡입니까? 쭉정이입니까? 중간은 없습니다. 이쪽이든 저쪽이든 둘 중 하나입니다. 여러분은 어느 쪽입니까?

여러분은 교회를 다니고 있을지도 모르겠습니다. 그렇다면 성찬에도 참여할 것입니다. 선한 사람을 좋아합니다. 좋은 설교와 좋지 않은 설교도 가려들을 줄 압니다. 로마 가톨릭 신앙의 잘못도 알고 품위 있게 그것에 반대할 줄도 압니다. 개신교 신앙이 옳다고 생각하고 진심으로 그것을 지지합니다. 신앙 협회들에 회원으로 속해서 활동도 열심히 합니다. 신앙모임에도 참여합니다. 신앙서적도 읽습니다. 다 좋습니다. 정말입니다. 다 좋은 것들입니다. 이렇게 하지 못하는 사람들이 얼마나 많은지 모릅니다. 하지만 이런 말들이 제 물음에 대한 대답은 아닙니다. 여러분은 알곡입니까? 쭉정이입니까?

여러분, 거듭났습니까? 새로운 피조물입니까? 옛 사람을 벗어 버리고 새 사람을 입었습니까? 자신의 죄악을 절감하고 회개해 본 적이 있습니까? 죄사함과 영생을 위해 그리스도만을 바라봅니까? 그리스도를 사랑합니까? 그리스도를 섬깁니까? 마음으로 짓는 죄를 혐오하고 그것들과 싸웁니까? 완전한 거룩을 바라고 그것을 추구합니까? 세상으로부터 나와 따로 있습니까? 성경 읽기를 즐거워합니까? 기도로 씨름합니까? 그리스도의 백성을 사랑합니까? 세상에 유익을 끼치려고 애를 씁니까? 자신이 악하게 보입니까? 그래서 낮은 자리에 처하려고 애를 씁니까? 직장과 사업장에서도 그리스도인으로 살아갑니까? 주중에나 가정에서 그리스도인으로 살아갑니까?

이런 사실들을 반복적으로 생각해 보십시오. 그러면 자신의 영혼이 어떤 상태에 있는지 알게 될 것입니다.

아무리 껄끄럽고 거슬리는 질문이라 할지라도 이런 물음들을 회피하지 마십시오. 여러분의 양심에 거치는 것이 될 수 있지만 정직하게 대답할 수 있어야 합니다. 잘못된 상태에 있는 것으로 드러나게 될지라도 대답을 해야 합니다. 위험한 상태에 처한 것으로 드러난다 해도 대답을 해야 합니다. 하나님과 여러분 사이에 이 물음들이 얼마나 중요한지 알게 되기까지 쉬지 마십시오. 안심하지 마십시오. 불확실함 가운데 살다가 영원히 잃어버린 자로 드러나느니 차라리 자신의 악한 상태를 발견하고 아직 기회가 있을 때 회개하는 것이 훨씬 낫습니다.

2. 다음으로, 이 두 부류의 사람이 궁극적으로 서로 갈리는 때가 언제인지 살펴보겠습니다.

앞에서 인용한 말씀은 사람들이 나뉘게 될 것을 분명히 말씀합니다. 농부가 추수한 곡식을 가르듯, 그리스도께서 신앙을 고백하는 자신의 교회를 가르신다고 말씀합니다. 키질을 해서 알곡과 쭉정이를 가르실 것입니다. "자기의 타작마당을 정하게" 하실 것입니다.

하지만 아직은 아닙니다. 이 땅에 있는 그리스도의 교회에는 항상 선인과 악인이 뒤섞여 있습니다. 신자와 불신자, 회심한 자와 회심하지 않은 자, 거룩한 자와 거룩하지 못한 자가 함께 자리하고 저마다 스스로를 그리스도인이라 부릅니다. 같은 장의자에 나란히 앉아 예배를 드립니다. 함께 무릎을 꿇습니다. 설교도 함께 듣습니다.

때로 성찬에도 함께 나와 떡과 포도주를 나눕니다.

하지만 그날에는 이렇지 않을 것입니다. 다시 오시는 그리스도는 한 손에 키를 들고 계실 것입니다. 성전을 정화하신 것처럼 자신의 교회를 깨끗하게 하실 것입니다. 알곡과 쭉정이를 가르실 것입니다. 그런 다음 각자의 자리로 보내실 것입니다.

그리스도께서 오시기 전에는 이런 구분이 불가능합니다. 사람이 할 수 있는 일이 아니기 때문입니다. 회중의 마음을 읽을 수 있는 목사는 없습니다. 어떤 사람에 대해서는 분명하게 말할 수 있겠지만, 회중 모두에 대해서 그럴 수 없습니다. 등에 기름을 예비한 자가 누구인지, 신앙을 고백할 뿐 아니라 실제로 은혜 안에 있는 사람이 누구인지, 은혜는 없이 입으로만 신앙을 고백하는 사람이 누구인지, 누가 하나님의 자녀이고 누가 마귀의 자녀인지 우리가 정확히 판단할 수 없습니다. 우리 손에는 알곡과 쭉정이를 가르는 키가 없습니다.

은혜가 있기는 하지만 너무나 미약하고 희미해서 자연적인 상태인 것처럼 보이는 사람도 있습니다. 때로 본성이 너무 그럴듯해서 은혜가 있는 것처럼 보이는 사람도 있습니다. 가룟 유다는 여느 사도들과 마찬가지였지만 결국 예수님을 배반하는 자로 드러나지 않았습니까? 예수님을 부인하고 저주한 베드로였지만, 즉시 회개하고 다시 회복이 되지 않았습니까? 우리 모두는 잘못 판단하고 넘어지기 쉬운 사람들입니다. "우리는 부분적으로 알고 부분적으로 예언하니"(고전 13:9). 우리 자신의 마음조차 제대로 이해하기가 어렵습니다. 다른 사람의 마음을 아는 것이야 더 말해 무엇하겠습니까?

하지만 항상 그렇지는 않을 것입니다. 모든 것을 완전하게 아시고 결코 판단을 그르치지 않으시는 분이 오실 것이기 때문입니다. 예수님이 자신의 타작마당을 깨끗하게 하실 것입니다. 알곡으로부터 쭉정이를 가려내실 것입니다. 저는 이때를 고대합니다. 그때까지는 사랑을 더 많이 생각하려고 합니다. 쭉정이를 쫓아내려다가 알곡 하나를 잃으니 차라리 쭉정이를 그대로 두려고 합니다. "손에 키를 드신 분"이 곧 오십니다. 오셔서 각 사람에 대한 분명한 판단을 내려 주실 것입니다.

그리스도가 오시기 전에 이 땅에서 완전한 교회를 볼 것이라고 기대하면 안 됩니다. 그런 일은 없습니다. 어디를 가나 이 땅에서는 알곡과 쭉정이가 함께 있을 것입니다. 바르지 않은 교인들이나 드러나는 잘못 때문에 한 교회를 떠나 다른 교회로 옮겨 가는 사람들을 보면 마음이 아픕니다. 이 땅에서는 전혀 실현될 수 없는 이상을 키워 가고 있기 때문입니다. 이 땅에서는 도무지 찾을 수 없는 것을 추구하고 있기 때문입니다. 어디를 보아도 "쭉정이" 천지입니다. 이 땅의 그 어떤 교제도 완전하지 않습니다. 흠이 있을 수밖에 없습니다. 제가 믿기로 모든 성찬 참여자가 회심한 신자인 성찬식은 거의 없습니다. 신앙에 대해 많이 이야기하는 사람이 성도로 칭찬받는 모습을 자주 봅니다. 경건하고 애통해하는 신자가 전혀 은혜가 없는 사람으로 매도되는 모습 또한 자주 봅니다. 사람이 너무 민감해서 일생을 한 교회에 정착하지 못하고 노아의 비둘기마냥 이 교회 저 교회 전전하는 것은 어쩌면 당연합니다.

완전한 교회를 찾고자 합니까? 그리스도가 다시 오실 때까지 기다리십시오. 그때에야 "티나 주름 잡힌 것이나 이런 것들이 없이 거룩하고 흠이 없"는 완전한 교회를 보게 될 것입니다(엡 5:27). 그때에야 주님의 타작마당이 깨끗하게 정리가 될 것입니다.

그리스도가 오시기 전에 온 세상이 회심하기를 바라는 것은 부질없는 일입니다. 그리스도께서 오셔야만 알곡과 쭉정이가 갈린다면 어떻게 그 전에 이런 일이 일어나겠습니까? 선교를 통해 온 세상이 그리스도를 아는 지식으로 채워지고, 죄가 조금씩 사라지며, 완전한 거룩이 소리 없이 번져 가기를 기대하는 그리스도인들이 있다는 것을 알고 있습니다. 하지만 저는 그들이 보는 것처럼 볼 수가 없습니다. 이들은 하나님의 목적을 오해하고 있습니다. 나중에 쓰디쓰게 드러날 실망의 씨를 파종하고 있습니다. 저는 전혀 이런 것을 기대하지 않습니다. 성경을 보아도, 주변을 보아도 도무지 이런 기색을 찾아볼 수가 없습니다. 영국이든, 스코틀랜드든, 세상 어디든 온 회중이 하나님께 돌아섰다거나 이와 비슷한 소식을 들어 본 적이 없습니다. 유독 다른 땅에서 전해지는 복음 전파에 대해 성경이나 역사가 말하는 것과 다른 결과를 기대해야 할 이유가 어디 있습니까? 각 나라마다 그리스도를 증거하기 위해 일어나는 사람들은 소수일 것입니다. 그것도 이곳에서 조금, 저곳에서 조금 일어날 것입니다. 그러다 보면 주 예수께서 한 손에 키를 들고 영광 가운데 오실 것입니다. 그분의 타작마당을 깨끗하게 하실 것이고 그때에야 완전한 그리스도의 나라가 시작될 것입니다.

그리스도가 오시기 전까지는 이런 구분이나 완전한 교회는 없습니다. 이것이 바로 제 믿음입니다. 기독교 신앙이 참된 것이라면 왜 온 세상이 회심하지 않느냐고 불신자가 물어온다고 해도 제 믿음은 전혀 달라지지 않을 것입니다. 오히려 성경은 전혀 그런 약속을 하지 않는다고 대답할 것입니다. 맞습니다. 성경은 오히려 항상 믿는 자는 소수일 것이라고 말씀합니다! 부패와 분리와 이단이 항상 넘쳐 날 것이라고 말씀합니다! 주께서 다시 오실 때 이 세상은 쭉정이로 넘쳐 날 것이라고 말씀합니다!

그리스도가 오실 때까지 이 땅에 완전한 것은 없을 것입니다! "해외에 선교사를 파송하자고 하기 전에 이 나라 사람들이나 다 그리스도인으로 만들라"고 사람들이 말해도 괘념치 않을 것입니다. 내국인을 먼저 다 믿게 한 다음에 선교사를 보낸다면 영원토록 기다려도 선교사 한 명 보내지 못할 것입니다. 우리나라에서 계속 복음이 전파되지만 심지어 교회조차도 불신자들이 함께 있지 않습니까? 그리고 앞으로도 교회에는 알곡보다 쭉정이가 더 많을 것입니다.

하지만 그리스도가 다시 오실 것입니다. 그때가 되면 이 땅의 교회는 알곡과 쭉정이의 두 그룹으로 나뉠 것입니다. 알곡으로 이루어진 그룹은 모두가 경건한 사람인 반면, 쭉정이로 이루어진 그룹은 모두가 믿지 않는 자일 것입니다. 이 두 그룹 사이에는 누구도 건널 수 없는 큰 구렁이 놓일 것입니다. 그날에 의인으로 드러난 자는 복이 있습니다! 이들은 별과 같이 빛날 것입니다. 더 이상 이들을 가리는 구름은 없을 것입니다. 백합처럼 아름다운 이들을 더 이상 가시가 괴롭게 하지 못할 것입니다(아 2:2). 이날에 불신자는 비참한 자로 드러날 것입니다! 세상을 짜게 할 소금 한 톨도 남아 있지 않은 불신자들의 모임이 어떻겠습니까! 조그만 불꽃도 남아 있지 않은 이들을 뒤덮을 어둠이 어떻겠습니까! 주님의 백성을 존경하고 좋아한다고 될 일이 아닙니다! 여러분도 그들 가운데 하나가 되어야 합니다. 그렇지 않으면 영원히 그들과 결별해야 할 것입니다. 천국에는 쭉정이가 없습니다. 한 가족이라도 남아 있는 사람과 데려감을 받는 사람으로 갈릴 것입니다(눅 17:34).

여러분 가운데 주 예수 그리스도를 진실로 사랑하는 사람이 누구입니까? 모름지기 그리스도인이라면 세속적인 사람들 틈바구니에 있을 때가 가장 힘들다고 느낄 것입니다. 성도들 틈에 있을 때가 가장 즐거울 것입니다. 그렇습니다. 온통 세속적인 생각과 가치와 말들로 가득한 세상을 살아가다 보면 그리스도인의 영혼이 심히 상하고 아프고 지칠 수밖에 없습니다. 다윗과 같이 "메섹에 머물며 게달의 장막 중에 머무는 것이 내게 화로다"라고 고백할 수밖에 없을 것입니다(시 120:5). 하지만 그러다가도 하나님의 사랑스러운 자녀들을 만나 함께 교제하면 영혼이 새로워지고 생기가 넘칩니다! 마치 이 땅에서 천국을 누리는 것 같습니다. 여러분도 그렇게 느끼지 않습니까? 그렇다면 우리가 얼마나 그리스도의 다시 오심을 간절히 사모해야 하겠습니까? 주께서 그분의 나라를 속히 이 땅에 도래하게 하시도록 "주여, 속히 오시옵소서"라고 날마다 기도하는 것이 마땅합니다(계 22:20). 그날이 이르러야 비로소 순전한 교제를 누릴 것입니다. 그때 비로소 온 성도들이 모여 더 이상 흩어지거나 헤어지지 않을 것입니다. 조금만 더 기다리십시오. 조금만 더 말입니다. 조롱과 멸시는 곧 끝납니다. 비웃음과 조소도 곧 끝납니다. 비난과 곡해도 곧 그칩니다. 여러분의 구주가 오셔서 신원해 주실 것입니다.

모세가 고라에게 말한 것처럼, 그날에는 "여호와께서 자기에게 속한 자가 누구인지" 보이실 것입니다(민 16:5).[1]

여러분 가운데 하나님이 보시기에 자신의 마음이 바르지 않다는 것을 아는 사람이 있습니까? 여러분에게 그리스도의 재림은 마땅히 가슴 떨리는 두려운 사건으로 다가와야 합니다. 형식적인 그리스도인으로 살다가 생을 마감하는 사람에게는 화가 있을 것입니다! 그리스도께서 자신의 타작마당을 깨끗하게 하실 때 여러분의 실체가 드러날 것입니다. 목사나 친구나 이웃은 속일 수 있을지 몰라도 그리스도는 절대 속일 수 없습니다. 마음으로부터 믿지 않는 형식적인 신앙의 허울은 신앙의 진위를 가리는 불을 견디지 못할 것입니다. 주님은 모든 것을 아시는 하나님입니다. 모든 이의 행동을 면밀히 살펴보실 것입니다. 아간과 게하시의 중심을 꿰뚫어 보았던 그 눈이 여러분의 은밀한 생각들을 샅샅이 살필 것입니다. "친구여, 어찌하여 예복을 입지 않고 여기 들어왔느냐"는 물음에 소스라치게 놀라게 될 것입니다(마 22:12). 오, 여러분이 그리스도께서 모든 사람을 키질하고 나누시는 날을 생각하고 두려워 떨 수 있기를 바랍니다! 위선과 외식은 결코 통하지 않습니다! 흉내 내는 것만으로는 아무런 효력이 없습니다. 아나니아와 삽비라가 했던 것처럼 하나님께 무엇을 드리는 척하면서 본심을 감추려 해봐야 아무런 소용이 없습니다. 결국에는 모든 것이 드러납니다. 여러분이 즐거워하는 것도 잠깐입니다. 여러분이 가진 바람은 한갓 몽상에 지나지 않습니다. 오, 주님이 다시 오실 것이라는 생각에 두려워할 줄 알아야 합니다. 그리고 회개해야 합니다!

3. 세 번째로, 그리스도께서 오셔서 자신의 타작마당을 깨끗하게 하실 때 그리스도의 백성이 받을 기업이 무엇인지 살펴보겠습니다.

이 글을 시작할 때 인용한 성경 말씀은 그리스도께서 자기의 타작마당을 깨끗하게 하실 때 "알곡은 모아 곳간에 들이신다"고 합니다.

주 예수께서 다시 오시면, 자기에게 속한 믿는 백성을 안전한 곳으로 모으실 것입니다. 천사들을 보내 세상 곳곳에서 이들을 불러 모으실 것입니다. 바다도 그동안 삼키고 있던 신자의 몸을 내어주고, 무덤도 그 안에 있는 죽은 자들을 내어주고, 산 자들은 홀연히 변화될 것입니다. 믿음으로 그리스도를 붙잡은 죄인이라면 어느 누구도 이 모임에서 배제되지 않을 것입니다. 이 악한 세상을 심판하실 때, 알곡 한 톨도 빠지지 않을 것입니다. 이 땅의 알곡을 위한 곳간이 있습니다. 그곳에 모든 알곡을 모으실 것입니다.

"여호와께서 자기 백성을 기뻐하시고" 자기 백성을 "돌보신다"는 사실은 생각만 해도 위로가 넘칩니다(시 149:4, 벧전 5:7). 달콤하기 이를 데 없는 생각입니다. 주께서 이들을 얼마나 섬세하게 돌보시는지 제가 아는 것은 두려울 정도로 미미하고 희미할 뿐입니다. 물론 신자들은 엄청난 시험과 고난을 당합니다. 육신은 연약합니다. 세상은 온갖 올무로 가득합니다. 십자가는 버겁게만 느껴지고 길은 좁습니다. 함께 그 길을 가는 사람도 너무나 적습니다. 하지만 눈을 열어 이 모든 것을 볼 수만 있다면 여전히 이런 세상에서도 큰 위로를 누릴 수 있습니다. 하갈에게 그랬던 것처럼, 광야라 해도 이들 가까이에 항상 샘을 주십니다. 물론 그것을 발견하지 못하는 때가 많지만 말입니다. 마리아에게 그랬던 것처럼, 그리스도께서는 항상 그들 곁에 서 계십니다. 우느라 미처 알지 못할 때가 많지만 말입니다 (창 21:19, 요 20:14).

그리스도를 믿는 가련한 신자들을 그리스도께서 어떻게 돌보시는지 살펴보겠습니다. 신자들은 그리스도의 도우심이 있어야만 신자로 살아갈 수 있습니다! 하지만 우리는 그리스도 의존적인 삶에 대해 분명하고 정확한 소리를 발하지 않는 시대를 살고 있습니다. 인간이 본성의 상태대로 살아가는 것이 얼마나 위험한지 제대로 알지 못합니다. 은혜의 상태로 누리는 특권 역시 제대로 알지 못합니다. 영혼은 힘을 내지 못하고 머뭇거리기 일쑤입니다. 누가 그리스도의 제자인지도 정확히 알 수가 없습니다. 그리스도 밖에 있는 사람은 자신이 얼마나 위험한 상태인지 제대로 알지 못합니다. 그리스도 안에 있는 사람 역시 제대로 훈련되어 있지 못합니다. 영혼이 잠이 들어 양심이 찔림을 받지 못하는 사람이 있는가 하면, 자신이 받은 기업의 부요함을 제대로 알지 못해 무수히 많은 날들을 머뭇거리기만 하는 사람이 있습니다. 영혼이 병들었습니다. 참으로 비탄하고 괴로운 질병입니다. 저는 이 질병을 고치는 일에 기꺼이 도움을 주고 싶습니다. 하나님의 백성이 비스가 산에 오르지 않아 자신들 앞에 놓인 약속의 기업이 얼마나 부요한지 제대로 조망하지 못한다는 사실은 비통하기 이를 데 없습니다. 그리스도의 형제가 되고 하나님의 양자가 되는 것, 완전한 죄사함을 받고 성령으로 새롭게 된다는 것, 생명책에 이름이 있고 하늘의 대제사장의 흉패에 이름이 새겨져 있다는 사실은 영광스럽기 그지없습니다. 게다가 이것이 신자가 누리는 기업의 전부가 아닙니다. 신자는 생명의 강가 상류에서 마시게 될 것입니다. 하지만 아직 강 가까이 이르지도 못했습니다.

주님께서는 자기에게 속한 믿는 신자를 기뻐하십니다. 신자는 스스로 보기에 보잘것없는 존재이지만 주님이 보시기에는 아름답고 존귀한 존재입니다. 주님은 그 안에서 아무 흠도 보지 못하십니다(아 4:7). 그가 가진 연약함과 허물 때문에 그리스도와의 연합에서 제외되는 일은 없습니다. 그리스도께서는 그의 모든 연약함과 허물과 마음의 상태를 아심에도 불구하고 그를 택하셨습니다. 그가 얼마나 죄가 많고, 얼마나 악한 성향을 가졌고, 얼마나 허물이 많은 존재인지를 완벽하게 아시면서도 그를 취하셨기 때문에, 이런 이유로 그와 맺은 언약을 파기하거나 쫓아내지 않으십니다. 넘어지면 다시 일으키십니다. 헤매면 다시 데리고 오십니다. 그가 드리는 기도는 주님께 크나큰 즐거움입니다. 자녀가 처음 말을 떼면서 웅얼거리는 소리가 얼마나 아버지를 기쁘게 합니까! 마찬가지로 주님께서는 자기 백성의 사소한 간구조차 사랑하십니다. 친히 이들을 위해 강력하게 중보하십니다. 하늘의 능력을 허락하십니다. 이들의 섬김은 하나님을 아주 흡족하게 합니다. 아이가 아버지에게 주겠다고 처음으로 꺾어 온 데이지 꽃을 받아 든 아버지의 마음이 얼마나 기쁘겠습니까! 아무리 연약해도 하나님을 섬기는 이들의 노력은 하나님을 기쁘시게 하기에 충분합니다. 주님의 이름으로 대접하면 냉수 한 잔도 그 상을 잃어버리지 않을 것이라고 하시지 않습니까! 사랑으로 하는 말이면 한 마디도 하나님은 잊어버리지 않으실 것입니다. 성령께서 사도 바울에게 영감을 주셔서 기록하게 한 히브리서를 보면, 노아의 믿음을 말씀하실 뿐 그의 술취함에 대해서는 한 마디도 하지 않습니다. 라합의 믿음만을 말씀하실 뿐 창기로서의 그녀의 삶에 대해서는 한 마디도 하지 않습니다. 이것이 바로 하나님의 알곡이 누리는 복입니다!

주님께서는 이 땅에 사는 자기 백성을 돌보십니다. 자기 백성이 사는 곳이 어디인지, 그곳이 어떤 곳인지 주님은 모두 아십니다. 다메섹 도상에서 그리스도를 대면한 바울이 머물고 있는 유다의 집이 있는 거리 이름을 성경은 "직가"라고 구체적으로 명시합니다. 성경은 바닷가에 있던 베드로가 기도하고 있는 집을 구체적으로 명시합니다. 주님께서 이들과 관련된 모든 것을 알고 계시기 때문이 아닙니까! 이런 돌보심과 관심을 받는 사람이 어디 있습니까? 신자들이 거듭날 때 천사들이 기뻐합니다. 천사들이 이들을 수종 듭니다. 천사들이 이들을 둘러 진을 칩니다. 이들이 먹는 양식과 같은 것을 가진 사람이 누가 있습니까? 육의 양식과 음료는 물론 세상이 알지 못하는 영의 양식까지 풍성히 공급됩니다. 이들이 누구와 함께 동행합니까? 성령이 그들과 함께하시지 않습니까? 성부와 성자가 이들에게 와서 거하십니다(요 14:23). 이들의 발걸음은 은혜에서 영광으로 예정되어 있습니다. 이들을 핍박하는 자들은 그리스도를 핍박하는 자들입니다. 이들을 해롭게 하는 자들은 하나님의 눈동자를 건드리는 것입니다. 이들이 당하는 시험과 시련은 모두 지혜로운 의사가 이들을 위해 알맞게 처방한 것입니다. 이들의 영혼에 필요하지 않거나 이롭지 않은 고통은 헛되이 처방되지 않습니다. 욥의 경우와 같이 이들이 당하는 시험은 철저하게 하나님의 주권 아래 있습니다.

하나님의 허락이 없이 사탄은 이들의 머리카락 하나도 건드릴 수 없습니다. 심지어 이들이 감당할 수 없는 시험 자체를 허락하지 않으십니다. "아버지가 자식을 긍휼히 여김 같이 여호와께서는 자기를 경외하는 자를 긍휼히 여기시나니"(시 103:13). 하나님께서는 결코 자기 백성을 헛되이 힘들게 하지 않으십니다(시 103:13, 애 3:33). 하나님께서 이들을 의의 길로 이끄십니다. 이들에게 유익한 것은 어느 하나도 거두어들이시는 일이 없습니다. 그러므로 이들에게 일어나는 일은 무엇이나 "꼭 필요한 것"이라 보아도 무방합니다. 시련의 풀무불을 지나가도록 하시는 것은 이들을 정련하시기 위함입니다. 이들을 징계하시는 것은 이들을 더욱 거룩하게 하기 위함입니다. 가지를 쳐내시는 것은 더욱더 풍성한 열매를 맺도록 하기 위함입니다. 이곳저곳을 옮겨 다니도록 하시는 것은 더 아름다운 꽃으로 피어나도록 하기 위함입니다. 모든 것이 항상 이들의 선을 위해 역사합니다. 꿀벌과 같이 신자는 가장 쓰디쓴 꽃에서도 달콤한 꿀을 모을 줄 압니다.

주께서 자기 백성의 임종을 지키십니다. 신자의 때는 주님의 손에 있습니다. 주님은 이들의 머리카락까지 세십니다. 성부의 허락이 없이는 한 터럭도 상하지 않습니다. 영광을 위해 성숙하고 무르익기까지 이 땅에서 신자들을 준비시키십니다. 한 순간도 남거나 모자라지 않습니다. 해와 비를 충분히 받고, 바람과 폭풍우, 추위와 더위를 충분히 견뎌서 마침내 이삭이 패면 추수의 낫을 맞이할 것입니다. 하지만 그 전에는 아닙니다. 역병이 돌아 수천 명이 바로 곁에서 죽어 나가도 하나님의 때가 아니면 신자에게는 아무 일도 일어나지 않습니다. 주께서 오라고 하시면 아무리 용한 의원이라도 그를 이 땅에 머물게 할 수 없습니다. 임종의 침상에서 마지막 숨을 고르고 있는 이들을 주께서 영원한 팔로 보듬어 안으십니다. 이들이 죽을 때는 모세와 같이 죽습니다. "여호와의 말씀대로" 합당한 때에 합당한 방식으로 죽습니다(신 34:5). 그리스도 안에서 잠이 듭니다. 나사로와 같이 즉시 아브라함의 품으로 옮겨집니다. 그렇습니다. 이것이 바로 그리스도의 알곡이 누리는 복입니다! 사람들의 해가 질 때, 그리스도인의 해는 떠오릅니다. 사람들이 이 땅에서 누리던 모든 영예를 내려놓아야 할 때, 그리스도인은 그것을 덧입습니다. 불신자들에게 사망은 소망의 문을 닫고 걸어 잠그는 일이지만, 신자에게 죽음은 낙원으로 통하는 문을 열어젖히는 일입니다.

주님이 다시 오시는 두려운 날에 신자들은 주님의 돌보심을 받습니다. 사르는 불이 이들에게는 얼씬도 하지 못합니다. 천사장의 목소리와 하나님의 나팔소리가 이들에게는 전혀 두려운 것이 아닙니다. 잠자고 있든 깨어 있든, 죽었든 살아 있든, 관 속에서 썩어져 있든 일상의 일들 가운데 있든 상관이 없습니다. 신자들은 안전하고 전혀 요동하지 않을 것입니다. 구속이 가까이 오는 것을 보고 오히려 고개를 들고 기쁨의 소리를 발할 것입니다. 홀연히 변화될 것입니다. 눈 깜짝할 사이에 아름다운 옷을 입을 것입니다. "함께 구름 속으로 끌어 올려 공중에서 주를 영접하게" 될 것입니다(살전 4:17). 자기 백성이 다 안전하게 되기까지 그리스도께서는 죄로 결박된 세상에 아무 일도 행하지 않으실 것입니다(요 14:23). 홍수가 시작될 때 노아를 위한 방주가 마련되었습니다. 소돔이 불로 멸망할 때 롯이 피할 소알 땅이 있었습니다. 예루살렘이 포위되었을 때, 초대교회의 그리스도인들은 펠라로 피했습니다. 로마 가톨릭을 신봉하던 메리가 즉위했을 때 영국의 종교개혁자들을 위해 취리히가 마련되었습니다. 그리고 마지막 날에는 이 땅의 알곡들을 위한 곳간이 있을 것입니다. 그렇습니다. 이것이 바로 그리스도의 알곡이 누리는 복입니다!

신자라고 하면서도 믿음 없이 의심 가운데 비참하게 살아가는 사람들을 보며 의아스러울 때가 한두 번이 아닙니다. 회심하지 않는 자의 완고한 마음 다음으로 제게는 이 세상에서 가장 불가사의한 일 가운데 하나입니다. 이토록 많은 엄청난 증거들을 앞에 두고도 의심으로 가득 찬 삶을 살 수 있는지 도무지 이해가 되지 않습니다. 어떻게 그리스도의 백성이 끝까지 견디고 승리한다는 교리를 부정할 수 있으며, 죄를 위해 십자가에 죽으실 정도로 자기들을 사랑하신 분이 어떻게 자신들을 버리실 수도 있다고 의심하는지 정말 놀라울 따름입니다. 저는 도무지 그렇게 생각할 수 없습니다. 주께서 자신의 양 무리 가운데 어느 하나도 잃어버리지 않으실 것이라고 확신합니다. 아무리 허약하고 병약한 양이라고 해도 사탄이 채 가도록 내버려 두지 않으실 것입니다. 신비한 자기 몸을 이루는 뼈 하나 부러지게 허락하지 않으실 것입니다. 주께서는 자기 면류관에 달려 영롱하게 빛나는 보석 가운데 어느 하나도 도둑맞도록 하지 않으실 것입니다. 그리스도와 그분의 신부는 영원한 언약으로 한 몸이 되었습니다. 이 둘은 결코 나눠질 수 없습니다. 이 땅에서는 승리자의 트로피조차 빼앗기는 것이 예사입니다. 하지만 우리를 위해 십자가에서 얻으신 그리스도의 트로피는 그럴 염려가 없습니다. "그들을 내 손에서 빼앗을 자가 없느니라"고 하시지 않습니까?(요 10:28) 제 말이 아니라 성경이 그렇게 말씀하고 있습니다. 어떻게 이렇게 분명한 말씀을 모르는 척한단 말입니까? 누가 보아도 이 말씀은 그리스도의 백성에게 주어진 견인의 복을 이야기하고 있습니다.

저는 사자의 아가리에서 어린양을 구해 낸 다윗이 그 양이 광야에서 허기지고 다쳐서 죽도록 내버려 두었을 것이라고 믿지 않습니다. 마찬가지로 예수 그리스도께서 영혼이 세상에서 스스로 죄와 마귀와 다시 싸워 이길 기회를 주기 위해 마귀의 올무에서 구해 내신 것이라고 보지 않습니다.

아무리 여러분의 목숨이 위태로운 조난의 현장이라 할지라도 어린아이가 속절없이 물에 빠져 들어가는 것을 빤히 보고도 그대로 내버려 두지는 않을 것입니다. 또 그렇게 구한 아이를 해안가에 데려다 놓는 것만으로 만족하지 않을 것입니다. 가까스로 해안에 다다라 "내가 할 일은 다했다. 아직 정신을 못 차리고 있고, 오한으로 떨고 있기는 하지만 그래도 물에서 나왔으니 이제 괜찮을 거야. 어쨌든 죽는 것은 면했으니 내 할 일은 다했다"라고 하면서 아이를 눕혀 놓고 떠나지는 않을 것입니다. 근처에 있는 민가로 데려가서 온기를 되찾고 의식을 회복하고 심지어 기운을 차리고 건강해지도록 최선을 다할 것입니다.

주 예수 그리스도의 자비롭고 긍휼에 찬 마음이 사라질 수 있다고 생각합니까? 십자가에서 고난당하고 죽으신 그분이 지금부터는 우리가 알아서 구원을 받도록 내버려 두실 것 같습니까? 우리를 위해 무덤까지 내려가시고 사망과 지옥을 이기신 분이 우리의 비천한 노력에 영생이 좌지우지되도록 내버려 두실 것 같습니까?

그렇지 않습니다. 그분은 결코 그렇게 하지 않으십니다! 그리스도는 완전하고 온전하신 구원자입니다. 사랑하시는 자들을 끝까지 사랑하시는 분입니다. 자신의 보혈로 씻은 자들을 버리지도 떠나지도 않으시는 분입니다. 그들 안에 그분을 두려워하는 마음을 심으셔서 그들로 그분을 떠나지 않도록 하십니다. 하나님은 착한 일을 시작하실 뿐 아니라 반드시 그 일을 이루시는 분입니다. 이 땅의 "잠근 동산"에 심겨진 모든 생명을 조만간 낙원으로 옮겨 심으실 것입니다. 하나님 나라가 이루어지면 성령으로 살리신 모든 생명을 데리고 가실 것입니다. 그리스도의 모든 알곡을 위한 곳간이 마련되어 있습니다. 모두가 시온에서 하나님 앞에 설 것입니다.

거짓 은혜 가운데 있는 사람은 반드시 떨어져 나갑니다. 비참한 몰락을 맞이할 것입니다. 어디서나 끊임없이 이런 증거는 드러납니다. 하지만 참된 은혜 가운데 있는 사람은 넘어질 수 있어도 완전히 고꾸라지지는 않습니다. 이제까지 그랬고 앞으로도 그럴 것입니다. 베드로처럼, 죄를 지어도 금방 다시 돌이키고 일어날 것입니다. 다윗처럼, 바른 길에서 잠시 떠나는 일이 있다 해도 다시 회복될 것입니다. 배교에 떨어지지 않도록 하는 것은 신자 자신의 힘이 아니라 그들을 사방에서 지키시는 삼위 하나님의 약속과 능력과 사랑 때문입니다. 성부 하나님이 택하신 자들은 항상 열매를 맺습니다. 하나님의 아들의 중보는 항상 역사하는 힘이 크고, 성령 하나님의 사랑의 수고가 헛되지 않기 때문입니다. 주께서 "그의 거룩한 자들의 발을 지키실 것"입니다(삼상 2:9). 이들을 사랑하는 분으로 말미암아 넉넉히 이깁니다. 결국에는 모두가 승리자로 드러나고 한 명도 영원히 멸망하지 않을 것입니다.[2]

아직 십자가를 지고 그리스도를 따르는 제자가 아닌 사람은 자신이 얼마나 놀라운 특권을 놓치고 있는지 깨달아야 합니다. 이 땅에서는 물론 영원토록 하나님과 화평을 누리고, 영원하신 팔이 마침내 곳간에 들이기까지 안전하게 함께하는 특권을 놓치는 것입니다. 이 특권은 제자된 자라면 누구나 돈도 없이 값도 없이 누리는 것입니다. 그리스도인은 고난을 당하지 않느냐고 반문할 수도 있습니다. 하지만 이들은 고난만 당하는 것이 아니라 그것을 능히 견디고도 남을 위로도 함께 받습니다. 그리스도인만이 가지고 있는 슬픔이 있지 않느냐고 물을 수도 있습니다. 하지만 이들만이 누리는 특별한 기쁨이 있습니다. 이렇게 묻는 여러분은 그리스도인의 삶을 한쪽만 보고 다른 한쪽은 보지 못하는 것이 틀림없습니다. 그리스도인은 전쟁만 치르는 것이 아닙니다. 삯도 받고 양식도 얻습니다. 지금 여러분은 기독교 신앙으로 인해 당하는 온갖 박해와 어려움만 봅니다. 하지만 그 안에 감추어진 보화는 보지 못합니다. 엘리사의 종처럼, 하나님의 자녀를 대적하는 원수들만 볼 뿐, 엘리사처럼 그들을 둘러 진 치고 보호하는 불병거와 불말들은 보지 못합니다. 오, 겉으로 드러나는 것만 가지고 판단하지 마십시오! 생명수 한 방울이 온 세상의 강물을 다 더해 놓은 것보다 낫습니다. 그리스도의 제자들을 위해 면류관이 예비되어 있고, 이들은 모두 안전한 곳간으로 들여질 것이라는 사실을 잊지 마십시오. 때가 이르기 전에 구원에 이르는 지혜를 얻으십시오.

스스로 연약한 제자라 생각되더라도, 여러분의 연약함 때문에 이 모든 특권을 제대로 누리지 못할 것이라는 생각은 버리십시오. 연약한 믿음도 참된 믿음입니다. 연약한 은혜도 참된 은혜입니다. 둘 다 도무지 결실치 못하는 것을 주지 않으시는 하나님으로부터 온 것들입니다. 두려워하지 마십시오. 낙심하지도 마십시오. 의심하지도, 절망하지도 마십시오. 그리스도는 결코 "상한 갈대를 꺾지 아니하며 꺼져 가는 등불을 끄지 아니할 것"입니다(사 42:3). 한 가정에서 가장 연약한 아이라도 더 큰 다른 형제들과 똑같이 사랑을 받지 않습니까? 정원에 심겨진 가장 연약한 씨라 할지라도 가장 장성한 나무와 똑같이 정성껏 보살핌을 받지 않습니까? 선한 목자는 무리 가운데 가장 약한 어린양 역시 다른 큰 양과 마찬가지로 부지런히 돌보지 않습니까? 그리스도의 가정에서도 마찬가지입니다. 그리스도의 정원에서도 마찬가지입니다. 그리스도의 양 무리 가운데서도 마찬가지입니다! 모두가 사랑받습니다. 모두가 똑같은 돌봄과 똑같은 배려를 받습니다. 모두가 그분의 곳간으로 들여질 것입니다.

4. 마지막으로, 그리스도께 속하지 않은 모든 사람이 받게 될 것이 무엇인지 살펴보겠습니다.

앞에서 인용한 성경 말씀은 그리스도께 속하지 않은 자들에게 다음과 같은 끔찍한 운명을 예고하고 있습니다. "쭉정이는 꺼지지 않는 불에 태우시리라."

주 예수 그리스도께서 오셔서 자신의 타작마당을 깨끗하게 하시고 제자로 자신을 따르지 않는 모든 사람에게 무서운 심판을 내리실 것입니다. 회개하지 않고 믿지 않는 자, 불의로 진리를 막는 자, 죄와 세상에 빠져 위의 것을 추구하지 않는 자, 그리스도께 속하지 않은 자를 영원한 멸망으로 심판하실 것입니다. "꺼지지 않는 불에 태우실 것"입니다.

끔찍한 심판이 이들을 기다리고 있습니다. 불에 타는 것과 같이 고통스러운 것도 없습니다. 정말 그러한지 알고 싶으면 잠깐만이라도 촛불에 손가락을 대고 있어 보십시오. 불은 모든 것 가운데 가장 강렬하고 가장 파괴적인 힘을 지니고 있습니다. 불이 이글거리는 고로高爐를 들여다보십시오. 그 안에 있으면 어떨지 생각해 보십시오. 불은 생명에 가장 반하는 요소입니다. 피조물은 공기와 땅과 물로 살아갑니다. 하지만 불 가운데 살아가는 피조물은 없습니다. 바로 이 불이 그리스도와 상관없는 모든 믿지 않는 사람에게 돌아갈 몫입니다. 그리스도께서 "꺼지지 않는 불로 쭉정이를 태우실 것"입니다.

이들에게 임할 심판은 영원한 심판입니다. 수백만 세대가 지나갈 것이지만, 이 불은 처음과 같이 맹렬하게 타고 있을 것입니다. 조금도 사그라지거나 약해지지 않을 것입니다. 이 불을 지피는 하나님의 정의의 연료는 조금도 줄어들거나 고갈되지 않을 것이기 때문입니다. 이 불은 "꺼지지 않는 불"입니다.

이런 말을 하기가 정말 고통스럽고 슬픕니다! 이런 이야기를 계속하는 것은 전혀 즐거운 일이 아닙니다. 사도 바울과 같이, 이런 말을 하는 제 마음에도 "큰 근심"과 "그치지 않는 고통"이 있습니다 (롬 9:1). 하지만 이 모든 말씀은 우리의 교훈을 위해 기록되었습니다. 그러므로 아무리 고통스럽더라도 함께 깊이 숙고해야 합니다. "범사에 유익하게 하는" 성경의 일부분이기 때문에 힘들더라도 귀 기울이고 들어야 합니다. 지옥과 같은 주제를 다루기란 여간 마음이 어려운 것이 아닙니다. 그렇다고 성경이 말씀하고 있는 주제에 대해 입을 다물 수는 없습니다. 또 그렇게 해서도 안 되고 그렇게 하지도 않을 것입니다. 하나님께서 지옥을 말씀하시지 않았다면 굳이 지옥 불에 대해 언급할 사람이 누가 있겠습니까? 반면에 하나님께서 이토록 분명하게 말씀하셨는데도 여기에 대해 입을 다물고 마음에 화평을 누릴 사람은 없습니다.

사람의 마음에는 지옥에 대한 뿌리 깊은 거부감이 자리합니다. 어떤 사람은 이런 거부감을 무관심과 냉담함으로 표출합니다. 임박한 진노가 전혀 없기라도 한 것처럼 아무렇지 않게 먹고 마시고 잠잡니다. 이웃의 영혼에 대한 무정함으로 드러나기도 합니다. 불 가운데 타들어 가는 부지깽이를 빼내듯 이웃의 영혼을 건지려는 생각을 전혀 하지 않는 사람들입니다. 저는 이런 거부감과 불신앙을 철저히 거부합니다. "상급을 받는 것"뿐 아니라 "주님의 분노"가 있다는 것을 믿는 저로서는 성경을 믿는다고 하는 모든 사람이 깨어 있기를 바랄 뿐입니다.

여러분 가운데 지옥의 존재를 전혀 믿지 않는 사람이 있습니다. 지옥이 하나님의 자비와 모순된다고 생각하기 때문입니다. 너무 끔찍하고 잔인한 생각이라는 것입니다. 사람들이 이렇게 생각할수록 마귀는 쾌재를 부릅니다. 이런 생각이 마귀의 나라를 급격히 확장시키는 데 도움을 줍니다. 이런 사람은 자신이 좋아하는 교리만을 전합니다. "너희가 결코 죽지 아니하리라"(창 3:4).

여러분 가운데 지옥이 있기는 하지만 영원한 것은 아니라고 생각하는 사람이 있습니다. 긍휼이 많은 하나님이 사람을 영원히 벌하신다는 것은 있을 수 없다고 생각합니다. 결국에는 감옥 문을 열어 주실 것이라고 생각합니다. 이 또한 마귀의 궤계를 도와주는 생각입니다. 이런 사람에게 마귀는 "편하게 생각해. 죄를 좀 지으면 어때. 어차피 영원한 벌 같은 것은 없잖아! 언젠가는 풀려나겠지"라고 속삭입니다. 런던의 한 거리에서 한 여인이 함께한 사람에게 "가자. 뭐가 무서워? 사람들이 지옥 같은 것은 없다더라"고 말하는 것을 들었습니다.

여러분 가운데 지옥은 믿지만 사람들이 그곳에서 영원히 벌을 받는다는 것은 믿지 않는 사람이 있습니다. 그가 보기에는 모든 사람의 본심은 착하고, 의도가 다 좋습니다. 그렇기 때문에 죽음과 동시에 모두가 천국에 이르기를 바랍니다. 얼마나 그럴듯한 속임수입니까! 한 소녀가 비석마다 망자를 기리는 선한 말들이 새겨진 묘지에서 함께 간 엄마에게 "여기에는 다 선한 사람들만 묻혔네요? 악한 사람들은 어디에 묻힐까요?"라고 물었습니다. 이런 비석들을 본 소녀가 어떤 생각으로 이런 질문을 했을지 쉽게 짐작이 되지 않습니까?

여러분 가운데 지옥을 믿지만 지옥에 대해서는 입도 뻥긋하기를 싫어하는 사람이 있습니다. 지옥은 되도록 이야기하지 말아야 된다고 생각합니다. 지옥을 이야기해 봐야 유익할 것이 하나도 없다고 생각합니다. 누가 지옥을 이야기하기라도 하면 소스라치게 놀랍니다. 이런 사람 또한 마귀를 크게 이롭게 합니다. 마귀는 "쉿, 지옥에 대해서는 말도 꺼내지 마라"고 합니다. 마귀라는 사냥꾼은 자신이 덫을 놓을 때는 아무 소리도 들리지 않기를 바랍니다. 우리 주변을 어슬렁거리는 늑대는 양들이 잠들어 있기를 바랍니다. 마귀는 그리스도인들이 지옥에 대해 말하지 않기를 바랍니다.

이것은 한낱 인간의 생각일 뿐입니다. 사람들이 신앙에 대해 생각하는 것이 우리에게 무슨 소용이 있습니까? 마지막 날에 사람이 심판합니까? 사람들의 상상과 전통이 이 땅에서 우리의 발걸음을 인도하는 지침은 아닙니다. 정말 중요한 것은 오직 하나, "하나님의 말씀이 무엇이라고 하는가?"입니다.

여러분, 성경을 믿습니까? 성경은 지옥이 실제로 있다고 합니다. 천국이 있는 것만큼이나 확실하다고 합니다. 믿음으로 의롭게 되는 것만큼이나 확실하다고 합니다. 그리스도께서 십자가에 달려 죽으신 것만큼이나 분명한 사실이라고 합니다. 이 땅에 사해가 있는 것처럼 지옥이 실제로 있다고 합니다. 지옥에 대해 의구심을 갖는다면, 여러분이 의구심을 갖지 않을 교리나 사실은 하나도 없습니다. 지옥을 믿지 못한다면, 성경의 모든 사실과 가르침도 견고히 서지 못할 것입니다. 그럴 바에는 차라리 성경을 버리는 것이 낫습니다. "지옥에 대한 부정"은 곧 "하나님에 대한 부정"으로 이어질 수밖에 없습니다.

여러분, 성경을 믿습니까? 성경은 지옥에서 영원히 고통 받을 자들이 있다고 합니다. 악인들은 물론 하나님을 잊고 사는 모든 자들이 지옥에서 영원히 고통 받는다고 합니다. "저희는 영벌에 의인들은 영생에 들어가리라 하시니라"(마 25:46). 언젠가 사람들은 지금 은혜의 보좌에 앉아 계시는 복된 구주께서 어느 날 심판의 보좌에 앉으신 모습을 볼 것입니다. 성경이 말씀하는 "어린양의 진노"가 있음을 알게 될 것입니다(계 6:16). "오라! 내게로 오라!"고 하신 입술이 "저주 받은 자들아, 나를 떠나 마귀와 그 사자들을 위하여 예비된 영원한 불에 들어가라"고 선언하시는 소리를 들을 것입니다(마 25:41). 복되신 그리스도로부터 직접 정죄를 받는다는 사실은 생각만 해도 끔찍합니다. 구원자로부터 심판을 받고, 하나님의 어린양으로부터 영원한 비참함으로 내려가도록 선고를 받다니요!

여러분, 성경을 믿습니까? 성경은 지옥을 극렬한 고통의 자리로 말씀합니다. 어떤 강력한 표현을 써 봐도 지옥을 제대로 묘사하지 못합니다. 기껏해야 유비적인 언급에 불과합니다. 무저갱, 감옥, 벌레, 불, 목마름, 캄캄함, 어둠, 울음, 이를 갊, 둘째 사망과 같은 말들은 은유적인 표현에 불과합니다. 하지만 성경이 유비를 말씀할 때는 분명히 뜻하는 바가 있습니다. 여기서도 물론 인간의 생각으로는 온전히 이해할 수 없는 분명한 무엇을 말하고 있습니다. 마음과 양심이 겪는 비참함은 몸이 겪는 비참함보다 훨씬 더 심합니다. 매 순간 당하는 고통, 돌이킬 수 없는 통한의 지난날들에 대한 기억, 그런 고통이 영원히 계속될 것에 대한 절망 등이 뒤섞여 있습니다. 지옥에서 겪는 고통이 어느 정도인지는 지금 거기에 가 있는 사람들 외에는 도무지 알 사람이 없습니다.

여러분, 성경을 믿습니까? 성경은 지옥을 영원한 곳으로 말씀합니다. 지옥은 영원한 곳일 수밖에 없고, 또 영원한 곳이어야 합니다. 그렇지 않으면 굳이 지옥을 묘사하면서 "영원한", "꺼지지 않는",

"결코 죽지 않는"과 같은 표현을 쓸 필요가 없었을 것입니다. 지옥은 영원해야 합니다. 그렇지 않으면 천국의 토대가 흔들리게 됩니다. 지옥이 끝이 있다면, 천국도 끝이 있어야 할 것입니다. 천국과 지옥은 하나가 무너지면 다른 하나도 무너지게 되어 있습니다. 천국과 지옥은 영원해야 합니다. 그렇지 않으면 복음의 모든 교리가 훼손될 수밖에 없습니다. 그리스도를 믿는 믿음이나 성령의 거룩하게 하심이 없이도 결국에는 지옥을 면할 수 있게 된다면, 죄는 더 이상 무한한 악이 아니고 그리스도가 속죄 제물로 드려질 필요도 없었을 것입니다. 지옥이 사람의 마음을 변화시킨다는 말이 어디 있습니까? 지옥이 사람을 천국에 맞도록 준비시킨다는 말이 어디 있습니까? 지옥은 영원해야 합니다. 그렇지 않으면 지옥은 더 이상 지옥이 아닐 것입니다. 사람은 바늘구멍만한 가망이라도 있으면 그것을 위해 무엇이라도 감수하려고 합니다. 구원받을 수 있을 것이라는 기대가 있어 보십시오. 그 기대가 이루어질 가능성이 아무리 희박하고 막연해도 그 가능성 때문에 지옥은 그저 한 방울의 물과 같이 견디기 쉬운 곳이 될 것입니다. 너무나 엄중한 사실입니다! 토머스 카릴(Thomas Caryl)은 "'영원히'라는 말은 성경에 있는 가장 엄중한 말이다"라고 말했습니다. 아, 지옥에 내일은 없습니다. 죽고 싶어도 사망이란 실체 자체가 없는 곳이 지옥입니다! 삼키는 불 한가운데서 살아야 합니다. 그것도 영원히 살아야 합니다. 영원히 말입니다(계 9:6, 사 33:14).

여러분, 성경을 믿습니까? 성경은 지옥을 부인할 수 없을 만큼 분명히 증거하고 있습니다. 얼마나 많은 구절들이 지옥에 대해 말하고 있는지 보면 놀랄 것입니다. 은혜롭고 자비로우신 주 예수 그리스도만큼 성경에서 지옥을 많이 언급하신 분도 없습니다. 사랑의 사도라 일컫는 사도 요한 역시 지옥을 많이 이야기하고 있습니다. 그에 반해 우리 목사들은 과연 마땅히 이야기해야 할 만큼 지옥을 언급하고 있는지 의구심이 듭니다. 존 뉴턴의 회중 가운데 한 사람이 죽어가면서 한 이야기를 잊을 수가 없습니다. "목사님, 목사님은 그리스도와 구원에 대해서는 제게 자주 말씀해 주셨습니다. 그런데 지옥과 지옥에 떨어질 위험에 대해서는 왜 자주 말씀해 주지 않았죠?"

지옥에 대해 편하게 생각하고 신경 쓰지 않을 사람은 신경 쓰지 말라고 하십시오. 저는 그렇게 할 수 없습니다. 성경이 분명히 지옥을 말씀합니다. 그래서 저도 지옥을 말해야 합니다. 무수히 많은 사람들이 지옥으로 이어진 넓은 길로 가고 있습니다. 그러므로 저들이 얼마나 위험한 상태에 있는지 일깨워 알도록 해야 합니다. 이웃집이 불에 탈 위험에 처했는데 "불이야!"라고 고래고래 소리 지르지 않을 사람이 어디 있습니까? 지옥의 불꽃이 혀를 날름거리며 저들을 삼키려고 하는데 영혼을 지키는 파수꾼이라고 하는 목사가 어찌 가만히 있을 수 있겠습니까? 지옥을 이야기한다고 설교에 대한 잘못된 이해를 가지고 있다고 하겠습니까? 모든 것을 좋고 부드럽게만 말하고 사람들에게 자장가를 불러주는 것을 사랑이라고 하겠습니까? 그렇게 할 테면 하십시오. 지옥을 이야기하는 것을 잘못된 설교로 폄하하고 모든 것이 좋다고 이야기하는 것을 사랑이라고 하지만, 제가 아는 설교와 사랑은 그런 것이 아닙니다. 엄연히 닥칠 위험을 경고하는 것이 사랑입니다. 제가 아는 한 목회자의 설교란 하나님의 전체 경륜을 선포하는 것입니다. 그러므로 목사이면서 지옥을 이야기하지 않는다면 회중에게 필요하고 유익한 것을 감추는 것이 되고, 결국 제 스스로를 사탄을 돕는 자로 여기게 되지 않겠습니까?

여러분에게 호소합니다. 지옥에 대한 잘못된 이해를 갖지 않도록 조심하십시오. 영원한 심판과 지옥에 대한 새로운 가르침이나 생소한 가르침을 조심하십시오. 성경에서 말씀하는 하나님이 아닌 여러분 자신이 만들어 낸 하나님—자비롭기만 하고 정의롭지 않은 하나님, 사랑만 있고 거룩은 없는 하나님, 모든 사람을 위한 천국은 마련해 두고 있지만 아무도 지옥에 보내지 않는 하나님—을 믿지 않도록 조심하십시오. 이 땅에서 선과 악이 나란히 거하도록 허락하면서 영원히 선악 간의 구분을 하지 않는 하나님을 만들어 내지 않도록 조심해야 합니다. 그런 하나님은 여러분이 만들어 낸 우상일 뿐입니다. 사실 몰록이나 제우스와 다름이 없는 신입니다. 이집트 시대에 동이나 흙으로 지어진 뱀이나 악어와 같은 우상과 하나 다를 게 없습니다. 여러분 자신의 상상력과 감성으로 만들어 낸 신입니다. 이런 신은 성경의 하나님이 아닙니다. 더구나 성경의 하나님 외에는 천지에 다른 신은 없습니다. 여러분이 생각하는 천국이라는 곳도 실상은 천국이 아닙니다. 모든 사람을 무차별적으로 포함하는 천국은 비참한 불일치와 혼란의 장소가 될 것이 분명합니다. 지옥과 별 차이가 없는 곳을 천국이라 하고 그런 천국이 영원히 존속된다니요? 생각만 해도 끔찍합니다! 지옥이 있습니다! 쭉정이를 사를 불이 이글거리는 곳입니다! 너무 늦기 전에 이곳에서 발견되지 않도록 조심하십시오.

기록된 하나님의 말씀보다 더 지혜로운 척하지 않도록 조심하십시오. 자신만의 이론을 형성해서 그것을 성경과 나란히 놓지 않도록 조심하십시오. 버릇없는 아이처럼 자신의 구미에 맞는 본문만을 골라서 받아들이고, 그렇지 않은 말씀은 거들떠보지 않는 신자가 되어서는 안 됩니다. 여호야김의 면도칼을 쥔 것과 무엇이 다릅니까?(렘 36:23) 금방 있다가 사라질 벌레 같은 인생이 무엇이 자신을 위한 것인지 하나님보다 자기가 더 잘 안다고 하는 것과 무엇이 다릅니까? 그럴 수는 없습니다. 그래서는 안 됩니다. 성경을 있는 그대로 받아야 합니다. 성경 전체를 읽고 성경 전권을 믿어야 합니다. 어린아이와 같이 순전한 마음으로 성경을 읽어야 합니다. 자기 마음에 든다고 믿고, 마음에 들지 않는다고 거부하고 싫어하는 일을 그쳐야 합니다. 자기가 이해할 수 있는 본문만 받고, 자신의 이해와 상충되는 본문은 받기를 거부하는 일은 없어야 합니다. "이 사람아, 네가 누구이기에 감히 하나님께 반문하느냐"(롬 9:20). 여러분에게는 그렇게 할 권리가 없습니다. 성경을 펴서 읽을 때마다 "주여, 말씀하소서. 종이 듣겠나이다"라고 해야 합니다. 이렇게 성경을 읽는 사람은 결코 지옥과 쭉정이와 그것을 사르는 불을 부정하지는 않을 것입니다.

이제 결론적으로 네 가지만 말하고 마치겠습니다. 인류는 알곡과 쭉정이의 두 부류로 나뉘는 것을 보았습니다. 장차 일어날 거대한 분리에 대해서 살펴보았습니다. 주님의 백성이 얼마나 안전한지도 보았습니다. 그리스도 밖에 있는 믿지 않는 자들을 기다리고 있는 끔찍한 종말에 대해서도 보았습니다. 여러분 모두는 하나님 앞에 서는 것처럼 이런 사실들 앞에 날마다 서야 할 것입니다.

먼저, 지금까지 제가 말한 모든 것이 사실이고 참임을 기억하십시오.

기독교 신앙의 위대한 진리를 이렇게 이해하고 받아들이는 사람이 많지 않을 것입니다. 목사들의 설교를 곧이곧대로 받아들이는 사람도 많지 않을 것입니다. 갈리오와 마찬가지로 이런 사람들은 기독교 신앙을 "언어와 명칭"의 문제로 치부합니다. 그 이상도 이하도 아닙니다. 거대한 허구요 가짜일 뿐이라는 것입니다. 프랑스, 인도, 오스트레일리아, 터키, 뉴욕으로부터 오는 최근 소식이나 새로 나온 소설에는 지대한 관심을 보이고 진지하게 받아들입니다. 하지만 성경, 천국, 그리스도의 나라, 심판 날과 같은 주제에 대해서는 냉담합니다. 그 실재를 믿지 않는 것입니다. 고고학자 오스텐 레이어드(Austen Henry Layard)가 니느웨가 있던 자리에서 구약성경의 권위와 진리성에 손상을 줄 만한 무엇을 발굴해 낸다고 해도 전혀 신경 쓰지 않을 사람들입니다. 애초부터 성경의 진리성을 믿지 않았기 때문입니다.

여러분이 바로 이런 사람입니까? 그런 생각은 지금부터 아예 버리십시오. 제가 이제까지 말한 것을 귀담아듣고 있든 마지못해 듣고 있든 상관없습니다. 이 모든 것을 실재하는 사실이요 진리라고 믿으십시오. 지금까지 말한 알곡, 쭉정이, 분리, 곳간, 꺼지지 않는 불은 하늘에 있는 태양이나 지금 여러분 손에 들린 책만큼이나 실재하는 것들입니다. 저는 천국을 믿습니다. 지옥도 믿습니다. 임박한 심판도 믿습니다. 알곡과 쭉정이로 나뉘는 것도 믿습니다. 그리고 이렇게 말하는 것이 전혀 부끄럽지 않습니다. 저의 충고를 받으십시오. 이 모든 것을 사실로 받고 살아가십시오.

둘째, 여러분 자신에 대해 제가 하는 말들을 받아들이십시오. 이런 것들이 바로 여러분이 할 일입니다. 여러분의 관심사가 되어야 합니다.

신앙을 자기 자신과 관계된 것으로 보지 않는 사람들이 많습니다. 신앙의 형식은 세련되게 따릅니다. 설교도 귀담아듣습니다. 신앙서적도 곧잘 읽습니다. 자녀도 세례를 받게 합니다. 하지만 유독 "이 모든 것이 나와 무슨 상관이 있는가?"라는 질문만은 하지 않습니다. 교회당에 와서 예배는 드리지만 극장이나 법정의 방청객처럼 구경꾼으로 있다가 갑니다. 우리가 쓴 글도 흥미로운 재판 보고서나 먼 데서 일어난 사건보도를 대하는 것처럼 읽을 뿐, "내가 바로 이런 사람이구나"라는 생각은 하지 않습니다.

여러분이 정말 이런 사람입니까? 제 말을 들으십시오. 결코 이대로는 안 됩니다. 구원을 얻고자 한다면 이런 삶은 이제 여기서 정리를 해야 합니다. 만약 여러분이 이런 사람이라면 이 글은 바로 여러분을 위한 것입니다. 특별히 부자를 겨냥한 글도 아니고, 가난한 사람을 염두에 두고 쓴 글도 아닙니다. 지위와 계층을 막론하고 이 글을 읽을 모든 사람을 위해 썼습니다. 세가 이렇게까지 호소하는 것은 다름 아닌 여러분의 영혼 때문입니다. 다른 사람의 영혼 때문이 아닙니다. 이 글의 성경 본문은 바로 여러분에 대한 것입니다. 지금 여러분은 "알곡"이든지 "가라지"든지 둘 중 하나입니다. 조만간 여러분은 곳간이든지 꺼지지 않는 지옥의 불이든지 둘 중 한 군데서 발견될 사람입니다. 여러분이 지혜로워서 이런 사실들을 마음 깊이 새길 수 있으면 좋겠습니다! 너무 늦기 전에, 순종하고 경건하기를 바라기만 할 뿐 실제로는 그렇게 살지는 않는 그리스도인의 모습을 버리기 바랍니다!

셋째, 기꺼이 이 땅에 있는 알곡 가운데 하나이기를 바란다면, 주 예수 그리스도께서 여러분을 영접하실 것입니다.

예수님께서 자기 곳간이 가득 차기를 바라지 않으실 것이라고 생각합니까? 많은 하나님의 자녀들을 영광으로 이끌어 들이기를 바라지 않으신다고 생각합니까? 그런 생각이라면, 그분의 긍휼과 사랑을 제대로 모르고 있는 것입니다! 그분은 믿지 않는 예루살렘을 보고 통곡하신 분입니다! 오늘날 회개치 않고 멋모르고 사는 사람들 때문에 아파하시는 분입니다. 바로 지금 저의 입술을 통해 여러분을 부르고 계시는 분입니다. 복음을 듣고 생명을 얻으라고, 어리석은 삶의 길을 버리고 지각 있는 자의 길로 가라고 여러분을 부르십니다. "죽을 자가 죽는 것도 내가 기뻐하지 아니하노니 너희는 스스로 돌이키고 살지니라"고 말씀하시는 분입니다(겔 18:32).

지금까지 생명을 얻기 위해 그리스도께로 한 번도 나와 본 적이 없는 사람이라면, 지금 그분께로 나아가십시오! 긍휼과 은혜를 바라는 참회자의 기도로 그분께 나아가십시오. 지체하지 마십시오. 이 장의 주제가 아직 여러분의 마음에 의미 있는 것으로 다가올 때 가십시오. 내일의 해가 떠오르기 전에 그분께 나아가십시오. 그래서 새로운 피조물로 내일의 해를 맞이하십시오.

세상과 세상에 속한 것들―세상 즐거움과 보상, 세상의 어리석음과 죄―을 갖기로 마음먹었다면 여러분은 자신만의 길을 갈 수밖에 없고, 그리스도와 여러분의 영혼을 위해 아무것도 포기할 수 없을 것입니다. 여러분이 이런 사람이라면 여러분을 기다리고 있는 미래는 한 가지뿐입니다. 분명히 경고합니다. 머지않아 여러분은 꺼지지 않는 불 가운데 있게 될 것입니다.

하지만 누구든지 구원받기를 바라는 사람은 주 예수께 나아오십시오. 그분이 기다리고 계십니다. "수고하고 무거운 짐 진 자들아, 다 내게로 오라. 내가 너희를 쉬게 하리라"고 말씀하신 분이 아닙니까!(마 11:28) 오늘 이 말씀이 응하게 하십시오. 일어나 주님을 부르십시오. 하나님의 천사들로 구원받은 영혼이 하나 더 더해진 것 때문에 기뻐하게 해보십시오. 잃어버린 양 하나가 더 돌아왔다는 좋은 소식이 하늘 궁정에 전해지도록 해보십시오.

넷째, 그리스도께 이미 자기 영혼을 의탁한 사람이라면 안심하십시오. 그리스도께서는 여러분의 영혼을 결코 멸망하게 하지 않으실 것입니다.

영원하신 팔이 여러분을 두르고 있습니다. 마음껏 그 팔을 의지하고 여러분의 안전을 만끽하십시오. 십자가에 못 박힌 바로 그 손이 여러분을 붙잡고 있습니다. 천지를 조성하신 지혜가 여러분을 주장하고 있습니다. 이집트의 종 노릇 하는 데서 이스라엘의 열두 지파를 이끌어 내신 분이 여러분의 편입니다. 이들을 이집트에서 가나안까지 이끌어 들이신 분의 사랑이 여러분이 천국에 이르도록 여러분을 지킬 것이라고 약속합니다. 그렇습니다! 그리스도께서 지키시는 자들은 안전합니다! 우리 믿음은 그리스도의 전능함이라는 침대에 편히 누워 잠잠히 쉴 수 있습니다.

의심하는 신자여, 위로를 얻으십시오. 왜 낙담합니까? 예수님의 사랑은 금방 있다가 말라 버릴 한여름 뙤약볕의 웅덩이가 아닙니다. 이 사랑의 샘 바닥을 본 사람이 없습니다. 예수님의 긍휼과 연민의 불꽃은 사그라져 본 적이 없습니다. 한 번도 타고 난 뒤 재로 드러나 본 적이 없는 사랑입니다. 위로를 얻으십시오. 비록 여러분 자신의 마음을 살펴보면 크게 기뻐할 이유를 찾지 못할지 모르지만, 주님 안에서는 그렇지 않습니다. 항상 기뻐할 이유가 충분합니다.

여러분의 믿음이 너무 약한 것 같습니까? 성경 어디에 대단한 믿음을 가진 사람만 구원받는다는 말이 있습니까? 더구나 여러분이 약하다고 하는 그 "믿음을 주신 분"이 누구입니까? 크든 작든 여러분에게 믿음이 있다는 사실 자체가 중요합니다.

여러분, 지은 죄가 많습니까? 그래서 두렵습니까? 예수님의 보혈로 씻어 내지 못할 죄 혹은 죄 무더기가 어디 있습니까? 더군다나 여러분이 많은 죄를 지은 것을 알게 하신 분이 누구입니까? 여러분 스스로에게서는 결코 기대할 수 없는 것이 아닙니까? 그렇다면 이는 그리스도께서 주신 것입니다. 그러므로 위로를 얻으십시오. 자신이 죄인임을 알고 느끼는 자녀는 참으로 복 있는 자녀입니다.

다시 말합니다. 여러분이 진정 그리스도께로 나왔다면 위로를 얻으십시오. 여러분이 가진 특권을 기억하고 위로를 얻으십시오. 모든 염려를 예수님께 맡기십시오. 모든 필요를 예수님께 말씀드리십시오. 모든 짐—죄악, 불신앙, 의심, 두려움, 염려 등—을 예수님께 건네드리십시오. 다 맡겨 드리십시오. 예수님은 여러분이 그렇게 하는 것을 보고 싶어 하십니다. 여러분의 대제사장이 되고 싶어 하십니다. 여러분의 마음을 원하십니다. 자기 백성이 더 이상 스스로 자기 짐을 지고 가는 헛수고를 하지 않기를 바라십니다.

여러분은 제가 지금까지 말한 사실들에 주목해야 합니다. 바로 지금 이 땅에 있을 동안 그리스도의 "알곡"으로 드러난 사람만이 알곡과 쭉정이를 가르는 위대한 분리의 날에 그리스도의 "곳간"에서 발견될 것입니다. 이는 성경이 참인 것만큼이나 분명한 사실입니다.

21장
영원

우리가 주목하는 것은 보이는 것이 아니요 보이지 않는 것이니 보이는 것은 잠깐이요 보이지 않는 것은 영원함이라. (고후 4:18)

본문에서 선명하게 부각된 주제는 성경이 말씀하는 가장 장중한 주제이자 우리 자신을 살필 수밖에 없도록 하는 주제인 영원입니다.[1]

아무리 지혜로운 사람도 이 주제에 대해서만큼은 많은 것을 소화해 내지 못합니다. 인간에게는 이 주제를 제대로 살필 만한 안목이 없습니다. 그 어떤 사도 가늠할 수 없고, 그 어떤 지성도 이해할 수 없습니다. 그럼에도 우리는 이 주제를 살펴보기를 주저하지 말아야 합니다. 우리 위에 있는 하늘은 고성능의 망원경으로도 관측이 안 될 만큼 광대합니다. 하지만 그렇다고 하늘을 쳐다보지 않을 이유는 없습니다. 전체는 아니더라도, 하늘을 들여다보고 조금이라도 배우는 것이 유익합니다. 죽을 수밖에 없는 유한한 인간이 결코 헤아릴 수 없는 영원이라는 주제에 대해서도 마찬가지입니다. 그 높이와 깊이를 우리는 전혀 알 수 없습니다. 하지만 하나님께서 영원에 대해 말씀하십니다. 하나님이 말씀하시는 것이면 우리의 능력과 상관없이 그것을 회피할 권리가 우리에게 없습니다.

영원이라는 주제를 다룰 때는 항상 한 손에 성경을 들고 있어야 합니다. 영원과 장차 인간이 맞게 될 상태를 살핀다고 하면서 "기록된 하나님의 말씀"을 떠난다면, 우리는 즉시 오류로 떨어질 것입니다. 유한한 인간의 이해를 벗어나 오직 하나님의 계시를 의존해야만 하는 영원이라는 주제를 숙고할 때는 선입견을 가져서는 안 됩니다. 예를 들어, 하나님의 성품을 살피면서 하나님은 이러저러한 존재일 수밖에 없다거나 인간이 죽으면 이렇게 될 것이라고 단정 짓는 것은 정말 위험천만한 편견이 아닐 수 없습니다.[2] 오직 기록된 말씀을 통해서만 살펴보아야 할 주제가 있다면 그것은 바로 영원이라는 주제입니다. 끊임없이 성경이 무엇이라고 말씀하는지, 하나님은 무엇이라고 말씀하시는지 물어야 합니다. 인간은 성경과 상관없이, 혹은 성경이 말씀하는 것을 넘어서 "하나님에 대한 고상한 생각들"을 할 수 없습니다. 본성적인 종교의 한계가 바로 여기에 있습니다. 하나님의 "기록된 말씀"에 계시된 것들을 통해서만 하나님에 대한 고상한 생각들을 할 수 있습니다.

이런 전제를 가지고 지금부터 영원에 대한 몇 가지를 이야기해 보려고 합니다. 저도 여러분과 같은 유한한 인간인지라 영원이라는 주제를 다루는 한계를 절감할 수밖에 없습니다. 하지만 자기 백성의 연약함으로 완전을 이루시는 분이 하나님입니다. 이런 하나님의 성령께서 제가 하는 말에 복을 주셔서 이 글을 읽는 많은 사람들의 마음에 영생의 씨를 심어 주시기를 기도합니다.

1. 먼저 우리는 말 그대로 모든 것이 잠시 있다 사라질 세상에 살고 있습니다.

　이 사실을 자각하지 못하는 사람은 눈이 먼 것이 틀림없습니다. 우리를 둘러싼 모든 것이 쇠퇴하고 죽어 갑니다. 모두가 끝을 향해 치닫습니다. "물질"은 영원하다는 인식이 사람들 안에 깊이 자리하고 있습니다. 일단 창조된 물질은 없어지지 않고 그대로 남아 있다고 생각합니다. 하지만 실제로 죽지 않고 사라지지 않는 것은 인간의 영혼뿐입니다. 그러므로 한 시인이 이렇게 말한 것은 당연합니다.

　　주변의 모든 것이 변하고 사라지지만
　　오, 주님, 주님은 변함없이 저와 함께하십니다!

귀족이든 천민이든, 배운 자든 못 배운 자든, 부자든 가난한 자든, 늙은이든 젊은이든 인간은 항상 움직이고 변합니다. 그리고 영영히 지나갑니다.

　아름다움도 잠깐입니다. 사라는 아름다운 여인이었습니다. 이집트 왕실이 탄복할 만큼 아름다운 여인이었습니다. 하지만 그녀의 남편 아브라함이 그녀를 가리켜 "나의 죽은 자"라 일컬을 때가 왔습니다(창 23:4). 몸의 기력도 잠깐입니다. 다윗은 한때 용맹한 사람이었습니다. 사자와 곰을 물리칠 정도였습니다. 하지만 그런 그에게도 어린아이처럼 돌봄을 받아야 하는 때가 이르렀습니다. 지혜와 지력도 잠깐입니다. 솔로몬은 한때 지혜와 지식의 대명사였습니다. 온 땅의 임금들이 그의 지혜를 듣고자 그에게 나아왔습니다. 하지만 이런 솔로몬조차 말년에는 심히 어리석은 짓을 일삼을 만큼 총명과 지혜가 퇴보해서, 그의 아내들이 그의 마음을 다른 신들에게로 돌리도록 내버려 두었습니다(왕상 11:2).

이는 민망하고 불편한 진실입니다. 하지만 우리 마음에 새겨 두면 약이 될 것입니다. 우리가 사는 집과 사랑하는 가정, 우리가 가진 재물, 우리가 추구하는 소유와 계획, 우리가 맺는 관계 등은 잠시 있다가 사라질 것들입니다. 보이는 것은 잠깐입니다. 이 세상의 외형은 지나갑니다(고전 7:31).

이 세상만을 바라보고 살아가는 사람들은 이 엄연한 진실을 깨달아야 합니다. 양심이 완전히 화인 맞은 것이 아니라면, 이런 사실을 생각하며 자신의 마음을 다시 돌아봐야 합니다. 지금 자신이 어떤 삶을 사는지 보십시오. 너무 늦기 전에 사물을 제대로 분간할 수 있어야 합니다. 지금 여러분이 추구하는 것들은 모두 일시적이고 지나가는 것들입니다. 즐거움, 오락, 여가, 파티, 이윤, 직업 등에 마음과 생각을 모조리 빼앗겨서는 안 됩니다. 천년만년 계속될 것들이 아니지 않습니까? 곧 끝이 옵니다. 잠시 있다가 사라질 것들입니다. 그러므로 이런 것들에 애착을 가져서는 안 됩니다. 너무 꼭 움켜쥐면 안 됩니다. 이것들로 우상을 삼지 마십시오! 언제까지 붙들고 있을 수 있는 것들이 아닙니다. 때가 오면 놓아 보내야 합니다. 먼저 하나님 나라를 구하십시오. 그러면 이 모든 것을 더하실 것입니다. "위의 것을 생각하고 땅의 것을 생각하지 말라"(골 3:2). 세상을 사랑하는 사람은 아직 때가 이르기 전에 지혜를 얻어야 합니다! 이 말씀을 잊지 마십시오. "이 세상도 그 정욕도 지나가되 오직 하나님의 뜻을 행하는 자는 영원히 거하느니라"(요일 2:17).

똑같은 생각이지만 모든 진정한 그리스도인은 이로 인해 힘과 위로를 얻습니다. 여러분의 고난과 십자가, 어려움은 모두 지나갈 것입니다. 이 모든 어려움이 끝나는 날이 곧 옵니다. 하지만 그날이 오기 전이라도 이 모든 것이 여러분의 유익을 위해 역사합니다. "지극히 크고 영원한 영광의 중한 것을 우리에게 이루게 함"입니다(고후 4:17). 이 모든 것을 인내로 감당하십시오. 잠잠히 받으십시오. 아무리 큰 어려움이라도 모두 하늘로부터 온 것임을 기억하십시오. 이런 일들을 잘 감당했을 때 맞게 될 복된 장래를 내다보십시오. 날마다 분투를 할 때 이 모든 것은 잠시 지나가는 것이며 이제 곧 안식할 날이 멀지 않았다는 확신을 갖고 임하십시오. 날마다 십자가를 질 때도 그것은 잠시 지나가는 "눈에 보이는 것들" 가운데 하나일 뿐이라는 사실을 떠올리십시오. 십자가가 면류관으로 홀연히 변화될 날이 곧 옵니다. 그러면 여러분은 하나님 나라에서 아브라함, 이삭, 야곱과 함께 앉아서 먹을 것입니다.

2. 다음으로, 우리 모두는 모든 것이 영원한 세상을 향해 길을 나선 사람들입니다.

지금은 우리 눈에 보이지 않지만 무덤 저편에 있는 세상은 영원합니다. 지금 여기서 무엇을 겪든, 그것이 행복이든 비참함이든, 기쁨이든 슬픔이든 상관없습니다. 그곳에서 우리가 누리게 될 것은 지금 우리가 누리는 것과는 전혀 다릅니다. 영원한 세상입니다. 변화나 쇠퇴나, 종말이나 작별이 없습니다. 아침도 저녁도 없습니다. 변질되거나 사라지는 것이 없습니다. 마지막 나팔소리가 울리고 죽은 자들이 무덤에서 일어나면서 이 땅과 이 땅의 모든 것은 사라지고 무덤 저편에 있는 것들만 영원히 계속될 것입니다. "보이지 않는 것은 영원함이라"(고후 4:18).

영원한 세상이 어떤 상태로 계속될지 우리로서는 짐작할 수 없습니다. 지금과 그때, 이 세상과 오는 세상 사이의 간극이 너무나 크기 때문에 미약한 우리의 지력으로는 도무지 헤아려 볼 수가 없습니다. 게다가 이 간극으로 인한 결과가 내포하는 것이 너무 엄중하고 대단해서 숨조차 제대로 쉴 수가 없습니다. 똑바로 대면하지도 못할 지경입니다. 하지만 성경이 분명히 말씀하고 있는 이상 영원이라는 주제를 회피할 권리가 우리에게는 없습니다. 성경을 펴 들고 "영원한 일들"에 대해서 하나하나 살펴 가는 것이 옳습니다.

구원받은 이들이 장래에 누리게 될 행복은 영원한 행복입니다. 지금은 우리가 이 행복을 제대로 알지 못합니다. 하지만 분명한 점은 이 행복은 영원한 행복이라는 사실입니다. 끝이 없고, 쇠하지도 않으며, 식상해지지도 않고, 방해받지도 않을 행복입니다. 하나님 앞에는 "충만한 기쁨"이 있습니다(시 16:11). 일단 낙원에 다다른 신자의 영혼은 더 이상 다른 곳으로 가지 않아도 됩니다. 이 기업은 "썩지 않고 더럽지 않고 쇠하지 아니하는 유업"이기 때문입니다(벧전 1:4). 이들은 모두 "시들지 아니하는 영광의 관"을 받을 것입니다(벧전 5:4). 이들의 싸움은 끝이 납니다. 전쟁이 끝납니다. 이들이 해야 할 모든 일이 끝납니다. 더 이상 배고프지도 목마르지도 않습니다. "지극히 크고 영원한 영광의 중한 것"을 향해 행진해 가는 자들입니다. 터가 흔들리지 않는 나라를 향해 나아가는 자들입니다. 더 이상 사별하거나 헤어질 필요가 없는 대회를 향해 나아가는 자들입니다. 더 이상 밤이 없는 날을 향해 나아가는 자들입니다. 소망은 확실한 실체에, 믿음은 보이는 것에 자리를 내어주고 물러날 것입니다. 이제 이들은 하나님이 자신들을 보시는 것처럼 확연히 볼 것입니다. 하나님께서 자신들을 아시는 것처럼 확연히 알 것입니다. "항상 주와 함께 있을 것"입니다(살전 4:17). 바로 이런 이유로 사도 바울이 "그러므로 이러한 말로 서로 위로하라"고 권면한 것입니다(살전 4:18).

또 하나, 영원히 잃어버린 바 될 자들이 장차 얼마나 비참한 장래를 맞이하게 될 것인지 잘 알아야 합니다. 생각하기도 두려운 일이지만 사실입니다. 성경이 분명히 그렇게 말씀합니다. 그러므로 아무리 끔찍하고 두려운 사실이라고 해도 강단에서 이 사실을 전하는 것이 마땅합니다. 장래의 영원한 행복과 영원한 비참함이 지금 나란히 제 앞에 드러나 있습니다. 둘 다 영원히 지속될 현실입니다. 신사들의 행복이 영원한 것처럼, 불신자들의 비참함도 영원합니다. 천국이 영원한 것처럼 지옥도 영원합니다. 제가 무지해서 그런지는 몰라도, 성경이 분명히 계시하는 천국과 지옥이라는 극명하게 서로 대비되는 장래를 가지고 어떻게 전혀 다른 결론에 이를 수 있는지 저로서는 납득이 되지 않습니다.

　성경은 분명히 영원한 심판을 이야기하고 있습니다. 사랑이 많으신 하나님의 심판이 영원할 수 없다고 주장하는 사람은 사랑과 자비에 대한 목소리를 높입니다. 영원한 심판은 긍휼이 많고 자비가 풍성하신 하나님의 성품과 상치된다고 합니다. 그러나 성경은 무엇이라고 말씀합니까? 우리 주 예수 그리스도만큼 사랑과 긍휼 넘치는 말씀을 하신 분이 누가 있습니까? 하지만 또한 죄에서 돌이키지 않고 회개치 않는 자들이 맞닥뜨릴 결과에 대해 "구더기도 죽지 않고 불도 꺼지지 않는" 지옥을 연거푸 세 번씩이나 말씀하신 분이 아닙니까?(막 9:43-48) 한 문장 안에서 악인은 "영벌"에 의인은 "영생"에 들어갈 것을 말씀하신 분이 아닙니까?(마 25:46)³ 사랑에 대한 사도 바울의 말을 모를 사람이 누가 있습니까? 하지만 "이런 자들은 주의 얼굴과 그의 힘의 영광을 떠나 영원한 멸망의 형벌을 받으리로다"라고 한 것도 사도 바울이 아닙니까?(살후 1:9) 성경을 읽는 사람 가운데 요한복음과 요한서신에 흐르는 사랑의 마음을 모를 사람이 누가 있습니까? 하지만 사랑의 사도라 불리는 요한이 성경 마지막 책에서 장차 악인들이 받게 될 영원한 저주와 심판의 실체를 얼마나 강하고 단호한 어조로 기록하고 있는지 보십시오. 우리가 성경의 기록보다 더 지혜롭다 하겠습니까? 성경을 곧이곧대로 받아들여서는 안 된다는 위험천만한 원리를 가지고 이 엄연한 사실들을 피해 가려고 합니까? 차라리 손으로 자신의 입술을 막고 "그러하다. 주 하나님 곧 전능하신 이시여, 심판하시는 것이 참되시고 의로우시도다"라고 하는 것이 훨씬 낫지 않겠습니까?(계 16:7)

우리가 사용하는 기도서와, 심판이 영원하지 않다는 주장을 어떻게 조화를 시켜야 할지 모르겠습니다. 기도서의 빼어난 연도의 첫 번째 간구가 하는 말을 들어 보십시오. "선하신 주님, 영원한 파멸에서 우리를 구하소서." 교리문답은 우리 아이들에게 무엇이라고 가르칩니까? 우리가 주기도로 기도할 때마다 하늘의 아버지께서 "우리를 원수와 영원한 사망에서 지키시기를 바라야 한다"고 하지 않습니까! 장례예배 서식에 보면 무덤가에서 우리가 어떤 기도를 드리도록 되어 있습니까? "영원한 사망의 비통에서 건지소서"라고 하지 않습니까! 다시 묻습니다. 영원한 심판을 믿지 않는다면 이 모든 것에 대해 우리가 무엇이라고 해야 하겠습니까? 죄 가운데 살다가 회개하지 않고 죽은 사람에 대해 회중에게 어떻게 가르치겠습니까? 먼 장래에는 행복하기를 기대할 수 있을 것이라고 해야 합니까? 그러면 당장 상식이 있고 합리적인 예배자들이, 만약 그것이 사실이라면 기도서의 말들은 다 무엇인지 물어오지 않겠습니까? 이런 교인들에게 무엇이라고 대답할 수 있겠습니까?

성경에 대해 제가 더 많이 안다고 주장하지 않습니다. 저 또한 로마 교황만큼이나 오류에 빠지기 쉬운 존재임을 날마다 절감합니다. 하지만 하나님께서 성경을 통해 저에게 주신 빛을 따라 말하는 것이 마땅하다고 생각합니다. 영원한 심판에 대한 경고의 목소리를 발하지 않고, 교인들이 이런 심판에 떨어지지 않도록 애쓰지 않는다면 이는 곧 목사로서의 직무를 이행하지 않는 것입니다. 마귀의 궤계로 육천 년 전에 죄가 세상에 들어왔습니다. "너희가 결코 죽지 아니하리라"(창 3:4). 육천 년이 지난 지금 인류의 원수는 지금도 자신의 오랜 무기로 사람들을 미혹해 죄 가운데 살다가 죄 가운데 죽도록 하고 있습니다. 지금 당장은 아니더라도 언젠가는 마침내 구원을 받을 것이라는 감언이설로 사람들을 꾑니다. 마귀의 궤계에 속으면 안 됩니다. 우직하게 옛길을 걸어가야 합니다. 유구한 진리를 붙들어야 합니다. 의인의 구원이 영원한 것처럼 악인이 겪을 심판도 영원하다는 사실을 믿어야 합니다.[4]

첫째, 계시 신앙의 전체 체계를 보존하고 풍성하게 하기 위해서라도 이 교리를 굳게 붙들어야 합니다. 그리스도를 믿지 않아도 결국에는 모두 구원받게 된다면 하나님의 아들의 성육신과 겟세마네에서의 고통, 십자가에서의 대속의 죽음이 다 무슨 소용이란 말입니까? 사람이 죽은 후에 그리스도의 보혈을 믿고 구원받을 수 있다는 증거가 어디 있습니까? 죄인이 회심하지 않고 마음이 새롭게 되지 않고도 결국에는 천국에 들어가는데 성령의 역사가 다 무슨 소용입니까? 거듭나지 못한 상태로 죽는다 해도 그 후에 누구나 거듭날 수 있고, 새 마음을 가질 수 있다는 최소한의 증거라도 있으면 말해 보십시오. 그리스도를 믿거나 성령의 거룩하게 하시는 역사가 없이도 결국에는 모두 영원한 심판을 받지 않게 된다면, 죄는 더 이상 무한한 악이 아니라는 말입니다. 그렇다면 그리스도가 대속 제물이 되실 필요가 없었습니다.

둘째, 거룩과 도덕성을 위해서라도 이 진리를 굳게 붙들어야 합니다. 죄 가운데 살다가 죽어도 영원한 멸망에까지 이르지는 않는다는 허울 좋은 이론만큼 육체가 좋아하는 것도 없습니다. 이 땅에 있는 동안 "온갖 정욕과 쾌락"을 즐기더라도 죽고 나면 어쨌든 지옥에는 안 간다는 생각 말입니다! 허랑방탕한 삶을 사는 젊은이에게 그렇게 살아도 지옥에는 가지 않는다고 말해 보십시오. 지금 그가 몸담그고 있는 악에서 벗어나려고 할 리 없습니다. 그렇게 살아도 천국에 가게 될 텐데 무엇 때문에 이 땅에서 십자가를 지는 수고를 하려 한단 말입니까?

셋째, 모든 성도들이 가진 공통의 소망을 위해서라도 이 진리를 굳게 붙드십시오. 심판의 영원성에 대한 공격은 상급의 영원성에 대한 공격과 다름없습니다. 이 둘은 서로 긴밀하게 연결되어 있습니다. 어떤 기발한 신학적 정의로도 이 둘이 상관없는 것처럼 갈라놓을 수 없습니다. 하나가 무너지면 다 무너집니다. 성경은 같은 용어와 같은 수사를 써서 이 두 가지 상태를 말하고 있습니다. 지옥의 영원성에 대한 공격은 천국의 영원성에 대한 공격과 같습니다.[5] "죄인들이 두려워 떨 필요가 없다면 우리 역시 소망을 가질 필요가 없다"는 말은 참으로 많은 진리를 내포하고 있습니다.

이제 다른 주제로 넘어가야 하는데 제 마음은 무겁기만 합니다. 심판의 영원성은 너무나 중요한 진리임에도 여전히 많은 사람들이 중요하게 받아들이지 않기 때문입니다. "영원한 심판의 교리를 애정어린 마음으로 다루기가 얼마나 어려운지요"라고 한 로버트 맥체인의 토로에 전적으로 공감합니다. 성경을 믿는다면, 성경이 말씀하는 어떤 것도 포기해서는 안 됩니다. 선하신 주님, 신학을 신랄하고 무정하고 무자비한 것으로 만들지 않도록 저희를 구원하소서! 사람들이 구원받지 못하는 것은 그리스도께로 나아오지 않기 때문입니다(요 5:40). 그렇다고 우리가 성경보다 더 지혜로운 것처럼 행동해서는 안 됩니다. 자비에만 맹목적으로 몰두한 나머지 영원에 대해 하나님이 계시하신 것까지 거부하려고 해서는 안 됩니다. 마치 하나님의 다른 속성은 없는 양, 하나님의 자비와 사랑과 긍휼만을 강조하는 경우가 참 많습니다. 하나님의 거룩하심, 순전하심, 정의, 불변하심, 죄를 미워하심과 같은 속성은 아예 건드리지도 않습니다. 이런 속임에 빠지지 않도록 해야 합니다. 이는 지금과 같은 종말의 때에 점증해 가는 악 가운데 하나입니다. 우리가 말로 다 할 수 없는 죄의 역겨움과 사악함, 영원하신 하나님의 무한한 순전하심을 충분히 인식하지 못하면, 필연적으로 사람의 장래에 대한 오류에 빠질 수밖에 없습니다. 우리가 대면해야 할 전능하신 하나님을 생각하되, 그분이 친히 모세에게 자신을 계시하신 대로 생각할 수 있어야 합니다. 하나님은 "여호와라 여호와라 자비롭고 은혜롭고 노하기를 더디 하고 인자와 진실이 많은 하나님이라"고 말씀하셨을 뿐 아니라(출 34:6) 그 다음 절에서 "벌을 면제하지는 아니하고 아버지의 악행을 자손 삼사 대까지 보응하리라"고 말씀하셨습니다(출 34:7). 회개하지 않는 죄는 영원한 악으로 남습니다. 회개하지 않은 죄인이 계속해서 죄를 지을 수밖에 없는 것도 이 때문입니다. 그리고 결국에는 영원한 하나님을 대면해야 합니다.

시편 145편은 놀랍도록 아름답습니다. "여호와는 은혜로우시며 긍휼이 많으시며 노하기를 더디 하시며 인자하심이 크시도다. 여호와께서는 모든 것을 선대하시며 그 지으신 모든 것에 긍휼을 베푸시는도다……여호와께서는 모든 넘어지는 자들을 붙드시며 비굴한 자들을 일으키시는도다……여호와께서는 그 모든 행위에 의로우시며 그 모든 일에 은혜로우시도다. 여호와께서는 자기에게 간구하는 모든 자 곧 진실하게 간구하는 모든 자에게 가까이하시는도다……여호와께서 자기를 사랑하는 자들은 다 보호하시고." 이 시편이 노래하고 있는 하나님의 풍성한 자비를 능가할 것은 아무것도 없습니다! 하지만 정말 놀라운 사실은 하나님의 자비를 노래하는 이 시편 말미에 덧붙여진 구절입니다. "악인들은 다 멸하시리로다" (시 145:8-20).

3. 세 번째로, 보이지 않는 영원한 세상에서 사람이 어떤 상태로 있을 것인지는 이 땅에서 어떤 상태로 살아가는지에 전적으로 달려 있습니다.

이 땅에서 우리의 삶은 너무 짧습니다. 금방 지나갑니다. "우리의 평생이 순식간에 다하였나이다"(시 90:9). "너희 생명이 무엇이냐. 너희는 잠깐 보이다가 없어지는 안개니라"(약 4:14). 우리가 이 세상을 떠날 때 우리 앞에서 우리를 기다리는 삶은 끝이 없는 영원입니다. 바닥을 모르는 대양입니다. 경계가 없는 바다입니다. "사랑하는 자들아, 주께는 하루가 천 년 같고 천 년이 하루 같다는 이 한 가지를 잊지 말라"(벧후 3:8). 오는 세상에 시간이란 존재하지 않습니다. 이 땅에서 우리의 삶은 지극히 짧고 속히 지나가는 반면, 그 후의 삶은 끝이 없습니다. 영원한 삶이 시간 속에서의 삶에 의해 좌우된다는 사실이 너무나 놀랍지 않습니까? 죽은 후에 우리가 받게 될 분깃은, 인간적으로 말하면 우리가 이 땅에서 사는 동안 어떤 존재였느냐에 따라 달라집니다. 성경은 말씀합니다. "하나님께서 각 사람에게 그 행한 대로 보응하시되 참고 선을 행하여 영광과 존귀와 썩지 아니함을 구하는 자에게는 영생으로 하시고"(롬 2:6-7).

이 땅에서의 삶은 우리 모두에게는 견습 기간이요 시험 기간임을 잊지 말아야 합니다. 날마다, 매 시간마다 우리는 싹이 나고 열매를 맺을 씨를 뿌리고 있는 것입니다. 이 땅에서 우리가 무엇을 어떻게 생각하고 어떤 말을 하고 무슨 행동을 하는지에 따라 영원까지 이르는 결과로 나타납니다. 하지만 우리는 이 사실에 대해 진지하게 생각하지 않습니다. "사람이 무슨 무익한 말을 하든지 심판 날에 이에 대하여 심문을 받으리니"(마 12:36). 우리가 하는 모든 생각이 계수됩니다. 모든 행동의 무게가 측정됩니다. 사도 바울이 "자기의 육체를 위하여 심는 자는 육체로부터 썩어질 것을 거두고 성령을 위하여 심는 자는 성령으로부터 영생을 거두리라"고 말한 것도 이상한 일이 아닙니다(갈 6:8). 한마디로, 사람은 자신이 이 땅에 살면서 뿌린 것을 죽은 후에 거둔다는 말입니다. 이 땅을 사는 사람들은 영원을 파종하는 것입니다.

많은 사람들이 이 땅에서 비록 악하게 살아도 나중에 다시 영광스러워질 수 있다는 생각을 합니다. 참으로 기만적인 생각이 아닐 수 없습니다. 이 땅에서 불신자로 살아도 죽고 나면 성도가 된다는 말입니까? 조지 윗필드가 회심교리에 다시 불을 지피며 온 대륙을 돌아다닐 때, 그의 설교를 들은 한 사람이 와서 "목사님 말씀이 정말 옳습니다. 저도 언젠가 거듭나고 회심할 겁니다. 하지만 아마 죽고 난 다음이 될 것 같습니다"라고 말했습니다. 이런 사람이 많을까 봐 두렵습니다. 교회마다 로마 가톨릭이 말하는 연옥을 은근히 기대하며 사는 사람들이 많을까 봐 두렵습니다! 삶은 경솔하고 경박한데 죽으면 자신도 성도들 틈에서 발견되기를 은밀히 기대하는 사람들입니다. 죽는 순간에 죄를 정화시키는 특별한 일이 일어날 것을 기대합니다. 이 땅에서 어떤 삶을 살았든 오는 세상에서 "성도들만이 받는 기업"을 누릴 수 있을 것이라고 기대합니다. 하지만 이런 생각은 철저한 자기기만입니다.[6] 이 땅에서의 삶은 하나님을 섬기는 때이자 위대한 상급을 마련하는 시간입니다.

성경은 회심을 했든 안 했든, 신자든 아니든, 경건하든 불경건하든 모든 사람은 죽고 마지막 나팔소리가 날 때 모두가 다시 일어난다고 말씀합니다. 무덤에서 회개하는 일은 없습니다. 마지막 숨을 거둔 후에 회심하는 일은 없습니다. 지금이 바로 그리스도를 믿을 때입니다. 영생을 붙잡을 때입니다. 지금이 바로 흑암을 떠나 빛으로 나아갈 때입니다. 우리의 부르심과 선택을 분명히 할 때입니다. 아무도 일할 수 없는 밤이 옵니다. 한번 넘어진 나무는 그대로 누워 있을 수밖에 없는 것처럼, 인간도 죽으면 속절없이 누워 있을 수밖에 없습니다. 회개하지 않고 믿지 않고 이 세상을 떠난 사람은 여전히 회개하지 않고 믿지 않는 상태로 부활합니다. 이들은 부활의 아침을 "아, 차라리 세상에 태어나지 말았으면 좋았을 것을!" 하는 탄식과 회한으로 맞이하게 됩니다.[7]

이런 사실을 잊지 말고 주어진 시간을 잘 활용해야 합니다. 생명이 여기에 달린 것으로 믿고 결코 이생을 허송하거나 헛된 일로 소진해서는 안 됩니다. 여러분이 보내는 매 시간, 매일, 매주, 매달, 매해가 무덤 너머에서의 여러분 상태에 대한 주석이기 때문입니다. 이 세상에서 뿌린 그대로 오는 세상에서 거둡니다. 리처드 백스터가 말한 것처럼 "기회는 지금뿐입니다(now or never)." 믿음으로 무엇을 할 것이라면 지금, 이곳에서 해야 합니다.

가장 큰 것에서부터 작은 것까지 모든 은혜의 방편을 최대한 누리십시오. 어느 것 하나 예외 없이 영원한 세상을 향해 가는 여러분을 돕기 위해 주어진 것입니다. 어느 것 하나 부주의하고 경박하게 다루어서는 안 됩니다. 날마다의 개인기도, 성경 읽기, 주일, 공예배에 임하는 태도 등 이 모든 것이 중요합니다. 항상 영생을 염두에 두면서 이 모든 은혜의 방편을 누리십시오.

일상에서 악으로 이끌리는 시험을 받을 때마다 이 사실을 기억하십시오. 죄인들이 여러분을 꼬드기며 "별 거 아니야"라고 할 때마다, 사탄이 여러분의 마음에 "모두가 그렇게 하는데 위험할 게 뭐가 있어. 신경 쓰지마"라고 속삭일 때마다 눈에 보이지 않지만 이 세상 너머에 엄연히 모든 것을 주장하는 세계가 있음을 기억하고 그곳을 바라보십시오. 순교한 종교개혁자 후퍼(Hooper) 주교는 죽기 전, 자신의 신앙고백을 철회하라는 요구에 "사는 것이 달콤하고 죽는 것은 쓰디쓴 것이 사실이다. 하지만 영원히 사는 것은 훨씬 더 달콤하고, 영원히 죽는 것은 훨씬 더 쓰다"라는 위대한 고백의 말을 남겼습니다.

4. 마지막으로, 주 예수 그리스도는 이제와 영원토록 우리의 모든 도움이 되실 위대한 친구입니다.

하나님의 영원한 아들이 이 땅에 오신 목적은 단 한 번도 제대로 큰소리로 외쳐진 적이 없습니다. "잠시 있다가 사라질 이 세상"에 사는 동안 우리로 소망을 갖고 평강을 누리고, "보이지 않는 영원한 세상"으로 갈 때 영광과 복을 누리도록 하기 위함입니다. 그리스도께서는 "생명과 썩지 않을 것을 드러내고", "죽기를 무서워하므로 한평생 매여 종 노릇 하는 모든 자들을 놓아 주려"고 세상에 오셨습니다(히 2:15). 그리스도께서는 타락하고 파산한 우리를 불쌍히 여기셨습니다. 그분의 이름을 찬양하는 것은, 죽을 수밖에 없는 인간이 그리스도로 말미암아 위로 가운데 "잠시 있다가 사라질 것들"을 지나 담대하게 "영원한 것들" 대망하며 나아갈 수 있게 되었기 때문입니다.

우리 주 예수 그리스도께서 자신의 보혈을 흘려 우리를 위해 이런 놀라운 특권을 획득하셨습니다. 우리의 대속 제물이 되셔서 십자가에서 친히 우리 죄를 짊어지셨고, 우리의 칭의를 위해 다시 사셨습니다. "그리스도께서도 단번에 죄를 위하여 죽으사 의인으로서 불의한 자를 대신"하셨습니다(벧전 3:18). 죄를 알지도 못한 자가 우리를 위한 죄가 되셔서 죄악된 불쌍한 피조물들이 이 땅에서 사죄와 칭의를 얻을 수 있도록 하셨고, 우리가 죽을 때에 지복과 영광으로 들어가게 하셨습니다(고후 5:21).

우리 주 예수 그리스도는 자기 죄에서 돌이키고 그분께 나아와 믿는 모든 자에게 친히 값 주고 사신 모든 좋은 것을 값없이 나누어 주십니다. "나는 세상의 빛이니"라고 말씀하십니다. "수고하고 무거운 짐 진 자들아, 다 내게로 오라. 내가 너희를 쉬게 하리라"고 말씀하십니다(마 11:28). "누구든지 목마르거든 내게로 와서 마시라"고 말씀하십니다(요 7:37). "내게 오는 자는 내가 결코 내쫓지 아니하리라"고 말씀하십니다(요 6:37). "주 예수를 믿으라. 그리하면 너와 네 집이 구원을 받으리라"고 말씀하십니다(행 16:31). "그를 믿는 자마다 멸망하지 않고 영생을 얻게 하려 하심이라"고 말씀하십니다(요 3:16).

그리스도를 가진 신자는 생명을 가졌습니다. 그리스도를 가진 신자는 주변의 "잠시 있다가 사라질 것들"을 보면서도 전혀 당황하는 기색 없이 이 땅에 가득한 변화와 부패를 직면할 수 있는 존재입니다. 좀이나 동록이 해하지 않고 도둑이 훔쳐 가지도 못할 하늘의 보화를 가졌기 때문입니다. 전혀 요동하거나 당황할 필요가 없습니다. 장차 도래하는 "영원한 것들"을 항상 주목하며 살기 때문입니다. 그의 구주께서 부활하고 승천하셔서 그가 머물 처소를 예비하시기 때문입니다. 이 세상을 떠나면 영광의 면류관을 쓰고 영원히 자신의 주와 함께 살 것을 알기 때문입니다. 심지어 잠잠히 자기 무덤을 맞이할 수 있습니다. 지혜롭다고 하는 그리스나 로마 철학자들도 그렇게는 못했습니다. 그런데 신자는 더 나아가 이렇게까지 말할 수 있습니다. "사망아, 네 쏘는 것이 어디 있느냐? 무덤아, 네 승리가 어디 있느냐? 영원아, 너의 두렵게 하는 것은 다 어디로 갔느냐?"(고전 15:55)

여러분, 분명히 기억하십시오. "눈에 보이는 세상"을 위로를 누리며 지나고 담대함으로 "보이지 않는 것들"을 대망할 수 있는 유일한 길은, 그리스도와 하나가 되어 그리스도께서 우리 안에서 함께 가시도록 하는 것입니다. 하나님의 아들을 믿는 믿음으로 살아가는 것입니다(갈 2:20). 그리스도를 믿는 사람의 상태와 그렇지 않은 사람의 상태는 판이하게 다릅니다! 진실로 "나는 예수를 믿는다"고 고백할 수 있는 사람은 복이 있습니다. 뷰포트 추기경은 자신의 임종을 기다리면서 헨리 왕을 일컬어 이렇게 말했습니다. "그는 죽는다. 하지만 그에게는 소망이라고 하는 믿음의 표지가 없다." 스코틀랜드의 개혁자 존 낙스가 임종이 가까워 제대로 말을 할 수 없게 되었을 때, 한 신실한 종이 그에게 생전에 그가 그토록 외쳤던 그 복음 때문에 죽음을 맞이하는 지금 그가 위로를 누리고 있는지 증거를 보여달라고 부탁했습니다. 그 종의 요구에 낙스는 하늘을 향해 세 번이나 자신의 손을 치켜들고는 세상을 떠났습니다. 다시 말하지만 그리스도를 믿는 자는 복됩니다. 이런 사람만이 부요하고, 세상에 휘둘리지 않고, 궁극적인 위험이 전혀 미치지 못할 길을 갑니다. 이 세상을 살아가면서 여러분과 내가 이런 위로를 누리지 못한다면, 영원에 대한 소망을 가질 수 없습니다. 그리고 그것은 우리 자신의 책임입니다. 영생을 위해 그리스도께 가지 않기 때문입니다(요 5:40).

하나님께서 지금까지 이야기한 것들로 많은 영혼들에게 복이 되게 하시기를 기도합니다. 이제 여러분에게 자기를 돌아보고 생각해 보아야 할 몇 가지만 더 언급하고 마치겠습니다.

먼저, 여러분은 어떻게 시간을 보냅니까? 짧기만 한 이 땅의 삶은 모든 것이 불확실합니다. 하루하루 무슨 일이 일어날지 모릅니다. 일과 여가, 돈을 벌고 돈을 쓰는 것, 먹고 마시는 것, 결혼하고 자녀를 출가시키는 것 등 이 모든 것은 금방 끝납니다. 불멸하는 자신의 영혼을 위해 어떻게 시간을 사용합니까? 시간을 허비합니까? 아니면 선용합니까? 하나님을 만날 준비를 하며 삽니까?

둘째, 여러분은 어디서 영원을 보내려고 합니까? 영원은 금방 닥칩니다. 지금까지도 그랬고, 앞으로도 여러분은 영원을 향해 속히 달려갈 수밖에 없습니다. 하지만 어디서 영원을 보내려고 합니까? 심판 날 오른편에 있을 것입니까? 아니면 왼편에 있을 것입니까? 멸망할 자들 가운데 있을 것입니까? 구원받는 자들 가운데 있을 것입니까? 오, 안심하지 마십시오. 여러분의 영혼이 안전해질 때까지 쉬지 마십시오! 자신의 부르심과 구원을 확신하기 위해 부지런히 일하십시오. 죽을 준비를 하지 못한 상태에서 살아 계신 하나님의 손에 떨어지는 것은 참으로 두려운 일입니다.

셋째, 여러분은 지금은 물론이고 영원히 안전하기를 바랍니까? 그렇다면 그리스도를 찾으십시오. 그분을 믿으십시오. 지금 그대로 그리스도께 나아가십시오. 아직 기회가 있을 때에 그분을 찾으십시오. 가까이 계실 때 부르십시오. 그분은 아직 가까이 계십니다. 여러분은 지금 은혜의 보좌로 나아갈 수 있습니다. 아직 늦지 않았습니다. 그리스도께서 은혜 가운데 기다리고 계십니다. 여러분을 부르십니다. 문이 닫히기 전에, 심판이 시작되기 전에 회개하고 믿고 구원을 얻으십시오.

마지막으로, 여러분은 행복하고 싶습니까? 그리스도를 붙드십시오. 그분을 믿는 믿음의 삶을 사십시오. 그 안에 거하고 그분을 가까이하십시오. 마음과 뜻과 힘과 정성을 다해 그분을 따르고, 날마다 그분을 더 알기 위해 힘쓰십시오. 이렇게 함으로 잠시 있다가 사라질 이 세상을 큰 위로와 함께 지나갈 것이고 죽어 가는 세상과 함께 죽지 않을 것입니다(요 11:26). 이렇게 함으로 확신을 가지고 "영원한 것들"을 대망할 수 있게 됩니다. "땅에 있는 우리의 장막 집이 무너지면 하나님께서 지으신 집 곧 손으로 지은 것이 아니요 하늘에 있는 영원한 집이 우리에게 있는 줄 알" 수 있게 됩니다(고후 5:1).

후기

이 설교를 한 후로 캐논 파라르(Canon Farrar)가 쓴 「영원한 소망」(*Eternal Hope*)이라는 책을 읽었습니다. 이 책의 많은 부분에 동의하기는 어려웠지만, 이렇게 저명한 저자가 쓴 글은 언제라도 관심을 가지고 볼 가치가 있습니다. 이 책을 읽고 난 뒤 제가 한 "영원"에 대한 설교 가운데 취소하거나 거두어들일 내용은 하나도 발견하지 못했습니다. 유감스럽고 불만족스러운 마음으로 그의 책을 내려놓을 수밖에 없었지만, 어쨌든 이 책을 통해 제가 설교에서 말한 어떤 내용도 철회하거나 변경해야 할 필요가 없다는 사실을 여러 번 확인하게 되었습니다.

카논 파라르의 책에 영원에 대한 새로운 언급이 있는 것은 아닙니다. 이 책에 담긴 내용 가운데 앞의 설교에서 건드리지 않거나 논박하지 않은 내용은 거의 없어 보입니다. 장차 있을 영원한 심판과 성경이 말씀하는 영원의 실체에 대해 더 배우고자 하는 독자들을 위해, 보다 덜 알려지기는 했지만 「영원한 소망」보다는 훨씬 건전하고 바른 내용을 담고 있는 책 몇 권을 소개합니다. 호버리(Matthew Horbery)의 *An Enquiry into the Scripture Doctrine Concerning the Duration of Future Punishment*, 거들스톤(Girdlestone)의 *Dies Iræ*, 차일드(C. F. Childe)의 *The Unsafe Anchor*, 또한 쿡 목사(Flavel Cook)의 *Righteous Judgment*, 피어슨(John Pearson) 주교의 *An Exposition of the Creed*, 하지의 「조직신학」 3권에 있는 "Resurrection" 부분을 주의 깊게 읽으면 큰 유익이 있을 것입니다.

악인의 영원한 상태에 대해 다루는 것이 쉬운 일이 아니란 것은 주지의 사실입니다. 어쨌든 카논 파라르는 이 부분을 언급하지 않고 지나가는 것 같습니다. 하나님의 궁휼이 얼마나 놀라운지, 우리 주변의 많은 사람들이 영원히 파멸될 것이라는 생각이 얼마나 끔찍한지에 대해서는 그만의 특징적인 문장력으로 충분히 다루고 있습니다. 하나님의 궁휼이 얼마나 큰지에 대해서는 의심할 여지가 없습니다. 하나님은 "아무도 멸망하지 아니하고 다 회개하기에 이르기를" 바라시는 분입니다(벧후 3:9). 죄인들을 대신해 죽도록 그리스도를 세상에 보내신 하나님의 사랑은 너무도 장엄하고 위대한 주제입니다. 하지만 성경이 계시하는 것처럼 하나님의 사랑은 하나님의 성품의 한 측면일 뿐입니다. 하나님의 성품과 속성을 이야기할 때는 한 부분만을 가지고 이야기해서는 안 됩니다. 그렇게 하면 반드시 하나님의 성품과 속성을 왜곡하게 되어 있습니다. 영원하신 하나님의 무한한 거룩하심과 정의—노아의 홍수, 소돔과 가나안의 일곱 나라를 진멸하심에서 드러나는 죄를 미워하심—하나님 목전에 있는 죄와 죄책의 악함—자연인과 창조주 사이의 간극, 아담의 후손이 하나님 앞에서 영원히 살기 위해 그들에게 필요한 변화—죽은 이후의 변화의 가능성에 대한 성경의 침묵과 같은 중요한 주제들을 카논 파라르는 거의 간과하고 있는 것처럼 보입니다. 그의 책 「영원한 소망」이 말하는 견해를 받아들이기 위해서는 먼저 이런 부분에 대한 만족스러운 설명이 있어야 할 것입니다. 하지만 그의 책에서는 만족스러운 설명을 찾아볼 수가 없습니다.

이런 입장을 최초로 주장한 사람은 3세기 교부인 오리겐입니다. 오리겐은 앞으로 있을 죄인에 대한 심판은 영원한 것이 아니라고 대담하게 자신의 생각을 피력했습니다. 하지만 당대의 교부들은 이런 그의 입장을 받아들이지 않았습니다. 워즈워스(Wordsworth) 주교는 말합니다. "오리겐 당시와 그 이후의 교부들이 이 부분에 대한 성경 본문을 잘못 해석했을 리가 없는 것이 신약성경을 기록한 언어인 헬라어는 이들의 모국어였기 때문이다. 이런 그들이 오리겐의 주장을 성경과 꼼꼼하게 비교하여 살폈고, 그 결과 대부분의 교부들이 그의 주장을 거부하고 정죄한 사실은 주목할 만하다. 이레니우스, 예루살렘의 키릴, 크리소스톰, 바실, 알렉산드리아의 키릴을 포함한 많은 동방교회의 교부들은 물론, 터툴리안, 키프리안, 락탄티우스, 어거스틴, 대 그레고리, 베데와 같은 더 많은 서방교회 교부들 역시 한목소리로 오리겐의 주장을 거부하면서 악인의 심판과 의인이 누리는 장래의 기쁨은 영원한 것으로 주장했다."

"이것이 전부가 아니다. 저스티니안 황제의 감독 아래 553년에 콘스탄티노플에서 열린 제5차 총회는 오리겐의 주장을 검토하고 그것을 정죄하는 칙령을 발표했다. 그 이후 천 년 이상 기독교 진영은 거의 일관되게 한목소리로 이런 주장을 거부해 왔다"(Bishop Wordsworth's Sermons, p. 34).

종교개혁 이후로도 거의 대부분의 위대한 신학자들이 악인이 당할 심판의 영원성을 확인해 주고 있습니다. 루터파와, 칼빈파, 알미니안주의자들, 감독파, 장로교, 독립파 등은 항상 이 부분에 대해서만큼은 같은 생각이었습니다. 가장 탁월하고 유력한 종교개혁자들의 저작들을 살펴보십시오. 청교도들의 저작들을 살펴보십시오. 18세기 영국에서 기독교 신앙에 다시 불을 지핀 이들이 남긴 저작들을 살펴보십시오. 악인이 당할 심판의 영원성에 대해서만큼은 모두가 한목소리를 내고 있습니다. 물론 이와는 달리 지난 몇 년간 "심판의 비영원성"을 지지하는 몇몇 사람들이 목소리를 높인 것은 사실입니다. 하지만 분명히 말할 수 있는 점은, 이런 입장을 견지하는 사람들은 정통 기독교 내에서 극소수라는 사실입니다. 어쨌든 이런 주장과 관련해서 정통 기독교회가 취해 온 입장을 기억해야 할 필요가 있습니다.

제가 지금 심판의 영원성과 관련된 풀리지 않은 난제들이 있음을 부인하는 것은 아닙니다. 제가 그것을 다 설명할 수 있다는 말도 아닙니다. 하지만 심판의 영원성 외에도 계시된 기독교 신앙에는 여전히 난제로 남아 있는 신비들이 있습니다. 이런 난제들이 우리로 실족하게 할 정도는 아닙니다. 또 기독교 신앙만이 난제를 가지고 있는 것이 아닙니다. 사실 우리 삶의 영역에서 인간이 이해하지 못하고 저마다 생각을 달리하는 문제들이 없는 곳이 없습니다. 또한 이런 난제들을 지금 당장 풀 수 없다고 해서 당장 살아가는 데 무슨 문제가 있는 것도 아닙니다. 한 목사가 "하나님께서 이 세상에 악과 혼란이 창궐하도록 내버려 두시는 것은 하나님의 놀라운 신비다"라고 말한 것처럼, 세상에는 여전히 하나님의 신비로 남아 있는 일들이 무수히 많습니다. 악의 기원―세상에 만연한 잔인함, 압제, 가난, 질병, 선악을 분변하지 못하는 영아들이 당하는 고통과 죽음―복음을 접해 보지 못한 이교도들의 운명―하나님께서 간과하셨던 시대에 살았던 사람들의 운명, 지난 1800년대의 중국과 인도, 중앙아프리카의 상황―과 같은 것들은 제가 감히 풀어 볼 엄두도 못 내는 위대한 난제들입니다. 하지만 이 모든 난제가 확연히 드러나는 때가 있을 것이고, 저는 그때를 기다릴 것입니다. 저는 유한할 뿐 아니라 무지한 피조물이고 하나님은 무한히 지혜로우신 분이라는 사실을 알기 때문에, 당장 이해하지 못하는 것이 있다 해도 그것 때문에 성경 말씀을 변개하거나 거부하지 않을 것입니다. "세상을 심판하시는 이가 정의를 행하실 것이 아니니이까"(창 18:25). 버틀러 주교의 지혜로운 말을 들어 보십시오. "하나님의 경륜의 해가 이 땅을 비치면서 만들어 내는 그림자들이 때로 불의하고 무자비하게 느껴지기도 할 것이다. 하지만 이를 통해 매 순간 우리 삶에 부어지는 하나님의 긍휼의 햇빛이 어떠한지를 기억한다면 그런 느낌마저 눈 녹듯이 자취를 감출 것이다. 또한 하나님께서 섭리로 자신을 두신 자리에서 자신이 마땅히 했어야 함에도 하지 않은 일을 아쉬워할 뿐, 하나님이 섭리 가운데 자신이 자리한 환경 자체를 넘어서는 무의미한 가정 따위는 하지 않을 것이다"(*Analogy*, part ii. ch. Vi. p. 425. Wilson's Edition). 욥기에서 "전능자를 우리가 찾을 수 없나니 그는 권능이 지극히 크사 정의나 무한한 공의를 굽히지 아니하심이니라"는 엘리후의 말은 참으로 위대한 언명이 아닐 수 없습니다(욥 37:23).

수많은 로마 가톨릭 사제들이, 심지어 일단의 개신교인들 가운데도 불신자들이 당할 심판에 대해 지나친 언사를 일삼는 경우가 있는 것은 사실입니다. 영원한 심판을 믿는 사람들이 성경 본문을 때로 오해하거나 지나치게 풍유적으로 해석해서 그렇게 말하는 경우가 있는 것도 사실입니다. 하지만 그렇다고 해서 이런 사람들의 오류를 빌미로 기독교에서 말하는 영원한 심판 자체를 부정하려고 한다면 그것은 옳지 않습니다. "그리스도인들의 오류는 불신자들에게 좋은 빌미가 된다"는 옛 말은 틀림이 없습니다. 토머스 아퀴나스, 단테, 밀턴, 보스턴, 조나단 에드워즈와 같은 사람들이 성령의 감동을 받은 것도 아니고 그들에게 오류가 전혀 없는 것도 아닙니다. 또한 저는 불신자가 당할 영원한 심판에 대해 이들이 쓴 모든 글을 판단할 입장도 못 됩니다. 하지만 백번 양보해서 심판에 대해 이들이 쓴 모든 글이 잘못되었고, 그래서 그것들을 다 뺀다고 하더라도 여전히 수많은 성경 구절이 불신자의 영원한 심판을 증거하고 있습니다. 어떤 새로운 영어 번역 성경도, 그것이 충실한 번역이라면, 이런 구절들을 영원한 심판을 말하는 것 외에 다른 식으로 변개해서 말할 수 없을 정도로 명확합니다.[1] 신자가 누릴 영광의 정도가 사람마다 각각 다른 것처럼 불신자가 당할 심판의 정도도 사람마다 차이가 있다는 것도 부인할 수 없는 사실입니다. 하지만 악인의 심판에도 끝이 있다, 그렇게 심판을 받음으로 불신자의 마음이 새롭게 된다, 성경이 죽은 자들에게 역사한다, 무덤 저편에서 죄를 깨끗하게 하는 과정이 있다, 악인들도 마침내 천국에 합당하게 변모된다고 하는 주장은 전혀 성경이 말씀하고 있지 않는 가르침이자 전혀 있을 수 없는 일입니다. 오히려 성경은 이런 가르침과 정반대되는 사실을 가르칩니다. 호버리는 "만약 지옥을 악인들의 죄가 정화되는 상태를 가리키는 말이라고 한다면, 성경이 매번 지옥을 심판의 자리로 말한다는 사실은 어떻게 설명해야 하는가?"라고 말합니다. 거들스톤은 "믿지 않는 자들이 죽은 뒤에 회개를 배운다는 말은 성경 어디에도 없다"고 말합니다(Dies Iræ, p. 269). 성경이 뒷받침하지 않는 교리를 고안해 내거나, 내키지 않는 결론으로 귀결될 수밖에 없다는 이유로 성경이 분명히 증거하고 있는 것을 거부하기 시작하면, 결국 성경을 완전히 배제하는 지경에까지 이를 것이 분명합니다. 성경은 결국 모든 논란의 궁극적인 심판자로서의 권위를 잃게 됩니다.

사람들이 가지고 있는 상식적이고 보편적인 느낌을 근거로 영원한 심판 교리를 부정하는 사람들이 있습니다. 사람의 "공통된 의견"과 상식과 배치되는 어떤 신앙 교리도 바른 것이 아니고, 인간의 보편 정서에 반하는 어떤 성경해석도 잘못된 것이므로 영원한 심판 교리도 참이 아니라는 것입니다. 대다수의 사람들이 이 교리에 강한 반감을 가지고 있다는 사실을 보면 알 수 있다는 것입니다. 하지만 이런 주장처럼 위험하고 불합리한 것도 없습니다. 믿음의 유일한 규칙으로서의 성경의 권위를 정면으로 거스르는 위험한 주장입니다. 타락하여 죽을 수밖에 없는 유한한 인간들이 보편적으로 느끼는 것이 하나님의 말씀보다 더 높은 권위를 갖는다면 성경이 무슨 필요가 있습니까? 더구나 이런 주장은, 사람은 근본적으로 타락한 피조물로서 지성과 마음이 부패했고 신령한 일에서는 소경이라는 기독교의 근본적인 교리와 모순되기 때문에 불합리합니다. 타락한 인간의 마음에는 수건이 덮여 있습니다. "육에 속한 사람은 하나님의 성령의 일들을 받지 아니하나니 이는 그것들이 그에게는 어리석게 보임이요"(고전 2:14). 이런 말씀에 따르면, 영원한 심판의 교리와 같이 대다수의 인간이 거북해 하고 싫어하는 교리는 참이 아니라고 말하는 것은 그 자체로 심히 어리석고 부조리한 주장에 불과합니다! 신령한 일들에 관한 한 대다수의 의견은 그릇될 수밖에 없습니다! 버틀러 주교 또한 그렇게 말합니다. "성경에서 본성적 종교심에 반하는 듯한 교훈이 발견되면 우리 대부분은 그것을 실제적인 가르침이 아닌 것으로 치부한다. 하지만 이런 경우 본성의 빛으로는 발견할 수 없는 교리가 그 속에 들어 있다고 보면 틀림이 없다"(Analogy, part i. chap. Ii. p. 358. Wilson's edition.).

결국 관건은 죽은 후에 사람이 받는 심판이 얼마만큼 이어지느냐 하는 것이고, 이에 대한 사람들 대다수의 생각 혹은 "공통의 느낌"은 무엇이냐 하는 것입니다. 물론 대다수의 사람들이 이 문제를 어떻게 생각하는지 확인할 길은 없습니다. 하지만 확인 여부가 중요한 것은 아닙니다. 결국 이런 문제에 있어서 중요한 점은 성경이 무엇이라고 말씀하는가입니다. 정말 세상 사람들이 대부분 영원한 심판에 대해 부정적인지 의구심이 드는 것이 사실입니다. 온 세상 사람들을 대상으로 여론조사를 해볼 수 있다면 오히려 영원한 심판이 있다고 생각하는 사람들의 응답률이 더 높게 나올 것입니다! 그리스와 로마 사람들이 이 부분에 대해서 어떻게 생각하는지에 대해서는 이론의 여지가 없습니다. 이들의 신화나 전설에서 일관되게 발견되는 특징은 악인이 끝없는 고통에 처해진다는 사실입니다. 버틀러 주교는 말합니다. "도덕주의자나 시인 할 것 없이 이방 작가들은 성경과 마찬가지로 악인의 심판을 말하고 있고, 심판의 기간이나 정도에 있어서도 성경이 말씀하는 것과 비슷하다"(*Analogy*, part i. chap. ii. 218.). 탄탈루스, 시지푸스, 익시온, 프로메테우스, 다나이데스와 같은 이상하고 낯선 전설들을 봐도 하나같이 영원한 심판이라는 주제가 등장합니다. 각각의 경우 모두 심판은 영원한 것으로 나옵니다! 이는 우리가 주목해야 할 사실입니다. 사람들 사이에서 이런 작품들이 차지하는 가치를 보더라도, 영원한 심판을 반대하는 자들은 자신들이 근거로 내세우는 "사람들의 보편적 생각"이 자신들이 생각하는 것과 다른 것을 말하고 있을 가능성도 생각해 보아야 합니다.

많은 사람들이 동조하는 악인멸절설의 경우 "악한 일을 행한 자는 심판의 부활로 나오리라", "거기에서는 구더기도 죽지 않고 불도 꺼지지 아니하느니라"는 예수님의 말씀이나 "악인의 부활이 있으리라"는 사도 바울의 말과도 맞지 않습니다(요 5:29, 막 9:43-48, 행 24:15). 악인멸절설이 영감 받은 성경의 일부분으로 드러나지 않는 한 이런 이론을 가지고 논쟁을 일삼는 것은 시간낭비일 뿐입니다.

"사망, 죽음, 멸망"은 단지 "존재의 중단"을 가리킬 뿐이라는 것이 악인멸절설을 옹호하는 사람들의 주장입니다. 하지만 이 주장은 주목할 가치가 없을 정도로 빈약하기 짝이 없습니다. 성경을 읽는 사람이라면 누구나 하나님께서 선악을 알게 하는 나무의 과실을 금하시면서 아담에게 "네가 먹는 날에는 반드시 죽으리라"고 하신 말씀이 무슨 뜻인지 압니다(창 2:17). 아담이 하나님의 계명을 어겼을 때 단지 "존재가 끝난 것"이 아니라는 것은 성경을 열심히 읽는 주일학교 교사들도 다 아는 사실입니다. 불순종한 아담은 영적으로 죽은 것이지 존재가 중단된 것이 아닙니다! 사도 바울이 홍수에 대해 한 말을 생각해 보아도 그렇습니다. "그때에 세상은 물이 넘침으로 **멸망하였으되**"(벤후 3:6). 세상이 잠시 물에 잠긴 것이지 세상의 존재 자체가 중단된 것은 아니었습니다. 온 지면에 물이 마르자 노아와 가족과 짐승은 다시 지면에서의 삶을 시작했습니다.

한마디만 덧붙이면, 성경이 말씀하는 "영원한", "끝없는"이란 단어가 뜻하는 바가 무엇인지 연구해 보고 싶은 독자는 영원한 심판이라는 주제를 세밀하게 다루고 있는 거들스톤의 *Old Testament Synonyms* 30장 495쪽과, 같은 저자의 책 *Dies Iræ* 10장과 11장을 참고하면 좋을 것입니다.

주

1장 자기성찰

1. 각 세대마다 똑같은 역사가 반복된다는 사실은 아주 흥미로울 뿐 아니라 우리에게 시사하는 바가 큽니다. 캐논 로버트슨(Canon Robertson)은 말합니다. "이교적 볼거리를 위해 많은 사람들이 극장과 신전으로 몰려들던 초대교회 때는 덩달아 엄숙한 기독교 의식을 보려고 교회에 나오는 사람들도 많았다. 이런 자들에게 교회의 의식은 극장의 볼거리에 불과했다. 이들에게 설교는 웅변가의 수사로 비쳐졌다. 탁월한 언변의 설교자에게는 박수를 치고 발을 구르고 손수건을 흔들면서, '정통'(Orthodox), '열세 번째 사도'를 연호했다. 회중의 이런 행동을 막으려 했던 크리소스톰과 어거스틴 같은 선생들은 좀 더 유익이 되는 방식으로 설교를 들어야 한다고 자신의 양들을 설득했다. 기도는 집에 가서 하면 된다는 생각으로 설교만 듣고 예배당을 나서는 사람들이 있었다. 예배 중에도 자신들이 흥미를 느끼는 순서를 마치면 성찬이 끝나기까지 기다리지 않고 예배당을 나서는 사람들이 많았다." (Robertson, *Church History*, B. H., ch. Vi., p. 356.)

6장 성찬

1. "우리에게 제단이 있는데"라는 히브리서의 말씀을 근거로 주의 성찬상을 제단이라고 주장하는 사람이 있다면 여기에 대해 워터랜드(Waterland)가 하는 말을 들어 보기를 바랍니

다. "그리스도인은 그들이 참여하는 제단이 있다. 이 제단은 친히 제단과 제사장과 제물이 되시는 우리 주 그리스도시다. 이 모든 것이 그분 안에 있다."(Waterland's Works, Vol. V., p. 268. Oxford edition.)

2. 여러분이 켄터베리 대주교였던 고故 롱리 박사의 마지막 당부에서 발췌한 다음 글을 특별한 관심을 가지고 읽어 주기를 부탁합니다.

보기 드물게 온유하고 부드러운 성품으로 대주교의 직분을 감당한 롱리 박사의 마지막 소회가 담긴 이 당부는 그가 죽고 난 후까지 공개되지 않았던 것으로, 특히 주의 성찬에 관한 부분은 특별한 관심을 가지고 주목해야 할 필요가 있어 보입니다.

(주의 성찬을 집례함에 있어서) 무분별하게 미사의 제의를 받아들이기로 한 모든 사람이 로마 가톨릭의 오류에 어떤 식으로든 동조하기 때문이라고 말하는 것은 아닙니다. 하지만 국교회 내에서 이런 사람들이 자신들의 생각을 표명하기 위해 발행한 것을 보면, 일부 교인들은 물론 심지어 목사들도 미사와 관련된 로마 가톨릭 교회의 가르침을 받아들일 자유를 가진 것으로 생각하고 있고, 그럼에도 불구하고 교회의 여러 의식서에서 로마 가톨릭의 오류에 반하는 종교개혁의 모든 흔적을 제거하기 위해 여전히 부당하게 자신들의 신분을 유지하고 있다고 하지 않을 수 없습니다. 여기서 이들이 사용하는 언어를 보면 자신들이 속한 교회에 대한 헌신에 전혀 부합하지 않음을 알 수 있습니다. "개신교 이단으로 깊이 얼룩진 성찬"이라고도 하고, "우리의 의무는 이런 악을 배제하는 것이지 그것으로부터 도망치는 것이 아니다"라고 합니다. 그러므로 미사를 성찬으로 바꾸는 것이 우리의 종교개혁자들의 분명한 목적이었던데 반해, 성찬을 미사로 대체하기 위해 우리와 함께 남아 있다고 선언하는 것은 사랑이라고는 전혀 찾아볼 수 없는 말입니다. 의심할 여지없이 국교회는 모든 신비 가운데 가장 신비로운 성찬 예식에 대해 상당히 관용적입니다. 성찬을 원래 제정하실 때 예수님이 말씀하신 "이것은 나의 몸이니", "이것은 내 피니"라는 말이 축사에 남아 있는 한(결코 축사에서 빼놓을 수 없는 말들입니다), 이 말에 대한 다양한 해석이 존재할 것입니다. 하지만

1. 성찬에 그리스도의 자연적 몸이 실존하는 것으로 해석하지 않고
2. 성찬으로 받는 떡과 포도주를 어떤 식으로든 그리스도의 자연적 몸과 피의 실재로 보고 숭배하지 않으며
3. 그리스도의 희생이 원죄와 자범죄를 포함한 온 세상의 죄를 위해 드려진 단번에 드린 완전한 구속과 속전과 속죄이기 때문에 성찬을 통해 그리스도의 몸과 피가 죄를 위한 희생 제물로 다시 드려진다는 믿음을 인정하지만 않는다면

여전히 우리가 속한 교회의 신앙고백에 부합한 해석이라 할 수 있습니다.

이 세 가지 조건은 복되신 우리 주님이 성찬을 정하시면서 하신 말씀을 자유롭게 해석하도록 교회가 마련한 최소한의 기준입니다.

성찬 시에 미사의 제의를 사용하면 많은 사람들은 축사와 더불어 신비한 방식으로 떡과 포도주에 임재하는 그리스도의 몸과 피를 제사로 하나님께 드리는 것이 성찬의 핵심이라 여기지 않을 수 없습니다. 이런 견해에 따르면 적어도 그 순간만큼은 목사가 제사를 드리는 사제로 서 있고, 우리가 하나님께로부터 받는 것이 아니라 우리가 하나님께 드리는 제물이 성찬의 가장 중요한 부분이 되는 것입니다.

이런 이해는 국교회의 신앙고백과 예식서에 부합하지 않습니다. 국교회 신앙고백 제25항은 성례를 "하나님께서 눈에 보이지 않게 우리 안에서 역사하시는 은혜를 가리키는 확실하고도 분명한 증거와 효과적인 표지"라고 정의합니다. 특별히 성찬에 대해서는(제28항) "그리스도의 죽음으로 말미암은 우리의 구속의 성례로 우리가 믿음으로 바르고 합당하게 받는 한 우리가 떼는 떡은 그리스도의 몸에 참여하는 것이며, 마찬가지로 복된 잔을 받아드는 것은 그리스도의 피에 참여하는 것이다"라고 합니다. 국교회의 이런 분명한 정의에 비추어 볼 때 성찬을 그리스도의 살과 피를 희생 제물로 드린다는 개념은 전혀 찾아볼 수 없습니다. 교리문답도 같은 표현을 사용하여 "우리에게 주어진 내적이고 영적인 은혜에 대한 외적이고 가견적인 표지"라고 성례를 정의합니다. 성찬 예식을 찬찬히 잘 살펴보아도 이런 정의에 반하는 모습은 찾아볼 수가 없습니다. 이 성찬 예식에서 하나님께 드리는 것으로 언급되는 한 가지 독특한 점이 있다면, 성찬의 떡과 포도주를 축사하기 바로 전에 드리는 교회 군대를 봉헌하는 기도입니다. 그러므로 이런 기도는 그리스도의 몸과 피를 희생 제물로 드리는 것과는 아무 상관이 없습니다. 이 예식에서 제사로 언급되는 유일한 대목은 "몸과 영혼을 포함한 우리 자신을 하나님께 합당하고 거룩한 산 제사로 드린다"는 것 뿐입니다.(공동기도서에 대한 프랜시스 프록터(Francis Proctor, 1812-1905)의 작품을 보라. p. 320.) 우리가 속한 국교회는 그리스도의 단번에 드린 희생 제사에 반하는 어떤 표현이라도 피하기 위해 세심하게 살피고 있습니다. 물론 그리스도의 십자가 죽음을 "온 세상의 죄를 속기에 충분한 온전하고 완전하고 희생 제물로 자신을 단번에 드린 것"으로 말하는 것은 예외입니다. 그리스도의 이런 희생을 반복하거나 그리스도의 희생 말고 다른 제사를 드릴 이유는 전혀 없습니다.

트렌트 회의에서 밝히는 것처럼 그리스도의 몸과 피를 드리는 참되고 실재적이고 본질적인 제사로 성사를 이해하는 로마 가톨릭의 개념에는 제단이라는 말이 들어 있지만, 국교회 공동기도서에는 이런 표현을 전혀 찾아볼 수 없습니다. 단번에 드린 그리스도의 희생 제사에 반하는 어떤 오해도 불러일으키지 않기 위해 의도적으로 넣지 않은 것입니다. 그러므로 떡과 포도주라는 물리적인 요소를 그리스도의 몸과 피를 드린 영속적인 제사로 둔갑시키는 개념은, 국교회의 유력한 목사들의 가르침은 물론 초대 교부들의 가르침과도 부합하지 않고, 우리가 드리는 국교회의 예배의 정신과 원리와도 전혀 맞지 않습니다. 후자의 부분에 대해서는 이후에 좀 더 다루도록 하겠습니다.

반면에 그리스도의 임재의 가르침은 국교회의 중요한 교리로 부정해서는 안 됩니다. 이 교리에서 교회는 "주의 성찬을 통해 신자는 그리스도의 몸과 피를 진실로 그리고 참으로 받는다"고 단언합니다. 또한 그리스도의 임재는 물리적이거나 육체적인 것이 아닙니다. "그리스도의 몸은 신령하고 영적인 방식으로만 성찬을 통해 주어지고 신자는 그것을 받아먹고 마신다"고 합니다(제28항). 그리스도의 임재는 그분의 몸이 찢기고 그분의 피를 흘린 모든 의도와 목적에 부합합니다. 국교회 신앙고백은 신자의 마음 이외에 그리스도가 임재하는 다른 자리를 말하지 않습니다. 후커의 다음 언급은 국교회의 이런 고백을 대변합니다. "그리스도의 가장 복된 몸과 피는 성례의 떡과 포도주가 아닌 합당하게 이것들을 받아먹고 마시는 신자 안에 실제로 임재한다."

7장 사랑

1. 사랑에 해당하는 그리스어를 영어성경은 "love"와 "charity"로 번역합니다. 이 두 말은 의미의 차이 없이 사랑을 가리키는 말로 번갈아 가면서 쓰입니다.

9장 자유

1. 오해를 막기 위해 이 말을 한 사람이 누구인지 말하는 것이 좋을 것 같습니다. 지난 세기 미국의 정치가인 패트릭 헨리(Patrick Henry)가 한 말입니다.
2. 오늘날 모든 사람은 현명한 후커가 한 이 중요한 말에 귀를 기울여야 합니다. 그가 쓴 「교회정치」(Ecclesiastical Polity) 1권의 도입 부분입니다.

"부당한 통치를 받고 있다고 대중을 설득하는 일은 그리 어렵지 않습니다. 이를 위해서는 특별한 조건이나 기술이 필요치 않습니다. 대중은 어떤 정부나 정권도 극복하기 어려운 수많은 결점들을 이미 잘 알고 있기 때문입니다. 그에 반해 공공의 정책을 집행하는 과정에서 있을 수밖에 없는 은밀한 방해와 어려움들에 대해서는 그만큼 냉정하고 바른 판단을 하지 않습니다."

10장 행복

1. 온 스페인이 「돈키호테」라는 희극 작품으로 즐거워하고 있을 때 정작 이 책의 저자인 세

르반테스는 깊은 우울증으로 신음하고 있었습니다. 프랑스 최초의 희극작가인 몰리에르는 당시 프랑스가 구가하던 가장 위대한 세상적 번영으로도 결코 몰아낼 수 없을 것 같은 슬픔으로 국내 사회에 반향을 불러일으켰습니다. 지난 세기의 기지 넘치는 이야기꾼이었던 새뮤얼 푸트(Samuel Foote)는 실의와 낙담에 사로잡힌 채 죽었습니다. 모든 사람을 웃게 만들었던 익살스러운 소설작가로 유명한 테오도르 후크(Theodore Hook)는 자신의 일기에 이렇게 적고 있습니다. "이 사회에서 나를 아는 사람들이 도무지 상상하지도 못할 일이지만, 지금 나는 끊임없이 찾아오는 지독한 우울증으로 괴로워하고 있다." 깊은 수심에 잠긴 한 사람이 의사를 찾아 우울한 자신의 상태에 대해 자문을 구했습니다. 그러자 이 의사는 당대의 가장 익살맞은 희극배우의 공연을 찾아가서 보면 기분이 좀 나아질 것이라고 조언했습니다. "매튜즈의 공연을 가서 보세요. 한결 기분이 나아질 것입니다." 그러자 그는 절망적인 표정으로 이렇게 대답했습니다. "아, 선생님, 제가 매튜즈인 걸요!"(*Pictorial Pages*.)
2. 저는 일부러 "일반적으로"라는 말을 덧붙였습니다. 다윗이 저지른 것과 같은 끔찍한 죄를 범해 놓고도 신자가 내면의 평화를 운운한다는 것은 어처구니없는 일일 것입니다. 참된 그리스도인이라고 하는 사람이 이런 죄를 짓고도 그렇게 말한다면—가슴 깊은 곳에서부터 비롯되는 회개의 증거를 보이지 않는 한—그에게 구원하는 은혜가 있는지 의구심이 들지 않을 수 없을 것입니다.
3. 유명한 그리스도인 자선가인 존 하워드는 그의 저널 후반에 이렇게 적고 있습니다. "내가 처한 특정한 환경에 영향 받지 않는 기쁨의 원천이 내게 있기를 소망한다. 신앙의 힘으로 지성을 바르게 훈련시키고 다른 사람들을 이롭게 하는 성품을 계속 갈고닦아 실천하는 것은, 상황과 환경에 따라 영향 받지 않는 만족의 토대를 제공한다."
4. 불신자인 흄이 혼 감독에게 왜 믿는 사람들이 항상 어두워 보이는지 물었습니다. 그러나 이 학식 있는 감독은 이렇게 대답했습니다. "흄씨, 당신의 모습을 보고 힘들어하지 않을 그리스도인이 어디 있겠습니까?"(*Sinclair's Aphorisms*, p. 13.)

12장 세상

1. 진지하고 사려 깊은 독자라면 세속적인 오락이라고 했을 때, 무도장에 출입하고 카드놀이 하는 것을 말하는 것이 아님을 알 것입니다. 이는 아주 미묘하고 난해한 주제입니다. 많은 사람들이 이 주제에 대한 언급을 자주 접하지 못하는 것도 사실입니다. 하지만 여기서 저는 제 생각을 피력할 뿐 아니라 필요하다면 더한 것도 하려고 합니다. 젊은 날에 그것을 경험한 전력이 있는 사람으로서 말입니다.

먼저 무도장에 드나드는 것과 관련해서 언급합니다. 저는 그리스도인들에게 이 오락에 수반되는 행위와 그 특징을 따라 판단해 보라고 이야기하고 싶습니다. 춤추는 몸 동작 자체에 도덕적인 잘못이 있는 것은 아닙니다. 다윗도 법궤 앞에서 춤을 추었습니다. 솔로몬도 "춤출 때가 있으며"라고 말합니다(전 3:4). 어린양이나 새끼 고양이가 경쾌하게 뛰고 까불거리는 본성이 있는 것처럼, 젊은이들이 경쾌한 리듬에 따라 뛰는 것은 세상 어디나 동일하게 보입니다. 춤을 추는 것이 단지 운동을 위해서라면, 밤늦은 시간이 아닌 아침 일찍 이성 간이 아닌 동성 간에 함께하는 것이라면, 전혀 반대할 이유가 없을 것입니다. 하지만 오늘날 무도장을 출입하는 것은 그 이상의 의미가 있습니다. 밤늦은 시간에 과도한 치장과 경솔한 언행들, 과시욕과 질시, 건전하지 못한 흥분, 헛된 이야기들이 난무합니다. 주 예수 그리스도께서 다시 오실 때 이런 무도장에서 발견되고 싶은 사람이 있습니까? 이전에 제가 그랬던 것처럼, 무도장에 자주 출입하는 사람이라면 아편과 술처럼 그것이 사람의 마음에 미치는 방탕한 영향을 모를 리가 없습니다. 그렇기 때문에 무도장에 드나드는 것은 "영혼을 해롭게 하는" 세상 오락 가운데 하나이고, 그렇기 때문에 무도장에 가지 않는 것이 지혜로운 일이라는 제 믿음에는 변함이 없습니다. 자녀들이 싫다고 하는데도 무도장에 가라고 재촉하는 부모는 자신이 감당할 수 없는 위험한 짓을 하는 것일 뿐 아니라, 자녀들에게 엄청난 해를 끼치는 것입니다.

카드놀이에 대한 제 생각도 이와 다르지 않습니다. 무도장에 드나드는 일과 마찬가지로, 이것에 수반하는 결과와 영향력을 생각해 보십시오. 물론 단순한 기분전환을 위해 하는 카드놀이 자체에 적극적으로 악한 요소가 있다고 말할 수는 없습니다. 기력이 없고 쉽게 피로를 느껴서 일이나 독서를 할 수 없는 노인에게 카드놀이는 나른함을 없애 주고 건강을 지켜 주는 유용한 소일거리입니다. 하지만 겉으로 드러나는 사실만을 보고 말하지 마십시오. 집주인과 안주인이 거실에 앉아서 카드놀이를 한번 시작해 보십시오. 곧 종들도 주방에서 카드놀이를 하기 시작할 것이고 이를 통해 많은 악들이 집안으로 따라 들어옵니다. 더구나 단순한 카드놀이에서 내기도박으로 넘어가는 것은 순간입니다. 부모가 단순히 카드놀이를 하는 것은 전혀 해롭지 않다고 가르치기 시작하면, 자녀들이 도박이라는 종착역에 이르는 것은 시간문제입니다.

저는 조심스럽게 이런 생각을 밝힙니다. 제 생각이 모두 옳다고 말할 수는 없습니다. 각자가 판단해 보시기 바랍니다. 하지만 관련된 모든 것을 생각해 볼 때, 영혼을 바로 보존하고 "세상에서 나오고자" 하는 그리스노인이라면 카드놀이를 하지 않는 것이 지혜로운 일이라고 판단합니다. 카드놀이에 한번 빠지면 헤어 나오지 못하는 사람들이 많습니다. 그래서 이제 카드놀이를 하지 않으면 살 수가 없습니다. 카드 없이는 살 낙이 없다고 말하는 영국 배스에 사는 한 나이든 여인에게 윌리엄 로메인(William Romaine)은 말했습니다. "부인, 만약 그것이 사실이라면, 카드가 당신의 신이고, 당신의 신은 너무나 보잘것없는 신입니다." 그러므로 이렇게 미심쩍은 카드놀이를 계속하느니, 차라리 그만두거나 아예 손을 대지 않는 것이 우리 영혼에 훨씬 유익할 것입니다.

야외 스포츠의 경우, 다른 것들보다 분명한 원칙을 정하기가 쉽지 않은 것이 사실입니다. 일일이 나열할 수는 없지만, 승마, 활쏘기, 낚시, 꿩 사냥, 연어잡이 등은 그 자체로 죄악된 일이라거나 회심하지 않은 마음이 즐기는 것이라고 말할 수 없습니다. 몸과 지성의 건강을 위해 격렬한 실외 운동과 기분전환이 절대적으로 필요한 사람들이 많다는 것도 잘 압니다. 문제는 어느 정도 하느냐 하는 것입니다. 누구와 어울려 하느냐 하는 것입니다. 가장 큰 위험은 지나치게 몰두하는 것입니다. 음주와 마찬가지로 사냥이나 활쏘기도 절제하지 못할 수 있습니다. 성경은 "모든 일을 규모 있게" 하라고 말씀합니다. 그러므로 이런 것들로부터 유익을 얻기 위해서는 절제할 줄 알아야 합니다. 야외 스포츠에 집착하는 사람은 이 원칙을 잘 기억하십시오.

그러나 무엇보다 중요한 사실이 있습니다. 그리스도인은 자기 생각을 피력하기를 신중히 하고 성급한 판단을 내리지 말아야 합니다. 말타기나 활쏘기나 연날리기를 못하는 사람은 그런 활동에 대해 섣불리 부정적으로 말하지 마십시오. 자신이 잘하지 못하는 일이나 전혀 즐기지 않는 일을 즐기는 사람들에 대해 인색하게 말하거나 정죄하기는 쉽습니다! 한 가지 분명한 사실은 모든 집착과 지나침은 죄라는 사실입니다. 야외 스포츠에 완전히 빠져서 마치 하나님이 그를 "수렵, 사냥, 낚시"를 위해 창조하신 것처럼 보일 정도로 모든 시간을 허비하는 사람은 성경이 말씀하는 기독교 신앙을 거의 모르는 것입니다. "네 보물 있는 그곳에는 네 마음도 있느니라"고 성경은 말씀하지 않습니까!(마 6:21)

17장 본향

1. 이 시편 초두에 명시되어 있는 것 외에는, 제가 권위를 가지고 이 시편의 작자가 모세라고 주장할 근거는 없습니다. 이런 언급이 얼마나 오래되었든지 간에 성령의 영감으로 기록된 것은 아니기 때문에 모세의 저작성까지 성경 말씀의 일부로 볼 필요는 없다는 데 학자들은 대체로 동의합니다. 그럼에도 비평가들 사이에서는 이 시편이 모세의 저작이라는 전승이 전혀 터무니없는 소리가 아니라는 데 신기할 정도로 의견의 일치가 이루어지고 있습니다.

18장 하나님의 후사

1. 물론 영아로 죽는 아이들이나 일생을 백치로 살다가 죽는 사람에 대해 말하고 있는 것이 아니라는 점을 여러분은 잘 알 것입니다.

20장 위대한 분리

1. "분명한 것은 택함 받은 자들이 다 회심하는 그때가 바로 그리스도가 심판하러 오시는 때가 될 것이라는 사실입니다. 노를 젓는 사람이 모든 승객이 보트에 승선할 때까지 기다렸다가 다 타면 노를 젓기 시작하는 것처럼, 그리스도께서는 택함을 입은 모든 자들이 다 모일 때까지 기다리셨다가 이들이 다 모이면 비로소 심판하러 오실 것입니다."
(Thomas Watson, 1660)
2. "자식을 마침내 하나님의 자녀로 드러나게 하는 어미를 둔 자녀에게 영원한 복이 있을 것입니다. 이 땅의 터가 흔들리고, 세상을 떠받치는 기둥이 우리 발밑에서 무너져 내리고, 하늘이 잿빛으로 변하고, 해는 그 빛을, 달은 그 아름다움을, 별들은 그 영광을 잃을 수 있습니다. 하지만 하나님을 의뢰하는 자의 마음을 빼앗고, 그의 믿음을 전복시키고, 하나님을 향한 그의 사랑 혹은 그를 향한 하나님의 사랑을 변개할 것은 세상 어디에도 없습니다."(Richard Hooker, 1589)

21장 영원

1. 이어지는 글은 설교 초청을 받고 1877년 대강절 네 번째 주일에 피터버러 대성당 본당에서 행한 설교의 내용—설교 전체 내용이 아닌 설교의 요지—을 담고 있습니다. 미리 밝혀 둘 점은 이 설교가 출판을 염두에 두고 행한 것은 아니고, 설교노트를 보고 설교한 내용이라는 사실입니다. 설교라 듣는 데는 문제가 없겠지만, 읽을 때에는 어색한 부분이 있을 수도 있습니다. 출판사에서 보내온 원고를 받아들고 나서야 이 설교를 출판하기 위해서는 노트에서 간추리고 기억해 내는 것과는 비교도 할 수 없는 많은 수고가 있어야 한다는 사실을 알게 되었습니다. 간추리고 교정하고 문단을 나누고 어법을 손보고 하는 엄청난 수고 말입니다. 하지만 시간이 촉박했기 때문에 지금과 같은 식으로 하는 것 외에는 다른 길이 없었습니다. 아니면 이 장을 책에 아예 포함시키지 못했을 것입니다. 그 결과 지금 여러분이 보고 있는 배열과 소제목들을 가진 형태의 설교문이 나오게 된 것입니다.
2. "증인들을 불러 그들의 증거를 살피는 것처럼 하지만 정작 증인들로 하여금 소송이 말도 안 된다느니, 너무나 부당하다느니, 어떤 증거도 유죄를 입증하기 충분하지 않다는 등의 말을 제멋대로 하도록 하겠다고 선언하는 재판장에게서 제대로 된 판결을 기대할 수 있겠는가?"(Horbery, vol. ii. p. 137)
3. "하나님께서 성경을 통해 우리에게 악인의 심판이 영원하다는 사실을 알리시고자 한 것이 맞다면, 끝없이 계속되는 심판을 언급하신 예수님의 이 말씀보다 더 분명하고 온전한 표현은 없을 것이다. 의인이 복락을 누리는 기간을 묘사할 때 사용한 표현을 가지고 악

인이 심판 받는 기간을 묘사하는 것 역시 이런 맥락으로 볼 수 있다. 심판의 성격이 그만큼 절대적이고 분명하게 정해졌음을 말해 준다."(Archbishop Tillotson on Hell Torments. See Horbery, vol. ii. p. 42.)

4. "사람들이 사탄은 존재하지 않고 지옥이나 영원한 고통은 없다고 믿는 것을 사탄은 가장 좋아한다. 사탄은 우리의 귀에 이런 거짓말을 속삭인다. 교인이 이런 것들에 관심이 없는 것보다 목사가 이런 사실을 믿지 않는 것을 훨씬 더 좋아한다. 이런 목사들을 통해 수많은 사람들이 그들과 같은 생각을 갖고 살다가 지옥에 이르게 될 것이 분명하기 때문이다."(Bishop Wordsworth's Sermons on Future and Punishments, p. 36.)

5. "악인의 형벌이 영원한 것이 아니라면, 의인의 복락 역시 영원한 것일 수 없다. 이는 성경의 가르침을 정면으로 거스르는 것이다. 의인(천사들과 동등하게 되고 그리스도와 같은 몸을 입는)의 복락이 영원한 것이라고 한다면 악인에게 돌아가는 형벌 역시 영원한 것일 수밖에 없다."(Bishop Wordsworth's Sermon on Future Rewards and Punishments, p. 31.)

6. "성경은 믿음이 없이 죽는 자가 비참한 자리에 처하는 것을 죄를 정화하기 위한 과정이나 사람을 더 나은 상태로 이끌기 위해 제련하는 과정으로 말하지 않는다. 오히려 하나님의 위엄과 주권과 사랑의 권세를 멸시한 자들을 벌하심으로 하나님의 정의를 신원하는 심판과 보응을 받는 자리로 항상 말한다."(Horbery, vol. ii. p. 183.)

7. "이생은 영생을 위해 준비하는 때다. 우리의 영혼은 이 세상에서의 상태대로 영원히 산다. 이 땅에서의 성품과 취향을 내생에도 그대로 가져간다. 물론 천국은 이 땅에서 시작된 덕스럽고 거룩한 성품을 온전하게 하는 곳이다. 하지만 사람의 본질적인 상태를 바꾸는 곳은 아니다. 음란하고 방탕한 삶으로 일관하다가 죽은 사람은 죽어서도 여전히 음란하고 방탕하다. 불의한 자로 죽은 사람은 죽은 후에도 여전히 불의하게 남아 있다." (Archbishop Tillotson's Sermon on Phil 3:20. see Horbery, vol. ii. p. 133.)

후기

1. 당장 호버리(Horbery)만 보더라도 위스턴(Whiston)에게 한 답변을 통해 성경의 일백세 구절을 증거구절로 인용합니다.